# Nationale Romantik und revolutionärer Mythos

## Politik und Lebensweisen im frühen Weimarer Jungsozialismus

Franz Walter

Verlag
Europäische Perspektiven

## Nationale Romantik und revolutionärer Mythos
### Politik und Lebensweisen im frühen Weimarer Jungsozialismus

Mit einem Nachwort von Peter Lösche

Walter, Franz:
Nationale Romantik und revolutionärer Mythos. Politik und Lebensweisen im frühen Weimarer Jungsozialismus. — Berlin 1986. Verlag und Versandbuchhandlung Europäische Perspektiven, Goltzstraße 13b, 1000 Berlin 30.
1. Auflage 1986
ISBN 3-89025-092-0

© 1986 Verlag und Versandbuchhandlung Europäische Perspektiven GmbH, Berlin
Umschlaggestaltung: Karl-Heinz Höppner, Berlin
Satz: Angelika Schulz, Berlin
Druck: Oktoberdruck, Berlin
Titelfoto: Kranzniederlegung der jungen Sozialisten am Goethe-Schiller-Nationaldenkmal während des Reichsjugendtages in Weimar, August 1920. Aus dem Privatbesitz von Elfriede Brauns, Bochum.

Gefördert mit Mitteln des Landes Niedersachsen.

Alle Rechte, insbesondere das Recht der Vervielfältigung und Verbreitung sowie der Übersetzung vorbehalten.

Für Julia, Anna und Helga

**Über den Autor:**

Walter, Franz: geb. 1956, Studium der Sozialwissenschaften und Geschichte in Berlin und Bielefeld; z. Z. wissenschaftlicher Mitarbeiter an einem Forschungsprojekt der Historischen Kommission zu Berlin über „Politische, wirtschaftliche und kulturelle Arbeiterorganisationen 1918-1933". Veröffentlichungen u. a.: Bernstein-Renaissance in der deutschen Sozialdemokratie (1979); Jungsozialisten in der Weimarer Republik (1983); Weimarer Linkssozialismus und Austromarxismus (1984).

Die vorliegende Untersuchung des Autors wurde im November 1985 unter dem Titel „Großstadtkritik, nationale Romantik und revolutionärer Mythos. Diskurs und Lebensweisen von Arbeiter-Intellektuellen im frühen Weimarer Jungsozialismus" vom Fachbereich Sozialwissenschaften der Georg-August-Universität Göttingen als Dissertation angenommen.

# Inhalt

**I. Einführung**    1

1. Beweggründe, Zielsetzung und Fragestellung    1
2. Forschungsstand und Quellenmöglichkeiten    5

**II. Gegen philisterhafte Bonzen und ungesunde Urbanität: Die Entstehung der jungsozialistischen Bewegung in der gesellschaftlichen Krise der unmittelbaren Nachkriegszeit**    12

1. Die Wandlungen des Lebensgefühls in der mehrheitssozialdemokratischen Jugend    12
   - a) *Die Auswirkungen des ersten Weltkrieges*    12
   - b) *Spirituelle Krise und Sinnverlangen im Nachkriegsdeutschland: Zwischen Zen-Buddhismus und Mondschein-Existentialismus*    13
2. „Wann wir schreiten Seit an Seit": Hans-Sachs-Kutur und Lebensreform    17
   - a) *Habitus und Ausdrucksformen: Auf dem Weg zum neuen Menschen*    17
   - b) *Vorbilder: Kulturrevolutionäre Bohème und Wandervogelbewegung*    21
3. Politische Organisation und kommunikative Selbstverständigung    25
   - a) *Zwischen organisatorischer Autonomie und administrativer Reglementierung*    25
   - b) *Erziehung – Hoffnungsträger der früher 20er Jahre*    28
   - c) *Freideutsch versus MSPD mit Schillerkragen: Die ersten Streitigkeiten*    31

**III. Zwischen jungkonservativem Nationalismus und Erbitterung über neureiches Bürgertum: Politisierung und Differenzierung der Jungsozialisten im Jahr der militärischen Intervention und rasanten Inflation**    38

1. „Es lebe Deutschland": nationaler Jungsozialismus 1923    38
   - a) *Ruhrbesetzung und jungsozialistischer Neokonservatismus*    38
   - b) *Osterkonferenz in Hofgeismar: Hurrapatriotismus oder moderner Sozialismus?*    40
   - c) *Nationalistische Hysterie und Volksgemeinschaftsmythos*    48

2. Jungsozialistische Linksentwicklung im
   mehrheitssozialdemokratischen Milieu ... 51
   a) Hyperinflation und Reichsintervention in Sachsen ... 51
   b) Empörung über Inflationsraffkes und nationalistischen Rummel:
      Jungsozialistischer Arbeiterradikalismus seit dem Spätsommer 1923 ... 55
   c) Der sächsische Lagerradikalismus ... 59
3. Das Gewicht der USPD-Tradition ... 61
   a) Die früheren Mitglieder der SPJ – Blutspender für die
      jungsozialistische Linksopposition? ... 61
   b) Die Bedeutung von Schloß Tinz ... 71
   c) Georg Engelbert Graf und Otto Jenssen:
      Die Rolle zweier linkssozialistischer Pädagogen ... 74
4. Auseinandersetzungen und Kräfteverhältnisse in den Reichsgremien ... 76
   a) Mit bürgerlichen Demokraten gegen kommunistische Abenteuer:
      Reichsausschuß November 1923 ... 76
   b) Konflikt um die „Jungsozialistischen Blätter" und den
      Arbeiterdichter Karl Bröger ... 79
   c) Die jungsozialistische „Mitte":
      Ort sozialdemokratischer „Biedermänner"? ... 80

## IV. Nicht rechts, nicht links: Bildung und Wandel des Hofgeismarkreises ... 82

1. Zwischen Fridericus Rex und Jean Jaurès:
   Politische Ortsbestimmung im Widerstreit um die Außenpolitik ... 82
   a) Gründung und Abwege ... 82
   b) Sozialistischer Patriotismus und Westorientierung:
      die Gruppe Haubach/Heller ... 85
   c) Nationalrevolutionäres Preußentum und Ostorientierung:
      Auseinandersetzungen um Ernst Niekisch ... 89
2. Antizipation eines neoreformistischen Volksparteisozialismus? ... 99
   a) Marxismusrevision und „konstruktiver Sozialismus" ... 99
   b) Nietzsche und Marx: Die Hinwendung zum religiösen Sozialismus ... 101
   c) Opposition zum „Heidelberger Programm": Zwei Alternativen ... 111

## V. Intellektuelle und Klassenkampf: Geist- und Gesinnungssozialismus im Hannoveranerkreis ... 115

1. Im Spannungsfeld von neokantianischem Rigorismus und
   linkskommunistischer Hegelei ... 115
   a) Pfingsttagung in Hannover-Münden:
      Die Konstituierung des Hannoveranerkreises ... 115
   b) Unbarmherzige Vernunft und gnadenloses Recht? –
      Der Internationale Jugend-Bund ... 118
   c) Mit Georg Lukacs auf dem Weg zum Kommunismus –
      Ernst Rosendahl und die Jungsozialisten Schwelms ... 124

2. Linkssozialistisches Zentrum an der Peripherie des Reiches: der Breslauer Jungsozialismus und seine Intellektuellen ... 132
   a) Arbeiterintellektuelle im Ambiente von weltlichen Schulen und jüdischem Akademikertum ... 132
   b) Drei Exkurse: Intellektuelle und ihre Theorien ... 141
      Exkurs I: Pflege des revolutionären Geistes – Max Adler ... 141
      Exkurs II: Für einen staatsmännischen Radikalismus – Siegfried Marck ... 149
      Exkurs III: Wider den Absturz in die Barbarei – Fritz Sternberg ... 157
   c) Linkssozialistische Hegemonie in einer sterbenden Stadt ... 163

## VI. Zäsur im Jungsozialismus ... 169

1. Symbol linkssozialistischen Triumphes: Die Jenaer Reichskonferenz Ostern 1925 ... 169
   a) Vorbereitungen im Vorfeld der Jenaer Reichstagung ... 169
   b) Von der nationalen Romantik zum linksradikalen Gesinnungssozialismus: die Konferenz ... 170

## VII. Lebensweisen im Umbruch ... 178

1. „Neue Sachlichkeit" in der sozialdemokratischen Jugend ... 178
   a) Generationswechsel und Generationskonflikt ... 178
   b) Zwischen Russenfilmen und roter Revue: Kultur im Wandel ... 181
   c) Träume vom Einküchenhaus und freier Liebe: Veränderungen im Alltag? ... 189
2. Jungsozialisten und junge Arbeiter: zwei Lebenswelten ... 192
   a) Wohnverhältnisse, Familienbindungen und Freizeitverhalten ... 192
   b) Arbeiterjugendbewegungskultur im Zwiespalt ... 194

## VIII. Zusammenfassung, methodologische Schlußfolgerungen und Ausblick ... 198

Anmerkungen ... 209

Nachwort von Peter Lösche: Noch ein Buch zur Geschichte der Arbeiterbewegung? ... 245

Anmerkungen zum Nachwort ... 252

Abkürzungsverzeichnis ... 254

Quellenverzeichnis ... 256

Personenregister ... 275

# I. Einführung

## 1. Beweggründe, Zielsetzung und Fragestellung

Bereits 1983 hat der Verfasser dieser Schrift ein Buch über die Weimarer Jungsozialisten veröffentlicht.[1] Die Darstellung beschränkte sich dabei im wesentlichen auf den Zeitraum 1925 bis 1931, als die Jungsozialisten einen mehrheitlich linkssozialistischen Kurs verfochten. Eine solche zeitliche und damit auch inhaltliche Begrenzung entsprach den Wünschen der Auftraggeber und Herausgeber des Buches, sie deckte sich aber auch mit den damaligen politischen und erkenntnisleitenden Interessen des Autors. Die Geschichte der Jungsozialisten bis 1925 schien ihm wenig interessant. Nach allem, was man wußte, handelte es sich bis dahin um eine Organisation, die zunächst eine eigentümliche Kopie des bürgerlichen Wandervogels darstellte und dann mehr und mehr ins nationalistische Fahrwasser abdriftete. Der jugendliche Linkssozialismus hingegen mochte über beachtenswerte, vielleicht gar aktuell fruchtbar zu machende Überlegungen und Alternativen zur legalistischen, parlamentsfixierten, attentistischen, immobilen, letztlich jedenfalls gescheiterten Strategie des „rechten" Parteiflügels verfügen — so zumindest lauteten die gängigen Stereotype, die auch der Verfasser wie selbstverständlich vorausgesetzt hatte. Doch schon beim Schreiben, gleichsam Seite für Seite mehr, setzte so etwas wie Irritation, schließlich ein Prozeß der Desillusionierung über den Linkssozialismus ein. Einerseits war das, was man pauschal als die Linksopposition in der SPD bezeichnete, komplexer zusammengesetzt, regional verschiedenartig ausgeprägt und in ihrer Struktur, in ihren Voraussetzungen, Entwicklungen und Resonanzen allein durch die exegetische Untersuchung des Schrifttums nicht zu begreifen. Andererseits erfüllten die Schriften, die Periodika und Broschüren des linken Jungsozialismus eben größtenteils nicht das, was sich der Verfasser in seinen zweifelsohne überspannten und gewiß auch unhistorischen Erwartungen davon versprochen hatte. Einen realpolitisch-revolutionären Ausweg wiesen die gebetsmühlenartig wiederholten Forderungen nach rücksichtsloser Oppositionspolitik, Austritt aus der Koalition, energischem Klassenkampf und proletarischer Diktatur nicht; dazu mangelte es ganz einfach an wirklichen Realanalysen der gesellschaftlichen und der sozialen Konstellationen, an einer verantwortungsbewußten Auslotung der Kräfteverhältnisse. Es fehlte an einer differenzierten Strategie, sei es zur Verteidigung oder sozialen Fundierung einer politischen Demokratie, sei es zur ernsthaften Vorbereitung einer gewalttätig-revolutionären Auseinandersetzung. Kaum ein Linkssozialist hat je einen Gedanken an Fragen des Aufbaus und der sozialen Regulierungsmechanismen der für wünschenswert gehaltenen sozialistischen Gesellschaft verschwendet.[2]

Gleichwohl: es gab Ausnahmen, es existierten Persönlichkeiten, vielleicht sogar Strömungen, die in dieses Negativbild nicht hineinpassen wollen. Für solche Andersartigkeiten, gleichsam die Binnendifferenzierung geistiger Strömungen, hat sich die vorliegende Arbeit besonders interessiert. Neben dieser, wenn man so will, politikwissenschaftlichen Neugier richtet sich das historische Interesse auf die Klärung folgender Fragen: In welchen gesellschaftlichen Zusammenhängen und unter wie gearteten Bedingungen der politischen Kultur konnte ein solcher Linkssozialismus entstehen? Wer waren seine Träger und Rezipienten? Warum wurden solche linkssozialistischen Deutungen – gerade wenn man sie aus der Retrospektive eher skeptisch betrachtet[3] – in der besonderen Zeitsituation von einer bestimmten Schicht sozialistisch engagierter Jugendlicher als angemessene und plausible Erklärungen ihres Erfahrungsbereichs produziert oder zumindest goutiert?

Doch dies war nicht der einzige Anstoß, der den Verfasser zur Beschäftigung mit der Frühphase des Jungsozialismus bewegte. Im Zusammenhang mit einem anderen wissenschaftlichen Projekt, das nach der Bedeutung des Austromarxismus für die reichsdeutsche Sozialdemokratie nach Verabschiedung des Linzer Programms 1926 fragte, stieß er auf eine überraschende Nähe einiger früherer Jungsozialisten aus dem Hofgeismarkreis zu programmatischen Elementen der gemeinhin als linkssozialistisch eingestuften österreichischen Sozialdemokratie.[4] Mehr noch: politische Vorstellungen von ehemaligen Hofgeismarern wie etwa Theodor Haubach und Karl Mierendorff schnitten sich ganz offenkundig mit den Überlegungen einiger Jungsozialisten des gemäßigt linken Flügels. Offenbar hatte dies allerdings weder zeitgenössisch Aufsehen erregt, noch nahm die Forschung bislang davon ausreichend Notiz. Sicher repräsentierten Haubach und Mierendorff keineswegs die gesamte Gruppe derjenigen jungen Sozialdemokraten, die man üblicherweise als „aktivistische" oder „militante Rechte" tituliert. Es lassen sich in dieser Gruppe für die frühen 30er Jahre unschwer noch einige andere Strömungen identifizieren: solche, die in erster Linie einen etwas romantischen, mitunter recht aggressiven Nationalismus verfolgten, solche, die als bürgerliche Radikaldemokraten soeben zum Sozialismus konvertiert waren, solche, die einen ethisch-kantianischen Sozialismus in heftiger Kritik des klassischen Marxismus propagierten und schließlich solche, die als religiöse Sozialisten gegen eben jene Kantianer die Dialektik des Marxismus hochhielten, um sie mit Lebensphilosophie und nietzscheanischem Kulturpessimusmus dem Geiste der Zeit entsprechend anzureichern. All das präsentierte sich verwirrend vielfältig und widersprüchlich, war und ist gängigen Etiketten zum Trotze mit „links" und „rechts" analytisch höchst unzureichend in den Griff zu bekommen und ermunterte geradezu, sich mit der Genese dieser heterogenen Gruppe näher zu befassen. Die Blickrichtung wies auf die Entstehungsgeschichte der jungsozialistischen Bewegung und auf die Entwicklung des Hofgeismarkreises. Die Frage lag nahe, inwieweit solche Differenzen bereits in der frühen jungsozialistischen Phase, inwieweit sie in dem zumeist mit pauschal-eindeutigen Zuordnungen bedachten Hofgeismarkreis angelegt oder gar ausgeprägt waren, im welchem Verhältnis Abgrenzungen *und* Verbindendes, Besonderheiten *und* Identisches im *gesamten* Jungsozialismus zueinander standen.

Dafür, daß es sich lohnen würde, zu den Quellen der jungsozialistischen Bewegung zurückzugehen und dabei die Aufmerksamkeit jenseits aller Flügelkämpfe auf *identische* Muster politisch-gesellschaftlicher Erfahrungen und Artikulation zu richten, sprach eine weitere Beobachtung von Äußerungen und Handlungen ehemaliger Jungsozialisten in den frühen 30er Jahren. Die kritischen Einwände, die in jenen Jahren von Angehörigen der „jungen Generation" in der SPD gegen die Politik ihrer Partei in einem Ton appellierender Dringlichkeit vorgebracht wurden, zeichneten sich durch Argumentationszüge aus, die zahlreichen Jungsozialisten der „ersten Stunde", ganz gleich auf welcher Seite sie in den zurückliegenden Scharmützeln jungsozialistischer Auseinandersetzungen gestanden hatten, gemeinsam waren. Die heftigen Polemiken gegen die Erstarrung des Apparats und die Verkrustung der Organisation, gegen die

Unbeweglichkeit der Parteistrategie und die Kurzatmigkeit des Reformismus – das las sich in Publikationen einst linkssozialistischer Jusos kaum anders als in den Stellungnahmen ihrer früheren Konkurrenten des sogenannten rechten Flügels. Ein hervorstechender Subjektivismus, ein verblüffendes Wechselspiel von voluntaristischer Heftigkeit und resignativen Anzweiflungen, das Bedürfnis nach kulturell-lebensweltlichen Zeichensetzungen künftigen Sozialismus bereits im Hier und Jetzt und das Verlangen nach symbolisch neuartiger Durchdringung konventioneller Politikstile gehörten geradezu zum Kennzeichen dieser um 1900 geborenen Sozialdemokraten, transzendierte alle fraktionellen Grenzen und war weder bei den später Geborenen noch bei den Älteren in dieser Bündelung, die es zum Charakteristikum werden ließ, anzutreffen.

Den Weimarer Jungsozialismus also allein aus der Paraphrasierung und ideologiekritischen Interpretation seiner Theoriedebatten verstehen zu wollen, mußte zwangsläufig zu kurz greifen. Vieles sprach dafür, daß es sich beim Jungsozialismus um eine spezifische Generationserfahrung und um einen Generationsausdruck in einem besonderen Milieu sozialistischer Jugendlicher handelte, und es schien von Gewinn, hier die in letzter Zeit immer häufiger verwandte Generations-Prägungs-Hypothese[5] auf ihre Brauchbarkeit hin zu überprüfen, sie methodisch und substantiell vielleicht zu präzisieren und zu verfeinern.

Anders gewendet und weiter ausgeholt: all das, was die Jungsozialisten an theoretisch vermittelten Diskursen, Deutungen, Orientierungsentwürfen, Metaphern und Symbolen hervorgebracht haben, soll ernstgenommen, ausführlich nachgezeichnet und diskutiert werden. Der Verfasser sieht eine Ideengeschichte – wenn sie differenziert argumentiert, sich von vorgestanzten Interpretationsschemata zu lösen vermag, den sozialen Produktionsprozeß von Ideen miteinbezieht – noch nicht als obsolet an.[6] Sich über Ideen, über theoretische Erklärungen zu definieren, durch Wissen und Bildung zum Handeln zu kommen, gehörte – modisch formuliert – zweifelsohne zum Alltag eben dieser Jungsozialisten, die vom früheren sozialdemokratischen Reichsjustizminister Gustav Radbruch einmal treffend so charakterisiert wurden:

„Die Jungsozialisten aber wissen um die Notwendigkeit der Verstandesbildung und in ihren Reihen verwirklicht sich immer aufs neue das schönste Symbol der Arbeiterbewegung: der junge Arbeiter, der nach des Tages Last und Mühen sich des Nachts beim Lampenschein über die Werke der sozialistischen Klassiker beugt."[7]

Aber gewiß wäre es zu einfach, den theoretischen Diskurs kurzerhand mit dem Alltag zu assoziieren oder gleichzusetzen, um mit einem solchen Kunstgriff eine ganz und gar traditionell bleibende Ideengeschichte gleichsam alltagsgeschichtlich zu veredeln. Denn gerade eine Charakterisierung wie die von Gustav Radbruch, auch die oben angeführten Beobachtungen über gemeinsame Grundzüge in manchen psycho-sozialen und kulturellen Ausdrucksformen sonst politisch-theoretisch anders zu lokalisierender Jungsozialisten provoziert regelrecht die Frage, mit was für einem Typus von Arbeiterjugendlichen wir es hier zu tun haben, der Befriedigung und Erfüllung in abendlicher Bildsamkeit fand, überdies dabei intellektuelle Vorlieben pflegte und mit akademischen Außenseitern verkehrte, die sonst in der Arbeiterbewegung keineswegs wohl gelitten waren und deren Ausstrahlungskraft hier ganz besonders eruiert werden soll. Das wirft des weiteren die Frage auf, aus welchen generationsspezifischen Erfahrungen, Lebensweisen und Zeitgeistprägungen heraus dieser Typus von Arbeiterjugendlichen seine Deutungen und Erklärungsmuster zusammengesetzt bzw. von intellektuellen Sonderlingen aus dem gebildeten Bürgertum geborgt hat, aus was für Stimmungen, geistigen Einflüssen, Bedürfnissen er seine habituellen Gewohnheiten und Attitüden entwickelte. Das Interesse gilt daher dem Habitus und Persönlichkeitstyp, der Blick richtet sich auch auf die Lebensformen, auf das Liedgut und die Tänze, die Sexualität und die ästhetischen Vorlieben einer Bewegung, die schließlich eine erneuerte Kultur und die Politisierung des Alltags auf ihr Panier geschrieben hatte und daher mit einer drögen Analyse allein ihres „Staatsverständnisses" noch posthum um ihr Schwungbein amputiert werden würde.

Gleichwohl ist es nicht das Ziel der Untersuchung, eine trockene Ideengeschichte mit pittoresken Schilderungen aus der jungsozialistischen Alltagswelt etwas farbiger und dadurch gefälliger zu drapieren, quasi einen dekorativen Rahmen für ein wenig anheimelndes theoriegeschichtliches Portrait zu kreieren. Versucht wird, die Verschränkung beider Sphären im Jungsozialismus zu deuten: Wie konnten sich Mentalitäten, Lebenswelten und Milieuerfahrungen zu sinnstiftenden Sentenzen theoretischen Anspruchs verdichten und in reale Handlungen transformieren? Dabei gilt es darzulegen, wie solche Topoi auch zu einer je eigenen und eigenwilligen Art der Interpretation von Wirklichkeit führten und Handlungsweisen zu strukturieren vermochten. Auch das, was hier bislang als generationsspezifische Erfahrung und Ausdrucksform recht allgemein bezeichnet wurde, soll in seine verschiedenen Faktoren zerlegt werden, um diese auf ihre Bedeutung in einem komplexen Beziehungsgeflecht von Einflüssen hin zu überprüfen. Beabsichtigt ist, die Relevanz und Prägekraft von differenten subjektiven und objektiven Determinanten – das (regionale) Milieu, die soziale Herkunft, die Sozialisation in der Gruppenkultur, der „vital horizon" einer Gesamtkultur, das gesellschaftliche und politische Umfeld und nicht zuletzt der *Charakter* der präferierten Weltanschauung – in je anders gearteten historischen Konstellationen zu gewichten und zu bestimmen. Kurz und mit schlichten Worten zusammengefaßt: der Verfasser interessierte sich besonders für den theoretischen Diskurs, wollte aber auch wissen, was das für junge Leute waren, die da so vehement nach intellektueller Orientierung Ausschau hielten und sich heftig darüber stritten. Er wollte erklären können, warum und wie sie das taten, woher sie ihre Anstöße bekamen und was sie daran – wieso – faszinierte, wieviel davon originär und originell, wieviel von anderen Gruppen/Strömungen – und weshalb – entlehnt war und in welchem geistig-kulturellen und politischen Klima solche theoretischen Produktionen und Rezeptionen gedeihen konnten. Alles in allem: der Diskurs wird sowohl ideologiekritisch und normativ als auch aus den Bedingungen der Zeitsituation heraus interpretiert und bewertet. Gemessen an den Kriterien der modernen Sozialgeschichte ist die Arbeit im übrigen etwas altmodisch, aber nicht ganz unstatthaft geschrieben, da sie die aufgeworfenen Fragen nicht systematisch abhandelt, sondern versucht, „die Strukturen und Prozesse über Ereignisse und Personen (und Ideen; d. Verf.) zur Darstellung zu bringen und insofern auch zu erzählen"[8].

Die Arbeit beginnt im Kapitel II damit, die Entstehung und Differenzierung des Jungsozialismus und seine anfänglichen kulturell-lebensreformerischen Aspirationen aus den besonderen Sozialisationserfahrungen seiner Initiatoren im Zusammenhang mit dem Zeitgeist der unmittelbaren Nachkriegsjahre zu rekonstruieren. Mit dem Blick auf den veränderten Zeitgeist, auf den Wandel der Kultur und den Wechsel der Generationen zur Mitte der 20er Jahre, als die Jungsozialisten eben nicht zuletzt deshalb auch eine politische Zäsur erlebten, schließt die Darstellung durch das Kapitel VII ab. In den dazwischenliegenden Kapiteln III, IV, V und VI wird auf die Stufenfolge der Politisierung und Gruppenbildung im Jungsozialismus eingegangen und zudem angestrebt, die geistigen Strömungen in ihrer Vielfalt, Gegensätzlichkeit und Verflochtenheit im einzelnen zu analysieren, um sie, soweit als möglich, im Kontext des politischen und gesellschaftlichen Geschehens zu reflektieren und auf Herkunft und Abhängigkeit von beispielhaft ausgesuchten regionalen Milieus hin zu untersuchen. Die Darstellung der *politischen* Geschichte der jungsozialistischen Bewegung in ihrer frühen Phase endet schließlich mit der Jenaer Reichskonferenz Ostern 1925, als sich die Linkssozialisten durchsetzten und fortan die Geschicke der Organisation bestimmen konnten. Dort allerdings, wo der Verfasser Lücken seiner 1983 erschienenen Publikation schließen bzw. Zusammenhänge von früh herausgebildeten Strukturen mit später wirkungsreichen Folgeentwicklungen deutlich machen wollte, wird vereinzelt die Perspektive auch auf Ereignisse und Prozesse der Zeit nach 1925 gerichtet, und es werden diese mit den präformierenden Faktoren der frühen 20er Jahre zu verknüpfen versucht.

## 2. Forschungsstand und Quellenmöglichkeiten

In den letzten Jahren sind zwar einige Schriften mit wissenschaftlichem Anspruch publiziert worden, die sich ausführlicher oder ausschließlich mit dem Weimarer Jungsozialismus befassen, gleichwohl hat das 1983 geschriebene Urteil von Helga Grebing und Dories von der Brelie-Lewien, „daß es über die Arbeiterjugendbewegung merkwürdigerweise wenig aufgearbeitetes Material gibt"[9], immer noch Bestand. In einer gewissen Weise leiden einige dieser Publikationen darunter, daß ihre Autoren engagierte Funktionäre des linken Flügels der heutigen sozialistischen Jugendorganisationen sind und sich mit der historischen Linksopposition geradezu vorbehaltlos und bar aller kritischen Reflexionen identifizieren. Zudem verharrt man dabei allein auf der Ebene der theoretischen Diskussion, die mit einem verblüffend simplen Strickmuster von „links" versus „rechts", „bürgerlich-idealistisch" bzw. „reformistisch" contra „marxistisch" oder von „klarsichtiger Parteiopposition" gegen „repressiven Parteiapparat" dargeboten wird. Der „Parteiapparat" — was immer das auch sein mag — inkarniert überhaupt das Übel schlechthin, steht auf der Skala des Verachtenswerten gleich hinter der Bourgeoisie und dem Monopolkapital, und mit einer Vehemenz, als gelte es die Schlachten auf den sozialdemokratischen Parteitagen doch noch post festum zumindest moralisch für die „Linke" zu gewinnen, fechten einige Autoren gegen den Kurs von Otto Wels und Rudolf Hilferding; letzterer im übrigen in seiner Bedeutung für die politischen Handlungen der SPD allseits überschätzt und überdies noch mißverstanden.[10] An die „revolutionäre Alternative" der Linken indessen *glaubt* man im wesentlichen nur, frohlockt über die klassenkämpferische Sprache, ist entzückt, wenn der Staat als Instrument der herrschenden Klasse „richtig" eingeschätzt ist, unterläßt es aber, die Realitätsadäquanz und Folgewirkungen der linkssozialistischen Vorschläge ernsthaft am Beispiel je besonderer historischer Bedingungen zu überprüfen und zu diskutieren. Der gesellschaftliche Zusammenhang der theoretischen Debatte wird – höchst unmarxistisch! – kaum einmal konkret und präzise analysiert. Die Theorie steht für sich, ist mehr Weltanschauung mit Prinzipien, die vorausgesetzt sind und ein für allemal feststehen.

Das gilt zweifellos weniger für die beiden in der Fachliteratur zur Geschichte der Arbeiterbewegung bekanntesten Aufsätze: für die knappe Überblicksdarstellung von MARTINY in einem der beiden von LUTHARDT herausgegebenen Bände über die sozialdemokratische Arbeiterbewegung in den letzten sechs Jahren der Republik und für die in der IWK erschienene Spezialstudie von HÄGEL über die Stellung der sozialdemokratischen Arbeiterjugend zu Staat und Partei.[11] MARTINYs im übrigen ungenau betitelter Aufsatz enthält dabei nicht mehr – und sollte dies auch nicht – als einen einführenden Überblick über die Entwicklung der jungsozialistischen Bewegung in ihrer letzten Phase. HÄGELs Studie geht aus einer Examensarbeit hervor, beruht dementsprechend auf einer knappen Materialbasis, ist daher etwas zu eng gefaßt und kommt infolgedessen – wie wir noch sehen werden – zu mitunter vorschnell verallgemeinernden Urteilen, die sich bei Heranziehung neuer Quellen so nicht halten lassen. Gemessen an seiner Zielsetzung und thematischen Eingrenzung überzeugt der Aufsatz dennoch durch eine überlegte und klare Argumentation und zahlreiche reflektierte und fundierte Interpretationen, die überaus anregend für eine erweiterte Fragestellung sind.

Einem vielversprechenden Beginn fehlte indessen die produktiv-weiterführende Fortsetzung. Die im Jahr 1981 veröffentlichte Dissertation von UELLENBERG über „Die Auseinandersetzungen sozialdemokratischer Jugendorganisationen mit dem Nationalsozialismus" kommt über eine Paraphrasierung von Zeitschriftenaufsätzen nicht hinaus.[12] UELLENBERG hat das historische Geschehen in fünf Phasen eingeteilt, um Phase für Phase die zentralen Periodika der Jungsozialisten, der SAJ, der Gewerkschaftsjugend, der Sport- und Turnjugend, des Jungbanners nach ihrer Haltung zum Nationalsozialismus abzufragen. Kurz: die Arbeit läßt konzeptionelle Phantasie missen, die Fragestellungen sind zu unpräzise und zu wenig neugierig. Originelle Gedanken sind rar, die Interpretationen halten sich ängstlich an die gängigen Schablonen.

Verglichen mit dem, was danach kam, hat aber UELLENBERG noch vergleichsweise angenehm differenziert argumentiert. Denn nun präsentierten zwei Autoren, die sich bislang am ausführlichsten über die Weimarer Jungsozialisten ausgelassen haben, das, was eingangs als orthodox-linker Gesinnungshistorismus beschrieben und kritisiert wurde. Es handelt sich um die veröffentlichte Staatsexamensarbeit von LÜDERS über die Jungsozialisten nach 1925 und um die im Marburger „Verlag Arbeiterbewegung und Gesellschaftswissenschaft" erschienene Dissertation von LÜPKE „Zwischen Marx und Wandervogel"[13]. Obgleich die Jungsozialisten zu einem großen Teil eine Kultur- und Lebensreformbewegung waren und ohne diese Aspekte letztlich kaum zu begreifen sind, hat dies nicht den geringsten Niederschlag in den beiden Arbeiten gefunden. Doch auch noch auf dem Gebiet der Theoriegeschichte beraubt man die historischen Jungsozialisten um ihre Vielfalt in den ideellen Impulsen und gedanklichen Ausarbeitungen.[14] Es hat eben nicht *den* jungsozialistischen Marxismus gegeben – übrigens auch nicht *den* jugendbewegten, idealistisch-ethischen Jungsozialismus, ebensowenig wie *den* Hofgeismarsozialismus, über den LÜPKE in dieser pauschalen Form schreibt –, sondern eine ganze Palette erkenntnistheoretisch höchst eigenwilliger und konzeptionell andersgearteter Strömungen, die verschiedenartige Anstöße des Marxismus aufgenommen und teilweise eigenständig verarbeitet haben. Wer schon ausschließlich ideologiekritische Zielsetzungen vertritt, sollte wenigstens diesen Reichtum der Ideengeschichte erhalten und ihn nicht zu einem faden Aufguß parteimarxistischer Formeln des 19. Jahrhunderts verkommen lassen. Noch unverständlicher ist, warum sich besonders LÜPKE offenkundig niemals mit der geradezu aufzwingenden Problem- und Fragestellung belasten wollte, *weshalb* nun der eine Teil der Jungsozialisten „marxistisch" war und *wieso* der andere „bürgerlich-jugendbewegt" oder bestenfalls „ethisch-idealistisch" dachte. Hatten die einen das Glück, so möchte man polemisch fragen, von einem klassenbewußten Vater in der rechten Stunde das „Erfurter Programm" in die Hand gedrückt zu bekommen, die anderen das Pech, in ihrer unschuldigen Naivität Bernsteins „Voraussetzungen des Sozialismus" aus dem Bücherschrank der Eltern herausgegriffen und gar gelesen zu haben? Da muß doch mehr als unglückliches Lektüreverhalten vorgelegen haben, daß eine ganze Generation von Jungsozialisten sich von der dominanten Parteitheorie abgestoßen und zum Lebensstil der Freideutschen angezogen fühlte.

Das Dilemma des Ansatzes jener beiden Autoren zeigt sich besonders da, wo sie auf regionale Gliederungen der Jungsozialisten eingehen. Man erfährt dann, wieviel Gruppen in den Bezirken existiert haben, wieviele Veranstaltungen und Konferenzen im Jahr durchgeführt wurden, wo ein resolutionsmäßig festgestelltes gutes oder schlechtes Verhältnis zur Partei/SAJ herrschte, wo und wieviel Entschließungen für den „linken" oder „rechten" Flügel verabschiedet wurden. Nun mögen solche organisationspolitischen Fakten nicht gänzlich bedeutungslos sein, aber interessant werden solche Informationen sicher erst dann, wenn damit die Frage zu klären versucht wird, *warum* dies alles in dem einen Bezirk so, in den nächsten ganz anders gewesen war, warum beispielsweise die Breslauer Jungsozialisten „links", die Ruhrgebiets-Jusos hingegen „rechts" waren. Interessant also wäre eine sozialgeschichtliche *Interpretation,* nicht eine organisationspolitische *Addition* solcher Daten; kurz: interessant wäre ein Blick auf die Konstellationen und Traditionen des jeweiligen Parteimilieus. Für die Geschichte der Weimarer Parteilinken hat Dietmar KLENKE diese Aufgabe in seiner bahnbrechenden, von der Forschung allerdings immer noch kaum zur Kenntnis genommenen Dissertation wegweisend gelöst.[15] Jene beiden Historiker des Jungsozialismus hingegen haben dafür nicht einmal Ansätze – und mehr ist ohnehin nicht erreichbar – geliefert.[16]

Für einige der deprimierenden Mängel in der Sekundärliteratur wird man indessen entschädigt durch zwei glanzvolle Autobiographien, die zu den besten ihres Genres überhaupt zählen dürften: es handelt sich um die Lebenserinnerungen der beiden früheren prominenten Hofgeismarer Jungsozialisten August RATHMANN und Franz OSTERROTH.[17] RATHMANNs Autobiographie „Ein Arbeiterleben" hätte vielleicht besser den Titel „Als Arbeiterstudent unter sozialistischen Intellektuellen" getragen. Exakt darum nämlich geht es, und exakt dies war ein Charakteristikum vieler Weimarer Jungsozialisten, ohne daß wir darüber näheres aus den Artikeln in den zentralen Periodika erfahren könnten. RATHMANNs Erinnerungen erleichtern es daher, diesen Typus eines jungen Facharbeiters zu begreifen, der nach mehr Wissen drängte, der den steinigen und überaus entbehrungsreich-harten „zweiten Bildungsweg" auf sich nahm und dabei Kontakte und enge Beziehungen zu sozialistisch orientierten Akademikern knüpfte. RATHMANNs kenntnisreiche und außerordentlich informative biographische Erläuterungen über den Werdegang dieser dem Jungsozialismus verbundenen Intellektuellen – u. a. Gustav Radbruch, Hermann Heller, Alfred Meusel, Hendrik de Man, Eduard Heimann und v. a. Paul Tillich – und deren spannungsreiche Beziehungen zur Arbeiterbewegung bilden einen besonderen Vorzug dieses Buches. Anders als Franz OSTERROTH und viele sonstige Memoirenschreiber der Weimarer Jugendbewegung ist RATHMANN, der sich seit seiner frühen Jugend bis ins hohe Alter um die lebendige Erneuerung der „irrational-seelischen" Elemente im Sozialismus bemüht, in seiner Darstellung gänzlich unpathetisch, kühl-rational fast und in seinen Reflexionen über theoretische Fragen auch für den politikwissenschaftlich Interessierten mit großem Gewinn zu lesen. Der Historiker muß allerdings achtgeben, darf sich von der Virtuosität der Gedankenführung RATHMANNs nicht verführen lassen; denn der einstige Hofgeismarer ist stets darum bemüht, die politische Linie, die sein Freundeskreis vertrat, als eine von Beginn an eindeutig demokratisch-sozialistische auszugeben, was sie indessen keineswegs war.

Franz OSTERROTH ist da ehrlicher, man kann durchaus sagen „authentischer" als sein alter Freund RATHMANN. OSTERROTH schreibt auch über Kuriositäten, leugnet Irrwege nicht, findet sie, sicher nicht zu Unrecht, auch ganz normal für nach politischer Orientierung ausschauhaltende Jugendliche. OSTERROTH ist weniger „theoretisch", dafür viel „atmosphärischer" und „wärmer"; seine lebensweltlichen Schilderungen der regionalen sozialdemokratischen Milieus und Jugendgemeinschaften (Ruhrgebiet/Frankfurt/Berlin/Hamburg/Magdeburg), in denen er gelebt und gewirkt hat, sind von ausdrucksstarker Farbigkeit und Kenntnisreichtum. Dank seines erstaunlichen Gedächtnisses vermag OSTERROTH unbekannt Biographisches und Charakteristisches über Persönlichkeiten der sozialistischen (Jugend-)Bewegung zu überliefern, von denen wir sonst bestenfalls nur noch die Namen kennen würden. Aber auch OSTERROTH ist dort, wo es um die Auseinandersetzungen zwischen den Gruppen im Jungsozialismus geht, parteilich. Seine Informationen und Wertungen sind dann mit der gebotenen Zurückhaltung und kritischen Distanz zu gebrauchen.[17]

Der Verfasser hat sich um eine Erweiterung der Quellenbasis „Zeitzeugenerinnerung" während seiner eigenen Forschungsarbeiten intensiv bemüht. Es gelang, insgesamt noch 74 auskunftswillige und – angesichts des hohen Alters nicht selbstverständlich! – auskunfts*fähige* Zeitgenossen der sozialistischen Jugendbewegung zu finden. 54 davon wurden z. T. mehrere Male schriftlich, die restlichen 20 mündlich, manchmal auch danach noch zusätzlich schriftlich befragt. Einige haben überdies umfassende Berichte über ihre Zeit in der sozialistischen Jugendbewegung verfaßt, gleichsam so etwas wie Memoirenfragmente abgeliefert. Die Befragung setzte überall dort ein, wo die schriftlichen Quellen schwiegen, wo etwa Auseinandersetzungen und Konflikte angedeutet, aber nicht näher beschrieben und präzisiert wurden, wo über wichtige Tagungen und Treffen kurz berichtet, aber wenig über Stimmungen, über das Debattenklima und die Diskussionsfronten vermittelt wurde. Die schriftlichen Quellen diktierten mithin zunächst die Auswahl der Zeitzeugen und die Richtung und Begrenzung der Fragestellung. Von den nicht-standardisierten Interviews eines Oral-History-Projekts, das von einem einzelnen ohne ein Minimum an technischer Ausstattung, materieller Unterstützung und wohl auch personeller Zuarbeit gar nicht seriös durchzuführen ist, also unterschied sich das Verfahren beträchtlich. Im übrigen aber hatte es ähnliche Probleme der Quellenverarbeitung und -kritik zu bewältigen:[19] die Gedächtnisleistungen der Zeitgenossen sind sehr unterschiedlich, die Erinnerungen spiegeln keineswegs authentische Lebenserfahrungen wider, in die Erzählungen und Berichte dringen gewandelte und neu zusammengesetzte Deutungsmuster ein, es mangelt an Repräsentativität; aus einigen Städten bzw. regionalen Milieus konnten trotz aller Bemühungen gar keine Zeitzeugen ausfindig gemacht werden.[20]

Der Verfasser hat daher versucht, mit dem Gebrauch der Zeitzeugenaussagen behutsam umzugehen. Besonders solche Berichte und Auskünfte, die überraschende Details enthielten und neuartige Erkenntnisse versprachen, wurden mit weiteren Quellen – in erster Linie Tageszeitungen – konfrontiert, um ihre Zuverlässigkeit zu überprüfen. Soweit sich die Darstellung eines Zeitzeugen über öffentliche Ereignisse mit den Berichten etwa der Tagespresse deckte, schien es legitim, auch die Teile der Erinnerungen heranzuziehen und zu verwerten, die jenseits der öffentlichen Beachtung und Achtsamkeit lagen. In aller Regel beeindruckten dabei die längeren Berichte – oben als Memoirenfragmente bezeichnet – durch ihre historische Genauigkeit, während bei den vergleichsweise knappen Ausführungen größere Vorsicht geboten war. Soweit mehrere Zeitzeugen übereinstimmende Auskünfte erteilten, schien zumindest dann eine großzügige Interpretierbarkeit möglich und statthaft, wenn jene Zeitzeugen nach ihrer gemeinsamen Jugendzeit den Kontakt zueinander verloren hatten und somit die Möglichkeit, daß durch häufig rückblickende Gespräche („Weißt Du noch, damals...") gewissermaßen Legenden aufgebaut, verfestigt und irgendwann dann von jedermann geglaubt wurden, schlechterdings nicht gegeben sein konnte. Andererseits wird man an dieser Stelle gewiß hinzufügen müssen, daß gerade solche Zeitzeugen, die die persönlichen Bindungen ihres Jugendmilieus lebenslang aufrechthielten und dabei die Erinnerungen ständig reproduzierten, zweifelsohne die informativsten und ausführlichsten Berichte mit einem in hohem Maße authentischen Charakter verfaßt haben, ja diese Authentizität durch ihre Erscheinung und ihr Auftreten als Anti-Alkoholiker, Nicht-Raucher, Naturfreunde, Freidenker, Friedensbewegte etc. bis ins hohe Alter tradiert und verkörpert haben.

In dieser Herausstellung der habituellen Momente lagen die Stärken und erkenntnisfördernden Vorzüge der Zeitzeugendokumente. Man kann sich danach die Jungsozialisten besser vorstellen; man weiß in etwa, wie sie sich die Haare wachsen ließen, was für Kleidung sie bevorzugt trugen, welche Lieder sie sangen, was sie am liebsten lasen – all das waren keine nebensächlichen und gleichgültigen Dinge, sondern ernst gemeinte Rituale und gemeinschaftstiftende Gewohnheiten. Ein anderes Beispiel: Man wird in einer Jungsozialisten-Zeitung sowohl 1920 als auch 1930 einen Artikel finden können, in dem der Autor den Tabakkonsum verwirft. Aus beiden Quellen die gleiche Schlußfolgerung zu ziehen, läge nahe, wäre jedoch grundverkehrt, wenn auch bei einer Beschränkung auf schriftliche Quellen wohl unvermeidbar. Eine Zeitzeugenbefragung indes zeigt rasch, daß diejenigen, die um 1900 geboren wurden und in den frühen 20er Jahren in den Jungsozialistengruppen ihre aktive Zeit hatten, ganz anders antworten als jene, die etwa 1910 zur Welt gekommen sind und in den späten Weimarer Jahren aktiv waren. Für die einen, die älteren, stand die Ablehnung der Zigarette im Rang eines Dogmas, die anderen rauchten zwar auch in der Regel nicht, machten aber auch keine Religion daraus und ließen rauchende Abweichler gewähren.

Zur Bearbeitung einer zentralen Fragestellung sind die Zeitzeugenerinnerungen unverzichtbar: bei der Frage danach, warum bestimmte Intellektuelle, die sonst als Außenseiter in der Arbeiterbewegung und insgesamt in der bürgerlichen Gesellschaft gegen

Argwohn und Mißtrauen zu kämpfen hatten, eine so große Resonanz bei den Jungsozialisten gefunden haben. Das läßt sich allein mit deren theoretischem Standort nicht erklären, das verweist auf ihren Habitus, auf pädagogische Fähigkeiten, charakterliche Eigenarten, rednerische Begabungen, auf ihre Attitüden und Ausstrahlungskraft, auf Persönlichkeitszüge und Eigenschaften mithin, die wir aus den Schriften nicht herausfiltern können, die aber zum Verständnis des Jungsozialismus konstitutiv sind.

Schließlich ermöglicht der Kontakt zu Zeitzeugen den Zugang noch zu anderen Quellen: Photos, Briefe, Zeitschriften und Broschüren, die sonst in Archiven und Bibliotheken nicht mehr aufzufinden sind.

Zum Schluß noch einige Bemerkungen zu einem Quellenmaterial, das der Verfasser – anders als die früheren Historiker des Jungsozialismus – für Fallbeispiele ausgiebig herangezogen und benutzt hat: die Tagespresse.[21] Es ist wohl eher die Regel als die Ausnahme, daß die Historiker vor der Auswertung von Tageszeitungen zurückschrekken. Die Durchsicht dieses Materials ist zugegebenermaßen in der Tat ausgesprochen zeitaufwendig und höchst mühselig. Überdies genießt die wissenschaftliche Präsentation von Ergebnissen archivalischer Recherchen in der Zunft – sehr zu Unrecht – ungleich größeres Ansehen. Zumindest aber dann, wenn man über soziale Bewegungen in demokratischen Gesellschaften forscht, nach der Entstehung und den Veränderungen von Ideen, Lebensformen und Ausdruckskulturen fragt, wird man den Vorzug von Pressedokumenten schätzen lernen.[22] Eine systematische Analyse von Tageszeitungen eröffnet Einsichten in langfristige Abläufe, Zusammenhänge, Verflechtungen, Trendverschiebungen und Stimmungswandel, die sich über Aktenbestände kaum erfassen lassen. Dies gilt in einem besonderen Maße für eine artikulationsfreudige Bewegung wie die der Jungsozialisten, die ihre (kontroversen) Ansichten etwa über Sozialismus-Konzeptionen und Probleme der Lebensgestaltung zu einem guten Teil in der publizistischen Arena austrug.[23] Während allerdings die Aufsätze in den überregionalen Monatszeitschriften auf einer eher abstrakten Ebene blieben, dokumentieren die Artikel in der Tagespresse ein Stück wirklicher Praxis: man erfährt, wie häufig sich Jungsozialisten in der Woche trafen, worüber sie sprachen, wie der Ablauf einer jungsozialistischen Festveranstaltung aussah, wohin die Jusos an den Wochenenden wanderten, welche Pädagogen ihnen in ihrer Bildungsarbeit mit Rat und Tat zur Seite standen, ob und in welcher Weise die Jungsozialisten an der Parteiarbeit teilnahmen, wo sie sich sonst noch in der Arbeiterbewegung engagierten und welche Konflikte sie durchzustehen hatten.

Nicht alle Tageszeitungen berichten darüber gleichermaßen ausführlich. Häufig findet man nur kleinere Notizen und kurze Ankündigungen in den Veranstaltungskalendern, und man muß oftmals viel Geduld aufbringen, um solche Durststrecken in der Lektüre durchzuhalten. Der Verfasser selbst hatte mit seiner spezifischen Schwerpunktsetzung großes Glück. Er interessierte sich besonders für die Breslauer Jungsozialisten, die – was einmalig im Weimarer Jungsozialismus blieb – mit einem radikal-linkssozialistischen Kurs spektakuläre Erfolge in der Parteiarbeit erzielten, über die man in den überregionalen Organen allerdings immer nur Andeutungen, selten Hintergründiges lesen kann. Aus den Informationen der „Breslauer Volkswacht", der sozialdemokratischen Tageszeitung in Mittelschlesien, läßt sich ein solcher Hintergrund rekonstruieren. Die „Volkswacht" besaß mit Immanuel Birnbaum und später Albert Kranold zwei ungewöhnlich versierte Journalisten, die liberal gesonnen waren und sich theoretischen Diskussionen gegenüber ausgesprochen aufgeschlossen zeigten. Hier kamen alle Parteirichtungen zu Worte, und auch über Aktivitäten der Jungsozialisten wurde vergleichsweise ausführlich berichtet. Am Beispiel Breslau hat der Verfasser so etwas wie eine Milieustudie und Ideengeschichte des linken Jungsozialismus und seiner Intellektuellen zu schreiben versucht. Dies mag man auch als einen kleinen Beitrag zur Überwindung der von einem Mitarbeiter des „Archivs der sozialen Demokratie" jüngst zu Recht beklagten „Westzentrierung" der Forschung ansehen.[24] Den deutschen Osten hat nicht nur die Geschichtsschreibung des Jungsozialismus, sondern die der Arbeiterbewegung insgesamt noch mit Aussicht auf beachtlichen Erkenntnisgewinn zu entdecken.

***

Ich schulde vielen, die mir in den letzten Jahren geholfen haben, großen Dank. Dabei sind gewiß voran die Zeitzeugen zu erwähnen, von denen manche über Jahre mit großer Geduld meine Neugierde ertragen haben. Wichtig waren zudem die Kollegen, die sich immer dann, wenn man Zweifel und Probleme hatte, Zeit für ein Gespräch nahmen: Gerd Storm ist da sicher zuerst zu nennen, der mir zudem Einblick in sein umfangreiches Quellenmaterial gewährte und mit zahlreichen Informationen weiterhalf. Auch an die vielen anregenden Diskussionen mit Michael Scholing und Heinrich Lienker erinnere ich mich gerne.

Zu danken bleibt auch den stets hilfsbereiten und außerordentlich sachverständigen Mitarbeitern des Informationszentrums der Universität Bielefeld. Ebenfalls hilfreich war die Unterstützung der Friedrich-Ebert-Stiftung, vor allem ein Stipendium, das ich eine Zeitlang erhielt. Ganz besondere Mühe haben sich mein Bruder Norbert und seine Frau Rita über etliche Monate und unter schwierigsten Umständen mit der Niederschrift und Korrektur des Manuskripts gegeben. Dafür danke ich ihnen sehr herzlich.

Nicht minder herzlich möchte ich meinen akademischen Lehrern Dank aussprechen, die viele Jahre lang meine Forschungen zur Geschichte der Arbeiterbewegung in der Weimarer Republik unterstützt und kritisch begutachtet haben: Prof. Dr. Helga Grebing und Prof. Dr. Peter Lösche aus Göttingen und Prof. Dr. Christoph Kleßmann und Prof. Dr. Jürgen Kocka aus Bielefeld.

Erträglich aber wurde die Einsamkeit am Schreibtisch nur dadurch, daß ich zwischendurch mit meinen kleinen Kindern herumtoben konnte. Ihnen und meiner Frau, die mir tagtäglich geholfen hat, möchte ich diese Schrift widmen.

## II. Gegen philisterhafte Bonzen und ungesunde Urbanität: Die Entstehung der jungsozialistischen Bewegung in der gesellschaftlichen Krise der unmittelbaren Nachkriegszeit

### 1. Die Wandlungen des Lebensgefühls in der mehrheitssozialdemokratischen Jugend

*a) Die Auswirkungen des Ersten Weltkrieges*

Vor dem Krieg war das Gruppenleben der sozialdemokratischen Jugend häufig kaum mehr als die etwas phantasielose Kopie der Bildungsabende eines sozialdemokratischen Ortsvereins. Getreu dem Vorbild der Erwachsenen erschienen auch die zumeist männlichen Jugendlichen sauber, korrekt, aber doch etwas steif gekleidet in Anzug, Hut und Krawatte zu den allwöchentlichen Lese- und Vortragsabenden. Dort setzten sie sich in ordentlicher Haltung auf die Stühle, um konzentriert, mit gefalteten Händen den Worten des in der Regel schon älteren Referenten ebenso diszipliniert wie widerspruchslos zu lauschen.[1] Ganz anders das Bild nach dem Ersten Weltkrieg: Eine seelisch zutiefst aufgewühlte Schicht 18- bis 25jähriger Sozialisten schloß sich nun in zahlreichen Großstädten Deutschlands spontan und eigenwillig zu sogenannten jungsozialistischen Gemeinschaften zusammen, in denen ein erstaunlich großer Anteil junger proletarischer Frauen[2] gemeinsam mit ihren männlichen Genossen einen neuen Lebensstil mittrug, der mit den Vorkriegskonventionen gründlich brach und sich durch lebensreformerisch-expressionistische Lebendigkeit in der Wahl der Kleidung, Haartracht und Umgangsformen auszeichnete. Die vier Jahre des Krieges hatten mithin erheblich zur Veränderung sowohl der Binnenstrukturen der sozialistischen Jugendorganisation als auch des Lebensgefühls der betroffenen jungen Generation in der Mehrheitssozialdemokratie beigetragen. Bis 1914 war in der SPD die Praxis selbstverwalteter Jugendorganisationen unbekannt. Die Leitung der die 14- bis 18jährigen Arbeiterjugendlichen umfassenden Gruppen lag in der Hand politisch gereifter älterer Funktionäre der Partei, die die Inhalte der im Vordergrund stehenden Bildungsarbeit bestimmten und den organisatorischen Verlauf der Vortragstätigkeit absicherten. Die Einberufung dieser zumeist wehrtüchtigen Männer zum Waffendienst an der Front seit dem Sommer 1914 sorgte nun für einen außerordentlichen Emanzipationsschub im Gruppenleben der sozialistischen Jugend. Im wesentlichen waren es die vom Militärdienst verschonten Angehörigen der Jahrgänge 1899/1900-1902, die zusammen mit den älteren Mädchen ohne den gewohnten Eingriff der Erwachsenen unvermittelt autonom und selbstverantwortlich den Gruppenbetrieb unter den schwierigen Bedingungen des Krieges weiterführen mußten.[3] Der Gewinn an Eigenständigkeit und Zuwachs an Selbstbewußtsein war dann nach 1918 nicht einfach wieder auf das Niveau der eher patriarchalischen Jugendpflege aus der Vorkriegszeit zurückzudrehen.[4] Durch die Verjüngung und Feminisierung bekam auch der Ablauf der nun etwas seltener stattfindenden Jugendversammlungen einen neuen Charakter. Mitbedingt durch den Ausfall der älteren Erzieher trat die Rolle der einst dominierenden Bildungsarbeit hinter die nun vorrangig gepflegten Formen der unterhaltenden Geselligkeit zurück.[5] Im übrigen war der Alltag der Arbeiterjugendlichen anstrengend und zermürbend genug, so daß das Verlangen nach ablenkender Zerstreuung bei Spiel und Gesang nur allzu verständlich war. Autobiographische Aufzeichnungen und Erinnerungen früherer Weimarer Jungsozialisten dokumentieren, welch verheerende Wirkung die zwölfstündige Arbeitszeit, die häufigen Nachtschichten und die überaus elende Ernährung für das psychische und physische Befinden der 15- bis 17jährigen Jungarbeiter hatten. Mit Schrecken erinnerte sich beispielsweise der im Jahre 1900 geborene Bochumer Jungsozialist Wilhelm Helf noch im Alter an diese unheilvollen Jugendjahre, die für ihn mit den traumatischen Erfahrungen der Apathie, des Verlustes jeglicher Lebensfreude und dem Hang zu Selbstmordgedanken verbunden sind.[6] Noch entsetzlicher aber war das seelische Chaos, das die Erlebnisse der Front und das „Stahlgewitter" im Innenleben der jungen Sozialisten der Jahrgänge 1895-1899 angerichtet hatten. Während noch ihre Väter und Großväter in den Jugendjahren nahezu naturwüchsig in das geordnete Milieu der zukunftsgewissen Sozialdemokratie hineingewachsen waren, mußte diese Generation der 1890er Kohorten in der lebensgeschichtlich entscheidenden Phase der politischen Begriffsbildung und bewußten Realitätsaneignung das schier unvorstellbare Grauen des täglichen Todes im Schützengraben verarbeiten. „Wir Jungen", so erinnerte sich 1921 der führende Berliner Jungsozialist Hans Turß noch deutlich erregt an die Schrecken des Krieges, „wurden zum überwiegenden Teil aus der Arbeiter-Jugendbewegung herausgerissen, heraus aus einer ruhigen Entwicklung und mitten in das furchtbarste Erlebnis, in den Weltkrieg, hineingeschleudert. Wir sahen, wie jahraus und jahrein sich Leichenhügel türmten; wir mußten selbst morden, Menschen morden, die wir nie gesehen, die uns nie etwas getan, die unsere Brüder waren, Proletarier wir wir. Da stieg Abscheu gegen das Massenmorden und die Sehnsucht nach einem besseren, schöneren Dasein in uns auf."[7] Ein gemeinsames Lebensgefühl einte die zwischen 1895 und 1902 geborene Generation der jungen Mehrheitssozialdemokraten am Ende des Krieges: Ein emphatisches Drängen nach Entlastung vom unerträglichen seelischen Druck, das Verlangen nach geistiger Orientierung im Gestrüpp der verwirrenden Ereignisse und die Hoffnung auf das „ganz Neue", „Schönere" und „Menschlichere" in den Sozialbeziehungen der künftigen Gesellschaft.

*b)  Spirituelle Krise und Sinnverlangen im Nachkriegsdeutschland:
    Zwischen Zen-Buddhismus und Mondschein-Existentialismus*

Freilich war die Erosion traditionell identitätsstiftender Deutungsmuster und die Suche nach spannungslösenden Ventilen ein die Jugend aller Sozialschichten der deutschen Gesellschaft berührendes Problem. Die Kriegsniederlage des Deutschen Reiches, der Zusammenbruch des kaiserlichen Systems, die revolutionären Kämpfe im Herbst 1918 und Frühjahr 1919 und die gewalttätigen Putschaktionen von links- und rechtsradikaler Seite verschärften die geistige Desorientierung und nährten den verbreiteten Eindruck, in einer Gesellschaft der forcierten Auflösung aller herkömmlichen Werte und Bindungen zu leben. Vor allem das öffentlich-kulturelle Leben der deutschen Großstädte war von einem fieberhaft-ekstatischen Taumel nahezu ungebändigter Vergnügungssucht und Tanzleidenschaft erfaßt.[8] Nachdem im Krieg der öffentliche Tanz verboten war, bewegten sich nun Hunderttausende in vibrierender Rhythmik nach dem Takt von Tango, Red Fox und Jimmy. Dieses „amerikanisierte" Freizeitbedürfnis begeisterte offenbar große Teile der jungen großstädtischen Arbeiterschaft in gleichem Maße wie die urbanen Angehörigen der Mittelschichten. Beim ruhelosen Umherirren auf der Suche nach einer befriedigenden Erklärung für das sie umgebende geistige und gesellschaftliche Chaos griffen hingegen wohl nur junge Bildungsbürger auf die offenbar verlockend virulenten apokalyptischen Visionen zurück oder aber suchten dann Trost in den mystischen Weisheiten östlicher Religionen wie dem Taoismus und Zen-Buddhismus, wenn sie sich nicht vorher schon einer ländlichen Siedlungsbewegung oder einer Schrebergarten-Initiative[9] oder den neuen millenarischen Strömungen messianischer Gottesführer deutscher Herkunft angeschlossen hatten.[10] Der fundamentale Zweifel jedenfalls an der Gültigkeit jahrzehntelang akzeptierter Interpretationsschemata führte vielfach zu einer Sehnsucht nach neuen Ordnungsentwürfen, die „Ganzheitlichkeit", „Erlösung" und glückliche menschliche Emotionalität im „Hier und Jetzt" versprachen. Alltag, Lebensgefühl und die ästhetischen Ausdrucksformen derjenigen 18- bis 25jährigen Mehrheitssozialdemokraten, die sich in den Jahren 1919 bis 1922 erstmals in jungsozialistischen Gemeinschaften zusammenfanden, waren in ihrer Nähe, aber auch in der Distanz zu spezifischen Erscheinungen solcher jetzt kräftig vagabundierenden Ideen, Moden und Attitüden von dieser Gesamtkultur der Nachkriegskrise geprägt.

Wer aber, so bleibt zu klären, wurde eigentlich Jungsozialist? Schließlich hatte sich nur ein kleiner durch Kriegserfahrung, Herkunft und Ausbildung besonders sensibilisierter Teil der jungen sozialistischen Generation an den zumeist spontanen Gründungen jungsozialistischer Gruppen beteiligt. Ihre Protagonisten kamen in der Regel aus traditionell sozialdemokratischen Elternhäusern; die Väter waren häufig Funktionäre in der Partei, Genossenschaft oder Gewerkschaft und folgten auch im Krieg dem Kurs des von Phillip Scheidemann und Friedrich Ebert repräsentierten Mehrheitsflügels. Die Jugendlichen standen auch in der beruflichen Ausbildung in der handwerklich-gediegenen Kontinuität und Aufstiegsmentalität der Väter; eine erstaunlich große Anzahl kaufmännischer Angestellter, im wesentlichen aber Schriftsetzer und Drucker, manchmal qualifizierte Metallarbeiter und Bergleute, durchaus auch Schneidergesellen, Stukkateure, Tischler und Hutmacher bildeten den Kern der jungsozialistischen Pioniergeneration.[11] Aufgewachsen mithin im typischen Milieu einer selbstbewußten, autodidaktischen, geschichtsoptimistischen, am sozialen Fort- und Weiterkommen mit und in der reformistischen Solidargemeinschaft der Sozialdemokratie interessierten Facharbeiterschaft[12], waren die frühen Jungsozialisten zwar durch die Irritationen der Kriegs- und Nachkriegszeit im Glauben an überlieferte sozialistische Leit- und Zielvorstellungen erschüttert worden, ohne aber die über berufliche Qualifikation und Bildungsimpetus vermittelte Identität verloren zu haben. Um es mit einem Schlaglicht auf die sozialgeschichtliche Situation des mitteldeutschen Raumes im Frühjahr 1919 anschaulich zu machen: Ein durchschnittlicher Jungsozialist beispielsweise aus Magdeburg, einer Stadt mit jahrzehntelang gewachsenen Industrietraditionen und einer Jungsozialistengruppe, deren führende Repräsentanten durchweg Schriftsetzer waren, befand sich in einer gänzlich anderen Lebenswelt als ein gleichaltriger Arbeiter der – 1916 quasi aus dem Boden gestampften – Leunawerke im benachbarten Merseburg. Dieser stand eher für den Typ des ungelernten, von Tradition und Elternhaus entwurzelten Jungarbeiters, der sich im Frühjahr 1919, enttäuscht über das Ausbleiben materieller Verbesserungen, mit und in der USPD durch eine Welle von Protest- und Streikaktionen radikalisierte[13], im übrigen aber während seiner Freizeit den in Juso-Kreisen verpönten Massenvergnügungen wie Kino, Rummelplatz und Tango nachging. Jener Jungsozialist aber war für die spontaneistische Radikalität der neuen

Arbeiterschichten in den Massenaktionen der zweiten Revolutionsphase nicht ansprechbar. Er suchte statt dessen, gleichfalls enttäuscht über den Gang der Revolution, die gemeinsame Diskussion und Erörterung mit charakterlich ähnlich disponierten, bildungshungrigen Genossen in kleinen Gruppen, um, dieser Form der Alltagskommunikation entsprechend, den Mangel an Wissen, Kompetenz, Kultur und Persönlichkeit für die Defizite der Revolution verantwortlich zu machen.

Gleichwohl war der historische Ort der Entstehung des Weimarer Jungsozialismus in den tiefen seelischen Gegensätzen zwischen den Generationen im Lager der mehrheitssozialdemokratischen Facharbeiterschaft selbst begründet. Eigentlich sollten, so sah es das offizielle Statut der Sozialdemokratie vor, die 18jährigen die „Arbeiterjugendorganisation" verlassen und in die Partei übertreten, um dort aktiv an den organisatorischen und propagandistischen Tätigkeiten mitzuwirken. Viele junge Sozialisten hatten nun aber erhebliche Schwierigkeiten, ihr Engagement vollständig in die Ortsvereinstätigkeit der MSPD hineinzuverlegen; zu sehr unterschied sich der nüchterne Ablauf der Zahlabende in den verräucherten Hinterstuben der Wirtshäuser von der lebendigen und nikotinfreien Geselligkeit, die man zuletzt in der „Arbeiterjugend" erleben konnte. Zu wenig auch fanden die an den nervenzerrüttenden Qualen des Weltkrieges noch leidenden jungen Sozialisten ihr drängendes Bedürfnis nach globaler Orientierung und umfassender Debatte der großen Zeitfragen im Routinebetrieb der örtlichen Parteiorganisation berücksichtigt. Die auf den Jahresversammlungen der Partei üblicherweise gehaltenen ausführlichen Referate über die Kassenverhältnisse, Mitgliederzahlen und Änderungen zum Vereinsstatut waren in den Augen vieler junger Sozialisten kaum mehr als das philisterhafte Geschwätz „verknöcherter Bürokraten" und „verspießerter Bonzen".[14] Auch die parteimarxistischen Topoi, die den verantwortlichen Sozialdemokraten noch in ihrer Praxis des sozialpolitisch konstituierten Republikanismus weiterhin einen sinnvermittelnden Deutungsrahmen für die reformistische Politik in der Weimarer Klassengesellschaft boten[15], vermochten große Teile der jungen Generation nicht mehr anzusprechen oder gar zu überzeugen. Zumindest die in der reichhaltigen Broschürenliteratur der MSPD immer noch feilgebotenen Sozialismus-Interpretationen der Vorkriegszeit muteten die bildungswilligen Jungarbeiter geradezu widersinnig an: Denn hatte nicht der enttäuschende Ausgang der Revolution deutlich gemacht, daß der Sozialismus keineswegs ein „naturnotwendiges" Resultat objektiver wirtschaftlicher Prozesse ist? Also mußte nicht vielmehr der „Mensch" statt der Ökonomie im Vordergrund sozialistischer Politik und, ja, Kultur stehen? Und hatte nicht erst die jüngste Vergangenheit bewiesen, daß das „marxistische" Proletariat nur am Lohnstandpunkt klebte und an einer umfassenden Emanzipation der Menschheit gänzlich uninteressiert war?

All diese tiefen Zweifel und skeptischen Fragen trieben die sensiblen Teile des sozialistischen Jungproletariats um, und, da die offiziellen Veranstaltungen kein Terrain für eine befriedigende Form der Erörterung boten, tat man sich zu jungsozialistischen Gemeinschaften zusammen. Dort nun hatte man endlich Möglichkeiten, die geradezu neurotischen Risse in der Persönlichkeitsstruktur durch geeignete Ausdrucksformen regelrecht auszuleben. Wenn Jungsozialisten in diesen frühen Weimarer Jahren an Wochenenden Gelegenheiten fanden, mehrere Stunden oder ganztägig beisammen sein zu können, dann lösten sich Phasen der schwermütigen Reflexion und des universell angelegten Philosophierens mit plötzlichen Ausbrüchen exzessiver Fröhlichkeit ab. Eben noch stritt man sich mit erhitzten Köpfen über die Grundlagen des menschlichen Seins oder lauschte melancholisch gestimmt den Worten eines Rezitators aus den bedrückend-dumpfen Novellen Dostojewskis, um sich sodann mit ausgelassener Freude einem munteren Spiel hinzugeben.[16] Diese eigentümliche Koexistenz von depressiven und hoffnungsvoll-aktiven Stimmungslagen blieb im übrigen ein konstanter Wesenszug bei dieser Generation der 1895-1902/03/04 Geborenen; in Krisensituationen der Republik schwankten die politischen Aktivisten dieser Generation — nicht nur der Arbeiterbewegung im übrigen — auch künftig stets zwischen fatalistischer Resignation und optimistisch verklärtem Voluntarismus.

In den frühen Monaten der jungsozialistischen Bewegung war der existentialistische Drang nach Welterklärung zweifellos dominierend, und noch nach Jahren und Jahrzehnten erinnerten sich die Beteiligten mit besonderer Sympathie und Vorliebe an diese Ära ihrer Jungsozialistenzeit, als es in ihren Köpfen „brauste und gärte", und man sich selbst für den „jungen Most" einer geistig veralterten Arbeiterbewegung hielt.[17] Abend für Abend trafen sich nun die Jungsozialisten in ihren Gruppenräumen in Schulen oder Jugendheimen, und nicht selten geschah es, daß sie auf dem Heimweg die begonnene Aussprache bis weit in die Nacht fortsetzten. „Wenn wir aus dem Jugendheim mußten", berichtete mit Wehmut rückblickend der führende Hannoveraner Juso Karl Wiechert Ende der 20er Jahre, „ging's auf die Straße bis nach Mitternacht weiter. Mondschein war überhaupt die beste Beleuchtung für diese schwierigen Debatten über die neue Gemeinschaft und den neuen Menschen."[18] Man brachte sich gegenseitig nach Hause, „stundenlang zu des einen Wohnung und wieder zurück zu des anderen"[19] und war froh, wenn man vor Anbruch des neuen Arbeitstages noch einige Stunden schlafen konnte, was durchaus nicht immer gelang, wie der Bochumer Jungsozialist Franz Osterroth in seinen Memoiren bekannte; denn es kam vor, daß man bei den nächtelangen Spaziergängen durch die düsteren Viertel der Ruhrstädte vor lauter Diskussionen die Orientierung verlor und erst im Morgengrauen entdeckte, wo man sich befand.[20] Die Breslauer Jungsozialisten, die an Wochenenden bis zum Sonnenaufgang in tiefschürfenden Erörterungen am Ufer der Oder ausharrten, bekamen dabei von einem morgendlichen Spaziergänger die Bezeichnung „Bettschoner" zugeworfen. „Und wir akzeptierten den Ausdruck Bettschoner", erzählte nach sechs Jahrzehnten schmunzelnd ein damals Beteiligter, „und machten daraus eine Art Symbol für unsere Jungsozialisten-Gruppe."[21]

## 2. „Wann wir schreiten Seit an Seit": Hans-Sachs-Kultur und Lebensreform

*a) Habitus und Ausdrucksformen: Auf dem Weg zum neuen Menschen*

In einer solchen Atmosphäre der erregten Unruhe und versuchten totalen Sinnfindung war die nüchterne Praxis einer an tagespolitischen Erfordernissen ausgerichteten Politik wenig gefragt, hier gediehen Entwürfe, die etwas ganz Neuartiges, Berauschendes und subjektiv Erfahrbares versprachen. Der Befriedigung verschaffende Kommunikationszusammenhang in der Gruppe Gleichgesinnter wurde dabei schnell überhöht und zum probaten Allheilmittel für die Lösung sämtlicher gesellschaftlicher Probleme verabsolutiert. „Gemeinschaft", „neue Menschen", „Kultur", von denen jetzt viel die Rede war, blieben folglich nicht nur die aus den Aspirationen täglichen jungsozialistischen Zusammenlebens übersetzten Vokabeln, sondern galten gleichsam als Grammatika eines neuen gesellschaftlichen Diskurses, der aber fernab von Institutionen, Interessen und Organisationen wesentlich durch eine vorbildlich gelebte Kultur „neuer Persönlichkeiten" „neuen Geistes" geregelt werden sollte. Trotz dieses ausgesprochen politisch-begriffslosen Charakters hatte diese utopische Sozialismusvision noch den Vorteil, das Gelingen kommunitärer Gesellschaftsbeziehungen und solidarischer Verkehrsformen nicht den vermeintlichen Gesetzmäßigkeiten wirtschaftlicher Prozesse zu übereignen, sondern an den Willen und die Lebensweisen alltäglich geforderter Subjekte anzubinden.

Habitus, Lebensprinzipien und Moralvorstellungen änderten sich im Laufe der Jahre 1919/1920 bei den Jungsozialisten in der Tat recht drastisch; wie stets in alternativen Protestbewegungen sollte auch hier eine von der gesellschaftlichen Norm abweichende Art der Haartracht, Kleidung, Geselligkeit, Sexualität, Begrüßung, Abzeichen und des Liedguts zu einer nach innen integrierenden und nach außen abgrenzenden Symbolik beitragen.[22] Nun ließen sich viele Jungen zum Entsetzen mancher Eltern die Haare bis zu den Schultern wachsen und verbannten ihre steifen Kragen, ihre Manschetten und langen Hosen auf Dauer in den Kleiderschrank. Die besondere Eigenart selbstbewußt hervorkehrend, trugen sie im Sommer nur noch sogenannte „Jesuslatschen", kurze Hosen, Schillerkragen und farbige Wanderkutten, die durch einen Strick lässig zusammengehalten wurden. Im Winter ging man der Kälte wegen auf Kniebundhosen aus Manchesterstoff über, und wenn überhaupt Hosen geduldet wurden, dann mußten sie zumindest an der Seite aufgeschlitzt sein. Noch mehr aber führte das Erscheinungsbild der jungsozialistischen Mädchen zur schrillen Reaktion einer bigotten Umwelt, aber auch zur ängstlichen Besorgnis ihrer proletarischen Mütter. Für die jungen sozialistischen Frauen nämlich – wie insgesamt für das weibliche Geschlecht[23] – waren die ersten Jahre der Weimarer Republik fraglos eine Ära der kulturellen Emanzipation. Uninteressiert an einer „Wespentaille", entledigten sie sich nahezu provokativ der beengenden Korsetts, verzichteten allen modischen Ansprüchen zum Trotz auf die unbequemen Stöckelschuhe und warfen die weithin üblichen, mit einer Unmenge von Blumen und Pleureusen beladenen Hüte[24] zum Gerümpel auf den Speicher. Barhäuptig nun zeigten die Mädchen jedermann ihre Hängezöpfe oder Ohrenschnecken und versuchten, durch das Tragen zweckmäßiger Leibwäsche unter selbstgeschneiderten einfarbigen Sackkleidern, den sogenannten „Inselkleidern"[25], möglichst barfuß wandernd eine harmonische Einheit mit Gesundheit und Natur zu finden.

Die Pflege freier Körperkultur stand daher auch hoch im Kurs der frühen Jungsozialistengeneration, die durch gemeinsames Nacktbaden und nudistische Gymnastik sowohl der anerzogenen Schamhaftigkeit trotzen als auch die Gestaltung des Körpers bewußt erzieherisch fördern wollte. Lebensreform, Naturverbundenheit und Sozialismus waren vielen Jungsozialisten in der unmittelbaren Nachkriegszeit verwandte, wenn nicht gar synonyme Momente im Ringen um den „neuen Menschen". Der Genuß von Tabak und Alkohol galt als streng verpönt, und viele versuchten, als Vegetarier und Rohköstler auch in der Eßkultur dem erwünschten Gesundheitsprinzip zu entsprechen. Wie häufig in solchen gegen die „Generation der Väter" oder die „spießige Moral der Bürger" antiautoritär protestierenden Gruppen, herrschte auch bei den Jungsozialisten ein im *internen* Gruppenleben nahezu puritanisch-strenger Sittenkodex. Wer beispielsweise doch einmal mit einer Zigarette erwischt oder beim Besuch eines „Schundfilmes" im Kino beobachtet wurde oder gar „bürgerlich-individualistischen Gelüsten" wie dem Paartanz in verräuchert-schummrigen Bars gefrönt hatte, dem drohte unweigerlich der Verstoß aus der jungsozialistischen Lebensgemeinschaft. „Wir schmissen sie raus, wenn einer an Silvester Punsch getrunken hatte. So war das damals. Da waren wir unerbittlich."[26]

Trotz dieser asketischen Distanz zum „bürgerlichen Vergnügungsrummel", den man als „flach" und „geistestötend" ablehnte, war der Alltag in der Jungsozialistengruppe sehr von der Freude an Spiel und Tanz geprägt. Aber ähnlich dem äußeren Habitus von Haartracht und romantisch verschnörkelter Kleidung sollte auch der ästhetische Ausdruck für die Pflege der Lied-, Tanz- und Spieltradition ganz als Ablehnung der großstädtisch-modernen Lebensformen verstanden wurden. Die Wiederentdeckung alter Volkskulturen und mittelalterlicher Bräuche fand nun auch in den Kreisen der sozialdemokratisch organisierten Arbeiterjugendlichen eine erstaunliche Resonanz. Mit bändergeschmückten Mandolinen und Klampfen zogen die Jungsozialisten, sich mit einem lauten „Frei Heil" begrüßend, an den Samstagnachmittagen aus der unwirtlichen Enge der proletarischen Großstadtviertel heraus und stimmten dabei nicht etwa die trotzigen Strophen der „Internationale" oder des „Sozialistenmarsches" an, sondern sangen vor allem ein Lied des Hamburger Schullehrers und Dichters Hermann Claudius, das zwar Selbstbewußtsein, Zukunftsoptimismus, aber auch einen gewissen Wochenendeskapismus dokumentierte und so recht problemlos alsbald auch zur Hymne der bürgerlichen Jugendbewegung avancierte:

> *„Wann wir schreiten Seit an Seit*
> *Und die alten Lieder singen*
> *Und die Wälder widerklingen,*
> *Fühlen wir, es muß gelingen:*
> *Mit uns zieht die neue Zeit!*
>
> *Eine Woche Hammerschlag,*
> *Eine Woche Häuserquadern*
> *Zittern noch in unsern Adern,*
> *Aber keiner wagt zu hadern!*
> *Herrlich lacht der Sonnentag!*
> *(...)"*[27]

Das Ziel der jungsozialistischen Ausflüge war stets eine Wiese in abgelegenen Wäldern, möglichst in der Nähe mittelalterlicher Burgen oder Festungen, die als Kulisse für die beliebten Volkstänze, Reigen und Bauernschwänke bestens geeignet schienen. Es ist, so überliefern schriftliche Quellen und erhalten gebliebene Photographien, eine Zeit der sozialistischen Mädchen gewesen, die mit einer später nicht mehr gekannten Begeisterung aktiv am Leben der Gruppen teilgenommen haben. „Beobachtet einmal das Leben in jeder einzelnen Gruppe", schrieb dazu eher kritisch die Kölner Jungsozialistin Hedwig Rowe in einer Auswertung der ersten Phase des Weimarer Jungsozialismus, „solange es sich um Singen, Tanzen, Schwärmerei, Romantik, kurz, um die mit Recht so beliebten ‚Gemeinschaftserlebnisse' handelt, sind die Mädchen obenauf."[28] Die anfänglichen Ängste der Mütter jedenfalls über das Ausbleiben der Töchter und die gemeinsame Übernachtung mit den jungen sozialistischen Arbeitern in Scheunen und Strohdiemen erwiesen sich schon bald als gänzlich unberechtigt: Zoten, wie sie sonst bei männlichen Jugendlichen vielfach gerissen wurden, waren ebenso wie Liebschaften in den Gruppen streng untersagt. „Niemand von uns wäre nur auf die Idee gekommen", erinnert sich mit nachträglichem Stolz der frühere Heidenauer Jungsozialist Edwin Grützner, „daß da ‚etwas passieren' könnte. Wir gehörten doch als Genossinnen und Genossen zur neuen Zeit. Das verpflichtete, das forderte! (...) Wir glaubten beweisen zu müssen, daß wir ohne Arg und Fehl gemeinsam im Stroh schlafen konnten. Darin steckte sicher auch verborgener Protest gegen manche Verlogenheit der sogenannten ‚guten Gesellschaft'."[29] Es mag sein, daß dieser heroische Kampf gegen die eigene Libido zu einer wenig gesunden Verstopfung der erotischen Spannungen im Zusammenleben junger Leute beigetragen hat[30], angesichts aber der großen Besorgnisse der Eltern gerade in dieser Frage und vor dem Hintergrund einer denunziatorischen klerikal-konservativen Öffentlichkeit, blieb den jungen Sozialisten wohl auch kaum mehr als die zum Protest gegen die herrschende Sittenmoral hochstilisierte Askese übrig.

Der sublimierte Ausdruck des „reinen Verhältnisses" zwischen den Geschlechtern fand sich offensichtlich in der Produktion einer Vielzahl häufig recht pathetisch-schwülstiger Gedichte und Rezitationen von archaisch-schwärmerischen Versen der nun besonders beliebten Hermann Löns, Joseph Eichendorff und Friedrich Hölderlin. Eine alte Volkskultur aber wurde nun in besonderem Maße gepflegt: die Fastnachtsschwänke des Nürnberger Schuhmachers Hans Sachs aus dem 16. Jahrhundert, deren Aufführung keinerlei Aufwand erforderte, die ohne Podium und Bühne, ohne Ausstattung und Guckkasten auf der freien Wiese gespielt werden konnten und durch die Komik der dem Spott ausgesetzten Bauernnarren offenbar herzhafte Lachsalven eines vergnügten Publikums freisetzten. Zudem lag in der wochenendlichen Lebenswelt der jungen Sozialisten und den Themen und Aussagen der Stücke Hans Sachs' keine allzu große Differenz. Im Gegensatz zu den Schweizer Fastnachtspielen der gleichen Zeit, in denen die *politische* Thematik überwog, ging es Hans Sachs um die *Alltags*probleme einer richtigen Lebensführung und das Anprangern menschlichen Fehlverhaltens wie Trunksucht, Wollust, Üppigkeit, Neid und Hochmut.[31] Zur sinnlichen Veranschaulichung griff der städtische Handwerker Sachs auf die Lebensweisen der Bauern und ländlichen Sozialbeziehungen zurück, um mit recht derbem Humor das Bild eines dörflichen Alltags zu entwerfen, das bei aller satirischen Grobheit sowohl romantische Sehnsüchte als auch das Verlangen nach einer Alltagsmoral städtischer Bürger verriet. Da auch die Jungsozialisten nach einer Ethik „neuer Menschen" forschten und bereits durch die Vorliebe für den Volkstanz ihre Sympathie für das vermeintlich harmonisch-gemeinschaftliche Dorfleben mittelalterlicher Bauern im Gegensatz zur individualistischen Kultur der Bourgeoisie und der höfischen Kunst fürstlicher Kreise dokumentieren wollten, war ihnen das Anliegen von Hans Sachs keineswegs fremd. Rezipiert wurden damals von den Jungsozialisten besonders gern Erklärungen, die dem „protestantischen Kapitalismus" vorwarfen, die Gemeinschaftskultur des Feudalismus, wie sie in den Festveranstaltungen und Gemeinden der katholischen Kirche, aber auch in den durch Bindungen zusammengehaltenen Einheiten der Familie des Dorfes und der Berufsgenossenschaften geherrscht hätten, zerstört und durch das individualistische Prinzip des rücksichtslosen Egoismus ersetzt zu haben. In den Gruppen der Jungsozialisten sollte nun diese Atomisierung der bürgerlichen Gesellschaft durch die Vergemeinschaftung „neuer Menschen" als erlebter Sozialismus aufgehoben werden. Die Pflege der Volkslieder und -tänze war mithin nicht nur eine beliebte Variante munterer Freizeit, sondern verstand sich als ein Protest gegen die bürgerliche Kultur und Lebensform, da sie keinen Platz für naturwüchsig-ursprüngliche Sitten und gemeinschaftstiftende Lebensbräuche gelassen hätten.[32]

Kaum ein Ereignis dokumentierte die emotional tief verankerte Sehnsucht von sozialistischen Jugendlichen nach neuen Formen menschlicher Beziehungen und „sozialistischer Geisteskulturen" so prägnant wie der Reichsjugendtag in Weimar im August 1920. Die hier versammelten 2 000 Jugendlichen aus dem Reich drückten ihre Empfindungen und Bedürfnisse durch den spontanen und jeden einzelnen Teilnehmer mitreißenden Wechsel von Spiel, Volkstänzen, der Rezitation selbstgeschriebener Gedichte und den von der Geige und Klampfe begleiteten Gesang der neuerdings in der Arbeiterjugendbewegung beliebten Volkslieder aus. Die Jugendlichen waren nun festen Glaubens, hier mehr als nur ein fröhliches Sommerfest gefeiert zu haben und überhöhten die begeisternden Erlebnisse der Weimarer Tage zu dem Modell eines „neuen Sozialismus" und „neuer Menschen", von denen eine missionarische Kraft zur kulturellen Überwindung der auf den Lohnstandpunkt „spießig" fixierten Arbeiterbewegung ausgehen sollte. Die Herzlichkeit, mit der sich die Arbeiterjugendlichen in Weimar begegneten, wurde in Referaten auf dem Weimarer Jugendtag selbst und in zahlreichen Veröffentlichungen danach als ein konstitutives Moment der neuen sozialistischen „Gemeinschaftlichkeit" interpretiert. Sozialismus konnte nun nicht mehr, so schrieb es der Magdeburger E. R. Müller in dem offiziellen Erinnerungsband über den Weimarer Jugendtag, eine Bewegung nur für die wirtschaftliche Befreiung sein, sondern mußte als eine „Sache des Herzens", des „Aufjubelns" und der „Freude" – schon in der Gegenwart, und nicht erst nach der Sozialisierung der Produktionsmittel – „von Mensch zu Mensch sozialistische Geisteskultur" bedeuten.[33] Die sich ihrer kulturellen Hochwertigkeit nun gewissen Jugendlichen jubelten daher in Weimar mit großer Überzeugung den Worten des Arbeiterdichters Karl Bröger zu, der seine Zuhörer nachdrücklich vor einer politischen und wirtschaftlichen Agitation der Masse, die zu sehr in die Breite statt in die Tiefe gehe, warnte. Sozialismus müsse hingegen „durchlebt" und „durchfühlt" werden. Dies aber sei in der erforderlichen Intensität und „Selbstzucht" nur in kleinen Gemeinschaften besonders berufener junger Sozialisten möglich, in denen der künftige „Adel" herangebildet werde, der erst der Masse Gesicht und Kultur geben könne.[34]

## b) Vorbilder: Kulturrevolutionäre Bohème und Wandervogelbewegung

An den ganzen Manifestationen der „neuen jungsozialistischen Lebensformen" war nichts etwa wirklich neu, geschweige denn der authentische Ausdruck proletarischer Kultur. All das, was hier an Stilelementen probiert und in den nächsten Jahren, wenn auch mit etwas weniger romantischer Verklärung, im Kultursektor der Weimarer Sozialdemokratie für die Entwicklung „sozialistischer Persönlichkeiten" und der Gestaltung von Festen und Feiern fruchtbar gemacht wurde, war kaum mehr als die um Jahre verzögerte Annäherung an einige Protestsymbole und Alternativmentalitäten der kulturrevolutionären Bohème und Wandervogelbewegung aus den bildungsbürgerlichen Schichten des kaiserlichen Deutschlands. Dort hatte sich schon um 1900 herum ein tiefes Unbehagen über die kühle Rationalität und Technizität der rasch und gründlich urbanisierten Gesellschaft ausgebreitet. Auch der in der Elterngeneration dominante Werte- und Moralkodex stieß bei Teilen des jungen Bürgertums auf Überdruß und Ablehnung: die bourgeoisen Umgangsformen, Erziehungspraktiken und normativen Leitziele der eigenen Klasse galten als spießig, kitschig, verlogen, autoritär und unlebendig-saturiert.[35] Der im Klassenmilieu des Bildungsbürgertums wurzelnde „antibürgerliche" Protest spiegelte noch in seiner kritischen Ablehnung die identischen Merkmale mit seiner Herkunft wider. Die Erneuerung suchenden Alternativen waren ästhetisch-kulturell und nicht etwa ökonomisch-sozial konzipiert; von experimentell vorbereiteten Lebensreformen und einer neuen geistigen Einstellung zu den Dingen der Welt versprach man sich den entscheidenden Beitrag zur Veränderung des Bewußtseins und der Lebensverhältnisse.[36] Die jetzt von der großstädtischen jungen Intelligenz ins Leben gerufenen Freie-Körper-Kultur-Bewegungen, Vegetariervereinigungen und Siedlergemeinschaften waren von ihrem Selbstverständnis daher mehr als nur die schrulligen Steckenpferde gelangweilter Akademiker und kapriziöser Künstlercliquen, sondern sie artikulierten sich als Heilsvisionen für die an Entfremdung und Sinnverlust leidende bürgerliche Kreatur. In den Wandervogelgruppen der Gymnasiasten und mancher Lehrer zog man nun in die Natur und wandte sich den idyllisierten Lebensformen vorbürgerlicher Gesellschaften zu: die neuen Wandersitten, die Wiederentdeckung der alten Volkslieder und Reigentänze, die Renaissance der Laienspiele, das Tragen einer körperfreundlichen Wandertracht und die Beachtung der sublimierten Erotik zwischen den Geschlechtern hatten in den Jahren vor dem Krieg in diesen Kreisen ihren Ursprung und auch Höhepunkt erlebt.

Zu der Zeit, als die sozialistischen Arbeiterjugendlichen sich diese Ausdrucksformen aneigneten, war der Höhepunkt der bürgerlichen Wandervogelbewegung schon überschritten. Insofern gab es, so kann man vielleicht etwas zugespitzt formulieren, einen eigentümlich parallelen Zusammenhang im Verhältnis der großen Masse der Arbeiterschaft und ihrer „geistigen Elite" zu den Lebensweisen des Bürgertums. So wie die durchschnittlichen Arbeiterinnen und Arbeiter häufig mit einigen Jahren Verspätung und materiell verständlicherweise auf weit geringerem Niveau in Kleidung und Wohnraumgestaltung beispielsweise die Moden der Mittelschichten zu imitieren versuchten, so rezipierten auch die bildungshungrigen und kulturbeflissenen sozialistischen Proletarier lange Zeit nur die gestrigen und vorgestrigen Höhepunkte bürgerlicher Kunst in Literatur, Theater, Musik und Malerei.[37] Daher erging es den Jungsozialisten mit ihrer Ausdruckskultur kaum anders als vielen proletarischen Frauen der 20er Jahre mit dem Zimmermobiliar: als diese sich stolz die Wohnungen mit Plüschmöbeln, Öldrucken, Vertikos und allerlei Nippes vollstellten, hatte das zum Vorbild genommene Bürgertum schon längst vom Jugendstil der Bismarckzeit Abschied genommen[38]; als die jungsozialistischen Mädchen sich die romantischen Ohrenschnecken, Hängezöpfe und knochenlangen Sackkleider zulegten, waren die selbstbewußten jungen Frauen des Bürgertums schon einen Schritt weitergegangen: mit „Bubikopf" und kniefreien Röcken versuchten sie, ihre Emanzipation voranzutreiben. Es dauerte einige Jahre, dann propagierten auch die ersten Sozialisten den „Bubikopf als idealen Ausdruck der neuen sozialistischen Lebensgestaltung"[39].

Nun hing dieses Adaptieren progressiv-bürgerlicher Lebensstile und kultureller Ausdrucksformen mit den jahrzehntelangen Defiziten an frei verfügbarer Zeit und dem Mangel an Muße für die Lohnarbeiterschaft zusammen. Da die sozialdemokratische Arbeiterschaft zumindest bis in die frühen 20er Jahre hinein das Maß ihrer kulturellen Leistung damit bestimmte, in welchem Umfang es ihr gelungen war, die Arbeiterschaft an das bereits überlieferte kulturelle Erbe heranzuführen, war sie auch von ihrem Selbstverständnis gar nicht an einer – von linken Intellektuellen posthum gern herbeigewünschten – authentischen proletarischen Ästhetik der Lebenswelt interessiert, zumindest dann nicht, wenn darunter der kommunikativ-vermittelte Reflex aus der Lohnarbeitersituation im Betrieb und den täglichen Reproduktionserfahrungen der düster-beengenden proletarischen Wohnviertel gemeint war. Der Alltag in einer sozialdemokratischen Kulturorganisation oder in einer sozialistischen Jugendgruppe, was in manchen Städten der 20er Jahre zumindest personell nahezu eins war, bedeutete also zeitweise die auf den Abend und an die Wochenenden gelegte totale Entrückung vom soeben erlebten wirklichen proletarischen Alltag; in diesen Freie-Zeit-Enklaven inmitten einer sonst „schmutzigen" gesellschaftlichen Realität sollte schließlich das „Neue" und „Schöne" bereits vorwegnehmend erlebt werden können.

Als mithin die jungen Sozialisten durch die Errungenschaften der Revolution in den ersten Jahren der Republik einen vergleichsweise großen Anteil Freizeit hinzugewonnen hatten, und da sie durch die seelischen Veränderungen, die Krieg und Nachkriegswissen bewirkten, nach neuen Deutungssymbolen suchten, waren sie bei den jetzt erst im sozialistischen Milieu relevant gewordenen Fragen der Persönlichkeitsgestaltung, Kleiderreform und Erziehung rasch auf faszinierend lebendig, bunt und antibürgerlich wirkende Antwortversuche der Wandervogelbewegung gestoßen. Wohl in den meisten Fällen wirkte der „vital-horizon" dieser jungen Bildungsbürger auf vermittelnde Weise, als eine Art attraktiv farbig-antiautoritärer „Zeitgeist" in die Gruppen der Jungsozialisten hinein. An manchen Orten war ein solcher Einfluß sicherlich auch durch die Wirkung einiger Intellektueller bürgerlicher Herkunft bedingt, die, zunächst durch den „Wandervogel" sozialisiert, dann aufgrund der Kriegserlebnisse vielfach zur sozialistischen Bewegung gekommen waren und im Laufe der Zeit bei den Jungsozialisten ein ihren Interessen und ihrer Geisteshaltung entsprechendes Betätigungsfeld gefunden hatten. Diese Intellektuellen, die sich 1914 zum Teil mit enthusiastischen Erwartungen als Freiwillige an die Front gemeldet hatten, dann aber durch die Schrecken des Völkermordens zu Kriegsgegnern und durch die Berührung mit der Arbeiterschaft zu Sozialisten geworden waren, wurden von den lesenden, philosophierenden und diskutierenden jungen Arbeitern in den Juso-Gruppen gern zu ihren Debatten eingeladen und ob ihres enormen Wissens manchmal sehr verehrt. Zweifellos prägten solche Akademiker an einigen, wenngleich durchaus nicht an allen Orten die geistige und lebensweltliche Struktur der lokalen Juso-Gruppen. Dies gilt in den ersten Jahren der Republik beispielsweise für Gustav Radbruch, Hermann Heller, Paul Hermberg, Alfred Meusel in Kiel[40], Siegfried Marck in Breslau[41], Hugo Sinzheimer und Wilhelm Sturmfels in Frankfurt[42] und Karl Mennicke in Berlin und Bochum[43]. Soweit sie, wie Alfred Meusel beispielsweise, nicht durch eine Kriegsverletzung daran gehindert waren, gingen sie mit den Jungsozialisten zusammen auf Wanderung und Fahrt und beteiligten sich an den Volkstänzen genauso wie am Laienspiel; nicht auszuschließen ist daher, daß sie auf sehr direkte Weise den Jungsozialisten das Volkslied, die Hans-Sachs-Schwänke und die körpergerechte Wanderkluft nahegebracht haben, wenn auch bei ihnen zweifelsohne die intellektuelle Schulung überwog.

Wie erregend einige sozialistische Arbeiterjugendliche den neuartigen unmittelbaren Kontakt mit dem vom Habitus zunächst so andersartigen Angehörigen der bürgerlichen Jugendbewegung empfanden, illustrieren die Memoiren des Bochumer Jungsozialisten Franz Osterroth. Franz Osterroth, ein junger Bergmann und Sohn eines sozialdemokratischen Landtagsabgeordneten[44], besuchte erstmals im Frühjahr 1920 als Repräsentant der sozialistischen Jugend Versammlungen der sogenannten „Arbeitsgemeinschaft Bochumer Jugend", ein Kartell, das sich aus etwa 40 Vertretern der unterschiedlichsten Jugendgruppen zusammensetzte. „Wir Arbeiterjugendlichen", erinnerte sich Osterroth, „wirkten in diesem Kreis als festgeschlossener ‚Fremdkörper' — schon weil uns der Jugendbewegungsstil um diese Zeit fehlte."[45] Dieser Stil aber zog ihn bald in den Bann:

> „Wenn es am Rande auch Verstiegenes, ja Komisches gab, so übte doch die natürliche und zugleich idealistische Art des Wandervogels und der Freideutschen eine tiefe Wirkung auf mich aus. Gegenüber den frischen Wandervogelmädchen kamen mir die auch in Arbeiterkreisen anzutreffenden ‚Ziergänse' von gestern vor. Ein junger Wehrtempler von der Jugendgruppe der Guttempler nahm mich eines Tages auf die Wanderfahrt im Ruhrtal mit. Ich erlebte zum erstenmal Wanderschritt und Aufgehen in der Natur, während die Volkslieder bei Fiedelklang und Klampfengebrumm zu den Wipfeln aufstiegen. Ich saß mit am Hordentopf vor der züngelnden Flamme und ließ mich in den Kreis ziehen, der die alten Volkstänze tanzte und durch dessen Händeketten Kraft und Freude lief. Ich lag auf der Wiese und hörte den Schwänken aus dem alten ‚Rollwagenbüchlein' zu. Ich fühlte mich zur Landschaft gehörig wie Falter und Vogel. Mir war es, als ob ich eine Verpuppung verlassen hätte, zum erstenmal zu mir selbst fände und fühlte, was Jungsein wäre. Von dieser Fahrt an lebte ich aus einem neuen Lebensgefühl."[46]

Von nun an erschien Franz Osterroth auch zu den Abenden der Jungsozialisten nur noch in kurzen Hosen und Wanderkutten. Auf seine Anregung hin verschaffte sich die Bochumer Gruppe jetzt Fahrtenwimpel, Hordentopf und Klampfen; man ging ebenfalls auf Fahrt, tanzte Reigen und sang die alten schwermütig-sehnsüchtigen Volkslieder. Schon bald darauf schuf man sich eine Plakette, die als „Bochumer Abzeichen" auch in anderen Teilen Deutschlands Begehr und Absatz fand: Man sah darauf einen Jüngling mit flatternden Haaren, der einen Gipfel erstieg — den Blick auf die blaue Blume gerichtet. Der überraschende Rückgriff auf die klassische Metapher von Novalis' Heinrich von Ofterdingen verdeutlicht auch symbolisch, wie wenig immun einige Jungsozialisten in dieser Phase der geistigen und sozialen Erschütterung gegen „le malaise allemand"[47], die Romantik, waren; er offenbarte zudem, wie tief die spirituelle Krise in der Arbeiterbewegung gewesen sein mußte.

Versucht man nun, die Lebensformen und Alltagskulturen in jungsozialistischen Gemeinschaften der frühen Jahre ihrer Existenz zu bewerten, so fällt das Urteil zwiespältig aus. Mit der Übernahme der Ausdrucksformen und freizeitlichen Mentalitäten des „Wandervogels" änderte sich nicht nur der äußere Habitus der sozialistischen Jugendlichen, in ihrem Bewußtsein vermengten sich auch die in den Lebensformen mitschwingenden Deutungen und Lebensentwürfe aus den Kreisen der jungen Bildungsbürger mit den bereits durch das proletarische Milieu geprägten Wertvorstellungen und Orientierungsmustern. Insofern hielten nicht nur die recht nützliche Wanderkutte und das praktische Inselkleid, sondern eben auch die typisch eskapistisch-elitäre Weltsicht der deutschen Romantik und des literarischen Expressionismus Einzug in das Selbstverständnis der Jungsozialisten: die Verachtung der Massen, das Gefühl geistesaristokratischer Erhabenheit, die Absonderung von den großen Organisationen, all das wurzelte schließlich im soziologischen Grund der damaligen bürgerlichen Intellektuellen. Mochten diese in kleinen und überschaubaren kommunitären Bezugsgruppen mit der experimentierfreudigen Lust an phantasievollen Lebensreformprojekten tatsächlich eine sinnvolle Lebensperspektive gewonnen haben, so war das für die proletarische Jugend, die allein durch den stummen Zwang ihres Klassenschicksals immer wieder aufs engste zu den sozialen und ökonomischen Forderungen der gesamten Arbeiterbewegung gedrängt wird, sehr viel schlechter möglich. Gleichwohl war die Gefahr virulent, daß auch die Jungsozialisten stets zu Formen der isolierenden Vergemeinschaftung am Rande der Arbeiterbewegung neigten und auf die zähe, geduldige und langwierige Intervention in die Alltagspraxis der Sozialdemokratie verzichteten, um dafür an den Sonn- und Feiertagen des jungsozialistischen Gemeinschaftslebens die ganzheitlichen Erfüllungen des vervollkommneten „neuen Menschen" zelebrieren zu können. Eine allzu dogmatische Insistenz auf die unbedingte Beachtung der Lebensreformprinzipien jedenfalls mußte die Jungsozialisten von den realen Bedürfnissen der großen Mehrheit der Arbeiterjugendlichen trennen, die so schlicht das Gefühl hatten, ein Engagement bei den Jusos bedeute ein erhebliches Opfer für sie, da man dort auf die wenigen Genüsse, die das Arbeiterschicksal einem noch ermöglichte – und darunter verstand man zumeist Zigaretten, Bier, Kino, Schwoof – verzichten müsse.[48]

Der Einfluß der bürgerlichen Jugendbewegung stieß allerdings bei den Jungsozialisten keineswegs auf ein ideelles Vakuum, dazu waren sie schon zu sehr von der Sozialmoral ihrer sozialdemokratischen Elternhäuser geformt. Die allzu verstiegenen oder auch rassistischen Geistesblüten in manchen Teilen der Wandervogelbewegung hatten bei den Jusos keine Resonanz. Mit den verschiedenen Abarten des religiösen Obskurantismus mochten die sozialistischen Arbeiterjugendlichen sich nicht anzufreunden, auch Antisemitismus und völkischen Rassenhaß gab es in den Juso-Gruppen nicht. Im Gegenteil, zahlreiche Jungsozialisten, vor allem ihre akademischen Lehrer, waren jüdischer Herkunft. In dieser bei allen Zweifeln am herkömmlichen sozialistischen Paradigma doch recht stabilen sozial-demokratischen Identität der jungsozialistischen Arbeiter lag die Chance eines produktiv-weiterführenden Umgangs mit den Impulsen der bürgerlichen Jugendbewegung. Denn wenn auch der Protest der jungen Bildungsbürger keine realitätstüchtigen Lösungsstrategien anzubieten hatte, so war er doch ein ernstzunehmender Indikator für eine Reihe von ökologischen, gesellschaftlichen und geschlechtsspezifischen Konflikten der deutschen Gesellschaft im frühen 20. Jahrhundert. Lebensreform und Naturverbundenheit wiesen schließlich auf die zahlreichen ungelösten städtebaulichen und hygienischen Probleme der überstürzten Urbanisierung und Industrialisierung hin; die Kleiderreform der Frauen und deren Teilnahme an den Fahrten und Wanderungen indizierte ein neues Selbstbewußtsein und mächtigen Emanzipationswillen. Das lebensphilosophische Unbehagen am rationalen Organisationsverhalten signalisierte das Aufkommen neuer irrationaler Strömungen und Bedürfnisse als Reaktion auf das Gefühl tiefer Entfremdung in emotional erkalteten Gesellschaften. Im Bürgertum verkam der Protest zunächst zunehmend zu bizarren Marotten verschrobener Sekten; die offizielle Arbeiterbewegung hatte das Aufkommen neuer Fragen kaum zur Kenntnis genommen. Insofern bleibt es das Verdienst der Jungsozialisten zu Beginn der 20er Jahre, den Wertewandel registriert und an die Stelle des alten „ökonomischen Fatalismus" auch in der Arbeiterbewegung eine neue konkrete Utopie als lebensnahen Entwurf solidarisch verkehrender Menschen gesetzt zu haben. Wahrscheinlich brauchte die sozialdemokratische Massenbewegung für die frühen 20er Jahre das, was die als staatlich-repressiv verfolgte und gesellschaftlich geächtete Partei in den 80er Jahren des vergangenen Jahrhunderts ganz selbstverständlich besaß: den glaubwürdigen Leumund einer Organisation willensstarker Revolutionäre, in deren gelebten Prinzipien sich die höhere Moral und Gerechtigkeit der neuen Gesellschaft überzeugend andeuteten. Der sozialistischen Bewegung war so viel von dieser Ausstrahlung abhanden gekommen, daß der ethische Impuls der Jugendbewegung der Sozialdemokratie im Grunde nur gut tun konnte.

## 3. Politische Organisation und kommunikative Selbstverständigung

*a) Zwischen organisatorischer Autonomie und administrativer Reglementierung*

Mehr als alles andere waren die Jungsozialisten in den nächsten Jahren bis zu ihrem unfreiwilligen Ende eine Bildungs-, Erziehungs- und Diskussionsgemeinschaft. Diese Betonung der geistigen Auseinandersetzungen und intellektuellen Anstrengungen setzten den Möglichkeiten einer quantitativen Erfassung der sozialdemokratisch orientierten Arbeiterjugendlichen sehr enge Grenzen. Auch in einer Hochburg des frühen Weimarer Jungsozialismus wie dem mitteldeutschen Magdeburg nahmen nur etwa 60 junge Arbeiter an den Gruppenaktivitäten teil.[49] Die Nürnberger Jusos begannen mit 25 Interessierten und waren 1922 stolz darauf, daß nun 60 bis 80 junge Genossen zu ihren Kursen erschienen.[50] Die Brandenburger Juso-Gruppe wurde in der Anfangsphase mühselig von 8 Jungproletariern zusammengehalten und auch im mitgliederstarken Westlichen Westfalen existierten noch 1923 Gruppen mit nur 5 Aktivisten; andere hingegen zählten dort immerhin etwa 35 junge Sozialisten.[51]

Da die Jungsozialisten als Bewegung „von unten" zunächst keine verbindlichen Koordinationszusammenhänge überregionaler Art besaßen und von ihrem ganzen Selbstverständnis her rigiden Organisationsstrukturen mißtrauisch gegenüberstanden, was mancherorts dazu führte, auf formale Mitgliedschaften bei den Jungsozialisten oder der Partei ganz zu verzichten, war die Gesamtzahl der in Deutschland bei den Jusos engagierten Personen über Jahre hinweg nicht erfaßt. Bekannt war anfangs nur, daß im Sommer 1921 an 80 Orten Deutschlands Jungsozialisten-Gruppen existierten, bis zum März 1921 hatte sich die Zahl auf 120 Städte erhöht.[52] Über diesen Charakter minoritärer, wenn auch im Inneren äußerst regsamer Zirkel kamen die Jungsozialisten während der gesamten Dauer ihres Daseins nicht hinaus: Den Höhepunkt erreichten sie wahrscheinlich mit 4 000 Mitgliedern in 179 Gruppen[53], während sie kurz vor ihrer Auflösung durch den Leipziger Parteitag der SPD 1931 nur noch etwa 3 000 Getreue in ihren Reihen zählen konnten[54]. Immer noch vergleichsweise hoch fiel der in den frühen 20er Jahren zwischen 30 und 40% angegebene Anteil junger Frauen an der Mitgliedschaft der Jungsozialisten aus. Dies war sicherlich in der Praxis der dort üblichen lebendigen Kulturveranstaltungen, der jungsozialistischen Vorliebe für die gymnastische Pflege des Körpers und häufig geführter Diskussionen über Fragen der Lebensgestaltung, Eherform und Kindererziehung begründet.[55] Typisch für den eher losen Zusammenhalt der Juso-Gemeinschaften war, daß noch bis Mitte der 20er Jahre etwa 40% der Gruppen von ihren Mitgliedern keine Beiträge kassierten; anfallende Kosten wurden durch die Spenden sporadischer Sammlungen beglichen.[56] Zum Credo der auf strikte Unabhängigkeit vom Parteiapparat bedachten Pioniergeneration der Jungsozialisten gehörte es, in keinem Fall Geld von den Ortsvereinsvorständen anzunehmen, da man die geistige Freiheit durch solche finanziellen Unterstützungen gefährdet sah.[57]

Natürlich hatte dieser „Parteiapparat" nicht darauf verzichtet, sich grundsätzlich zum neuartigen Phänomen des Jungsozialismus zu äußern und durch institutionelle Regelungen auf ihn zu reagieren. Auf dem Kasseler Parteitag der Mehrheitssozialdemokratie im Oktober 1920 begrüßten die anwesenden Delegierten „mit lebhafter Freude die geistige Regsamkeit der Jungsozialisten und ihr Streben nach Erringung innerer Selbständigkeit"[58]; so jedenfalls begann der Text einer angenommenen Resolution, die vermutlich vom Vorsitzenden des Zentralbildungsausschusses beim Parteivorstand, Heinrich Schulz, ausgearbeitet worden war. Der Beschluß von Kassel sah vor, daß sich die jungen Genossen durch Vorträge, Kurse und Diskutierabende in eigenen Kreisen zu Sozialisten mit vertiefter Weltanschauung erziehen, politisch schulen und für die aktive Mitarbeit am Parteileben interessieren sollten. Organisatorisch räumte man den Jungsozialisten zwar die verantwortliche Verwaltung ihrer Gruppen ein, verlangte aber gleichwohl von ihnen die Heranziehung je eines Vertreters der Parteiorganisation und des Bildungsausschusses, die bei der Wahl der Wissensgebiete und Referenten „maßgebend", wie es hieß, mitzuwirken hätten. Publizistisch sollten sich die Jungsozialisten in der „Arbeiter-Bildung", dem Zeitschriftenorgan des Zentralbildungsausschusses, äußern dürfen. Erst nach heftigem Drängen der örtlichen Juso-Gliederungen, die im übrigen in den frühen zwanziger Jahren, hierbei ganz der expressionistischen Grundstimmung entsprechend, gerne eigene Blätter, Rundbriefe und Zeitungsprojekte ebenso schnell gründeten wie auch wieder eingehen ließen, entstand 1922 mit den „Jungsozialistischen Blättern" eine eigene monatliche Zeitschrift für die Reichsebene.

Die Parteitagsdelegierten von Kassel hatten somit zweifellos ein gewisses Empfinden für die schwierige psychische Disposition der jungen Sozialisten nach dem Krieg nicht gänzlich vermissen lassen. Ebenso unverkennbar war aber auch der Wille, einem allzu nachdrücklichen Autonomieverlangen der Jungen und deren nervösem Suchen nach „neuen Sozialismusversionen" einen Riegel vorzuschieben; denn nicht wenige gestandene Sozialdemokraten betrachteten die „Spintisiererei" und „Problematisiererei" der allzu unpraktischen „Phantasten" mit argwöhnischer Geringschätzung.[59] Da aber jetzt auch die Geschäftsführung der neuen Nachwuchsorganisation vom Büro des Zentralbildungsausschusses in Berlin miterledigt wurde, geriet schon bald etwas von der gewohnten sozialdemokratischen Ordnung in das unübersichtliche Chaos der jungsozialistischen Bewegung. Die Zeit der spontanen Gründungen jungsozialistischer Gruppen durch die Jugendlichen selbst war jedenfalls vorerst vorbei. Zum Unwillen vieler Jungsozialisten der ersten Stunde, die, wie sich zeigen sollte, mit Recht eine Veränderung „ihrer Eigenart" befürchteten[60], forderte nun der Zentralbildungsausschuß die örtlichen Parteiorganisationen durch ein Rundschreiben dazu auf, den „Aufbau jungsozialistischer Gruppen" selbst in die Hand zu nehmen[61]. Ortsvereinsvorstände, die sich davon angesprochen fühlten, setzten dann in die Veranstaltungskalender der lokalen Parteiblätter eine kurze Notiz, durch die die 18- bis 25jährigen Sozialdemokraten am Orte zum Besuch einer Versammlung aufgefordert wurden: „zwecks Gründung", wie es im bürokratischen Parteideutsch hieß, „einer jungsozialistischen Organisation"[62].

Dort herrschte natürlich ein anderer Geist als in jenen jungsozialistischen Gemeinschaften des Frühjahrs und Sommers 1919, in denen sich die Jugendlichen Abend für Abend trafen und unter sich, jedenfalls ohne Referenten, in Heimen oder auf Wanderungen gerade über die Themen stritten, die ihnen beim Zusammenkommen erst eingefallen waren, oder wozu sie zuletzt irgendwo und mehr zufällig etwas gelesen hatten. In den neuen, durch die Initiative „von oben" ins Leben gerufenen Juso-Gruppen war eine solche Planlosigkeit der Bildungsarbeit nicht mehr üblich. Als beispielsweise der Vorstand der Breslauer Sozialdemokratie am 9. März 1921 die erschienenen Junggenossen zur konstituierenden Sitzung der Jungsozialisten willkommen hieß, da hatte er nicht nur sogleich die zwei für den Rest des Jahres zuständigen Referenten, den jungen Rechtsanwalt Ernst Eckstein und den Redakteur des Parteiblattes Immanuel Birnbaum präsentiert, sondern zudem, wenn auch wahrscheinlich in Absprache mit einigen jüngeren Sozialisten[63], ein zeitlich fest umrissenes und präzise strukturiertes Kursprogramm angeboten. Bis Ende Oktober 1921 kamen daher die Breslauer Jungsozialisten regelmäßig an einem Abend der Woche im turnusgemäßen Wechsel entweder in der von Eckstein geleiteten Arbeitsgemeinschaft zur „Parteigeschichte der Sozialdemokratie" oder zum Kurs „Geschichts- und Staatsauffassung des Sozialismus" von Immanuel Birnbaum zusammen.[64] Aber nicht nur vor Ort schlugen die Reglementierungsbemühungen des Zentralbildungsausschusses durch, auch die überregionalen Zusammenkünfte der Jungsozialisten bekamen jetzt einen etwas anderen Charakter. So waren noch am 1. Januar 1921 allein deshalb in Kiel Jungsozialisten aus Berlin, Hamburg, Hannover, Göttingen und ganz Schleswig-Holstein zu einer aufsehenerregenden Tagung über Fragen der geistigen Einstellung des Jungsozialismus zusammengetroffen, weil eine kleine Anzahl Kieler Jusos, aus eigenem Antrieb heraus, ein kurzes Einladungsschreiben an die Adressen ihnen bekannter junger Sozialisten anderer Städte gesandt hatte.[65] Wer immer von diesem Brief erfahren hatte und Gelegenheit zum Kommen besaß, erschien in Kiel, konnte jederzeit mitreden und auch über die zur Entscheidung stehenden Fragen abstimmen. Ganz anders sah hingegen schon der nächste überregionale Kontakt der Jungsozialisten aus, den der Zentralbildungsausschuß selbst in die Hand genommen hatte. Diese am 29. Juli in Bielefeld stattfindende Tagung wurde nunmehr als 1. Reichskonferenz der Jungsozialisten deklariert, zu der die Gruppen nach einem festen Proporz

Vertreter zu entsenden hatten. In der ostwestfälischen Metropole wurde dann auch erstmalig ein sechsköpfiger Reichsausschuß gewählt, der sich künftig um die zentrale Repräsentanz der Bewegung bemühen sollte.[66]

Es wäre allerdings übertrieben, wenn man für diese Tendenz zum Delegationssystem und einer verbindlicheren Planung der Bildungsarbeit allein die Interventionen der Parteiinstanzen verantwortlich machen wollte. Denn auch die Jungsozialisten der „spontanen Phase" hatten zumindest in ihrer Praxis gelernt, daß die genußvoll zelebrierte Unmittelbarkeit der ersten Wochen nicht problemlos zu perpetuieren war. Dem Rausch des Ursprünglichen war der Katzenjammer des „Wie geht es weiter?" gefolgt und durch die Praxis einer stärkeren Systematisierung und Terminierung der Gruppenaktivitäten beantwortet worden. Gewöhnlich trafen die Jungsozialisten nun an einem Werktagabend zu einer Arbeitsgemeinschaft über ein bereits vorher festgelegtes Thema zusammen. Die arbeitsgemeinschaftliche Methode sollte dabei allen Anwesenden die aktive Mitwirkung ermöglichen; daher war bei den Jusos der frontale Vortrag eines bestellten Referenten immer noch eher die Ausnahme. Auch das Wochenende gehörte dem Beisammensein in den jungsozialistischen Gemeinschaften. An den Samstagabenden standen vor allem Literatur-, Lyrik- und Musikdarbietungen auf dem Programm oder, wenn schönes Wetter war, traf man sich auf einer städtischen Wiese oder dem Marktplatz zu Spiel, Sport und Tanz. Manchmal ging man auch ganz einfach spazieren und unterhielt sich über ein Buch, was gerade viel gelesen wurde. An Sonntagen wanderten die Jungsozialisten weiterhin gerne in die Natur und erschienen häufig dann am Abend noch einmal in ihren Heimen zu einem Aussprache- oder Diskutierabend.[67]

### b) Erziehung – Hoffnungsträger der frühen 20er Jahre

Ausgesprochen typisch für die Identität der jungsozialistischen Arbeiter und deren Streben nach dem „neuen Menschen" waren ebenfalls die Termine, die viele von ihnen an den restlichen Tagen der Woche wahrnahmen: der Besuch von Veranstaltungen des „Bundes entschiedener Schulreformer", die erzieherische Arbeit mit Kindern und die Teilnahme an den Kursen der Volkshochschule. Der junge Breslauer Tischler Walter Ludwig beispielsweise inkarnierte 1921 geradezu dieses Engagement der sozialdemokratischen Jugendlichen. Er war Sprecher der örtlichen Jungsozialistengruppe und Vorsitzender der Abteilung für Volkshochschulfragen im „Volksbund für neue Erziehung", dem Breslauer Ortsverband der „entschiedenen Schulreformer"[68].

Zu diesem Zeitpunkt, als die Möglichkeiten einer tiefergreifenden Veränderung der Gesellschaft in den ökonomischen und politischen Sektoren kaum noch gegeben waren, sammelten sich die Hoffnungen vieler linksliberaler und sozialistischer Zeitgenossen der frühen 20er Jahre auf die ideellen Bereiche der Reformpädagogik und der Volksbildung.[69] „Der erzieherische Gedanke", formulierte ein Beobachter rund 10 Jahre später im Rückblick, „wurde so etwas wie eine neue Moral, eine neue Religion"[70]. Die Gründe, die Lehrer, Erzieher und Eltern zu einem Beitritt in den am 18. September 1919 gegründeten „Bund entschiedener Schulreformer" bewogen hatten[71], kamen den Impulsen, aus denen die jungsozialistische Bewegung entstanden war, sehr nahe. Eine Verquickung von Juso-Arbeit, Volkshochschulkurs und Erziehungsreform war daher sehr bald die logische Folge. Auch in den Schriften des „Bundes entschiedener Schulreformer" war die Enttäuschung über den Ausgang der Revolution und die politischen Ereignisse in den ersten Monaten der jungen Republik nicht zu übersehen, und in Einklang mit den Erklärungen der jungsozialistischen Facharbeiter machten die Schulreformer den Mangel an sozialistischer Moral und Kultur bei den einzelnen Menschen für die Versäumnisse in der Umgestaltung des Gesellschaftssystems verantwortlich. Der „Bund" propagierte daher die Pädagogisierung „total entwickelter Menschen", die erst nach Abschluß dieses Erziehungsprozesses zu einer Sozialisierung der Ökonomie fähig wären. Der Vorsitzende des Bundes, Paul Österreich, schlug zur Realisierung dieses Vorhabens eine Strategie vor, die sicherlich jeder Jungsozialist mit großer Zustimmung unterschreiben konnte: „Tragt die sozialistische Kultur in die Massen, redet, erklärt, gebt das *persönliche Beispiel*, dann wird bald, sehr bald, die Mehrheit unser sein."[72] Was hier als die selbstsichere Hoffnung auf künftige Mehrheiten durch die überzeugend wirkende persönliche Beispielgebung ausgegeben wurde, war dabei kaum mehr als die Rationalisierung einer Niederlage, die die Reformer schließlich auch in der Schulpolitik einzustecken hatten. In der „Weimarer Koalition" mit dem katholischen Zentrum und den bürgerlichen Demokraten war für die Sozialdemokraten die vom „Bund" und den Jungsozialisten ersehnte weltliche „Einheitsschule als Lebens- und Produktionsschule"[73] nicht durchzusetzen gewesen. Was also blieb den Kultursozialisten nach dem Debakel institutioneller Reformversuche anderes übrig, als auf die selbständig geregelte Persönlichkeitsentwicklung im eigenen Bereich zu setzen und davon ein massenwirksames Fanal zu erhoffen? Bei näherem Licht betrachtet waren die sozialen Bewegungen für Lebens- und Erziehungsreform, Persönlichkeitsentfaltung und Kultursozialismus wohl doch eher sinnstiftende Refugien in den Nischen gesellschaftlicher Milieus, nachdem der Kampf um die politischen Machtpositionen nach Maßgabe der hochgesteckten Ziele ihrer Akteure gründlich gescheitert war.

Da also mit der Unterstützung des öffentlichen Schulsystems vorerst nicht zu rechnen war, mußten die Jungsozialisten, so schien es ihnen, die Arbeit am „neuen Menschen" selbst in die Hand nehmen und damit bereits bei den Jüngsten beginnen. Seit 1921 nahmen sich zahlreiche Jusos der Kinder aus sozialdemokratischen Familien an und versuchten erklärtermaßen, eine Gegenwelt zur schmutzigen Realität der „Straße", des Kinos und der Schmöker zu schaffen.[74] Der pädagogische Traum der Jungsozialisten von einer ganzheitlichen Verknüpfung von Leben und Arbeit, Ernst und Freude, Lernen und Spiel, musischen und handwerklichen Fähigkeiten, hier, an den Abenden der Kindergruppen in den zum Bedauern der Jusos eher unfreundlich-farblosen Klassenzimmern, sollte er eine gewisse Verwirklichung finden, die allerdings wiederum jenseits aller Politik und sozialer Unannehmlichkeiten angesiedelt war und die Unwirtlichkeiten des Alltags und der nachteiligen Situation des Arbeiterkindes nur vorübergehend kompensieren konnte. An mehreren Tagen der Woche und manchmal auch an Sonnabendnachmittagen lasen die älteren sozialistischen Jugendlichen den Kindern Märchen vor, bastelten mit ihnen, halfen beim Malen, Weben, Papierflechten und führten Kasperletheater auf. Es wurde geturnt, getanzt und musiziert gelernt. Im Sommer an den Wochenenden, vor allem aber während der großen Ferien, gingen die Jungsozialisten mit den Kindern auf ausgedehnte Wanderfahrten, um das Gemeinschaftsleben zu stärken, der Lust am Spiel und Abenteuer freien Lauf zu lassen und ein wenig auch zur naturkundlichen Belehrung über die Bäume, Sträucher,

Pilze, Vögel und Insekten.[75] Im November 1923 mündeten dann solche lokalen Initiativen der sozialdemokratischen Kinderarbeit in die „Reichsarbeitsgemeinschaft der Kinderfreunde Deutschlands", die dann über 200 000 Eltern, Kinder und Helfer zu ihren Mitgliedern zählte.[76]

Zu einem ähnlichen Hoffnungsträger wie die „ganzheitliche" Kindererziehung avancierten die nach dem Krieg in vielen Großstädten gegründeten Volkshochschulen. In der Idee der Volksbildung sammelte sich der trotz aller Frustrationen über die politische Entwicklung der Republik noch verbliebene Reformschwung vor allem derjenigen Intellektuellen, die in den revolutionären Monaten 1918 ebenso enthusiastisch wie konzeptionslos auf lokaler Ebene sogenannte „Räte geistiger Arbeiter" gebildet hatten. Die Wirkung ihrer manchmal vollmundigen politischen Deklamationen war in der Regel gleich Null[77], mit Ausnahme eben der Volkshochschulinitiativen. Die Pläne der Vordenker für eine Volksbildung waren dabei keineswegs bescheiden, sondern hatten nicht weniger als die Überwindung der Klassengesellschaft und die Errichtung einer „wahren Volksgemeinschaft", in der auch die bislang sozial und kulturell benachteiligte Arbeiterschaft integriert werden sollte, zum Ziel. Da für diesen schwierigen Bildungs- und Gesellschaftsprozeß zumindest im ersten Stadium nicht unmittelbar das ganze Volk in gleichem Maße geeignet erschien, konzentrierten sich die Volksbildner auf die zur „künftigen Führung geeigneten Persönlichkeiten"[78] der Arbeiterschaft — und dafür hielten sich unzweifelhaft die Jungsozialisten. In den Städten des Ruhrgebiets und Sachsens, in Köln, Breslau, Kiel und Freiburg gehörten die Jusos zum aktivsten Kern der Zuhörerschaft an den Kursen der Volkshochschulen[79] und verstärkten allerdings auch die, wie sich bald herausstellen sollte, illusionäre Auffassung vieler Intellektueller bürgerlicher Herkunft, mit dem Institut der Volksbildung den entscheidenden Hebel zur Emanzipation einer, wie sie meinten, insgesamt lernbegierigen Arbeiterschaft in der Hand zu haben. Diese trügerische Annahme eines allseits bildungshungrigen Proletariats mußte zwangsläufig in Ernüchterung und Enttäuschung umschlagen, konnte aber auch in einer hemmungslosen Idealisierung der Bücher lesenden jungsozialistischen Facharbeiter zum vermeintlichen Vortrupp neuer Menschheitsbeziehungen ausarten.

Ein auf die Lebenswelt und die ambitionierten Ansprüche sowohl der jungen sozialistischen Arbeiter als auch der zum Sozialismus gestoßenen Intellektuellen zugeschnittenes Modell konnte unter dem Einfluß von Hermann Heller und Gertrude Hermes seit 1922 in Leipzig entwickelt und als Vorbild für andere Städte mit „linken" kommunalen Mehrheiten ausgebaut werden.[80] Auf Initiative von Heller wurden im Rahmen des Volkshochschulwesens der linkssozialistischen Metropole im „roten Sachsen" Heime geschaffen, in denen ein Jahr lang sieben bis fünfzehn jungsozialistische Proletarier gemeinsam mit ein oder zwei „Geistesarbeitern" in sogenannten „Lebens- und Bildungsgemeinschaften" zusammenwirken.[81] Die Schüler verrichteten tagsüber weiterhin ihren Beruf und mußten zwei Drittel ihres Lohnes in die Heimkasse fließen lassen. Das eigentliche Gemeinschaftsleben begann also erst am Abend und war, da Heller eine einseitige „Verstandesbildung" heftig ablehnte, ganz vom Geist der sozialistischen Lebensreform beseelt: Man las und diskutierte viel über Fragen der sozialistischen Theorie, genauso intensiv aber beschäftigte man sich mit Lyrik, Musik und Körperertüchtigung. Selbstverständlich wurde häufig gewandert und der Konsum von alkohol- und nikotinhaltigen Rausch- und Giftstoffen abgelehnt. Auch Heller und seine Schüler waren davon überzeugt, mit einem derart

„gelebten Sozialismus" in kleinen „energetischen" Zentren geistiger Eliten künftig auch die übrige „Masse" durchgestalten zu können.[82] Charakteristisch für den Weimarer Jungsozialismus war, daß durch eine solche Zirkelarbeit und aufgrund des Einflusses einer überragenden, durch Bildung ausgewiesenen Führungspersönlichkeit, wie sie der temperamentvoll-leidenschaftlich agierende Hermann Heller glaubwürdig verkörperte, eine vom Gesamtmilieu der sozialdemokratisch-proletarischen Region abweichende Art der Sozialismus-Interpretation gedeihen konnte. Der Leipziger Jungsozialismus jedenfalls bildete mit seiner ethisch-marxkritischen Sozialismus-Begründung, die Elemente des englischen Gildensozialismus und der lassalleanischen Staatsauffassung entlehnt hatte, eine einzigartige und höchst umstrittene Enklave in der linkssozialdemokratischen Subkultur Westsachsens.[83]

### c) *Freideutsch versus MSPD mit Schillerkragen: Die ersten Streitigkeiten*

Versucht man, die Geschichte der Jungsozialisten, wie bislang in der Literatur geschehen, ausschließlich nach Maßgabe der in ihren zentralen Zeitschriftenorganen publizierten Aufsätze zu schreiben, dann entsteht zu leicht und zu Unrecht das Portrait einer Organisation, die lange kaum etwas anderes kannte als den Dauerzwist zweier unerbittlich miteinander befehdeter Fraktionen über exegetische Fragen der Theorie. Über die identitätsherstellende Alltagspraxis von habitueller Reform und Ausdruckskultur, die alle Jungsozialisten gemeinsam prägte, über die aber zu berichten sich für einen ehrgeizigen jungen Nachwuchstheoretiker der damaligen Zeit nicht lohnte, erfährt man daher wenig in den bisher über die Weimarer Jusos erschienenen Arbeiten. Dort hat man eher das Bild einer von jeglichen Außenbeziehungen hermetisch abgedichteten Arena konstruiert, in deren Grenzen der intellektuelle Streit einer Handvoll „rechter" und „linker" Jungsozialisten als ein offenbar nur in sich selbst nachvollziehbarer Disput ausgetragen wurde.

Tatsächlich schieden sich bei den Weimarer Jungsozialisten schon früh die Geister, als es darum ging, das eher labile Selbstverständnis und den politischen Willen in begriffliche Formeln zu kleiden. Mit einfachen Kategorien wie „links" und „rechts" lassen sich allerdings die kontroversen Auffassungen im frühen Jungsozialismus nur sehr unzureichend fassen; auch von einem Streit um Theorien sollte man besser nicht sprechen. Vielmehr handelte es sich bei den damaligen Diskussionen um einen Schlagabtausch von lebensweltlich geprägten Metaphern und sinnvermittelnden Sentenzen, also die je unterschiedlich gezogenen und in plausibel klingende Deutungen gebündelten Bilanzen aus Lebensgefühl, sozialer Identität, generativen Erfahrungen, milieuspezifischer Sozialisation und normativen Affekten des „Zeitgeistes". Vielleicht kann man die Fronten der Auseinandersetzung um den geistigen und politischen Standort der Jusos in den Jahren 1921/22 personell und lokal etwa so umreißen: Auf der einen Seite standen als Wortführer diejenigen Jungsozialisten, die im Krieg als Sechzehn- oder Siebzehnjährige bereits zur verantwortlichen Führung der örtlichen Arbeiterjugendgruppe gedrängt worden waren, im Frühjahr 1919 dann mit dem gewonnenen Selbstbewußtsein und in Distanz zum patriarchalischen Verfahrensstil der „Alten" jungsozialistische Gruppen gegründet hatten und überdies auch den persönlichen Kontakt mit Vertretern der bürgerlichen Jugendbewegung sorgfältig pflegten.

Franz Osterroth, Gustav Dahrendorf, Heinrich Deist, Robert Keller personifizierten diesen Typus von Jungsozialisten, der in Bochum, Hamburg, Dessau und Teilen Berlins zu Hause war, auf publizistisch besonders herausragende Weise.[84] Ihre Kontrahenten hingegen kamen häufig aus Städten, in denen erst nach dem Parteitagsbeschluß von Kassel und auf Initiative von oben Jungsozialistengruppen gebildet worden waren. In der Regel waren ihre Sprecher bereits in den 90er Jahren geboren, vor dem Ersten Weltkrieg schon durch die Bildungsarbeit der Arbeiterjugend gegangen und nach Kriegsschluß frühzeitig parteipolitisch und gewerkschaftlich aktiv geworden, so daß sie sich, obgleich ebenfalls lebensreformerisch-jugendbewegt affiziert, gebremster in der Suche nach Selbständigkeit und Erneuerung und mißtrauischer zu den wechselnden Attitüden und schwankenden Moden des kulturkritischen Bürgertums verhielten. Ernst Eckstein, Clara Zils, Karl Höltermann, Bruno Lösche, Siegmund Crummenerl, Otto Lamm, Friedrich Ebert jr. aus Breslau, Magdeburg, Lüdenscheid und Berlin standen für diese generativ und milieuspezifisch etwas anders sozialisierte Gruppe im frühen Weimarer Jungsozialismus.[85]

Den Ton gab natürlich die erste Gruppe an; denn sie hatte ja die sehr viel weiterreichenden Ambitionen, den „überkommenen" Vorstellungen der „geistig verkrusteten" Sozialdemokratie eine grundsätzliche Alternative gegenüberzustellen und einem „erneuerten Sozialismus" sowohl ideell als auch praktisch in der Unabhängigkeit der eigenen Lebensgemeinschaft zu schaffen. Dieser primär abgrenzende Impetus, in dem sich der Widerwillen gegen die „Welt der Alten" ausdrückte, spiegelte sich im Gebrauch vorwiegend polemisch gemeinter Begriffe wider. „Materialismus", „Rationalismus", „Mechanismus" waren im Horizont der emotional aufgewühlten frühen Jungsozialisten geradezu die Chiffren für die Grundübel der Zeit, die als ein Abschnitt bürgerlicher Zivilisation atomisierter Individuen mit erkalteten und seelisch verarmten Sozialbeziehungen wahrgenommen wurde.[86] Auch die Misere der Arbeiterbewegung war nach Auffassung dieser Jungsozialisten nur durch den Umstand der Rezeption eines rationalistischen Materialismus zu begreifen, der als Abart des bürgerlichen Materialismus die ursprünglichen Ziele des Sozialismus zu einer schlichten Magenfrage herabgewürdigt hätte. Die marxistische Weltanschauung jedenfalls, so glaubten die Jungsozialisten aus Hamburg, Bochum und Dessau, mußte die Arbeiterschaft zu höchst profanem, fast „säuischem", jedenfalls nicht sittlich zu nennendem Tun verleiten: „Leider dünkt es viele Arbeiter, als ob die Welt ein großer Futtertrog wäre, an dem bisher die Kapitalisten gesessen und sich sattgegessen hätten; und nun wollen sie sich der Krippe bemächtigen. Wo bleibt da das Höhere, Seelische, die Kultur im Menschen?"[87] Die pathetische Beschwörung des „Seelischen" erreichte im frühen Jungsozialismus nachgerade kultische Dimensionen und war fraglos ein Import aus der Modernismuskritik des jugendbewegten Bürgertums, was wiederum ein Indiz dafür ist, welch geringe Wirkung von der säkularisierten Heilserwartung des „klassischen" Sozialismus auf das in Unordnung geratene Innenleben der jungen Sozialisten nach dem Krieg ausging. In der magischen Formel des „Seelischen" verdichtete sich die Nachkriegssehnsucht einer ganzen Generation nach „ganzheitlichen", „ursprünglichen" und „lebendigen" Bindungen in bewußter Abkehr von den intellektuellen Kräften des analysierenden, also auch zerteilenden Verstandes, mit dessen Hilfe man eine aus den Fugen geratene Welt nicht zu verstehen vermochte. Dazu war auch die mythologische Versenkung in das Innenleben nicht in der Lage, gleichwohl brauchte derjenige, der zu intuitivem Fühlen fähig war, die Wirklichkeit und das rationale Argument nicht mehr zu befürchten. „Unsere Sache", so hielten die Hamburger

Jungsozialisten selbstbewußt den Kritikern ihres Standpunktes entgegen, "ist nicht rein verstandesmäßig zu erfassen"[88]. Mit "dürren Theorien" und einer "erstarrten Begrifflichkeit" wären, so argumentierten auch die Kölner und Berliner Jungsozialisten um Robert Keller, die "tieferen Probleme des jungsozialistischen Wollens" nicht zu verstehen.[89] So wie hier auf durchaus intellektuelle Art die dionysischen Zustände der ersten Wochen und Monate gleichsam zur Sendung des Jungsozialismus verklärt wurden, hypostasierte man auch die eigenen Kreise zu "sozialistischen Kulturinseln"[90], die fernab von den nur durch äußerliche Interessen zusammengehaltenen Massenorganisationen ein innerlich verbundenes und organisch gewachsenes Gemeinschaftsleben "neuer Menschen" höheren Geistes ermöglichen sollten.[91] In solchen Zellen auserwählter Kreise, so hoffte man, konnten neue Formen des Liebeslebens, der Haushaltsführung, des Kunsthandwerks, der Geselligkeit und der Raumgestaltung bereits im kapitalistischen Milieu geübt und realisiert werden.[92] Bedingung allerdings wäre, daß man die zur vorbildlichen Führung der Massen bestens geeigneten Jungsozialisten vorübergehend von "aller Kleinarbeit innerhalb der Partei befreit"[93]. In einem auf Neujahr 1922 geschriebenen Brief brachte der Frankfurter Jungsozialist Heiner Schön diese hochgesteckten Ziele auf den Begriff: "Die Jungsozialisten denken wir in Frankfurt als kleine geschlossene Gruppe, deren Mitglieder als neue Menschen auf allen Gebieten (...) arbeiten und durch ihre Persönlichkeit und ihre Wirkungen zum ‚Diktator' werden."[94]

In den Jahren 1919/1920 waren diese Positionen, denen die Kritiker nicht ganz zu Unrecht in Anspielung auf die Ideen der bürgerlichen Jugendbewegung das Etikett "freideutsch" anhingen, wahrscheinlich von der Mehrheit der deutschen Jungsozialisten getragen.

Noch auf der Konferenz in Kiel, die am 1. Januar 1921 stattfand und von den Initiatoren erklärtermaßen deshalb einberufen worden war, um dem "freideutschen" Geist einen "problematisch-wissenschaftlichen" Rationalismus entgegenstellen zu können[95], beherrschten die Jungsozialisten aus Hamburg und ihre Anhänger aus anderen Städten klar das Feld. Zum Schluß der von Karl Meitmann geleiteten Tagung verabschiedeten die Teilnehmer "Leitsätze" – die vom Hamburger Lehrer Johannes Schult inspiriert worden waren –, in denen ausdrücklich betont wurde, daß es den Jungsozialisten "ihrer ganzen seelischen Einstellung" wegen nicht zuzumuten wäre, "ohne weiteres den Schritt zur allgemeinen Arbeiterbewegung (zu) machen, denn diese ist in ihrem inneren und äußeren Leben zu einseitig verstandesmäßig und materialistisch gerichtet, als daß sie die in der Jugendbewegung und durch den Krieg neu belebten irrationalen Regungen befriedigen könnte"[96]. Statt dessen verpflichteten sich die Jusos erneut, in ihren Gemeinschaften ein aufrichtiges und verantwortliches Leben zu führen und die "Kulturidee des Sozialismus" rein zu erhalten.[97] Diese ausgeprägte Neigung zur Reinhaltung der eigenen Lebensgemeinschaft hing im übrigen mit einem Schock zusammen, den die Jusos in der vorangegangenen Nacht erlebt hatten; ein furchtbares Treiben war dort geschehen, etwas, was sich in ähnlicher Form etwa neun Jahre später wiederholen sollte und die Jusos dann in ihre endgültig letzte Identitätskrise hineinmanövrierte.[98] Eine Silvesterfeier nämlich hatte stattgefunden, an der auch schlichte, vom Kulturideal noch nicht beseelte junge Proletarier teilgenommen hatten, die sich trotz der Anwesenheit der schier entsetzten Jungsozialisten nichts dabei dachten, dem seichten Vergnügen des bürgerlichen Tanzes und Alkoholgenusses zu frönen. Nicht zuletzt, um sich gegen solch "unjugendliches" Verhalten der empirischen Mehrheit der Jugend noch stärker zu immunisieren, wollten die Jusos, so schworen sie sich, beweisen, „welche Werte in unserer Jugendkultur stecken"[99].

In den Jahren 1921/22 machte sich allerdings eine Gegenbewegung zum freideutsch angehauchten Jungsozialismus immer stärker bemerkbar, wenn auch die Gegensätze keineswegs so fundamental und unüberbrückbar waren, wie es sich manchmal durch den schroffen Ton einiger Resolutionen ausnahm. Die kritischen Stimmen am bisher dominierenden Selbstverständnis des Jungsozialismus kamen dabei im wesentlichen von Funktionären derjenigen Gruppen[100], die Ende 1920 / Anfang 1921 unter der Obhut der örtlichen Parteivorstände gegründet worden waren und von Beginn an auf geordnete Kassenverhältnisse, erfaßbare Mitgliederstrukturen und ein gut vorbereitetes Schulungsprogramm Wert legten. Die Funktionäre solcher Gruppen gehörten altersmäßig zu den gereifteren Jahrgängen der Jungsozialisten und konnten bereits politisches Profil in der Arbeiterbewegung vorweisen.[101] Zudem hatten sich die Fragestellungen und Diskussionsinhalte in vielen Juso-Gruppen im Laufe der Zeit geändert. Das mythologische Versinken in die Innerlichkeit konnte auf Dauer nicht befriedigen und mußte nach und nach einer stärkeren Hinwendung zu den realen Problemen der von der Sozialdemokratie getragenen Republik weichen.

Die Anschläge rechtsradikaler Kampfverbände gegen die neue demokratische Ordnung und die Ermordung republikanischer Politiker politisierten nun langsam auch die Themen jungsozialistischer Debatten. Während die „freideutschen" Jungsozialisten der „ersten Stunde" durch ihr unbedingtes Verlangen nach Autonomie in ein geradezu antiautoritäres Protestverhältnis zur Parteiorganisation standen und sich dabei, so im Bezirk Westliches Westfalen, an dem Rande des Parteiausschlusses bewegten[102], legten jetzt immer mehr Gruppen ein Treuegelöbnis zur praktischen Mitarbeit und Organisationspflicht in der Sozialdemokratischen Partei ab. Dabei entstand keineswegs ein „linker" Flügel, wie teilweise bisher in der Literatur über die Weimarer Jusos zu lesen war[103], vielmehr bekam die Mehrheitssozialdemokratie zumindest vorübergehend einige parteitreue Jugendabteilungen oder besser Bildungsgemeinschaften mit vorbehaltlosen Bekenntnissen zu den im Görlitzer Programm verankerten politischen Positionen. MSPD plus Schillerkragen kann man vielleicht etwas flapsig den Charakter und die Erscheinungen dieser Juso-Gruppen beschreiben, die von der politischen Zielsetzung jedenfalls voll auf der Linie einer kontinuierlichen Reformpolitik mit dem Instrument der Massenorganisationen der Arbeiterbewegung im Rahmen einer sozial noch auszugestaltenden Republik lagen.[104] Sich für diese Aufgaben durch intensive Bildungsarbeit in den Gruppen der Jungsozialisten zu rüsten und sich den Tageskämpfen der Arbeiterorganisation zur Verfügung zu stellen, war exakt das, was nun von den jungen Sozialisten besonders lautstark aus Magdeburg, Breslau und Teilen Berlins postuliert wurde, wofür sie bezeichnenderweise auch den „Vorwärts" und das „Korrespondenzblatt" des ADGB zur Verfügung hatten, und womit sie sich schließlich und zuletzt von den anfänglichen Auffassungen der „freideutsch-autonomistischen" Jusos um Franz Osterroth, Heinrich Deist, Robert Keller, August Rathmann, Gustav Dahrendorf und (wenn auch mit Einschränkungen) Otto Bach unterschieden, die wohlgemerkt keine expliziten Gegner des republikanischen Reformismus waren, sondern zu Beginn ihrer bekanntermaßen dann recht eindrucksvollen Karriere in solchen politisch-nüchternen Kategorien einfach noch nicht denken wollten.

Die Differenz im Jungsozialismus der Jahre 1920-22 lag also darin, daß die einen ihr Seelenerlebnis und ihre Kulturarbeit in unabhängigen Lebensgemeinschaften bereits für vorweggenommenen Sozialismus hielten und davon dann eine spätere spirituelle Durchgestaltung der Massen erhofften, während die anderen bei aller lebensreformerischen Verve zusätzlich an das Gewicht der real existierenden Massenorganisationen und der Gesellschaftsreform als Voraussetzungen neuer menschlicher Beziehungen festhielten. Eine Differenz, um es zu wiederholen, die vielfach mit dem unterschiedlichen Alter und Funktionärserfahrungen ihrer Protagonisten zu tun hat, wie sie ebenso auf einen andersgearteten Umgang mit Repräsentanten der bürgerlichen Jugendbewegung und Vertretern der eigenen Partei schließen läßt. Die älteren und ganz offensichtlich politisch schon gründlicher geschulten Funktionäre der parteiorientierten Jusos bewiesen dabei ihre nüchterne Sicht in die Zusammenhänge von materiellen Voraussetzungen und ideellen Möglichkeiten. Der Magdeburger Bruno Lösche, einer der schärfsten Kritiker der „autonomen" Jusos, warf ihnen Weltflucht und Abkapselung vor und begegnete ihrer Interessenlosigkeit an den Fragen des sozialpolitischen Fortschritts mit der prägnant-lakonischen Feststellung: „Bestände heute noch die elf-, zwölfstündige Arbeitszeit, es gäbe keine jungsozialistischen Gruppen."[105] Das in dieser Formel gebündelte Lernergebnis jahrzehntelang geführter proletarischer Kämpfe hatten die parteiorientierten Jusos ihren jüngeren Widersachern aus Bochum und Hamburg entwicklungsmäßig und deren Soufleuren aus dem kulturkritischen Bürgertum wohl auch klassenmäßig voraus. „Materielle Voraussetzungen", das wußte der schon von Haus aus nicht zum Überschwang sozialisierte Berliner Jungsozialist und Lebenszeit-Bürokrat Friedrich Ebert, „mußten die Grundlagen der neuen Kultur und des neuen Menschen sein"[106]. Insofern war nach Meinung dieser Jusos eine überhebliche Geringschätzung des „schnöden Materialismus" der „Alten" durchaus fehl am Platz; denn deren unermüdlicher Einsatz für die Hebung des sozialen Lebensniveaus der Arbeiterschaft hätte erst die Fundamente für eine andere Art des Lebens in der neuen „demokratischen Volksgemeinschaft"[107] geschaffen. Wenn man unbedingt linkssozialdemokratische Positionen im Lager der parteiorientierten Jusos ausfindig machen will, dann gelingt das nur und auch da nur in Ansätzen bei den Stellungnahmen des Berliner Jugendsekretärs des ZDA Otto Lamm. Der schrieb, wenn von der neuen Republik die Rede war, im Unterschied zu seinen Genossen aus Magdeburg und Breslau nicht von einer „Demokratie" oder „Volksgemeinschaft", sondern vom „kapitalistischen Staat", in dem das Proletariat „gar nicht genug materialistisch" denken könne, zumal große Schichten der Arbeiter und Angestellten nicht einmal gewerkschaftlich organisiert seien und durch die Wahl bürgerlicher Parteien ihren ureigensten Interessen zuwiderhandelten.[108] Eine solche Bestimmung des staatlichen Charakters blieb aber zu diesem Zeitpunkt die Ausnahme und wurde auch gar nicht weiter erörtert; die hoffnungsfrohe, gleichwohl undiskutiert gebliebene Bejahung der republikanischen Ordnung war Gemeingut der meisten Jungsozialisten beider Lager, weshalb der Bruch im frühen Jungsozialismus keineswegs so dramatisch oder gar irreparabel war.

Dennoch wurde schon 1921 mit harten Bandagen gekämpft und die „freideutsch-autonomistischen" Jusos gerieten auf der Reichskonferenz in Bielefeld am 29.7. erstmalig in „ein regelrechtes Kreuzfeuer" der Kritik.[109] Zwar hatten sie wiederum eine Entschließung eingebracht, die sich gegen die materialistische Einstellung des historischen Materialismus wandte und statt dessen die „innersten Quellen des Menschlichen" für eine Neugestaltung des Sozialismus hervorhob[110], ein Erfolg aber blieb ihnen dieses Mal nicht beschieden. Wäre abgestimmt worden, so waren sich die Jusos aller Richtungen über die Stimmung der Konferenz einig, hätte die Resolution der Magdeburger eine eindeutige Mehrheit erhalten.[111] Die vom Magdeburger Redakteur Emil Reinhard Müller eingebrachte Entschließung forderte im wesentlichen ein unbedingtes Treuebekenntnis zur Mitarbeit in der SPD und kritisierte das Eigenleben in „begrenzten Gemeinschaften", da sozialistisches Gemeinschaftsleben sich „erst durch die sozialistische Organisation der Wirtschaft und der demokratischen Republik" auswirken könne.[112] Aufgrund der Intervention des geduldigen und liberal denkenden Pädagogen und Mitglied des zentralen Parteivorstandes, Heinrich Schulz, überwies die Konferenz zum großen Ärger der parteiorientierten Jungsozialisten wie Bruno Lösche und Karl Raloff, die lieber ein eindeutiges Votum zu ihren Gunsten gesehen hätten, beide Resolutionen zur Diskussion in die Gruppen zurück und nahm dafür einen versöhnlichen Formulierungsvorschlag des PV-Vertreters an: „Die in Bielefeld versammelten Jungsozialisten erklärten, daß sie als politisch denkende und handelnde Menschen mit Herz und Hirn der SPD angehören, und darüber hinaus suchen sie in der jungsozialistischen Bewegung und im unmittelbaren Meinungsaustausch mit Gleichgesinnten eine Bereicherung ihres persönlichen Lebensgefühls und -bewußtseins, wovon sie in weiterer Auswirkung zugleich eine Bereicherung des Sozialismus erhoffen."[113] Das wütend-unduldsame Drängen von Bruno Lösche und Karl Raloff auf „klare Entscheidungen"[114] und Beendigung der Diskussionen durch „Abstimmungen"[115] machte allerdings auf eine zur Intoleranz neigende Funktionärsmentalität einiger Wortführer des parteiorientierten Flügels aufmerksam, was für die Jusos kaum weniger gefährlich war als der überzogene Irrationalismus der Gegenseite. Denn schließlich wäre der rebellische Teil der Jusos durch ein solches Mehrheitsvotum kaum „auf Kurs", sondern wohl eher zum Austritt aus der Bewegung gebracht worden, und zudem mußte durch eine solch formale Verfahrensweise die Lebendigkeit einer an theoretischer Bildung interessierten Gemeinschaft leiden, die, anders als die wahrscheinlich tatsächlich auf ein Mindestmaß an Geschlossenheit und Handlungsfähigkeit angewiesene Partei, ausreichend Gelegenheit brauchte, provozierende Fragen, ketzerische Zweifel und neue Perspektiven in aller Offenheit, Geduld und ohne bürokratischen Oktroi übergeordneter Instanzen ausdiskutieren zu können. Hier mag auch der Grund dafür liegen, daß die Magdeburger Jungsozialisten beispielsweise sehr früh in eine Krise gerieten und 1923 dann über erheblichen Mitgliederschwund zu klagen hatten, während ihre Genossen in Hamburg und Bochum überaus aktiv und geistig faszinierend beweglich blieben.

Es hat dennoch bei den meisten parteiorientierten Jungsozialisten nie eine fundamentale Distanz zum identischen Charakter des frühen und auch künftigen Jungsozialismus gegeben: durch Erziehung sozialistischer Menschen und die Schaffung neuer Lebensformen und kultureller Beziehungen das subjektiv-idealistische Äquivalent zur ökonomischen Transformation der Gesellschaft zu realisieren.[116] Als sich beispielsweise die Breslauer Jungsozialisten, die entschiedene Gegner des „Osterroth-Kurses" waren[117], erstmalig als geschlossene Gruppe in eine Generalversammlung der Partei einmischten, da geschah das bezeichnenderweise mit einem Antrag ganz im Geiste der Lebensreform. Darin forderte man den örtlichen Parteivorstand auf, „auch hier am Orte den Kampf gegen den geistestötenden Alkohol entschieden aufzunehmen, insbesondere die örtlichen Veranstaltungen (Abteilungs- und Distriktversammlungen) aus den Schanklokalen heraus, und wenn möglich in Schulen unterzubringen"[118]. Ein im übrigen vergeblicher Versuch von Partei- und Gesinnungsreform, da auch in den nächsten Jahren in Breslau die Parteitreffen in „Wolff's Ausschank", dem „Feldschlössel", der „Hedwigsquelle" oder dem „Jägerhof" zum Beispiel stattfanden; schließlich war das Wirtshaus für viele Arbeiter traditionell ein Ort persönlicher Identität, lockerer Geselligkeit und auch entscheidender politischer Orientierung[119], und den konnte man ihnen so leicht nicht nehmen.

Welcher Geist auch in den parteiorientierten Gruppen in den frühen zwanziger Jahren herrschte, soll zum Schluß dieses Kapitels durch einen längeren Auszug aus einem Bericht der „Breslauer Volkswacht" über die Revolutionsfeier der Jungsozialisten dokumentiert werden:

„Und dann sprach Genosse Eckstein zu uns: Von der Kultur früherer Zeiten, von großen Menschen – von hohen, heiligen Idealen! Und davon, wie dann nach und nach alles tot wurde und dumpf, wie Volk und Einzelmensch ver‚bürgerte' und die Kultur ein Kleid wurde, ein fremdartiges, schönes Kleid, das keinem mehr paßte und mit dem fast niemand etwas anzufangen wußte. Da kam Jugend!

Kam mit offenen Augen, mit hellen, klaren Sinnen und mit einer sehnsüchtigen Seele, die wieder Schönheit und Religion wollte, die Wege suchte heraus aus dem engen, grauen Spießertum. Wege suchte und – auch fand und anfing Kultur zu schaffen. Kultur, die man nicht in Bildergalerien bestaunen kann, sondern wirklich blutlebendige Volkskultur. Jugend – Arbeiterjugend! Und das soll unsere Aufgabe sein: Die Fahne hochhalten, wenn die andern müde werden, Glauben haben, wenn ringsum alles verbittert. Kultur haben, Kultur schaffen, Kultur leben!

Dann ist: ‚Mit uns das Volk! Mit uns der Sieg!' Lieder wurden noch gesungen nach Ecksteins Rede, die alten Kampflieder und die hellen frohen Lieder der Jugend."[120]

III. Zwischen jungkonservativem Nationalismus und Erbitterung über neureiches Bürgertum:
Politisierung und Differenzierung der Jungsozialisten im Jahr der militärischen Intervention und rasanten Inflation

1. "Es lebe Deutschland": nationaler Jungsozialismus 1923

*a)   Ruhrbesetzung und jungsozialistischer Neokonservatismus*

Die Nachkriegskrise erreichte im Jahr 1923 ihren Höhepunkt und Abschluß. Für die Jungsozialisten markierten die heftigen politischen und sozialen Erschütterungen dieses Jahres zugleich den Anfang eines neuen Abschnitts ihrer Entwicklung. Das begann bereits mit dem 11. Januar, als der französische Staatspräsident Raimond Poincaré fünf französische Divisionen schwerbewaffneter Soldaten in das Ruhrgebiet einmarschieren ließ, um, wie es in der offiziellen Verlautbarung der französischen Regierung hieß, den Schutz einer Ingenieurkommission, die man zur Kontrolle der Reparationsverpflichtungen Deutschlands entsandt hatte, garantieren zu können. Die französische Regierung konnte sich dabei auf eine Sitzung der Reparationskommission vom Dezember 1922 berufen. Dort hatte man einen deutschen Rückstand bei der Holz- und Kohlelieferung konstatiert und das – gegen die Stimmen der Engländer – als vorsätzlichen Bruch der Reparationsverhandlungen gewertet. Wenn nun die Regierung in Paris zwar diese formaljuristische Begründung für ihren militärischen Einmarsch geltend machen konnte, so gab es dennoch keinen Zweifel daran, daß es den von Poincaré repräsentierten Strömungen im Nachkriegsfrankreich um andere, sehr viel weiterreichende Ziele ging: den Ausbau der französischen Hegemonie in Kontinentaleuropa durch ein sukzessives Zurückdrängen der deutschen Grenzen.[1]

Die militärische Besetzung des Ruhrgebiets durch französische Truppen löste eine spontane Welle wütender Empörung in fast allen Schichten der deutschen Bevölkerung aus. Eine gefühlsschwangere patriotische Stimmung, wie man sie seit den Augusttagen 1914 nicht mehr erlebt hatte, prägte erneut das politische Klima der deutschen Gesellschaft. Da Deutschland dieses Mal eindeutig nicht der Aggressor war, konnten sich Kommunisten und anfangs auch linke Sozialdemokraten guten Gewissens in die Bewegung zur Verteidigung der nationalen Souveränität eingliedern. Zwar fehlte es in der Sozialdemokratie nicht an warnenden Stimmen, die von einer Zusammenarbeit mit nationalistischen Kräften abrieten, der Zustimmung zum passiven Widerstand gegen die französische Okkupationsmacht wollte sich jedoch auch hier kaum jemand entziehen. Paul Levi beispielsweise, Gefährte Rosa Luxemburgs und einstiger Vorsitzender der Kommunistischen Partei, nun der eigenwillige, eigentlich auch einsame Führer der sozialdemokratischen Linken, brillant und bestechend in der kühl-rationalen Analyse der politischen Konstellationen, gehörte zu den Ausnahmen; er hatte den "Ruhrkampf" und die klassenübergreifende Widerstandskooperation zu jeder Zeit abgelehnt.[2] Der Wille zur Resistenz gegen die "Fremdherrschaft" ging freilich von der Mehrheit der Bevölkerung, des Ruhrgebiets zumal, selbst aus. Die zeitweilige "Burgfriedenspolitik" der Sozialdemokraten im Reichstag und die kurzfristige Wiederbelebung der politisch längst zu Grabe getragenen „Zentralarbeitsgemeinschaft" durch die Gewerkschaften und Unternehmerverbände entsprach daher durchaus der ursprünglichen Massenstimmung. Die brutalen Schikanen und terroristischen Unterdrückungsmaßnahmen der französischen Besatzungstruppen, die vor Massenausweisungen, Gefängnisstrafen und selbst Erschießungen nicht zurückschreckten, verstärkten den Mythos von dem gemeinsam zu tragenden schweren Schicksal einer geeinten deutschen Nation, hinter dem die Klassenkonflikte zumindest vorübergehend zurückgestellt werden müßten.

Es war nicht zu erwarten, daß die Jungsozialisten, insbesondere die in der betroffenen Region, von der emotionalisierten Atmosphäre im Frühjahr 1923 unbeeinflußt blieben. Vielmehr wähnten gerade die freideutsch-jugendbewegten Jungsozialisten, die bekanntlich im Ruhrgebiet eine Hochburg hatten, den historischen Moment für gekommen, wo all ihre Hoffnungen nach einer Überwindung der in sich zerrissenen Gesellschaft durch das erhebende Zusammengehörigkeitsgefühl der nationalen Solidarität in Erfüllung zu gehen schien. Die langjährige Pflege der *Volks*kultur und die in den Juso-Gruppen übliche Beschwörung der *Gemeinschaft*lichkeit kulminierten nun in der Zauberformel von der „Volksgemeinschaft", zu der sich, wie zahlreiche Jusos glaubten, alle Schichten der Bevölkerung in Besinnung auf ihr gemeinsames Deutschtum zusammengefunden und dadurch eine ihrem nationalen Charakter gemäße Form des Sozialismus begründet hätten. Allerdings gerieten Jungsozialisten nicht erst durch die Ereignisse an der Ruhr in die bedenkliche Nähe zumindest zum Vokabular des jugendlich-dynamischen Konservatismus[3] im nationalistischen Lager der Weimarer Republik. Schon seit Ende 1922 hatte eine kleine Gruppe publizistisch höchst vitaler Berliner Jungsozialisten um Erich Fäse und Arthur Zickler, die von Beginn an durch ihr extrem freideutsches Gedankengut und eine maßlose Arroganz auffielen, der jungsozialistischen Leserschaft eine krause Mischung des zeitgenössischen Rechtsintellektualismus als neues Programm eines „deutschen Sozialismus" empfohlen. Kaum einer der damals so beliebten überempirischen und mystisch umwölbten Begriffe der antidemokratischen Rechten, die sich so vorzüglich der rationalen Klärung entziehen konnten, blieb dabei ausgespart. Vom „Volk" als „adeligen Begriff", in dem alles „Deklassierte" bereits von vornherein ausgeschieden sei, war in den Schriften des jungsozialistischen Neokonservatismus ebenso die Rede wie von der künftigen Mission des aristokratischen Führers, der in tiefer Verantwortung für „die Sache des Volkes zu sterben bereit" sei.[4] In der verklärten Welt des organologischen Lebenszusammenhangs mit einer als natürlich vorausgesetzten hierarchischen Rangordnung war selbstverständlich kein Platz für demokratische Strukturprinzipien und egalitäre Rechtsformen: der „deutsche Sozialismus" werde „undemokratisch sein in der Ablehnung des Prinzips der Gleichberechtigung und der Mehrheitsherrschaft"[5].

In diesen Abirrungen von sozialdemokratischen Traditionen und Wertvorstellungen erkennt man die Achillesferse der in den Weimarer Jahren vieldiskutierten proletarischen „Halbbildung" und jugendlichen Erneuerungsvisionen. Man rezipierte manchmal zu eilfertig und vorbehaltlos Bücher und Ideologien, von denen in politischen Kollegs und den Spalten der Feuilletons gerade die Rede war, weil sie innovatorisch und unkonventionell wirkten. Von der Sozialdemokratie führte dieses Konglomerat aus den Schriften Ernst Jüngers, Wilhelm Stapels, Othmar Spanns, Oswald Spenglers und Moeller van der Brucks jedenfalls über kurz oder lang weg. In den Frühjahrsmonaten 1923 engagierten sich die betreffenden Berliner Jungsozialisten im besetzten Ruhrgebiet, um zusammen mit den Freischärlertruppen der extremen Rechten die passiven Widerstandsformen der deutschen Bevölkerung durch die Förderung militanter Sabotageaktionen zu radikalisieren. In späteren Jahren konnte man die politischen Kommentare und weltanschaulichen Botschaften Fäses und Zicklers in den Blättern der Deutschnationalen lesen.[6]

Verglichen damit verhielten sich die Jungsozialisten des Ruhrgebiets nahezu moderat. Zumindest wich ihre Haltung zum Ruhrkampf kaum von der Einstellung der erwachsenen Sozialdemokraten im Westlichen Westfalen ab, und auch das Kriegsbeil zwischen autonomistischen Jusos und den parteiorientierten Gruppen des Reviers wurde über Nacht begraben. Gemeinsam zogen die Jungsozialisten nun an den Quartieren der französischen Soldaten vorbei und stimmten Protestlieder gegen die ungeliebten Besatzer an. Auch der Boykott der in französischer Regie geführten Eisenbahn wurde, selbst wenn man weite Strecken zur Erreichung zentraler Jusoversammlungen zurückzulegen hatte und ein langer nächtlicher Fußmarsch unumgänglich war, überaus ernst genommen. Eine Beteiligung an Kanal- und Brückensprengungen oder gewaltsamen Anschlägen auf Eisenbahnen, wie sie seit März 1923 von den rechtsradikalen Kampfverbänden, nicht ohne Wissen und Billigung der Cuno-Regierung, mit wachsender Kaltblütigkeit und Hemmungslosigkeit durchgeführt wurden, lehnten die Jusos hingegen strikt ab.[7] Der Sprecher der Dortmunder Jungsozialisten, Benedikt Obermayr, gelobte in einem mit viel Pathos geschriebenen Aufsatz für die „Jungsozialistischen Blätter": „Nie wollen wir die Gewalt, wenn uns auch durch die Gewalt Gewalt angetan wird."[8]

*b) Osterkonferenz in Hofgeismar: Hurrapatriotismus oder moderner Sozialismus?*

Stil und Inhalt der Juso-Arbeit bekam unter dem Eindruck der Ruhrbesetzung eine neue Prägung. Gerade die autonomistischen Jusos des rheinisch-westfälischen Industriezentrums hatten am zähesten an der jugendbewegten Spontaneität der Gruppenpraxis festgehalten und statt der Behandlung politischer Themen den Kult seelischen Erlebens und irrationalen Empfindens bevorzugt. Jetzt erklärte einer ihrer wichtigsten Protagonisten, der Bochumer Franz Osterroth, diese Phase für beendet und propagierte die Politisierung der Organisation. Regelmäßig trafen sich nun etwa 100 Jusos aus Bochum, Dortmund und Umgebung zu einer „Politischen Arbeitsgemeinschaft", die nach festem Plan und einheitlicher Methodik über Themen wie „Der Staat", „Die Nation", „Das Primat der Außenpolitik", „Masse und Führung" diskutierten.[9] Damit war der Tenor der künftigen Verlautbarungen aus dem Lager der einst vorwiegend autonomistisch-freideutschen Jungsozialisten auch auf überregionaler Ebene schon recht deutlich vorgegeben.

Zum Markstein der weiteren Entwicklung wurde dabei eine Juso-Tagung, die Ostern 1923 in Hofgeismar stattfand, und um die sich in den nächsten Jahren ein regelrechter Mythos spannte. In den symbolträchtigen Weimarer Jahren standen Bezeichnungen wie „Geist von Weimar" und „Hofgeismar-Jungsozialismus" synonym für spezifische Lebensgefühle und politische Haltungen, die für die nachwachsende Generation der sozialistischen Arbeiterjugendlichen nachgerade legendäre Bedeutung erhielten, vielfach nostalgisch verklärt wurden und bei den eigentlichen Zeitzeugen bis zum heutigen Tag heftige Emotionen auszulösen vermögen. Die einen haben „Hofgeismar" geradezu als eine Orgie nationalistischen Hurrapatriotismus wahrgenommen und zeitlebens scharf verurteilt, für die anderen war Hofgeismar kaum weniger als die Geburtsstunde des modernen, realistischen und staatsbejahenden demokratischen Sozialismus. Die letztere Interpretation gehörte nach 1959 zur offiziösen Fama von Festansprachen auf sozialdemokratischen Gedenktagen; hingegen haben linksstehende Historiker der jüngeren Generation schon aus ideologischen Gründen eher der ersten Erklärung zugeneigt. Die historische Wirklichkeit indes war sehr viel komplexer und vielschichtiger.

Die Initiative für eine Arbeitswoche zum Thema „Volk und Staat" ging von den beiden Bochumer Jungsozialisten August Rathmann und Franz Osterroth aus, die, nachdem sie von ihren gleichgesinnten Freunden aus Bochum und Hamburg das grundsätzliche Plazet für das Projekt eingeholt hatten, den Leiter der Kasseler Volkshochschule Walter Koch, einen religiös-pazifistischen Sozialisten, um die Vermittlung einer geeigneten Tagungsstätte baten. Walter Koch konnte ihnen alsbald die Hofgeismarer Winterschule, ein ehemaliges Schlößchen, anbieten, und August Rathmann schickte nun an eine Reihe von vorwiegend, wenn auch nicht ausschließlich, freideutsch-autonomistisch eingestellten Jungsozialisten ein kurzes Einladungsschreiben: „Als am dringendsten erscheint uns die Klarstellung unseres Verhältnisses zum deutschen Volk und Staat. Unsere Aufgabe ist es, die Veränderungen in der außenpolitischen Machtkonstellation auch innerlich auszugleichen, das in der sozialistischen Bewegung noch immer lebendige Mißtrauen gegenüber unserem eigenen Staat und Volk zu überwinden und ein neues positives Volksbewußtsein, eine klar entschiedene Staatsgesinnung zu erarbeiten."[10] Über 100 Teilnehmer erschienen daraufhin am Karfreitag 1923 in Hofgeismar, davon mehr als die Hälfte aus den besetzten Städten des Ruhrgebiets. Der Rest, darunter eine auffällig große Anzahl von Studenten, war aus Hamburg, Kiel, Berlin, Kassel und Frankfurt angereist.[11]

Die äußeren Umstände, das Ambiente und die erregte Atmosphäre der Arbeitswoche waren typisch für eine Jungsozialisten-Tagung der frühen 20er Jahre. Nachdem die meisten Jusos die Nacht im Stroh verbracht hatten, eröffneten sie den Tag mit gymnastischen Übungen und setzten sich dann vor dem Frühstück händehaltend zusammen, um mit dem Gesang eines Liedes oder der Rezitation eines Verses einen würdevollen Rahmen für die gemeinsame Mahlzeit zu schaffen. In gleichem Maße auf Stil und Besinnung bedacht, und um den Ernst und Tiefsinn ihrer Erörterungen feierlich zu untermalen, gestalteten die Jusos einige Abende in Hofgeismar zu Fest- und Feierstunden mit geradezu religiösem Charakter, was kein Zufall war, da eine ganze Reihe von Jusos seit einiger Zeit Sympathien für religiös-sozialistische Strömungen zu hegen begann. Am Ostersonntag jedenfalls besuchten die jungen Sozialisten eine Kirche, lauschten dort den Klängen der Orgel, betrachteten dann auf einer Leinwand die berühmten Passionsbilder des Albrecht Dürer und folgten zuletzt mit Andacht den Worten Walter Kochs, der aus dem Neuen Testament vorlas. Mit der gewohnt existentialistischen Leidenschaft und dem bekannten Streben nach universell-finaler Klärung debattierten die Jusos über die vorgeschlagenen Themen, später auch über die Vorträge der Referenten und versuchten an den ersten Tagen noch bis zum Morgengrauen, den letzten Sinn, nun nicht mehr des „neuen Menschen", sondern den der „deutschen Nation" und der „deutschen Kultur" zu ergründen. An ausdrucksstarken Metaphern und theatralischen Gesten interessiert, hinterließen die heftigen Dispute zwischen den anwesenden Jusos noch in der Auswahl der abendlichen Lieder und bedeutungsschweren Sentenzen ihre Spuren. Als die Jusos am Ostersamstag einen Holzstoß anzündeten und eine junge Frau die lodernden Flammen mit Nietzsches „Feuerspruch" begrüßte, nutzte Franz Osterroth die Situation ergriffener Spannung und rief, das Gesicht zum besetzten Ruhrgebiet gewandt: „Es lebe Deutschland!", worauf sogleich ein nicht minder erregter Jungsozialist der eher marxistisch gesonnenen Minderheit mit sich überschlagender Stimme die „Internationale" hochleben ließ. Noch bis spät in die Nacht wogte der Kampf der Meinungen: Die kleine Gruppe der Frankfurter Arbeiterjugendlichen intonierte immer wieder die traditionellen Hymnen der klassenkämpferischen Arbeiterbewegung, die Mehrheit der Anwesenden konterte lautstark mit den patriotischen Liedern der nationalen Aufbruchstimmung. An den Werktagen nach Ostern blieben dann die jungen Arbeiter aus dem Ruhrgebiet, die schließlich den Vorteil hatten, staatlich dekretierten und bezahlten Urlaub feiern zu können, mit den Studenten und Intellektuellen aus Hamburg und Kiel vor allem unter sich, und die Kontroversen über nationale oder internationale Orientierung des Sozialismus waren bereits beendet.

Eigentlich war auch die Auswahl der Referenten für die Hofgeismar-Tagung nicht darauf angelegt, eine Diskussion über dieses Gegensatzpaar zu provozieren. Alle Redner hatten das mehr oder weniger stark ausgeprägte Anliegen, das traditionell gestörte und gebrochene Verhältnis der Sozialdemokratie zum Staat und zur Nation durch positive Bekenntnisse zu überwinden. Man mißversteht aber gründlich die Vorgänge in der Arbeitswoche, wenn man nun mit der Feststellung dieser doch recht allgemeinen Übereinstimmung zwischen den Referenten den „Hofgeismar-Jungsozialismus" bereits dingfest gemacht zu haben glaubt, um ihn dann insgesamt mit Hilfte einiger illustrierender Zitate in eine eher nationalistische Ecke stellen zu können.[12] Vielmehr waren auf der Tagung, grob aufgeteilt, drei verschiedene geistige Strömungen zu erkennen, die auch in den nächsten Jahren, mit modifizierten Ausprägungen, die differenzierte Binnenstruktur des nach den Ostertagen entstandenen „Hofgeismarkreis" konstituierten und letztlich auch die Ursachen für seine Auflösung im Frühjahr 1926 waren. Die an den Ostertagen gehaltenen Beiträge des Nürnberger Arbeiterdichters Karl Bröger, des greisen Marburger Neukantianer Paul Natorp und des religiösen Sozialisten Walter Koch atmeten noch ganz und gar den Geist der Lebensreformphase, zwar angereichert durch die inzwischen inflationär in Mode gekommenen Begriffe des nationalen Überschwangs, die aber, so wie sie gebraucht wurden, romantisch-transzendental und unpräzise nämlich, nur die Extrapolation der Gemeinschaftssehnsucht von den bislang geschätzten Kleingruppen auf die neue Chimäre der nationalen Volksgemeinschaft darstellten.

Besonders bruchlos versuchte Walter Koch, den fast schon erloschenen Kult um die Volkshochschulen, Schulgemeinden und Jungsozialistengruppen in die gerade eingeläutete neue Entwicklungsphase politischer Kultur hinüberzuretten. Keineswegs neu schließlich war seine Hoffnung, daß von der insularen Gemeinschaftsverbundenheit solcher Zirkel die entscheidenden Impulse für die ersehnte Volkswerdung der Masse und die Erneuerung der deutschen Nation ausgehen würden, wofür er — ebenfalls wie gehabt — die idyllisierten Lebensverhältnisse des Mittelalters als Beispiel heranzog. Neu war an den Redebeiträgen von Koch, Bröger und Natorp eigentlich nur, daß sie den jahrelang gepflegten Mythos von der Gemeinschaft nun für herannahende oder gar bereits begonnene Realität einer durch äußere Not innerlich zusammengeschweißten und auf Dauer gefestigten nationalen Volksgemeinschaft hielten und diese mit allerlei Sinngebungen zu einer geradezu sakralen Einheit künftiger Heilsbringung verklärten. Seit den Ereignissen an der Ruhr glaubte Paul Natorp die Gewißheit zu haben, daß jetzt „in der Werksgemeinschaft Führer und Geführte der Selbstsucht des eigenen Gewinns endlich vergessen, auch untereinander der gegenseitigen Gewaltdrohung und Gewaltübung sich entwöhnen und im echt urdeutschen Geiste der Genossenschaft"[13] miteinander auskommen werden. Karl Bröger erhoffte sich von den aufrüttelnden Vorgängen der letzten Monate endlich ein „einigendes Volksgefühl", da ihm die Deutschen bislang zu sehr in ihrer „Stammes- und Gaueigenart" aufgegangen waren. Der Arbeiterdichter und Redakteur der „Jungsozialistischen Blätter" versprach sich davon großen Gewinn für die Produktion ästhetischer Werke; denn schon jetzt könne man „ohne völkische Übertreibung" guten Gewissens behaupten, „daß wir Deutschen auf allen Gebieten der Kunst bleibende Leistungen hervorgebracht haben"[14].

Einen kriegerischen, chauvinistischen oder auch nur ressentimentgeladenen Nationalismus wird man den drei ersten Rednern der Hofgeismar-Tagung sicherlich nicht unterstellen können. Vielmehr war ihre Weltsicht von der „deutschen Nation" und „Volksgemeinschaft" — auch das war sicherlich kritisch, ja wahrscheinlich gefährlich genug — unpolitisch, allen sozialen und gesellschaftlichen Realitäten entrückt und kaum mehr als ein Bündel träumerischer, wenn auch nicht einmal unsympathischer Wunschvorstellungen. Wenn Bröger mit der ihm eigenen dunkel-schwelgenden Sprache deklamierte: „Wer recht tief aus wohlverstandenem deutschen Geist lebt, muß Sozialist sein"[15], dann mochte dies bei den Jungsozialisten vielleicht ein erhabenes Schauern über so viel Tiefe und Spiritualität ausgelöst haben, eine Handreichung zum Verständnis der komplizierten Wirklichkeit und zur Weiterentwicklung der in die Krise geratenen sozialistischen Arbeiterbewegung war in solch irrationaler Aphorismus nicht. Wenn Bröger, Natorp und Koch unisono für einen friedfertigen Bund der Staaten und Völker eintraten, dann zeigte das zwar eindrucksvoll, wie wenig ihre nationale Orientierung mit dem aggressiven Nationalismus der extremen Rechten zu tun hatte, die Gründe allerdings, die sie dafür angaben, daß schon in absehbarer Zeit mit der Realisierung der angestrebten harmonischen Völkerbeziehung zu rechnen sei, waren mindestens von Naivität, wenn nicht gar von politisch fahrlässiger Ignoranz. Denn erneut sollte die Welt am deutschen Wesen genesen: Koch hielt die Schaffung eines einigen und kriegsfreien Europas für die „große Sendung" des „deutschen Volkes"[16], Natorp sprach in diesem Zusammenhang von „unserem Weltberuf"[17], und auch Bröger ließ sich durch die historisch-empirischen Erfahrungen nicht irritieren und reklamierte den aufgeschlossenen Internationalismus „zu den wahrsten Ausdrücken deutscher Art"[18]. Hätten sich die Jungsozialisten an die von Koch, Bröger und Natorp ausgegebene Linie gehalten, dann hätte man von einer Politisierung der Organisation, wie sie Franz Osterroth postulierte, wohl nicht sprechen können. Bei den Ausführungen der drei Redner handelte es sich um politische Romantik; ihr Traum von der Volksgemeinschaft hatte mit den aktuellen sozialen Realitäten verschärfter Klassengegensätze in Deutschland nicht viel zu tun, und ihrer anheimelnden Artbestimmung deutschen Wesens standen die revanchistischen und völkischen Haßtiraden der politischen Rechten gegenüber, die dafür eine wohl kaum zu unterschätzende Zustimmung und Unterstützung gewichtiger Kreise der deutschen

Bevölkerung fanden. Die in Hofgeismar anwesenden Jusos scheinen durch das Pathos der ersten Referate aber auch nur eine kurze Zeit in den Zustand rauschhafter Überschwenglichkeit versetzt worden zu sein. Es kam offensichtlich alsbald ein wenig Ratlosigkeit auf.[19]

Schenkt man der Berichterstattung in den „Jungsozialistischen Blättern" Glauben, so brachte das Referat der Hamburger Lehrerin Alma de l'Aigle am Dienstagmorgen eine erste Wende. Ihre Rede hätte alle Anwesenden in den Bann geschlagen.[20] Wenn es so war, dann ist es sicherlich kein Ruhmesblatt für den frühen Jungsozialismus; denn die Ausführungen Alma de l'Aigles waren eine schlichte Paraphrase der in jenen Jahren zirkulierenden Ideen der jungkonservativen Intelligenz. Dabei war ihre bewußt antirational gehaltene Sprache nicht einmal das schlimmste. Daß man „Volk", wie sie ausrief, „nicht beweisen" könne, sondern „erleben muß", gehörte in den Weimarer Jahren offenkundig zu den geradezu selbstverständlichen Verbeugungen vor der Macht intuitiven Empfindens und beschränkte sich keineswegs nur auf die antidemokratische Rechte. Bedenklicher war der unschwer zu erkennende Einfluß der Spenglers und Moellers hingegen auf Alma de l'Aigles metaphysische Verherrlichung des Staates an sich, ihre Koketterie für die großen Führergestalten von Gottes und Volkes Gnaden, ihre Verwerfung der parlamentarischen Demokratie als unpassend für den deutschen Volkscharakter und ihre Option für eine autoritäre Gesellschaftsordnung.[21] „Im Staat vollzieht sich", so verkündete sie, „der Wille des Volkes, Volk zu sein, oder, wie bei uns, Volk zu werden"[22]. Mit der empirischen Staatsform der Republik hatte diese Apotheose selbstverständlich nichts zu tun; denn der bestehende Parteiparlamentarismus, klagte die Hamburger Lehrerin, begünstige Eigenschaften, „die unter Umständen unheilvoll werden können: (...) die Fähigkeit Kompromisse zu schließen, die Rücksichtsnahme auf die Masse und ihre Instinkte"[23]. Eine „wahrhaft deutsche Verfassung" war mithin das Gebot der Stunde, die den rechtlichen Rahmen für eine nach „Berufs- und Geistesständen" aufgebaute Gesellschaft abgeben und zudem eine „allzu leichte Abberufbarkeit der Staatsmänner" verhindern sollte.[24]

Die Zustimmung, die Alma de l'Aigle mit ihren Überlegungen bei einer Reihe von Jungsozialisten ernten konnte, machte erneut auf Ambivalenz und Gefahrenmomente im „freideutschen Jungsozialismus" aufmerksam. Durch den Kontakt mit Intellektuellen des Bürgertums und durch die Offenheit für die dort aufgeworfenen Fragestellungen und angebotenen Konzepte, erhielten die jungen sozialistischen Arbeiter zweifellos ein Sensorium für soziale Bewegungen und ideelle Entwürfe, die sonst vom sozialdemokratischen Milieu kaum wahrgenommen wurden. Daß es jenseits von materiellen Klasseninteressen und aggressivem Nationalismus auch historisch gewachsene nationale Identitäten gab, daß in der Republik ein tiefes Unbehagen über den Mangel an überzeugenden und mitreißenden Persönlichkeiten der Politik herrschte, daß die mangelnde Kontinuität in der Regierungsarbeit zum Unwillen vieler beitrug, dies empfanden die Jungsozialisten wahrscheinlich deutlicher als zahlreiche im proletarischen Lager fest integrierte und dort verharrende Sozialdemokraten. Zu unbefangen allerdings begeisterten sich manche freideutsch-autonomistische Jungsozialisten für die von der bürgerlichen Intelligenz offerierten ideologischen Alternativen, auch dann, wenn sie eindeutig neokonservativer Provenienz waren und eine politische Kultur zu stabilisieren halfen, die letztlich für die sozialistische Arbeiterbewegung und die Demokratie tödlich sein mußte.

Hätten ausnahmslos die bisherigen Redner „Hofgeismar" repräsentiert, dann wäre die harsche Verurteilung der Tagung durch die Kritiker von links wohl nicht zu unrecht erfolgt. Es sind aber noch die Referate von Gustav Radbruch, Eduard Heimann und Hugo Sinzheimer zu besprechen, und die gingen, wie sich zeigen sollte, in eine andere Richtung. Mit Staatsmetaphysik und Volksgemeinschaftsphrasen hatten sie nicht allzuviel im Sinn, eher deuteten sich in ihren Ausführungen in der Tat die paradigmatischen Konturen eines künftigen reformsozialistisch-volksparteilichen Republikanismus ethischer Prägung an. Daran, daß auch diese Referate, wie sich Zeitzeugen erinnern[25], einen großen Eindruck auf die Jusos hinterlassen haben sollen und teilweise sogar als Höhepunkt der Woche empfunden worden seien, jedenfalls im Gegensatz zu den Beiträgen der Vortage wirklich intensiv und detailliert diskutiert wurden, kann man ersehen, wie zwiespältig und suchend sich die einst freideutsch-autonomistischen Jungsozialisten an der Schwelle stärkeren politischen Engagements verhielten. Gustav Radbruch, der erste Redner des neoreformistischen Trios, hatte als Reichsjustizminister genügend bittere Erfahrungen mit der skandalösen Klassenjustiz der reaktionären Richterschaft sammeln können und war oft genug mit seinen Reformprojekten schon frühzeitig auf den blockierenden Konservatismus der Reichsministerialbürokratie gestoßen, um bei aller kultursozialistischen Verve, die ihm eigen war, in die Vergottung des abstrakten Staatsgedankens und in die Schwärmerei vom einheitlichen Volke einstimmen zu können.[26] Er erinnerte an die enormen gesellschaftlichen Ungleichheiten, die in der Republik unter kapitalistischen Vorzeichen weiterhin bestünden und begriff besonders die Staatsbeamtenschaft als hemmenden Faktor für die Umsetzung des demokratischen Willens.[27]

Gleichwohl war es das Hauptanliegen Radbruchs, seine jungsozialistische Zuhörerschaft von einer konsequent republikanisch-sozialistischen Haltung zu überzeugen und zudem den auch theoretisch ausgewiesenen Bruch mit der überlieferten sozialistischen Staatstheorie des Parteimarxismus einzuleiten. Gerade in den angeschnittenen sozialen und gesellschaftlichen Defiziten lag, so Radbruch, die in der sozialistischen Arbeiterschaft virulente „Geringschätzung der ‚bloßen Formaldemokratie'" und die Herabminderung des demokratischen Staates zu einer „schönen juristischen Fassade der ausbeutenden Klasse" begründet.[28] Radbruch hielt demgegenüber an dem materiellen Wert der liberalen Rechte fest, die der Arbeiterklasse die Koalitionsfreiheit und damit die wichtigste Waffe im Kampf gegen das Kapital garantierten. Der demokratische Parlamentarismus sei keine Fiktion, sondern der Rahmen, in dem die heute noch existierende Diktatur des Kapitals schon morgen durch die Emanziaption der proletarischen Klasse abgelöst werden könne. „Die Demokratie", faßte Radbruch seine Überzeugungen zusammen und setzte sich damit von manchen instrumentalistischen Interpretationen der marxistischen Linken ab, „ist uns deshalb nicht nur eine Übergangsform zum Sozialismus, sondern die wahrscheinliche *politische Endform* auch des sozialistischen Gemeinwesens. Es ist irreführend, ‚bürgerliche' und ‚sozialistische' Demokratien zu unterscheiden und so auf die in beiden Fällen gleiche Staatsform einen Unterschied zu beziehen, der nur in der Gesellschaft seinen Gegensatz hat."[29] Damit formulierte Radbruch prägnant die geradezu klassische Formel aus dem Staatsverständnis des demokratisch-sozialistischen Reformismus, die man in der Regel zu ausschließlich Rudolf Hilferding gutschreibt und zumeist fälschlicherweise erst mit dem SPD-Parteitag in Kiel 1927 datiert. Die Unterschiede zwischen den Darlegungen Radbruchs und den Gedanken Alma de l'Aigles konnten jedenfalls größer kaum sein: Wo diese sich angewidert vom undeutschen Parteiparlamentarismus abwandte und von einem ständischen Vertretungssystem träumte, da verlangte jener von den Jungsozialisten die praktische Reformarbeit im konkreten Weimarer Staat mit dem Ziel einer allmählichen gesellschaftlichen Umgestaltung nach den ethischen Prinzipien sozialistischer Solidarität.

Aus den gleichen Quellen ethischer Werte schöpfte auch der nachfolgende Redner, der Freiburger Nationalökonom und Schüler Franz Oppenheimers, Eduard Heimann, ein religiöser Sozialist der Richtung Paul Tillichs und in den frühen 20er Jahren Spiritus Rector von allerdings recht kurzlebigen jungsozialistischen Studentengruppen.[30] Heimann, der im Gegensatz zu zahlreichen anderen Repräsentanten des reformistischen und ethischen Flügels der Sozialdemokratie mit Nachdruck an der dialektischen Methode des Marxismus festhielt, hatte schon früh die Wert- und Ausbeutungstheorie des klassischen Marxismus verworfen und die zahlreichen weißen Flecken im strategischen Denken der sozialistischen Bewegung schonungslos benannt. Es fehlte den Sozialdemokraten, meinte Heimann, an durchdachten, realistischen und überzeugenden Entwürfen alternativer sozialistischer Wirtschaftsführung. Insofern sei es die drängendste und entscheidende Aufgabe der Sozialisierungstheorie überhaupt, referierte Heimann auch in Hofgeismar, exakte Überlegungen anzustellen, wie der Rechenapparat des freien Marktes ohne Einbußen an Leistungsvermögen für die sozialistische Zweckbestimmung transformiert werden könne. Solange die Sozialisten keine tragfähigen Konzepte für eine derartige Umbildung zur Verfügung hätten, solange sei, so Heimann weiter, „der freie Markt mit aller aus ihm folgenden Verfeindung der Menschen Bedingung für die Erhaltung der Menschheit"[31]. Da Heimann die Fähigkeit zur Übernahme der Betriebsführung nicht als willkommenes Nebenprodukt umgeworfener Produktionsverhältnisse auffaßte, stellte er in seinem Beitrag auf der Hofgeismarer Tagung das Genossenschaftswesen und die Betriebsräteeinrichtung als wesentliche „Schulungsstätten für die sittlichen Kräfte und die Ausbildung in der schwierigen Kunst der Wirtschaft"[32] heraus und stieß damit natürlich bei den Jungsozialisten auf offene Ohren, da diese schließlich schon in ihrer kultursozialistisch-lebensreformerischen Phase das Primat der sittlichen Erziehung entdeckt hatten und nun von Heimann eine ihnen angemessene Brücke für eine stärker gesellschaftspolitische Aktivität geboten bekamen. Abschließend kritisierte Heimann das dichotomische Gesellschaftsbild des Sozialismus; sein Plädoyer für eine neue Politik gegenüber den Mittelschichten wies in der Tat in die Richtung einer volksparteilichen Umstrukturierung der Sozialdemokratie. Einkommensarten und Interessenlage des der Arbeiterklasse quantitativ kaum unterlegenen Mittelstandes seien grundverschieden von denen der eigentlichen Bourgeoisie, und die sozialistische Theorie, mahnte Heimann, müsse endlich die Differenzen zur Kenntnis nehmen und um die Angehörigen der Mittelschichten werben, statt sie durch Ignorierung „vor dem politischen Wagen der Plutokratie" gespannt zu lassen.[33]

Als letztem Redner fiel dem Frankfurter Arbeitsrechtler und Rechtssoziologen Hugo Sinzheimer, Mitbegründer und Dozent an der von zahlreichen Jusos besuchten „Akademie der Arbeit", die überaus schwierige Aufgabe zu, so etwas wie ein richtungsweisendes Gesamtergebnis der Woche zu formulieren, was ihm aber nach dem Urteil der Zeitzeugen mit rhetorischer Bravour und inhaltlicher Überzeugungskraft glanzvoll gelungen sein soll.[34] Zweifellos bestand Sinzheimers didaktische Leistung darin, das kultursozialistische Selbstverständnis der Jungsozialisten mit den traditionell marxistischen Deutungen zu verschränken und die bislang parteidistanzierten Junggenossen zu einer stärkeren Mitarbeit am sozialdemokratischen Parteileben zu ermahnen, nicht zuletzt deshalb, um dort den insbesondere von ihm, Radbruch und Hermann Heller repräsentierten staatsbejahenden Parteiflügel zu stärken. Sinzheimer akzeptierte die materialistische Geschichtsauffassung und definierte den Sozialismus durchaus klassisch als eine Völker umspannende und auf gesellschaftlichem Eigentum an Produktionsmitteln basierende Wirtschaftsgenossenschaft. Um aber zudem das überlieferte Theoriesystem mit dem neuen Lebensgefühl der nachgewachsenen Generation zu vermitteln, beharrte er auf der überragenden Bedeutung des schöpferischen Willens und der geistigen Kräfte des menschlichen Subjekts, „damit Sozialismus wirtschaftlich und kulturell überhaupt möglich wird"[35]. Von kaum minderer Bedeutung für die sozialistische Bewegung war nach Auffassung Sinzheimers eine positive Akzeptanz der „objektiven Existenzformen" des deutschen Staates und des deutschen Volkes, was, wie er mit Nachdruck hervorhob, die Bejahung überstaatlicher Gemeinschaften und die „unerbittliche Abkehr von dem Gedanken der kriegerischen Gewalt als eines Mittels der Lösung für staatliche Konflikte"[36] einschließen müsse. Zur Durchsetzung dieser Ziele, redete Sinzheimer den Jusos abschließend ins Gewissen, sei die politische Betätigung in der Sozialdemokratischen Partei unumgänglich: „Ohne Partei kein politisches Leben, ohne Partei keine politische Macht. Mag deswegen das Parteigetriebe oft klein, ermüdend sein. Wir müssen wissen, daß wir in allem politischen Schaffen an die Partei gebunden sind. Wer diese Tiefe des politischen Gedankens begriffen hat, muß bereit sein, mit geduldiger Hand auch das Werkzeug zu ergreifen, ohne das die politische Arbeit nicht möglich ist."[37]

Über die Zukunft der einst freideutsch-autonomistischen Jungsozialisten war also in Hofgeismar noch nicht entschieden. Eine sicher eher geringe Perspektive hatte das ausschließlich lebensreformerisch-ethische Selbstverständnis. Dessen beste Zeit war durch die äußeren Umstände und die biographische Weiterentwicklung seiner früheren Protagonisten 1923 wohl endgültig abgelaufen, ohne daß seine tragenden Elemente jemals aus der Geschichte des sozialdemokratischen Jugendverbandes fortzudenken wären. Diejenigen Lebensreformer, die am entschiedensten am ursprünglichen Impetus festhielten und sich von der „politisierenden" Juso-Organisation zunehmend entfremdeten, fanden in den nächsten Jahren in der sozialdemokratischen Kulturarbeit ihr hauptsächliches Betätigungsfeld. Zahlreiche „Ethiker" waren mit der Zeit, wie wir noch im einzelnen sehen werden, auf die religiös-sozialistischen Gruppen in der SPD neugierig geworden und engagierten sich nun dort. Entscheidender aber war nun zweifelsohne die Frage, wohin die allseits bekräftigte Bejahung von „Staat und Volk" führen würde. Es war keineswegs auszuschließen, daß sich die nationale Romantik der ersten Hofgeismarer Tage und die Begeisterung für die neokonservative Gesellschaftsauffassung Alma de l'Aigles zu einem sozialpatriotischen Nationalismus verschmelzen und ausweiten konnte, zumal dann nicht, wenn das politische Klima der Republik weiterhin durch einen erregten Chauvinismus bestimmt sein würde. Schon die Jahre zuvor hatten deutlich gemacht, „wie fließend die Übergänge zwischen dem äußersten rechten Rand der Mehrheitssozialisten und dem bürgerlichen Nationalismus waren"[38]. So jedenfalls lautet das wohlbegründete Urteil des Freiburger Historikers Heinrich August Winkler, der zudem zu den Ruhrereignissen 1923 feststellt: „Die nationalistische Welle schließlich, die der Ruhreinmarsch ausgelöst hatte, mußte dem Unternehmertum grundsätzlich willkommen sein, trug sie doch dazu bei, die Linke zu schwächen und die Rechte zu stärken."[39] Sollte man also die Gefahrenmomente im Hofgeismarer Jungsozialismus nicht unterschätzen, so ist gleichzeitig festzustellen, daß die Diskussionen zum Schluß der Arbeitswoche auch andere Alternativen bereithielten. Danach beurteilt konnte Hofgeismar auch zu einer wichtigen Station auf der Wegstrecke vom lebensreformerischen Jungsozialismus hin zur Entwicklung eines dynamisch-aktivistischen und republikanischen Reformismus werden, der gegenüber einem institutionell erstarrten reformistischen Praktizismus den Vorteil haben mochte, mit lebendigen Ausdrucksformen, neuen Ideen und jugendlichem Elan die Attraktivität sozialdemokratischer Politik und demokratischen Engagements auch bei Teilen der kritisch-distanzierten Mittelschichten zu erhöhen.

*c) Nationalistische Hysterie und Volksgemeinschaftsmythos*

Die republikanisch-sozialistischen Akzente traten allerdings in den Monaten nach der Hofgeismarer Tagung deutlich hinter den insbesondere von den Juso-Gruppen des Ruhrgebiets und des Rheinlades immer schriller propagierten nationalen Postulaten zurück. Die Töne, die nun aus einigen jungsozialistischen Gemeinschaften zu hören waren, unterschieden sich kaum mehr von der nationalrevolutionären Rhetorik der zahlreichen Orden, Bünde, Clubs und Ringe neokonservativer Observanz, die in der frühen Phase der Weimarer Republik gleichsam aus dem Boden geschossen waren und einen erheblichen Einfluß auf die „sekundäre politische Kultur" auszuüben vermochten.[40] Die „Nation" wurde zu einem Zeitpunkt zu einer überragenden Sinngebungsinstanz überhöht und als gemeinschaftsstiftendes Integrationssymbol instrumentalisiert, als der Problemdruck sozialer Spannungen im Innern mehr und mehr stieg und die schroffe Gegensätzlichkeit der Klasseninteressen von Sozialisten alles andere als den Rekurs auf Ablenkungsideologien und Ersatzkonstruktionen gesellschaftlicher Einheit verlangt hätte.[41] Aber ganz im Einklang mit einem der damals beliebtesten Schlagwörter der politischen Rechten verkündeten nun auch die Ruhrgebietsjungsozialisten das „Primat der Außenpolitik": „Die Klassengegensätze im Innern sind von sekundärer Bedeutung gegenüber der Furchtbarkeit und Schicksalsschwere unserer außenpolitischen Ohnmacht und Belastung, die jeden Deutschen angeht."[42] Franz Osterroth beklagte die „Pariarolle unserer Nation auf dem Felde der Weltpolitik"[43], und ganz allgemein bedauerte man, daß das nationale Bewußtsein der Deutschen 1923 nicht erneut die gleiche Höhe und pulsierende Kraft wie in den Augusttagen des Jahres 1914 erreicht hatte.[44] Besonders häufig beschäftigten sich die Jungsozialisten des Reviers in diesen Monaten mit der „Kriegsschuldfrage", um das, wie sie es nannten, „hysterische Geschrei der Pazifisten von der Alleinschuld des deutschen Volkes am Weltkriege"[45] widerlegen zu können. Keinen Zweifel jedenfalls hatten sie daran, daß Deutschland unter allen europäischen Staaten die geringste Schuld an der Entfachung des Ersten Weltkrieges auf sich geladen hatte; jede andere Interpretation lehnten sie als Zweckpropaganda der „feindlichen Regierungen" ab.[46] Die traditionell in Kreisen der nationalistischen Rechten üblichen „Freund-Feind-Schemata" waren nun offenbar auch den Kölner Jungsozialisten zu einem selbstverständlichen Weltbild geworden. Ihr Sprecher Werner Goldberg konnte deshalb seine Sympathien und Antipathien in der Beurteilung fremder Nationen nach Maßgabe völkischer Kriterien begründen. Mit den Engländern fühlte er sich durch die Gemeinsamkeit des „Blutes" eng verwandt: „Als Mensch ist der blonde Brite uns natürlich tausendfach mehr sympathisch als sein schwarzer Bundesgenosse: der Franzmann."[47]

Der Pazifist Walter Koch beobachtete mit steigendem Ungehagen und großer Besorgnis das Umsichgreifen solcher ressentimentgeladener Vorurteile rassistischer Art. Von einer Reise durch das Ruhrgebiet zurückgekehrt, beschrieb der Kasseler Volkshochschullehrer in einem Artikel für die „Jungsozialistischen Blätter", wie sehr ihn die überall im Kohlenrevier verbreiteten Plakate mit haßerfüllten Durchhalteparolen hetzerischer Aufmachung erschreckt und bedrückt hatten. Mit der großen moralischen Integrität eines Gandhi, faßte der religiöse Sozialist seine Eindrücke zusammen, hätten die Befürworter eines solchen passiven Widerstandes nichts zu tun.[48] In einem Ton schneidiger Schärfe, die aus dem Mund eines preußischen Feldwebels in Deutschland wohlbekannt war, von einem jungen Sozialdemokraten allerdings kaum hätte vermutet werden dürfen, reagierte daraufhin der Sprecher der Dortmunder Jungsozialisten, Benedikt Obermayr, auf diese, wie ihn dünkte, Herabsetzung deutscher Ehre. Obermayr, der zu Beginn des Ruhrkampfs noch eher zu moderatem Verhalten aufrief, kanzelte den Kasseler Pädagogen zackig und kurzerhand als einen typischen Pazifisten „ehr- und würdeloser Gesinnung" ab.[49] Für Obermayr, der sich im übrigen – und darin fraglos konsequent – zur „preußisch-deutschen Staatsgesinnung"[50] bekannte, war die pazifistische Bewegung ein überaus gefährliches „Element der Zersetzung"[51] – womit er auch bei der Auswahl des denunziatorischen Vokabulars bewies, wie gründlich er bereits die Lektion der nationalistischen Volkserzieher gelernt hatte.

Wenig gelernt hatten die Jungsozialisten des Ruhrgebiets offenbar aus den wirklichen Ereignissen des Frühjahrs und Sommers 1923. Dem nüchternen Beobachter konnte schon nach wenigen Wochen die Perspektiv- und Konzeptionslosigkeit des „passiven Widerstandes" nicht verborgen bleiben. Es war allzu deutlich, daß allein die Zeit für die Franzosen arbeitete, da das Deutsche Reich mit seiner ohnehin höchst instabilen Währung durch die vermehrten Geldzahlungen und Sachleistungen an die Bevölkerung des Ruhrgebiets kurz vor dem Bankrott stand und sich die immensen Zuschüsse faktisch nicht mehr leisten konnte. Für die SPD kam erschwerend hinzu, daß sich die nationale Stimmung erneut in eine reaktionäre Welle transformiert hatte und daß sich dadurch die Möglichkeiten sozialistischer Innen- und Außenpolitik außerordentlich verringerten. Ende Juni hatten die Sabotagekommandos der nationalistischen Freischärler jedenfalls das Ziel ihrer militanten Attacken auf den traditionellen innenpolitischen Feind gerichtet: das Verlagshaus des Münsteraner SPD-Organs „Volkswille" wurde durch einen Sprengstoffanschlag restlos zerstört.[52] Natürlich waren in einer solchen gesellschaftlichen Atmosphäre außerdem die Bedingungen für eine sozialdemokratische Außenpolitik der friedfertigen Verständigung denkbar ungünstig.

Eine realistische Alternative zum Abbruch des Ruhrkampfes Ende September 1923 durch das neue Kabinett Stresemann, an dem die Sozialdemokraten mit vier Ministern beteiligt waren, existierte folglich nicht in den Realitäten, wohl aber in den Wunschträumen nationaler Ungestümheit junger Sozialdemokraten des rheinisch-westfälischen Industriezentrums. In einem Aufruf bekannten sie sich zu dem „bitteren Schmerz", den sie bei der Entscheidung der Reichsregierung empfunden hatten und erklärten mit ungebeugtem Trotz: „Kein wirtschaftliches Opfer darf zu groß sein, um uns vor der Versklavung zu retten. Für uns hat die Zukunft nur einen Sinn, wenn wir in einem einigen freien deutschen Reich leben können. (...) Die Reichsregierung fordern wir auf, alle Schritte zu tun, um Unabhängigkeit und Freiheit unseres Vaterlandes wieder herzustellen. Keine Kapitulation, denn ein Volk, das sich dem

Unrecht unterwirft, ist nicht mehr fähig, Träger nationaler, wirtschaftlicher und kultureller Werte zu sein."[53]

Man muß dieser Proklamation zugute halten, daß sie sich in ihrer abschließenden Aussage „für Einheit und Festigung der demokratischen Republik wider alle Gegner drinnen und draußen" aussprach, was keineswegs als pure Selbstverständlichkeit bei einer politischen Initiative von jungen Sozialdemokraten der damaligen Zeit vorauszusetzen war. Denn in den gleichen Tagen erging an die junge Bevölkerung eine vom „Ausschuß der deutschen Jugendverbände" gezeichnete „Kundgebung der deutschen Jugend", die in erster Linie von den beiden Spitzenfunktionären der SAJ, Erich Ollenhauer und Max Westphal mitverantwortet wurde, wobei sie bei so unterschiedlichen und vormals heftig zerstrittenen Jungsozialisten wie August Rathmann und Franz Osterroth, Bruno Lösche und Karl Raloff nachdrückliche Unterstützung fanden, deren Text jeden Bezug auf die Republik und die Demokratie von Weimar vermissen ließ. Das war anders auch gar nicht denkbar; denn schließlich war es die Absicht, sämtliche dem „Ausschuß der deutschen Jugendverbände" angegliederte Organisationen für eine Zustimmung zum vorgelegten Manifest zu gewinnen. Unmöglich mußte es aber sein, beispielsweise die Bismarckjugend oder den deutsch-nationalen Jugendbund zu einer auch nur verbal bekräftigten Loyalität gegenüber der Republik bewegen zu können, und da die jungen Sozialdemokraten zu diesem Zeitpunkt das nationale Bekenntnis offenkundig höher schätzten als die unbedingte Orientierung am demokratischen Staatswesen, lag der Verzicht auf die Republiktreue näher als die Aufkündigung eines Bündnisses mit Jugendverbänden, deren publizistisch dargelegte und hinreichend bekannte Haltung eigentlich jeden hellsichtigen Republikaner vor einer positiven Kontaktaufnahme hätte zurückschrecken lassen müssen. Es grenzte in der Tat an eine nahezu groteske Realitätsverzerrung, im November 1923, also nach dem Kapp-Lüttwitz-Putsch und nach den Morden an Matthias Erzberger und Walter Rathenau und im Angesicht des katastrophalen Scheiterns der vermeintlichen „nationalen Einheitsfront" im Ruhrkampf, die Quelle für die Gefahren, die der deutschen Nation in diesen Monaten zweifellos drohten, in erster Linie im Ausland zu vermuten, statt sie durch energische Bekämpfung der antirepublikanischen Rechten im Innern der deutschen Gesellschaft selbst zu stopfen. Für sozialdemokratische Politik mußte es letztlich Gift sein, wenn sich solche Mythen und Legenden in den Köpfen der deutschen Bevölkerung festsetzten, wie sie durch den Aufruf der „deutschen Jugendverbände" kolportiert wurden:

> „Wir Vertreter der deutschen Jugend aller Richtungen senden Euch, unseren Brüdern und Schwestern an Rhein, Ruhr und Saar, heute nach 5 Jahren Last und Leiden der Besetzung und Bedrückung Grüße und Treue. Wir danken Euch wie unseren Brüdern, die in den 4 Jahren zuvor als Schutzwall an Deutschlands Grenzen ihr Leben opferten. (...) Ihr, in deren Hände unser Volk Deutschlands Geschick gelegt hat, hinterlaßt es Euren Söhnen und Töchtern nicht verstümmelt nach außen und zwieträchtig nach innen! Wenn alle Opfer bringen, wenn allen das eine Deutschland über alles geht, sind auch die künftigen Lasten und Leiden keinem einzelnen zu schwer. Laßt die Opfer des Krieges nicht vergeblich gebracht (...) sein."[54]

## 2. Jungsozialistische Linksentwicklung im mehrheitssozialdemokratischen Milieu

### a) Hyperinflation und Reichsintervention in Sachsen

Es ist – nicht nur aus der Retrospektive – schwer zu begreifen, wie auch sozialistisch organisierte Arbeiterjugendliche, von denen die meisten das 20. Lebensjahr überschritten hatten, noch Ende 1923 am Glauben von der gemeinsamen Opferlast aller Schichten zugunsten der Idee einer geeinten Nation festhalten konnten. Aber es war weder das erste noch das letzte Mal, daß sich die bildungsbeflissene Elite des Jungproletariats in ihrer Faszination für die Welterklärungsmodelle, die in den geistig vitalen und artikulationsmächtigen Bünden der Jugendbewegung florierten, vom Mehrheitsbewußtsein ihrer Klassengenossen absetzte und selbst augenscheinliche Gegenwartsrealitäten nicht mehr zur Kenntnis nahm. Dennoch hätte es erstaunen und verblüffen müssen, wenn die harten gesellschaftlichen und politischen Auseinandersetzungen in der Ära der Hyperinflation nicht doch von einigen Jungsozialisten, die schließlich zum großen Teil Betriebsarbeiter und Gewerkschafter waren, durch die Brille des Klassenkonflikts gesehen worden wären. Seit den Herbstmonaten 1923 regte sich in der Tat der Widerstand gegen das nationale Paradigma, und neben dem Sirenengesang von der Volksgemeinschaft konnte man aus Juso-Gruppen auch die derbe Sprache des Klassenkampfes vernehmen. Allein die Alltagserfahrungen machten das plausibel; denn spätestens seit dem April 1923 hatte sich die soziale Lage der Arbeiterfamilien durch die rasante Inflationierung der Mark geradezu katastrophal verschlechtert, während auf der anderen Seite ein in diesen Monaten besonders prahlerisch und verschwenderisch zur Schau gestellter Luxus der ,,Inflationsgewinnler" die Schere zwischen arm und reich provozierend zum Ausdruck brachte.[55] Die tägliche Not und die Sorge um die Gesundheit und das Leben ihrer Kinder trieb in den Sommermonaten zahlreiche Proletarierfrauen, in der mitteldeutschen Region und dem wirtschaftlich ausgebluteten Breslau vor allem, auf die Straßen; Hungerunruhen und Plünderungen von Lebensmittelgeschäften waren nun in deutschen Großstädten keine Seltenheit mehr. Die Diskrepanz zwischen den Reallöhnen der Arbeiterschaft und den Lebenshaltungskosten wurde immer größer, und das mühsam Ersparte hatte innerhalb von wenigen Tagen nicht mehr den geringsten Wert. Während sich zahlreiche Jungsozialisten in glühender Hingabe an die Vision von einer aufopferungswilligen Nation klammerten, war diese Nation zutiefst gespalten und zerrissen in verelendete, verbitterte, verzweifelte und aufgewühlte Menschen auf der einen Seite und die ,,Raffkes" auf der anderen Seite, die durch Schiebereien und Wuchereien aus der allgemeinen Not und Verwirrung kaltblütig ihren Vorteil zu schinden verstanden. Jedenfalls sah so die Auffassung und Stimmung in der Mitgliedschaft der Gewerkschaften aus, wie deren Funktionärsapparat mit Sorge registrieren mußte; denn immer mehr entlud sich im Sommer 1923 die empörte Radikalität der Arbeiter in schwer zu kontrollierende Streiks und Aufstände.[56] Besonders das Ruhrgebiet war davon betroffen; denn den Arbeitern war, sieht man von den Jungsozialisten ab, mit der Zeit nicht verborgen geblieben, daß allen offiziellen Deklamationen von der gemeinsam zu tragenden Last zum Trotze, die Bürden des Ruhrkampfes recht ungleich verteilt waren: sie selbst hatten ganz sicherlich größte Entbehrungen zu leiden, die Ruhrindustriellen hingegen nutzten die Kredite des Reiches für überaus lukrative Devisenspekulationen und konnten die Gewinne daraus in den Ausbau ihrer Betriebe oder andere lohnenswerte Vermögenswerte investieren. Schon zu dem Zeitpunkt, als die Jungsozialisten in Hofgeismar die Idylle von einer allseits harmonischen und redlichen Werksgemeinschaft entwarfen, nutzten die Schwerindustriellen den Höhepunkt der Inflationskrise, um ihrer langfristigen gesellschaftspolitischen Zielsetzung, die auf eine Zerschlagung der sozialpolitischen Neuerungen der Revolution und eine Restauration der machtpolitischen Verhältnisse der Vorkriegszeit hinausliefen, einen gewaltigen Schritt näher zu kommen.[57]

Im Mittelpunkt des schwerindustriellen Vorgehens stand dabei der Achtstundentag; für die Arbeiterschaft war er das Symbol sozialer Errungenschaften, die Unternehmer sahen in ihm die Übel des neuen Systems kollektiver Einmischung in die, wie sie meinten, allein ihnen zustehende Wirtschaftsführung verkörpert.[58] Was immer auch an volkswirtschaftlichen Gründen in dieser Situation für eine Verlängerung der Arbeitszeit gesprochen haben mag – und der marxistische Ökonom Rudolf Hilferding hat solche Gründe gesehen und anerkannt –, den Unternehmen ging es in ihren pausenlosen Angriffen auf die gesetzlich verankerte Arbeitszeitregelung vielmehr um die, wie Heinrich August Winkler zusammenfaßt, „Preisgabe sozialer Errungenschaften und Wiederherstellung des Manchesterliberalismus"[59]. Schon Ende Mai 1923 setzte der Reichsverband der Deutschen Industrie das Kabinett Cuno unter Druck, indem er eine Unterstützung der Regierung bei den Bemühungen um eine termingerechte Aufbringung der Reparationen ultimativ von der Abkehr vom Achtstundentag abhängig machte. Vier Monate später beschlossen die Zechenbesitzer des Ruhrgebiets, die Arbeitszeit für den Untertagebau um eineinhalb Stunden zu verlängern; ein offener Affront des geltenden Rechts, der trotz alledem keineswegs etwa mit juristischen Maßnahmen geahndet wurde, da sich die machtpolitischen Gewichte 1923 in der Republik erheblich zugunsten der Unternehmer verschoben hatten.[60] Die Pressionen der Industrie auf die Politik nahmen gar noch zu. Als im September mit Hilfe der vorwiegend dafür in die Regierung geholten SPD-Minister der auch von der Industrie zu guter Letzt als Last empfundene Ruhrkrieg liquidiert wurde und so die Verantwortung für eine überaus unpopuläre Maßnahme erneut den ursächlich unbeteiligten Sozialdemokraten überantwortet werden konnte, versuchte vor allem Hugo Stinnes die Fraktion der DVP dafür zu gewinnen, die nun überflüssigen Kabinettsmitglieder der SPD aus der Regierung herauszumanövrieren, um mit Hilfe einer „nationalen Diktatur" der Weimarer Demokratie den endgültigen Garaus zu bereiten.[61] Zwar mußte sich das reaktionäre Bürgertum 1923 noch mit dem Erfolg einer „sozialistenreinen" Regierung bescheiden, gleichwohl konnten sie ihre Attacken alsbald auf der Aktiva-Seite ihrer Bilanz verbuchen. Drei Tage vor dem Weihnachtsfest 1923 erging ein Ermächtigungsgesetz, wonach künftig Ausnahmen von der formal weiterhin gültigen Achtstundenzeitregelung möglich waren; in der gesellschaftlichen Wirklichkeit der Republik allerdings wurde fortan die Ausnahme zur Regel.

So wie diese drastischen Entwicklungen in der sozialen Sphäre der Weimarer Klassengesellschaft letztlich auch bei den Jungsozialisten nicht ohne Eindruck bleiben sollten, so aufrüttelnd wirkte zudem ein politisches Ereignis aus dem Oktober 1923, das das Selbstverständnis zumindest der mittelbaltischen Jungsozialisten ebenso einschneidend wie dauerhaft prägte: die vom sozialdemokratischen Reichspräsidenten Friedrich Ebert befürwortete Reichsintervention gegen die „Arbeiterregierungen" in Sachsen und Thüringen. All das, was im Frühjahr 1923 die Jusos in Dortmund, Herne und Bochum an Ohnmacht, Wut und Haß beim Anblick der einmarschierenden französischen Armeen empfunden haben mochten, wiederholte sich nun im Gefühlsleben der sozialdemokratischen Jugendlichen aus Pirna, Meißen, Leipzig und Dresden, als die Truppen der Reichswehr am 29. Oktober mit klingendem Spiel durch die Straßen der sächsischen Innenstädte paradierten. Im übrigen stand der deutsche Militarismus dem französischen an Brutalität durchaus nicht nach: Hier wie dort sorgte die Soldateska beider Nationen für willkürliche Verhaftungen, Verletzte und auch Tote. Man kann den nachhaltigen Eindruck dieser Tage auf die politische Identität der sächsischen und der thüringischen Sozialdemokraten zu Zeiten der Weimarer Republik gar nicht hoch genug veranschlagen. Wann immer in den nächsten Jahren in der SPD die Debatte über das Für und Wider einer Beteiligung an Koalitionsregierungen mit bürgerlichen Parteien geführt wurde, erinnerten die traditionell schon koalitionskritischen Bezirke Zwickau, Leipzig, Chemnitz, Dresden und Gera an die für sie traumatischen Erlebnisse der späten Oktobertage 1923, als die in der Arbeiterschaft überaus populären und dazu strikt legal durch eindeutige Landtagsmehrheiten in Dresden und Weimar gebildeten Regierungen aus Sozialdemokraten und Kommunisten von einer Reichsregierung abgesetzt wurden, an der neben der Deutschen Volkspartei, den Demokraten, dem Zentrum eben auch sozialdemokratische Minister in so entscheidenden Ressorts wie dem des Innern und der Justiz vertreten waren, ohne aber auf den Lauf der Ereignisse auch nur den geringsten Einfluß ausüben zu können. Denn während die Reichsexekutive in Sachsen und Thüringen unerbittliche Härte demonstrierte, verhielt sie sich gegenüber den für den Bestand der Republik weitaus gefährlicheren rechtsradikalen und verfassungswidrigen Umtrieben der bayerischen Regierung außerordentlich zurückhaltend und beschränkte sich auf vorsichtige Ermahnungen, die allerdings von den Verantwortlichen in München kaum ernst genommen zu werden brauchten, da jedermann bekannt war, daß die Reichswehr schon aus Gründen der Sympathie mit den dominierenden politischen Strömungen im Freistaat einem Interventionsbefehl der Zentralregierung nicht Folge leisten würde. Die Empörung über diese Ungleichbehandlung war groß in der sozialdemokratischen Mitgliedschaft, und der SPD blieb nichts anderes übrig, als den Austritt aus dem Kabinett der Großen Koalition zu erklären.[62] Für die meisten Sozialdemokraten in Sachsen und Thüringen war eine Koalitionsregierung mit den politischen Repräsentanten des Bürgertums ein für alle Mal in Mißkredit geraten; sozialistische Politik im bürgerlichen Staate bedeutete für sie von nun ab prinzipienfeste und rücksichtslose Oppositionspolitik. Etwas anderes blieb ihnen in ihrer eigenen Region zumindest auch gar nicht übrig, da ein kooperationswilliges und liberal gesonnenes Bürgertum im protestantischen Sachsen und Thüringen durch das Fehlen der Zentrumspartei und der geringen Bedeutung der dort zudem eher „rechts" eingestellten Demokraten faktisch nicht existierte.

Die politischen Motive, die das Kabinett Stresemann für das harte Durchgreifen geltend machte, waren wenig überzeugend. Zwar hatte die Gefahr eines kommunistischen Umsturzversuches bis Mitte Oktober etwa zweifelsohne bestanden, danach aber war sie ebenso zweifellos bereits gebannt. Die Sozialdemokraten sind in keinem Moment leichtfertig oder gar blauäugig auf das Abenteuer einer kommunistischen Einheitsfrontregierung mit den Kommunisten eingegangen, sondern haben bereits die Koalitionsverhandlungen mit entschiedener Kompromißlosigkeit geführt und nahezu sämtliche kommunistischen Sonderwünsche strikt zurückgewiesen.[63] Die Landespolitik in Sachsen und Thüringen hatte zu diesem Zeitpunkt ein Maß an sozialdemokratischer Substanz erreicht, von dem die SPD Otto Brauns im „Bollwerk Preußen" nur hatte träumen können. Natürlich hatten die Kommunisten ihre Regierungsbeitritte am 10. bzw. 16. Oktober in erster Linie unter taktischen Gesichtspunkten gesehen, um mit den Instrumenten staatlicher Herrschaft die Ausgangsbedingungen für den im August 1923 vom Moskauer Politbüro beschlossenen „deutschen Oktober" verbessern zu können. Die entscheidenden Machtbasen aber wurden ihnen von Beginn an verwehrt; in Sachsen blieben das Innen- und Justizministerium und das Ressort für Kultur fest in der Hand der Sozialdemokraten, die den Hauptteil ihrer Reformarbeit und Demokratisierungsbemühungen schon in den Jahren zuvor in diesen Bereichen angesiedelt hatten und die Ergebnisse ihrer vergleichsweise erfolgreichen Politik nicht durch kommunistische Experimente aufs Spiel gesetzt wissen wollten. Auch die sozialdemokratischen Mannschaftsteile der im März 1923 gegründeten „Proletarischen Hundertschaften", die der Reichsregierung in Berlin ein besonderer Dorn im Auge waren, verstanden sich in erster Linie als republikverteidigende Abwehrformationen gegen die faschistischen Kampfverbände – die in diesen Monaten in Massen an der bayerisch-sächsischen Grenze lauerten – und nicht als Vortrupp künftiger kommunistischer Gewaltherrschaft. Doch selbst wenn man den kommunistischen Einfluß auf die „proletarischen Hundertschaften" für ungleich höher einschätzt als den der Sozialdemokraten, so konnte von ihnen eine ernsthafte Gefahr bereits vor der Reichsexekution nicht mehr ausgehen. Schließlich hatte sie der sächsische Wehrkreisbefehlshaber, General Müller, dem seit dem Ende September über das ganze Reich verhängten Ausnahmezustand die vollziehende Gewalt in Sachsen oblag, am 10. Oktober bereits verboten. Da er am 26. Oktober zudem die sächsische Landespolizei seinem direkten Befehl unterstellt hatte, war der Einheitsfrontregierung jeder Zugriff auf eine bewaffneten Machtfaktor entzogen. Die eigentliche Entscheidung über das Fallenlassen der ursprünglichen kommunistischen Aufstandspläne aber war bereits fünf Tage vorher gefallen, als eine im wesentlichen von kommunistischen Arbeitern beschickte Landeskonferenz in Chemnitz den von der KP postulierten Generalstreik als unverantwortlich abgelehnt hatte; die KP-Führung war wohl oder übel gezwungen, am gleichen Tage noch das Projekt des „deutschen Oktobers" abzublasen.[64]

Der Eindruck drängt sich auf, daß die Reichsintervention vom 29. Oktober weniger der vielzitierten kommunistischen Gefahr, als vielmehr der Praxis linkssozialdemokratischer Politik galt, die für das sächsische Besitzbürgertum in den frühen Weimarer Jahren ein ständiger Anlaß des Ärgernisses war. Schon am 19. und 23. Juli, also noch zu Zeiten des Kabinetts Cuno, hatten die sächsischen Industriellen lautstark nach einer Reichsexekution gegen die rein sozialdemokratische Landesregierung Zeigner gerufen.[65] Erich Zeigner hatte in den Sommermonaten sein Amt und die Autorität als Ministerpräsident genutzt, um im Landtag die „großkapitalistische" Politik der Cuno-Regierung anzuprangern und die Reichswehr der Zusammenarbeit mit faschistischen Kräften zu bezichtigen. Wiewohl ein solches Auftreten recht ungewöhnlich für einen Ministerpräsidenten im damaligen Deutschen Reich war, so bot es zum Verdruß der politischen Rechten dennoch keine formelle Handhabe für einen militärischen Einmarsch. Nicht minder provokativ empfand das sächsische Bürgertum die Politik und parlamentarische Attitüde des sächsischen Innenministers Hermann Liebmann, der im Dresdner Landtag das lasche Vorgehen seiner Polizei gegen die Hungerrevolten damit erklärte, daß die eigentlichen Schuldigen an der sozialen Misere schließlich auf der anderen Seite der Klassenfront stünden. Der Eintritt der Kommunisten in die Regierung lieferte offenkundig den willkommenen Anlaß, um mit dieser Art der Politik aufräumen zu können. Im Zuge der Reichsexekution kam es zu bedeutenden personalpolitischen Veränderungen im sächsischen und thüringischen

Staatsapparat: der Polizeiapparat wurde vollständig reorganisiert, die Beamtenschaft personalpolitisch „gesäubert" und zahlreiche Volksschullehrer, die in der sächsischen SPD Hauptträger des Linkskurses waren, entlassen.[66] Außergewöhnliche und in der Weimarer Republik einmalige bildungspolitische Reformen wie die finanzielle Unterstützung von Kindern minderbemittelter Familien für den Besuch weiterbildender Schulen in Thüringen fanden nun ein jähes Ende.[67]

*b)   Empörung über Inflationsraffkes und nationalistischen Rummel: Jungsozialistischer Arbeiterradikalismus seit dem Spätsommer 1923*

Die soziale Verelendung der Massen, die weitere Verschiebung der gesellschaftlichen Machtanteile zugunsten des Besitzbürgertums und die politischen Vorgänge in Sachsen und Thüringen waren, zusammengefaßt, entscheidende Voraussetzungen für die Bildung eines linken Flügels im Weimarer Jungsozialismus. Verglichen mit der Härte und Kompromißlosigkeit, mit der seit dem Herbst 1923 die polemischen Auseinandersetzungen zwischen den verschiedenen Lagern des Jungsozialismus geführt wurden, nahmen sich die früheren Kontroversen zwischen „parteiorientierten" und „autonomistischen" Jungsozialisten wie harmlose Scharmützel aus. Allerdings waren die gegensätzlichen Standpunkte in der Parteifrage alles in allem eher der Ausdruck unterschiedlicher biographischer Entwicklungsphasen, die sich über kurz oder lang abschleifen mußten; die Frage aber, ob Ende 1923 die soziale Realität der Weimarer Gesellschaft mit der Sentenz von der „nationalen Volksgemeinschaft" oder mit dem Topos der „Klassen- und Ausbeutungsgesellschaft" realitätstüchtiger zu begreifen war, mußte enorme politische Spannungen auslösen und Gräben aufreißen, die so leicht nicht mehr zuzuschütten waren. Zwei völlig verschiedene Welten im Bereich der politischen Deutung prallten in den Jahren 1923-25 im sozialdemokratischen Jugendverband aufeinander, und eine ernsthafte Kommunikation, im Sinne eines Versuchs des Zuhörens, Lernens und didaktischen Weitervermittelns, hat eigentlich von Beginn an nicht stattgefunden. Juso-Funktionäre, die in Städten weit genug vom Ruhrgebiet entfernt wohnten, keinerlei Verbindung zu nicht-proletarischen Bünden der Jugendbewegung hatten und statt dessen Tätigkeiten in den eher linkssozialdemokratischen Jugendabteilungen des Allgemeinen freien Angestelltenbundes, des Metallarbeiterverbandes oder des Zentralverbandes der Angestellten für sinnvoll hielten, mußten die vorfindbaren sozialen Verhältnisse in einer Weise perzipieren, gegenüber der die in den „Jungsozialistischen Blättern" während der Sommermonate 1923 mit schwülstigem Pathos verbreiteten Volksgemeinschaftsideale wie absurd-verblendete Hirngespinste irregeleiteter Rechtssozialisten wirkten.

Die frühen Kritiken des entstehenden linken Flügels waren noch weit von den theoretischen Ansprüchen und der intellektuellen Form der späteren Jahre entfernt. An Stelle marxistisch hergeleiteter Strukturbegriffe und deduzierter Kategorien, die bald den Juso-Debatten einen gewissen prätentiösen Anstrich verliehen, in gleichem Maße aber auch rabulistische Absonderlichkeiten hervorbringen sollten, stand zu diesem Zeitpunkt noch ganz eine derb formulierte Anklage der schreienden Ungerechtigkeiten alltäglicher Besitzverhältnisse im Mittelpunkt. Immerhin wurde dabei mehr an empirischer Realität abgebildet als im nationalen Diskurs der Ruhrgebiet-Jusos der gleichen Zeit oder, um auch diese Vorwegnahme erneut vorzunehmen, im geistsozialistischen Verbalradikalismus des künftigen jungen Linkssozialismus. Die Wortführer des Protests gegen die Chimäre von der „nationalen Werksgemeinschaft" waren zumeist junge Arbeiter und Angestellte: in Hannover der junge Fabrikarbeiter August Bolte, in Breslau der Tischler Walter Ludwig und der Schneidergeselle Oskar Krummschmidt, in Frankfurt der kaufmännische Angestellte Georg Stierle und in Berlin der frühere Handlungsgehilfe und jetzige Gewerkschaftsjugendsekretär Otto Lamm.

Das erste und heftigste Veto, das man auf der überregionalen Ebene gegen den in Hofgeismar vorherrschenden Geist vernehmen konnte, kam im späten Sommer 1923 von den Juso-Gruppen des Bezirks Hannover, die auch in den Monaten darauf am entschiedensten, jedenfalls am lautstärksten die Stimme des Klassenkampfes erhoben. Auf ihrer Bezirksversammlung am 9. September bekannten sie sich „zu dem von Karl Marx propagierten Klassenkampfgedanken" und distanzierten sich von den in Hofgeismar entworfenen Volksgemeinschaftsvorstellungen, deren durchsichtiger Zweck es sei, die Klassengegensätze in den kapitalistischen Gesellschaften überbrücken zu wollen.[68] Die Berufung auf Karl Marx erfolgte ganz offensichtlich deshalb, weil dieser Name synonym stand für eine politische Haltung der unzweideutigen und unverwässerten Klassenanalyse und des entschieden revolutionären Kampfes. Die komplexe Kritik der Politischen Ökonomie dürfte den meisten Jusos des damaligen linken Flügels hingegen noch wenig bekannt gewesen sein. Als einer der Sprecher der Hannoveraner Jungsozialisten, Paul Witthöft, die gesellschaftliche Sichtweise der jungen Genossen seines Bezirks zu begründen versuchte, sprach daraus eher die ungeduldige Wut und Erbitterung über den prahlerischen Luxus der „Inflationsraffkes" – die durch ihr zynisches Auftreten den Haß nicht nur der Arbeiter oder gar nur der Sozialisten provozierten – und weniger die kühl-rationale Einsicht in die Funktionsmechanismen einer kapitalistischen Wirtschaftsordnung. Nicht leugnen aber läßt sich, daß der von weltanschaulichen Wunschgebilden der damaligen Zeit unverdorbene Blickwinkel Witthöfts eine durchaus prosaische Beurteilung der empörenden sozialen Situation auf dem Höhepunkt der Inflationskrise ermöglichte. „Schärfer denn je zuvor", argumentierte Witthöft gegen die Ansichten der Jusos aus dem Ruhrgebiet, „drückt sich der Gegensatz aus zwischen der Klasse der Ausbeuter und der Klasse der Ausgebeuteten. Dort: Börsenwahnsinnskurven, Riesenspekulationsgewinne, elegant, modern gekleidet, englische Stoffe, französische Spitzen und Seide, getragen von blasierten Lebejünglingen und geschminkten Puppen, von vollgefressenen Wänsten und aufgetakelten Weibern, so taumelt es von einem Genuß zum anderen: Pferderennen, Motorrennen, Modeschau, Basar, Spielhölle, Kino, Likörstube, Bar, Tanzdiele, Freudenhaus; Devise: Lustig gelebt und selig gestorben ... – so zeigt sich uns das Gesicht der herrschenden Klasse. Und hier: tägliche Aussperrung von Tausenden von Lohnsklaven, wahnsinnig kletternde Preiskurven, täglich minimalere Entlohnung, Hunger brütet in den Arbeitervierteln, Hunger in den Beamten- und Mittelstandswohnungen, Haufen von Bettlern überschwemmen das Land, Gefängnisse fassen kaum die Zahl der „Verbrecher", die Selbstmordkrankheit greift rasend um sich – so das Gesicht der beherrschten Klasse."[69] Wer die ihn umgebende Welt so sah – und es gab für junge Arbeiter genügend Gründe, sie so wahrzunehmen –, wie sollte der auch nur das geringste Wohlwollen für die Aspirationen der in Hofgeismar Versammelten aufbringen können? Aus Witthöfts „Entgegnung an Franz Osterroth und Freunde", so nannte der junge Sozialist aus Hannover seine Ausführungen, sprach das pure Unverständnis, ja die entsetzte Fassungslosigkeit über die

Bestrebungen seiner gleichaltrigen Parteifreunde zwischen Rhein und Ruhr: „Und junge Menschen, die sich Sozialisten nennen, die die Klassenherrschaft am eigenen Leibe spüren, reden weiterhin von Ausgleichen, Versöhnen, Überbrücken der Klassengegensätze ... brrr, mich schüttelt vor soviel Reformistik."[70]

Schützenhilfe erhielt Paul Witthöft alsbald vom Berliner Jungsozialisten Otto Lamm, der, inzwischen 28 Jahre alt, durch zahlreiche Bildungskurse gut geschult und als Gewerkschaftssekretär vor allzu weltfremden Ideologien gefeit, eine politisch sicherlich fundiertere Kritik am Volksgemeinschaftsmythos übte und wohlüberlegte, überzeugende Gedanken zur „nationalen Orientierung" formulierte.[71] Als Marxist mußte Otto Lamm die Möglichkeit einer Volksgemeinschaft in einer klassengespaltenen Gesellschaft schon aus theoretischen Gründen strikt zurückweisen; seine Erfahrungen als junger Gewerkschafter gaben ihm dazu genügend Belege aus der jüngsten Vergangenheit an die Hand. Die Ereignisse der letzten Monate hätten eindeutig bewiesen, schrieb Otto Lamm Anfang 1924 in einer Replik auf die Vorstellungen von August Rathmann und Franz Osterroth, daß die deutschen Unternehmer auf die propagierte Volksgemeinschaft „pfeifen" würden und sie durch „rücksichtslosen Klassenkampf" bereits hinreichend desavouiert hätten. Dem Ideal der Ruhrgebiet-Jusos konnte Lamm die unbestreitbaren Fakten gesellschaftspolitischer Realitäten entgegenhalten: Massenaussperrungen, die gesetzlich nicht legitimierte Einführung des Neun- und Zehnstundentages durch die Ruhrindustriellen, die Einführung von Löhnen, die bis zu 40% unter den Vorkriegswerten lagen und schließlich die staatliche Beseitigung des Achtstundentages auf dem Wege der Verordnung.[72]

Noch leidenschaftlicher focht Lamm gegen die „nationale Idee", die, wie der Berliner Jungsozialist nach den deprimierenden Querelen mit Erich Fäse und Arthur Zickler wußte, allzu rasch zur „Brücke zum Lager der Reaktion" aus- oder besser entarten konnte.[73] Lamm konnte sich zugute halten, daß er bereits Anfang Februar 1923, als dies selbst im sozialdemokratischen Bereich geradezu anrüchig war und generell in die Nähe des Landesverrats geriet, vor dem Rummel um die „nationale Einheitsfront" und vor der populären Kampfparole „Gegen Versailles" gewarnt hatte.[74] In der Tat gehörte damals nicht wenig Mut dazu, auf den schlichten, in Deutschland aber hartnäckig verdrängten Umstand hinzuweisen, daß der allseits lautstark befehdete Friedensvertrag von Versailles letztlich „nur eine Folge jenes Krieges war, an dem auch die damaligen deutschen Gewalthaber durchaus nicht unschuldig sind und an dessen Ausbruch der deutsche Militarismus und deutsche Kapitalismus ihr gerütteltes Maß Schuld haben"[75] – immerhin ein schonungsloses Eingeständnis deutscher Kriegsschuld, wovor, wie man weiß, die meisten verantwortlichen Sozialdemokraten der Weimarer Zeit, dabei überdies taktisch unklug, zurückgeschreckt haben.[76] Im übrigen leugnete Lamm keineswegs die Gewalttätigkeiten des französischen Militarismus im Ruhrgebiet und konzedierte durchaus das Recht zum Protest, das er allerdings dann für verwirkt hielt, wenn man dabei mit politischen Kräften kooperiere, die in nicht geringerem Maße zwischen 1914 und 1918 Verbrechen auf sich geladen hätten. Die Quintessenz seiner Reflexionen markierte zugleich die entschiedene Alternativposition zu den Überlegungen der Jungsozialisten aus dem Ruhrgebiet und Hamburgs. Wo diese 1923 über Defizite an vaterländischem Bewußtsein im deutschen Volke klagten und das Fehlen der patriotischen Stimmung von 1914 bedauerten, fürchtete jener Berliner Jungsozialist das Übermaß an nationalen Gefühlsregungen in Deutschland; denn, so lautete das Ergebnis seiner politischen Betrachtungen, „der größte

Feind des deutschen Volkes steht im eigenen Land; er ist der deutsche Nationalismus"[77].

Das verbindende Element oder auch nur der kleinste gemeinsame Nenner zwischen den verschiedenen Gruppen der neu entstehenden linken Strömungen, die sonst natürlich noch keinerlei Zusammenhalt hatten oder gar obligatorische Absprachen untereinander kannten, bestand in der nachdrücklichen Ablehnung des durch die Redaktionsführung der „Jungsozialistischen Blätter" verbreiteten Aufrufs des „Ausschusses der deutschen Jugendverbände". Aus Kassel, Frankfurt, Hannover, Breslau und vor allem von den Juso-Gruppen Ostsachsens erreichte den Redakteur Karl Bröger in den Wintermonaten 1923/24 eine Flut von wütenden Protestbriefen, in denen die von Sozialisten geleistete Unterschrift unter das „chauvinistische" Dokument als „taktlose Entgleisung"[78] gebrandmarkt wurde. Neben dieser dem Zeitgeist geschuldeten Attitüde moralischer Entrüstung hatten die aufgebrachten Jusos aber auch einleuchtende politische Gründe gegen das von Erich Ollenhauer angeregte und von zahlreichen Jusos der „Hofgeismarstimmung" unterstützte Pamphlet vorzubringen. Die Kasseler Jungsozialisten stellten den als belletristischen Chronisten der Frontkameradschaft zu Ruhm gekommenen Arbeiterdichter Bröger die ebenso rhetorische wie berechtigte Frage, ob er annehme, daß die von ihm stets postulierte Verteidigung der „deutschen Republik" durch eine Allianz mit solchen Jugendbünden zu erreichen sei, „die leidenschaftlich die Republik bekämpfen und sogar den Mord der republikanischen Führer für erlaubt halten"[79]. Es war bezeichnend für die politische Ignoranz Brögers und seine spirituelle Überhöhung des ihm einzigartig erscheinenden Charakters der „Jugendbewegung", daß er die Kritik der Kasseler „Dogmatiker" überheblich als politischen Anachronismus beiseite schob. Man dürfe von den Namen des „Deutschnationalen Jugendbundes" oder der „Bismarckjugend", die insbesondere den Argwohn linker Jusos erregt hatten, nicht auf die veralteten parteipolitischen Bedeutungen schließen, meinte dazu einfältig der Nürnberger Poet; denn es seien schließlich Bünde der „deutschen Jugendbewegung"[80] – als wäre nicht der dynamische Jungkonservatismus innerhalb der deutschen Rechten ebenso gefährlich gewesen wie der eher spießig wirkende Monarchismus der traditionellen bürgerlich-feudalen Reaktion.

Die Breslauer Jungsozialisten waren in ihrer Zurückweisung des Aufrufs auf der von ihnen am 6. Januar 1924 dazu eigens einberufenen Mitgliederversammlung noch weiter gegangen als der zum Referenten des Abends bestellte Professor der Philosophie Siegfried Marck. Die Jusos waren in den Weimarer Jahren Siegfried Marcks Lieblingsschüler gewesen; er selbst fühlte sich stets als Teil der Gruppe und nahm, soweit er in Breslau weilte, an all ihren Veranstaltungen und Unternehmungen aktiv teil. In seinem Vortrag wollte Siegfried Marck ein Zusammengehen mit Bünden der bürgerlichen Jugendbewegung nicht insgesamt und pauschal verwerfen, sondern hielt gemeinsame Kampagnen im Kampf gegen den Alkohol und die Schundliteratur und Aktionen für den Ausbau des Herbergswesens prinzipiell für möglich, während er Bündnissen in politischen Fragen skeptisch gegenüberstand.[81] Die Redner in der darauffolgenden Debatte schlugen einen weitaus schärferen Ton als der immer eher bedächtig wirkende und um Ausgleich bemühte Marck an. Die jungen Proletarier der an sozialem Elend und Armut von keiner anderen deutschen Großstadt übertroffenen mittelschlesischen Metropole ließen ihre Empörung über die „Aneinanderreihung von Phrasen eines gefühlsmäßigen Patriotismus" im inkriminierten Aufruf freien Lauf und verurteilten die ganze Initiative als „bürgerliche Einheitsfront" mit dem „kompakten Bürgertum". Mag man, auch von einem orthodox-marxistischen Standpunkt aus, die attributive Bestimmung des Bürgertums für höchst bedenklich halten, so waren die Breslauer Jungsozialisten andererseits ganz sicherlich im Recht, als sie die ängstliche Vermeidung des Wortes „Republik" in der umstrittenen Proklamation kritisch kommentierten. Für die Mehrheit der anwesenden jungen Sozialdemokraten war das „Vaterland" ein abstraktes Gebilde, das erst durch eine spezifische Verfassungsform konkrete und in der Republik zudem akzeptable Gestalt annehmen würde, weshalb – so faßte ein Redner die dominierenden Ansichten zusammen – „jede gemeinsame Kundgebung mit den Gegnern dieser Verfassungsform eine Sinnlosigkeit darstellt"[82].

*c) Der sächsische Lagerradikalismus*

Die aufgebrachtesten Reaktionen auf den „Aufruf" kamen aus den Juso-Gruppen Ostsachsens, die ihren Unmut gleich mehrere Male und auf unterschiedlichen Ebenen der Organisation in Entschließungen und Protestschreiben faßten.[83] Die Schlußfolgerung liegt nahe und wird in der Regel auch von den bisherigen Autoren zur Geschichtsschreibung der Arbeiterjugendbewegung gezogen, daß diese oppositionelle Verve das Ergebnis der langjährigen linkssozialdemokratischen Schulung im Stammland der SPD-Linken gewesen sei. Nun ist für die Jahre zuvor von einer linkssozialdemokratischen Identität in den sächsischen Juso-Gruppen nichts zu beobachten gewesen, und auch die Publikationsaktivitäten der sozialistischen Jugendlichen aus dem Dresdner Raum seit Ende 1923 lassen nicht auf ein gewachsenes marxistisches Profil schließen; vom Niveau und der Reife der Reflexionen Otto Lamms oder auch der Breslauer Jusos unterschieden sich die Erklärungen der mitteldeutschen Nachwuchssozialisten erheblich. Ein Sprecher der Dresdner Jungsozialisten, Arthur Weichhold, gab dies im übrigen freimütig zu und bekannte, daß erst der sichtbare Eindruck des Reichswehreinmarsches „mit Kavallerie, Artillerie, Minenwerfern und Maschinengewehren, das vergossene Proletarierblut" das Interesse für die politischen Fragen bei ihnen geweckt hätten.[84] Hieraus resultierte der regionalspezifische, typisch sächsische Lagerradikalismus, der angesichts der besonderen gesellschaftlichen Kräfteverhältnisse und der soziologischen Struktur dieser Gegend nahezu notwendig ganz andere Entwürfe politischer Bündnisse hervorbringen mußte, als dies in Rheinland-Westfalen oder Hamburg beispielsweise üblich war. Die sächsischen Jusos wollten nicht nur nichts von Beziehungen zu Jugendbünden deutschnationaler Richtung wissen, sondern mißbilligten zudem auch jede Kooperation mit den Nachwuchsorganisationen der demokratischen Parteien des Bürgertums, da, wie sie unterstellten, die gesamte Bourgeoisie in „für uns entscheidenden Fragen ... zusammensteht"[85].

Es lag weniger an einer dogmatischen Rezeption der sozialistischen Klassiker als an den auseinanderlaufenden Erfahrungen unterschiedlicher Milieus, daß die Sozialdemokraten, ob jung oder alt, aus Bochum oder Dortmund an Kontakten zum Zentrum bzw. der Windhorstjugend interessiert waren, und Hamburger Sozialisten Gespräche mit der DDP oder den Jungdemokraten suchten, während die sächsische Linke gegen all diese Bestrebungen mit klassenkämpferischer Einstellung opponierte.

Da die Zentrumspartei in Sachsen nicht existierte und die DDP dort zu diesem Zeitpunkt fest an der Seite der DVP marschierte, war der mitteldeutsche Radikalismus, der nun durch den Schock der militärischen Intervention auch die Jusos erfaßt hatte, in erster Linie die ideologische Sublimierung höchst ungünstiger regionaler Kräftekonstellationen. In dieser strukturkonstanten Abweichung der sächsischen Verhältnisse von denen anderer Teile des Reiches und in der politisch brisanten Ausnahmesituation der Herbstmonate 1923 lag zudem die Entscheidung der jungen Sozialisten in Sachsen begründet, mit den kommunistischen Jugendlichen eine „proletarische Abwehrfront" gegen die „brutalen Angriffe der Reaktion und des Faschismus" zu bilden.[86] Im Gegensatz aber zu den mitgliederstarken und meinungsführenden SAJ-Gruppen in Westsachsen, deren Kader überwiegend durch die Schule der Sozialistischen Proletarierjugend (SPJ) gegangen waren und die mit selbstbewußter Energie die jungproletarischen Einheitskampagnen offensiv forderten und förderten, beteiligten sich die politisch noch recht unsicheren Jungsozialisten eher halbherzig und zaudernd an den Aktionen der Einheitskartelle, was angesichts der bekannt unzuverlässigen und überdies fürwahr nicht republikfreundlichen Haltung des kommunistischen Jugendverbandes nicht unbedingt ein Schaden gewesen sein muß. Die Dresdener Jungsozialisten machten jedenfalls keinen Hehl daraus, daß sie dem Jugendtrupp der KP durchaus mißtrauten und Kontakte zu ihm im wesentlichen als das für Sachsen geringste Übel ansahen.[87]

## 3. Das Gewicht der USPD-Tradition

*a) Die früheren Mitglieder der SPJ – Blutspender für die jungsozialistische Linksopposition?*

Die Orientierung auf Sachsen wirft unmittelbar die Frage auf, welchen Anteil die ehemaligen Mitglieder der Sozialistischen Proletarierjugend an der Linksentwicklung einiger Regionalgliederungen der Jungsozialisten hatten. In der bisherigen Forschung gilt die Vereinigung der mehrheitssozialdemokratischen Jugendvereine mit der USP-nahen Sozialistischen Proletarierjugend wie selbstverständlich als *das* Schlüsselereignis für die Herausbildung eines linkssozialistischen Flügels in der jungsozialistischen Bewegung der Weimarer Zeit. Auf die Anstrengung einer spezifischen Quellenrecherche und die Mühe des Belegs hat man allerdings verzichtet und statt dessen mit reichlich unsicheren Plausibilitätserwägungen operiert[88], die vordergründig dadurch gerechtfertigt scheinen, daß ein solcher unterstellter Konnex von Linkswendung und USP-Tradition für die Parteiorganisation hinreichend erforscht ist und auch noch im Bereich der weniger gründlich untersuchten SAJ genügend Indikatoren finden kann. Was allerdings im Strukturzusammenhang der beiden sozialdemokratischen Großorganisationen die Regel darstellt, ist für das introvertierte Gemeinschaftsleben der Jungsozialisten häufig kaum mehr als die Ausnahme; so auch in diesem Fall. Aber selbst wenn man, wie bislang geschehen, um das überlieferte Quellenmaterial der Sozialistischen Proletarierjugend einen weiten Bogen schlägt, hätte man, was den Einfluß der ehemaligen SPJler angeht, aufgrund der zur Verfügung stehenden Aufsätze in den „Jungsozialistischen Blättern" zu sehr viel zurückhaltenderen Urteilen kommen müssen. Schließlich waren die Bezirke und Ortsgruppen, aus denen sich Jusos seit dem September 1923 mit ihren Einsprüchen gegen den bis dahin dominierenden Volksgemeinschaftskurs zur Wehr setzten, klassische mehrheitssozialdemokratische Hochburgen (Hannover, Frankfurt, Breslau, mit Abstrichen auch Dresden), wo im übrigen gar keine SPJ-Gruppen existierten oder, wie in Dresden, nur als zirkelhafte Kleinstgruppen.[89] Kein Zufall war es sicherlich, daß der frühe linke Jungsozialismus in Orten gedeihen konnte, die – wie Breslau, Frankfurt, Dresden – Zentren des quantitativ geringen, daher häufig unbeachtet gebliebenen, gleichwohl vorhandenen gemäßigt linken Flügels der MSPD waren, der sich seit den Revolutionsmonaten zunächst von der Noske-Politik und später dann von der Koalitionsstrategie der Parteimehrheit kritisch abgesetzt hatte.[90]

Die sich im Herbst 1923 zu Worte meldenden Repräsentanten der oppositionellen Richtung waren zumeist Jungsozialisten der ersten Stunde, die alle, manche in sicher abgeschwächter Form, an der Mondscheinromantik der frühen Zeit und den lebensreformerischen Bräuchen der folgenden Jahre partizipiert hatten. Insofern ist auch die Behauptung der Zeitzeugen des Hofgeismarkreises in Frage zu stellen, die, wie August Rathmann und Franz Osteroth, in ihren verständlicherweise von Emotionen und Apologien nicht freien Erinnerungen, die Kontrahenten der Jugendzeit als dogmatische Marxisten der früheren USP abqualifizieren, um ihnen sodann in der Konsequenz die gemeinsame Herkunft aus der „Jugendbewegung" abzusprechen.[91] Dabei war der neu entstandene linke Juso-Flügel nicht einmal die einfache Kontinuation des von Rathmann/Osteroth kaum weniger geringgeschätzten parteiorientierten Flügels der vorangegangenen Jahre. Einige seiner hauptsächlichen Vertreter, Karl Raloff, Bruno Lösche, Friedrich Ebert jr. und Kurt Wegener beispielsweise, standen

1923 — wie viele ehemalige Mehrheitssozialdemokraten — moderat gefaßten Volksgemeinschaftsvorstellungen und Modellen nationaler Einheitsfronten nicht ohne Sympathie gegenüber. Demgegenüber gehörte mit der Frankfurter Juso-Organisation eine Gruppe zum Kern der Opposition, die sich 1920 von den jungsozialistischen Vereinigungen aus Bochum und Hamburg bestenfalls darin unterschied, daß sie ihr autonomistisch-lebensreformerisches Selbstverständnis besonders radikal und ohne Furcht vor organisatorischen Konsequenzen auf die Spitze getrieben hatte.[92] Insgesamt war der linke Juso-Flügel in seiner ersten Phase Ausdruck einer Radikalisierung im klassisch jungsozialistisch-mehrheitssozialdemokratischen Milieu als Folge regionalspezifischer Konstellationen und der aufrüttelnden Erfahrungen krasser sozialer Verelendungsprozesse, die an einer bestimmten *proletarischen* Schicht gewerkschaftlich organisierter und aktiver jungsozialistischer Funktionäre nicht spurlos vorübergegangen waren.

Nun entbindet eine solche Zwischenbilanz nicht von der Aufgabe, der weiterhin ungeklärt gebliebenen Einstellung ehemaliger SPJ-Funktionäre zur jungsozialistischen Bewegung nachzuspüren, wobei, angesichts des Fehlens jeglicher wissenschaftlicher Vorarbeiten, erläuternde Ausführungen zur Geschichte der Sozialistischen Proletarierjugend selbst unumgänglich sind. Allein die Umstände der Entstehung und der organisatorischen Entwicklung der SPJ zeigen, wie sehr man sich vor zu übereilten Analogieschlüssen aus dem geschichtlichen Erfahrungsbereich der Erwachsenen-Arbeiterbewegung auf die Sphäre der Arbeiterjugendorganisationen hüten muß. Im Oktober 1917 hatten sich etwa 4 000 oppositionell und antimilitaristisch gesonnene Jugendliche aus Protest gegen die mehrheitssozialdemokratische Politik der Zustimmung zu den Kriegskrediten und des Burgfriedens von der MSPD geführten Jugendbewegung gelöst und eine eigenständige „Freie Sozialistische Jugend" (FSJ) ins Leben gerufen. Die Hochburgen der aufbegehrenden, zumeist schon etwas älteren Jugendlichen lagen in Sachsen, Hannover, Braunschweig und Bremen. Soweit verlief der Protest der jungen Sozialisten in ähnlichen Bahnen wie der ihrer Väter, die im April des gleichen Jahres die USPD gegründet hatten. Allerdings war die Stimmung in der FSJ weitaus radikaler, und die politischen Kräfteverhältnisse unterschieden sich beträchtlich von denen der USPD. In der FSJ befanden sich die Befürworter eines besonnenen linken „Zentrismus" eindeutig in der Minderheit; den Ton gaben die Aktivisten der linksradikalen Bremer Richtung und des Spartakusbundes an[93], die sonst im Kontext der gesamten Arbeiterbewegung zu diesem Zeitpunkt ein unbedeutendes Sektendasein fristen mußten. Nach der Beendigung des Krieges und nach Gründung der KP machten die führenden Vertreter der FSJ kein Geheimnis aus ihrer Nähe zur kommunistischen Partei, obwohl sie sich zu einem eindeutigen parteipolitischen Bekenntnis vorerst nicht entschließen konnten und weiterhin Sympathisanten der Unabhängigen Sozialdemokraten in ihren Reihen duldeten. Erst die Reichskonferenz der FSJ vom 18. bis 20. Oktober 1919 in Weimar zog den längst überfälligen Trennungsstrich. Die übergroße Mehrheit der Delegierten „begrüßte die KP in treuer Waffenbrüderschaft, solange und soweit diese ihre zielklare Politik fortsetzt und die Politik der USP aufs schärfste bekämpft"[94]. Um nicht die geringsten Mißverständnisse aufkommen zu lassen, beschloß die Konferenzmehrheit zudem, die Gegner der verabschiedeten Resolution sofort aus der Organisation auszuschließen. Die derart ausgegrenzten Frondeure gegen die KP-Orientierung gingen auf einer separaten Zusammenkunft noch in Weimar ans Werk, um die Bedingungen für die Gründung einer neuen, nun schon dritten sozialistischen Jugendorganisation zu schaffen. Auf einer Reichskonferenz vom 14. bis 16. Dezember 1919 in Halle — zunächst noch als Reichskonferenz der Freien Sozialistischen Jugend firmierend — konstituierte sich dann die Sozialistische Proletarierjugend[95], die ihren stärksten Rückhalt in den Bezirken Halle-Merseburg, Rheinland-Westfalen, Groß-Berlin, Ostthüringen, Ost- und Westpreußen und insbesondere in Westsachsen, dem traditionellen Stammland der linken Sozialdemokratie hatte. Dorthin, nach Leipzig, hatte man im übrigen auch den Sitz der Reichsleitung gelegt, was sicherlich angesichts der sonst üblichen Berlin-Zentrierung ungewöhnlich war, aber der enormen Milieudichte linkssozialdemokratischer Mitgliedschaft und Vereinskultur in der westsächsischen Region vollauf entsprach. Die zu Beginn 10 000 Mitglieder umfassende SPJ legte anfangs größten Wert auf parteipolitische Unabhängigkeit auch von der USP. Dies sollte zweifellos die Attraktivität der Organisation auf unabhängig denkende junge Kommunisten erhöhen, aber es war mehr noch der zeittypische Ausdruck des richtungspolitisch übergreifenden und klassentranszendierenden Mißtrauens der jungen Generation gegen die traditionellen Organisationsformen und parteipolitischen Formationen der in der wilhelminischen Gesellschaft sozialisierten Väter und Großväter. Auch die SPJ wollte in erster Linie „Jugendbewegung" sein und ließ sich von dem belebenden Klang des Zauberwortes „Jugend" genauso berauschen wie die sonst so verachteten jungen Rechtssozialisten; auf den Versammlungen der SPJ wurde mindestens ebenso laut über die „Alten", die „Bonzen" und die „Bürokraten" geschimpft wie auf den Treffs der Jusos.[96]

Die bittere Skurrilität der SPJ-Geschichte lag darin, daß die Organisation, obwohl doch erst im Dezember 1919 als Opfer jungkommunistischer Ausgrenzungsstrategien entstanden, in den Sommermonaten 1920 erneut in den Trubel kommunistischer Spaltungsmanöver geriet und fast restlos zerschlagen wurde. Es ging, hier einmal parallel zum Verlauf der USPD, um den Anschluß an die kommunistische Jugendinternationale. Typisch für den binnenorientierten Charakter der politischen Debatten auf dem radikalen Flügel der deutschen Arbeiterbewegung war es, daß auch in den Ortsgruppen der SPJ monatelang und mit allen taktischen Finessen ausschließlich über das Für und Wider des kommunistischen Internationalismus gestritten wurde[97] — zu einem Zeitpunkt, als die Demokratie durch massive Angriffe der politischen Reaktion ernsthaft bedroht war, und ein einheitliches, überlegtes Vorgehen der sozialistischen Arbeiterschaft überaus nötig gewesen wäre. Die Auseinandersetzungen in der SPJ lähmten aber nicht nur jede republikanisch-sozialistische Initiative, sondern zermürbten zudem große Teile der Mitgliedschaft, die sich, wie sich zeigen sollte, bald ganz aus der Politik zurückzogen. Die überwiegend zwischen 14 und 18 Jahren alten Funktionäre der SPJ hatten dem propagandistischen Trommelfeuer der meist schon älteren Kader des kommunistischen Jugendverbandes nicht viel entgegenzusetzen. Glaubt man dem sicherlich nicht unvoreingenommenen SPJ-Chronisten Fritz Bieligk, so wurden in den Monaten vor der entscheidenden Reichskonferenz auf Initiative und mit Hilfe der jungkommunistischen Aktivisten zahlreiche SPJ-Ortsgruppen neu gegründet, um so auf die Delegiertenwahlen einen ausschlaggebenden Einfluß zu gewinnen.[98] Vielleicht ist es in der Tat nur durch die Berücksichtigung eines solchen Interventionismus zu verstehen, daß sich die Mehrheit einer Organisation, die allein deshalb aus der Taufe gehoben wurde, weil sich ihre Gründungsmitglieder der kommunistischen Dominanz nicht hatten beugen wollen, knapp 11 Monate später für den Anschluß an die kommunistische Weltbewegung aussprach: mit 145 zu 141 fiel das Votum allerdings sehr viel knapper aus, als die zwei Monate früher stattgefundene Abstimmung in der USP, wo sich auf dem außerordentlichen Parteitag in Halle immerhin 236 gegen 156 Delegierte zu der Annahme der berüchtigten 21 Bedingungen bekannt hatten.[99]

Sicherlich reicht der Hinweis auf handfeste kommunistische Einmischungen in die innere Meinungsbildung der SPJ nicht als Erklärung für den Ausgang der Leipziger Reichskonferenz aus. Es gab zu diesem Zeitpunkt auch einfach noch große Illusionen über die Offenheit des kommunistischen Internationalismus. Fritz Polenz beispielsweise, auf der Spaltungskonferenz der FSJ im Oktober 1919 noch Sprecher der aus der Organisation herausgedrängten Minderheit, hatte sich nur 20 Tage nach diesem Spektakel in einer Mitgliederversammlung seines Königsberger USPD-Ortsvereins abermals an die Spitze einer Gruppe gestellt: derjenigen nämlich, die in der USPD entschieden auf einen Anschluß an die 3. Internationale drängte.[100]

Und schließlich hatte in den Monaten zuvor ein enormer Radikalisierungsprozeß bei Teilen der angelernten Jugend besonders in Regionen mit abrupt entstandenen Industrien stattgefunden. In solchen Gegenden wie der einstigen Hochburg der Unabhängigen Sozialisten, Halle-Merseburg, waren nach den Voten von Halle und Leipzig sowohl die Ortsvereine der USPD als auch die Gruppen der SPJ quasi vom Erdboden verschwunden[101]; nunmehr hatte dort die KP über die ganze Weimarer Zeit ihre Mitglieder- und Wählerzentren. Die vor der Spaltung 15 000 Mitglieder starke SPJ war jetzt zu einer trostlos kleinen Organisation von 5 000 unverdrossenen Getreuen zusammengeschmolzen[102] und mit einer Handvoll Gruppen im wesentlichen nur noch in Ostthüringen, dem Rheinland und Westsachsen präsent. Ein einigermaßen stabiles SPJ-Milieu bestand zu diesem Zeitpunkt eigentlich nur noch in Leipzig, das sich mit einem hohen Anteil junger qualifizierter Drucker und Setzer weitgehend immun gegenüber dem kommunistischen Aktionismus gezeigt hatte und im übrigen vom Sozialprofil zweifellos sehr viel größere Affinitäten zur Jugend der Mehrheitssozialdemokratie, als zum Nachwuchs der KP aufwies.

In dieser deprimierenden und wenig aussichtsreichen Situation entschloß sich die finanziell völlig bankrotte SPJ dazu, die strikte parteipolitische Unabhängigkeit der Vergangenheit aufzugeben und „Waffenbrüderschaft" mit dem verbliebenen Teil der USPD zu schließen.[103] Auf ihrer 3. Reichskonferenz in Gera zu Pfingsten 1921 billigten die Delegierten mit großer Mehrheit das Vorgehen ihrer Reichsleitung, die im Januar 1921 mit Vertretern der USPD Richtlinien für eine gegenseitige Vertretung in den jeweiligen Vorständen beider Organisationen ausgearbeitet hatten.[104] Im Vorfeld der Konferenz hatte es allerdings heftige Diskussionen darüber gegeben, da immer noch zahlreiche SPJ-Mitglieder kooperative Beziehungen zu einer Partei für eine gefährliche Preisgabe des eigenständigen Charakters der Jugendbewegung hielten. Dabei war den Politikern der USPD ausschließlich eine beratende Mitwirkung eingeräumt worden; die SPJ verfügte mithin über ein Maß an Autonomie, von dem die mehrheitssozialdemokratische Jugend nur träumen konnte: dort insistierten die Vertreter der Parteiorganisation auf ihrem vollem Stimmrecht. Unterstützt von der USPD erlebte die SPJ einen kaum für möglich gehaltenen Aufwind und erreichte 1922 mit 15 000 Mitgliedern erneut den früheren Höchststand.[105]

Die SPJ hatte ihren eigenen politisch-pädagogischen Standort fast immer durch Abgrenzung von der Praxis der beiden anderen Jugendorganisationen der sozialistisch-kommunistischen Arbeiterbewegung definiert. Schon zu FSJ-Zeiten war die damalige

Minderheit häufig mit den dominierenden Vertretern der kommunistischen Richtung über die Bewertung der Bildungsarbeit hart aneinandergeraten.[106] Während die jungkommunistische Majorität klassenkämpferische Lerneffekte einzig von der aktiven Beteiligung an der revolutionären Aktion und dem systemsprengenden Kampf erwartete und theoretische Vermittlungsanstrengungen für gänzlich überflüssig hielt, beharrte die organisationsinterne Opposition auf der Notwendigkeit einer systematischen Bildungsarbeit. Auch nach Konstituierung der SPJ waren die Publikationen der „Proletarierjugend" voll von vehementen Kritiken an der „Phrasendrescherei" und dem „marktschreierischen Geschwätz" des kommunistischen Jugendverbandes, der durch seine hemmungslose Demagogie jede Verstandesleistung ausschalte und mit seinen gewissenlosen Appellen ausschließlich an das rebellische Gefühl der Jugend und durch ziellosen Aktionismus bereits „Hunderte von jungen Arbeitermädels und -burschen" vor die Gewehre der Soldateska getrieben und in die Gefängnisse und Zuchthäuser gebracht habe.[107] Was in den Reihen der kommunistischen Jugendlichen an abenteuerlichem Revoluzzertum ins Maßlose übertrieben wurde, fehlte, nach dem Dafürhalten der SPJler, auf der Gegenseite den mehrheitssozialdemokratischen Jugendlichen an klassenkämpferischem Elan. Wenn in den Zeitschriften der Sozialistischen Proletarierjugend von dem „rechtssozialistischen" Nachwuchs die Rede war, dann schwang unverkennbar Geringschätzung und Verachtung durch die Zeilen. Aus der Sicht der meinungsführenden SPJ-Funktionäre waren die Jugendverbände der MSDP auf dem besten Wege, zugunsten einer romantischen Kulturspielerei, geselliger Unterhaltungsformen und vergnüglich-belangloser Wandertätigkeiten den Abschied vom proletarisch-sozialistischen Selbstverständnis zu nehmen.[108] Einzig die SPJ verfügte mithin, folgt man der Selbstdarstellung der USPD-nahen Jugend, über ein rationales Konzept sozialistischer Jugendarbeit, das jenseits von revolutionaristischem Putschismus auf der einen und apolitischen Wandervogelaktivitäten auf der anderen Seite angesiedelt war.[109] In ihrer Entstehungsphase faßte die SPJ ihre Identität in die Formel von der „Bildungs- *und* Kampfgemeinschaft", die sie sein wollte, während sie später, nach dem Abebben der revolutionären Spannungen, das hauptsächliche Gewicht auf die „planmäßige Bildungsarbeit" zur Vertiefung der „sozialistischen Weltanschauung" als *Vorbereitung* für die künftige „Mission im proletarischen Klassenkampf" legte.[110]

Was sich hier geradezu idealtypisch als „dritter Weg" zwischen dem kommunistischen „Lernen durch Kampf", das im Ergebnis zwangsläufig zu einem doktrinären Fanatismus oder aber resignativen Zynismus führen muß, und der lebensreformerischen Jugendbewegtheit der jungen Mehrheitssozialdemokraten ausnahm, war in der Realität ein reichlich steiniger und keineswegs gradliniger Pfad gewesen. Unterhalb der Ebene vollmundiger Proklamationen in den zentralen Periodika der SPJ stieß die Praxis der Schulungsarbeit auf zahlreiche Schwierigkeiten und Hindernisse, die die intendierte Planmäßigkeit der Bildungsbemühungen in den seltensten Fällen erfolgreich gestatteten. Ein Aufsatz in der „Leipziger Volkszeitung", dem Parteiorgan der Region, in welcher die vergleichsweise besten Voraussetzungen für eine systematische Jugend- und Erziehungsarbeit vorhanden waren, stellte die Probleme der SPJ ungeschminkt zur Diskussion:

> „Nicht Mangel an zu behandelnden Stoffgebieten ist es, sondern die regellose Aufeinanderfolge der einzelnen Themen ist der Grund für die Mißerfolge. Es ist die Anarchie, die in der Auswahl des Stoffes liegt. Man spricht am Mittwoch

über die sexuelle Frage, am Sonntag rezitiert man aus Goethes Faust, und am folgenden Mittwoch hört man einen Vortrag über das Erfurter Programm. Gewiß werden hier und da vereinzelt Kurse abgehalten, aber ihre Dauer erstreckt sich doch nur auf wenige Abende und dazwischen liegen einige literarische Darbietungen (an Sonntagen), die absolut nicht zum laufenden Referat passen. Durch ein solches regelloses Durcheinander wird aber nicht eine einheitliche Weltanschauung erreicht, sondern das direkte Gegenteil, ein heilloses Tohuwabohu, ein unentwirrbares Durcheinander. Dadurch werden die Jugendgenossen nicht eine große durchgehende Linie erkennen, sondern sie verirren sich in einem Labyrinth."[111].

Die Ursachen für die Misere sah der LVZ-Kommentator in der Jugendlichkeit und mangelnden Qualifikation der Referenten, die zumeist nur die achtklassige Volksschule besucht hätten und demzufolge auf einen nur geringen Wissensstoff zurückgreifen könnten. Zudem sei das Alter der Kursteilnehmer entschieden zu uneinheitlich, da die Zwanzigjährigen ganz andere Erfahrungen, Bedürfnisse und Kenntnisse mitbrächten als die Vierzehnjährigen etwa.

Insofern hatte die SPJ mit Widrigkeiten zu ringen, die in Juso-Gruppen nicht weniger akut waren und im übrigen in der sozialistischen Jugendbewegung der Weimarer Zeit nie vollends überwunden werden konnten. Auch sonst zeigt das Zitat aus der westsächsischen Parteizeitung, daß zwischen dem Gruppenleben der jungen mehrheitssozialdemokratischen Führeraspiranten in den Jusogemeinschaften und den marxistischen Nachwuchskadern der Sozialistischen Proletarierjugend trotz unterschiedlicher ideologischer Vorzeichen erstaunliche Parallelitäten existierten. Die Aufklärung über Sexualfragen, die Lesung aus Goethes klassischem Drama und das literarische Dilettieren an den Sonntagen fand gewiß zur gleichen Zeit auch in zahlreichen Jusogruppen statt. Nur die Schulung am „Erfurter Programm" war dort weniger gefragt; wenn überhaupt programmatische Dokumente der Arbeiterbewegung das Interesse der frühen Juso-Generation hatten wecken können, dann waren es wohl eher die Görlitzer Leitgedanken. Eine sicher nicht ganz unbedeutende Differenz zum Schulungsmaterial der SPJ-Gruppen, die aber dennoch nicht die frappanten Gemeinsamkeiten im Lebensgefühl und den Ausdrucksformen der sozialistischen Jugendlichen aller Schattierungen zu Beginn der 20er Jahre verbergen kann. Was immer auch führende SPJ-Funktionäre in ihren Verbandszeitschriften an kritischen Bemerkungen über die Gewohnheiten der mehrheitssozialdemokratischen „Tri-tra-trallala"-Jugend schreiben mochten und der eigenen Organisation an sozialistischer Weltanschauungsrhetorik mitzuteilen versuchten, konnte nichts daran ändern, daß die Realität einer SPJ-Ortsgruppe in manchem nicht gar so weit von der einer mehrheitssozialdemokratischen Jugendgemeinschaft entfernt war. Ein Blick in die Veranstaltungskalender und -berichte der USPD-Tageszeitungen genügt, um zu erkennen, daß, im Sommer zumal, auf der untersten Ebene der SPJ-Organisation der Liederabend, die Wanderung, der Abendausflug, die Reigenprobe, der Treff mit der Tanzgruppe, der Spielnachmittag, die Hans-Sachs-Stücke oder das gemeinsame Schwimmvergnügen einen ebenso gewichtigen Platz einnahmen wie der Besuch eines Vortrages oder die Teilnahme an einer Arbeitsgemeinschaft. Wenn das Wetter es nur irgendwie erlaubte, dann nutzten auch die SPJler den Sonntag zur Tagesfahrt, um der Großstadt wenigstens für einige Stunden entfliehen zu können. „Wir hatten", erinnert sich auch der frühere Vorsitzende der Königsberger SPJ, Paul Schulz, „eine gesunde Mischung von politischer Instruktion, Diskussion und Aktion mit fröhlichen Unterhaltungs- und Tanzabenden sowie Wanderungen"[112]. Mit dem gleichen Ernst wie ihre mehrheitssozialdemokratischen Geschlechtsgenossinnen wehrten sich auch die Mädel der SPJ dagegen, von ihren um den guten Ruf besorgten Müttern in die beengenden Korsetts gesteckt zu werden. Ob links- oder rechtssozialdemokratischer Jungfeminismus, in beiden Lagern kämpften die jungen Frauen gegen die Stöckelschuhe und den gebranntgeschniegelten Haarschnitt der „bürgerlichen Modepuppen" und die schlüpfrige „Zotenreißerei" der Männerwelt.[113] Der Feldzug gegen die „Schundliteratur" und das Kino, die Ablehnung des „Glimmstengels" und der Protest gegen den Alkoholausschank auf den Parteifesten der USPD war den SPJlern ein nicht minder bedeutsames Anliegen wie den Aktivisten der Jusogemeinschaften.[114] Freilich galt es in den Reihen der SPJ aber auch als selbstverständlich, daß revolutionierte menschliche Verkehrsformen erfolgreich erst auf der Grundlage tiefgreifend veränderter politischer und ökonomischer Gesellschaftsbeziehungen gedeihen konnten, und das zumindest verbale Bekenntnis zum Primat des politischen Kampfes grenzte die Identität der USPD-nahen Jugendlichen von der Alltagsphilosophie der Jungsozialisten ab. Mit einer Ausnahme: Die SPJ-Gruppe in Dresden, ein kleiner Zirkel nur, war seit Jahren schon aus dem Rahmen gefallen und bereits in der FSJ als „ästhetische Jugend" verschrien.[115] Den politischen Zielvorgaben ihrer Reichszentrale standen die jungen Genossen der sächsischen Landeshauptstadt ziemlich gleichgültig gegenüber; die Beschäftigung mit klassischem Bildungsgut, die Erbauung an ästhetischer Literatur und der Wunsch nach Schaffung „neuer Menschen" prägte stattdessen die Zusammenkünfte und deklamatorischen Deutungen der ostsächsischen Kleinstgruppe. Nur in Dresden, wo in der Tat die Unterschiede zwischen der SPJ und den Jusos verschwindend gering waren, herrschte, um es vorwegzunehmen, nach Wiedervereinigung der beiden sozialdemokratischen Organisationen zwischen den früheren Mitgliedern dieser Gruppen bestes Einvernehmen, und die Eingliederung der prominenten SPJ-Funktionäre in die jungsozialistische Bewegung erfolgte ohne innerverbandliche Macht- oder Positionskämpfe.

Eine solche Harmonie war sonst nicht üblich, und von einer reibungslosen Integration der SPJ-Aktivisten in die jungsozialistische Bewegung kann keine Rede sein. Wie intensiv und richtungspolitisch übergreifend das generationstypische Verlangen nach lebensreformerischer Erneuerung auch war – und wie sehr man diesen Gesichtspunkt gegen ein rein philologisches Verfahren der Ideologieexegese zur Unterscheidung des „reformistischen" vom „marxistischen" Flügel der Arbeiterbewegung betonen muß –, so waren deshalb dennoch mentale Gegensätzlichkeiten, milieuspezifisch differierende Gesellschaftsvorstellungen und andersgelagerte politische Zielvisionen nicht aus der Welt geschafft. Zwar warb auch die SPJ für den Ort ihres Reichsjugendtages beispielsweise mit dem Hinweis auf die Nähe romantischer Flußtäler und vielbesungener Burgen und versprach zudem Fröhlichkeit bei Tanz und Spiel[116], aber gleichwohl war das äußere Bild ihres Massentreffens durch andere Linien und Farben gezeichnet als die Versammlungstage der mehrheitssozialdemokratischen Jugendlichen dieser Jahre. Wo diese in kunterbunter Aufmachung, gleichsam nach jedermanns Gusto durch die Straßen „latschten" – so nannten das die Zeitgenossen – und auf einer Wiese mehr oder weniger spontan die so beliebten Sing- und Märchenspiele aufführten, da marschierten jene in festen Reihen und gleichmäßigem Schritt mit roten Fahnen und unter dem Gesang revolutionärer Kampflieder durch die Proletarierviertel, um zum Abschluß eine wohlvorbereitete

Probe der trotzig-kämpferischen und revolutionsverheißenden Sprechchöre abzulegen[117]. Für den durchschnittlichen SPJler wuchsen in einer derartigen Atmosphäre ganz andere Schlagwörter zu sinnstiftenden Sentenzen als in den zu befreiten Land überhöhten Kulturnischen jungsozialistischer Festveranstaltungen: „proletarische Massenaktionen", „politische Macht der Arbeiterklasse", „Klassenkampf", „Sozialisierung der Produktionsmittel" waren Begriffe, die einem SPJler in der Ambiente kollektiver Demonstrationen mit „revolutionärer Glut" und den Willen zur „aufopferungsvollen Hingabe für die Sache des Sozialismus" erfüllen konnte — für die Jungsozialisten der frühen 20er Jahre waren es Ladenhüter einer materialistisch verkommenen und längst überholten Welt. Noch tiefere Gräben zwischen diesen beiden Abteilungen der sozialistischen Jugendbewegung mußte die Hinwendung zahlreicher Jusos zur „nationalen Idee" aufreißen. Der Internationalismus war in der SPJ verständlicherweise ein Gefühlswert höchsten Ranges; kaum eine größere Veranstaltung der USPD-orientierten Jugend, die nicht mit einer internationalen Kundgebung gegen die nationale Hetze in allen Ländern beendet wurde.[118]

Die meisten SPJler hatten für die Jungsozialisten, die ihnen merkwürdig und verschroben vorkamen, nicht viel übrig und daran sollte sich auch nach der Wiedervereinigung der seit 1917 gespaltenen sozialdemokratischen Bewegung im frühen Herbst 1922 nichts ändern. Für die Angehörigen der älteren Generation im demokratischen Sozialismus war die „Einheit der Partei" ein langersehnter „Herzenswunsch". Der sozialistische Nachwuchs hingegen stand dem Einigungsvorgang sehr viel distanzierter, skeptischer und ohne große Begeisterung gegenüber; man fügte sich zumeist den Geschehnissen[119], aber man forcierte sie nicht[120]. Das organisatorische Resultat der recht mühselig verlaufenden Verhandlungen zwischen den Spitzeninstanzen der mehrheitssozialdemokratischen „Arbeiterjugendvereine" und der Sozialistischen Proletarierjugend war die „Sozialistische Arbeiterjugend Deutschlands" (SAJ), deren Altersgrenzen gegen den Widerstand der SPJ-Vertreter auf 14 und 18 Jahre festgelegt wurden[121] und die nun mit 105.000 Mitgliedern den Zenit ihrer quantitativen Stärke in der Weimarer Republik überhaupt erreichte. Hier, in dieser Massenorganisation der sozialdemokratischen Arbeiterjugend, und *nicht* in den abgeschiedenen Lebensgemeinschaften der Jungsozialisten arbeitete die Majorität der ehemaligen SPJ-Mitglieder von Beginn an in der Hoffnung mit, durch eine gut vorbereitete und geschlossen vorgetragene linkssozialistische Oppositionstaktik später einmal die Mehrheitsverhältnisse und politische Ausrichtung des von den Funktionären der früheren AJ dominierten Jugendverbandes ändern und gestalten zu können. Schon auf den nächsten Reichskonferenzen hatten sich die einst mehrheitssozialdemokratischen Jugendvertreter einer artikulationsfähigen und entschließungsfreudigen Linksopposition ehemaliger SPJ-Aktivisten zu erwehren, die durch ihre Vitalität und ihr Engagement bei den Redebeiträgen, Zwischenrufen und Antragsbegründungen die Atmosphäre der zentralen Tagungen zweifelsohne zu bestimmen vermochten, ohne allerdings, von einer spektakulären Ausnahme abgesehen, je bei Abstimmungen Erfolg verbuchen zu können.

Die erwähnte Ausnahme war die Rüge, die der Hauptvorstand der SAJ für seine Unterschrift unter den umstrittenen Aufruf der deutschen Jugendverbände von der SAJ-Reichskonferenz am 17./18. Mai 1924 in Weimar durch eine knappe Mehrheit von zwei Stimmen erteilt bekam.[122] Selten, vielleicht erst wieder 1930 auf der Reichskonferenz in Lüneburg, hatte der oppositionelle Flügel zu einem dermaßen konzentrierten, wuchtigen, ja trommelfeuerartigen Angriff auf die Reichszentrale des Verbandes geblasen, und es gelang ihr dieses eine Mal auch, Delegierte anderer Bezirke von der Richtigkeit ihrer polemischen Attacken zu überzeugen. Unfreiwillige Schützenhilfe hatten sie dabei im übrigen von Franz Osterroth erhalten, der sich als Delegierter der Bochumer Arbeiterjugend in einem überaus ungeschickten Redebeitrag unter den heftigen Protest der Konferenz zur „Tat des 4. Augusts" bekannte und die sozialistische Bewegung als Teil des „deutschen Lebensstroms" definierte.[123] Ein Jahr zuvor wäre Franz Osterroth der Beifall für diese Worte gewiß gewesen, nun aber, im Frühjahr 1924, wirkte die Deutschtümelei nur noch peinlich. Max Westphal und Erich Ollenhauer machten ihrem Bochumer Genossen die bittersten Vorwürfe; seine mißratene Rede erst habe die Konferenz so erzürnt, daß die Abstimmung für den SAJ-Hauptvorstand verloren gehen mußte.[124]

Gleichviel, ob der taktische Fehltritt Osterroths, die rhetorische Bravour der Oppositionsredner oder auch nur die allgemeine Ernüchterung über die Politik der „nationalen Einheitsfront" für den raren Entschließungserfolg der mitteldeutschen Verbandsfrondeure verantwortlich war, bei den Jungsozialisten unternahmen die ehemaligen SPJler einen solchen Versuch linkssozialdemokratischer Intervention – zunächst jedenfalls – erst gar nicht. Sie setzten, kurz gesagt, nicht auf Entrismus oder Umfunktionalisierung, sondern auf Infragestellung und Bekämpfung der ungeliebten jungsozialistischen Bewegung. In Gegenden, wo die früheren SPJler das Sagen in den neugebildeten Gruppen der Sozialistischen Arbeiterjugend hatten, herrschten enorme Spannungen zwischen der SAJ und den Jusos.[125] Veranstaltungen der Jungsozialisten wurden sorgsam gemieden; eher bildeten die älteren SAJler eigene Zirkel, um sich in theoretischen Fragen, die für sie in der SAJ nicht genügend Raum zur Diskussion vorfanden, gründlicher fortbilden zu können. „Die jungsozialistische Bewegung", wetterte der prominente Königsberger Ex-SPJler Fritz Polenz auf der SAJ-Reichskonferenz in Görlitz 1923, „können wir nicht als eine Fortsetzung der Arbeiterjugendbewegung betrachten, denn sie ist entweder ein Konkurrenzunternehmen der Partei oder ein schöngeistiger Verein."[126]

Diese Äußerung gab den Ton an, mit dem auch in den Zentren der linken Sozialdemokratie und des oppositionellen SAJ-Flügels von seiten der Partei, des regionalen Zeitungsorgans und der Jugendfunktionäre gegen die Jusos vorgegangen wurde.[127] Als Anfang 1923 ein Leipziger Jungsozialist die Genossen „der alten SPJ" durch einen Artikel im Organ der westsächsischen Partei dazu aufforderte, ihre Boykottstrategie gegenüber den Veranstaltungen der Jusos aufzugeben und statt dessen die kontroverse Debatte mit ihnen zu suchen, konnte sich die Redaktion der „LVZ" einen reichlich oberlehrerhaften Kommentar dazu nicht verkneifen. Der junge Sozialdemokrat aus der Umgebung Hermann Hellers nämlich hatte die Chuzpe besessen, auch Themen wie „Der Marxismus ist tot" oder „Der Sozialismus steht an einer Wende seines Lebensweges" für diskussionswürdig zu halten. Für die linkssozialdemokratische „LVZ" war das Anlaß genug, um auf die Irrwege des Jungsozialismus hinzuweisen, da dort „solche falschen Gedanken von Marxismus und sozialistischer Arbeiterbewegung entstehen" konnten. Das Parteiorgan warnte die „älteren Jugendlichen" der früheren MSPD davor, die jungsozialistische Bewegung als „Parteiersatz" zu instrumentalisieren und sich überdies in ein organisationsfeindliches „Aesthetentum" zu verlieren, „das wie ein Fremdkörper in der Kampfgemeinschaft ihrer Klassengenossen wirken muß"[128].

Im übrigen sollte die gutgemeinte Initiative der Leipziger Jusos nicht allzuviel fruchten: Die früheren SPJler beteiligten sich auch nach dessen freundlicher Einladung nicht an den jungsozialistischen Kursen und Bildungsabenden. Referatsthemen wie die Hermannn Hellers über „Geist, Moral und Politik", „Sinn der Politik", „Agitations- und Verantwortungspolitik"[129] hatten wahrscheinlich mit den gewohnten Topoi linkssozialdemokratischer Interpretationsschemata ganz einfach zu wenig zu tun und mußten aus der Perspektive überzeugter „historischer Materialisten", die sich des Telos geschichtlicher Prozesse unbedingt sicher waren und kompromißlose sozialistische Agitationspolitik mit einer nie angezweifelten Selbstverständlichkeit für die sowohl geistreichste als auch moralisch fundierteste Verantwortungspolitik gegenüber dem Proletariat hielten, geradezu überflüssig feuilletonistisch klingen. Für Hermann Springer, ein ehemaliges Mitglied der SPJ-Reichszentrale und nunmehr führender Funktionär der Leipziger SAJ, stand das Urteil über die Jungsozialisten fest: „Schöngeisterei und Phantasterei verriegeln diesen Genossen oft den Weg zur praktischen Organisationsarbeit in der Jugend und in der Partei." Ganz offen und im Jargon eines störungsempfindlichen Bürokraten stellte er die Existenzberechtigung einer solchen „Zwischenorganisation" „mit eigenem Apparat und eigener Zeitung" in Frage.[130] Die Linkssozialdemokratie antizipierte mit dieser frühen Kampagne gegen die „rechten" Jungsozialisten bereits die schrill klingende und administrativ geprägte Wortwahl, mit der die seit 1925 linkssozialistisch gewandelten Jusos über Jahre, bis zum bitteren Ende, von den Zeitungen und Vorständen — nicht nur — der Bezirke der zentristischen und reformistischen Parteimehrheit angegriffen und manchmal regelrecht verfolgt wurden. Wenngleich die Parteilinke vom zentralen Parteivorstand in Berlin stets das Recht auf abweichende Meinungen forderte, war sie selbst nur in seltenen Fällen bereit, Toleranz und Verständnisbereitschaft gegenüber Minderheiten im eigenen Lager zu demonstrieren; ethische Sozialisten, religiös motivierte Sozialdemokraten und eben auch lebensreformerische Jusos hatten es schwer im freidenkerisch-materialistischen Milieu einer in ideologischen Fragen recht verbohrten Linkssozialdemokratie. Natürlich boten die Jusos durch ihr arrogantes Auftreten auch Angriffsflächen genug. Wie es scheint, waren auch die Leipziger Jusos von ihrer künftigen Führungsmission und intellektuellen Hochwertigkeit so überzeugt, daß sie alle Appelle zur Beteiligung an der organisatorischen „Kleinarbeit" als eine unwürdige Anmaßung zurückgewiesen haben. Deutlich über solche Selbstgefälligkeiten erregt, wünschte ein führender Leipziger SAJler — vermutlich der künftige Bezirksvorsitzende Walter Otto, auch er ein ehemaliger SPJler — „dem Jungsozialismus ein baldiges, seliges Ende".[131]

*b) Die Bedeutung von Schloß Tinz*

Mit der Entstehung des linken Flügels bei den Weimarer Jungsozialisten hatten die Funktionäre der früheren SPJ, die an einer Beseitigung, nicht an einer Veränderung der Bewegung interessiert waren, also wenig zu schaffen. Der Einfluß von politischen Gedankengängen aus der USP-Tradition war stärker erst ab 1924 zu registrieren und kam im übrigen aus einer anderen Ecke: von einer Reihe didaktisch vorzüglicher linkssozialdemokratischer Pädagogen nämlich und vor allem durch die Heimvolkshochschule Tinz.[132] Die Tinzer Bildungsstätte, die einzige sozialistische Schule der Weimarer Zeit, war wie geschaffen für die Jungsozialisten. Anders als die gewerkschaftseigene Frankfurter „Akademie der Arbeit", die auf Herausbildung gediegener Spezialkenntnisse in Fragen des Arbeitsrechts und der Sozialpolitik zur Bewälgung künftiger Funktionärstätigkeit in der Arbeiterbewegung Wert legte, versuchte die Tinzer Einrichtung, ganz den Aspirationen der Jusos entsprechend, eine universell angelegte historisch-philosophische Sicht der gesellschaftlichen Zusammenhänge zu lehren. Geschichte, Soziologie, Wirtschaftslehre und Einführung in die Literatur, Kunstgeschichte, Pädagogik und Psychologie waren die Hauptfächer für die jungen sozialistischen Arbeiter, die allesamt nicht mehr als eine einfache Volksschulbildung haben durften. Zweimal im Jahr bot die Schule ihre Kurse an, die von rund fünfzig der geistig regsamsten und aktivsten jungen Sozialdemokraten aus dem Reich, zumeist im Alter von 20 bis 25 Jahren, für eine Dauer von jeweils fünf Monaten besucht wurden.[133]

Die Schule war in einem alten Schloß untergebracht, das in der Nähe der thüringischen Stadt Gera lag und bis 1918 noch dem Duodezfürsten von Reuß gehörte. Der tatkräftige und initiativfreudige Arbeiter- und Soldatenrat in Thüringen hatte den feudalen Besitz in der Novemberrevolution 1918 mit einer damals seltenen Entschlossenheit enteignet, und die später regierende USPD konnte darin dann 1920 die sozialistische Bildungsstätte einrichten. Da die Heimvolkshochschule sich zwar grundsätzlich zu einer „sozialistischen Betrachtungsweise" bekannte, gleichwohl aber parteipolitisch neutral bleiben wollte und das trotz der USPD-Dominanz im Kollegium durch ständige Gastlehrer der MSP und KP zunächst auch hinreichend dokumentieren konnte, gelang es der linken Arbeiterregierung in Thüringen, eine dauerhafte staatliche Bezuschussung für die marxistische Nachwuchsbildung gesetzlich abzusichern. Selbst Frick, der 1929 als erster Nationalsozialist in das Ressort des Innern der thüringischen Landesregierung einzog, scheiterte mit seinem Versuch, die materiellen Zuwendungen um zwei Drittel zu kürzen, am Einspruch des Staatsgerichtshof. Erst die endgültige nationalsozialistische Machtübernahme im Reich brachte den Todesstoß für Tinz; ein Überfallkommando der Polizei jagte im März 1933 die Schüler aus dem Schloß, und statt demokratisch-sozialistischer Erziehung wurde dort fortan der Kadavergehorsam nationalsozialistischer Arbeiterlager eingeübt.

Fragt man heute noch lebende Zeitzeugen der jungsozialistischen Bewegung nach der Bedeutung von Tinz, so kommen die Veteranen der sozialistischen Jugendbewegung noch im greisen Alter ins Schwärmen. In den Weimarer Jahren war es, wie sie beteuern, ihr größter Wunsch gewesen, einmal zu einem Tinzer Kursus delegiert zu werden, um, unbelastet von der Berufsarbeit und der Sorge um das tägliche Brot, über mehrere Monate Fragen der sozialistischen Theorie nachgehen zu können. Wer in Tinz war, der betont in der Regel noch als Veteran, daß diese Monate zu den entscheidendsten Stationen seines Lebens gehörten.[134] Dabei war es für die ehrgeizigen Jusos nicht leicht, den Traum von einer Teilnahme in Tinz erfüllt zu bekommen. Die Zahl der Bewerber überstieg die Aufnahmekapazität beträchtlich. Zwei Möglichkeiten der Anmeldung gab es: Entweder man wurde von der Partei- oder Gewerkschaftsorganisation des Bezirkes vorgeschlagen, oder aber man hatte mit einer „freien Bewerbung" bei der Tinzer Schulleitung selbst Erfolg. Voraussetzung für beides war der Nachweis der aktiven Betätigung in der Arbeiterbewegung und schon ein gewisser Fundus an theoretischem Wissen. Nun war es sicherlich so, daß die Jungsozialisten zumindest in ihrer eigenen Bewegung und im Kulturbereich der Partei äußerst rührig mitarbeiteten und auch die Lektüre von Büchern, Zeitschriften und Broschüren mit Eifer betrieben, dennoch war die gesetzte Aufgabe nicht ganz so einfach zu erfüllen. Die Kandidaten bekamen nämlich vom Lehrerkollegium ein Aufsatzthema gestellt, das sie innerhalb kurzer Zeit bearbeiten und einsenden mußten. Zwar hatten die jungsozialistischen Arbeiter schon vergleichsweise viel gelesen, aber im Schreiben waren sie natürlich immer noch nicht so gewandt und zudem war die Arbeitszeit seit dem Winter 1923 wieder kräftig angestiegen, so daß ihnen, wie sich die Zeitzeugen noch gut erinnern, nur der späte Abend oder der Sonntag zum Formulieren blieb. Wer auch diese Hürde zu überwinden imstande war und mit der schriftlichen Abfassung bei seinen künftigen Lehrern reüssierte, der konnte endlich die Koffer für die Fahrt nach Mitteldeutschland packen. Die Reise und das Geld für den Kursus bezahlte dann in der Regel die zuständige Partei- oder Gewerkschaftsorganisation. Ein gewaltiges soziales Problem für die meisten allerdings war, daß ihre Arbeitgeber von einem fünfmonatigen Bildungsurlaub zum Studium der „marxistischen Weltanschauung" nicht viel wissen wollten. Zahlreiche Tinzer waren mithin nach ihrem Schulaufenthalt zunächst und häufig auch für sehr lange Zeit arbeitslos.

Die äußeren Bedingungen auf Schloß Tinz waren recht bescheiden. Allein die Größe der Zimmer brachte erhebliche Schwierigkeiten und menschliche Spannungen mit sich. In der Anfangszeit mußten manchmal neun Schüler einen Schlafraum teilen, in dem weder Stühle noch Tische standen. Ab Mitte der zwanziger Jahre besserte sich das ein wenig: Zwischenwände wurden eingezogen und in die Fensternischen Schreibtische zum Notieren und Lesen gestellt. Mehr als vier Personen brauchten nun nicht mehr die einst fürstlichen Schlafgemächer zu teilen. Einen ständigen Anlaß zur Unzufriedenheit boten zudem die täglichen Mahlzeiten, deren außergewöhnliche Kargheit der Grund für den einzig bekannten Schülerstreik war: Die Teilnehmer des 9. Männerkurses 1926, keinesfalls von Hause aus verwöhnte Esser, waren es leid, immer nur Hering vorgesetzt zu bekommen.

Der Tagesablauf auf dem Schloß war von der lebensreformerischen Einstellung der Schüler nicht ganz frei. Stets begann der Morgen mit einer halben Stunde gymnastischer Übungen, und die Erziehung des Körpers durfte auch vor Eis und Kälte nicht haltmachen: splitternackt sprangen die „Tinzer" im Winter in den Schnee und machten ihre gewohnten Kniebeugen. Die Frauen vor allem pflegten an sonnigen Tagen im reizvollen Schloßpark ihre freie Körperkultur, und an warmen Sommerabenden tanzten sie die alten Reigen. Soweit es ging, versorgte man sich mit einem Teil der Grundnahrungsmittel selbst, indem man im Park Getreide anbaute, Kartoffeln pflanzte und das Brot selbst backte. Tabak und Alkohol wurden selbstverständlich nicht gerne gesehen, wenn auch nicht ganz untersagt. Vor einer Überhöhung der lebensreformerischen Haltung indessen warnten die Tinzer Pädagogen mit Nachdruck, da ihnen bei aller Sympathie und aktiver Unterstützung für das Gelingen einer alternativen Kultur an Schwarmgeisterei nicht gelegen war. Häufig beschworen sie die Gefahr, daß man beim Versuch, Gemeinschaftsinseln in einem gemeinschaftsfeindlichen Gesamtzusammenhang errichten zu wollen, zu einem weltabgewandten Sektierertum verkommen müsse. Gegen die lebensreformerischen Experimente beispielsweise von Hermann Heller oder Adolf Reichwein im Bereich der von ihnen geführten Volkshochschulheime beharrten die Tinzer Pädagogen auf dem Vorrang einer kognitiven Wissensvermittlung als rational verstandene Vorbereitung für den kollektiven Klassenkampf.[135]

Mit den didaktischen Leistungen ihrer Lehrer und dem inhaltlichen Stoff waren die Tinzer Schüler, wie die meisten von ihnen noch heute gerne und freiwillig erzählen, einverstanden und zufrieden. Als Alternative zu den herkömmlichen autoritären und frontalen Lernstrukturen des gewohnten Volksschulunterrichts gingen die Lehrer häufig nach der arbeitsgemeinschaftlichen Methode vor, um so die Selbständigkeit des Denkens zu fördern. Besonders beliebte Fächer waren „Nationalökonomie" und „Geschichte der Arbeiterbewegung". Im Vergleich zu diesen beiden Fächern blieb das Interesse für Psychologie, Kunst und Literatur eher gering, und die in den ersten Jahren angebotenen Naturwissenschaften strich das Lehrerkollegium schließlich mangels Wertschätzung bei den jungen Sozialisten ganz vom Lehrplan. Dennoch: Da es stets ein erklärtes Ziel der Arbeiterbewegung war, das in Unwissenheit gehaltene Proletariat durch die sozialistische Emanzipation an die ihr lange vorenthaltenen Kulturgenüsse der Geschichte heranzuführen, spielte in Tinz die musische Erziehung eine gewichtige Rolle. Die jungen Arbeiter wohnten dabei zum ersten Mal in ihrem Leben Kammermusikabenden bei und betrachteten, an anderen Abenden, Lichtbilder von den Werken großer Meister sozialer Grafik und Malerei. Zusammen mit ihrem Kunstlehrer wanderten die Schüler regelmäßig in das benachbarte Gera und besichtigten dort Museen oder besuchten Theateraufführungen. Außerdem unternahm die Schule geologische und botanische Ausflüge sowie Besichtigungen von Industrieanlagen und Messen etwa in Leipzig, Gera oder Jena. Trotz allen Bemühens keine geschlechtsspezifischen Rollenmentalitäten aufkommen zu lassen, war die Lehrerschaft dennoch gezwungen, dem Wunsch der Männer nach Kenntnissen im Arbeitsrecht durch einen kurzen Gastlehrerkursus Rechnung zu tragen, während die Frauen sich demgegenüber, wegen des „trockenen Stoffes", wie es hieß, völlig indifferent zeigten und stattdessen über Erziehungsfragen informiert werden wollten, was nun wiederum die Männer ziemlich langweilig fanden.[136]

In breiten Kreisen der Parteiöffentlichkeit war die Heimvolkshochschule Tinz allerdings schon bald nicht mehr wohlgelitten. Es war nicht zu leugnen — und die Tinzer Pädagogen wußten darum und versuchten gegenzusteuern —, daß einige Schüler nach dem fünfmonatigen Aufenthalt in Tinz, stolz über das frisch angeeignete Weltanschauungswissen, mit einer gewissen Überheblichkeit in ihre Städte zurückkehrten, sich dort als „Übertheoretiker" aufspielten und am liebsten in wenigen Tagen den ganzen Ortsverein umgekrempelt hätten. Tinz galt somit vielen Funktionären als eine „geistige Tretmühle der Parteiopposition" und als Herd unwillkommener Unruhe und störenden Querulantentums.[137] Nicht auszuhalten sei es mit den Absolventen der Tinzer Schule, lautete eine häufige Beschwerde der Parteibürokraten[138], die die

Eintracht und Harmonie des Parteilebens durch das ständige „Nörgeln" und „Besserwissertum" der vorlauten „Grünschnäbel" gefährdet sahen.

### c) Georg Engelbert Graf und Otto Jenssen: Die Rolle zweier linkssozialistischer Pädagogen

Auffällig ist, daß die große Mehrheit der proletarischen Meinungsführer im späteren linken Jungsozialismus durch die Tinzer Schule gegangen war.[139] Insbesondere in der Anfangsphase war die Dominanz linkssozialistisch eingestellter Pädagogen im Tinzer Lehrerkollegium eindeutig. Als die Schule am 8. März 1920 die Pforten für den ersten Männerkurs öffnete, unterrichteten neben dem Leiter der Einrichtung, Hennig, noch die beiden unabhängigen Sozialisten Oskar Greiner und Georg Engelbert Graf und zudem der damalige kommunistische Theoretiker Karl August Wittfogel.[140] Als Graf und Wittfogel nach fortgesetztem Streit die Bildungsstätte verließen, rückten mit Alfred Braunthal und Otto Jenssen zwei weitere unabhängige Sozialisten an ihre Stelle. Allerdings war Alfred Braunthal, der 1922 zum Leiter der Schule avancierte, als Sympathisant Rudolf Hilferdings zumindest in den kommenden Jahren eher ein „rechter Zentrist" denn ein radikaler Linkssozialdemokrat. Als Braunthal nach einem tödlichen Unfall seiner Frau 1928 das Schloß verließ, trat mit Erich Winkler ein Sozialist die Nachfolge an, der zwar aus der USPD kam, als enger Mitarbeiter der Gruppe um Theo Haubach, Karl Mierendorff und August Rathmann aber nur schwerlich als linksoppositioneller Sozialdemokrat der sächsischen Richtung bezeichnet werden kann. Insofern ist das überlieferte zeitgenössische Klischeebild vom linken Radikalismus in Tinz ein wenig in Frage zu stellen, wenn auch die Auswahl der Gastdozenten einen nicht zu leugnenden linkssozialistischen Überhang zeigte: Mit der Pädagogikprofessorin und Reichstagsabgeordneten Anna Siemsen, dem Leiter der Metallarbeiterschule Bad Dürrenberg, Georg Engelbert Graf, dem linkskommunistischen Theoretiker Karl Korsch, dem Sexualreformer Max Hodann, dem Gewerkschaftssyndikus Ernst Fraenkel und dem sozialistischen Erzieher Otto Felix Kanitz aus Wien waren in den 20er Jahren im wesentlichen Repräsentanten des linken Flügels der Arbeiterbewegung für befristete Vortragsreihen zu Gast auf dem Schloß.

So sehr jeder der genannten Pädagogen als Referent auch an den Bildungsabenden in den örtlichen Jusogemeinschaften hochwillkommen war, so sehr übertrafen doch zwei von ihnen die Popularität der übrigen: Georg Engelbert Graf und Otto Jenssen, deren Rolle als Erzieher und politische Interpreten für die jungsozialistische Bewegung kaum zu überschätzen ist. Der Name Engelbert Graf wurde für den linken Flügel 1924 fast eine Art Schlachtruf in dem Bemühen, den wenig geschätzten Nürnberger Arbeiterdichter Karl Bröger von der Redaktionsführung der „Jungsozialistischen Blätter" abzulösen. Nicht nur linke Jungsozialisten waren fasziniert von der bizarren und kapriziösen Persönlichkeit Grafs, dessen ganzer Habitus sich so radikal vom, wie viele Jusos empfanden, „spießigen" Auftreten der meisten „Parteibonzen" unterschied. Tatsächlich fiel die äußere Erscheinung Grafs aus dem Rahmen des sonst üblichen in der sozialdemokratischen Arbeiterbewegung, mit wehender Mähne, schwarzer Haarschleife unterm Kinn, Schnurr- und Spitzbart nebst Schlapphut und Havelock, wirkte er wie ein extravaganter Künstler oder, kritischer gewendet, in der koketten Art, wie er sich gerierte, eher wie ein Bohemien denn ein proletarischer Klassenkämpfer. Graf war, wie sich die Zeitzeugen erinnern, ein praktizierender Anhänger der freien Sexualität, und ruchbar gewordene Beispiele seines ausschweifenden Liebeslebens an den Abenden jungsozialistischer Bildungskurse lösten manchesmal Empörung bei den eher prüden Sozialdemokraten der älteren Generation aus, während die Jusos ihn wegen solch libertinären Verhaltens zumindest nicht tadelten.

Besonders an einzelnen Vortragsabenden oder an Wochenendseminaren konnte Graf mit seinen Begabungen brillieren. Er war ein mitreißender Versammlungsredner und besaß vorzügliche didaktische Fähigkeiten. Graf sprach ungewöhnlich anschaulich, und seine Vorträge strotzten vor geschliffen formulierten Apercus, und zudem gebärdete er sich überaus radikal, was sicher nicht zuletzt die Jugendlichen für ihn einnahm. Kritischen Beobachtern blieb allerdings schon zeitgenössisch nicht verborgen, daß Graf dabei oberflächlich, nicht wirklich ernsthaft-gründlich war; für einen mehrmonatigen Unterricht taugte der Jugendbildner eigentlich kaum noch.[141] Er, der auf der Rednertribüne kleiner und mittelgroßer Versammlungsräume eine so glänzende Darstellerrolle zu spielen vermochte, wirkte in der wirklichen Arena politischer Handlungen und Entscheidungen blaß und hilflos. Als Parlamentarier in der sozialdemokratischen Reichstagsfraktion von 1928-1933 ging von Graf, der dort besonders die weitreichenden Hoffnungen der Jugendlichen repräsentieren sollte, weder ein konstruktiver Impuls noch ein hartnäckiger Widerstand aus.[142] Die Jugend freilich wußte nichts von Grafs Passivität; in Artikeln und Ansprachen verurteilte er mit kompromißloser Schärfe die „opportunistische" Politik der SPD-Mehrheit, und zu einem gestenreichen Bruch der Franktionsdisziplin war er im März 1931, als sich die Mehrheit der sozialdemokratischen Abgeordneten zwecks Stützung der Regierung Brüning bei der Abstimmung um den Panzerkreuzer B der Stimme enthielt, zum Wohlgefallen seiner jugendlichen Anhänger gerne bereit.[143]

Engelbert Graf war eine typische Leitfigur für die jungsozialistische Bewegung, deren Mitglieder nicht zu Unrecht in dem Ruf standen, ja, den Ruf eigentlich genossen, „Außenseiter", „Einzelgänger", „Querköpfe" und „Individualisten" zu sein. Otto Jenssen, ein äußerlich eher preußisch-korrekt wirkender Sozialist, mochte solche Eigenschaften nicht besonders, und von Zeit zu Zeit schalt er die Jusos wegen ihrer Allüren. Nichtsdestotrotz verkörperte auch Jenssen eine typische Gestalt jungsozialistischer Lehrerschaft. Denn neben der eigenwilligen Ausdruckskultur war das jungsozialistische Selbstverständnis schließlich sehr vom Verlangen nach umfassender Bildung und theoretischer Klärung komplexer historischer und gesellschaftlicher Zusammenhänge geprägt, und Antworten auf ihre vielfältigen Fragen fanden die Jusos, wie die befragten Zeitzeugen unisono versichern, nirgendwo so sehr wie bei Otto Jenssen, der als Lehrer für Soziologie und Geschichte in Tinz den besten Kontakt zu den Teilnehmern hatte und darüber hinaus seit Mitte der 20er Jahre zu zahlreichen Kursen der ostsächsischen Jusos, seinen Lieblingsschülern, reiste. Dabei war Jenssen in seiner Tätigkeit außerordentlich behindert; eine frühe Erblindung ließ ihn darauf angewiesen sein, daß ihm die Teilnehmer seiner Kurse vorlasen. Trotz dieser Behinderung verfügte er dank seines ungewöhnlich guten Gedächtnisses über ein umfangreiches Wissen, das allerdings mehr durch Solidität als durch Originalität bestach.

Was für Otto Jenssen noch heute einnimmt, ist seine unbedingte Insistenz auf der Garantie der demokratischen Formen und liberalen Freiheitsrechte auch in der Zeit des sozialistischen Übergangs. Es war eine strategische Argumentationsfigur, welche der überzeugte Anhänger Otto Bauers der Programmatik des austromarxistischen Zentrums entlehnt hatte, die aber keineswegs selbstverständlich war für das strategische Denken der sozialdemokratischen Parteilinken, der sich Jenssen im Prinzip zugehörig fühlte. Jenssen hielt den Sozialismus nur dann für möglich, wenn ein hohes Maß an persönlicher Initiative, einer demokratischen Kultur des Geistes und die ständige Kritik der gegnerischen Klassen und ihrer politischen Repräsentanzen gewahrt bleiben; die „Diktatur des Proletariats" oder ein despotischer Erziehungssozialismus konnte nach seiner Auffassung, die ihn von vielen seiner oppositionellen Gesinnungsfreunde trennte, nie zum angestrebten Ziel führen.[144] Jenssen war sicher ein überzeugter Marxist, und durch ihn lernten zahlreiche Jusos wohl zum ersten Mal die Schriften der Klassiker gründlich kennen. Doch vor Buchstabengläubigkeit und philologischer Scholastik, später auch vor Revolutionsillusionen hatte Jenssen die jungen Sozialisten immer gewarnt. Mit welchem Erfolg, das mußte die Geschichte der Jungsozialisten zeigen.

## 4. Auseinandersetzungen und Kräfteverhältnisse in den Reichsgremien

### a) Mit bürgerlichen Demokraten gegen kommunistische Abenteuer: Reichsausschuß November 1923

Auf den zentralen Repräsentativtagungen der Jungsozialisten vertrat der linke Flügel Ende 1923, Anfang 1924 nur eine, zunächst sogar marginale Minderheitsposition. Den Protagonisten der jungsozialistischen Linken mangelte es auf den Sitzungen der Reichsebene an Elan, Offensivgeist und Geschlossenheit: Tugenden, mit denen die SAJ-Opposition, gewachsen in der gemeinsamen Tradition der SPJ, in den gleichen Monaten gekonnt auftrumpfte und ihrer Verbandsspitze allerhand Sorgen bereitete. Ähnlichen Kummer gab es bei den Jungsozialisten zu diesem Zeitpunkt noch nicht; denn mit einer deutlichen Zweidrittelmehrheit wiesen die Delegierten auf der Erlanger Reichskonferenz der Jusos im August 1923 Anträge auf Ablösung Karl Brögers von der Redaktionsführung der „Jungsozialistischen Blätter" und auf Beendigung der Zusammenarbeit mit den Nachwuchsorganisationen der bürgerlich-demokratischen Parteien entschieden zurück.[145] Bei der Austragung der innerverbandlichen Konflikte hatten sich die Fronten im Vergleich zu früheren Auseinandersetzungen neu formiert. Jungsozialisten, die in den ersten Jahren der Bewegung im ärgsten Hader über die „Parteifrage" lagen, stemmten sich nun in Eintracht vereint gegen das oppositionelle Ansinnen des neu gewachsenen linken Flügels. Als Kurt Wegener, gemeinsam mit Otto Lamm in den Jahren zuvor Wortführer des „parteiorientierten" Flügels der Berliner Jusos, auf der Reichsausschußsitzung am 17. November 1923 das Grundsatzreferat über „Die Lage der Republik und die Jungsozialisten" hielt, erntete er lebhaften Beifall bei den Jungsozialisten mit freideutsch-jugendbewegter Vergangenheit. Kurt Wegener hatte sich dabei nicht etwa politisch gewandelt, wie man vielleicht meinen könnte, wenn man, wie häufig in der Literatur geschehen, den „parteiorientierten" Flügel für eine linkssozialdemokratische Angelegenheit hält, sondern, wie eh und je, die auch in der Vereinigten Sozialdemokratie dominierende staatsbejahende reformistische Auffassung der alten MSPD-Mehrheit wiedergegeben. Gut möglich zwar, daß der eine oder andere Juso aus Dortmund und Hamburg über den trocken-rationalistischen Reformismus Kurt Wegeners insgeheim die Nase gerümpft haben mag und einen schwungvolleren Stil vorgezogen hätte, dennoch konnten diejenigen Jusos, die Hofgeismar organisiert hatten und die Parteimitgliedschaft als solche längst nicht mehr in Frage stellten, genügend Verbindungslinien zwischen ihren Ansichten und den Ausführungen des Berliner Jungsozialisten erkennen, während sie zu den Vorstellungen der, im einzelnen sicherlich stark differierenden, jungsozialistischen Linken in schärfstem Gegensatz standen.

Kurt Wegener hielt ein Referat, das wohl auch die meisten Mitglieder des Parteivorstandes der SPD kaum anders vorgetragen hätten; es war ein Plädoyer für republikanische Vernunft, für Zusammenarbeit mit den verständigungswilligen Parteien und Gruppen des Bürgertums und gegen die Experimente einer Einheitsfront mit den Kommunisten.[146] Nachdem Wegener die der Republik drohenden innen- und außenpolitischen Gefahren mit drastischen Worten geschildert hatte, berichtete er über die Gespräche, die die zentrale Leitung der Jungsozialisten mit der demokratischen Jugend, den Windhorstbünden und der SAJ zwecks Gründung einer lockeren Arbeitsgemeinschaft der republikanischen Jugendverbände zum Schutz der Demokratie gegen Angriffe von rechts geführt hatte. Während er diese Beziehungen wegen der gemeinsamen republikanischen Grundhaltung aller beteiligten Gruppierungen als vorbildlich heraushob, tadelte er die von sächsischen und Kasseler Jungsozialisten empfohlenen Bündnisse mit den Jungkommunisten. Besonders scharf wies er die Kasseler Gruppe zurecht, die in einem spektakulären Rundbrief für eine „Arbeits- und Kampfgemeinschaft" mit den Kommunisten — „und sei es über den Kopf der Führer hinweg"[147] — geworben hatte. Die Trennungslinie zu den Feinden der Republik müsse, so Wegener, sowohl nach rechts als auch nach links in aller Klarheit gezogen werden. Zum Schluß seiner Ausführungen machte Wegener deutlich, wo er die Jungsozialisten im Spektrum der SPD angesiedelt wissen wollte. Gegen Stimmungen in der Partei, die politische Perspektive erneut in Verantwortungsabstinenz und radikaler Oppositionshaltung zu suchen, verlangte Kurt Wegener eine unzweideutige Bejahung des Weimarer Staates und die politische Mitarbeit an ihm.

Kräftige Unterstützung erhielt der Berliner Jungsozialist, besonders für seine Schlußbemerkungen von Max Westphal, als Vorsitzender der Sozialistischen Arbeiterjugend zugleich Vertreter im Reichsausschuß der Jungsozialisten. Westphal war in vielerlei Hinsicht eine typische Funktionärspersönlichkeit in der Weimarer Sozialdemokratie: ein exzellenter Organisator, unbedingt zuverlässig, überzeugter Anhänger eines demokratischen Sozialismus und von absoluter Treue gegenüber den Entscheidungen der Parteispitze; dabei allerdings auch unkritisch, eigentlich auch ohne Phantasie und politische Beweglichkeit. Ganz im Sinne der Parteivorstandsmehrheit forderte Westphal Geradlinigkeit in der Bündnispolitik; es gehe nicht an, rügte der Reichsvorsitzende der „Arbeiterjugend", daß die einen Gruppen mit den Kommunisten, die anderen mit bürgerlichen Jugendverbänden in Verhandlungen stünden. Ziel müsse es sein, die demokratischen Grundsätze zu stärken und zu einer republikanischen Erziehung beizutragen. Praktisch sei das nur in einer Allianz mit den ehrlichen Demokraten des Bürgertums möglich, weshalb, wie Westphal folgerte, die Sozialdemokratie ihre Rolle als Oppositionspartei aufgeben müsse, denn damit habe man „in Zukunft kein Glück mehr"[148].

Allzuviel Glück war der SPD, wie man weiß, allerdings auch in ihrer Zeit als Regierungspartei nicht beschieden gewesen; manches an der gouvernementalen Praxis der Sozialdemokraten in den ersten Jahren der Republik hatte schließlich erst die Radikalisierung der Arbeiterschaft und die Distanz zum neuen Staatswesen verursacht. Die Festigung der labilen Weimarer Gesellschaft war weder alleine durch ein postulatives Demokratiebekenntnis und unbedingte Koalitionspolitik, noch durch einen intransigenten Oppositionsradikalismus zu erreichen. Westphals Diskussionsbeitrag und Wegeners Grundsatzreferat bestachen zwar durch redlichen und ernsthaften Republikanismus, der sicherlich überzeugender wirkte als die Rede von der „formalen Demokratie" bei manchen Vertretern der Parteilinken; ein anregender Impuls für eine differenzierte Debatte über regionale Besonderheiten, den Gehalt der überall diskutierten „nationalen Idee", Möglichkeiten und Grenzen einer Kooperationsstrategie, sei es mit den Kommunisten, sei es mit den Gruppen des Bürgertums, oder aber auch über den Unterschied zwischen den Notwendigkeiten der politischen Praxis einer Partei und den Möglichkeiten des Engagements einer Jugendbewegung, ging von den ziemlich patriarchalisch und verbindlich-abschließend klingenden Reden dieser beiden Jugendfunktionäre offenkundig nicht aus.

Dankbar nahmen jedoch die Jungsozialisten der „Hofgeismar-Richtung" die wesentlichen Stichworte Wegeners und Westphals auf und forderten, wie etwa Benedikt Obermayr aus Dortmund, Robert Keller aus Berlin, Paul Künder aus Hamburg, sowohl eine klare Entscheidung nach links, als auch, was in ihren Kreisen nicht unbedingt als selbstverständlich vorausgesetzt werden konnte, die Verpflichtung zur republikanischen Erziehung. Nur Werner Goldberg aus Köln, einer der am stärksten von freideutschem und nationalistischem Gedankengut affizierten Jusos im Reich, fiel überraschend genug aus dem Rahmen, als er, sogleich von Benedikt Obermayr heftig widersprochen, dem Reichsausschuß Verständnis für das Zusammengehen von Jungsozialisten mit Kommunisten im französisch besetzten Gebiet abzuverlangen versuchte; möglich, daß beim Nationalisten Goldberg der zwischenzeitliche „Schlageter-Kurs" der KP seinen Eindruck nicht verfehlt hatte. Der einzige sich zu Worte meldende Jungsozialist des linken Flügels, Arthur Weichhold aus Dresden, war demgegenüber darum bemüht, das absehbare Verdikt des Reichsausschusses über die mitteldeutschen Einheitsfrontversuche abzumildern. Er distanzierte sich von den wortradikalen Sätzen im Aufruf der Kasseler Jungsozialisten und versuchte, das Verhalten der jungen Sozialdemokraten in Sachsen eher entschuldigend abzuwiegeln denn politisch offensiv zu begründen. Die bürgerlichen Parteien und ihre Jugendorganisationen seien, bedauerte Weichhold, grundverschieden von denen des Reiches, und ein Zusammengehen mit ihnen sei daher nicht möglich. Die zurückhaltend-unaggressive Haltung des sächsischen Juso-Repräsentanten hatte offenbar besänftigende Wirkung auf die übrigen Abgesandten der jungsozialistischen Bezirke: der Reichsausschuß billigte in einem Schlußvotum die Kontakte der geschäftsführenden Juso-Leitung mit den Jugendverbänden der demokratischen Parteien und stellte sich politisch hinter die Ausführungen Kurt Wegeners „unter Berücksichtigung", wie es abmildernd hieß, „der sächsischen Verhältnisse"[149].

*b) Konflikt um die „Jungsozialistischen Blätter" und den Arbeiterdichter Karl Bröger*

Auf der nächsten Reichsausschußsitzung, bereits vier Monate später, schlugen die Wogen der Erregung ungleich höher. Es ging um die Redaktionsführung des jungsozialistischen Zeitschriftenorgans und den vieldiskutierten und heißumkämpften „Aufruf der deutschen Jugendverbände". Zum Tagesordnungspunkt „Jungsozialistische Blätter" lagen aus Ostsachsen und Chemnitz zwei Resolutionen vor, die sich für einen Redaktionswechsel von Karl Bröger zu Engelbert Graf aussprachen. Den Sachsen fehle die Behandlung wirtschaftlicher und politischer Fragen in den „Blättern", hieß es in der Begründung von Arthur Weichhold, der dieses Mal, unterstützt von anderen Jusos des linken Flügels, sehr viel forscher auftrat als beim letzten Treffen.

Die nachfolgende Diskussion muß für Bröger nicht leicht zu ertragen gewesen sein, da ihn selbst seine Gesinnungsfreunde aus Hamburg und Dortmund im Stich ließen. Dies nicht etwa, weil sie Sympathien für den linkssozialdemokratischen Arbeiterbildner Graf gehegt hätten, sondern im Gegenteil, weil ihnen Bröger noch zu wenig den inhaltlichen Charakter der Zeitung im Sinne ihrer Auffassung zu bestimmen vermochte; er war, wie Benedict Obermayr aus Dortmund bemängelte, nicht ausreichend „diktatorisch" genug.[150] Dagegen stellte Otto Lamm die grundsätzliche Einstellung Brögers in Frage, und nur Bruno Lösche, über zwei Jahre der wohl schärfste Kritiker Karl Brögers, nahm den arg gescholtenen Schriftsteller und Parteijournalisten ein wenig in Schutz und äußerte Anerkennung für die letzten Ausgaben der „Jungsozialistischen Blätter". Bröger selbst konnte in seiner Entgegnung auf die ihm gemachten Vorwürfe mit einem gewissen Recht behaupten, daß die „Blätter" seit dem Frühjahr 1923 an politischer Substanz gewonnen hätten und daß es eigentlich die Beiträge der sächsischen Jungsozialisten wären, die durch ihren unpolitischen Gehalt auffielen. Zwar verzichtete der Reichsausschuß schließlich einstimmig auf ein klärendes Votum über die vorliegenden Resolutionen und überwies die Entscheidung über eine mögliche Neubesetzung des Redaktionspostens an die Delegierten der nächsten jungsozialistischen Reichskonferenz; Bröger aber, durch die anhaltenden Attacken offenkundig mürbe gemacht, kapitulierte bereits vorher. Ende Juli 1924 trat Bröger aus persönlichen Gründen und wegen Arbeitsüberlastung, wie er es in einem Schreiben an den Reichsausschuß formulierte, von seinem Amt zurück. Max Westphal übernahm daraufhin die provisorische Leitung der Zeitschrift[151]; eine Lösung, die für die Jungsozialisten der „Hofgeismar-Richtung" eher einen Rückschritt bedeutete, aber auch für den linken Flügel gewiß kein Fortschritt war. Westphal galt als Mann des „Apparats" und wurde von beiden exponierten Richtungen im Jungsozialismus nicht sonderlich geschätzt. Daß ihm die Redaktionsführung übertragen wurde, war — frei nach Marx und Gramsci — Ausdruck des in den Sommermonaten 1924 eingetretenen Gleichgewichts der widerstrebenden Kräfte, von denen damals keine der beiden zur hegemonialen Führung des Verbandes fähig war.

Im Frühjahr 1924 befanden sich die Jusos des linken Flügels, wie die weitere Diskussion auf der Reichsausschußsitzung über den „Aufruf der deutschen Jugendverbände" beweisen sollte, allerdings noch in der unterlegenen Position. Schon über die Zielrichtung des Vorgehens waren sich die linksoppositionellen Jugendlichen nicht einig. Während sich Otto Lamm und Arthur Weichhold für einen Austritt aus dem „Reichsausschuß der deutschen Jugendverbände" stark machten, scheute Max Scholz als

Vertreter der mittelschlesischen Jungsozialisten vor einem solch weitreichenden Schritt zurück und wollte es mit einer Rüge des umstrittenen „Aufrufes" bewenden lassen. Die Mehrheit der Bezirksvertreter war aber weder für das eine noch das andere zu haben und ging ihrerseits in die Offensive gegen die lästigen Kritiker in den eigenen Reihen. Max Westphal und Karl Bröger erläuterten noch einmal verteidigend die Motive und Absichten für die Unterzeichnung des „Aufrufes"; die anderen Anhänger des Manifests schalteten hingegen sofort von der Defensive auf Angriff und setzten nun ihre Kontrahenten von links mit einer verblüffenden Kaltschnäuzigkeit auf die Anklagebank. Es sei ein ganz unhaltbarer Zustand, entrüsteten sich mit Robert Keller und Paul Künder zwei Jungsozialisten lebensreformerisch-jugendbewegter Herkunft, die früher auf weitreichende Toleranz und uneingeschränkte Meinungsfreiheit gepocht hatten, über die politischen Kommentare von Lamm und Weichhold in den letzten Nummern der „Jungsozialistischen Blätter", daß ein jedes Reichsausschußmitglied „Erklärungen losläßt"[152]. Nichts einzuwenden hatten sie daher in diesem Falle gegen die vom Magdeburger Jungsozialisten Bruno Lösche bekanntlich bereits zur Lösung früherer Auseinandersetzungen empfohlene, damals aber von den autonomistischen Jusos empört zurückgewiesenen Methode einer klaren und für alle Jungsozialisten verbindlichen Beschlußfassung. Lösche hielt die Mitarbeit im „Reichsausschuß der deutschen Jugendverbände" für unverzichtbar und setzte sich damit durch: Mit 9 zu 4 Stimmen billigte das führende jungsozialistische Gremium das Verhalten seines Delegierten im „Reichsausschuß der deutschen Jugendverbände".

*c) Die jungsozialistische „Mitte": Ort sozialdemokratischer „Biedermänner"?*

Die vorhergehenden Ausführungen lassen deutlich erkennen, daß in den institutionellen Organen auf der jungsozialistischen Reichsebene die Jungsozialisten wie Kurt Wegener, Bruno Lösche und auch Max Westphal eine gewichtige, zur traditionellen Form der Herstellung „klarer Mehrheitsverhältnisse" vielleicht sogar ausschlaggebende Rolle spielten. Es kann schnell passieren, diesen Typus von Jungsozialisten und die Strömung, die er repräsentiert, zu ignorieren.[153] Denn eines hatten sie nicht: den politischen Ehrgeiz, durch originelle Sozialismusinterpretationen Auffallen zu erregen — eine ambitionierte Grundstimmung, die für die freideutsch-jugendbewegt sozialisierten Jusos von Beginn an prägend war und auch den sich 1924 konsolidierenden linkssozialistischen Flügel kennzeichnen sollte. Lösche, Wegener, Westphal und auch wohl Raloff — mithin allesamt Jusos der alten „parteiorientierten" Richtung — waren anderen Charakters: ziemlich fest schon in die Routine des Parteibetriebes integriert, teilweise bereits als Redakteure an sozialdemokratischen Tageszeitungen beschäftigt, Inhaber kleiner Ämter in den Ortsvorständen der SPD, fleißigfolgsame Leser der vom Parteivorstand herausgegebenen Broschüren und Rundschreiben, disziplinierte Funktionäre im Dienste der Arbeiterbewegung und fest auf dem Boden der alten mehrheitssozialdemokratischen Partei- und Weltanschauung. Mit einem Bein standen sie schon außerhalb der jungsozialistischen Bewegung, zu sehr waren sie eingespannt in die Betriebsamkeit sozialdemokratischer Organisationspraxis. Für das Schreiben eigenständig-nachdenklicher Aufsätze und Artikel zu den wechselnden ideellen Grundfragen jungsozialistischer Kontroversen hatten sie weder Zeit noch Sinn. Im Gegensatz zu den beiden pronociert-ideologischen Flügeln der

Jusos ging von ihnen keine geistige Faszination aus, sie setzten keine Symbole oder Begriffe, über die man in Diskussionen mit Leidenschaft streiten konnte; der mehrheitssozialdemokratische Jungsozialismus des Typus „Wels mit Schillerkragen" vermochte keine Aufmerksamkeit auf sich zu ziehen und täuscht noch den Historiker, der ihn zu übersehen geneigt ist, obgleich es ihn auch in den Ortsgruppen vielfach und länger gab, als man nach Lektüre der politischen Grundsatzartikel in den „Jungsozialistischen Blättern" meinen könnte.

Die zielsichere Durchführung einer Reichsausschußsitzung war für diese Jusos, organisatorisch bestens geschult, kein Problem. Mit den Jusos aus Dortmund und Hamburg machten sie dort deshalb gemeinsame Sache, weil ihnen, den Anhängern Friedrich Eberts und Wels', jeder Radikalismus von links höchst verdächtig war, und schließlich gab es mit den jungen Sozialdemokraten der „Hofgeismar-Richtung" in der Bündnisorientierung und der Staatsvorstellung Gemeinsamkeiten genug, wenngleich ein Bruno Lösche, ein Kurt Wegener und ein Max Westphal, was man nicht außer acht lassen sollte, erhebliche innere Distanz zum nationalen Übereifer und der vergotteten Staatsverklärung besaßen. Diese sozialdemokratischen „Biedermänner", wie sie manchmal in der Literatur als negativ begriffene Muster des „kleinbürgerlichen" sozialdemokratischen Milieus karikiert werden.[154], um die Bewegungen an den Rändern der Partei post festum als positive Alternativen mit potentiell geschichtswendender Kraft aufbauen zu können, hatten den Vorzug, sowohl für den Sirenengesang neokonservativ-romantischer Gesellschaftsmodelle als auch für die chiliastischen Heilserwartungen auf die „Diktatur des Proletariats" unempfänglich zu sein und mit ihrem nüchternen Blick für das „Machbare", die Zweckmäßigkeiten einer politischen Demokratie in komplexen, hochindustrialisierten Gesellschaften wohl mehr als die Visionäre links und rechts von ihnen verkörpert zu haben – daß sie dem zeitspezifischen Drang zu alltagstranszendierenden Entwürfen rat- und sprachlos gegenüberstanden, darin lag andererseits gewiß eine Schwäche.

Innerhalb der jungsozialistischen Bewegung vertraten sie auch rein quantitativ das am wenigsten dynamische Element. 1924 und auch noch Jahre später existierten im Reich, besonders in den ländlichen Gegenden, so in Ostwestfalen, am Oberrhein und in Südwestdeutschland, eine Reihe von Jungsozialistengruppen, die sich weder dem linken Flügel zuordneten, noch am Kultus um die Hofgeismar-Tagung beteiligten. Fraktionskämpfe und ausufernde Theoriedispute lehnten die jungen Sozialdemokraten der „mittleren Richtung" ab. Mit der Bildungsarbeit in den jungsozialistischen Gemeinschaften wollten sich die Beteiligten, so lautete das Selbstverständnis, zu tüchtigen Funktionären der Partei erziehen. Um so ernster man diesen Anspruch allerdings nahm und ihn realisieren konnte, um so geringer war dann die Lebensdauer der jungsozialistischen Ortsgruppe. Wer recht bald mit der Funktionärsarbeit in der Partei begann, war in absehbarer Zeit für die Juso-Gruppe verloren. Zugespitzt ausgedrückt: Wer ein guter Jungsozialist sein wollte, konnte nicht gleichzeitig ein guter Funktionär der Partei werden. Ein guter Jungsozialist ging in der theoretischen Debatte auf, er problematisierte und philosophierte; er hatte genug zu tun mit dem Exzerpieren eines schwierigen Textes oder mit der Vorbereitung von Literatur- und Kunstabenden im Jugendkollektiv. Für die Partei blieb da nur wenig Zeit.

## IV. Nicht rechts, nicht links: Bildung und Wandel des Hofgeismarkreises

### 1. Zwischen Fridericus Rex und Jean Jaurès: Politische Ortsbestimmung im Widerstreit um die Außenpolitik

*a) Gründung und Abwege*

Die Polarisierung zwischen den beiden Flügelgruppierungen der Jungsozialisten sollte sich 1923/24 noch weiter verschärfen. Schrittmacher dieser Entwicklung waren zweifellos die jungen Sozialdemokraten aus Hamburg und dem Ruhrgebiet, die schon Ende 1923 begonnen hatten, eigenständige, fraktionsähnliche Strukturen aufzubauen. Man nannte sich nach dem Ort der richtungsweisenden Osterwoche „Hofgeismarkreis" und bereitete für Pfingsten 1924 erneut eine Arbeitstagung vor, dieses Mal zum Thema „Jungsozialisten und Außenpolitik". Im Herbst 1924 schuf sich der Kreis, der sich bislang keineswegs über mangelnde Berücksichtigung seiner politischen Positionen in den „Jungsozialistischen Blättern" zu beklagen hatte, für die Selbstverständigungsdebatte ein eigenes Zirkular, das den Titel „Politischer Rundbrief" trug und, von Franz Osterroth redigiert, bis zu seiner Einstellung im Januar 1926 insgesamt mit 5 Ausgaben erscheinen konnte. Im übrigen fand ein intensiver Austausch der Meinungen durch einen regen Briefwechsel und eine Vielzahl persönlicher Besuche statt; zentral verfaßte Schreiben der „Führungsgruppe" des Hofgeismarkreises wurden dagegen nur in seltenen Fällen an die Sympathisanten eines „nationalen" und „staatsbejahenden" Sozialismus, die außer in Hamburg und den Ruhrgebietsstädten im wesentlichen noch in Köln, Bonn, Dessau, Nürnberg, Kiel, Lübeck und Berlin zu Hause waren, versandt.[1] Dem leitenden Gremium gehörten der Hamburger Gustav Dahrendorf, der Dessauer Heinrich Deist, der Berliner Robert Keller und die beiden Bochumer August Rathmann und Franz Osterroth an, die durch langjährig bewiesene „Führungseigenschaften" und politische Initiativen zu solch verantwortungsreichem Tun gleichsam „berufen" und „bestimmt", nicht aber gewählt worden waren, da ein rational-überprüfbarer Akt formaler Elektion dem lebensphilosophischen Ethos einer „Jugendbewegung" widersprochen hätte. Wenngleich in der Regel nur dieses Quintett für öffentliche Erklärungen des Hofgeismarkreises durch Unterschrift Verantwortung trug, wird man in diesem Zusammenhang noch Theodor Haubach erwähnen müssen, da dessen energische Einflußnahmen auf die Entscheidungsprozesse des Kreises seit 1924 zu jenen unbezweifelbar demokratisch-sozialistischen Stellungnahmen beigetragen haben, die in den Autobiographien früherer Protagonisten des Hofgeismarkreises zu Unrecht als allzeit gültiges Markenzeichen der gesamten Gruppierung schlechthin reklamiert werden.

Obwohl Haubach als mehrmals verletzter Weltkriegsoffizier an der Westfront mit vielen Sozialdemokraten der jüngeren Generation das Schützengrabenerlebnis geteilt hatte, war er, der nach dem Krieg zum Doktor der Philosophie promovierte, kein Jungsozialist der ersten Stunde und in zahlreichen Fragen der politischen Analyse und Interpretation stimmte Haubach, seit 1924 Redakteur für Außenpolitik am sozialdemokratischen „Hamburger Echo", mit den Urteilen der meisten seiner Freunde vom Hofgeismarkreis durchaus nicht überein. Überhaupt nahm die Binnendifferenzierung sowohl im Hofgeismarkreis als auch bei dessen linkem Pendant zu einem Zeitpunkt zu, als die interessierte sozialdemokratische Öffentlichkeit und wohl auch die Akteure selbst den Eindruck vermittelt bekamen, bei den Jungsozialisten stünden sich zwei fest geschlossene und in sich einheitliche Blöcke gegenüber. Eine polare und scheinbar eindeutige Frontstellung, die Zwischentöne und Widerspenstiges überdeckte, ja, Mittleres und Vermittelndes als verdammenswert Unentschiedenes denunzierte, so daß sich mit zunehmender Dauer immer mehr der ursprünglich keineswegs wenigen Jusos zwischen den Fraktionen zu einer klaren Entscheidung gedrängt sahen: „Hofgeismar" oder „Hannoveraner", für eins von beiden hatte man sich zu entscheiden, alles andere galt als „Sumpf".

Dabei tummelte sich Unterschiedliches und Gegensätzliches, Ausgereiftes und Schwankendes im Kreise der „Hofgeismar"-Jungsozialisten. Selbst noch der krude Irrationalismus eines in die Sphäre intuitiver Seelenerlebnisse hineintranszendierten „Volks"-Begriffes wurde von einigen seiner Sprecher noch Mitte der 20er Jahre, als längst die Töne der „neuen Sachlichkeit" zum Takt der Zeit gehörten, nicht ganz aufgegeben. Heinrich Deist z. B., Sohn des sozialdemokratischen Ministerpräsidenten von Anhalt, gehörte eine Zeitlang zu den hartnäckigsten Verfechtern offenherzig eingestandener Romantik und Rationalitätsfeindlichkeit. „Volk", so schrieb der 22jährige Student der Jurisprudenz im zweiten „Politischen Rundbrief" des Hofgeismarkreises Ende 1924, „ist rational nicht voll zu erfassen. Es ist eine Einheit, deren Kräfte teilweise im Irrationalen liegen"[2]. Für die Medien aufgeklärter Willensbildung hatte Deist damals eine ausgesprochen große Abneigung, da ihm der Wert des Parlaments gering schien, die Unfruchtbarkeit der Parteien bewiesen galt und überhaupt die ganze Demokratie zu sehr auf der „Fiktion der Gleichheit" begründet sei.[3]

Sicher, solche Auffassungen waren allmählich weniger im Hofgeismarkreis zu hören, und Heinrich Deist überwand sie bald vollständig; ganz verschwinden aber sollten sie eigentlich nie so recht bei den Jungsozialisten der „nationalen Orientierung". Deklamatorisches Säbelrasseln und großspurige chauvinistische Sprüche waren in jenen Jahren nicht nur abendfüllende Pflichtübungen in Offizierskasinos oder rhetorische Höhepunkte bierseliger Kommers farbentragender Studentenkorporationen, sondern ernsthaft gemeinte Anstöße einiger „Hofgeismarer" Jungsozialisten zur Belebung der „schlappen" Sozialdemokratie. Wohl richtig ist, daß die meisten Jusos des Kreises nicht so weit gingen wie der führende Leipziger Jungsozialist Hermann Schmitz, der sich lauthals empörte, daß die SPD „der Menge" – dem „Schlamme des Pöbels", wie er sein sonst so hymnisch verehrtes Volk außerdem noch zu nennen beliebte – nur von Rechten erzählt und dadurch das „Pflichtbewußtsein" zerstört habe. Nicht klein war aber die Zahl derjenigen, die sich in diesen Jahren weiterhin für den „Geist des 4. Augusts" und die Erziehung zur „Staatsgesinnung", der preußischen zumal, eiferten und damit einem Staatsapriorismus das Wort redeten, der mit dem demokratischsozialistischen Verständnis staatlicher Interventionsmacht als Hebel zur Herstellung sozialer Gerechtigkeit, gesellschaftlicher Emanzipationsmöglichkeiten und rechtlich fundierter Liberalität nichts zu tun hatte. Ein Jungsozialist wie Hermann Schmitz wollte mit solchen klassischen Zielsetzungen sozialdemokratischer Politik allerdings auch ganz bewußt nichts mehr zu schaffen haben und bemühte eine ganz andere, für Sozialisten freilich recht ungewöhnliche Tradition: „Wir fühlen uns als Enkel jener Germanen", bramarbasierte Schmitz, „die das römische Joch brachen. Unsere

Gedanken folgen den Spuren der Ordensritter nach Osten. Ein Symbol ist uns der Fridericius Rex bei Leuthen."[4]

Nun war ein solches Heldenepos germanisch-borussischer Herrlichkeit und Kampfestugend, noch dazu als historisches Vorbild künftigen Sozialismus' aufgefaßt, auch im Hofgeismarkreis gewiß eine krasse Zuspitzung deutsch-nationaler Großmannssucht. Eine Überspitzung jedoch von Stimmungen, Redensarten und Ansichten, die in Teilen des Kreises allgegenwärtig waren und exzessive Auswüchse nach Art des Leipziger Jusos überhaupt erst möglich machten. Das begann mit soldatischen Anredeformen und kulminierte in patriarchalischen Prahlereien. Franz Osterroth beispielsweise, zeitgenössisch der sicher prominenteste und rührigste Jungsozialist des Hofgeismarkreises, sprach nicht mehr von „Genossen", sondern von „Kameraden", wenn er seine Gesinnungsfreunde anzuschreiben oder vorzustellen pflegte.[5] In einer solchen Kameraderie, mancherorts in erster Linie durch den Wunschtraum vereint, Deutschland erneut zu nationaler Größe und imperialer Macht zu verhelfen, blieb für das weibliche Geschlecht, das als schwaches zu werten nicht anders denkbar war für einen „national" orientierten Mann, wenig Platz. Hofgeismar, das galt als Anbruch einer neuen Epoche „des schaffenden Mannes"; jedenfalls sollte es das Ziel der „Kameraden des Hofgeismarkreises sein"[6], wie der erste „Politische Rundbrief" geradezu programmatisch aufrief, zu „einer reifen Männlichkeit auszuholen"[7].

Dies waren – alles in allem – Parolen, die man in der Regel in der politischen Kultur desjenigen gesellschaftlichen Spektrums vermutet, das dem der sozialistischen Arbeiterbewegung entgegengesetzt und bekanntermaßen feindlich gesonnen war. Am Jungsozialismus der hier geschilderten Prägung allerdings hatten Jungdeutsche, Deutschnationale und Nationalrevolutionäre der unterschiedlichsten Spielart ihre helle Freude. Der „Jungdeutsche Rundbrief" zur Jahreswende 1923/24 beispielsweise erschien ganz unter dem Motto: „Jungdeutsche hier und Jungsozialismus dort, Keime einer Synthese zum deutschen Sozialismus?"[8] Besonders die Biographie Franz Osterroths verdeutlicht, wie tief dieser nach 1926 fraglos überzeugte, integre und kämpferische Republikaner zur Mitte des Jahrzehnts in den Strudel rechtsradikaler Strömungen hineinzugeraten drohte. Osterroth war ganz und gar kein finsterer Reaktionär, sondern ein etwas ungestüm agierender junger Sozialdemokrat, der sich schnell begeistern konnte, sich von Stimmungen und Emotionen mitreißen ließ und rasch Gefallen an Ideen fand, die Saft und Kraft versprachen, während ihm Durchschnittliches, Behutsames und allzu Zögerliches von Herzen zuwider waren. Seine sozialdemokratische Familienbindung – der Vater war SPD-Reichstagsabgeordneter geworden – und seine Tätigkeit als Jugendsekretär beim Bergarbeiterverband von 1921-1924 in Bochum haben sicherlich verhindert, daß er bei seinen politischen Eskapaden dem Milieu seiner Herkunft und sozialen Existenz zu sehr entglitt. Als er aber im Oktober 1924, wie zahlreiche seiner jungsozialistischen Freunde, die Mühsal eines zweiten Bildungsweges auf sich nahm und nach Berlin übersiedelte, um sich als Hörer an der „Hochschule für Politik" einzuschreiben, fehlte die traditionelle Verwurzelung ein wenig, und er geriet, soweit man sozialdemokratische Maßstäbe anlegt, auf Abwege oder genauer: man versuchte, ihn auf Abwege zu bringen.[9] Am wirkungsvollsten gelang dies noch Ernst Niekisch – über den im einzelnen noch zu schreiben sein wird –, was insofern immerhin im Rahmen der SPD blieb, als der einstige Vorsitzende des bayerischen Zentralrats der Arbeiter-, Bauern- und Soldatenräte bis 1926 formal noch Mitglied dieser Partei war[10], zu deren programmatischen Kernaussagen er allerdings längst im Widerspruch stand. Aber Niekisch war nicht der einzige, der in dieser Zeit versuchte, den jungen früheren Bergmann, bekanntgeworden durch hitzige Attacken gegen die „Alten" in der SPD und durch sein „vaterländisch-staatsbejahendes" Bewußtsein, für seine Ziele einzuspannen.[11] Da ersuchte außerdem noch der Herausgeber der fanatisch-nationalistischen Zeitschrift „Standarte" den prominenten Jungsozialisten um redaktionelle Mitarbeit. Da führte der Frankfurter Professor Philipp Stein, eine einflußreiche Persönlichkeit des „Volksbundes Deutscher Rhein", des öfteren Gespräche mit Osterroth und machte ihn schließlich mit einem Dr. Draeger bekannt, der als Sekretär der „Gesellschaft zur Bekämpfung der Versailler Schuldlüge" sein Unwesen trieb. Durch Draeger landete der Ruhrgebiets-Juso zu guter Letzt im „Klub von 1914", wo man ihn mit der Aussicht zu locken hoffte, demnächst zum Jugendsekretär für Außenpolitik im Reichsausschuß der Deutschen Jugendverbände avancieren zu können. Als sich aber Stein bei einer Tischgesellschaft des „Klubs", zu der auch Osterroth geladen war, in eine maßlose Philippika gegen die sozialdemokratische Führungsriege hineinsteigerte, hatte der Bochumer Abgeordnetensohn dann doch genug von der ehrenwerten Runde und blieb ihr fortan fern. Osterroths Lösung aus den Umarmungsversuchen deutschnationaler Gesellschaften wurde dadurch erleichtert, daß er im Juli 1925 nach Hamburg zog, wo er eine Anstellung beim Arbeitsamt angeboten bekam. Die Jusos an der Elbe verhielten sich in ihrer nationalen Orientierung sehr viel moderater und besonnener als ihre gleichaltrigen Freunde aus dem Ruhrgebiet oder aus Berlin und waren inzwischen mehr als alle anderen „Hofgeismarer" mit der lokalen Parteiorganisation verwachsen[12]; in der republikanisch-sozialistischen Haltung der Hamburger Jungsozialisten gab es kein Schwanken, und Osterroth fand dort offenkundig nach einiger Zeit den Halt, den er brauchte.

*b) Sozialistischer Patriotismus und Westorientierung: die Gruppe Haubach/Heller*

„Hofgeismar-Jungsozialismus", das konnte, das mußte aber keineswegs Anfälligkeit und Nähe zum Nationalismus reaktionärer Provenienz bedeuten. Wie schillernd und widersprüchlich die im Kreis vertretenen politischen Positionen waren, zeigten besonders die außenpolitischen Debatten, die bei den Hofgeismar-Jungsozialisten in einer von keiner anderen Gruppe der Sozialdemokratie erreichten Intensität und Begeisterung geführt wurden. Eine Folge sicherlich jener Sichtweise vom „Primat der Außenpolitik", die auch nicht unbedingt sozialdemokratischen Charakters war und nur insoweit im Recht stand, als sie die in der Tat ziemlich augenfälligen konzeptionellen Defizite der Partei im Bereich der internationalen Beziehungen — von Hermann Heller als „außenpolitische Askese"[13] des Marxismus bezeichnet — wortreich beklagte. Zweifellos waren die außenpolitischen Experten der Weimarer SPD, die einen Blick für globale Zusammenhänge hatten, über gediegene empirische Kenntnisse der innenpolitischen Vorgänge in anderen Ländern verfügten und sich noch dazu in militärstrategischen Fachdiskussionen auskannten, an einer Hand abzuzählen.[14] Dem Mangel an strategischer Kompetenz konnte allerdings auch der Diskurs im Hofgeismarkreis nicht in dem beanspruchten Maße abhelfen; denn ganz so kühl, rational und kenntnisreich, wie das die Matadoren dieses Juso-Flügels zeitgenössisch mit großer Inbrunst behaupteten[15], ging es an den Aussprachabenden und in den Arbeitswochen des Kreises nicht zu. Doch die Differenzierungen, die im Kreis bis dahin eher verhüllt geblieben waren, gerieten durch die außenpolitischen Erörterungen trotz der im wesentlichen geopolitischen Verengung auf die für grundsätzlich gehaltene Frage, ob man sich an Frankreich, England oder Rußland zu orientieren habe, deutlich ans Tageslicht, und in der Konsequenz schieden sich diejenigen Hofgeismar-Jusos, deren Auffassung als sozialdemokratisch zu bezeichnen historisch nicht Rechtens wäre, von denjenigen, die als republikanische Sozialisten noch Eindrucksvolles leisten sollten.

Beginnt man mit den letzteren, so wird man Theodor Haubach an die erste Stelle rücken müssen. Ihm oblag im übrigen die geistige Vorbereitung jener zu Pfingsten 1924 in das hessische Städtchen Gudensberg gelegten Arbeitswoche zum Thema „Jungsozialisten und Außenpolitik"[16], die rein formal, ähnlich wie die vorangegangene Tagung in Hofgeismar, erneut von den Jungsozialisten aus Bochum und Dortmund einberufen worden war.[17] Der junge Hamburger Redakteur trat wie sein engster Freund Karl Mierendorff, der sich dies mehr noch als Haubach zu einer Art politischer Lebensaufgabe gesetzt hatte und dabei großen Mut und Engagement bewies, für deutsch-französische Freundschaftsbeziehungen ein. Allein solches Tun war, betrachtet man die politische Landschaft der Weimarer Zeit, ein zuverlässiger Indikator dafür, daß Haubachs nationale Leidenschaft nicht mit Nationalismus verwechselt werden darf. Für Annäherung an den traditionellen „Erbfeind" zu plädieren, gar noch Verständnis für das spezifische Sicherheitsbedürfnis und -interesse der französischen Politik zu zeigen, das galt den Krakeelern der nationalistischen Reaktion in Deutschland — und nicht wenigen Hofgeismarern, wie hinzuzufügen ist — als glatter Landesverrat. Aber auch mit anderen liebgewordenen Mythen der Hofgeismar-Bewegung versuchte Haubach in seinen Referaten, die er in großer Zahl im Laufe des Jahres 1924 in den regionalen Untergliederungen der jungsozialistischen Bewegung hielt, aufzuräumen. Durch gutes Zureden, Versöhnungspredigten oder gar Volksgemeinschaftsromantik sei, so belehrte Haubach die Jungsozialisten des Ruhrgebiets — für die das provokante Töne gewesen sein mußten — der Klassenkampf nicht aus der Welt zu schaffen.[18]

In seinem Vortrag auf der Gudensberger Arbeitstagung präzisierte Haubach den im Hofgeismarkreis inflationär gebrauchten und größtenteils immer noch metaphysisch umwölbten Staatsbegriff, indem er, im Unterschied zur preußisch ornamentierten Staatsapotheose vieler seiner jungen Genossen, im Gegensatz aber auch zum intransigenten Staatsabsentismus zahlreicher älterer Sozialdemokraten, die *republikanische* Staatsbejahung postulierte und zu einem energischen Ringen um die gouvernementale Führung der Nation aufrief.[19] Der mit Kraft vorgetragene Wille zur Macht, die kämpferische Bereitschaft zur Übernahme der Verantwortung für die nationalen Interessen, das verband den Hamburger Jungsozialisten mit vielen seiner Freunde vom Hofgeismarkreis. Haubach war dabei von chauvinistischen Gefühlen gänzlich frei; er liebte sein Land, die Kultur und die Landschaften, das ja. Er verfolgte dabei einen sozialistischen Patriotismus, wie ihn einst Jean Jaurès mit großer Ausstrahlung verkörpert hat und wie er wohl in Frankreich mit seiner stabilen und geschichtsebnenden Tradition nationaler *und* demokratischer Bewegungen möglich sein konnte.

Eine patriotische Grundhaltung mag für Sozialisten auch im Prozeß des Werdens einer Nation einen Sinn geben und emanzipatorische Kräfte freisetzen, wie aber sollte das im Deutschland der 20er Jahre geschehen, in einem Land, das das nationale Bekenntnis schon Jahrzehnte zuvor, von einer Mehrheit der Bevölkerung akzeptiert, zu einer Art Staatsreligion aggressiv-imperialistischen Zuschnitts und machtpolitischer Bedenkenlosigkeit erkoren hatte? Das deutsche Reich nach dem Ersten Weltkrieg war kein jungfräulicher Boden, auf dem ein nationaler Patriotismus eine erfolgreiche Symbiose mit dem sozialistischen Gedanken zum Nutzen der Demokratie hätte eingehen können, wie das Haubach aufrichtig erhoffte. Die nationale Idee war hier weder revolutionär noch demokratisch, sie war in ihrer nun entwickelten, festen Gestalt innenpolitisch reaktionär und außenpolitisch hegemonial und nicht einfach durch wohlmeinende Absichten auf den Zustand von 1848 zurückzudrängen und mit dem Geist der sozialistischen Bewegung zu einer neuen Blüte human-demokratischen Nationalbewußtseins in einem intendierten Kontext friedfertiger Zusammenarbeit mit anderen Völkern zu bringen. Dies aber machte den Kern der außenpolitischen Auspizien Haubachs aus, die er zunächst auf Europa beschränkte, da nur dort, wie er reichlich orthodox begründete, die ökonomischen, politischen und kulturellen Voraussetzungen für das sozialistische Regulativprinzip im Inneren wie im Äußeren existierten. Kurzum: Haubach stellte sich eine europäische Friedensordnung vor, in der sich die Völker ihrer Bindungen zu anderen Völkern wohl bewußt wären, die aber Raum zur Entfaltung ließe für „die Kräfte und Möglichkeiten der nationalen Sozialismen"[20].

Ein Nationalist war Haubach sicher nicht. Sein am Vorbild der Nationalitätentheorie Otto Bauers[21] orientiertes Beharren auf die durch besondere kulturelle und mentale Eigenarten gespeisten Verschiedenheiten der nationalen Wege zum Sozialismus hatte zudem unbestreitbare Vorzüge gegenüber dem abstrakten und letztlich deklamatorisch bleibenden Internationalismus der radikalen Linken. Und schließlich war es nicht zuletzt diese patriotische Grundüberzeugung Haubachs, wie man vielleicht an dieser Stelle allen bisherigen Einwänden zum Trotz anmerken sollte, die ihm Antrieb und Kraft gab in seinem – im wirklichen Sinne – national-sozialistischen Widerstand gegen jene Machthaber, die für ihn eine Perversion des Nationalen und Sozialistischen verkörperten und barbarischen Schaden an seinem geliebten Land und der europäischen Zivilisation anrichteten.

Das meiste von dem, was hier über Theodor Haubach gesagt wurde, trifft in gleichem Maße auch auf Hermann Heller zu, der ebenfalls auf der Gudensberger Tagung sprach. Hellers Vortrag galt als Höhepunkt der Arbeitswoche, und die von ihm empfohlene Politik der behutsamen Anlehnung Deutschlands an England erhielt den Beifall der Mehrheit der Anwesenden. Die applaudierenden jungen Sozialdemokraten versprachen sich von einer Allianz mit den Briten die Zurückdrängung des französischen Einflusses als Voraussetzung des Rückgewinns deutscher Stärke; denn, so berichtete der offiziöse Chronist dieser Tagung, Heinrich Deist, die alles entscheidende, immer wieder aufgeworfene Frage der Woche sei gewesen: „Wie kommt Deutschland wieder zur Weltgeltung?"[22] Heller selbst war im Anspruch bescheidener und erhoffte sich von englischen Interventionen eher die Garantie eines europäischen Gleichgewichts; auch den geopolitischen Determinismus, dem viele Jungsozialisten anhingen, teilte er nicht in toto und verwies auf die Änderungen der Außenpolitik sowohl in Frankreich nach dem innenpolitischen Wechsel von Poincaré zu Herriot als auch in England nach der Ablösung der Regierung Baldwin durch das Labour-Kabinett Ramsey Mac Donalds – Mac Donald, ein Mann von großem Charisma, ausgeprägtem Machtwillen und viel Sinn für außenpolitische Fragen, war, am Rande vermerkt, überhaupt eine „Führerpersönlichkeit" ganz nach dem Geschmack vieler (sozialistisch-demokratischer) Hofgeismarer; ihn verehrten sie wie keinen anderen Staatsmann und Sozialisten der 20er Jahre.

Hermann Heller war in seiner anglophilen Hommage nicht ganz frei von dem in Deutschland seit Ende des 19. Jahrhunderts selbst an den Universitäten zu Ehren gekommenen Volksgeist-Spiritualismus: „Im Engländer", referierte der sozialdemokratische Staatsrechtler schwärmend, „paart sich Nüchternheit, Zähigkeit und Großzügigkeit im überaus sicheren politischen Instinkt; sein politisches Handeln ist merkwürdig genährt von religiösen Motiven, wonach England zur Weltbeherrschung von Gott berufen ist"[23]. Von dogmatisch konservativen Bestimmungen vermeintlich konstant-anthropologischer Volkseigenarten unterschieden sich Hellers Darlegungen, wie man allerdings gerechterweise hinzufügen muß, durch ein historisch-prozessuales Verständnis national differierender Kollektiveigenschaften. Den Nationalcharakter eines Volkes interpretierte der Leipziger Volksbildner als Ergebnis eines Jahrhunderte dauernden Prozesses wechselseitig aufeinanderbezogener Kulturgestaltung verschiedener Gruppen einer Nation – eine jeweilige Bilanz kulturgemeinschaftlicher Entwicklung als vorläufiges Resultat geronnener Geschichte gleichsam, die noch in die Zukunft kommender Generationen hineinwirkt und doch durch neue Umstände und neue Interaktionsprozesse Formwandlungen und Veränderungen annehmen wird.

Heller stand mit dieser Definition des Nationalcharakters unverkennbar in der Tradition der Nationalitätentheorie Otto Bauers[24], wie überhaupt bezeichnend ist, daß Bauers opulentes Werk aus dem Jahre 1907, „*Die Nationalitätenfrage und die Sozialdemokratie*" – bis zum heutigen Tage das analytisch überzeugendste Werk zur nationalen Frage aus marxistischer Sicht –, von der sozialdemokratischen Linken, sonst eifrig um Übereinstimmung mit dem angesehensten Politiker der Sozialistischen Arbeiterinternationale bemüht, gänzlich ignoriert blieb[25], während es bei den demokratisch-sozialistischen Protagonisten des Hofgeismarkreises insgesamt zustimmend rezipiert wurde. Bauers programmatische Sentenz von der nationalen Mannigfaltigkeit im Rahmen der internationalen Einheit[26] bot Heller das Stichwort für seine im „Politischen Rundbrief" des Hofgeismarkreises begründete außenpolitische Maxime: „Wir wollen die sozialistische Internationale, weil wir die Nation wollen!"[27] Heller verknüpfte perspektivisch die Möglichkeiten eigener nationaler Wege zum Sozialismus auf der Basis eines je besonderen Kulturerbes mit den Notwendigkeiten einer internationalen Zusammenarbeit. In dieser grundsätzlichen Bewertung befand er sich in nahtloser Übereinstimmung mit Theodor Haubach, und an ihrer beider schroffen Distanz zur in der Weimarer Gesellschaft dominierenden nationalistischen Egozentrik gab es kein Deuteln. Mit einem sturen Festhalten am darwinistischen Machtstaatsdenken war, so wußte Heller, die Behauptung und Pflege nationaler Interessen nicht mehr zu vereinbaren, zumal „der nächste europäische Krieg alle europäischen Nationalkulturen zugrunde richten"[28] würde. Nein, ein Nationalist war auch Heller nicht, der einen „blutleeren" Kosmopolitismus zwar nicht mochte, dem aber völkischer Provinzialismus und erst recht waffenklirrendes Vormachtstreben zutiefst zuwider waren.

*c)  Nationalrevolutionäres Preußentum und Ostorientierung:
    Auseinandersetzungen um Ernst Niekisch*

Bei den „Ostorientierten" im Hofgeismarkreis sah hingegen vieles ganz anders aus. „Ostorientierung", das stand in der Weimarer Republik, nimmt man die Kommunisten einmal aus, nicht etwa für Sympathien mit den innenpolitischen Vorgängen in der Sowjetunion seit der Oktoberrevolution 1917, sondern in der Regel für eine militärstrategisch konzipierte Bündnisoption mit dem Ziel einer revanchistischen Politik gegen „den Westen" und der Vorbereitung eines möglichen Krieges gegen Polen. Solcherart Überlegungen gediehen jedenfalls in den Kreisen der „Nationalrevolutionäre", auch der Deutschnationalen und besonders in der Reichswehrführung um General von Seeckt.[29] Eine auf den ersten Blick verkehrte Welt: wer im Deutschland der 20er Jahre für eine Anlehnung an den „kapitalistischen Westen" eintrat, kam zumeist aus dem sozial-demokratischen, zumindest vernunftrepublikanischen Lager, wer sich für einen Pakt mit dem revolutionären Rußland stark machte, war, von Ausnahmen abgesehen, ein unverbesserlicher Reaktionär und Chauvinist. In den Kategorien innenpolitischer Konfliktthemen pflegte allerdings die in der Tradition eines militaristischen Preußentums sozialisierte deutsche Rechte dann nicht mehr zu denken und zu handeln, wenn es um die geostrategischen Fragen außenpolitischer Machtpositionen ging. Eine tief verwurzelte Aversion gegen die „rationalistische Zivilisation" des Westens nährte zudem den mit dumpfer Schwermut zelebrierten Glauben ostelbischer Konservativer an die „Schicksalsbrüderschaft" Deutschlands und Rußlands.[30]

Auf solchen Tolstoischen Schicksalsbeschwörungen und nicht so sehr auf kühl kalkulierten Bündnisreflexionen baute auch der Vortrag des Baltendeutschen und Professors für Soziologie Hans von Eckhardt, der „ostorientierte" Referent auf der Gudensberger Tagung des Hofgeismarkreises, auf. Zwar versprach sich von Eckhardt von einer Hinwendung zum Osten auch Antrieb für den „Kampf gegen den französischen Westen"[31], ein ernsthaft durchdachtes Programm verbarg sich hinter dieser eher kulturkritisch gefärbten Losung allerdings nicht. Rußland, von den „Ostorientierten" sonst als Karte im Spiel um die Ausweitung der außenpolitischen Beweglichkeit verstanden, verkörperte in den Darlegungen des Baltendeutschen nicht so sehr einen staatlichen Machtfaktor für eine angestrebte deutsch-sowjetische Allianz, sondern einen schwärmerisch-sentimental verklärten Lebensraum für germanische Kulturleistungen. Denn wenn von Eckhardt immer und immer wieder die durch „Bestimmung" und „uralte Sendung" „naturgegebene" „deutschrussische Schicksalsgemeinschaft" postulierte, dann waren die Voraussetzungen, die die beiden Nationen dafür mitbrachten, nach Maßgabe der völkischen Hybris des Hamburger Soziologen von recht ungleicher Qualität: die Deutschen nämlich, so von Eckhardt, verfügten als Volk mit Intelligenz über den „schöpferisch-aktiven Geist, die Arbeitsgewandtheit und Zähigkeit"[32], an denen es den Russen so sehr mangele, die dafür allerdings ihre unermeßlich weiten Tiefebenen als Kraftfeld für deutsche Energien offerieren könnten. Von Eckhardt empfahl mithin die historischen Beispiele östlicher Kolonisation als nachahmenswerte Vorbilder künftiger Lebensraumbeschaffung. „Und wir", versprach der habilitierte Redner zum Schluß seiner Ausführungen, „sind dann von der Stickluft unserer europäischen Überbevölkerung befreit"[33]. Ein nicht einmal aggressiv gemeintes Konzept; denn von Eckhardt konnte sich in seiner verschroben-naiven Weltsicht gar nicht vorstellen, daß „die Russen" alles andere als beglückt über die ökonomisch-kulturelle Mission der für berufen erklärten Deutschen sein würden. Ein trotteliges völkisches Denken, im akademischen Gewande gekleidet, das in den 20er Jahren in den geistig einflußreichen Schichten Deutschlands nur allzu oft vorkam und zu verbreiteten Vorstellungen, Ängsten und der Entstehung von Scheinlösungen beitrug, die, wie man weiß, von einem entschlossen-kriegerischen und rassistischen Lebensraumimperialismus erfolgreich zu nutzen waren.

Allein, daß dieser völkische Kitsch und nationale Größenwahn auf einer Tagung junger Sozialdemokraten mit dem Anspruch seriöser Strategiebildung ernsthaft vertreten werden konnte, war fragwürdig genug. Auffallende Resonanz indes vermochte von Eckhardt mit seiner „Rußlandmystik", wie Hermann Heller in einer heftigen Replik die Auslassungen seines Kollegen polemisch bezeichnete[34], selbst in den Kreisen der weit rechts stehenden Hofgeismarer nicht zu erzielen, zumindest sollten seine wesentlichen Maximen keinen nennenswerten Niederschlag in den Schriften jener Jungsozialisten finden. Deren Herz schlug seit Ende 1924 für einen „Ostorientierten" ganz anderer Wesensart und ungleich größerer politischer Substanz: Ernst Niekisch. Was immer man auch von Niekischs politischen Visionen halten mag und wie sehr sie von den Wertvorstellungen der übrigen jungsozialistischen Lehrer abwichen, in der Erscheinung seines Auftretens und in Zügen seines Charakters war er vielen von ihnen ziemlich ähnlich und entsprach im Grunde genommen ganz dem Typus einer jungsozialistischen „Führerpersönlichkeit". Zum Politiker taugte er nicht; ihm behagte weder der dröge Funktionärsstil, noch besaß er den nötigen Sinn für Jovialität und populäres Schwadronieren. Mit den Eigenschaften, die ihn auszeichneten — Starrsinn, intellektueller Hochmut, rechthaberischer Individualismus, auch messerscharfe und kompromißlose Urteilsfähigkeit — konnte man in den großen Parteien stets anecken, wohl kaum aber reüssieren.[35] Junge Leute hingegen mit ehrgeizigen intellektuellen Plänen und ausgeprägter Verachtung für das „Mittelmaß" und das „Angepaßte" fühlten sich von solchen eigenwilligen und aufregend-anregenden Sonderlingen angezogen. Nichts kennzeichnete die jungsozialistische Bewegung der Weimarer Republik besser als dieser stete Akt der geistigen Eheschließung zwischen jungsozialistischen Eigenbrötlern, als die die Jusos in der Partei galten, und den vom Bürgertum abgestoßenen Intellektuellen, mögen sie nun Ernst Niekisch, Hermann Heller oder Paul Tillich, Siegfried Marck, Leonard Nelson, Fritz Sternberg oder auch Max Adler heißen. Ihrer aller Betätigungsfeld war im wesentlichen der „Zirkel", die Kleingruppe lernwilliger junger Arbeiter, die aber nicht nur jenem zwar strebsamen, aber doch gemütlich biederen und in sich genügsamen Bildungsideal ihrer Väter und Großväter anhingen, sondern rastlos gleichsam nach einer ganz neuen unorthodox-originellen Theorie suchten, mit der dann das ganze elende Knäuel von aktuellen Problemen und schwer zu begreifenden Zeiterscheinungen mit einem beherzten Zugriff möglichst, so hoffte man dort, entwirrt werden könnte.

Ein Zusammenwirken von Intellektuellen und jungsozialistischen Arbeitern, das in seinen Grundzügen nicht nur für die Beziehungen einiger Hofgeismarer Jusos zu Ernst Niekisch zutraf: hier der intellektuelle Individualist, der Anfang der 20er Jahre ein politisches Erklärungsmodell ausgetüftelt hatte, das durch scharfsinnige Bewertungen auffiel, in zahlreichen seiner Betrachtungen und Vorschläge auf die einen sicher verstiegen-abstoßend, auf die anderen jedoch wuchtig und befreiend gewirkt hat, und das nur noch einer Trägergruppe harrte, die sich der ihr innewohnenden missionarischen Schlußfolgerung annahm; dort die Schar der Jungsozialisten, deren Drang nach Wissen viele von ihnen längst aus ihren erlernten Berufen zum Studium über den in Weimarer Zeiten recht beschwerlichen zweiten Bildungsweg geführt hatte und die sich dennoch oder besser deshalb als „proletarische Auslese" mit außergewöhnlichem Tiefblick und besonderer Aufgabenstellung begriffen und schmeichelhafte Offerten künftigen Führertums, wie das von Niekisch, nur allzu gerne annahmen. Niekisch wollte „politische Eliten" bilden, und Mitte der 20er Jahre glaubte er, mit den Hofgeismarern Franz Osterroth, Benedikt Obermayr, Otto Jacobsen und Heinz Baumeister vor allem die geeigneten Kräfte dafür gefunden zu haben. Mit ihnen, den jungen Facharbeitern, die aus Bochum, Dortmund und Kiel kamen und nur deshalb in Berlin weilten, um ihre Begabtenprüfung für das Abitur zu absolvieren oder für kurze Zeit Kurse an der Hochschule zu belegen, traf er sich Woche für Woche in einem Raum der „Hochschule für Politik" zu Erörterungen über den „Staat" und Fragen der deutschen Außenpolitik. Mit solchen theoretischen Diskussionen hatte es sein Bewenden; denn Niekisch, ein charakterlich sicher unbeugsamer Mensch, der auch vor der Tat nicht zurückschreckte, wenn die Verhältnisse, wie nach 1933, ihn dazu drängten, verstand sich nicht als ein Protagonist der Aktion, sondern als ein Erzieher zur „richtigen Gesinnung" für den irgendwann zu erwartenden Moment der Befreiung. Auch diesen Glauben an den Nutzen eines in der Absonderung vom realpolitischen Tagesgeschehen asketisch-rein zu erhaltenden Erziehungs- und Gesinnungsideal, das sich in der Stunde, die da kommen müsse, bewähren werde, hatte er mit vielen der intellektuellen Mentoren im Weimarer Jungsozialismus gemeinsam. Wie sie hatte auch er keinen Zweifel daran, daß die kämpferische Erfüllung solcher Ideale vom „bankrotten" und durch ökonomische Vorteile nur zu leicht korrumpierbaren Bürgertum nicht mehr zu erwarten wäre.[36] Alle Hoffnungen lagen daher auf der Arbeiterschaft, genauer: auf der jungen Generation im Proletariat mit ihren „starken Instinkten", „unverbrauchten Kräften" und ihrem „uneigennützigen Idealismus"[37].

Die Ideale allerdings, die Niekisch dabei vorschwebten, unterschieden sich gewaltig, eigentlich fundamental von denen der anderen Erzieher bei den Jungsozialisten; eben deshalb blieb sein Einfluß hier, so furios er sich in der internen Debatte auch eine Zeitlang ausnahm, doch eher begrenzt. Der Hinweis auf verwandte Erscheinungen im habituellen Auftreten und der personalen Mentalitäten hilft, einiges von den Eigenarten des Weimarer Jungsozialismus zu verstehen, aber die Gesamtheit der Gründe für die erbittert geführten Konflikte dort, wo die Plausibilität einer theoretischen Formel und die Diskussion darüber gleichermaßen ernst genommen wurde wie die kapriziöse Form des individuellen Ausdrucks, sind zumindest ergänzend noch im Bereich des Politischen selbst zu suchen. Hier war Niekisch nun derjenige, der genau *das,* was sich von der nationalen Romantik der Hofgeismarer in Augenblicken gesellschaftlicher Spannungen zu nationalistischen Überspitzungen steigerte, zum Programm eines nationalrevolutionären preußischen Sozialismus verdichtete. Im Kontext des Hofgeismarkreises personifizierte Niekisch gewissermaßen die grundlegende Alternative zur Richtung Haubach/Heller, wobei sich beide Strömungen, wenn man so will, in der „Ära Bröger" entwickelt und schließlich auseinanderdifferenziert hatten. Die „nationale Idee", das konnte unter der geistigen Schirmherrschaft Karl Brögers alles mögliche bedeuten und verlor in seiner schwülstigen Poesie jede Kontur und exakte Bestimmung. In der emotionsgeladenen Atmosphäre von 1923 fiel das nicht weiter auf, da hinter dem lauthals zu verkündenden nationalen Bekenntnis etwaige Auffassungsunterschiede nicht zu zählen hatten und demzufolge ausgespart blieben.

Nach Ausklang des letztlich katastrophal verlaufenen Ruhrabenteuers reichte allerdings der nationalromantische Kitt zum Zusammenhalt der heterogenen Kräfte nicht mehr aus. Realhistorisch gab es nur noch diese beiden Perspektiven: Entweder man präzisierte die „nationale Idee" und den Willen zur „Staatsbejahung" zu einem demokratisch-sozialistischen Patriotismus und der Akzeptanz des republikanischen Staatswesens von Weimar, oder aber man übersetzte die Schlagwörter aus dem Jahre 1923 in die Kategorien des Nationalismus und suchte Anschluß an die Bewegungen mit chauvinistisch-revanchistischer Zielsetzung. Auf diesem zuletzt genannten Irrpfad ging Ernst Niekisch führend voran, und eine Minderheit des Hofgeismarkreises folgte ihm dabei, wenn auch später dann einige noch den Weg zurückfanden und gemeinsam mit dem Rest der „Kameraden" auf den Pflastern der Republik im wahrsten Sinne des Wortes voranmarschierten.[38]

Die Aufmerksamkeit der Hofgeismarer hatte Ernst Niekisch durch seine Aufsätze in den beiden Zeitschriften „Die Glocke" und „Der Firn" sowie durch sein bei diesen Jungsozialisten vielgelesenes und kontrovers diskutiertes Buch *„Der Weg der deutschen Arbeiterschaft zum Staat"*[39] erregt. Niekisch sprach mit diesen Schriften einigen Jungsozialisten, besonders denen des Ruhrgebiets, ganz offenkundig aus dem Herzen. Was er da über den „Staat" und die „preußische Gesinnung" geschrieben hatte, empfanden auch sie in etwa, und ähnliches hatten sie schließlich selbst in der Vergangenheit zu Papier zu bringen versucht. Bei Niekisch aber klang das alles sehr viel kräftiger, entschlossener; er formulierte mit einer kristallinen Deutlichkeit, einer dezidierten Unbeirrbarkeit, die mitreißen konnte — oder verschrecken mußte. Auch er prangerte den „Fatalismus" der marxistischen Lehre an, die zu „der unwahrscheinlich schwachen Entwicklung des Willens zur Macht"[40] in der Sozialdemokratie beigetragen habe. Der SPD, so kritisierte er die Versäumnisse der Partei in einem im Frühjahr 1924 erschienenen Grundsatzartikel, „schwebte kein Bild, keine Idee vor, die sie ungeduldig und schaffenshungrig hätte verwirklichen können"[41]. Eindruck auf die Hofgeismarer aus Dortmund und Bochum machte vor allem, mit welcher Konsequenz und Zielstrebigkeit Niekisch die Sichtweise vom „Primat der Außenpolitik" auf die Spitze trieb. Das soziale Elend und die wirtschaftliche Not der Arbeiter und ihrer Familien waren ihm zuallererst die Folge der „Versailler Knechtung", und daher müßte die gesamte Innenpolitik dem alles entscheidenden Ziel der Befreiung von den Versailler Fesseln und der Rückeroberung einflußreicher Weltgeltung untergeordnet werden. Ohne nationale Befreiung keine soziale Emanzipation, so lautete, kurz gefaßt, die Grundlosung Niekischs. Mehr noch: die Fronten des Klassenkampfes sah er nicht im Inneren der nationalen Gesellschaften, sondern *zwischen* den Staaten verlaufen, und Deutschland, so hatte er keinen Zweifel, nahm in dieser Auseinandersetzung die dem Land durch die Westmächte auferzwungene Rolle der „proletarischen Nation"[42] ein. Rettung aus dem Helotendasein der Deutschen versprach nur eine allgegenwärtige Gesinnung des Widerstandes und ein klar umrissenes Konzept antiwestlicher Außenpolitik. Eine Außenpolitik, die allerdings nichts mit dem sozialdemokratischen Sinnen nach einer Verständigungspolitik und einer kollektiven Friedensordnung zu tun hatte, sondern die althergebrachten Regeln der überlieferten Machtpolitik beherzigte: „Erfolgreiche Außenpolitik", war Niekisch überzeugt, „ist ihrem Wesen nach nichts anderes als kluge Machtpolitik. Gott hilft immer noch, wie zu des großen Friedrichs Zeiten, den stärksten Bataillonen."[43]

Franz Osterroth insbesondere fand großen Gefallen an solchen Äußerungen, und er bat den ehemaligen bayerischen Räterevolutionär Anfang 1925 um Mitarbeit am „Politischen Rundbrief" des Hofgeismarkreises. Niekisch nahm diese Gelegenheit zur Verbreitung seiner Ansichten gerne wahr und verfaßte sogleich für die im April erscheinende dritte Ausgabe des Rundbriefes einen umfangreichen Artikel über die „Grundfragen deutscher Außenpolitik"[44]. Dort zeichnete er ein überaus düsteres Bild der deutschen Situation: im Innern zerrissen und von außen den pausenlosen Demütigungen der „fremden Mächte" des Westens ausgesetzt, sei das Land von der Gefahr einer zunehmenden „Balkanisierung" bedroht. Bei der Suche nach den geeigneten Mitteln zur Verschiebung der dafür verantwortlichen außenpolitischen Konstellationen könne weder die Orientierung an England noch die an Frankreich hilfreich sein. Das Resultat aller bisherigen englischorientierten Politik sei trotz des realpolitischen Anscheins, den sich Vertreter dieser Richtung gegeben hätten, die Verschlechterung der deutsch-französischen Beziehungen mit der Folge verheerender Einbußen für die deutsche Volkswirtschaft gewesen. Mit galligem Spott und unverhüllter Verachtung aber überzog Niekisch mehr noch die Anhänger der „französischen Orientierung", die er allesamt für moralisierende Intellektuelle, idealistische Schwärmer, für Ignoranten eben, hielt, da sie in ihrer Naivität das französische Verlangen nach Sicherheit für bare Münze nehmen würden, ohne zu erkennen, daß das allein nach europäischer Vorherrschaft dürstende französische Volk „eine unnachahmliche Meisterschaft im Gebrauch bewundernswürdiger und hinreißender Phrasen" entwickelt hätte.[45] Im Mittelpunkt deutscher Achtsamkeit müsse jetzt, mahnte Niekisch, die Völkerbundsstrategie der Westmächte stehen; denn Völkerbundpolitik bedeute Akzeptanz und Festigung der „Versailler Friedensordnung". Unter keinen Umständen dürfe Deutschland daher freiwillig der Genfer Runde beitreten, da das von Freund und Feind als „Akt selbstmörderischer Erdrosselung seines nationalen Lebenswillens"[46] aufgefaßt werden müßte. Allenfalls könne sich Deutschland, das mangels ausreichender Bataillone, wie Niekisch als Theoretiker der Machtpolitik einräumte, zur militärischen Gegenwehr nicht fähig sei, in den Völkerbund „hineinzwingen"[47] lassen, aber das nur in einer Weise, die den Oktroi der Westmächte jedermann sichtbar machen lassen sollte. Die Ursachen für die ihn bedrückend dünkende subalterne Stellung der Deutschen sah Niekisch im Fehlen einer relevanten Gegenmacht des Ostens zum Block der westlichen Staaten begründet. Das analytische Resümee lieferte das Stichwort für das außenpolitische Programm: „enge Fühlung" mit der Hauptmacht des Ostens, „Anknüpfung von Fäden nach Rußland", kurzum: die „russische Orientierung" empfahl Niekisch abschließend als den einzig gangbaren Weg zur Herstellung eines außenpolitischen Gleichgewichts zwischen Ost und West.[48] Dann aber, prognostizierte Niekisch, habe endlich die Stunde des „revolutionären Nationalismus", „Deutschlands Stunde der Befreiung"[49] geschlagen.

Nicht alle im Hofgeismarkreis lasen Niekischs Verheißung mit zustimmender Beglückung. Revisionspolitik ja, dafür traten in der Sozialdemokratie mit Ausnahme einiger Randfiguren des linken Flügels eigentlich alle ein, und selbst das sinistre Porträt deutscher Ohnmacht hielten die meisten noch für angängig, aber Feindschaft mit England und Frankreich zugleich, Ablehnung des Völkerbundes und dazu noch Anschluß an Rußland, nein, das ging vielen nun wirklich zu weit. Theodor Haubach und Hermann Heller sandten dem Schriftleiter des „Politischen Rundbriefs", kaum hatten sie das Elaborat des Berliner „Nationalrevolutionärs" in die Hände bekommen, entrüstete Briefe zu, worin sie ihre entschiedene Ablehnung der Positionen Niekischs betonten.[50] Heller, der sich nicht in falsche Gesellschaft gerückt sehen wollte, schickte zudem eine distanzierende Erklärung an den „Vorwärts", das Zentralorgan der Partei. Nicht zu Unrecht, wie sich zeigen sollte; denn die Zeitungen der sozialdemokratischen Linken machten mit dem Niekisch-Pamphlet Stimmung gegen die Hofgeismar-Jungsozialisten, und auch dem Parteivorstand in Berlin, Verfechter der Völkerbundpolitik und mehrheitlich Befürworter einer Orientierung an England, war die ganze „Affäre Niekisch" außerordentlich peinlich.[51]

Anlaß zur Sorge über die Entwicklung im Hofgeismarkreis schien es in der Tat mit gutem Grund zu geben; denn daß die Ausführungen Niekischs im dritten „Politischen Rundbrief" nicht nur die Ansichten eines verschrobenen Einzelgängers wiedergaben, bewiesen einige politische Kommentare in der gleichen Ausgabe des Zirkulars, die Jungsozialisten des Führungskerns der Hofgeismarer selbst verfaßt hatten. Es ging darin um den sogenannten „Garantiepakt", der im Oktober 1925 auf der Konferenz von Locarno paraphiert werden sollte, dessen Einzelheiten aber bereits im Frühjahr auch in der Öffentlichkeit durchgesickert waren und die deutsche Bevölkerung, wie stets bei solchen Kontrakten, in heftige Emotionen versetzt hatten. Mit dem im wesentlichen vom deutschen Außenminister Gustav Stresemann initiierten Vertragssystem verpflichteten sich Deutschland, Frankreich und Belgien zum Verzicht auf gewaltsame Revision der bestehenden Grenzen.[52] Die Garantie für die Einhaltung des Abkommens sollten, so sah es der Text des geplanten Paktes vor, England und Italien übernehmen. Stresemann hielt allerdings während der gesamten Verhandlungen konsequent und hartnäckig, entgegen den anders gearteten Forderungen der französischen Regierung, am grundsätzlichen Anspruch Deutschlands auf Änderung der Ostgrenze fest. Die vom deutschen Außenminister mit Umsicht und Geschick verfochtene Außenpolitik entsprach in ihrer Zielsetzung durchaus klassischer Revisionspolitik[53] mit dem traditionellen Bestreben nach Rückgewinnung deutscher Großmachtstellung. In ihren realpolitischen Methoden der kleinen Schritte in bewußt gesuchtem Kontext europäischer Verhandlungen aber war sie von dem in Deutschland verbreiteten Wunschdenken gänzlich frei und an den seit 1918 nun einmal gegebenen Bedingungen und Voraussetzungen der internationalen Konstellationen ausgerichtet.[54] Stresemann beabsichtigte mit seiner Politik, Deutschland aus der Isolation herauszuführen, ein weiteres Zusammenrücken Frankreichs mit England zu konterkarieren und Handlungsspielräume im Osten zu gewinnen. Das aber ließ sich nicht realisieren, ohne den Sicherheitsinteressen der französischen Nation Genüge zu tun und zumindest vorerst die im Vertrag von Versailles festgesetzte Westgrenze zu akzeptieren.

Alles in allem eine Politik, für die sich Sozialdemokraten, die die Vertretung der nationalen Belange und mehr noch die Renaissance deutscher Weltgeltung als ein auch für Sozialisten vordringliches Anliegen hielten, hätten erwärmen können. Auf den „Vorwärts" traf das beispielsweise zu, der die Locarnopolitik des Bürgerblocks in Verkennung der Motive und Zielsetzung Stresemanns als „sozialistisch-internationalistische Außenpolitik"[55] pries. Nicht so einige Jungsozialisten des Hofgeismarkreises, die im „Politischen Rundbrief" mit Empörung auf die bekanntgewordenen Details des Garantiepakts reagierten. Eine schrill-hysterische Reaktion, die keinen zweiten Nachahmer in der sozialdemokratischen Presse fand, um so mehr Affinitäten aber zu dem propagandistischen Getöse und den verbalen Injurien in den Druckerzeugnissen der extremistischen Rechten aufwies. Der nationalistische Flügel des Hofgeismarkreises ließ sich von einem Gesinnungsnationalismus treiben, der der Verkündung eines deutschen Fundamentalismus den Vorrang vor der zähen, gewissenhaften, aber nur schrittweise möglichen Wahrnehmung nationaler Interessen gab. So stellte Franz Osterroth in einem redaktionellen Nachwort im fraktionsinternen Periodikum die Suggestivfrage: „Die Erörterung des Garantiepakt-Angebotes der deutschen Regierung treibt mit Selbstverständlichkeit auch die Frage auf die Brust: Bestehen für Deutschland überhaupt noch begründete Hoffnungen auf ein Sein in Freiheit?"[56] Die Antwort darauf hatte wenige Seiten vorher ein mit R. gezeichneter Artikel zu geben versucht:

> „Das Angebot der deutschen Regierung ist ein ungeheuerlicher Vorgang. Gewiß, die politische Gegenwart ist bedrückend; man begreift, daß Umschau nach Entlastungsmöglichkeiten gehalten wird. Das gibt aber der lebenden Generation kein Recht, die Nerven zu verlieren und die nationale Zukunft um kleiner Augenblicksvorteile willen hinzuopfern. Bei dieser Feststellung kann es jedoch nicht sein Bewenden haben. Laut und für die Entente vernehmlich muß erklärt werden: daß die aufwachsende Generation sich an die Verzichtsleistung der amtierenden Reichsregierung nicht gebunden fühlt, daß sie nicht daran denkt, die eingegangenen Entsagungsverträge zu achten und später zu halten. (...) Wer das Garantieangebot deckt, begibt sich damit des Anspruchs, Sachverwalter nationaler Interessen zu sein. (...) Es (das Garantieangebot, d. V.) ist bloßer Ausdruck hoffnungsloser Selbstpreisgabe, sich selbst verlierender Ohnmacht; es ist prinzipieller Art. Es leben in ihm nicht die Tendenzen, die Deutschlands Befreiung vorbereiten; es ist ein kraftloses Händesinken-lassen angesichts der Schwere der Aufgabe und ein Markstein auf dem Wege, der in dauernde Knechtschaft und Abhängigkeit führt."[57]

Doch damit noch nicht genug. Trotz aller Protestschreiben, die Osterroth nach dem Versand des dritten „Politischen Rundbriefs" aus den Reihen des Hofgeismarkreises erhalten hatte, bat er Ernst Niekisch nach Paraphierung der Locarno-Verträge abermals um eine schriftliche Stellungnahme, die dann im Januar 1926 in der fünften Nummer des danach eingestellten Zirkulars erschien. Natürlich sah Niekisch seine vorher geäußerten Befürchtungen voll und ganz bestätigt und beschuldigte die deutschen Vertragsunterzeichner, die Selbstabdankung des deutschen Volkes durch freiwillige Akzeptanz der Versailler Ordnung betrieben zu haben. Niemals hätte Frankreich, das stets auf seine Sicherheitsinteressen gepocht und dabei jetzt unverständlicherweise bei der deutschen Regierung ein offenes Ohr gefunden habe, seine verwundbarsten Flanken soweit entblößen müssen wie nun das Deutsche Reich. Um sich nicht der Gefahr eines militärischen Schlages durch Frankreich auszusetzen, sei Deutschland daher in Zukunft auf Gedeih und Verderb an England gekettet und letztlich zu dessen „Trabant- und Klientelstaat"[58] geworden. Besonders erbittert äußerte sich Niekisch darüber, daß die Westpolitik der deutschen Regierung den von ihm gewiesenen Ausweg aus der deutschen Misere, wie er glaubte, verstopft habe. Die deutsch-russischen Beziehungen seien gestört, der Faden nach Rußland gerissen, klagte Niekisch, der in seiner fanatischen Fixierung auf die eine, „richtige" Orientierung den komplexen und differenzierten Charakter des außenpolitischen Kalküls Stresemanns gänzlich verkannte. Solche, damals keineswegs nur von Niekisch vorgebrachte Kritiken, die dem Außenminister unterstellten, Deutschland den Westmächten ausgeliefert zu haben, strafte Stresemann, der aus Gründen eines anzustrebenden Gleichgewichts durchaus kein Interesse an einer Verschlechterung der Beziehungen zu Rußland hatte, bereits wenige Monate später Lügen, als er im April 1926 den deutsch-russischen Freundschaftsvertrag abschloß und die vollzogene Westorientierung somit ostpolitisch komplementierte.[59]

Niekisch hingegen erwartete die Rettung aus der vielbeschworenen Not nicht von abgeklärt-unaufgeregten diplomatischen Schritten, sondern vom gesunden „Volksinstinkt"[60], der sich über kurz oder lang, wie er zuversichtlich hoffte, gegen die „Verzichtspolitik" der eigenen Regierung mit einem revolutionären Unabhängigkeitsverlangen aufbäumen werde. Wie stets zum Schluß seiner Ausführungen drängte Niekisch auch dieses Mal die sozialistische Arbeiterschaft, sich an die Spitze des Volksinstinktes zu stellen; denn, so war er sich gewiß, „im Rebellentum gegen soziale und nationale Unterdrückung zugleich liegt die einzige Chance der deutschen Arbeiterschaft, überhaupt jemals zur politischen Macht zu gelangen"[61].

Die Darlegungen Niekischs blieben nicht ohne Widerspruch. Der Schriftleiter des „Politischen Rundbriefs", Franz Osterroth, hatte der im Hofgeismarkreis inzwischen recht verbreiteten Anti-Niekisch-Stimmung Rechnung zu tragen und einem erklärten Gegner des Propagandisten der Ostorientierung Gelegenheit zur Darstellung einer Alternativposition einräumen müssen. Autor der trotz gewisser Einschränkungen alles in allem positiven Würdigung der Locarno-Politik war Gustav Warburg, ein Jungsozialist aus Hamburg, seit 1924 Redakteur für Auslandsfragen an der „Schleswig-Holsteinischen Volkszeitung" und ebenso wie Karl Mierendorff und Theodor Haubach ein emphatischer Befürworter deutsch-französischer Aussöhnung und beiderseitiger politischer Zusammenarbeit. Daß alle drei „Frankreich-Orientierten", die mit dieser außenpolitischen Empfehlung eine deutliche Minderheit bei den Hofgeismarern, aber auch in der Sozialdemokratie insgesamt repräsentierten, studiert und promoviert hatten, war wohl kein Zufall; denn die pan-europäischen Bestrebungen – so wurde zeitgenössisch die Vorstellung von einer deutsch-französischen Kooperation etwas mißverständlich bezeichnet – blieben in den Weimarer Jahren auf kleine Kreise republikanisch eingestellter Studenten und Intellektueller beschränkt. Warburg, der in seinem Aufsatz für den „Politischen Rundbrief" im wesentlichen seine eigene außenpolitische Option begründete und auf Niekisch dabei mehr implizit als explizit einging, machte allerdings von Anfang an unmißverständlich deutlich, daß für ihn der umstrittene Berliner Nationalrevolutionär auf der anderen Seite der Barrikade stand – als Sozialdemokrat wollte er Niekisch keinesfalls mehr akzeptieren. Nur deshalb habe er sich mit Niekisch noch auseinanderzusetzen, schrieb der junge Kieler Redakteur in einem bissigen Seitenhieb gegen seine eigenen Fraktionsfreunde vom Hofgeismarkreis, „weil es immer noch Menschen gibt, die meinen, Niekischs Nationalismus sei mit Sozialismus vereinbar"[62]. Die außenpolitische Zielsetzung national eingestellter Sozialdemokraten unterscheide sich substantiell von den nationalistischen Plänen Niekischs. Wo dieser nach einer Vormachtstellung Deutschlands strebe und an den Gewaltmitteln der traditionellen Machtpolitik festhalte, beabsichtigen jene, so Warburg, an der Herstellung eines Weltzustandes mitzuhelfen, „in dem Deutschland eine seiner Größe, Volkszahl und geistigen Bedeutung entsprechende Stellung einnimmt"[63].

Sicher konnte auch diese Kurzformel Warburgs im nationalistischen Sinne gebeugt werden, zumal gerade die antidemokratischen Rechtsintellektuellen der Weimarer Republik die vermeintliche Legitimität deutscher Dominanz mit den, wie es prahlerisch hieß, von keiner Nation übertroffenen Kulturleistungen der Deutschen zu begründen pflegten.[64] Auch Warburg war überzeugt davon, daß Deutschland einen Anspruch auf „Weltgeltung" habe und demzufolge die „Versailler Weltordnung" verändert werden müsse[65], das Verlangen nach Welt*beherrschung* und die Inkaufnahme kriegerischer Methoden zur Revision der bestehenden Grenzen aber lehnte er entschieden ab. Zur Kursbestimmung seines außenpolitischen Projekts wählte er die Bezeichnung „nationaler Pazifismus"; national deshalb, weil es die Entfaltung aller nationalen Kräfte voraussetze, pazifistisch darum, weil es der Gewalt eine klare Absage erteile. Die Politik von Locarno und die Entscheidung für den Völkerbund seien der richtige Weg und angemessene Instrumente im Sinne des „nationalen Pazifismus", da sie die Form der Verständigungspolitik und der friedfertigen Auseinandersetzung im Ringen um die deutsche Freiheit gewählt hätten. Zu bemängeln hatte Warburg nur das, wie er fand, zu einseitige Bemühen Stresemanns um die Gunst der Engländer[66], da dies die Franzosen zum Festhalten an ihre gegen Deutschland gerichteten Sicherheitsbündnisse mit Polen und der Tschechoslowakei bewogen habe. Deutschland aber müsse die beiden Sicherheitssysteme sprengen und als gleichberechtigter Partner an die Seite Frankreichs treten; denn nur im einträchtigen Zusammenwirken der beiden kontinentaleuropäischen Nationen könne man den bestehenden Großmächten, England auf der einen Seite, Rußland auf der anderen Seite, Paroli bieten und einen angemessenen Einfluß auf die weltpolitischen Geschehnisse nehmen.

Zur gleichen Zeit, als Gustav Warburg im „Politischen Rundbrief" seinen „nationalen Pazifismus" als sozialdemokratische Alternative zum „revolutionären Sozialismus" plausibel zu machen versuchte, ging in den „Jungsozialistischen Blättern" der Schüler Hermann Hellers und Leipziger Hofgeismar-Juso Karl Naskrensky mit Niekisch hart, zur weiteren Nachsicht offenkundig unwillens, ins Gericht. Scharf und prägnant verurteilte der westsächsische Juso die Ansichten Niekischs zum Locarno-Abkommen als „Katastrophenpolitik in kristallisiertester Form". Die Partei könne solche völkisch-nationalistischen Außensprünge auf Dauer nicht tolerieren; „auch die idealste Demokratie", schlußfolgerte Naskrensky unverhüllt drohend, „hat ihre Grenzen"[67].

An ihre Grenzen war, so läßt sich Bilanz ziehen, die außenpolitische Debatte gleich in mehrfacher Hinsicht gestoßen. Mit ihren starren geostrategischen Orientierungsrastern vermochten die Hofgeismarer wohl griffige Alternativen zu präsentieren, die in ihrer schlagwortartigen Zusammenfassung und ihrem simplen Zuordnungssystem angenehm einfache Identifikationsmöglichkeiten anboten. Man war entweder „Frankreich-orientiert" oder „England-orientiert", vielleicht auch „ostorientiert", aber große Erklärungskraft kam diesen pauschalen Bekenntnissen, die man wiederholen, bestätigen, bekräftigen, aber offenkundig durch ihre dogmatische Setzung nur schwer differenzieren und abwägen konnte, letztlich nicht zu. Um das Dilemma der Orientierungsschemata zu charakterisieren: Wäre für einen „England-orientierten" Sozialdemokraten beispielsweise eine Anlehnung an die Politik des britischen Inselreiches auch in dem Fall noch wünschenswert gewesen, wenn – worüber in den 20er Jahren offen spekuliert wurde – ein Tory-Kabinett bewaffnete Interventionen gegen Sowjetrußland vorbereiten würde? Wenn man sich aus dem lauteren Motiv, damit der Herstellung der Demokratie im Osten zu dienen, insbesondere deshalb für die Anlehnung an England ausspräche, dann wohl ja. Dann wäre es allerdings nur konsequent gewesen, sich die Niederlage der Arbeiterpartei zu wünschen; denn die trat mehrheitlich für eine Politik der guten Zusammenarbeit mit Rußland ein. Auch die Mehrheit der deutschen Sozialdemokraten lehnte jede „konterrevolutionäre" Einmischung in Rußland ab. Hätte in diesem Fall nicht die Parole auch der „England-Orientierten" lauten müssen: Hände weg von Sowjetrußland, Distanz also auch zu England – solange jedenfalls dort die politische Rechte das Sagen hat?

Mit dem geostrategischen Determinismus war eine wertorientierte sozialdemokratische Außenpolitik nicht zu realisieren. Bevor man sich an irgendeinem Land orientieren konnte, mußten noch die Fragen nach den dortigen innenpolitischen Kräfteverhältnissen, den Stimmungen in der Bevölkerung, den Interessen der dominierenden Verbände und Industriegruppen, sicher auch nach der Potenz und strategischen Relevanz der militärischen Truppenverbände geklärt werden, erst dann gab eine den veränderten Verhältnissen immer wieder Rechnung tragende und daher flexibel zu handhabende außenpolitische Richtungsbestimmung einen Sinn. Vor dieser Anstrengung einer spezifischen Realanalyse der gesellschaftlichen und politischen Konstellationen in den begehrten Partnerländern für den erwünschten außenpolitischen Aufschwung Deutschlands drückten sich eigentlich sämtliche „Richtungen" im Hofgeismarkreis herum, weshalb der Ertrag seines außenpolitischen Diskurses für die sozialdemokratische Strategiebildung wohl kaum als besonders ergiebig anzusehen ist. Eine weitere Grenze realistischer Konzeptionalisierung „nationaler Außenpolitik" lag in der eurozentristischen Verengung der Debatte, wobei in der Tat erstaunt, wie sehr die weltwirtschaftliche und damit auch potentiell außenpolitische Dominanzposition der USA in den 20er Jahren ignoriert wurde.[68] Kaum weniger auffällig war die Gleichgültigkeit gegenüber den Kolonien in Übersee, obwohl dort, in Indien beispielsweise und in China, wohl mehr als anderswo eine befreiende Wirkung von der nationalen Leidenschaft der gegen imperialistische Unterdrückung kämpfenden Völker ausgehen konnte, während in der spannungsreich-labilen Sicherheitssituation in Europa ein Überschuß an nationalen Energien und an vaterländischer Egozentrik gefährlich und explosiv sein mußte.

Schließlich hatte die außenpolitische Diskussion die Grenzen der organisatorischen Entwicklung im Hofgeismarkreis selbst offengelegt. Aus der ursprünglichen Gemeinsamkeit des „nationalen Bekenntnisses" hatten sich im Laufe der Zeit tiefgreifende Meinungsverschiedenheiten entwickelt. Der national-romantische Kitt von 1923, um in einem bereits früher gewählten Bild zu bleiben, war abgebröckelt und der Hofgeismarkreis in seiner traditionellen Form so nicht mehr fortzuführen. Die Befürworter eines sozialistischen Patriotismus wollten, das hatten die Beiträge von Naskrensky und Warburg und auch die Briefe von Heller und Haubach an Osterroth gezeigt, mit „revolutionären Nationalisten" wie Ernst Niekisch nicht das Geringste mehr zu schaffen haben. Zeitgenössisch blieb die Kluft im Hofgeismarkreis von dessen Gegnern bei den Jungsozialisten nahezu unbemerkt, vielleicht wollten sie Gegensätzlichkeiten bei ihren Kontrahenten auch gar nicht registrieren, jedenfalls deckte der schroffe Zweifrontenkampf bei den Jungsozialisten Widersprüchliches und Auseinanderlaufendes zu.[69]

## 2. Antizipation eines neoreformistischen Volksparteisozialismus?

*a) Marxismusrevision und „konstruktiver Sozialismus"*

Mit den außenpolitischen Debatten und den Einzelheiten des nationalen Diskurses verbindet indessen heute kaum noch ein Sozialdemokrat etwas, wenn – was im Umfeld der aktuellen Diskussion um ein neues Programm der SPD durchaus nicht selten vorkommt – in Grundsatzreferaten oder historischen Rückschauen über die Entwicklung der programmatischen Identität der Partei das Stichwort „Hofgeismarkreis" fällt. In aller Regel wird der „Hofgeismarer Jungsozialismus" im gleichen Atemzug mit frühen, wenn vielleicht auch verfrühten, jedenfalls zeitgenössisch erfolglos gebliebenen Versuchen einer gründlichen Revision des Parteimarxismus erwähnt und als Keimform bzw. geistiger Vorläufer des seit Ende der 50er Jahre nun parteioffiziell sanktionierten volksparteilichen Kurses kompromißbereiter Reformpolitik, je nach Standort der Interpreten eingeordnet. Dabei sind die Maßstäbe für solche Wertungen zweifelsohne zu hoch angelegt und entsprechen im Grunde genommen gar nicht dem hauptsächlichen Sinnen und Streben der meisten „Hofgeismarer", deren Gedanken oder besser Emotionen zunächst doch mehr um „Volk" und „Vaterland" als um eine entwickelte Reformalternative zum marxistischen Lehrgebäude der Partei kreisen. Der Hofgeismarer Jungsozialismus war, wie die Jugendbewegung insgesamt, mehr Ausdruck oder Symptom einer gesellschaftlichen Sinnkrise, war mehr Indikator für die ungewöhnlich scharfen Spannungen zwischen „Alt" und „Jung", zwischen überkommenen Idealen und neuen Sehnsüchten, und verkörperte noch keineswegs die entfaltete Gestalt eines modernen Reformsozialismus. Das war auch gar nicht von ihm zu erwarten. Die Bedeutung des Kreises lag weniger in der durchdachten Tiefe und überzeugenden Stimmigkeit seiner theoretischen Beiträge als in dem Umstand, daß seine Aktivisten eine feine Witterung für neu auf die sozialistische Bewegung zukommende Problemlagen bewiesen und nach Definitionen drängten, die sich von den stereotyp klingenden Formeln der Vergangenheit lösen sollten, um den veränderten Hoffnungen und Stimmungen der Gegenwartsmenschen und den Anforderungen der Zukunft auch symbolisch deutend Rechnung zu tragen. Es dauerte lange, verlief nicht ohne Irritationen, und es mangelte nicht an Abwegigem, bis aus solcher Krisensensibilität die intellektuelle Kraft, geistige Fähigkeit und politische Umsicht zur Erstellung geschlossener Konzeptionen eines im einzelnen sehr unterschiedlich begründeten dynamischen, nicht-orthodoxen Sozialismus wachsen konnte. Der Heinrich Deist des Godesberger Programms beispielsweise ist durchaus nicht identisch mit dem des Hofgeismarkreises, aber gewiß sind die Wurzeln seines in den 50er Jahren dann erfolgreichen Engagements zur Richtungsänderung sozialdemokratischer (Wirtschafts-)Politik eben dort in jenem Freundeskreis zu suchen, wo er sich erstmals mit Fragen und Problemen herumschlug, die damals in der SPD noch Anathemata waren, und worauf plausible, wenn auch heutzutage bekanntermaßen keineswegs mehr unumstrittene Antworten er erst viele Jahre nach der „Hofgeismar-Ära" zu geben vermochte.

Was von einem Teil der Hofgeismar-Jungsozialisten gegen den sozialdemokratischen Marxismus an Einwänden vorgetragen wurde, konnte keine Erstgeborenenrechte beanspruchen, war weder sonderlich beeindruckend noch von ungewöhnlichem Tiefgang. Nur die unbefangene, fast rücksichtslose Art, mit der sich hier eine Gruppe sozialdemokratischer Jugendlicher – und nur Jugendliche konnten so ohne jede

Sentimentalität das jahrzehntelang gültige Glaubensbekenntnis der sozialistischen Bewegung schroff und mitunter höhnisch in Frage stellen — über Vorgestriges, Irrtümliches, Verkürztes des daher eher als Hemmschuh denn als förderndes Erkenntnisinstrument empfundenen Marxismus zu Worte meldete, blieb eine von den Älteren argwöhnisch beobachtete Ausnahme in der Weimarer SPD. Umwerfendes wird man dabei freilich nicht finden können: Sicher, die Hofgeismarer Jusos bestritten immer wieder, daß der Sozialismus ein Ergebnis naturnotwendiger Gesellschaftsvorgänge sei; sie bezweifelten, daß das Proletariat die ihm zugewiesene revolutionäre Mission jemals annehmen werde und argumentierten mit dem Beispiel Amerika, um sowohl die deterministische Hoffnung auf den gesetzmäßigen Umschlag reifer Produktionsverhältnisse als auch den Mythos vom revolutionären Elan einer entwickelten Industriearbeiterschaft kompromittieren zu können[70] — das war sicherlich nicht rundherum falsch gesehen, aber doch vor „Hofgeismar" schon von anderen bereits entdeckt und reflektierter als dort begründet worden.

Aber immerhin stand hier offenbar eine Gruppe der Nachwuchsgeneration in der SPD bereit, die durch ihre zusammenhängende Organisation vielleicht mehr ausrichten konnte als revisionistische Randfiguren früherer Zeiten und die im Unterschied zu jenen Pragmatikern der Partei, die eigentlich in vielen Punkten kaum anders dachten, aus Gründen der Opportunität jedoch wenig Aufhebens daraus machten und sich nicht weiter zu diesen letztlich für unwichtig gehaltenen theoretischen Fragen äußerten, nun auch strategisch-programmatische Konsequenzen gezogen sehen wollten. Solche Konsequenzen darf man sich wiederum nicht als systematisch miteinander verknüpfte Teile eines stringenten Konzepts vorstellen. Es handelte sich um Fragmente, Andeutungen, hier und da geäußerte Optionen, Ideenfetzen gleichsam mit einer gleichwohl unverkennbar vorgezeichneten Richtschnur des für wünschenswert gehaltenen politischen Handelns. Da, wo sich Hofgeismarer dagegen wehrten, die Arbeiterschaft als alleinigen Träger des sozialistischen Gedankens und Vorstoßes anzuerkennen, kann man Ansätze volksparteilicher Ausweitungsbestrebungen ausmachen.[71] Dort, wo sie gegen das fraglos simplifizierende linkssozialistische Paradigma vom Staat als „kapitalistische Festung" polemisierten, lassen sich Elemente einer pluralistischen Staatstheorie erkennen, die indessen zumindest für die Weimarer Zeit etwas naiv und unempirisch anmuteten, da man glaubte, daß der Staat als eine bloß zweckmäßige und rein funktionale Organisationsform der Gesellschaft für die verschiedensten Ideen und Vorstellungen aller sozialen Gruppen gleichermaßen offen und verfügbar sei und letztlich dem konkurrierenden Wettbewerb der gesellschaftlichen Kräfte abbildhaft Ausdruck verleihe.[72] Ungleich rationaler und sicher diskussionswürdig war demgegenüber der Vorschlag, in einer gefährdeten, labilen politischen Demokratie mit einer auf absehbare Zeit offenkundig nicht mehrheitsfähigen sozialdemokratischen Partei das prinzipielle Koalitionsbündnis mit den demokratischen Parteien des Bürgertums zwecks Sicherung der republikanischen Staatsordnung zu suchen.[73] Zwar spricht auch aus heutiger Sicht eine Reihe von Gründen gegen die Realisierbarkeit einer solchen Haltung, da, so ist anzunehmen, die Loyalitätskrisen zwischen großen Teilen der sozialistischen Massen und der SPD an Schärfe wohl noch zugenommen hätten, die Spaltung der politischen Arbeiterbewegung sich noch weiter und zugunsten der Kommunisten vertieft hätte, und die kooperationswilligen Kräfte des deutschen Bürgertums gering an Zahl und unzuverlässig-schwankend zudem waren. Immerhin aber steckte hinter solchen Vorstellungen ein überlegtes *politisches* Kalkül, das man bei den linkssozialistischen Polar-Alternativen von der Art des

„Klasse gegen Klasse" oder „hie Kapitalismus — hie Sozialismus" ebenso vermißte wie bei den Entscheidungskriterien des mächtigen Gewerkschaftsflügels der Partei, der zuvörderst nach dem sozialpolitischen Nutzen einer Koalitionsbeteiligung fragte und sich an möglichen republikanischen Gesichtspunkten einer Regierungsverantwortung mitunter sträflich desinteressiert zeigte. Alles in allem bündelten einige Hofgeismarer ihre zumeist sehr unzusammenhängend und nicht selten mehr nebenbei formulierten politisch-strategischen Alternativen in dem Begriff „konstruktiver Sozialismus", und als gelungenes Beispiel, ja als bewundertes Vorbild dafür galt ihnen die Politik der englischen Sozialisten.

### b) Nietzsche und Marx: Die Hinwendung zum religiösen Sozialismus

Es wäre dennoch überraschend, wenn sich die Hofgeismarer mit einer additiven Zusammenfügung von Einzelelementen zu einem etwas pragmatischen „konstruktiven Sozialismus" begnügt und zufriedengegeben hätten. Die politische Sozialisation dieser Jungsozialisten ließ anderes vermuten, und in der Tat suchten sie noch bis zur Mitte des Jahrzehnts, rational-ernsthaft nun, weniger emotional gestimmt, statt dessen theoretisch anspruchsvoll auftretend, nach einem geschlossenen geschichtsphilosophischen Entwurf für ihre Art der Sozialismus-Vision, nach einer ausgewiesenen und unverbrauchten Gegenutopie sowohl zu den dominanten bürgerlichen Ideologien als auch zum marxistischen Materialismus des eigenen Sozialmilieus. Ein großer Teil der geistig führenden Köpfe, August Rathmann ganz besonders, auch Franz Osterroth, Heinrich Deist und mit beträchtlicher Distanz allerdings Theodor Haubach, zeigten sich zunehmend fasziniert von den Diskussionen in den Zirkeln der religiösen Sozialisten. Es dauerte eine Weile, bis bei einigen von ihnen die Faszination in Identifikation und Teilhabe umschlug; denn selbst für einen so außerordentlich klugen Autodidakten wie August Rathmann war das komplexe philosophische System der religiös-sozialistischen „Kairos-Lehre" erst schwer zu begreifen, mithin eine langwierige Aneignungsphase vonnöten, die Geduld, Fleiß und große Gesprächs- und Reflexionsbereitschaft erforderte — dann aber „saß" das System, und Sozialisten wie Rathmann und Osterroth haben ihr Leben lang, wie unzählige Schriften der beiden belegen, mit entschiedener Selbstsicherheit aus den Tiefen dieser damals gewonnenen Anschauung schöpfen können.

Es ist an dieser Stelle nun zwingend geboten, den in der Literatur häufig üblichen Sammel- und Pauschalbegriff „religiöser Sozialismus" sorgfältig zu differenzieren; denn nicht alles, was in Weimarer Zeiten unter diesem Etikett firmierte, erfreute sich in Juso-Kreisen einer gleich großen Wertschätzung. Als quantitativ größte Gruppe mit einer Mitgliederzahl, die recht schwankend zwischen 10 000 und 25 000 taxiert wird, wäre zunächst die „Arbeitsgemeinschaft religiöser Sozialisten" zu nennen.[74] Unter Führung des Mannheimer Pfarrers Ernst Eckerts konstituierte sich diese Gruppe 1926 dann als „Bund der religiösen Sozialisten Deutschlands". Dessen Domänen lagen in kleineren Städten Südwestdeutschlands und Thüringens, überall dort, wo für die Arbeiterschaft, obgleich vielfach schon sozialdemokratisch orientiert, der sonntägliche Kirchgang weiterhin zum selbstverständlichen Ritus gehörte. „Arbeitsgemeinschaft" und „Bund" begriffen sich in erster Linie als eine sozialistische Kampfgemeinschaft zur Überzeugung gläubiger Proletarier. Sie akzeptierten die marxistische Sozialtheorie der organisierten Arbeiterbewegung, standen eigentlich nur in Distanz zu deren Freidenkertum und dachten programmatisch oder theologisch nicht weiter über das schwierige Verhältnis von Christentum und Marxismus nach. Kein Wunder also, daß die Hofgeismarer Jungsozialisten mit dieser Organisation nicht viel im Sinne hatten.

Mit ungleich größerer Aufmerksamkeit durfte dagegen zumindest in den frühen 20er Jahren der sogenannte Neuwerks-Kreis rechnen. Die Neuwerks-Bewegung war ein typisches Produkt der Kriegs- und unmittelbaren Nachkriegskrise und in manchen Zügen dem frühen Jungsozialismus sehr ähnlich, wenn auch die eskapistischen Neigungen der aus Pfarrern, Lehrern, Studenten, Schriftstellern und einigen Arbeitern zusammengesetzten religiösen Gruppe weitaus extremer zugespitzt und konsequenter ausgeführt wurden als bei den anfänglich ziemlich rein proletarischen und daher für eine totale Stadtflucht weniger geeigneten Juso-Gruppen. Denn einen solchen Rückzug in die ländliche Abgeschiedenheit der hessischen Provinz hatten die Neuwerk-Leute gewählt, um in einer Siedlungsgemeinschaft, dem „Habertshof", brüderschaftliche Zeichen zu setzen und Beispiele ständiger Selbstveränderung im „Geiste des Evangeliums" zu geben.[75] Urchristliche Askese und chiliastische Begeisterung, keine seltenen Phänomene in jenen Jahren, mischten sich seit 1924 mit volkshochschulähnlichen Experimenten der pädagogischen Zusammenführung von Bildungsbürgern und Arbeitern; auch dies, wir sahen es an anderer Stelle bereits, keine Rarität in der deutschen Gesellschaft der 20er Jahre. Die Jungsozialisten hatten häufig das Gespräch mit Neuwerklern gesucht und Neugierde für deren Tun bekundet, mit dem Abebben der lebensreformerischen Welle indessen ließ auch das Interesse für das kommunitäre Grüppchen um den Pfarrer Emil Blum sichtbar nach.

An die Stelle der praktisch versuchten Lebensgemeinschaftsprojekte trat jetzt mehr der disziplinierte geistig-theoretische Diskurs, und den beherrschte, virtuos geradezu, die dritte und letzte hier zu nennende Gruppe im religiösen Sozialismus, der „Kairos"- oder „Tillich-Kreis", ein kleiner, unverhohlen elitärer Zirkel, der in seinem ganzen Charakter wie prädestiniert schien für die Ehrgeizigsten unter den Jungsozialisten in der Nachinflationsperiode. Mehr als ein knappes Dutzend Intellektueller zählten bis 1925 nicht zum Berliner Kairos-Kreis, dessen innerer Kern vom Trio Paul Tillich, Eduard Heimann und Karl Mennicke gebildet wurde und wozu in einem weiteren Sinne sicher auch Adolf Löwe und anfänglich noch Alexander Rüstow, Arnold Wolfers und Hans Simons zu rechnen sind. Es ist unzweifelhaft richtig, daß sich diese Gruppe explizit als eine Reflexionsgemeinschaft auf höchstem geistigen Niveau verstand und bewußt auf den Massenbezug als Forum ihrer Erörterungen verzichtet hatte, ja wohl auch – wie sollte es anders gehen? – verzichten mußte. Dennoch ist es nicht einmal die halbe Wahrheit, wenn man dem Kreis, was in der Literatur die Regel ist, nachsagt, er habe sich einzig auf bürgerliche Intellektuelle und Akademiker beschränkt und sich in eine selbstgefällig genossene Exklusivität begeben.[76] Nein, auch der Tillichkreis suchte den Anschluß an die Arbeiterschaft. Allerdings stellte man sich die Kontaktaufnahme und Bekehrung des Proletariats auch hier in einer Weise vor, wie sie so bezeichnend war für viele linke Intellektuellenzirkel in der Weimarer Zeit und die dem Jungsozialismus ihren Stempel aufdrückt: Gerne boten sich die Intellektuellen den kleinen Gruppen interessierter Arbeiterjugendlicher als Referenten an, sie regten Arbeitsgemeinschaften an, trugen dort vor, legten Wert darauf, einige Tage mit den Jugendlichen und ihren Familien zusammenzuleben, um die Verhältnisse hier, die Sorgen und Probleme kennen- und teilen zu lernen. Karl Mennicke vor allem hat dies mit imponierendem Einsatz in der ersten Hälfte der 20er Jahre getan, da er unaufhörlich von Stadt zu Stadt, von Jugendgemeinschaft zu Jugendgemeinschaft reiste. Auch Eduard Heimann war, um dies vorwegzunehmen, seit den späten 20er Jahren ein geschätzter Referent in sozialdemokratischen Ortsvereinen, und er hat insbesondere in Hamburg zahlreiche Vorträge gehalten und Diskussionen auch mit der erwachsenen Arbeiterschaft der Wasserkante geführt. Um die Auffälligsten und Klügsten unter den jugendlichen Zuhörern, Fragestellern und Diskutierenden bemühte man sich dann besonders; man lud sie ein zu Sitzungen des engeren Kreises, wo die jungen Arbeiter, von denen man sich Blutauffrischung und lebensnahe Ursrpünglichkeit, proletarische Authentizität gleichsam, erhoffte, in die komplexen Bezüge des philosophischen Denkens behutsam und systematisch eingeweiht wurden. Akademischen Konkurrenten erschienen die Vertreter des Kairos-Kreises häufig als hochmütige Intellektuelle, und das konnten diese in Disputen mit Gleichrangigen unzweifelhaft sein. Scharfzüngig, intellektuell brillierend und voller beißender Verachtung für die Unstimmigkeiten in den Überlegungen anderer, trieben sie selbst einen Denker von Rang wie den Schweizer Theologen Leonard Ragaz beispielsweise in die Depression und Verletzbarkeit.[77] Eine solche Attitüde konnte viele Jungsozialisten freilich nicht stören oder schrecken. Im Gegenteil, geistige Souveränität und spürbare Überlegenheit, mochte sie noch so arrogant daherschreiten, zog ihr Interesse erst an. Den Jugendlichen gegenüber verhielten sich Tillich und Mennicke zudem immer pädagogisch: zuhörend, einfühlsam, mit einer es den zumeist befangen-unsicher auftretenden Jugendlichen leichtmachenden ungezwungenen Natürlichkeit des Gleich-zu-gleich-seins.[78]

Um nicht selbst in den zuvor beklagten Fehler der Pauschal- und Allgemeinbegriffe zu verfallen, soll im Folgenden auf theoretische Eigenarten und individuelle Eigentümlichkeiten innerhalb der Berliner Gruppe eingegangen werden; denn auch der Kairos-Kreis war nicht einfach von widerspruchsfreier Homogenität. Besonders Eduard Heimann, Sohn des wohlhabenden Verlegers und angesehenen sozialdemokratischen Abgeordneten Hugo Heimann, fiel in den frühen 20er Jahren ein wenig aus dem Rahmen. Heimann, 1889 geboren und als Student entscheidend durch die Diskussionen in der „akademischen Freischar" geformt[79], war ganz anders als Mennicke oder Tillich anfänglich ein ausgesprochen impulsiver Gegner des Marxismus und haderte ziemlich kompromißlos mit der ganzen Ausrichtung der Arbeiterorganisationen. Auf die polar-alternativ gestellte Frage „Sozialistische Gesinnung oder Umgestaltung der ökonomischen Verhältnisse, was hat Vorrang?", eine Frage, über die in der unmittelbaren Nachkriegszeit in Hunderten von politisch schillernd zusammengesetzten Zirkeln – auch Kommunisten fehlten da nicht – mit Leidenschaft gestritten wurde, antwortete Heimann stets mit einem entschiedenen Bekenntnis zum Primat von der persönlichen Lebensgestaltung und der Erziehung zur sozialistischen Menschenbildung und forderte damit besonders Mennicke heraus, der sich, für ein ausgewogenes Verhältnis beider Faktoren plädierend[80], keineswegs einverstanden zeigte und ihm in zahlreichen Auseinandersetzungen der Jahre 1920-23 zu widersprechen pflegte.

Der junge Heimann stand in jenen Jahren ganz im Banne seiner Nietzsche-Lektüre. Der Einfluß Nietzsches auf Mennicke (und auch auf Tillich) war sicher kaum geringer, aber doch ausgewogener und durch andere Impulse abgerundeter, vielleicht kann man sagen: reifer verarbeitet als bei seinem jüngeren Gesinnungsfreund, dessen Diskussionsbeiträge in den religiös-sozialistischen Zirkeln durch ein unbedingtes, radikales lebensphilosophisches Ethos Auffallen erregten. Der Kapitalismus sei, so lautete die Ausgangsfeststellung für Heimanns damalige Generalthese, nicht etwa deswegen verdammenswürdig, weil er einen mehr oder weniger großen Mehrwert vom Arbeitseinkommen usurpiere, demzufolge ausbeuterischen Charakters sei und soziale Ungerechtigkeiten bewirke; dies sei kaum der Rede wert und im übrigen ökonomisch höchst fragwürdig interpretiert, wenn nicht gar falsch gesehen. Nein, das eigentliche Übel der freien Marktwirtschaft bestehe darin, daß sie Gemeinschaften vernichte und den Gemeinsinn, die große Sehnsucht der ruhelosen Menschen, wie Heimann regelmäßig ausführte, brutal zerstöre und ein gesellschaftliches Empfinden von Fremdheit und Feindschaft erzeuge.[81] Die Alternative zur Marktwirtschaft bezeichnete auch Heimann als „Sozialismus", übersetzte dies mit „vergesellschafteter Arbeit" und definierte die Voraussetzungen dafür als Problem sozialpsychologischer, nicht etwa wirtschaftlicher Art — was eigentlich etwas überraschend, wenn nicht gar merkwürdig aus dem Munde eines gelernten und in jungen Jahren bereits anerkannten und angesehenen Ökonomen geklungen haben muß. Die marxistische Arbeiterbewegung mit ihrer ökonomischen und materialistischen Einstellung ging falsche Wege, da war sich Heimann gewiß. Der Klassenkampf, was sollte das mehr als ein „Beutekrieg" der „kapitalistisch versuchten" Arbeiterschaft sein, fragte er provozierend — aber er meinte dies auch so — seine Kontrahenten in den Debatten der frühen 20er Jahre. Mit dem materialistisch entfachten „Instinkt des Begehrens", das, was die Marxisten als objektives Interesse kategorisierten, könne man vielleicht die Schlacht gegen die Kapitalisten gewinnen, dann aber, prophezeite Heimann, beginne unweigerlich der Kampf um die errungene Beute, das feindliche Gegeneinander statt der ersehnten brüderschaftlichen Gemeinschaft.[82]

Heimanns Gegenprogramm zum schnöden Materialismus war allerdings ebenso naiv und weltfremd wie die meisten Vorschläge, die der kunterbunt zusammengesetzte „Gesinnungssozialismus" der Weimarer Zeit hervorbrachte und die sich — ganz gleich ob linkssozialistisch begründet oder von einem ethischen Revisionismus her inspiriert — in dem, was ihnen an Konkretem innewohnte, wie ein Ei dem anderen ähnelten: „Sozialistische Menschen" sollten gebildet werden, die Erziehung in der Gemeinschaft und, natürlich, der Volkshochschule galt es zu fördern, kurzum, man müsse „Keime sozialistischen Lebens schon in unsere heutige Welt hineinpflanzen"[83] — alles Vorschläge mithin, uns gut bekannt, im Zirkel und in einer auserwählten Schar von Intellektuellen und ambitionierten Arbeiterjugendlichen wohl in erfreulichen und ermutigenden Ansätzen zu realisieren, aber doch ernsthaft und mit Aussicht auf Erfolg nicht den proletarischen Massen anzuraten, von denen niemand verlangen konnte, daß sie in ihren sozialen Existenzkämpfen die materielle Interessensolidarität zugunsten einer ihrem elenden Sein übergeordneten Ethik aufzugeben hätten. Als wäre nicht auch derjenige Proletarier, dem es um eine im besten Sinne humanistische Erziehung seiner Kinder zu tun war, der „Kultur" in die Familie bringen wollte, sich und seine Frau dafür von der Pflicht zermürbender und erschöpfender Arbeit zu entlasten versuchte, also ganz anders geartet war als der von Heimann gezeichnete Typus des „kapitalistisch versuchten Arbeiters", immer wieder durch leidliche Erfahrung darauf gestoßen, daß dazu die Macht der durch Interessen zusammengehaltenen Organisationen seiner Klasse im harten Ringen mit der

Unternehmerschaft und den Vertretern des Bürgertums unverzichtbar war. Heimann, als Sohn eines sozialdemokratischen Reichstags- und Landtagsabgeordneten, hätte dies auch in seinen Sturm- und Drangjahren wissen können und überdies konnte ihm eigentlich schon im Elternhaus nicht verborgen geblieben sein, daß gerade der Kern der organisierten Arbeiterbewegung in Deutschland, ob nun marxistisch oder reformistisch, keineswegs einen nur-materialistischen Kampf verfochten hatte, sondern von einem hohen Ethos kultureller Zielsetzung geleitet war. Wer sich dort Tag für Tag auf Vorposten engagierte, der tat das zweifelsohne zuerst aus ideellen Motiven, aus Gründen der Empörung über soziale Not, aus dem Leiden an mangelnder Gerechtigkeit und dem Verlangen nach einem besseren, anderen Leben.

Heimann hatte allerdings insoweit Recht, als sich die marxistische Arbeiterbewegung weltanschaulich im Grunde genommen immer um die Erörterung des Spannungsverhältnisses von ideellem Wollen und gesellschaftlichem Sein herumgedrückt hatte, indem man so tat, als gäbe es das Problem gar nicht, da beide Ebenen in der Existenzform des Proletariats „objektiv" zu einer harmonischen Einheit gefunden hätten und alle Rätsel damit nun gelöst seien. So sicher aber die materiellen Kämpfe des Proletariats die notwendigen *Voraussetzungen* für die *Möglichkeiten* sozialistischer Beziehungen sind, so gewiß sind die Folgen der für die Arbeiterschaft erfolgreichen sozialen Auseinandersetzungen nicht schon mit einer neuen Kultur „sozialistischer Menschen" *identisch*. Daß beide Elemente im Prozeß des fortschreitenden Kapitalismus sogar mehr und mehr auseinanderfallen können, haben ethische Sozialisten häufig in weitaus größerer Klarheit und mit nüchternerem Blick analysiert, als manche Repräsentanten des sogenannten „wissenschaftlichen Sozialismus", die – nicht nur in dieser Beziehung – oftmals einem wissenschaftlich verbrämten Wunschglauben anhingen, der besonders blind gegenüber der Empirie unerwünschter Entwicklungen macht. Jedenfalls war Heimann ein scharfsinniger Blick nicht abzusprechen, als er seinen Diskussionspartnern im religiös-sozialistischen Kreis im September 1921 die Prognose unterbreitete, daß sich die Arbeiterschaft keineswegs durch materielle Lage oder historische Bestimmung naturnotwendig für den Sozialismus stark machen werde, sondern dann, wenn ein steigender Produktionsertrag der Wirtschaft dies ermögliche, versöhnlichen Frieden mit einem sozialpolitisch vermilderten Kapitalismus schließen würde.[84] Eine Pervertierung der sozialistischen Bewegung wäre folglich zu befürchten, begünstigt durch die vorherrschende materialistische Geistesart in der Arbeiterbewegung. Einzig die Mobilisierung sittlicher Kräfte, die Entscheidung für das religiöse Motiv, garantiere, so Heimann, die Reinerhaltung der sozialistischen Idee; denn wer aus der bewußten Entscheidung für sittliche Prinzipien handele, aus der Tiefe des Glaubens die Gemeinschaft anstrebe, der lasse sich auch bei reichhaltiger Güterversorgung nicht vom Kapitalismus korrumpieren.

Ein religiöser Orden oder eine politische Sekte mag all diese Konsequenzen aus einer durchaus nicht unberechtigten Sichtweise beherzigen und vielleicht auch mit strenger Zucht verwirklichen können, für die sozialistisch organisierte Bewegung der Arbeiter, sowieso schon kultursozialistischer und bildungsbeflissener als es den Neigungen vieler Proletarier entsprach, waren solche Rezepte wenig hilfreich und letztlich untauglich. In dem Maße indes, wie Heimann, selbständiger ökonomischer Kopf gewiß, seit 1923 mehr und mehr unter die philosophisch-theologischen Fittiche von Paul Tillich geriet, schliff sich der überzogene ethische Idealismus sukzessive ab. Die nun vollständige Hinwendung zu Paul Tillich bedeutete für Heimann – und nicht nur für ihn, auch für andere Hofgeismarer gilt das, besonders für August Rathmann! — eine halbe Aussöhnung mit Marx, genauer: mit dessen dialektischer Methode und geschichtsphilosophischem Anspruch bei unverändert kritischer Distanz zu dessen Materialismus. Die Synthese von Nietzsche und Marx, so etwa kann man, sehr vereinfacht, zugegebenermaßen, das Programm Tillichs umreißen, das jetzt auch dasjenige Heimanns wurde. Der widerrief gleichsam die Positionen seiner Vergangenheit und polemisierte zur Mitte der 20er Jahre gegen die humanistische Befangenheit und das voluntaristische Vertrauen der neo-sozialistischen Ethiker auf Einsicht, Wille, Sittlichkeit und Ideale. Die Bilanz seines Erkenntnisgewinns faßte er selbst so zusammen: „Der Sozialismus kommt nicht zwangsläufig, aber er kann auch nicht in einem leeren Raum konstruiert werden; er ist gebunden an das Schicksal dieser Zeit, das im wirtschaftlich-sozialen Lebensbereich Kapitalismus und Klassenkampf heißt. Das ist, von allen Trübungen gereinigt, der Ansatzpunkt der Marxschen Dialektik, der durch den berechtigten Protest gegen den Marxschen Materialismus und Determinismus nicht verschüttet werden darf."[85]

Karl Mennicke hatte schon Jahre zuvor von einer ähnlichen Position, die nunmehr auch Heimann einnahm, dessen damaliges „sozial-ethisches Ressentiment gegen den Marxismus" getadelt und als Frucht utopischen Denkens abqualifiziert.[86] Am stärksten wohl aus der Führungsgruppe des Kairos-Kreises war er um Verbundenheit mit dem Proletariat, um Verständnis für dessen Situation und um unterstützende Mitwirkung an den Kämpfen der Arbeiterschaft, mochten sie noch so ökonomisch begrenzt sein, bemüht. Rastlos geradezu begab er sich ständig auf Achse: An dem einen Wochenende referierte er vor religiös-sozialistischen Textilarbeitern in Chemnitz, acht Tage später besuchte er junge Bergleute in Bochum, scheute auch einen kurzen Abstecher nach Remscheid nicht, um zu erkunden, was die hoffnungserweckende Volkshochschule dort an neuen Erfahrungen hatte sammeln können[87], um bereits die Woche darauf vor einem gemischten Publikum von Studenten und Arbeitern in Hannover vorzutragen. Gleichzeitig hielt er die Redaktionsführung der beiden kleinen Zeitschriften „Sozialistische Lebensgestaltung" und „Blätter für den religiösen Sozialismus" in seinen Händen; er hoffte damit — mit der Reisetätigkeit und der Zeitschriftenarbeit — seinen Beitrag für die ihm besonders wichtig erscheinende Vermittlung von Theorie und Praxis zu leisten. Den Tribut, den Mennicke dafür entrichten mußte, kann man wirkungsgeschichtlich vielleicht daran bemessen, daß er im Gegensatz zu seinen Freunden Heimann und Tillich heutzutage nahezu vergessen ist. Dabei sind seine Arbeiten keineswegs arm an Gedanken, aber zu dicken Büchern hat es in der Unruhe seiner umtriebigen pädagogischen Arbeit nicht reichen wollen, und selbst noch seine kleinen Schriften wirken an manchen Stellen unabgeschlossen, nicht zu Ende gedacht, wirken alles in allem flüchtiger[88] als die Werke seiner beiden Freunde, die doch mehr „Gelehrte" waren und die ruhige Abgeschiedenheit des Studierzimmers dem kräfteverschleißenden Kursusbetrieb in Arbeiterjugendheimen oder Volkshäusern vorzogen.

Auch die familiäre Herkunft des 1887 in Elberfeld zur Welt gekommenen Mennickes hob sich von der Tillichs und Heimanns, die beide in einer Atmosphäre des Wohlstandes aufgewachsen waren, deutlich ab. Die Eltern Mennickes hatten sich zunächst als Dienstboten verdingen müssen, bis es ihnen nach Jahren entbehrungsreicher Sparsamkeit gelang, sich mit einem kleinen Geschäft selbständig zu machen, dessen Erträge allerdings kaum dazu reichten, die Familie hinreichend zu ernähren. Nach der mittleren Reife mußte Mennicke so gezwungenermaßen mit einer kaufmännischen Lehre beginnen, die er zwar zum Abschluß brachte, ohne daß ihm indes sein Beruf die gewünschte Befriedigung verschaffen konnte. Die fand er in jenen Jahren nur in der streng pietistischen Atmosphäre eines evangelischen Jugendkreises, was ihn dazu ermutigte, das Abitur nachzuholen und sich dann für das Studium der Theologie zu immatrikulieren. Nachdem er 1915 sein Examen mit Erfolg abgelegt hatte, meldete er sich freiwillig zum Sanitätsdienst an die Front, wo er, wie es heißt, erstmals und mit nachhaltigem Eindruck Kontakt zum Denken und Fühlen industrieproletarischer Schichten bekam. Diese Erfahrungen motivierten ihn zu der Entscheidung, künftig an der Überbrückung der Kluft zwischen Bürgertum und Arbeiterschaft mitzuwirken. Infolgedessen engagierte er sich nach dem Krieg in der „Sozialen Arbeitsgemeinschaft Berlin-Ost", einer Vereinigung von Akademikern und Studenten, die in die Arbeiterviertel Berlins zogen, um das Vertrauen und die Freundschaft der dort Wohnenden zu gewinnen. 1920 bekam Mennicke an der soziologischen Abteilung der Berliner „Hochschule für Politik" eine Anstellung als Dozent. Drei Jahre später avancierte er zum Leiter des Seminars für Jugendwohlfahrt, einer Institution, an der sich junge Frauen und Männer ohne akademische Vorbildung in Abendkursen die notwendigen Qualifikationen für eine Arbeit im Wohlfahrtsbereich aneignen konnten – unter den Schülern befand sich eine Reihe von Jungsozialisten.[89] 1930 erhielt Mennicke dann einen Ruf an die Universität Frankfurt, wo er bis zu seiner Emigration 1933 als ordentlicher Professor lehrte.[90]

Es wird mit der Herkunft und dem Praxisverständnis Mennickes zusammenhängen, daß dieser sich im Unterschied zu Heimann in keiner Phase seiner politischen Betätigung überheblich zu den ökonomisch-sozialen Forderungen der Arbeiterbewegung geäußert hat. Er insistierte im Gegenteil immer darauf, daß der religiös-sozialistische Kreis nicht die selbstgerechte Absonderung abseits der Masse wählen dürfe, sondern geistig an die wirklichen Auseinandersetzungen anzuknüpfen und mit der Klasse die Kämpfe gegen Not und Elend in aller Entschiedenheit und Solidarität durchzufechten habe.[91] Am Beispiel Mennickes zeigt sich erneut, wie wenig das Schema „rechts-links" manchmal tauglich ist, und es wird deutlich, wie problematisch, wenn nicht falsch, die gängigen Zuordnungen des „religiösen Sozialismus" zum ethischen Sozialismus am rechten Rande der Sozialdemokratie sind. Für Teile des Hofgeismarkreises, der religiös-sozialistischen Gruppen und der ethischen Sozialisten muß die Forschung neue, differenziertere und offenere Kriterien der Ein- und Zuordnung suchen und erproben; die alten Kategorien wie „Jungtürken", „aktivistische Rechte", teils banal, teils zu pauschal, reichen offenkundig zur Erklärung nicht aus bzw. gehen regelrecht in die Irre.[92] Schon die parteipolitische Option von Mennicke und Tillich in den frühen 20er Jahren hätte eigentlich die vorgegebenen Interpretationsmuster längst erschüttern müssen: Beide waren der USPD und nicht etwa der Mehrheitssozialdemokratie beigetreten. Den Schritt der Vereinigung der beiden sozialdemokratischen Parteien vollzog 1922 nur Mennicke nach, während sich Tillich erst 1929 wieder um ein Parteibuch bemühte. Aber auch in der vereinigten Partei stand Mennicke nicht „rechts", sondern – wie er häufig mit unverkennbarem Stolz hervorhob – in „leidenschaftlicher Opposition" zum, wie er meinte, dem Klassenkampf ausweichenden Kurs der Parteimehrheit.[93] Mennickes Mißbilligung traf sowohl die Parteispitze, der er Mißachtung des Massenwillens und bürokratisches Vorgehen vorwarf, als auch den revisionistischen Flügel, dessen politisches Selbstverständnis er als „unproduktiven Opportunismus" abkanzelte.[94]

Nun darf man sich Mennicke freilich nicht in überdrehter Verkehrung aller bisherigen Annahmen über den „religiösen Sozialismus" als verkappten Linkssozialisten vorstellen. Nicht grundsätzlich anders als Heimann, nur im Temperament eben etwas moderater, stand auch er insoweit kritisch zu Marx, als der ihm das „Außen" — die ökonomischen Grundstrukturen — zu sehr über das „Innen" — die Ethik, die Religion und geistigen Dispositionen — gestellt hatte. Ähnlich wie Heimann hielt auch Mennicke es für keineswegs ausgeschlossen, daß sich die Arbeiterschaft im Zuge ökonomischer Prosperität dem Kapitalismus wirtschaftlich und politisch angleichen werde.[95] Demzufolge unterschieden sich die Diagnosen, die Mennicke erstellte und die konkreten Vorschläge, mit denen er Remedur schaffen wollte, von denen Heimanns letztlich nur in Nuancen. Mennickes Chiffre, um die sich alles drehte und von der sich alles herleitete, lautete zwar nicht „Sittlichkeit", sondern „Geist", meinte im übrigen aber genau das gleiche: Nur der religiöse Geist habe ein Empfinden für den lebenszerstörenden Kern der zerstückelnden kapitalistischen Produktionsweise und werde sich selbst dann nicht mit dieser Wirtschaftsordnung abfinden, wenn sie floriere und die Bedürfnisse des Massenkonsums befriedigen könne. Was Mennicke hier formulierte, war im Grunde genommen eine Kernaussage der übergroßen Mehrheit im Weimarer Jungsozialismus, und man sollte über dieses Identische hinaus den jeweils eigenwilligen Begründungsapparat der einzelnen Grüppchen, Franktionen und Konvertikel nicht überschätzen: Es war das Bekenntnis zum Primat des „Geistes" und der unbeugsamen Gesinnungstüchtigkeit, eine stolze Haltung fundamental-oppositioneller Prinzipientreue, gefeit gegen materielle Verlockungen und Zugeständnisse des verhaßten bürgerlichen Systems und voller höhnischer Verachtung für das pragmatisch auftretende Sich-einstellen-müssen auf die gegebenen Umstände. Eine solche idealistische Standfestigkeit und Verbundenheit mit der ursprünglichen Moral besitzt den nicht gering zu veranschlagenden Vorzug verkörperter und durchgehaltener Glaubwürdigkeit, birgt aber gleichwohl die nicht weniger bemerkenswerten Tendenzen eines gefährlichen, mitunter regelrecht totalitären Absolutheitsanspruchs.

Vorzüge und Gefahren lagen auch bei Mennicke sehr eng beieinander. Daß auch gemeinwirtschaftliche Unternehmen oder sozialisierte und planend geleitete Industrien, dann, wenn sie nicht in einer bewußten Ethik genossenschaftlicher Prinzipien und Handlungsweisen begründet sind, allzu schnell der Versuchung unterliegen, sich kapitalistischen Strukturen anzupassen, den Gesichtspunkt der Rentabilität als höchsten oder gar alleinigen Maßstab gelten zu lassen, Hierarchien und Abhängigkeitsverhältnisse zu bilden, hat Mennicke beispielsweise klar erkannt und mit der notwendigen Schärfe herausgearbeitet.[96] Mennicke und mit ihm zahlreiche andere Intellektuelle im Jungsozialismus lösten das hellsichtig registrierte Problem allerdings nur scheinbar, indem sie das ethische Prinzip von der Existenz und den Möglichkeiten der „Arbeitermassen" abtrennten, in die Sphäre transzendentaler Erkenntnisse katapultierten, es so allein einsichtigen „Führern" übereigneten, die nun die Verantwortung für die Durchsetzung des „Höheren" und „Geistigen" anstelle und für die „Massen" zu tragen hatten.[97] Mennicke traute im Unterschied zu Heimann selbst einer weitgespannten Erziehungsarbeit nichts großartig Wirkungsvolles zu, und es war daher nur konsequent, daß er sich über die Demokratie als eine „seltsam festgefahrene" und „inadäquate Ideologie" der sozialdemokratischen Parteiführung mokierte und ihr die Übernahme des „Diktaturgedankens" dringlich anempfahl.[98] Auch dieser Ratschlag war im Jungsozialismus jener Jahre keine Ausnahme, und künftig konnte man ihn dort — nie etwa in bösartig-tyrannischer Absicht, sondern immer nur das Beste für die Menschheit wollend — noch häufiger vernehmen. Seltener wurde dagegen der in Mennickes Schriften noch stark herausgekehrte „Anti-Intellektualismus", die Verhöhnung des von der sozialdemokratischen Arbeiterbewegung bewußt angetretenen aufklärerischen Erbes des liberalen Bürgertums — eine höchst problematische Infragestellung des pointiert rationalen und demokratischen Standpunktes der Weimarer SPD durch die religiösen Sozialisten, etwas, was in den letzten Jahren in zahlreichen Examensarbeiten und Dissertationen über die Arbeiterbewegung der Zwischenkriegszeit törichte Urständ feierte.

Auch Paul Tillich, Primus inter pares im Berliner Kreis, hielt „Rationalismus" und Materialismus" für die Hauptgebrechen der „sinnentleerten" Gegenwart. „Sinn", das war die Zauberformel Tillichs, ähnlich wie zunächst für Heimann die „Sittlichkeit" und für Mennicke der „Geist". Eine „sinnerfüllte Gesellschaft" schaffen, dies mußte nach Tillichs Auffassung die Aufgabe des Sozialismus sein und als Losung an die Stelle der überkommenen Parolen von „Freiheit", „Gerechtigkeit" und „klassenloser Gesellschaft" treten.[99] Als Sohn eines konservativen protestantischen Pfarrers der Mark entstammte der 1886 geborene Tillich einem Sozialmilieu, das schon traditionell im preußischen Teil Deutschlands das mit dem bildungsbürgerlichen Status begründete Recht auf gesellschaftlich verbindliche Sinngebungskompetenz proklamierte.[100] Tillich selbst interessierte sich zunächst nicht sonderlich für Politik, allerdings wuchs seit seiner Jugend mehr und mehr der Unwille gegen das ständische Gebaren und den elitären Dünkel seiner Herkunftsgruppe. Auf der Suche nach einem eigenen Standort, der sich vom Konservatismus des Elternhauses provozierend abheben sollte, halfen ihm zunächst die Schriften Friedrich Nietzsches. Wie für zahlreiche andere Intellektuelle, die an ihrer Um- und Lebenswelt im Kaiserreich irre wurden, bedeutete auch für Tillich der 1. Weltkrieg, an dem er als Feldprediger teilnahm, und der für ihn neuartige Umgang mit der Arbeiterschaft ein einschneidendes Erlebnis, das ihn zur geisten Auseinandersetzung mit dem Marxismus und der sozialistischen Bewegung trieb. Aus diesen beiden Quellen seines antibürgerlichen Protests, der nietzschianischen Rationalismuskritik und der Lebensphilosophie auf der einen und der Marxschen Dialektik auf der anderen Seite, entwickelte Tillich in den 20er Jahren, zunächst als Privatdozent in Berlin, seit 1929 als Professor an der Frankfurter Universität, ein eingenes geschlossenes geschichts- und kulturphilosophisches Deutungssystem seiner Zeit, das in dieser Konsistenz kein zweiter Denker des 20. Jahrhunderts nach ihm zu errichten in der Lage war.[101]

In ihrem utopischen Charakter war die Philosophie Tillichs dem Marxismus nicht unähnlich. Sie teilte dessen universellen Erklärungsanspruch und besaß vergleichbare Probleme in der versuchten Vermittlung des menschlichen Seins mit dem geschichtlichen Sollen. Tillichs Entwurf entsprach allerdings mehr den soteriologischen Bedürfnissen der zeitgenössischen Jugendbewegung, besonders denen vieler Hofgeismarer, da sein Denken des materialistischen Ansatzes entbehrte und statt dessen die menschliche Sinnsuche in den Vordergrund stellte. Die Funktion seiner Lehre war aber durchaus vergleichbar mit der, die der Marxismus zumindest in den Jahrzehnten zuvor für große Teile der Arbeiterschaft besessen hatte. Durch die transzendentale Wegweisung auf die Erlösung aus dem bürgerlichen Jammertal durch ein irdisches „Reich Gottes" konnten die Heilssehnsüchte befriedigt, die aktuellen Spannungen ursächlich-zusammenhängend gedeutet, optimistisch ausgehalten und durch den Aufruf, bereits jetzt, im Hier und Heute, Zeichen des „Gottesreiches" zu errichten, in konstruktive Energien und Taten umgesetzt werden. Leidenschaftlicher Enthusiasmus und radikale Visionen von einer ganz anderen Welt mischten sich bei Tillich und seinen Schülern, eben und besonders auch bei einigen Hofgeismarern, mit der Selbst-Aufforderung zu zäher Alltagsarbeit und persönlicher In-die-Pflichtnahme, zu einem permanenten Reformismus gleichsam — ein Mischverhältnis von jenseitiger Utopie und diesseitigem Tun, das allen sozialen Bewegungen, die in Unfrieden mit den gesellschaftlichen Realitäten leben, zu eigen ist, da es ihnen die Kraft zur Existenz und Aktivität spendet und nur von einer unverständigen Historiographie zuweilen als „Dualismus", „Zwiespalt" oder „Gegensatz" interpretiert wird. August Rathmann jedenfalls war, als er, wie einige andere Hofgeismarer, im Oktober 1925 an einer Arbeitswoche des Berliner Kreises teilnahm, von der Philosophie Tillichs hingerissen: „Durch ihre Beziehung auf das Absolute verleiht sie eine Sicherheit in der Wertung des Zeitlichen, wie sie weder die marxistische Theorie noch eine andere Lehre zu geben vermag. Die Anerkennung des Unbedingten behütet sie davor, das menschliche Glaubensbedürfnis zu enttäuschen."[102]

Im Zentrum der Gedankenführung Tillichs stand die Überzeugung, daß sich im realen Geschichtsablauf Zeitpunkte (Kairoi) herausbilden, in denen der Mensch durch Gottes Gnade Neues schaffen könne. Eine solche Konstellation *möglicher* — nicht notwendiger! — Sinnerfüllung und Neuschöpfung des menschlichen Zusammenlebens sah Tillich im Auftreten des Sozialismus gekommen, da diesem eine endgerichtete Spannung und das Verlangen nach Durchbrechen der Endlichkeit, letztlich auch der Wunsch nach Sinndeutung der Geschichte innewohne.[103] „Der Geist der Prophetie in Marx", mahnte Tillich seine Schüler, besonders die des Hofgeismarkreises, „darf dem Sozialismus nicht verlorengehen", zumal weder Marx noch der Marxismus „historisch erschöpft" seinen.[104] Tillich wollte über Marx hinausgehen, dabei dessen von Hegel übernommenes „geschichtsbewußtes Denken" beibehalten, um keinen Rückfall in die vor-marxistische Ära des ethischen Idealismus zu riskieren, da dessen abstrakte Gegenüberstellung von Idealen und empirischen Gegenwartserkenntnissen nichts über das Wollen und Können der menschlichen Subjekte aussage. In der Tat unterschied sich Tillich in seiner Kritik am „Kantianismus" und in seinem dem entgegengesetzten positiven Geschichtsbild im Grunde nur insoweit vom Marxismus, als dieser in den *Produktivkräften* den Motor aller gesellschaftlichen Bewegungen sah, während jener in dem jeweiligen *Sinn* der Epochen das Agens der menschlichen Höherentwicklung anerkannte. In beiden Systemen waren die zentralen Momente objektiv und absolut gesetzt: Wo „Produktivkräfte" bzw. „Sinn" nicht ausreichend entfaltet waren, konnte der bestgemeinte Idealismus sein Ziel nicht erreichen, wo die Entwicklung hingegen weit genug hatte gedeihen können, mußten die Produktivkräfte das subalterne Subjekt, so Marx, revolutionieren und die Sprengung der Produktionsverhältnisse herbeiführen, oder, mit Tillich gesprochen, mußte man, wenn man schauen konnte, handeln aus jener Einheit heraus, in der Wollen und Schauen eins ist, tun, was von dem Sinn einer Epoche gefordert ist.[105]

Daß eine solchermaßen hergestellte Identität von Sein und Sollen, wie zutreffend sich ihr kritischer Grundimpuls gegen einen gleichsam voluntaristisch aufgefaßten „kategorischen Imperativ" auch ausnahm, trotz aller dialektischen Verwobenheit kurzschlüssig, heimlich-utopisch und sicherlich anthropologisch zu optimistisch begründet war, dürfte indes nach den vorliegenden Erfahrungen des 20. Jahrhunderts kaum mehr zweifelhaft sein. Das Geheimnis für den Erfolg des „Volksmarxismus"

(H. A. Winkler) einst bei den sozialdemokratischen Massen und der Philosophie Tillichs bei den Arbeiter-Intellektuellen des Hofgeismarkreises lag wahrscheinlich auch mehr in dieser Verästelung von eschatologisch-utopischen Visionen und wissenschaftlichen Belegen, die selbst den prosaischen Alltag mit kühnen, aber scheinbar gerechtfertigten Träumen erfüllen konnten. In dem Maße, wie in der Weimarer Sozialdemokratie der revolutionäre Impetus und die dynamische Schwungkraft des „Volksmarxismus" zugunsten einer nüchternen Realpolitik verlorengingen, gerieten Philosophien wie die Tillichs zu rebellischen Korrektiven der Parteilinie, handelten die Schüler des Berliner Theologen aus einer den Pragmatismus und die organisationspatriotische Saturiertheit denunzierenden Opposition, die weder „rechts", noch einfach „neoreformistisch", sondern „lebensphilosophisch-revolutionär" war und dabei den unbedingten Imperativ unaufhörlicher Veränderung im Zeichen des „Reiches Gottes" als Auftrag zur ständigen Reform begriff.

*c) Opposition zum „Heidelberger Programm": Zwei Alternativen*

Der Charakter dieser parteioppositonellen Haltung, die man wohl mit gutem Grund als den geistig-politischen Standort der großen Mehrheit im Hofgeismarkreis bezeichnen kann, spiegelt sich deutlich, wenn auch nicht ungebrochen, in einer von August Rathmann im Herbst 1925 verfaßten Polemik gegen das gerade vom SPD-Parteitag nahezu einstimmig angenommene Heidelberger Programm wider. Rathmanns kritische und sorgfältige Auseinandersetzung mit dem neuen Programm gehörte zu den ganz wenigen ausführlichen Stellungnahmen, die in diesen Monaten von einem Sozialdemokraten aus der weitgehend desinteressierten Parteiöffentlichkeit abgegeben wurde[106]. Allerdings vermochte das Programm, im wesentlichen von Karl Kautsky und Rudolf Hilferding formuliert, auch keine Emotionen zu wecken, keine leidenschaftlichen Debatten zu provozieren oder auch nur lebhafte Neugierde zu entfachen; nicht einmal Lektüregenuß konnte dieses trocken geschriebene, additiv zusammengestellt wirkende Manifest bereiten, das sich in zentralen Passagen seines „Grundsätzlichen Teils" an das Erfurter Programm anlehnte, anders als das „Görlitzer Programm" der MSPD wieder eine ökonomische Analyse marxistischer Observanz vorausschickte, den Klassenkampf und den Klassenbegriff faktisch erneut in den Mittelpunkt stellte, und an der Verkündung des Endziels in Form einer Gesellschaft mit sozialisierten Produktionsmitteln festhielt. Dieser Rückgriff auf das Erfurter Selbstverständnis war weniger dem Umstand geschuldet, daß sich, wie H. A. Winkler meint, die USPD-Doktrinäre und Hüter der reinen Lehre, Hilferding und Kautsky, durchgesetzt hatten[107] – schließlich waren beide in der USPD zu guter Letzt nur noch Randfiguren, kaum geduldete, mitunter gehässig behandelte Außenseiter[108], und sie hatten schon damals Grundannahmen der „Orthodoxie" revidiert –, sondern hing mehr mit den verstärkt seit der Hyperinflation eingetretenen sozialen und politischen Machtverschiebungen zugunsten des konzentrierten Kapitals zusammen. Hilferding besonders hat diese Erfahrungen, die ehemalige USPDler kaum anders wahrgenommen hatten als frühere MSPler, gezielt in integrierende Formeln des traditionellen sozialdemokratischen Milieus gebündelt, bewußt eine Sprache gewählt und symbolische Deutungen benutzt, die den Stammbataillonen der sozialdemokratischen Facharbeiterschaft wohl vertraut waren und ihnen nach Jahren der

Verwirrung und Desorientierung über den tobenden „Bruderkampf" und die sozialdemokratischen Mißerfolge in Koalitionskabinetten Sicherheit und „Lager-Gewißheit" vermitteln sollten.

In den Ohren alter sozialdemokratischer Parteirecken und treuer sozialdemokratischer Wähler klangen diese programmatischen Erklärungen mithin gewohnt, sicher nicht mitreißend, wohl aber vernünftig und einleuchtend — immerhin: die Stabilität eines gewichtigen Sozialmilieus in der schwierigen Zeit der Brüche und Zersetzungen zu erhalten, ist keine geringe Leistung und kann durch allzu freizügige „Öffnungen" ernsthaft in Gefahr geraten. Daran indes kann kein Zweifel sein, daß das Programm von Heidelberg an den Fragen und Irritationen, den Gefühlsregungen und Stimmungen großer Teile der Jugend, Angestellten und Beamten, der Intellektuellen und kleinen Gewerbetreibenden unbekümmert vorbeiging und ideologische Ausstrahlungskraft dort nicht zu erreichen vermochte. Für derartige Versäumnisse aber hatten, wir sahen es schon häufig, Hofgeismarer Jungsozialisten eine „Antenne", und in solchen Momenten schlugen sie Alarm.

So auch August Rathmann in seinem Aufsatz für den „Politischen Rundbrief". Selbst noch dort, wo er dem neuen Parteiprogramm positiv attestierte, alten theoretischen Ballast, wie etwa die Lehre von der naturnotwendigen Entwicklung, die Verelendungs- und Katastrophentheorie, abgeworfen zu haben, machte er Negatives aus. Denn bei dieser Entrümpelung sei gleichzeitig, argumentierte er bedauernd, die religiöse Kraft des Erfurter Programms und die religiösen Grundkräfte der sozialistischen Bewegung auf der Strecke geblieben. Die Läuterung und Verlebendigung dieser Grundkräfte aber hielt Rathmann für entscheidend; jedoch nichts davon konnte er im neuen Programm wiederfinden, da es jede Verwurzelung in der Zeit, jedes Hineinfühlen und Hineinhorchen in das Wollen der Gegenwart vermissen lasse. Es mangele dem Programm, so Rathmann, an einem „erdhaften, blutdurchpulsten Bild des neuen Werdens"[109], es gebrauche keine Worte, die die Herzen und Gemüter zu bewegen vermögen. Sozialisten hätten aber, so faßte der Hofgeismarer Jungsozialist diesen Teil seiner Ausführungen zusammen, „zukunftsstarke und doch lebensnahe"[110] programmatische Vorstellungen zu entwickeln.

Mit polemischen Worten bedachte Rathmann die — bekanntlich in der SPD nicht neue — Prognose des Programms, daß die Interessen der Angestellten und Intellektuellen im steigenden Maße mit denen der übrigen Arbeiterschaft übereinstimmen und beide Gruppen so dem Rekrutierungsfeld der Sozialdemokratie gleichsam automatisch zufallen würden.[111] Das alleinige Hoffen aber darauf, daß die Interessen ihre Schuldigkeit zur Vergrößerung des sozialdemokratischen Einflusses tun würden, mußte nach Auffassung von Rathmann in Anlehnung an Eduard Heimann zur Aushöhlung der im „Görlitzer Programm" noch ausdrücklich betonten sittlichen Motive führen, zumal ihm keineswegs gesichert schien, daß der Einsatz für sittliche Ziele in allen Fällen einen Zugewinn materieller Erträge bedeute. Überdies, so konstatierte Rathmann richtigerweise die bewußtseinsmäßigen Schranken und subjektiven Eigenarten auch „proletarisierter" Mittelschichtler, lebten diese Angestellten, Beamten und Intellektuellen in einer anderen Welt als die Industriearbeiter. Statt also auf die Überzeugungskraft der sozialen Situation zu warten, müsse die „Angriffskraft der Idee", die Attraktivität des sozialistischen Gedankens offensiv erprobt und in diese Schichten hineingetragen werden. Die Arbeiterklasse habe entgegen dem alten und im Heidelberger Programm wiederaufgenommenen Mythos keine besondere geschichtliche Mission im Ringen um den Sozialismus zu erfüllen. Da die Industriearbeiterschaft in Deutschland sowieso nur noch eine Minderheit der Bevölkerung umfasse, bestehe aller Anlaß für die Sozialdemokratie, mahnte Rathmann, den gewandelten Verhältnissen Rechnung zu tragen, „und die Grundlage für eine wirkliche Volkspartei"[112] zu schaffen.

Rathmanns Beitrag war bei aller eklektizistischen Zusammenfassung von lebensphilosophischen, religiös-sozialistischen und neokantianischen Elementen die zweifellos reifste Frucht langjähriger Hofgeismar-Kritik am traditionellen sozialdemokratischen Marxismus, und sicher kann der politikwissenschaftlich Interessierte hier fragmentarische Versatzstücke eines späteren „Godesberger Weges" entdecken. Gewiß sprach Rathmann auch für die Majorität des Kreises, und dennoch spiegelten seine Ausführungen nicht die ganze Bandbreite der dort existierenden Positionen wider. Kritik am Heidelberger Programm übte nämlich auch die Minderheit nationalrepublikanischer Marxisten um Theodor Haubach, der sich als begeisterter Anhänger des links-zentristischen „Linzer Programms" der österreichischen Sozialdemokratie bekannte: „Wir wollen es offen aussprechen", gestand Haubach in einem Artikel für das „Hamburger Echo" seine Neigung zum Austromarxismus ein, „daß uns das Linzer Programm unserer österreichischen Bruderpartei wesentliche Vorzüge vor dem Heidelberger Programm der deutschen Partei zu enthalten scheint."[113] In der Tat wirkte das Linzer Programm dialektisch geschlossener und wuchtiger, es war glänzend geschrieben, problembewußt und doch optimistisch, es vermittelte kämpferische Begeisterung und zielorientierte Geradlinigkeit, es versprach religiöse Toleranz und appellierte offensiv an den Kleinbesitz und die Bauernschaft; bei alledem operierte es mit der analytischen Methode des Marxismus. Otto Bauer, Schöpfer des Programms, gehörte eben zu den Ausnahmen im Zwischenkriegssozialismus, die, rhetorisch zumindest, das „revolutionäre Feuer" des frühen Marxismus am Lodern halten konnten — wenn auch Bauer vor der in Aussicht gestellten Brandsetzung der bürgerlichen Gesellschaft dann letztlich doch immer zurückgeschreckt hat. Haubach, geschulter Dialektiker, Aktivist im „Reichsbanner" und als ehemaliger Frontoffizier Liebhaber militärischer Redeweisen, begeisterte sich für das austromarxistische Programm, weil es „ein vollkommen durchgearbeiteter Aufmarschplan (ist), der den augenblicklichen Stand der Bewegung aufs genaueste fixiert und gleichzeitig die näheren und ferneren Ziele des Kampfes in einen festen Zusammenhang einordnet".[114] Haubachs Bewunderung für die theoretischen und politischen Leistungen der österreichischen Sozialisten hat in den übrigen Weimarer Jahren nicht abgenommen; stets empfahl er sie den deutschen Sozialdemokraten als Vorbild.[115]

Eine solche Empfehlung weist ihn fürwahr nicht als einen „rechts" stehenden Sozialdemokraten aus; erneut ein Fingerzeig darauf, wie problematisch die herkömmlichen politisch-geographischen Verortungen Hofgeismarer Jungsozialisten sind. Dabei ist unbestritten, daß die Hofgeismarer Jungsozialisten ursprünglich und auch weiterhin gewichtige Anstöße aus der bürgerlichen Jugendbewegung und der neokonservativen Intelligenz erhielten und solche Einflüsse auch nie haben leugnen können und wollen. Allerdings wurden sie durch andere Impulse, wie die Tillichs, neu verarbeitet und durch verstärkte Mitarbeit in der Parteiorganisation gereifter umgestaltet. Das Weltbild der überwiegenden Mehrheit im Hofgeismarkreis setzte sich 1925/26 zusammen aus einem Konglomerat von ethisch- und religiös-sozialistischem Gedankengut und einer im weitesten Sinne allmählich gewachsenen reformistisch-republikanischen und nationalbewußten Staatsauffassung. Daneben stand auf der einen Seite — mit fließenden Übergängen zur Mehrheit — eine Minderheit patriotischer, wehrhaftrepublikanischer „Austro-Sozialisten", den Blick auf Wien gerichtet, während sich auf der anderen Seite eine völkisch-nationalistische Minorität aus dem Kreis fort, zurück nach Potsdam bewegte.

## V. Intellektuelle und Klassenkampf: Geist- und Gesinnungssozialismus im Hannoveranerkreis

### 1. Im Spannungsfeld von neokantianischem Rigorismus und linkskommunistischer Hegelei

*a) Pfingsttagung in Hannover-Münden: Die Konstituierung des Hannoveranerkreises*

Der Charakter derjenigen Juso-Gruppen, die sich in linker Gegnerschaft zu den Hofgeismarern fühlten, hatte sich 1924 stark verändert. Zum einen hatte die spontane jungproletarische Radikalität im mehrheitssozialdemokratischen Milieu des Jahres 1923 eine Reihe von jungen und begabten Intellektuellen aus bürgerlichem Hause angezogen, die den jungen Arbeitern dort ihre revolutionären Theorien anvertrauten und ihnen den Vorschlag unterbreiteten, den Kampf gegen das „bürgerliche" Denken in der reformistischen Arbeiterschaft anzutreten. Zum anderen bildete man nun, als Antwort auf die fraktionsänlichen Aktivitäten der Hofgeismarer Jungsozialisten, ebenfalls einen eigenen „Kreis", den sogenannten „Hannoveranerkreis". Symbolisch gesehen war dieser Akt gelungen und höchst erfolgreich: linkssozialistische Jusos konnten sich nun eindeutig mit einer schlagwortartig benannten Richtung identifizieren, die bald jedermann als Gegenpol zum Hofgeismarkreis bekannt war. Ganz gleich, ob man als Juso in Breslau, Düsseldorf, Schwelm, Hannover oder Dresden wohnte, man zählte sich zu den „Hannoveranern" und brachte mit dieser Standortbezeichnung zu Erkennen, daß man für „Marxismus" und „Klassenkampf" und gegen „Nationalismus" und „Volksgemeinschaft" war. Noch in späteren Jahren, als sich längst kein Hofgeismarer mehr in der jungsozialistischen Bewegung tummelte, sprach man im Rückblick geradezu wehmütig-nostalgisch von den Richtungskämpfen zwischen „Hannoveranern" und „Hofgeismarern", und Veteranen der Bewegung, in heutigen Tagen befragt, legen in aller Regel zu Beginn eines solchen Zeitzeugengesprächs ein klares und stolzes Zugehörigkeitsbekenntnis zu einem der beiden „Kreise" ab.

Dabei steckte hinter dieser Symbolik „Hannoveranerkreis" nicht sehr viel Reales, und mit dem Hofgeismarkreis hielt er dem Vergleich nicht stand: es gab keine anerkannte Führungsgruppe, es existierte kein regelmäßiges Zirkular[1], Rundschreiben sind zumindest nicht bekannt, und getroffen hat man sich nur ein einziges Mal – eben in Hannover-Münden, dem Ort, der für die mehr allegorische denn organisatorische Bezeichnung einer politischen Anti-Haltung verantwortlich war. Denn eine Anti-Hofgeismar-Einstellung war es, die die höchst unterschiedlichen Strömungen derer, die als „Hannoveraner" firmierten, zusammenhielt. Dabei hat man im Unterschied zu den Hofgeismarern Andersartigkeiten und Gegensätze in den theoretischen Überlegungen nicht einmal thematisiert, sondern unausgedrückt und beziehungslos koexistieren lassen, die Folge sicher der alles überwältigenden Gegnerschaft zu den in ihren Veränderungen und Ausfransungen kaum mehr differenziert wahrgenommenen Positionen der Gegenseite.

Daß die Pfingsttagung in Hannover-Münden wie ein Fanal für alle irgendwie linksoppositionell eingestellten Juso-Gruppen des Reiches wirkte und den Auftakt für eine scheinbar geschlossene und schließlich erfolgreiche Gegenoffensive zum Hofgeismar-Sozialismus bedeutete, mochten die ursprünglichen Initiatoren der Konferenz, die Jungsozialisten Hannovers, vielleicht ein bißchen erhofft, wohl aber selbst nicht ganz erwartet haben. Mit Jungsozialisten anderer Städte war das Unternehmen zunächst jedenfalls weder geplant noch abgesprochen. Mitte Mai 1925 luden die „hannoverschen Jungsozialisten durch kleinere Inserate in verschiedenen sozialdemokratischen Tageszeitungen zu diesem Treffen ein.[2] Der grassierenden nationalen Welle, so hieß es darin, sollte durch ein „Bekenntnis zum Marxismus und Klassenkampf" Einhalt und Paroli geboten werden. Die Zahl der Anmeldungen, etwa 150 aus dem ganzen Reich, die Fülle von Briefen und Nachfragen bewies den Initiatoren, wie stark das Interesse an einer sichtbaren klassemkämpferischen Alternative zum Hofgeismarkreis inzwischen angewachsen war. Die verantwortlichen Jungsozialisten aus Hannover, August Bolte und Paul Witthöft, schalteten sofort und erweiterten in einem neu erstellten, ausführlicheren Zeitungsaufruf den Kreis der Einlader um den theoretisch brillanten Max-Adler-Schüler Heinz Hornung aus Düsseldorf und den Schwelmer Ernst Rosendahl, um nun, Ende Mai, anstelle einer regionalen Konferenz „ein allgemeines Treffen der Jungsozialisten Deutschlands" avisieren zu können:

> „Der Zweck des Treffens soll sein, Stellung zu nehmen gegen die Richtung in unserer Bewegung, die ihrer ideologischen Einstellung nach den Boden des marxistischen Klassenkampfs verlassen hat und sich heute, in einer Zeit der schärfsten Klassengegensätze, zur Volksgemeinschaft und zu einem Deutschtum bekennt, das von der Gefahr des nationalistischen Gedankens nicht frei ist, die Richtung, die, je mehr sie die sittliche Idee des Staates betont und ihre Hoffnung auf die deutsche Jugend setzt, die die Trägerin einer neuen Gesellschaftsordnung sein will, umsomehr vergißt, daß es Klassen gibt, die in erbittertem Kampf gegeneinander stehen, die vergißt, daß der Klassenkampf nicht auf subjektiven Meinungen, sondern auf objektiven Tatsachen beruht, daß er ein dem Proletariat mit geschichtlicher Notwendigkeit aufgezwungener Kampf ist und daß die herrschende Klasse sich jeweils im Staat ein Instrument zur Unterdrückung der anderen Klasse schuf."[3]

Von diesem zum Schluß anklingenden instrumentalistischen Staatsverständnis — einem Grundaxiom linkssozialistischer Staatskritik — ließ sich auch der Hauptreferent der Pfingsttagung in Hannover-Münden, Georg Engelbert Graf, in seinem Vortrag zum Thema „Klassenkampf oder Volksgemeinschaft" leiten.[4] Gegenüber der im besten Falle idealistischen, im schlimmeren Falle jedoch ausgesprochen reaktionären preußischen Staatsmetaphysik einiger Hofgeismarer bedeutete dies sogar einen historischen Fortschritt und stieß deshalb, ebenso wie die Zurückweisung aller nationalistischen Stimmungen, nach der dem Volksgemeinschaftsrummel folgenden Ernüchterung, auf eine spürbar angestiegene Resonanz bei den Jungsozialisten. In der Hervorhebung des soziologischen Charakters einer Gesellschaft, in der gedanklich hergestellten Wiederanbindung der staatlichen Sphäre an die Strukturen des gesellschaftlichen Zusammenhanges lagen Stärken und erkenntnisfördernde Möglichkeiten der linkssozialistischen Überlegungen, in deduktiven Kurzschlüssen aus vermeintlichen Wesenselementen grobschlächtig interpretierter Produktions- und Klassenverhältnisse zu dogmatisierten Bestimmungen eines ehernen Funktionsmechanismus staatlicher Herrschaft verbarg sich indessen ein fatales Wahrnehmungsdefizit gegenüber der komplexen gesellschaftlichen Empirie unterschiedlicher politischer Systeme mit gleicher Produktionsordnung. Ein Grunddilemma, das sich bei den Jungsozialisten seit Mitte der 20er Jahre fortan bemerkbar machte: hellsichtige Analysen reformistischer Unzulänglichkeiten blieben ohne eigentliche politisch-strategische Konsequenzen, da der Raum für republikanisch-sozialistische Politik durch die abstrakte Negierung des „bürgerlichen Staates" und durch das Hoffen auf das ganz andere „Endziel" niemals analytisch oder gar praktisch ausgelotet, sondern allein den Kräften des verhaßten „Klassenfeindes" mit sträflich-fahrlässiger Gleichgültigkeit zur beliebigen Nutzung überlassen wurde.

In den Ausführungen Grafs zeichnete sich das Dilemma in aller Deutlichkeit ab. Die Chimäre der „Volksgemeinschaft" vermochte er rational zu kritisieren, den brisanten Vorgang der zunehmenden und die Arbeiterbewegung unvorbereitet treffenden Entfremdung zwischen staatlich-administrativ eingebundenen „Arbeiterführern" und großen Teilen der Arbeiterschaft im Zuge einer problematisch geführten Koalitionspolitik konnte er pointiert charakterisieren. „Die Psyche des Arbeiters und die Stimmung der Massen", so mahnte er zu Recht, seien Faktoren, „über die man nicht ungestraft hinweggehen kann"[5]. Andererseits aber versperrten die simplifizierenden Klassenschemata, das Gemisch aus linkem Populismus und radikaler Staatsfeindschaft — Resultat sicher auch des zwar verständlichen, aber überzogen artikulierten Wunsches nach einer schroff entgegengesetzten Alternative zur Hofgeismarer Staatsverherrlichung und der reformistischen Staatsbejahung — den Blick für die im Vergleich zur Monarchie oder sonstigen nicht-demokratischen Systemen ganz anders geartete Stellung der Arbeiterschaft in ihren politischen und gesellschaftlichen Gestaltungs- und Durchsetzungsmöglichkeiten. So figurierte auch der Weimarer Staat in Grafs Referat ausschließlich als „kapitalistische Festung", war einzig eine „Rechtsorganisation der Gesellschaft vom Standpunkt und im Interesse der herrschenden Klasse" zur Unterdrückung des Proletariats, eine „verspätete Erfüllung eines bürgerlichen Ideals" gleichsam.[6] Was qua Definition als erfüllte Form objektiven bürgerlichen Strebens galt, deckte sich zwar keineswegs mit dem subjektiven Verlangen großer Teile des wirklichen deutschen Bürgertums, aber das hatte die meisten Linkssozialisten in den 20er Jahren wenig gekümmert, und Graf hinderte es nicht daran, die Proletarier im allgemeinen und seine jungsozialistischen Zuhörer insbesondere, vor einer Fetischisierung der Demokratie und der Republik zu warnen.[7] Seine Ausführungen beendete Graf schließlich mit dem Appell zur Bekämpfung der „Spießbürgerei" in Arbeiterkreisen und mit der Aufforderung, eine „neue Klassenkultur" zu schaffen, um sich geistig und moralisch für höhere Aufgaben zu rüsten. Auch der linke Flügel blieb mithin der Herkunft und dem unverwechselbar Identischen im Jungsozialismus treu — mehr und hartnäckiger sogar, wie sich noch nach Jahren zeigen sollte, als dies seine Protagonisten, geblendet durch die martialischen Töne der nun bevorzugten Klassenkampfsprache, selbst zuzugeben bereit waren.

## b) Unbarmherzige Vernunft und gnadenloses Recht? – Der Internationale Jugend-Bund

Zwar stimmten sicher alle linksoppositionellen Jungsozialisten im Reich mit dem Credo der Tagung in Hannover-Münden – Klassenkampf, Internationalismus, Geringschätzung der republikanischen Staatsordnung – überein, dennoch fiel die ideelltheoretische Begründung dafür im einzelnen höchst unterschiedlich aus. Dies blieb, was die Besonderheiten im Lager der „Marxisten" anging, noch bis zum Ende des Jahrzehnts undiskutiert, um sich dann, als solche Divergenzen auch strategisch-politisch relevant wurden, um so dramatischer als Problem aufzudrängen[8], war aber gleichwohl im Falle der eigentlichen Initiatoren und Schrittmacher der „Hannoveraner-Einheitsbewegung" schon bald zu auffallend „unmarxistisch", als daß es hier völlig gleichgültig hätte hingenommen werden können. August Bolte, der die ursprünglichen Aufrufe zur Konferenz in Hannover-Münden unterzeichnet und verantwortet hatte, gehörte zum „Internationalen Jugend-Bund", einer kleinen, elitären, ungemein aktivistischen Kaderorganisation, die seit dem Sommer 1923 plötzlich bei den Jungsozialisten aufgetaucht war, nach außen in der ersten Zeit eifrig die Verbundenheit mit dem revolutionären Marxismus betonte, obgleich sie sich geistig alles andere als in dessen Tradition bewegte. Der Geist, der im Internationalen Jugend-Bund herrschte, war der seines mit geradezu diktatorischen Vollmachten ausgestatteten Leiters Leonard Nelson, einem Göttinger Philosophen aus der Schule Immanuel Kants und Jacob Friedrich Fries. Wie die meisten anderen jungsozialistischen Führergestalten hatte auch der 1872 geborene, einer gebildeten und wohlhabenden jüdischen Familie enstammende Leonard Nelson während des Ersten Weltkrieges zur Arbeiterbewegung gefunden. Die Hinwendung zur sozialistischen Arbeiterbewegung geschah allerdings nicht wegen Irritationen an der eigenen Idee oder aus Begeisterung für die neu entdeckte marxistisch-sozialistische Weltanschauung, sondern erfolgte – auch dies keine Seltenheit bei den jungsozialistischen Akademikern – unter dem Eindruck der Enttäuschung über das Versagen der eigenen Herkunftsgruppe. Die Arbeiterbewegung, besonders die Arbeiterjugendbewegung als ihr noch unverdorbener, formbarer und idealistischer Teil, war somit ein neuer Hoffnungsträger für die Realisierung dessen, wozu sich die Schicht der Gebildeten als unwürdig und unfähig erwiesen hatte. Zweierlei Erfahrungen hatten Nelson während der ersten Kriegsjahre in besonderem Maße frustriert: zum einen widerte ihn die nationalistische und kriegsbegeisterte Einstellung der meisten seiner akademischen Kollegen an, zum anderen erbitterte ihn, daß er und seine Anhänger bei dem Versuch gescheitert waren, die „Freideutsche Jungend", in der er zunächst wirkte, von der Richtigkeit seiner Ideen zu überzeugen und von der passiven Haltung kontemplativer Selbstbespiegelung und Innerlichkeit abzubringen und zum aktiven Vorgehen gegen Chauvinismus und Militarismus zu bewegen. 1917 trat Nelson deshalb der USPD bei und gründete etwa zur gleichen Zeit mit einigen seiner Schüler, zumeist Göttinger Studenten, den Internationalen Jugend-Bund (IJB), eine kleine Erziehungs- und Gesinnungsgemeinschaft, von der, wie Nelson hoffte, dereinst eine Erneuerung der sozialistischen Arbeiterbewegung ausgehen könnte.[9]

Anders als der klassische Marxismus definierte Nelson den Sozialismus als Verwirklichung eines ethischen, aus dem Rechtsideal hergeleiteten Postulats. Solche a priori der menschlichen Vernunft entspringenden Werte wie Gerechtigkeit, Freiheit und Gleichheit waren ihm zufolge adäquate Orientierungspunkte für die sittlichen Entscheidungen menschlichen Tuns und durch reflektierende Diskurse als generell verbindliche Sollensprinzipien zu erkennen und begrifflich als Rechtsideal zu fassen. Dieses subjektive Vermögen der Erkenntnis objektiven Rechts konnte nach Nelson allerdings nur Resultat eines systematischen Erziehungs- und Ausleseprozesses sein, der sich vor allem im Lager der Jugend zu vollziehen hätte, da die Jugend im Gegensatz zu der in fatalistischen Ideologien verhangenen älteren Generation noch an das „Recht" glaube.[10] Eine solche unter strenger Auslese in geschlossenen, fest organisierten Gemeinschaften stattfindende Erziehung trage, so Nelson, zur „moralischen Festigung und Ausbildung weniger, geistig und körperlich gesunder Menschen zu politischen Führern"[11] bei, die sich, sobald die Gelegenheit komme, zur Partei des Rechts entweder autonom oder als Kerntruppe innerhalb einer der bestehenden Parteien konstituieren werden. Sowie diese „Partei der Vernunft" keineswegs nach Maßstab des Majoritätsprinzips funktionieren könnte, so mußte es nach Auffassung Nelsons auch das unabdingbare Ziel der Machteroberung dieser Partei sein, den demokratischen Staat in einen Rechtsstaat zu transformieren.[12] Eine Mehrheitsentscheidung darüber, was als Recht zu gelten habe, lehnte Nelson entschieden ab, da er das Recht nicht der Verfügung zufälliger oder willkürlicher Mehrheiten, sondern einzig der „Vernunft" überantworten wollte: „Wollen wir Gerechtigkeit im Staat, so müssen wir uns der Regentschaft des für dieses Amt hinreichend Gebildeten und Rechtsführenden unterwerfen."[13]

Im Internationalen Jugend-Bund, dessen Mitglieder nach kurzen Episoden in der USPD und KPD seit 1922 in der SPD organisiert waren, ohne zunächst großes Auffallen zu erregen, sollten sich die von Nelson entwickelten strengen Prinzipien der Erziehung und Führerauslese überzeugend-drastisch abbilden und tagtäglich durchgehalten werden. Der IJB begriff sich mithin als die Keimform einer „Partei der Vernunft", als eine Gesinnungsgemeinschaft, die durch Anspannung und Disziplinierung aller geistigen und moralischen Kräfte in jedem Moment des konkreten Verhaltens den Postulaten der sozialistischen Gesellschaft zu entsprechen versuchte. Schon die Gründungsgruppe, der studentische Zirkel in Göttingen, die sich regelmäßig in Nelsons Dachwohnung traf, unterlag strikten Bedingungen, denen sich jeder einzelne unbedingt unterzuordnen hatte: absolut pünktliches Erscheinen, regelmäßiger Besuch der Sitzungen, Pflicht zur Abfassung von Protokollen und zu lautem und deutlichem Sprechen. Persönliche oder familiäre Motive für eine einmalige Absenz vom Sitzungstermin ließ Nelson nicht gelten und schloß den Fernbleibenden sofort aus der Gruppe aus. Die Teilnehmer wurden in die sokratische Diskussionsführung eingeführt und dadurch genötigt, ihre Gedanken klar und logisch auszudrücken, durch Einwände anderer zu überprüfen und zu schärfen. Die Ambivalenz der pädagogischen Wirkung Nelsons zeigte sich schon damals in der Göttinger Pioniergruppe des Internationalen Jugend-Bundes: für einige bedeuteten diese sokratischen Diskussionen eine Schule fürs Leben, der sie ihre dauerhafte Fähigkeit zu selbständigem und analytischem Denken zu verdanken hatten, ein Können, das sie in zahlreichen Diskussionen herausragen ließ. Andere aber, durch den beißenden Sarkasmus der Gesprächsführung Nelsons in die Enge getrieben, verloren jegliches Selbstvertrauen und resignierten vollständig[14] – sie taugten dann nicht als „Führer", waren durch das Raster der Auslese gefallen und hatten somit im Nelson-Kreis nichts mehr zu suchen.

Das „Führerschaftsproblem" nannte Nelson stets beschwörend die „Lebensgrundlage unserer Organisation"[15], und der Jugendbund, seit den frühen 20er Jahren um einige Ortsgruppen – z. B. Berlin, München, Frankfurt/M. und Magdeburg angewachsen, war in der Tat konsequent hierarchisch aufgebaut. An der Spitze stand der Bundesvorsitzende: Nelson, selbstverständlich. In der Ortsgruppe unterschied man zwischen einem „äußeren" und einem „inneren Kreis" der Mitgliedschaft. Zum Mitglied des „inneren Kreises" konnte man nur durch Ernennung des Bundesvorsitzenden aufrücken, wozu im übrigen noch eine einjährige Kandidatenzeit erfolgreich absolviert sein mußte. Unterhalb der Mitgliederebene, die Nelson bewußt schmal halten wollte, um den Charakter der Organisation nicht zu verwässern, standen die Sympathisanten mit weniger Rechten, weniger Einblick, aber auch weniger Pflichten und geringeren Auflagen.

Diese Auflagen und Pflichten, auch Mindestanforderungen genannt, hatten es in sich und waren Garant dafür, daß der Internationale Jugend-Bund eine exklusive Elite blieb, die nie mehr als 120 Mitglieder in ihren Reihen zählte.[16] Zwar gehörten einige dieser Anforderungen auch in anderen Kreisen der Jungsozialisten zum selbstverständlichen Gebot sozialistischer Lebensführung, aber die Rigidität und Härte, die Nelson seinen Jugendbündlern dabei abverlangte, war beispiellos. Abstoßend für die meisten, obgleich nicht wenige fasziniert die emsigen Jugendbündler beobachteten und eine gewisse Hochachtung für deren Charakterstärke nicht verhehlen konnten. Nichts Ungewöhnliches und kein Hinderungsgrund für ein Engagement im IJB stellte die Alkoholabstinenz dar, problematischer nahm sich dagegen schon für viele die Pflicht zum Kirchenaustritt aus, und besonders abschreckend wirkte die Gebundenheit an eine vegetarische Lebensart. Dem Vegetarismus maß Nelson im übrigen aus ethischen Gründen hohe Bedeutung bei, und er legte Wert darauf, daß man sich im IJB mit „Sympathisanten" und Interessierten darüber nicht nur unterhielt, sondern eine gründliche Besichtigung des Schlachthofes unternahm.[17] Für einen asketischen Lebenswandel und die Verhinderung korrumpierender Gelüste sorgte zudem eine rigorose Besteuerung der Gehälter und Löhne der Mitglieder zugunsten des Bundes. Nicht leicht fiel den meisten IJBler auch die Aufforderung, die Brücken zur Familie und dem persönlichen Bekanntenkreis aus früherer Zeit hinter sich abzureißen, um sich fortan ganz und gar der politischen Arbeit verschreiben zu können. Auch diese Anforderung trieb Nelson unerbittlich bis auf die Spitze und setzte damit seine Anhänger einer seelischen Zerreißprobe aus, die beklemmend anmutet: seit 1921 verlangte er von den Aspiranten für die Mitgliedschaft im „inneren Kreis" das Zölibat. Hiergegen hat es bei den Jugendbündlern verständlicherweise das meiste Murren, ja offenen Widerstand gegeben, aber Nelson ließ sich nicht erweichen und nahm selbst in Kauf, daß sein vielleicht bester Schüler, Jakob Jutzler, ein „Nelsonianer" der ersten Stunde, nach jahrelangem aufreibendem Konflikt zwischen Ehe und IJB sich schließlich für das weitere Zusammenleben mit seiner Frau entschied – und dem Jugendbund den Rücken kehren mußte.[18]

Man verglich den IJB zeitgenössisch gerne, vielfach auch in gehässiger Absicht, mit einem jesuitischen Orden, und in gewisser Weise traf dies den Nagel auf den Kopf. Die hierarchische Struktur, ein geheimnisumwittertes Binnensystem von klösterlicher Erziehung, Unterricht und Mission, die harten Prüfungs- und Aufnahmebedingungen und die Ängste vor „weltlich-sündhaften" Einflüssen, so präsentierte sich für die Außenstehenden auch der IJB. Das „Kloster" des Internationalen Jugend-Bundes war die „Walkemühle", ein Landerziehungsheim in der Nähe des kleinen hessischen Städtchens Melsungen. Dort, in Lehrgängen, die sich bis zu drei Jahren erstreckten, spielte sich ein großer Teil der Führerausbildung ab. Die Walkemühle stand in jenen Jahren immer im Ruch des Konspirativen, Verschwörerischen und Gefährlichen, besaß einen skandalumwitterten Ruf, der von sozialdemokratischen Funktionären bald, als der IJB 1924/25 unliebsame Erfolge bei den Jungsozialisten und sogar einigen Ortsvereinen erringen konnte, noch bewußt geschürt wurde. Die eigentliche Verantwortung für die kursierenden Gerüchte trug im Grunde genommen aber Nelson selbst, der in seinen monatlichen Rundbriefen an die Ortsgruppenleiter immer pedantisch festlegte, wieviel an Information aus dem Bund und der „Mühle" an die Mitglieder weiterzugeben war und wieviel davon wiederum an Außenstehende durchdringen durfte, so daß zwangsläufig der Eindruck entstehen mußte, als gebe es da etwas zu verbergen bei den „Nelson-Jüngern", was zu verhüllen nottat.

Seine Rundschreiben, die Erwiderungen auf die regelmäßigen Monatsberichte der Ortsgruppen waren, bezeichnete Nelson als „Rückgrat der Organisation"[19], und in diesem Sinne hat er sie auch in der Tat verfaßt. Es gab eigentlich nichts, was Nelson nicht genau wissen und exakt belegt sehen wollte; neurotisch geradezu mahnte er immer wieder zu Kontrolle, Wachsamkeit und größtmöglichem achtsamen Verhalten gegenüber allen, „auch den anscheinend belanglosesten Aufgaben"[20]. Segensreich mag dabei noch seine penible Kritik an sprachlichen Verfehlungen in den Berichten gewirkt haben; jedenfalls schrieben geschulte Jugendbündler in späteren Jahren in einem klaren, schnörkellosen Deutsch. Von Beginn an hatten sie schließlich lernen müssen, „Sprachverhunzungen" und „affektierte Mode- und Schlagwörter" wie „Einstellung", „Zusammenarbeit" und „Auswirkungen" zu vermeiden[21], sonst, so lautete Nelsons Drohung zunächst, würden die Namen der Inkriminierten genannt[22] oder — als diese Sanktion nicht ausreichend abschreckend erschien — Strafgelder eingezogen werden[23]. Nelson kümmerte sich um alles: um den korrekten Verbleib der Protokollbücher, die Registrierung der Namen und Anschriften der Sympathisanten, selbst um die ordnungsgemäße Durchführung des täglich erforderlichen Dauerlaufes der Mitglieder. Entdeckte er Versäumnisse, so beschwere er sich zornig, oder wenn das Vergehen schwer wog, trennte er sich von dem ihm unzuverlässig erscheinenden Schüler. Daß Nelson auf Nachlässigkeiten und Aufweichungen derart gereizt, mitunter hysterisch reagierte, kann nicht verwundern; denn der Internationale Jugend-Bund bedeutete für ihn mehr als eine mögliche Form des politischen Engagements in den Stunden seiner Freizeit. Der IJB war nicht weniger als die Nagelprobe für die Richtigkeit und Praktikabilität seiner Philosophie. Hätten die Mitglieder dort die hohen Anforderungen nicht durchgehalten, dann wäre auch das Ideensystem Nelsons desavouiert worden. Mit dem IJB stand und fiel Nelsons gesamtes Lebenswerk; bei einem Scheitern des Bundes konnte er sich nicht einfach in sein Studierzimmer zurückziehen. Der Göttinger Philosoph wußte zudem, daß die Zahl derer unter den Philosophen, Pädagogen und Erziehern in Deutschland, die das Experiment ihres Kollegen gespannt beobachteten, nicht gering und belanglos war. Das macht verständlich, daß Nelson die Zahl der Mitglieder eher zu klein als zu groß haben wollte[24], daß er seinen Schülern untersagte, die Tinzer Lehranstalt zu besuchen, da man dort die Dialektik lehrte und damit schon einmal einen Nelson-Schüler verwirrt und unbrauchbar gemacht hatte[25]. Es macht verständlich, daß er den beliebten Jugendbildner Engelbert Graf nicht mochte und seinen Mitgliedern den Umgang mit denjenigen verbot, die zu Graf freundliche Beziehungen pflegten.[26] Überall drohten Gefahren, alles konnte zersetzend wirken und das Aufbauwerk für Recht und Vernunft zerstören...

Ein Urteil über die Erziehungsarbeit im Internationalen Jugend-Bund fällt ziemlich zwiespältig aus. In jüngster Zeit ist man geneigt, auf das zwar Sektenhafte, Realitätsferne und Überzogene im Nelson-Bund hinzuweisen, aber eigentlich doch stärker positiv in Rechnung zu stellen, daß der unermüdliche Einsatz, die harte und intensive Schulung, die Betonung des menschlichen Willens und das Eintreten für soziale Gerechtigkeit, das man dort lernte, eine große Anzahl vorbildlicher Menschen hervorgebracht hat, deren Leistungen im Widerstand gegen den Nationalsozialismus, dann später für die bundesrepublikanische Sozialdemokratie unbestreitbar sind. Man denke an Willi Eichler, Gerhard Weisser und Grete Henry, aber auch an Hellmut und Emmi Kalbitzer, Erna Blencke, Anna Beyer, Franz Marx und Fritz Eberhard, um hier nur einige zu nennen. Zudem war auch der Verfasser, als er im Laufe seiner Forschungsarbeiten Kontakt mit ehemaligen Mitgliedern des IJB bekam, beeindruckt von der großen Zuverlässigkeit, Verbindlichkeit, dem Entgegenkommen und der bei aller Unaufdringlichkeit unverkennbar überzeugt-ethischen Haltung seiner Gesprächspartner, die im übrigen alles andere als eine elitäre Einstellung zeigten.

Aber andererseits: wie viele haben nicht durchgehalten; was geschah mit denen, die vor der Härte und Strenge der Anforderungen kapitulieren mußten, was mit denen, die täglich seelische Qualen ausgehalten haben, als sie von Nelson vor die Alternative „Ehepartner oder Jugendbund" gestellt wurden. Wie haben jene weitergelebt, die sich eine Zeitlang ganz dem IJB verschrieben und mit ihrer früheren Welt gebrochen hatten, dann aber doch von Nelson als zu „weichlich" abgeurteilt und verstoßen wurden.[27] Die Geschichte solcher Sekten läßt sich nicht nur aus der Kenntnis der Biographie geläuterter und erfolgreicher Mitglieder schreiben. Wie würde man den IJB beurteilen, wenn man einmal nicht an Willi Eichlers späteren Lebensweg denkt, sondern die Entwicklung der „Opfer", der „Auf-der-Strecke-Gebliebenen" kennen würde? In Nelsons Tätigkeit und in seinem Umgang mit Menschen steckte, dem universellen Postulat der Vernunft, des Rechts und der Gerechtigkeit untergeordnet, ein Stück Unbarmherzigkeit und Gnadenlosigkeit. Läßt sich aber darauf Sozialismus begründen?

Auch den übrigen Jungsozialisten der Jahre 1924/25 kam nicht alles ganz geheuer vor, was sich da im IJB tat, aber es überwogen doch die Bewunderung und der Respekt für die seit dem Spätsommer 1923 so auffällig aktiven „Nelsonianer", die sich von niemandem sonst an Einsatz übertreffen ließen: sie verstanden zu reden, sie konnten Artikel schreiben, sie waren theoretisch versiert, und wenn es um die Vorbereitungen für die sonntäglichen Wanderungen ging, waren sie sich auch für die organisatorische Beschaffung des Reistopfes nicht zu schade. Kurz, sie waren jederzeit und allerorten präsent, wohl vorbereitet, bienenfleißig und hielten auf die meisten Fragen kluge Antworten parat. Zudem imponierte, daß dies alles niemand des persönlichen Vorteils wegen tat; egoistische Motive unterstellte man nämlich den Funktionären der Arbeiterbewegung schnell in den Weimarer Jahren. Auch daß selbst und gerade die offensichtlichen Spitzenfunktionäre des IJB keine Privilegien genossen und sich nicht von unangenehmen Aufgaben dispensieren konnten, vermerkte man in Juso-Kreisen mit Zustimmung. Die IJBler hatten Erfolg, und sie hatten ihn anfangs vor allem da, wo, in den klassisch mehrheitssozialdemokratischen Hochburgen, 1923 der noch ungeformte, unausgegorene jungsozialistische Arbeiterradikalismus hervorgetreten war: in Frankfurt und in Hannover. Dorthin waren einige Jungakademiker, die mehrere Semester in Göttingen bei Nelson studiert hatten, hingezogen. „Wir hatten ja dieses Verlangen", erinnert sich Erna Blencke, Nelson-Schülerin seit dem Weltkrieg und Mitglied des „inneren Kreises", „na ja, als ‚Missionare' die Kenntnisse oder Einsichten, die wir gewonnen hatten, auch weiter zu verbreiten"[28]. Das Vorhaben glückte; denn besonders die „Tüchtigsten", die „Aufgewecktesten", um die sich die studierten Jugendbündler mit größter Aufmerksamkeit kümmerten — in Frankfurt der hochtalentierte und vielseitig begabte Georg Stierle, in Hannover der nachdenkliche und theoretisch interessierte Karl Wiechert —, fingen Feuer und ließen sich begeistern. Im nächsten Schritt lud man die am besten geeignet erscheinenden Jungsozialisten dann als Gäste zu einer zehntägigen Sommerschule ein, die, von Nelson geleitet, zunächst in Göttingen, später in der „Walkemühle" stattfand. Wer auch hier einen vorzüglichen Eindruck hinterließ, bekam dann die Gelegenheit, mehrere Monate in der „Mühle" bleiben zu können, um allmählich zum vollwertigen Mitglied des IJB heranzureifen.

Schon bald hatte der IJB die Frankfurter und Hannoveraner Juso-Gruppen, später auch die Kölner, Magdeburger, Braunschweiger und einige Berliner Gruppen fest im Griff, und es ist völlig unsinnig, den Einfluß des IJB an Hand seiner Mitgliederzahl zu bestimmen und seine Bedeutung deshalb gering zu veranschlagen.[29] Man kann nicht die 120 Mitglieder, die der IJB 1925 in etwa zählte — wobei die nicht geringe Zahl der „Sympathisanten" nicht einmal mitgezählt ist — mit möglichen 2 000 „Marxisten" bei den Jusos vergleichen, da jedes Mitglied im IJB im wahrsten Sinne des Wortes ein „Kader" war. Auch ist es sehr die Frage, ob es im Lager der „Marxisten" zu diesem Zeitpunkt einen gleich großen Personenkreis von auch nur annähernd gut ausgebildeten Aktivisten und Kadern gab. Zu der „Karpfen- und Kaninchenehe"[30] zwischen Nelsonianern und „Marxisten", wie eine kluge Hofgeismarer Jungsozialistin diese Allianz bezeichnete, kam es, weil die Hofgeismarer in den Augen Nelsons eine zu große Verwandtschaft mit der romantischen Weltfremdheit der „freideutschen Jugendlichen" besaßen, denen Nelson schließlich erst einige Jahre zuvor mit bitterer Enttäuschung den Rücken gekehrt hatte. Zudem lehnte er alle nationalistischen Anwallungen ab und hielt überdies den schärfsten Klassenkampf, dessen Befürwortung nicht zwingend aus seinem philosophischen System zu folgern ist, für geboten, um das ethische Ziel der Gerechtigkeit und Vernunft verwirklichen zu können. Sein Privatsekretär Willi Eichler, Jahrzehnte später Vordenker für einen sozialdemokratischen Kurs der Mäßigung, spitzte diesen klassenkämpferischen Gestus in einer von ihm geleiteten Arbeitsgemeinschaft der Hannoveraner Jungsozialisten besonders radikal zu, indem er sich über die Bürgerkriegsängste von „ästhetisch überempfindlichen Menschen" mokierte und den Besitz an Waffen als eine wesentliche Voraussetzung für die Überwindung des „scheindemokratischen" Weimarer Staates nannte.[31]

In dieser antinationalistischen und radikalen Klassenkampfattitüde bestand das Einigende zwischen dem IJB und den übrigen Linkssozialisten. Während die „Marxisten" „jeder für sich" agierten, wie der frühere oberrheinische Jungsozialistenvorsitzende Walter Fließ im Rückblick mit Recht urteilt[32], verfügten die Jugendbündler indessen über ein dicht gespanntes Netz der Kommunikation und Koordination, das im wesentlichen von der überaus fähigen Maria Hodann aus Berlin, Tochter eines konservativen protestantischen Ministerialbeamten und Ehefrau des bekannten Sexualpädagogen und Arztes Max Hodann, zusammengehalten und ausgebaut wurde. Nichts blieb dem Zufall überlassen, jede Intervention des Jugendbundes in die Entscheidungsvorgänge der jungsozialistischen Bewegung war vorher abgesprochen. „Die Nelsonianer", erinnert sich der frühere Schwelmer Ernst Rosendahl, „die hatten ihre Zellen, ihre kleinen Orden, die waren festgefügter als alle anderen Gruppen; die Marxisten waren doch eine sehr heterogene Gruppe, die aus verschiedensten Elementen bestand"[33]. Der Linksrutsch des Jungsozialismus war sicher nicht das Resultat des Wirkens der „Nelsonianer", die Ursachen lagen in den angeführten gesellschaftlichen Veränderungen und in einem tiefgreifenden Generationswechsel begründet[34], und kam so allen Linkssozialisten zugute. Der IJB allerdings vermochte durch seine straffe Organisation dem Wandel vorübergehend eine gewisse Gestalt zu geben – daß er dies letztlich sehr vorsichtig und versteckt tat, hat mit den Ängsten Nelsons vor einem zu großen Erfolg, vor unkontrollierbaren Auswüchsen, vor einer schleichenden „Sozialdemokratisierung" und vor zu früher Entdeckung aller Absichten zu tun.

### c) Mit Georg Lukács auf dem Weg zum Kommunismus – Ernst Rosendahl und die Jungsozialisten Schwelms

Unter denjenigen, die sich als Marxisten fühlten, war Ernst Rosendahl, Mitunterzeichner des zweiten, ausführlicheren Aufrufes für die Konferenz in Hannover-Münden, vielleicht am rührigsten darum bemüht, ein reichsweites Gegengewicht zum Hofgeismarkreis zu schaffen und den „rechten" Jungsozialisten den Kampf anzusagen. Mit dem profilierten Sympathisanten des linken Austromarxismus, dem Düsseldorfer Heinz Hornung, dessen zahlreiche Artikel in den „Jungsozialistischen Blättern" zu den theoretisch reifsten überhaupt gehörten, tauschte er Briefe aus, traf Verabredungen für Zusammenkünfte und holte ihn als Referenten in seine Juso-Gruppe.[35] Ebenso wichtig nahm er den Kontakt mit den „Nelsonianern". Gleich im Anschluß an die Tagung in Hannover-Münden organisierte er zusammen mit dem Kölner Jugendbündler Walter Fließ einen viertägigen Arbeitskurs über das „Verhältnis von Politik und Erziehung", den Maria Hodann, „eine sehr überzeugende und kluge Frau" – so Rosendahl im Rückblick nach 60 Jahren –, pädagogisch leitete.[36] Rosendahls Ehrgeiz aber ging sehr viel weiter. Er, der 1924 gerade 17 Jahre alt war und einer der jüngsten Jusos im Reich gewesen sein dürfte, wollte zudem *die* programmatische Alternative zur Hofgeismar-Richtung liefern. Im März 1925, unmittelbar vor der Reichskonferenz der Jungsozialisten in Jena, die die Entscheidung im Richtungsstreit bringen sollte, hatte er eine kleine Broschüre mit dem bezeichnenden Titel „*Verbürgerlichung oder Revolution?*"[37] fertiggestellt und in aller Eile an die bekannteren „Hannoveraner"-Jusos versandt. Rosendahls Anstrengung und sein kaum zu erschütterndes Selbstbewußtsein machten sich bezahlt. Da niemand sonst von den „Marxisten" bei den Hannoveranern etwas ähnliches vorzuweisen hatte und die IJBler ihre originäre Position sowieso taktisch-geschickt zurückhielten, griffen die linkssozialistischen Jusos in der Entscheidungssituation der Reichskonferenz auf die Formulierungen aus der Schrift Ernst Rosendahls zurück; sie vertraten damit – von Zeitzeugen und Historikern unbemerkt geblieben – linkskommunistische Ansichten reinster Güte, ein Vorgang, der sich bei den Jungsozialisten sechs Jahre später, mit ungleich dramatischeren Konsequenzen indes, wiederholen sollte.[38]

Ernst Rosendahl war Gründer und Vorsitzender der Jungsozialistengruppe in Schwelm, ein Umstand, der auf den ersten Blick ein Beleg für die oben zu widerlegen versuchte These sein könnte, daß der Linksrutsch bei den Jungsozialisten in der Hauptsache auf das Wirken der ehemaligen Mitglieder der Sozialistischen Proletarierjugend zurückzuführen sei. Denn die Gegend um Hagen-Schwelm gehörte zu den Kernlanden der USPD. Die Metallarbeiterschaft dort war militant klassenkämpferisch eingestellt und hatte beispielsweise so früh wie sonst nirgends im Reich zu den Waffen gegriffen, als im März 1920 der Generallandschaftsdirektor Kapp und der General Lüttwitz ihren Putsch unternahmen. Die MSPD hatte in dieser Region wenig Bedeutung, und eine mehrheitssozialdemokratische Arbeiterjugend existierte erst gar nicht. Noch die DKP zehrt in heutigen Tagen von dieser Tradition des Weimarer Arbeiterradikalismus und vermag in einigen Orten des Schwelmer Kreises bei Kommunalwahlen die sonst für sie schier unüberwindbare 5%-Hürde mit souveräner Leichtigkeit zu überspringen.

Indes: die Impulse für die Gründung der Schwelmer Jungsozialistengruppe und die Gestaltung ihrer theoretischen Arbeit gingen nicht von den älteren Metallarbeiterjugendlichen der SPJ aus, sondern kamen aus einem Diskussionskreis des örtlichen Gymnasiums, dessen Wortführer Julius Utermann und allen voran eben Ernst Rosendahl waren. „Ernst Rosendahl", so schwärmt noch im greisen Alter der frühere Vorsitzende der Schwelmer SPJ, Willi Kappel, um sieben Jahre älter als sein damaliger Genosse, „der war ganz, ganz intellektuell, der war eigentlich etwas Besonderes, so en Kristallisationspunkt. Wenn ich daran denke, wie der als 16jähriger Vorträge gehalten hat, wie der sich mit den Älteren in Diskussionen eingelassen hat, das ist ganz erstaunlich, ganz erstaunlich."[39] Über Rosendahl staunten damals nicht wenige Bürger des kleinen Ortes Schwelm; Rosendahl wußte das, und er genoß es. Schließlich kam es nicht alle Tage vor, daß der Sohn einer alteingesessenen und angesehenen Schwelmer Fabrikantenfamilie – der Vater besaß eine Klöppelfabrik – bei den „Sozis" mitmachte, mehr noch: die großen Reden schwang. Zudem hatte im Städtchen großes Aufsehen erregt, daß der junge Rosendahl seinen Lehrer für Deutsch und Latein, den Studienrat Dr. Fritz Helling, früher in der freideutschen Jugend aktiv, gleichsam konvertiert und zu Vorträgen und allgemeinbildenden Kursen für die sozialistische Jugendbewegung animiert hatte.[40]

Rosendahl war ausgesprochen frühreif entwickelt. Schon als Junge hatte er sich für soziologische und philosophische Fragen interessiert und eine Unmenge von Büchern über solche Themen gelesen. Ungewöhnlich große Intelligenz, ein etwas ungebremster Ehrgeiz und der Wunsch nach Absetzung vom durchschnittlichen Denken und Tun seiner Klassenkameraden bestimmten die Haltung des intellektuell ausgesprochen unruhigen Schülers. Als ihm ein sozialistischer Arbeiter aus der Nachbarschaft marxistische Literatur zur Lektüre überließ, fand er endlich die gesuchte radikale Negierung dessen, was ihn bei den meisten seiner bürgerlichen Mitschüler störte. Provoziert gefühlt hatte er sich, der Sohn aus einer jüdischen Familie, besonders auch durch die antisemitischen Sprüche, die viele seiner Klassenkameraden an die Wände und Mauern schmierten. Die jüdische Herkunft einer großen Anzahl der intellektuellen Führungsgruppe im Hannoveranerkreis sollte man im übrigen immer mitbedenken, wenn man nach Ursachen für die antinationalistische Fronde im Jungsozialismus recherchiert. Rosendahl jedenfalls war bald so etwas wie der Hecht im proletarischen Karpfenteich des Schwelmer Raumes: niemand sonst trat so radikal auf wie er, und in Diskussionen legte er sich mit den Älteren furchtlos-frech an. Aber auch in Ortsvereinen und selbst im ADGB-Ortsausschuß schätzte man bald sein Wissen und bestellte ihn häufig als Referenten. Auf der Maikundgebung der freien Gewerkschaften in Schwelm im Jahre 1927 hielt niemand anders als er, der 20jährige Kapitalistensprößling, die Rede, die sonst doch immer den über Jahrzehnten bewährten Funktionären der Arbeiterbewegung vorbehalten blieb.[41]

Am wichtigsten aber nahm Rosendahl die Debatten in seiner Jungsozialistengruppe, einer Symbiose von jungen Bildungsbürgern und Arbeiterjugendlichen, die in der Art ihres Zustandekommens und der Struktur des Zusammenhaltes ein bezeichnendes Licht auf den Charakter des Hannoveraner Linkssozialismus warf, der im Grunde genommen eine geistsozialistisch-intellektualistische Abkehr vom jungproletarischen Spontan- und Erfahrungsradikalismus während und im Gefolge der Hyperinflation bedeutete. Nachdem Rosendahl mit fünf bis sechs Gymnasiasten 1923 eine Zeitlang einen Diskussionskreis gebildet und unterhalten hatte, beschloß er, im nächsten Schritt auf Basis dieses Kreises, die Jungsozialistengruppe zu gründen. Dafür bemühte er sich um die „intelligentesten Jungen und Mädchen aus der Sozialistischen Arbeiterjugend"[42]. Die Interessiertesten darunter wiederum, etwa 15 bis 18 Leute aus Schwelm, Gevelsberg, Milspe und Haspe, in der Regel junge Dreher und Schlosser, trafen sich 1924/25 an fünf Abenden in der Woche im elterlichen Hause von Ernst Rosendahl, um, als sogenannter „Wirtschaftsschulzirkel", nun zunächst die ökonomischen Schriften des Marxismus, das „Kapital" insbesondere, auch Hilferdings „Finanzkapital", durchzuackern. Gewiß war diese jungsozialistische Vorbereitung auf die revolutionäre Mission der Zukunft im großbürgerlichen Wohnambiente der Gegenwart eher eine Ausnahme, aber eine symbolische Bedeutung für die Annäherung junger Bürgersöhne und linker jungsozialistischer Facharbeiter in den Jahren 1924/25 kann man dem Ort der Schwelmer Zusammenkünfte vielleicht doch beimessen.

Ein broschierter gelber Band aus dem kommunistischen Malik-Verlag, bald nur noch schwer erhältlich, aber hatte es dem Leiter des Schwelmer Jungsozialistenkreises ganz besonders angetan: Georg Lukács' gleich nach seinem Erscheinen von der offiziellen kommunistischen Führung auf den Index gesetztes Buch *„Geschichte und Klassenbewußtsein"*. Rosendahls eigene Broschüre *„Verbürgerlichung oder Revolution?"*, also jene Schrift, die auf der Jenaer Reichskonferenz der Jungsozialisten zu Ostern 1925 für Furore sorgen und jungsozialistische Geschichte schreiben sollte, lehnte sich in der Diktion und im theoretischen Verständnis ganz eng an das seit seinem Erscheinen höchst umstrittene — und von seinem Autor später bekanntermaßen desavouierte — linkskommunistische Werk des ungarischen Philosophen an. Als Ausgeburt origineller und schöpferischer Denkanstrengungen kann man mithin das Pamphlet Rosendahls nur schwerlich bezeichnen, dennoch war es für einen 17jährigen Schüler zweifelsohne eine beachtliche Leistung, sich durch den ausgesprochen unzugänglich geschriebenen, auch inhaltlich schwer verständlichen und mit Exkursen überfrachteten Wälzer hindurchzuarbeiten, um die Lesefrüchte für den Tagesgebrauch einer Streitschrift im Fraktionskampf nutzbar machen zu können — ein Bemühen, das man der heutigen Studentengeneration, der jungsozialistischen zumal, wohl kaum mehr zumuten dürfte.

Rosendahl blieb mit seiner Rezeption von „Geschichte und Klassenbewußtsein" keineswegs ein Einzelfall bei den Jusos; Lukács' Schrift wurde in den 20er Jahren in akademisch-linkssozialistischen Kreisen geradezu als ein revolutionstheoretischer Geheimtip gehandelt und überschwenglich aufgenommen.[43] Das Buch war weit mehr gewesen „als ein literarisches Ereignis", urteilt daher auch rückblickend der bekannte Literaturhistoriker Hans Mayer, seit Ende der 20er Jahre intellektuell dominierender Jungsozialist in Köln, „es hat Menschen verändert und Politik gemacht"[44]. Daß sich insbesondere bildungsbürgerliche Konvertiten in der Arbeiterbewegung vom prätentiösen Hegelianismus Lukács' angesprochen fühlten, nimmt nicht Wunder, da sie sonst von keiner vergleichbaren zeitgenössischen Schrift einen so sicheren Wegweiser durch das Dickicht der gesellschaftlichen und historischen „Totalität" angeboten bekamen. Überdies erhielten sie die Zusicherung, mit dem Proletariat gleichsam auf das richtige Pferd im gesellschaftlichen Wettrennen der Klassen gesetzt zu haben, da die Arbeiterklasse mittels der ausschließlich ihr zu eigenen Subjekt-Objekt-Identität, wie es in der verqueren überhegelianisierten Sprache Lukács' hieß, den Vollstrecker der geschichtlichen Vernunft inkarniere, damit die Lösung aller Probleme, selbst noch die der Philosophie und der Kunst, objektiv bereithalte und zum subjektiven Empfinden dessen eigentlich nur noch der aufklärerischen Nachhilfe der von den Erfordernissen richtigen Klassenbewußtseins bestens vertrauten Intellektuellen bedürfe.[45]

Es gehört zu den Ironien der jungsozialistischen Geschichte, daß sich Rosendahl mit seiner Begeisterung für solche geschichtsphilosophischen Konstruktionen ganz im Einklang mit den Intellektuellen des Kairos-Kreises – den Mentoren der Hofgeismarer also – befand, die sich, allen voran Karl Mennicke, auch ganz bewußt auf Lukács bezogen, während sich zwischen der hegelianischen Sozialismusbegründung des Schwelmer Juso-Vorsitzenden und den neukantianischen Sollenssätzen der Nelsonianer methodisch-paradigmatische Welten auftaten. Genau besehen aber waren sowohl die kantianischen als auch die hegelianischen Überschüsse Kehrseiten einer Medaille: Es handelte sich um überzogen-auswüchsige, wenngleich verständliche Reaktionen auf die tiefe Krise des gealterten Marxismus der II. Internationale. Subjekt-Objekt-Dialektiken auf der einen, normative Moralphilosophien auf der anderen Seite, Optionen, die gänzlich quer zu den Fraktionsfronten liefen, waren so etwas wie radikal injizierte Frischzellen für einen kraftlos-linearistischen Ökonomismus: darin bestand eben das Identische im Jungsozialismus, wobei allerdings der Bezug zur konkreten Ökonomie, zu den wirklichen gesellschaftlichen Konstellationen häufig überhaupt zugunsten idealtypischer Vorgaben oder geschichtsspekulativer Utopien verlorenging. Das galt für beide Richtungen der Sozialismusbegründung; denn auch der überhegelianisierte jungsozialistische Marxismus war um keinen Deut mehr „wissenschaftlich", mehr „materialistisch" oder weniger „idealistisch" als der ethische Sozialismus der kantianischen Revisionisten.

Die Broschüre Ernst Rosendahls zeigt das in aller Deutlichkeit. Noch in seiner nicht zu Unrecht erfolgten Polemik gegen die volksgemeinschaftlichen Illusionen der Hofgeismarer präsentierte er eine nicht minder wunschträchtige, wenngleich hegelianisch veredelte Alternative harmonischer Geschichtserfüllung und Leidenserlösung, die seit dem jungen Marx von nicht wenigen anti-bürgerlichen Jungakademikern vom Mythos Proletariat als Exekutor der geschichtlichen Raison erhofft und erwartet wurde. Der erfolgreiche Klassenkampf des Proletariats, verkündete Rosendahl hoffnungsfroh, werde die Gemeinschaft des Volkes herstellen, alle Klassen emanzipieren, das verdinglichte Fremdsein eines jeden auflösen, mithin eine neue und höhere Phase der Menschheit einleiten, da jetzt zum ersten Mal in der Historie das Subjekt, die Arbeiterklasse, Totalität verkörpere, also mit der Dialektik des Geschichtsprozesses objektiv übereinstimme und daher eine Subjekt-Objekt-Identität prinzipiell *möglich* sei.[46] Es war bezeichnend für den Zwischenkriegs-Linkssozialismus, daß Rosendahl dabei bewußt die Kategorie der „Möglichkeit" gebrauchte und das erkenntnismäßige Unvermögen des Subjekts nicht ganz ausschließen wollte. Die Gegenwart bot Anschauungsmaterial genug, um Skepsis über die Bereitschaft des subjektiven Faktors zu hegen, und die letztlich pessimistische Beschwörung, daß das Subjekt seinen ihm zugewiesenen Platz im Fluß des geschichtlichen Verlangens, bei „Strafe seines Unterganges"[47], einzunehmen habe, fehlte auch bei Rosendahl wie bei den meisten radikal-linken Sozialisten der postkautskyanischen Generation nicht.

Die düstere Prognose über die Folgen des Ausbleibens der revolutionären Tat aufgrund unaufgebrochener Erkenntnisschranken in der proletarischen Klasse mag man als realistischer empfinden als den in früheren Zeiten stoisch zur Schau getragenen ungebrochenen Zukunftsoptimismus, im Grunde genommen aber entsprang eine Wertung wie die Rosendahls einer Sicht von Klassenbewußtsein, das von dieser Welt nicht war und wohl auch niemals sein konnte. Richtiges proletarisches Klassenbewußtsein, wie Rosendahl es verstand, und wie er es von Lukács gelernt hatte, und wie es auch linkssozialistische „Kantianer" bei den Jusos keineswegs anders auffaßten, war durchaus nicht mit dem empirisch feststellbaren Handeln der Proletarier zu definieren, hatte mit dem wirklichen Denken der Arbeiterschaft nichts zu tun, ja es war, nach allem was man sehen konnte, häufig das genaue Gegenteil der tatsächlichen Empfindungen, Wünsche und Bestrebungen der real existierenden proletarischen Massen; denn die schienen zum Leidwesen von Rosendahl und vieler anderer bildungsbürgerlicher Stichwortgeber im Jungsozialismus ziemlich „verbürgerlicht"[48]. Die bewunderten noch den Stil bürgerlicher Lebensformen, dem die jungen Akademiker gerade erst angeekelt den Rücken zugekehrt hatten, um sich, oftmals schlampig zurechtgemacht, rüde im Auftreten[49], zu „proletarisieren" und um sich der Subjekt-Objekt-Identität im Geschichtsprozeß einzuverschmelzen. Die Intellektuellen glaubten einerseits, um die geschichtliche Rolle des Proletariats zu wissen, fanden indes anderseits eine dazu höchst unwillige Arbeiterschaft vor. Was blieb übrig, als erst einmal die Bewußtseinsrevolution mit den wenigen bereitwilligen Kräften der jungen Arbeiterschaft im kleinen Kreise zu trainieren, sich als Avantgarde zu verstehen, der es irgendwann einmal gelingen würde, den Graben zuzuschütten, der da zwischen dem „richtigen" und dem „empirischen" Bewußtsein lag? In dieser gedanklichen und zumeist auch organisatorisch hergestellten Absonderung des „richtigen" vom „wirklichen" Bewußtsein zeichneten sich die problematischen Elemente des späteren linkssozialistisch-linkskommunistischen Jungsozialismus schon konturenstark ab: elitäre Überheblichkeit, Dogmatik, besserwisserisches Sektierertum, abgekapselte Introvertiertheit auf der einen, draufgängerischer Vortruppradikalismus auf der anderen Seite.

Wie jemals die Klasse als Ganzes zu einem angemessenen Bewußtsein ihrer Lage kommen könnte, hat weder Lukács noch sonst jemand seiner Epigonen, so auch verständlicherweise der junge Rosendahl nicht, zu vermitteln verstanden. Das Zusammenfallen von Subjekt und Objekt, von Theorie und Praxis, von Denken und Sein, von Klasse und Geschichte, die Verschmelzung jedes historischen Dualismus in der alles Gegensätzliche aufhebenden Totalität blieb dem festen Glauben, den guten Wünschen, der fernen Zukunft oder, in schlechter luxemburgianischer Tradition, der Vision einer schnellen Lernschrittfolge im Zuge massenspontaner Erhebungen überantwortet. Im übrigen gaben die wenigen Chiffren, mit denen man richtiges Klassenbewußtsein auszudrücken pflegte, nicht viel her; es handelte sich im wesentlichen um axiomatisch vorausgesetzte, bekennerisch gebrauchte Prinzipien abstrakter Art, die niemals aus Realanalysen der wirklichen Verhältnisse gewonnen, sondern durch gleichförmig produzierte Deduktionen in Schablonen absoluter Wahrheiten gegossen wurden. Ein Verfahren im übrigen, das Marx und Engels, aber auch die vorzüglichen Theoretiker des sozialdemokratischen Zentrismus der Zwischenkriegszeit, etwa Otto Bauer, auch Rudolf Hilferding und Alexander Schifrin, in dieser Form als unergiebig und phrasenhaft abgelehnt haben, da sie revolutionäre Realpolitik für machbar nur nach sorgfältiger Untersuchung der jeweils existierenden und sich verändernden Kräfteverhältnisse in den Sphären von Politik und Gesellschaft ansahen und eine Abstraktion davon zugunsten allgemeiner Prinzipien für sterile Schwadroniererei hielten.

Ein bevorzugtes Prinzip von Lukács und seinen Schülern war das des Antiparlamentarismus und des Antirepublikanismus. Diese Übersetzung „richtigen Klassenbewußtseins" in eine zentrale Maxime politischen Handelns war nicht nur steril, sondern — auf die Weimarer Verhältnisse übertragen — außerordentlich gefährlich, und es ist sehr die Frage, ob die Koketterie für einen solchen linkskommunistischen Radikalismus die Organisation der Jusos auf marxistischen Kurs gebracht hat, wie man es allenthalben in Veröffentlichungen über die jungsozialistische Bewegung in der Weimarer Republik lesen kann. Von der Dominanz des Prinzips beeindruckt, kümmerte sich Ernst Rosendahl jedenfalls nicht mehr um die empirische Haltung des deutschen Bürgertums zum republikanischen Staatswesen, sondern setzte apodiktisch fest, daß die Demokratie „eines der raffiniertesten Kampfmittel (ist), das die Bourgeoisie in ihrem Klassenkampf anwendet", da dort „durch die Gleichwertigkeit des Stimmzettels die wirkliche Ungleichheit verhüllt wird"[50]. Dies einmal festgelegt, war es stringent, wenn auch politisch fatal, die demokratische Republik nicht mehr für verteidigungswert anzusehen, sondern zum rücksichtslosen Kampf gegen sie aufzurufen[51], wobei sich die linkskommunistischen Propagandisten niemals Gedanken darüber machten, daß sie sich damit, so wie die Dinge in Deutschland lagen, selbst der Luft beraubten, die auch revolutionäre Agitationspolitiker zum Leben dringend brauchen.

Diese Variante des linken Jungsozialismus zeigte mithin, daß Kräfte in der Organisation heranwuchsen, die zwar für nationalistische Ausfälle nichts übrig hatten, wohl auch mehr Verve und Entschlossenheit besaßen als die schwunglosen „Praktizisten" im Funktionärsapparat der Partei, dafür aber einem Radikalismus anhingen, der sozialdemokratisch im eigentlichen Sinne gar nicht mehr war, und mit denen unter den komplizierten Bedingungen der Weimarer Republik eine fruchtbare und realitätsgerechte Politik kaum gestaltet werden konnte.

*Epilog*

Ein solcher Radikalismus führte nicht nur von der Sozialdemokratie fort, sondern mußte selbst noch mit Teilen der sozialdemokratischen Linken in heftige Konflikte geraten. Dies zeigte sich sowohl 1926/27 als auch 1930/31; die administrativen Maßnahmen gegen die radikalen Jungsozialisten gingen entgegen einer hartnäckigen Legende in der Geschichtsschreibung[52] *nicht* vom „rechten Parteiapparat" und dem zentralen Berliner Parteivorstand, sondern von den Bezirken der Linkssozialdemokratie aus; 1926/27 von den Bezirken Berlin, Leipzig und dem Unterbezirk Hagen, 1931 von den Bezirken Berlin, Leipzig und Ostsachsen. Nachdem sich 1925 der Hannoveranerkreis bei den Jungsozialisten hatte durchsetzen können, versuchten die beiden Schwelmer Jusos Ernst Rosendahl und Julius Utermann, einen ähnlichen Coup auch in der SAJ zu landen. In der SAJ gab es zu diesem Zeitpunkt besonders in den Bezirken Berlin-Brandenburg und Westsachsen einige Ortsgruppen, die einen zunächst noch politisch unstrukturierten, mehr emotional aufgeladenen Radikalismus vertraten, der sich durch keinerlei Kompromisse verunreinigen wollte.[53] Angeführt wurden diese Gruppen von einigen bereits älteren und ziemlich ehrgeizigen Funktionären; in Berlin von dem klugen Studenten Boris Goldenberg, in Leipzig vom ausgesprochen rührigen, aber politisch unsteten Buchdrucker Walter Otto, der sich zwischen Nelson, Marx, Stalin und später Hitler nicht so recht entscheiden konnte. Die Ursprünge der SAJ-Opposition – SAJO, wie sie sich nannte – reichten bis zum Frühjahr 1925 zurück, als sich die SPD entschlossen hatte, den Zentrumspolitiker Wilhelm Marx als Kandidaten im entscheidenden Wahlgang für die Reichspräsidentenwahl zu unterstützen. Eine Entscheidung, die im übrigen auch viele Jungsozialisten erzürnt hat und die sie mehr oder weniger offen boykottierten.[54] Überhaupt erschien den unzufriedenen SAJlern die sozialdemokratische Oppositionspolitik im Reich als zu lasch, zu wenig konfrontativ, kurz: als zu staatspolitisch. Auch mit der offiziellen Linkssozialdemokratie haderte die SAJO, die endlich „revolutionäre Taten" und nicht nur papierene Protestresolutionen sehen wollte. Ernst Rosendahl versuchte nun, diese SAJO-Gruppen nach bewährter Manier durch Briefe, Zirkulare und Erklärungen organisatorisch zu erfassen und zu vereinheitlichen.[55] Zur gleichen Zeit bemühte sich indessen auch noch eine andere Gruppe um die SAJO: der kommunistische Jugendverband. Die Kommunisten hatten sich in jenen Jahren gerade auf „Realpolitik und Einheitsfrontpolitik"[56] festgelegt. Was in den Bezeichnungen und Darstellungen der historischen Kommunismus-Forschung einen positiven und wohlwollenden Akzent gewinnt, bedeutete in der Praxis eine handfeste, teilweise skrupellose, politisch und menschlich ruinöse Interventionspolitik.[57] Der kommunistische Jugendverband hatte sich sogenannte „Gegner-Ressorts" zugelegt, die eigens darauf abgestellt waren, eine gezielte Fraktionspolitik in der SAJ zu organisieren und zu finanzieren. Man bildete sogenannte „Kofras", kommunistische Fraktionen und Zellen in der SAJ, die sich konspirativ in Wohnungen trafen, um Sitzungen und Entschließungen der SAJO, deren überwiegende Zahl der Mitglieder durchaus nichts von den kommunistischen Hintergründen wußte, vorzubereiten. Ziel der „Kofras" sollte sein, die SAJO personell zu verbreitern, um zu einem geeigneten Zeitpunkt durch die bewußt provozierte Eskalierung der Auseinandersetzungen mit dem „SPD-Apparat" möglichst viele SAJ-Mitglieder zum Übertritt zum KJV zu bewegen.

In dem Maße, wie sich die Schwelmer Jungsozialisten durch ihren bedingungslosen Radikalismus mit ihrem – linkssozialdemokratischen – Unterbezirksvorstand in

Hagen überwarfen, näherten sie sich der KJ an und übernahmen sukzessive die ihnen angetragene „Kofra"-Arbeit.[58] Julius Utermann trat bereits im Herbst 1926 heimlich dem KJV bei, blieb offiziell aber Mitglied der SAJ und der Jungsozialisten. Die Kommunistische Jugendzentrale schickte ihn im Oktober nach Leipzig, wo er die SAJO in Westsachsen, einem der größten und wichtigsten Bezirke der SAJ überhaupt, „für den Übertritt reif"[59] machen sollte. Die SAJO hatte dort trotz der Warnung des Leipziger SPD-Vorstandes einen fraktionsähnlichen „Marxistischen Arbeitskreis" (MAK) aufgebaut.[60] Schon nach wenigen Wochen galt der rhetorisch begabte und im Hause Rosendahl theoretisch vorzüglich ausgebildete Julius Utermann als „Chefideologe" des MAK. Auf seine Initiative hin veröffentlichte der MAK ein Flugblatt mit dem Titel „Gegen Terror und Verleumdung", das heftige Vorwürfe gegen den „Organisationsapparat" der SPD und den Sekretär der westsächsischen SAJ, den früheren SPJ-Reichsvorsitzenden Otto Schröter, enthielt. Den Druck hatten die westsächsischen Kommunisten übernommen, es dabei aber an der vom MAK erbetenen Diskretion und Achtsamkeit fehlen lassen: sie hatten das Pamphlet im gleichen Stil wie die „Sächsische Arbeiter-Zeitung", die Tageszeitung der KP, gesetzt und hergestellt.[61] Da die „Sächsische Arbeiter-Zeitung" in den Wintermonaten 1926 1927 überdies fast täglich Berichte aus den Kreisen der SAJO über Parteiversammlungen der SPD brachte, sah der Leipziger Bezirksvorstand der SPD schließlich keine andere Möglichkeit mehr, als den Antrag auf Parteiausschluß von Julius Utermann und Walter Otto zu stellen. Am 17. März 1927 gab der zentrale Parteivorstand in Berlin dem Antrag statt.[62]

Utermann kehrte − nachdem wenig später in der Tat zahlreiche SAJler vor allem aus den kleineren Städten des Leipziger Umlandes die Sozialdemokratie verlassen hatten und dem KJV beigetreten waren − nach Schwelm zurück, wo sich die Jungsozialisten um die Maßnahmen des Parteivorstandes nicht weiter kümmerten und gemeinsam mit ihrem ausgeschlossenen Freund die harte Linie kompromißloser Oppositionspolitik fortsetzten.[63] Auf der Reichskonferenz der Jungsozialisten in Dresden am 5. Juni 1927 stellte Ernst Rosendahl zudem einen Antrag auf Wiederaufnahme von Utermann in die Partei. Der Radikalismus von Rosendahl und Utermann und ihr Umgang mit den Kommunisten ging indessen auch den meisten Jungsozialisten zu weit; mit großer Mehrheit lehnten sie den Antrag des Schwelmer Juso-Vorsitzenden ab.[64] Prominente Linkssozialisten der Bewegung wie Fritz Lewy und Karl Wiechert distanzierten sich außerdem noch explizit von den „Treibereien" ihrer Schwelmer Genossen.[65] Der Unterbezirksvorstand der SPD-Hagen verlor nun ebenfalls die Geduld und beantragte seinerseits den Ausschluß von Rosendahl, der dem drohenden Rausschmiß allerdings durch seinen Austritt zurvorkommen konnte.[66] Mit Rosendahl verließen nun auch die übrigen Jungsozialisten aus den Orten Schwelm, Haspe, Milspe und Gevelsberg die Sozialdemokratie, um sich jetzt auch offiziell der kommunistischen Jugend anzuschließen.[67] Hier wie schon in Leipzig und Berlin war die Linksopposition in der SAJ daraufhin ziemlich dezimiert; überhaupt hatte der Ruf sämtlicher Linkssozialdemokraten in der Jugendorganisation durch diese Affäre Schaden genommen. Rosendahl im übrigen wurde 1927 Mitarbeiter am Frankfurter „Institut für Sozialforschung" und vertrat wie einige andere der dort wissenschaftlich Tätigen und kommunistisch Organisierten einen intellektuell veredelten Kommunismus, der mit der offiziellen Politik der KP indes nur wenig gemein hatte.

## 2. Linkssozialistisches Zentrum an der Peripherie des Reiches: der Breslauer Jungsozialismus und seine Intellektuellen

*a) Arbeiterintellektuelle im Ambiente von weltlichen Schulen und jüdischem Akademikertum*

Das Zentrum des „Hannoveraner Marxismus" lag indes weder im südlichen Ruhrgebiet noch in der preußischen Provinz Hannover, sondern an der östlichen Peripherie des Reiches: in Breslau. Dies in mehrerer Hinsicht: in keiner anderen Juso-Gruppe des Reiches haben die Mitglieder eine theoretisch so anspruchsvolle, thematisch derart stringente Bildungsarbeit betrieben wie hier; dichter als anderswo bestand in Breslau ein Milieu radikal-linkssozialistischer Intellektueller und Studenten, die sich mit den jungsozialistischen Facharbeitern verbanden; allein dort schließlich in der niederschlesischen Provinzhauptstadt gelang es Jungsozialisten, im Zusammenspiel mit einigen älteren Linkssozialdemokraten die Mehrheitsverhältnisse in einem großstädtischen Ortsverein durch systematische Parteiarbeit und eine gezielte Taktik umzukehren, um fortan einen rigiden Kurs linkssozialistischer Gesinnung in einer Konsequenz zu vertreten, die selbst in den Stammlanden der sozialdemokratischen Linken, in Sachsen und Thüringen, keinen Nachahmer fand. Verhältnisse wie in Breslau herrschten in den späten 20er und frühen 30er Jahren nur noch in Frankfurt; auch da hatten Jungsozialisten, allerdings solche, die eine Zeitlang dem Nelson-Bund angehörten, wie Georg Stierle und Paul Müller, einen nicht geringen Einfluß auf die Politik des Ortsvereines gewonnen.[68] Der Breslauer Linkssozialismus war bald über die Grenzen der schlesischen Region hinaus bekannt. Eine Reihe prominenter Sozialdemokraten, die, wie etwa Ernst Heilmann, mit dem Breslauer Ortsverein seit 1927 in einem Dauerzwist lagen[69], hielten die Parteiorganisation der schlesischen Metropole seit spätestens 1930 für kaum mehr tragbar und haben die SAP-Abspaltung in dieser Stadt nicht ohne Erleichterung kommentiert. In den Augen zahlreicher sozialdemokratischer Jugendlicher hingegen, die sich seit Ende der zwanziger Jahre immer mehr nach links radikalisierten, stellte sich die Partei in Breslau ganz anders dar. Dort wähnten sie die „rote Insel" im Meer eines opportunistischen Reformismus, die uneinnehmbare Trutzburg „am linken Flügel der europäischen Arbeiterbewegung außerhalb Rußlands"[70].

Gleichviel, was an solchen Urteilen richtig ist, kein Zweifel sicher, daß sich im Binnenleben und in der Entwicklung der Breslauer Sozialdemokratie fast alle charakteristischen Züge des linken Jungsozialismus — die Vielfalt seiner theoretischen Inspirationen, das Spannungsverhältnis zwischen Intellektuellen und Arbeitern, seine Erkenntnisleistungen und dogmatischen Überheblichkeiten und Intransigenzen — wie in einem Brennglas bündelten. Durch die Untersuchung des Breslauer Beispiels mag es leichter fallen, eine Antwort auf die häufig gestellte spekulative Frage zu versuchen, ob eine Änderung der sozialdemokratischen Politik nach Maßgabe des Verlangens der vorwärtsdrängenden und radikalen Kräfte in der jüngeren Generation einen erfolgversprechenderen Weg hätte eröffnen können, als es der war, den die sozialdemokratische Partei in der historischen Wirklichkeit eingeschlagen hatte.

1924, Anfang 1925 allerdings war die Breslauer Juso-Gruppe, nicht anders als die übrigen Gruppen im Reich, ein kleiner, kaum wahrgenommener und erst recht nicht sonderlich ernstgenommener Diskussionszirkel irgendwo am Rande der örtlichen

Arbeiterbewegung. Nichts deutete zu diesem Zeitpunkt darauf hin, daß dieser Debattierklub, der – in einer Stadt mit rund 600 000 Einwohnern – bestenfalls 120 junge Arbeiter umfaßte[71], das rhetorische Selbstverständnis einmal ganz und gar ernst nehmen und als „Vortrupp" die lokale Parteibewegung mit ihren 17 000 Mitgliedern[72] gründlich umkrempeln würde. Noch Ende September 1925, auf dem Parteitag der mittelschlesischen SPD, gab der Bezirkssekretär Karl Mache den Jungsozialisten den väterlichen Ratschlag, sich nicht nur ausschließlich mit Fragen der Theorie, sondern ein wenig mit den praktischen Aufgaben der Parteiarbeit zu beschäftigen.[73] Mahnende Worte, die Karl Mache, seit 1929 Bürgermeister in Breslau, wenige Jahre später zutiefst bereut haben dürfte. Was die Breslauer Jungsozialisten im Vorfeld der Jenaer Reichskonferenz von anderen Juso-Gruppen des Reiches etwas abhob, war eigentlich nur die ins Auge springende Systematik der theoretischen Anstrengungen, die asketisch-eiserne Disziplin, mit der die jungen Breslauer Arbeiter die Mühen der Kopfarbeit noch nach Feierabend auf sich zu nehmen bereit waren. Ein wenig ähnelten sie darin den Mitgliedern des „Internationalen Jugend-Bundes", und von den marxistisch argumentierenden Jungsozialisten waren die Breslauer auch am ehesten in der Lage, den vorzüglich geschulten Nelsonianern das Wasser zu reichen.[74] „Die theoretische Ausbildung der Mitglieder ging nach schulischem Drill vor", erinnert sich der frühere Breslauer Juso Gerhard Kaulich, „der Fritz Lewy gab die schriftliche Hausarbeit auf, die wurde dann abgegeben und zensiert wie vom Lehrer, und wenn's nicht klappte, dann wurde es beim nächsten Mal repetiert. War ein richtiger Bims-Betrieb."[75]

Im Mittelpunkt des „Bims-Betriebes" standen die Arbeitsgemeinschaften, die zu bestimmten Themen eingerichtet und über die Dauer von mehreren Wochen, z. T. Monaten an einem Werktagabend durchgeführt wurden. 1924 etwa gab es vier solcher Arbeitsgemeinschaften über „Grundfragen des Sozialismus", „Die ökonomischen Probleme des Sozialismus", „Das Kommunistische Manifest" und „Marxismus als proletarische Lebenslehre".[76] Den absoluten Höhepunkt wohl nicht nur für die Breslauer Jugendbewegung, sondern wahrscheinlich für die Geschichte des Weimarer Jungsozialismus insgesamt bildete, was zeitliche Kontinuität und bildsame Intensität anbetraf, eine AG, die man am 26. Januar 1926 „auf vielfältigen Wunsch"[77] hin ins Leben rief: die AG „Das Kapital". Nicht weniger als 23 Monate, von Januar 1926 bis Dezember 1927, trafen sich die Breslauer Jungsozialisten jeden Mittwochabend um acht Uhr im Zimmer 25 des Gewerkschaftshauses, um das fürwahr nicht unterhaltsam geschriebene Hauptwerk von Karl Marx, Seite für Seite, Kapitel für Kapitel durchzuackern. Wer diese geistige Tretmühle durchstanden und durchlitten hatte, mußte gleichsam naturnotwendig die Überzeugung gewinnen, Teil einer geistigen Elite mit ungewöhnlichem Durchblick und legitimem Anspruch auf avantgardistische Führungsfähigkeit zu sein. Denn wo gab es sonst noch in der Arbeiterbewegung eine Gruppe, die ähnlich gut die Klassiker des „wissenschaftlichen Sozialismus" kannte und damit über die Anatomie der bürgerlichen Gesellschaft jedweden erdenklichen Bescheid zu wissen meinte?

Mit der Teilnahme an der einen AG aber war es keineswegs getan. Versucht man, die einzelnen Informationen aus den Berichten und Ankündigungen in der sozialdemokratischen Tageszeitung Mittelschlesiens zu einem Portrait einer durchschnittlichen Woche aus dem Leben eines Breslauer Jungsozialisten zur Mitte des zweiten Jahrzehnts zusammenzufügen, so ergibt sich in etwa folgendes Bild: Die Woche begann mit dem Besuch eines Volkshochschulkurses des Studenten der Nationalökonomie und Philosophie, dem Jungsozialisten Fritz Lewy, über „Der Staat und die Klassen". Am Dienstag sammelten sich die Jusos mit sozialistischen Studenten, sozialdemokratischen Akademikern, auch einigen SPD-Funktionären der älteren Generation und intellektuell aufgeschlossenen Kommunisten im Gewerkschaftshaus, um als sogenannte „Marxistische Arbeitsgemeinschaft" mit dem unabhängigen Linkssozialisten Fritz Sternberg über dessen Imperialismus-Forschungen zu diskutieren — nach Aussagen von Zeitzeugen ein Höhepunkt der Woche, auf den noch zurückzukommen sein wird. Mittwoch abends paukten sie in der AG die Klassiker. Donnerstags stand wieder die Volkshochschule auf dem Programm; dieses Mal Kurs bei Siegfried Marck, Thema: „Marxistische Lektüre". Den Freitag verbrachten einige Jusos als Helfer in der neuen „Kinderfreundebewegung". Samstags trafen sich die Jungsozialisten zu Aussprache- und Diskussionsabenden über aktuelle Fragen, um schließlich die Woche mit einem entspannenden Sonntagsprogramm abschließen zu können. Man war gesellig, wenngleich nicht in dem Sinne, daß man auf kognitive Erkenntnisleistungen ganz verzichtet hätte; man hörte Vorträge über „Humor und Satire in der neuen Dichtung", es gab Lesungen aus Balladen oder Rezitationen aus dem Werke Ernst Tollers, einem der Lieblingsdichter der Jungsozialisten damals. Irgendwo dazwischen bzw. als Ersatz für einen dieser Termine lag für die meisten noch die Vorbereitung eines Sprechchores oder einer Revue bzw. das Engagement in einer der verschiedenen Kulturorganisationen, allen voran sicher bei den Freidenkern, bei denen viele Jusos aktiv mitmachten.[78]

Die Breslauer Jungsozialisten, nach Auskunft von Zeitzeugen auch hier zum größten Teil junge Buchdrucker und Schriftsetzer[79], fanden für ihre bildende Tätigkeit in ihrer Heimatstadt eine außergewöhnlich günstige intellektuelle Infrastruktur vor. Mehrere Faktoren kamen da zusammen und waren z. T. miteinander verknüpft. Bereits vor dem Ersten Weltkrieg galt Breslau in der deutschen Sozialdemokratie als Musterstadt des Arbeiterbildungswesens.[80] Die Ereignisse der Revolution und die durch den politischen Systemwechsel ermöglichten institutionellen Veränderungen im erzieherischen Sektor trugen, wie bescheiden sie sich — gemessen an den hohen Erwartungen der Schulreformer — auch ausnahmen, in Breslau dazu bei, die Fundamente der Vorkriegszeit weiter auszubauen. Große Bedeutung kam hier den weltlichen Schulen zu. Ähnlich wie in anderen Städten Preußens konnten die weltlichen Schulen auch in Breslau erst nach einem erbitterten Ringen der organisierten proletarischen Eltern, die sich in der „Freien Elternvereinigung" zusammengetan hatten, mit den städtischen und staatlichen Schulbehörden durchgesetzt werden. Unterstützt wurden diese Obstruktionsversuche der Schulbehörde durch den örtlichen „Generalanzeiger", den Rektorenverein, die beiden Kirchen, das Zentrum, die DVP und die Deutschnationalen, die allesamt den neuen Schulen Gottlosigkeit, Sittenverfall, Leistungsminderung und marxistisches Klassenkampfdenken vorwarfen.[81]

Richtig daran war soviel, daß sich an weltliche Schulen, von denen es seit 1924 vier in Breslau gab, im wesentlichen Lehrer versetzen ließen, die mit der Sozialdemokratie sympathisierten oder gar dort Mitglied waren. Ein Religionsunterricht fand nicht statt, statt dessen zog man eine „diesseitige Ethik" vor, wozu in der Tat die meisten Lehrer die „sozialistische Weltanschauung" zählten. Den Geschichtsunterricht strukturierte man infolgedessen nach der Methode des „historischen Materialismus", um eine Alternative zu dem in den Volksschulen noch weit verbreiteten Monarchenkult zu schaffen. Die Lehrer waren in der Regel recht jung und unterrichteten ohne Rohrstock und Strafandrohungen. Durch Werkunterricht sollten die Kinder an die Quellen der Arbeit herangeführt und, wie es hieß, zu einer Überbrückung von Kopf- und Handarbeit ermutigt werden. Häufiger als an anderen Lehrstätten fand in den weltlichen Schulen Turnunterricht statt; durch Baden, Wandern, Spielen und Gymnastik hofften die Pädagogen, den Schülern ein natürliches Verhältnis zum Körper beizubringen. Mit verschiedenen sozialen Maßnahmen wie kostenloses Milch-Frühstück, Mittagsspeisungen und Aufenthalte in Erziehungsheimen versuchte man, die soziale Not der proletarischen Kinder ein wenig zu lindern. Besonders wichtig nahmen die Lehrer die Zusammenarbeit mit den Eltern, die an der Verwaltung und den Ausbauarbeiten der Schulen beteiligt wurden. Die weltlichen Schulen waren insofern ein ganz typisches Beispiel für die Kraft und den nicht-etatistischen Charakter der fein verästelten sozialistischen Solidargemeinschaft in der Weimarer Zeit, da dieses schulische Reformprojekt nur durch das bewußte Zusammenwirken von links eingestellten Pädagogen, sozialistischen Politikern, der SPD-Tagespresse und sozialdemokratisch oder auch kommunistisch gesonnenen und aktiven Arbeitereltern durchgesetzt, verteidigt und für noch zaudernde Eltern attraktiv gestaltet werden konnte. Die zweite und dritte Generation in der SAJ und der jungsozialistischen Bewegung setzte sich, wie gerade die Zeitzeugenbefragungen zeigten, besonders in den aktiven Funktionärskörpern preußischer Großstädte zu einem bedeutsamen Teil aus Absolventen solcher weltlicher Schulen zusammen. Das Gesicht vor allem der SAJ veränderte sich dadurch nicht unerheblich, da diese Jugendlichen ganz andere Kenntnisse mitbrachten als die meisten Volksschüler; sie wußten mehr, kannten bereits einen offeneren Erziehungsstil und traten dementsprechend selbstbewußt auf.

Die Bedeutung der Lehrer von weltlichen Schulen für die erste Generation der Breslauer Jungsozialisten war eine andere: Die Lehrer gingen als Referenten in die Gruppen und haben mit ihren Vorträgen zu der forcierten Linksentwicklung der Jusos gewiß mit beigetragen. Zumindest diejenigen Pädagogen, die mit den Breslauer Jungsozialisten Veranstaltungen durchführten, standen im Spektrum der reichsdeutschen Sozialdemokratie am äußersten linken Rande. Überhaupt: wer die Linksopposition in der Weimarer SPD erklären will, kommt in einigen Regionen an der Lehrerschaft nicht vorbei; dies hat Dietmar Klenke für Sachsen materialgesättigt nachgewiesen[82], und ähnliches läßt sich, in geringerem Ausmaß zweifelsohne, auch in Breslau konstatieren. Zwei Rektoren der vier weltlichen Schulen sind in diesem Zusammenhang zuvörderst zu erwähnen: Fritz Pietsch, nach der Übernahme des Breslauer Ortsvereins durch die radikale Linke 1927 Vorsitzender der Stadtratsfraktion der SPD, später der SAP, und Max Felsen. Felsen insbesondere gehörte über Jahre zu den am meisten geladenen Referenten bei den Jungsozialisten, „den Akademikern des Proletariats", als die er sie bezeichnete.[83] Seine Biographie war schillernd, reich an Brüchen und nicht ohne Tragik. Schon sein Eintritt in die SPD im Spätsommer 1923 hatte viel Wirbel in der politischen Öffentlichkeit Mittelschlesiens ausgelöst: nur wenige Wochen vorher nämlich war er als Max Pietrowski noch Sekretär des Zentrums und Lehrkraft an einer katholischen Schule gewesen.[84] Die Konversion vollzog sich, wie in solchen Fällen üblich, gründlich, in aller Radikalität. Er wechselte den Namen, sagte seinem Glauben ab und wurde eifernder Dissident, ein Aktivist im Deutschen Freidenker-Verband. Der Marxismus war dem Konvertiten mehr als eine brauchbare sozialwissenschaftliche Methode zur Analyse der kapitalistischen

Gesellschaft, er war ihm Bibelersatz. Bald hatte er die Klassiker sämtlichst gelesen, nun wollte er ihr Prophet werden. Und da er ein vorzüglicher Pädagoge war, der klar zu sprechen verstand, einleuchtende und anschauliche Vergleiche in seinen Vorträgen zu gebrauchen pflegte, schätzten ihn die Jusos zunächst sehr. Doch selbst unter ihnen, die den Marxismus manchmal ziemlich buchstabengläubig auslegten, gab es bald einige, die das von Jahr zu Jahr schlimmer werdende zelotenhafte Gebaren des früheren Zentrum-Politikers als unangenehm und überdreht empfanden. Nach einer gemeinsam mit seiner Frau unternommenen Reise in die Sowjetunion Anfang der 30er Jahre hielt er fast täglich Vorträge über „Staat und Revolution" und über „Sowjetrußland". Nach einem kurzen Zwischenspiel in der SAP, die ihn im März 1932 wegen kommunistischer Propaganda ausschloß, trat er der KP bei.[85]

Sucht man nach den Ursachen für die Eigenarten der intellektuellen Infrastruktur des Breslauer Jung- und Linkssozialismus, so kann man allerdings keineswegs bei der Lehrerschaft der weltlichen Schulen, wie bedeutsam sich ihr Wirken auch ausnahm, verharren. Weltliche Schulen existierten auch in anderen Städten, in größerer Zahl sogar als in Breslau, und sie waren dort mitunter schon zwei bis drei Jahre früher erkämpft worden. Worauf man in Breslau indessen immer wieder stößt, was anderen Städten in diesem Umfang fehlte, war eine breite Schicht von Intellektuellen jüdischer Herkunft. Breslau, die Stadt des Handels und der Bildung, war die Heimat der drittgrößten jüdischen Gemeinde in Deutschland; nur in Berlin und Frankfurt lag der Anteil jüdischer Einwohner höher.[86] Im Gefolge der Stahlgewitter des Ersten Weltkrieges und der Aufbruchsstimmung in den ersten Revolutionsmonaten fanden jüdische Akademiker Breslaus wie etwa Siegfried Marck ihren Weg in die Sozialdemokratie. Schon in der Revolution selbst hatten einige von ihnen mittun wollen und dem Schlachtruf der Zeit entsprechend einen „Rat der geistigen Arbeiter" gegründet. Die für die Zukunft zweifellos wichtigste Tat des im übrigen recht ratlos agierenden Rates war die Einberufung eines „Verwaltungsausschusses" für den Aufbau einer Volkshochschule. Sowohl für die Geschäfte des Verwaltungsausschusses als auch für den pädagogischen Betrieb der späteren Volkshochschule trugen jüdische Bildungsbürger entscheidende Verantwortung. Die nichtjüdischen Bürger von Besitz und Bildung der Stadt Breslau rümpften die Nase über diese Einrichtung des „neuen Deutschlands"; sie galt ihnen als „rot" und „jüdisch"[87]. Die organisierten sozialdemokratischen Arbeiter, die Jungsozialisten allen voran, identifizierten sich hingegen stark mit der Volkshochschule und belegten fleißig die angebotenen Kurse, deren Titel sich nicht selten so lasen, als seien sie dem Programmheft eines sozialistischen Arbeiterbildungsvereines entnommen.[88]

Töchter und Söhne aus jüdischem Hause, die Väter zumeist freiberuflich tätig als Ärzte und Rechtsanwälte, überwogen deutlich auch in der S.S.G., der Sozialistischen Studentengemeinschaft Breslaus. Arbeiterstudenten hingegen, junge Arbeiter also, die als Hochbegabte ihr Abitur durch Sonderprüfungen unter Mühen hatten nachholen können, gehörten ihr kaum an; hierin unterschied sich die Breslauer Gruppe auffällig von anderen sozialdemokratischen Studentengruppen in Deutschland. Nichtsdestoweniger oder vielleicht gerade deshalb bildeten die Breslauer den radikal linken Flügel in der studentischen Reichsorganisation der Sozialdemokratie.[89] Die von anderen sozialistischen Studentengruppen praktizierte Zusammenarbeit mit „bürgerlichen Studenten" in republikanischen Bündnissen wiesen sie schroff zurück. Konkrete Hochschulprogramme mit sozialpolitischen Forderungen und Demokratisierungspostulaten kennzeichneten sie verächtlich als illusionären hochschulpolitischen Reformismus. Der Vorsitzende der Breslauer S.S.G., Kurt Oppler, Sohn eines wohlhabenden Kaufmanns, faßte 1929 in einem grundsätzlich gefaßten Artikel die langjährige und, wie er meinte, erfolgreiche Politik der Breslauer Radikal-Opposition programmatisch zusammen:

> „Man könnte den Gedanken so formulieren, daß die sozialistischen Studentengruppen nichts anderes als Werbebüros der Partei unter der akademischen Jugend zu sein haben, deren Aufgabe darin besteht, möglichst starkt für den sozialistischen Gedanken zu werben und dem Geist des Marxismus in reiner und unverfälschter Form Eingang zu verschaffen. (...) Mit bloßen republikanischen Gedanken ist Werbearbeit nicht zu leisten (...) Jede Abweichung von dieser vorgezeichneten Linie schädigt den Charakter des Klassenkampfgedankens, versucht die Brücke zu einem Ufer zu schlagen, zu dem es keine Brücke gibt und verwischt die klare Zielsetzung des marxistisch orientierten Sozialismus."[90]

In nuce liegt hier das Credo großer Teile der Breslauer Linkssozialisten vor: Reinerhaltung, unverfälschte Tradierung und bloße agitatorische Propagierung des marxistischen Geistes. Es ist im übrigen bezeichnend, daß einer der wenigen Arbeiterstudenten der Breslauer Gruppe, Bernd Hoffmann, der 1924 die Gruppe, nachdem sie eine Zeitlang etwas inaktiv geworden war, wieder aufgebaut und konsolidiert hatte[91], bei seinen von der soziologischen Herkunft nach fraglos bürgerlichen Studentengenossen als „reformistischer Renegat" galt, obgleich Hoffmann ein tüchtiger, kluger, praktisch veranlagter und mit disziplinierter Ernsthaftigkeit tätiger linker Sozialdemokrat war. „Die Leute hier sind alle furchtbar radikal, radikaler als ich"[92], klagte Hoffmann 1927 in einem Brief an seine Lebensgefährtin Lis Brendgens, als er, nun Student in Köln und dort Vorsitzender sowohl der Jusos als auch der „Vereinigung sozialistischer Studenten", zu Besuch bei Kurt Oppler in Breslau weilte. „Ich bin für sie", schrieb Hoffmann ein halbes Jahr später nach einem erhitzten Streitgespräch mit seinen früheren Genossen, das er nächtens führte, „ein reformistischer Renegat geworden, der da draußen an der Weltrevolution Verrat beging"[93]. Hoffmann führte, am Rande vermerkt, zur gleichen Zeit in Köln und im Bezirk Oberrhein die innerparteiliche Linksopposition gegen den von Wilhelm Sollmann repräsentierten Kurs der Parteimehrheit an.

Zwischen den Breslauer Jungsozialisten und der S.S.G. herrschte bestes Einvernehmen. Wenn die sozialistischen Studenten zu ihren Veranstaltungen in die Uni einluden, dann hieß es zumeist in den Anzeigen für das Breslauer Parteiblatt: „Gäste sind herzlich willkommen, besonders die Jungsozialisten." Und die scheuten in der Tat den weiten und eigentlich ungewohnten Weg nicht, den sie alle 14 Tage zurücklegen mußten, wenn sie vom Westen der Stadt, wo die meisten von ihnen in der „roten Tschepine", dem proletarischen Viertel, wohnten, zum feinen Osten, wo die Friedrich-Wilhelm-Universität lag, mit der Straßenbahn hinfahren oder auch zu Fuß hingehen mußten. „Studenten und Jusos haben eisern zusammengehalten", erinnert sich Günter Spruch, damals Mitglied der S.S.G. in Breslau. „Es war beinahe so, daß wir die Jusos als Studenten angesehen haben."[94] Jedenfalls kehrten die sozialistischen Studenten auch im Gewerkschaftshaus ein, wenn dort die Jungsozialisten tagten. Zudem stellten sie eine Reihe der wichtigsten Referenten für die jungsozialistische Bildungsarbeit: Kurt Oppler, Martin Kaliski und vor allem Eduard („Ede")

Wolf – den Leiter jener zweijährigen Kapital-AG – und Fritz Lewy, junge Akademiker aus jüdischen Familien; die beiden letztgenannten seit 1927 mit dem Titel des Doktors der Nationalökonomie. Sie alle haben sich als Jungsozialisten gefühlt, Fritz Lewy beispielsweise avancierte zu einem ihrer maßgeblichen Theoretiker auf der Reichsebene. In ihren Tätigkeiten vollzog sich gleichsam, so dünkte es ihnen, das ersehnte Ineinswerden von Intellektuellen und Arbeiterbewegung, von wissenschaftlicher Einsicht und proletarischer Bereitschaft – in der konkreten Praxis: die Verschmelzung von Jung- und Studentensozialismus.

Für diese Symbiose von jungen Facharbeitern und radikalen, häufig jüdischen Intellektuellen, ein Markenzeichen des Weimarer Jungsozialismus schlechthin, existierten in Breslau die günstigsten Voraussetzungen, da hier die jüdischen Außenseiter der Boheme und Revolution, als die sie Hans Mayer in seinem Buch „Außenseiter" bezeichnet und beschreibt, in ungewöhnlich großer Zahl anzutreffen waren. Seinen exemplarischen Ausdruck fand diese Konstellation in der Trägergruppe und der Referentenauswahl für die „Marxistische Arbeitsgemeinschaft", seit 1924 in Mittelschlesien zweifellos der geistige Kristallisationspunkt für radikale Linksintellektuelle und theoretisch interessierte Arbeiter parteipolitisch unterschiedlicher Observanz. Ins Leben gerufen wurde dieser Diskussionskreis in Breslau 1924 von den Jungsozialisten, der S.S.G. und dem „Bund der Freunde sozialistischer Akademiker"[96]; Vorträge gehalten haben dort im wesentlichen jüdische Intellektuelle: Fritz Sternberg ganz besonders, auch Siegfried Marck, Max Adler und Ernst Eckstein. Fast alle herausragenden Redner der Linksopposition auf Breslauer Parteiversammlungen waren Intellektuelle jüdischer Familienherkunft; häufig ethisch rigoros im Auftreten, radikal in der Zielsetzung und nicht selten kompromißlos in der Ablehnung von pragmatischen Reformen.

In der Breslauer Arbeiterbewegung hat es in den 20er Jahren einen latenten, dann, als sich die Linkssozialisten gegen die Funktionäre des Gewerkschaftsapparates parteipolitisch durchsetzen konnten, auch offen artikulierten Antisemitismus gegeben. Man sprach auf Gewerkschaftskongressen in Mittelschlesien von der Breslauer „Judokratie"[97]. Bernd Hoffmann riet daher seiner Freundin, der Jungsozialistin Lis Brendgens, bei innerparteilichem Vorgehen in Köln die Breslauer Erfahrungen zu berücksichtigen und größte Vorsicht walten zu lassen. „Hier in Breslau ist die Parteiopposition jüdisch, von zehn Rednern sind 6 Juden, die anderen sehen danach aus." Die Folge sei ein virulenter Parteiantisemitismus und Schimpftiraden der Art: „Ihr verdammten Juden."[92] Eine antisemitische Stimmung, die sich allerdings nicht nur in der Sozialdemokratie, sondern auch bei den Breslauer Kommunisten bemerkbar machte. „Man mußte aufpassen", berichtet ein Zeitzeuge aus seiner Vergangenheit in der kommunistischen Bewegung, „daß man in Breslau nicht zu viele Juden in die Organisation bekam, sonst blieben die Arbeiter wieder weg"[99].

Das in Breslau seit 1924 so mustergültig ausgeprägte Beziehungsgeflecht zwischen Intellektuellen und Jungsozialisten war allerdings weder hier noch in anderen Städten Deutschlands als ein ausschließlich einseitiger Zusammenhang von bildungsbürgerlicher Belehrung und jungproletarischem Rezeptionswillen konstituiert. Von der Art des Lebenslaufes Bernd Hoffmanns beispielsweise gab es zahlreiche im Weimarer Jungsozialismus: als Sohn eines sozialdemokratischen Funktionärs 1902 in

Torgau geboren, wuchs er im typischen Ambiente der sozialistischen Facharbeiterbewegung auf; durch die Lektüre der Broschüren und Bücher im elterlichen Haushalt geschult, gehörte er, der 1918 eine kaufmännische Lehre begonnen hatte, 1921 zu den Gründern der Jungsozialisten Breslaus, wohin er seinem Vater, inzwischen Leiter der dortigen Konsumgenossenschaft, gefolgt war. Hoffmann verkörperte also den sozialdemokratischen Autodidakten, der seine Kenntnisse, über die er seit 1921 in Juso-Gruppen referierte, den eigenen Lesebemühungen und nicht etwa den Hilfestellungen von bildungsbürgerlichen Akademikern zu verdanken hatte. Als „Arbeiterstudent" begann er 1924 ein Studium der Nationalökonomie, das er im Wintersemester 1930/31 in Köln mit einer Promotion über das Genossenschaftswesen abschloß. Er zählte in dieser Zeit zu den Spitzenfunktionären der sozialistischen Studentenbewegung, hatte etliche Kurse und Bildungsveranstaltungen geleitet und dabei nicht nur jungen Arbeitern, sondern auch ideologisch noch ungefestigten Bürgerkindern theoretisches Wissen vermittelt und sie zur Sozialdemokratie gebracht.

Die Komplexität des Verhältnisses zwischen „organischen" und „traditionellen" Intellektuellen zeichnet sich deutlich im Zusammentreffen von Oskar Krummschmidt und Fritz Lewy ab, beide bis Ende der 20er Jahre unstrittig die wortführenden Funktionäre der Breslauer Jungsozialisten: der eine, ein Schneidergeselle, Musterbeispiel eines Arbeiter-Intellektuellen[100], der andere, Sohn eines Kaufmanns und Student der Nationalökonomie und Philosophie, Prototyp des radikallinkssozialistischen Akademikers. Unter den jungsozialistischen Facharbeitern in Breslau war Oskar Krummschmidt zweifelsohne der „Kopf", stark sowohl in Angelegenheiten der Organisation als auch in Fragen der Theorie und überdies ein hervorragender Rhetoriker mit Gespür für die Massenstimmung. „Er hatte eine Rednerschnauze", erinnert sich eher mit Widerwillen der frühere Sekretär der Breslauer SAJ, Hans Stephan, der den Schneider nicht mochte, da ihm dieser zu radikal auftrat.[101] „Ein junger Weitling"[103], bestätigt auch Fred Lynn, alias Fritz Lewy, der sich, seit nunmehr über 50 Jahren Bürger der Vereinigten Staaten, an kaum noch etwas erinnert, was früher in Breslau geschah, nur: von Krummschmidt, von dem schwärmt er noch heute. In der Tat überragte der junge, immer etwas kränkliche Schneider an Belesenheit und theoretischer Bildung auch die meisten sozialistischen Studenten von der Universität. „Der Krummschmidt, der hat ja ständig gelesen", so Günter Spruch anerkennend im Rückblick, „der war ja ständig unterwegs, der hatte uns Studenten immer was zu sagen"[103]. Einer dieser Studenten, dem Krummschmidt etwas zu sagen hatte und den er vom Marxismus überzeugte, war eben Fritz Lewy, von 1925 bis 1931 Hauptredner einer jeden Jungsozialisten-Reichskonferenz, Hauptschreiber in den „Jungsozialistischen Blättern" und von vielen Zeitzeugen bis auf den heutigen Tag als „der führende Intellektuelle bei den Jungsozialisten" angesehen.

Fritz Lewy war fraglos seit 1926 zusammen mit dem Juso-Reichsvorsitzenden Franz Lepinski und dem sächsischen Landesvorsitzenden Helmut Wagner der überregional bekannteste Jungsozialist. Ohne Frage ist auch, daß er die Geschicke der Juso-Organisation maßgeblich mitbestimmt hat und vielleicht wie kein anderer die vielfältigen Momente notwendigen Scheiterns des Weimarer Jung- und Breslauer Linkssozialismus verkörperte. Es scheint daher lohnend, auf das erste Zusammentreffen Lewys mit Krummschmidt und die psycho-sozialen Ursachen für die Aktivitäten Lewys sowie auf seine ideell-politischen Erwartungen von der sozialistischen Arbeiterbewegung einzugehen. Im Trubel und in den Wirren der unmittelbaren Nachkriegszeit hatte sich Lewy, geboren 1900 in Oppeln, seit Beginn des Ersten Weltkrieges in Breslau wohnhaft, wie viele junge Studenten seiner Generation unruhig nach einem Praxisbezug umgesehen, der Idealismus, Tatkraft und vollständige Identifikationsbereitschaft mit einer neuen Idee abverlangte. Im übrigen wollte er zudem ganz einfach Distanz zu den Lebensgewohnheiten seines Elternhauses gewinnen, etwas probieren, was mehr Zukunft und Verheißung versprach als das, womit er bislang zu tun hatte und was ihm öde erschien. In dieser Stimmung des Suchens geriet er an die Jungsozialisten. Lewy erinnert sich nach 60 Jahren noch recht genau an den Anfang seiner sozialistischen Biographie: „And then, it was 1921 or 1922, ich kam durch irgendeinen Zufall, ich erinnere mich nicht, how and why, in das Gewerkschaftshaus in eine Versammlung von Jungsozialisten. Und da war ein junger Schneidergeselle, ein junger Weitling, sein Name war Oskar Krummschmidt, und er gab einen Kurs über marxistische Ökonomie. Ich wußte nichts darüber, und ich begann dennoch einen kleinen Meinungsdisput and he said finally: ‚Well, when you know alles besser, dann take over.' But natürlich konnte ich nicht. Und so begann ich Marxismus zu studieren. Ich würde es das St.-Paul-Syndrom nennen: The kingdom of god is the classless society and the real christian is the proletariat."[104]

Die Vision des Marxismus als säkularisiertes Reich Gottes, die sozialistische Bewegung als Inkarnation des Messias und die Intellektuellen als prophetische Führer des auserwählten Volkes, so setzte sich in der Tat die Grundüberzeugung Lewys und sicher auch die vieler anderer Intellektueller zusammen. Man erhoffte sich von den Jungsozialisten und im Prinzip von der gesamten Arbeiterbewegung all das, wonach man individuell strebte, was einem im Bezugsrahmen der eigenen Klasse jedoch versagt geblieben war: glaubwürdige Verkörperung und Realisierung ethischer Motive, kulturelle Authentizität, unverlogene Moral, Radikalität und Gesinnungstreue im Kampf sowie die wissenschaftliche Gewißheit des historischen Abschlusses der allgemein-menschlichen Emanzipation. Eine Gemengelage von weltlichem Religiositätsverlangen und geschichtsphilosophischer Überhöhung der proletarischen Existenz, das sich in mehr oder minder ausgeprägter Form bei nicht wenigen Intellektuellen des damaligen Sozialismus bemerkbar machte und das einer Bewegung, in wohldosiertem Maße und durch nüchterne Analysen und kühl-rationale Zielsetzungen gleichsam realpolitisch flankiert, durchaus dynamischen Schwung und gestaltungsfähige Kraft verleihen kann. Bei Lewy allerdings fehlte jede realpolitische Korrektur des visionären Messianismus, ein Schwall von alttestamentarischen Metaphern ersetzte in seinen zahlreichen Aufsätzen, Artikeln und Reden die konkrete Analyse der wirklichen gesellschaftlichen Verhältnisse. Insofern fällt es zumindest im Rückblick schwer, dem zumeist positiven Urteil der Zeitzeugen über die theoretischen Leistungen Lewys zuzustimmen. Vielleicht hat er den Ton der Zeit damals gut getroffen, das Gemüt seiner Zuhörer erreichen können, insgesamt aber, gemessen an dem Anspruch, mit marxistischen Kategorien Wirklichkeit zu erklären, wirken seine Allegorien schwülstig und frömmelnd, sie wirken wie Predigten zur seelischen Erbauung einer gläubigen Gemeinde. Einem Pfarrer gleich, ging es ihm in erster Linie darum, die „geschichtliche Überlieferung lebendig zu erhalten", den „Glauben an die ideale Aufgabe der proletarischen Revolution"[105] zu entfachen, „falsche Götter" zu stürzen, um einen „neuen Gott" zu errichten.[106] Kaum einmal eine Manifestation Lewys, wo er nicht das „gelobte Land" beschwor und das „Pfingsten" der Menschheit pries:

„Wie denn, sollen wir in den Schächten der Berge verrecken, ohne einen Blick getan zu haben von den freien Bergeshöhen ins gelobte Land, sollen wir unsere Kraft in schütterndem Maschinenlärm zermürben lassen, und nie vom Rhythmus des neuen Menschtums erbeben, sollen wir in der Feuerhitze der Dampfkessel verdorren und niemals mehr den belebenden Glutstrom des befreiten Menschtums verspüren? Sollen wir immer nur Sklaven bleiben, so lange nur mühsam der Leib zusammenhält und niemals aufsteigen zum Menschtum? Sollen wir, die junge Garde des Proletariats, im Schützengraben des Klassenkampfes ersticken, im Kleinkram der Organisation verkommen? Oder soll nicht auch für uns Pfingsten werden, ein neuer Menschheitsfrühling, der in Reinheit und Klarheit die Schlacken der Sklaverei schmilzt und tilgt?"[107]

Mit solchen – wohlgemerkt: ganz und gar typischen – Aphorismen deklamierte Fritz Lewy, und hier ähnelte er mehr dem Hofgeismarer Karl Bröger als den wirklich überzeugenden marxistischen Theoretikern seiner Generation: Helmut Wagner, Arkadij Gurland, Alexander Schifrin oder Fritz Sternberg beispielsweise. Sie alle waren ihm analytisch überlegen, und auch Hofgeismarer wie August Rathmann und Gustav Dahrendorf argumentierten sehr viel politischer, jemand wie Haubach sehr viel „marxistischer" als der Breslauer Student der Nationalökonomie. Der Linkssozialismus eines Fritz Lewy, der bald schon mit den allzu weltlichen Bedürfnissen der empirischen Arbeiterklasse in Hader geraten mußte, konnte nur zu einer Entwicklung führen, wo sich die Propheten und eine Handvoll Jünger, ihres geschichtlichen Auftrages gewiß und um die Reinheit der Lehre bemüht, in einen Winkel erhabener Prinzipienfestigkeit zurückziehen und der Welt der Halbheiten und der Kompromisse enttäuscht-verächtlich den Rücken zuwenden würden.

*b) Drei Exkurse: Intellektuelle und ihre Theorien*

*Exkurs I: Pflege des revolutionären Geistes – Max Adler*

Ein anderer, ungleich bedeutenderer Theoretiker als Lewy, nicht in Breslau, sondern in Wien zu Hause, allerdings in Mittelschlesien überaus gern zu Gast und von der sozialistischen Jugend dort geradezu glühend verehrt, ein guter Freund Lewys im übrigen, hatte einen solchen Messianismus mittels einer in Juso-Kreisen nun vielgelesenen Broschüre wirksam vorgegeben. Der revolutionäre Klassenkampf, hatte dieser Wiener Theoretiker geschrieben, erfülle die Kämpfer „mit einer Art religiösen Glut und Begeisterung, in welcher jeder einzelne sich verwandelt und gehoben fühlt, woraus sich auch das innere Überlegenheitsgefühl der revolutionären Menschen über die sie umgebenden Alltagsleute ergibt, welche hierüber als einen Hochmut jener zetern. Jeder wirkliche revolutionäre Klassenkämpfer ist ‚nicht von dieser Welt' und will es nicht sein, weil all sein Streben und Wirken eben der Entwicklung gehört, der neuen Welt, die er aufbauen will."[108] Zwei Sätze, die in aller Prägnanz das Selbstverständnis eines großen Teils der linken Jungsozialisten seit Mitte des zweiten Jahrzehnts ausdrückten. Verfaßt hatte diese Sätze Max Adler, linker Flügelmann und „Enfant terrible"[109] der österreichischen Partei und für die linkssozialistischen Jusos bis Ende der 20er Jahre der wohl am meisten meinungsbildende Theoretiker.

Wobei bei solchen Urteilen immer einschränkend hinzuzufügen ist, daß die Präferenz für theoretische Erklärungen bei den Jusos von Region zu Region, von Ort zu Ort unterschiedlich war. Besonders die jungen Arbeiter, die einen neugierigen Eklektizismus nicht scheuten, die ein bißchen mit Rosa Luxemburg, ein wenig mit Lukács, mitunter mit Bauer, mehr mit Adler und später insbesondere mit Sternberg und Schröder, ja selbst mit Lenin und Trotzki argumentierten, nahmen es mit der Abgrenzung der „Denk-Schulen" nicht allzu genau. Nur die studentischen Jungsozialisten aus bürgerlichem Hause ordneten sich gerne etwas prüde und streng einer festen „Richtung" zu, wandten sich gegen „geistesgeschichtliche Manscherei"[110], und Anfang der 30er Jahre, als man sich zu Sekten zusammenschloß, ging es generell rigider zu.

Um 1924/25/26, als die linken Jungsozialisten noch um eine konsequente, scharf abgrenzende Alternativposition zum Hofgeismarkurs rangen, griffen aber zweifelsohne die meisten von ihnen auf die Staatstheorie und das kulturrevolutionäre Konzept Max Adlers zurück. So auch die Breslauer Jungsozialisten, die den Wiener Professor etliche Male als Referenten in ihre Stadt holten, regelrechte „Adler-Tage" veranstalteten, welche im örtlichen Parteiblatt groß angekündigt und ausführlich kommentiert wurden.[111] Zudem konnte man sich in Kursen an der örtlichen Volkshochschule mit „Max Adler, dem Philosophen und Soziologen des ‚Neumarxismus'" – so ein Titel aus dem Volkshochschul-Frühjahrsprogramm von 1927 – vertraut machen.[112] In keinem anderen großstädtischen SPD-Ortsverein hatten daher auch die Gedanken Adlers eine derart große Resonanz gefunden wie hier, als in den späten 20er Jahren ein „sternbergianisch" abgerundeter „Adlerismus" nahezu offizielle Parteitheorie wurde. Zeitzeugen der sozialistischen Jugendbewegung sind sich, was die Auftritte Max Adlers als Redner anbetrifft, einig: Er war von einer hinreißenden Wirkung, der seine Zuhörer begeisterte, fesselte und aufrüttelte. Ein kleiner untersetzter Mann, so erzählen sie, dessen Gesicht zu leuchten begann, als er die Vision des Sozialismus, das Fundamentale der sozialen Revolution und die historische Sendung des neuen, revolutionären Menschen in Bildern und Appellen entwarf, die alle Selbstzweifel auslöschten, Gefühle des Kleinmutes wegräumten und den Glauben an die bessere Zukunft neu belebten. Mit dem Willen, als „neue Menschen" der Sache der Revolution zu dienen, gingen die meisten Zuhörer aus den Veranstaltungen mit Adler heraus. *Neue Menschen,* so lautete auch der Titel, der Programm war, eines kleinen Buches von Max Adler aus dem Jahre 1924, vielleicht die Schrift, die am meisten auf jungsozialistischen Bildungsabenden dieser Jahre gelesen und diskutiert worden ist – die „Bibel der Breslauer Jungsozialisten", so Gerhard Kaulich, der damals aktiv dabei war. Denn schließlich wollten auch die linken Jungsozialisten „neue Menschen" sein, an diesem traditionellen Selbstverständnis der Bewegung rüttelten sie keineswegs. Indes glaubten sie aber, daß das, was Adler ihnen als Erziehungsprogramm anbot, sich radikal von den der früheren Vorstellungen unterscheide: früher ein Wald- und Wiesensozialismus, utopische Weltflucht, eine kleinbürgerliche Idylle vorweggenommener Selbstverwirklichung gleichsam; heute aber bei ihnen: Vorbereitung auf die soziale Revolution, Durchdrungensein vom geistigen Gut des marxistischen Revolutionärs, der „in der Vorhut des Proletariats kämpft"[113].

So sehr auch die Schlagwörter und Zielprojektionen auseinandergingen, im Grunde genommen aber waren die Wurzeln für den Drang nach neuem Menschentum doch die gleichen, und die Formen der Praxis ähnelten einander sehr. Ob freideutsch-autonomistische, parteiorientierte junge Mehrheitssozialdemokraten mit Schillerkragen, frühere SPJler, Hofgeismarer und Hannoveraner, sie alle vertrauten nicht mehr auf den Tag nach der Revolution, auf den gesetzmäßigen Gang der Dinge, sie alle zweifelten daran, daß mit den entwickelten Produktionsverhältnissen höhere Formen des menschlichen Zusammenlebens gleichsam automatisch einhergehen würden. Adlers Diagnose, daß zwischen der Reife der Ökonomie und der psychologischen und moralischen Reife des Proletariats eine tiefe Kluft herrsche, hätten Hofgeismarer sicher ebenso zustimmend unterschreiben können, wie sie wahrscheinlich die Furcht des Österreichers geteilt haben dürften, daß erneut, wie 1918/19, ein großer Moment auf ein schwaches Geschlecht stoßen könnte.[114] „Zwar seien im Jahre 1918 die ökonomischen Vorbedingungen für die Sozialisierung vorhanden gewesen", gab die „Breslauer Volkswacht" den Inhalt einer Rede Max Adlers vor den schlesischen Jungsozialisten wieder, „doch habe es dem Proletariat an der dazu erforderlichen seelischen und moralischen Reife gemangelt. Hieraus müsse man die Lehre ziehen, daß an die Stelle des nur auf Augenblicksvorteile bedachten opportunistischen Praktikers der vom revolutionären Willen zur bewußten Umgestaltung der gesellschaftlichen Verhältnisse durchdrungene neue Mensch treten müsse, damit der große Augenblick nicht ein zweites Mal ein kleines Geschlecht finde."[115] Dem entgegenzuwirken, ein starkes Geschlecht herauszubilden, das war der Wunsch aller Jungsozialisten, ganz gleich welcher Fraktion. Daß sich dieses andere Menschsein in der Art der Ehe, des erotischen Lebens, im Sport, der Kunst und Lebensgestaltung, der Kindererziehung und Jugendbewegung, auf den Feldern der Staatsauffassung und Politik niederschlagen müsse, wie Adler postulierte[116], gehörte ebenfalls zum Allgemeingut jungsozialistischen Strebens. Dabei hatte Adler diese Praxisbereiche nur thematisch benannt, niemals aber konkrete Überlegungen über präzise Entwürfe eines alternativen Zusammenlebens angestellt. Ihm reichte, daß der „neue Mensch", den er sich vorstellte, von einem „neuen Geist", einer „revolutionären Gesinnung", einer „klassenkämpferischen Ideologie" erfüllt sei.

Eduard Heimann hatte als Schlüsselbegriff die „Sittlichkeit" und „Gesinnung" gewählt, Mennicke sprach vom „Geist", Tillich forderte „Sinn", Rosendahl glaubte, die Lösung in der „geistigen Revolution", der „Abstreifung bürgerlichen Bewußtseins" entdeckt zu haben, de Man wünschte sich „Gesinnungs"- statt „Interessensozialismus" und Nelson schließlich plädierte für die „Reformation der Gesinnung"; bei Max Adler nun hatte dieser „Geist- und Gesinnungssozialismus", der quer durch alle Fraktionen des Jungsozialismus das Schibboleth überhaupt bildete und die Alltagskommunikation in der jungsozialistischen Bildungsarbeit — und nur dort war sie möglich! — diskursiv widerspiegelte und unzulässig verallgemeinerte, seinen formvollendeten Höhepunkt erreicht. Die Krise des zeitgenössischen Sozialismus, das Elend des opportunistischen Reformismus — Schuld an alledem habe, so Adler, nur der „falsche Geist". Zur Befreiung der Menschheit, zur Herstellung der klassenlosen Gesellschaft bedürfe es nur der „revolutionären Gesinnung". Diese Auffassung propagierte Adler in all seinen zahlreichen Büchern, Reden, Aufsätzen und Zeitungsartikeln mit unermüdlicher Pedanterie. „Nur wenn im Proletariat überall der rechte Geist gepflegt wird", faßte Adler in einer Rede vor der Breslauer Parteimitgliedschaft den Kern seiner Anschauungen zusammen, „entsteht von selbst die Internationale. Halten wir den Geist lebendig, bis die Stunde der Befreiung geschlagen hat."[117] Mit Marxismus freilich hatte das alles nur noch wenig zu tun. Da der an Fragen der Ökonomie und der Realanalyse sozialer Kräfteverhältnisse und Bedingungsfaktoren gänzlich uninteressierte Max Adler über Einflußbeziehungen spezifischer gesellschaftlicher und wirtschaftlicher Entwicklungen auf die Stabilität und Brüchigkeit reformistischer oder revolutionärer Deutungen, auf die Probleme sozialer und kultureller Hegemonie keine Gedanken verschwendete, verkam sein sozialrevolutionärer Geistsozialismus zu einem inhaltsleeren pädagogisierend-idealistischen Voluntarismus. Inhaltsleer deshalb, weil das revolutionäre Gesinntsein, das er forderte, allein auf den jenseitigen Endzustand gerichtet war und in der Regel mit der Formel von der Diktatur des Proletariats als Durchgangsstadium zu einer höchst idyllisch gesehenen sozialen Demokratie übersetzt wurde. Dagegen hielt Adler strategische Fragen für das Diesseits der Republik, das Denken in Bündnisbeziehungen, Koalitionsmöglichkeiten, Oppositionstaktiken sowie konkrete Kampflosungen oder Reforminitiativen, sozialpolitische Maßnahmen oder außenpolitische Friedensaktivitäten für ebenso überflüssig und abwegig wie die besorgten Fragen nach der konkreten Gestalt der sozialistischen Gesellschaft und den Formen einer alternativen Ökonomie. Nichts davon hat Adler auch nur im Ansatz interessiert.[118] Und nichts davon brauchte auch der „neue Mensch" zu wissen, solange er nur revolutionär gesinnt war.

Es versteht sich fast von selbst, daß die richtige proletarische Gesinnung, die der neue Mensch repräsentativ verkörpern sollte, mit den empirischen Ausdrücken des subjektiv geäußerten Klasseninteresses der Arbeiterschaft wenig zu tun hatte, ja, zu Adlers Bedauern, dazu gerade in einem Gegensatz stand. Der österreichische Neukantianer war sich in diesem Punkt, wie man sieht, mit dem Neohegelianer Lukács und seinem Schwelmer Epigonen Rosendahl ganz und gar einig. Da, so Adler, wo sich das Interesse an der augenblicklichen Verbesserung der Lebensverhältnisse durchsetze, überall dort, wo es zuvörderst um einen Kampf um Indexziffern, Arbeitszeitverkürzungen und Wohnungsfragen gehe, da habe „der Geist des Sozialismus keine Stätte mehr"[119]. Der Lohnstandpunkt, befand Adler, „ist im Grunde gar kein proletarischer, sondern ein konservativer Standpunkt"[120]. In diesem Punkt wiederum konnte er sich des Beifalls Eduard Heimanns gewiß sein.

Konsequent zu Ende gedacht, mußten Adlers neue Menschen sowohl fernab vom bürgerlich-kapitalistischen Einflußsektor als auch von der mit reformistischen Ideologien durchsetzten Arbeiterbewegung aufwachsen, als eine scharf abgesonderte Kaste von „neuen Menschen", die sich seelisch und intellektuell, in der Art der Bedürfnisartikulation bereits vollständig von der bürgerlich-reformistischen Umwelt verabschiedet hatten. Insofern war Adlers Konzept des „neuen Menschen" im Grunde genommen trotz aller revolutionären Verbrämung noch mehr Eskapismus, noch mehr Flucht vor der Welt, wie sie nun einmal war, noch mehr isolierende Vergemeinschaftung[121] als die harmlos versponnene, etwas romantische Vorstellung vom „neuen Menschen" aus der Lebensreformzeit der jungsozialistischen Bewegung. Man kann es noch weit ärger und drastischer sehen: Durch Adlers Konzept geriet der „neue Mensch" ins Doktrinäre, ein Typus sollte entstehen, der sich im Besitz der ganzen Wahrheit wähnte, der auf alle Fragen die richtige, revolutionär gesinnte Antwort parat hatte und Zweifel nicht mehr kannte. Adler hat die Quintessenz in seiner Schrift „Neue Menschen" ganz bewußt gezogen. Bereits die Kinder sollten, wenn irgend möglich, dem Einflußbereich der Familien, wo das Fortexistieren von bürgerlich-reformistischen Vorstellungen zu befürchten war, entführt und einer sozialistischen Erziehung übereignet werden, damit sie „gar nicht anders mehr denken und fühlen können als sozialistisch"[122]. Adler forderte einen trennenden Einschnitt in das hergebrachte Leben, durch den die zu Erziehenden „so aus der alten kapitalistischen Welt losgelöst werden, daß, während sie körperlich noch in diese Welt hineinwachsen, sie geistig ihr bereits ganz entrissen sind, sie seelisch bereits als Glieder einer neuen Gesellschaft aufwachsen, die in dieser alten Klassengesellschaft gar nicht mehr leben wollen, weil sie dies nicht mehr können"[123].

Was aber, wenn die kapitalistische Gesellschaft zäh am Leben bliebe, trotz der revolutionären Abneigung einer Schicht von „Geistsozialisten" nicht erschüttert würde, was dann mit den neuen Menschen? Verzweifeltes Desperadotum, ein revolutionär gesinntes Mönch-Dasein irgendwo in der Abgeschiedenheit am Rande der Arbeiterbewegung oder schlicht Ernüchterung, Enttäuschung, Resignation und Abfall vom sozialistischen Glauben, war das alles undenkbar? Die jungsozialistische Bewegung und die weitere Lebensgeschichte ihrer Protagonisten kannten zumindest die beiden zuletzt genannten Perspektiven.[124] Ein jungsozialistisches Jesuitentum mit dogmatischen Allüren allwissender Selbstgefälligkeit kam besonders in der Endphase der Organisation auf; angeführt im übrigen von Fritz Lewy, dem Freunde Max Adlers. Jahre später wollte Fritz Lewy, wie im übrigen auffallend viele aus der sozialistischen und kommunistischen Jugendbewegung Breslaus, dann „mit der deutschen Arbeiterbewegung nichts zu tun haben"[125].

Das, was die Jungsozialisten in ihrer Anfangszeit mit dem Wunsch nach neuem Mensch-Sein bezwecken wollten und was im Weimarer Kultursozialismus weiterhin eine wichtige Rolle spielte, wirkte insofern sympathisch, als hier der Sozialismus aus dem Jenseits einer in die Zukunft projektierten Erlösungsvision in den Alltag selbstverantwortlicher Subjekte geholt wurde. Bei allem bizarren Expressionismus, aller verschnörkelten Romantik, steckte im kultursozialistischen Verständnis vom „neuen Menschen" ein Stück Realismus, barg es einen zutiefst human-ethischen Anspruch, weil man hier die Welt nicht mehr von *einem* Punkt aus betrachten, interpretieren und verändern wollte, das Heil nicht von dem *einen* gesellschaftlichen Umschlag aus der Quelle produktionstechnischer Reife erwartete, sondern stückchenweise Verantwortung auf jeden einzelnen zu übertragen gedachte. Der „neue Mensch", so gefaßt, war eben nicht ein Medium hybrider und absolutistischer Vollendungsansprüche und -planungen, sondern ein Appell, die moralischen Zielsetzungen ernst zu nehmen und im Umgang mit dem Ehepartner, den Kindern und Genossen sowie in der Art der Lebensführung zu verwirklichen, und zwar als Beginn einer Annäherung an die aufgestellten Prinzipien solidarischen und nicht-autoritären Umgangs. Der „neue Mensch" dieser Façon verstand sich als ein Gegengewicht zum borniertem Ökonomismus, als Warnruf vor Behäbigkeit und selbstgenügsamer Spießigkeit im Hier und Jetzt. In Max Adlers Konzept fehlten diese Elemente nicht, aber sie blieben peripher, genauer: sie waren allein dem festgelegten Jenseits, einem geschichtlichen Endzustand verpflichtet, integriert in ein Deutungssystem vom „revolutionären Geist", das die Welt wieder aus einem Punkt heraus vollständig begreifen und mit letztgültiger Sicherheit aus den Angeln heben und verändern wollte, Skrupel, Zweifel und Irritationen nicht mehr zuließ. Max Adler, ganz gewiß ein Sozialist aus ethischem Antrieb und besten Willens, eine Gesellschaft begründen zu helfen, in der es Ausbeutung und Unterdrückung nicht mehr geben würde, verfügte ein Erziehungsmodell totalitären Charakters, das eben das gesteckte Ziel einer Assoziation freier Menschen vollständig verfehlen mußte.[126]

Gleichviel, es gab gute Gründe, daß die erste Generation des linken Jungsozialismus auf den Theoretiker Max Adler stieß, da dessen Mischung von soziologisch veredeltem Subjektivismus und radikaler politischer Staatsauffassung das sozialisationsprägende Lebensgefühl und die politischen Sozialerfahrungen dieser Jungsozialisten gewissermaßen anspruchsvoll und einleuchtend vokalisieren konnte. Über das sozialisationsprägende Lebensgefühl dieser Generation ist genug gesagt worden, es war nicht anders als das der Hofgeismarer; in der Konsequenz eben nur mit dem Unterschied, daß sich die „linken" Jungsozialisten eine nicht-objektivistische Philosophie von einem anerkannten Linkssozialisten zu borgen wünschten, während sich ihre Opponenten mehr im Lager der religiös-sozialistischen Denker umsahen oder in den Schriften von Hendrik de Man.[127] Adlers Erkenntnistheorie, bekanntlich der Versuch, Marx mit Kant zu verbinden, bot den Jungsozialisten des linken Flügels die Schlüsselbegriffe für die Ablehnung des vulgären, ökonomistisch-verengten Marxismus der Vorkriegsepoche und offerierte ihnen einen „lebendigen Marxismus" als ein System der Willensentscheidungen vergesellschafteter Subjekte. So, derart verkürzt, agitatorisch handhabbar gemacht, haben die linken Jungsozialisten dieser Jahre Max Adler jedenfalls rezipiert.[128] Die darauffolgende Generation im linken Jungsozialismus hingegen konnte ebenso wie die älteren Sozialdemokraten des linken Flügels mit dem „Kantianer" Adler nichts Rechtes anfangen; sie hielten sich allein an den linkssozialistischen Staatstheoretiker: auch das ein Beispiel dafür, wie ernst generationsspezifische Lebensgefühle zu nehmen sind.

Man mag es bedauern, daß der wohl größte Teil der linken Jungsozialisten die Alltagserfahrungen, die sie mit staatlichen Entscheidungen und Handlungen im Jahre 1923 hatten machen müssen, unter Rückgriff auf die staatstheoretischen Kategorien Max Adlers und weniger beispielsweise auf solche des auch in einigen Kreisen der sozialdemokratischen Linken überaus geachteten Otto Bauers in schlüssig klingende Erklärungsmuster bündelten und dem „Hofgeismarsozialismus" entgegenstellten. Ein mehrheitlich linkszentristischer Hannoveranerkreis, von der Kultur der offenen Debatten des Austromarxismus beeinflußt, hätte mit Hofgeismarern wie Theodor Haubach und Hermann Heller kommunikationsfähig bleiben können, und das Schisma der jungsozialistischen Bewegung im Jahre 1926 wäre vielleicht so vermieden worden.

Indes sind solche retrospektiv geäußerten Wünsche immer spekulativ und sicher auch fragwürdig. 1924/25 stand den Jungsozialisten des linken Flügels nach Kommunikation oder gar Brückenschlag und Versöhnung nicht der Sinn. Schließlich ging es darum, eine Gegenkraft zu konstituieren gegen das, was man für „Hofgeismar" hielt und was man zweifelsohne teilweise zu Recht mit „nationaler Romantik" und „Staatsidealismus" assoziierte. Die jungen Sozialisten des linken Flügels, den Einmarsch der Reichswehr in Sachsen noch vor Augen, der Ergebnisse der Regierungspolitik im Herbst 1923 noch gegenwärtig, verlangten mithin nach einer scharf akzentuierten Alternative, die sich fundamental von dem abhob, was nach Staatsbejahung und Zusammenarbeit mit dem Bürgertum aussah. Sie wünschten sich eine Sprache, die einen radikalen Abgrenzungsschnitt zog: zu den innerverbandlichen Kontrahenten, zu den „Reformisten" in der SPD und dem ganzen gegenwärtigen System der ungeliebten Republik. Otto Bauer mit seinen dauernden Bekenntnissen zur Demokratie, seinen eindringlichen Plädoyers für die Bürgschaften der individuellen und geistigen Freiheit aller auch während und nach der sozialistischen Machtergreifung und seinen beschwörenden Warnungen vor den humanen und materiellen Folgen eines Bürgerkrieges entsprach damit nicht ganz den Erwartungen und Bedürfnissen der aufbegehrenden Linksopposition im Jungsozialismus.

Max Adler hingegen operierte mit einer Terminologie, die offenkundig vielen Jungsozialisten aus dem Herzen sprach.[129] Im Grunde sei es ganz falsch, pflegte der Wiener Professor seinen Schülern einzuschärfen, ganz allgemein von „Demokratie" zu sprechen, wie das leider, so Adler, in den sozialdemokratischen Parteien inzwischen üblich geworden sei. Man müsse stets nach der sozialen Funktion einer solchen „Demokratie" fragen, um deren wirklichen Charakter zu enthüllen. Dann aber könne kein Zweifel darüber bestehen, schlußfolgerte Adler, daß es sich bei Republiken wie der von Weimar ihrem Wesen nach um Diktaturen der Bourgeoisie handele. Adler unterschied zwei Arten von Demokratie: die politische und die soziale Demokratie. Die erste definierte er als Zustand politisch-rechtlicher Gleichheit bei Fortdauer sozialer Interessengegensätze, also als die soziale Diktatur der einen Klasse über die andere in einer daher unsolidarischen Gesellschaft. Die zweite, die soziale Demokratie, kennzeichnete er als das ideelle Gesellschaftsverhältnis der sozialen Gleichheit aller Bürger in einer harmonischen solidarischen Gesellschaft, dem sozialistisch-kommunistischen Endzustand gleichsam. Reaktionäre Unterminierungen der politischen Demokratie, selbst faschistische Ausnahmegesetze standen nach Adlers Auffassung keineswegs in einem Widerspruch zur politischen Demokratie, da sich die Bourgeoisie ihre diktatorischen Maßnahmen, gestützt auf die demokratischen Mehrheiten in den gewählten Vertretungskörperschaften, legitimieren lasse. „Daher hat die Rechtsordnung im bürgerlichen Staat von vornherein den Charakter der Diktatur der herrschenden Klassen über die Besitzlosen; und dies wird nur durch die Form der politischen Demokratie verkleidet."[130] Anders ausgedrückt und erweitert: Die Diktatur widerspricht der Demokratie nicht nur, sondern ist eine typische Äußerungsform, in der die politische Demokratie zumindest zeitweise, wenn die Klassenherrschaft in Bedrohung gerät, ausgeübt wird.

Zu den politischen Demokratien zählte Adler auch die Diktatur des Proletariats, da sie, die er für ein unvermeidliches Durchgangsstadium zur solidarischen Gesellschaft erklärte, Resultat und Ausdruck des neuen Mehrheitswillens in der Bevölkerung sei. Die Aufgabe der Diktatur des Proletariats sollte sein, ginge es nach Adler, die Voraussetzungen für die soziale Demokratie herzustellen. Dabei war es nach Auffassung des Wiener Linkssozialisten – was ihn in schärfsten Gegensatz zu Otto Bauer brachte[131] – eine ausschließlich taktische, nicht aber eine prinzipielle Frage, inwieweit bei der Eliminierung der Klassengegensätze bestimmte Freiheits- und Artikulationsrechte der einst herrschenden Klasse eingeschränkt würden. Im Prinzip hielt Adler solche repressiven Maßnahmen der proletarischen Diktatur für unumgänglich, aber sie dünkten ihm gut demokratisch, da sie der gesetzgeberische Akt eines von der Majorität legitimierten Vollzugsorgans seien.

Die Diktatur des Proletariats als Herrschaftsorganisation war allerdings noch nicht mit der sozialen Demokratie gleichzusetzen; denn ein solches Gesellschaftsverhältnis konnte nach dem Dafürhalten des österreichischen Sozialisten in einem *Staat* gar nicht realisiert werden. Nach Liquidierung der Klassen- und Interessengegensätze sei eine Zwangsorganisation als Herrschaftsorganisation, so Adler, auch gar nicht nötig, da alle Glieder einer solidarischen Gesellschaft ein deckungsgleiches Gemeininteresse hätten und die Einzelwillen „in einem allgemeinen Willen zusammenfließen"[132]. Dementsprechend würden dezentrale und autonome, wenn auch miteinander verbundene Selbstverwaltungskörper in der sozialen Demokratie den überkommenen zentralistischen Staatsapparat der politischen Demokratien substituieren. Angesichts der Komplexität und Schwierigkeiten der so radikal orientierten gesellschaftlichen Umwälzungen war es, folgt man Adler, leicht einzusehen, daß innerhalb jeder dieser Arbeits- und Gemeinschaftskreise selbständiger Basisorganisationen „eine solche innerliche Beziehung ihrer Glieder vorausgesetzt ist, die sowohl das gleiche Interesse wie eine durchschnittliche gleichmäßige Sachkunde überall nicht nur ermöglichen, sondern notwendig machen werden. Sowie die soziale Demokratie erst wirklich den Begriff menschlicher Vergesellschaftung widerspruchslos realisiert, so schafft sie auch aus ihren Lebensbedingungen heraus, unterstützt durch eine entsprechende Erziehung der Jugend die solidarischen Bewußtseinsformen dieser Vergesellschaftung: Interesse an der Gemeinschaft und Verständnis ihrer Anforderungen."[133]

Radikale Staatskritik, die Vision von einer widerspruchsfreien Vergesellschaftung und die bewußte Erziehung der Jugend zu neuen Menschen, Adler verknüpfte diese Elemente zu einem einheitlichen Ganzen, er schuf derart für viele Jungsozialisten die erwünschte Synthese aus Lebensgefühl, Utopiebedürfnis und politischer Sozialerfahrung. Damit hat Adler dem durchaus nicht abfällig zu bewertenden jugendlichen Verlangen nach Sinngebung über das Alltägliche hinaus gewiß entsprechen können. Gesinnungsethische Radikalität und Zukunftsvisionen mögen auch ein nicht unberechtigtes Korrektiv zum allzu routiniert-phantasielosen Pragmatismus der sozialdemokratischen Parteibürokratie gewesen sein. Realanalytisch verwandt mochte auch die von Adler präferierte Methode der sozialwissenschaftlichen Untersuchung klassenspezifischer Voraussetzungen politischer Systeme zu differenzierteren Ergebnissen und strategischen Leistungen stärker fähig sein als eine einfache Hypostasierung des normativen Demokratiegedankens. Gleichwohl hatte seine globale und entschieden zu abstrakte Einteilung der politisch-sozialen Systeme in „solidarische" und „unsolidarische" Gesellschaften und sein Transzendenzbegriff von Sozialismus jeglichen analytischen Vorzug zunichte gemacht und bei den Jungsozialisten Verwirrung angerichtet; dort gab es in den kommenden Jahren immer Stimmen, die, unter Berufung auf Adler – wenn auch nicht ganz zu Recht, Adler hat zwischendurch immer einmal die „Demokratie", diesen „teuer erkauften Rechtsboden" hervorgehoben –, Gleichgültigkeit gegenüber der republikanischen Staatsform und den demokratischen Grundrechten propagierten.[134] Eine systematische linkssozialistische Politik, die den historischen Fortschritt demokratischer Rechte sichern, als *Eigenwert* bewahren und zudem für weitere Emanzipationsziele nutzen will, war zweifelsohne mit den Adlerschen Formeln nicht zu begründen.

In der bürgerlichen Welt, die Adler theoretisch abzubilden versuchte, herrschte, wenn man so will, dunkle Nacht, in der alle Katzen grau waren. Seine Grundaussage, daß jede Klassenherrschaft von ihrer sozialen Funktion her Diktatur sei und sich in bedrohlichen Situationen durch die Suspendierung der Staatsgrundgesetze und die Verhängung des Ausnahmezustandes auch als solche manifestiere, verwischte jedenfalls nicht nur in fast abenteuerlicher Leichtfertigkeit die substantiellen Unterschiede zwischen liberal-demokratischen Republiken und autoritären Militärregimen, sondern konnte auch immanent wenig überzeugen. Denn wenn man die Behauptung des *diktatorischen* Charakters der politischen Demokratien mit ihren zeitweiligen *Äuße-*

*rungsformen* belegen wollte, dann war das analytisch ziemlich inkonsistent: im Gegensatz zur Grundannahme von der „Diktatur" als dem *Wesen der politischen Demokratie schlechthin* wäre demnach nur noch eine *Tendenz* zu den Mitteln und staatsrechtlichen Regeln einer Diktatur im Falle außergewöhnlichen Notstands für die herrschenden Klassen festzustellen. „Was ist das Wesen der Diktatur?", fragte deshalb der kluge und scharfsinnige Leipziger Jungsozialist Arkadij Gurland in einer Auseinandersetzung mit der Staatstheorie Adlers polemisch. „Soll sie ihr Merkmal darin finden, daß die Verfassung der politischen Demokratie suspendiert, also die Demokratie eingeschränkt wird? Aber wenn diese Aufhebung oder Beschränkung der Demokratie, letztere etwa als Zustand gefaßt, Diktatur sein sollte, dann ist offensichtlich dieser Zustand selbst, der nunmehr aufgehoben wird, keine Diktatur, denn sonst könnte nicht die Aufhebung eines Zustandes, der Diktatur ist, zugleich ihrerseits wiederum Diktatur sein."[135]

*Exkurs II: Für einen staatsmännischen Radikalismus − Siegfried Marck*

Die zuvor dargelegten Einwände Gurlands bestätigen immerhin, daß man sich vor allzu schnellen und pauschalen Gleichsetzungen von Adlers Staatstheorie mit linkem Jungsozialismus doch hüten muß. Gewiß fiel beides zur Mitte des Jahrzehnts in vielen Orten oftmals zusammen; aber es gab durchaus auch Andersdenkende, Mischformen und insofern auch alternative Möglichkeiten der jungsozialistischen Entwicklung − auch in Breslau. Dort mochte sich beispielsweise Siegfried Marck mit dem staatstheoretischen Sprachgebrauch Adlers, den er als Sozialphilosophen im übrigen sehr schätzte, nicht anfreunden, da er es für verfehlt hielt, die „Diktatur" mit dem gewöhnlichen Unterdrückungsmechanismus eines Klassenstaates zu identifizieren. Im Gegensatz zu seinem Wiener Kollegen hielt der Breslauer Professor den rechtlich geregelten Ausnahmezustand nicht für eine typische Äußerungsform der politischen Demokratie und verwarf daher die Formel von der Diktatur als „adäquate Form der politischen Demokratie". Nur für die Situation des Ausnahmezustands und für den Dauerzustand terroristischer Herrschaft wollte Marck infolgedessen den Begriff der „Diktatur" verwendet wissen.[136]

Dabei war Marck keineswegs eine Randfigur in Breslau. Wollte man die Vortragstätigkeit der Referenten in Breslauer Jungsozialistenversammlungen quantifizieren, dann würde Siegfried Marck zweifelsohne mit großem Abstand an der Spitze liegen. Es hat im Weimarer Jungsozialismus außer Siegfried Marck keinen anderen Intellektuellen von Rang gegeben, der am Leben einer örtlichen Juso-Gruppe von ihrer Entstehung an bis zum unfreiwilligen Ende der Bewegung im Frühjahr 1931 aktiv mitgewirkt hat. Allein dies rechtfertigt, sich einmal − und abweichend von der Chronologie der Jahre 1924/25 − mit dem Siegfried Marck der Weimarer Zeit zu beschäftigen, dessen Werk im Gegensatz zu dem der meisten anderen hier bisher erwähnten Intellektuellen keine, auch noch so kurzlebige, „Renaissance" erfahren hat. Nicht einmal Fachhistoriker oder politikwissenschaftliche Forscher über Theorien der Weimarer Arbeiterbewegung dürften mit dem Namen Siegfried Marck allzu viel verbinden können; den meisten ist er als Rezensent von Neuerscheinungen aus dem Bereich der Philosophie und Soziologie im Theorieorgan „Die Gesellschaft", auch als Mitarbeiter am linkssozialdemokratischen Periodikum „Der Klassenkampf" bekannt. Das sicher verdienstvolle, aber nicht immer ganz zuverlässig informierende „Biographische Handbuch der deutschsprachigen Emigration" ordnet ihn „dem Kreis der jungsozialistischen Opposition"[137] zu — eine Einordnung, die, wie wir sehen werden, der Korrektur, zumindest der Differenzierung bedarf.

Siegfried Marcks Aktivitäten haben in der Tat keine spektakulären oder auch nur leicht identifizierbare Spuren hinterlassen, während die Wirkung und Prägekraft von Max Adler, Paul Tillich, Fritz Sternberg oder Ernst Niekisch unschwer aus den Texten von Jungsozialisten herauszudestillieren ist. Verglichen mit jenen Theoretikern, war Marck wahrscheinlich auch ein weniger origineller Kopf, mehr ein wissenschaftlicher und volkspädagogischer Dolmetscher philosophischer Schulen.[138] Zudem lag ihm auch die Schärfe einer zugespitzten und kompromißlosen Argumentationsführung nicht; er wog mehr ab, bevorzugte das Besonnene, neigte zum „einerseits-andererseits". Der Verfasser dieser Schrift gesteht gerne ein, daß er daher für den Breslauer Philosophen gewisse Sympathien hegt, da Marck eben auch als parteipolitischer Intellektueller nie die Unduldsamkeit, apodiktische Einseitigkeit und hochfahrende Rechthaberei vieler anderer bildungsbürgerlicher Theoretiker herauskehrte und statt dessen das Vermittelnde, das Zusammenhaltende, die Synthese von „nüchterner Vernunftpolitik"[138a] und „staatsmännischem Radikalismus"[139] suchte — an politischen Charakteren dieser Art hatte die Republik von Weimar wahrlich keinen Überschuß.

Die Daten über den biographischen Werdegang Marcks und seiner Hinwendung zur Arbeiterbewegung lesen sich indes kaum anders als die der meisten hier sonst noch erwähnten Akademiker. Marck, 1889 geboren, stammte aus einer großbürgerlichen jüdischen Familie Breslaus. 1917 habilitierte er sich an der Breslauer Universität, wo er seit 1924 zunächst als außerordentlicher, dann seit dem März 1930 durch einen Ruf des preußischen Unterrichtsministers als ordentlicher Professor der Philosophie lehrte.[140] An der Universität hatte er keinen leichten Stand, da er als Jude und Sozialist sowohl von vielen Kollegen als auch von der übergroßen Mehrheit der Studenten geächtet und boykottiert wurde.[141] Der Besuch seiner Lehrveranstaltungen ließ mithin zu wünschen übrig; nur für die sozialistischen Studenten, ganz gleich welcher Fakultät, galt die Teilnahme an Veranstaltungen Siegfried Marcks als Pflichtübung.[142]

Die Entscheidung für die sozialistische Arbeiterbewegung fiel auch bei Siegfried Marck im Zuge der Kriegserlebnisse. In den Jahren 1917/18 soll er, bis dahin nationalliberal gesonnen, im Feld mit großer Aufmerksamkeit die sozialdemokratische Tageszeitung „Breslauer Volkswacht" gelesen haben, die ihn offenbar mit den hier wiedergegebenen Kommentaren überzeugt hat.[143] Im November 1918 noch an der Front von seinen Kameraden zum Soldatenrat gewählt[144], kehrte er mit diesem Amt bekleidet nach Breslau zurück; dort trat er der Sozialdemokratie bei. Ein Hauptteil seiner Aktivitäten richtete sich auf den Aufbau der Volkshochschule. Nach ihrer Eröffnung beteiligte er sich zumeist mit ein bis zwei Lehrgängen an den jeweiligen Halbjahresprogrammen. In der Regel führte er in die Geschichte und Gegenwart der Philosophie ein, stellte sozialistische Staatslehren vor und arbeitete die Unterschiede zwischen Demokratie, Bolschewismus und Faschismus heraus.[145] Während die Hörsäle an der Universität bei seinen Vorlesungen zumeist ziemlich leer blieben, waren die Räume anläßlich seiner Kurse dagegen häufig überfüllt.[146] Gleich mit seinem Eintritt in die SPD hatte Marck eine Reihe von Funktionen übernommen. Seit 1919 gehörte er als Stadtverordneter dem kommunalen Parlament in Breslau an. Er schrieb Artikel für das Breslauer Parteiorgan, förderte die Parteibildungsarbeit und trat in den 20er und frühen 30er Jahren als vortragender Redner in zahlreichen Distriktversammlungen, Funktionärskonferenzen, Generalversammlungen und Kundgebungen auf; fast immer ergriff er bei Debatten und Aussprachen auf Parteiveranstaltungen das Wort.

Am liebsten aber hielt er sich eben bei den Jungsozialisten auf, die er auch privat durch materielle Zuwendungen über all die Jahre, so gut es ging, förderte und unterstützte. Die Erwartungen, die er an die jungen Facharbeiter herantrug, verrieten auch in seinem Falle deutlich alle Merkmale der eigenen sozialen Herkunft. Das Bemühen der Jungsozialisten müsse dahingehen, definierte Marck einmal 1924, „die Aufgaben des Jungproletariats", den Kampf um den Sozialismus „zu vergeistigen, mit adligen Waffen zu führen"[147]. Die Kreise der Jungsozialisten überhöhte er so zu Stätten der Kultur, in denen ein „sozialistischer Geist", statt – wie im Bürgertum – „Eigensucht" und „materialistische Gesinnung", zu herrschen habe.[148] Der proletarischen Jugend also war nach Auffassung von Siegfried Marck die Verantwortung übertragen, „an die Schätze der Kultur" anzuknüpfen, „den Ewigkeitsgehalt des Großen" zu erwerben, „um ihn zu besitzen".[149] Aber auch um den Aufbau einer neuen proletarischen Festkultur versuchte er sich verdient zu machen. Keine andere Umgebung war für das Auftreten Siegfried Marcks so kennzeichnend wie die durch Rezitationen, Musik und Sprechchor untermalten sozialistischen Feiern: Revolutionsfeiern im November und Oktober, Feiern zum Andenken Bebels, Saccos und Vancettis, Luxemburgs und Liebknechts, Gedenkveranstaltungen für die Wiener Toten des 15. Juli 1927, für die Toten der Republik oder zur Erinnerung an das Attentat von Friedrich Adler auf den österreichischen Ministerpräsidenten Graf Stürgkh im Ersten Weltkrieg, Antikriegstage, Geselligkeitsabende und „rote Silvesterabende". Bei all diesen feierlichen Anlässen mit dem jungsozialistischen Anspruch einer neuen Kultur steuerte Siegfried Marck die Festrede bei.[150] Überdies verfaßte er in den späten 20er, frühen 30er Jahren die Texte von Revuen und Kabaretts, die, von Jungsozialisten und sozialistischen Studenten in den Wahlkämpfen für den Reichstag 1928/30 und für das Stadtparlament 1929 aufgeführt, an die Stelle der konventionellen Wahlkampfpropaganda und Agitationsmethoden treten sollten. Marck selbst führte zudem Regie und wirkte mit seiner Frau Claire z. T. auch als aktiver Spieler mit.[151]

Um so erstaunlicher ist es, daß dieser den Jungsozialisten am meisten zugewandte Intellektuelle nicht den geringsten Einfluß auf deren rasante Radikalisierung nach links ausgeübt hat. Eher mag es umgekehrt sein, daß die Entwicklung der Jungsozialisten auch Siegfried Marck geformt und verändert hat. In den frühen 20er Jahren, eigentlich noch bis zur Mitte des Jahrzehnts, war Siegfried Marck alles andere als ein Linkssozialist; er war keineswegs ein Repräsentant der „jungsozialistischen Opposition". Im Gegenteil: Auf einem Revolutionsgedenken im November 1922 beispielsweise bemühte sich Siegfried Marck, den Jungsozialisten mehr Achtung vor der „Verantwortungsschwere" der „heutigen Staatsmänner" beizubringen, da dank deren Leistung die „drohenden Gefahren der Auflösung des Reiches und Bürgerkrieg" vermieden und „faschistische und bolschewistische Gewalt-Methoden abgewehrt" werden konnten.[152] 1924 schrieb er von der „welthistorischen Funktion der deutschen Sozialdemokratie", die darin bestanden habe, 1918/19 die Erhaltung des Nationalstaates, die Einheit des Reiches und die Sicherung der Republik erreicht zu haben.[153] Der Schreck über den Zustand des Reiches und die innergesellschaftlichen Spannungen nach Ausbruch der Revolution muß dem aus dem Feld zurückgekehrten Philosophen in der Tat heftig in die Glieder gefahren sein; denn seine Besorgnisse über drohendes Chaos und putschistische Gefahren hat er selbst in seiner linkssozialdemokratischen Zeit für vollauf berechtigt gehalten und explizit zu verteidigen getrachtet. In seiner 1927 in der „Jungsozialistischen Schriftenreihe" erschienenen Broschüre *Reformismus und Radikalismus in der deutschen Sozialdemokratie*, einer Schrift, in der er sich zum „echt marxistischen Radikalismus"[154] bekannte, suchte er die Motive und Handlungen der damaligen sozialdemokratischen Partei- und Regierungsführung verständnisvoll zu erklären: „In der deutschen Novemberrevolution war eben die Revolution nicht imstande, aus eigener Kraft die Anarchie zu unterdrücken, von der sie wie jede andere Revolution der Weltgeschichte, vielleicht noch mehr als jede bedroht war."[155] Als er im Februar 1927, nun ein Wortführer des linken Flügels, als Referent auf der Generalversammlung des Breslauer SPD-Ortsvereins die Notwendigkeit eines scharfen Oppositionskurses und die drastische Zurückweisung aller Koalitionsabsichten propagierte, versäumte er gleichwohl nicht hinzuzufügen, daß zu Beginn der Republik die sozialdemokratische Koalitionspolitik, „vor allen Dingen die Weimarer Koalition, eine historische Notwendigkeit" gewesen wäre.[156]

Tatsächlich stand Marck in den frühen 20er Jahren am rechten Rand der Breslauer SPD, jedenfalls befand er sich rechts von der damals vorherrschenden Parteilinie Paul Löbes. Allerdings war Paul Löbe, wie man wohl angesichts weitverbreiteter Vorurteile kommentieren muß, auch kein Repräsentant der „Parteirechten", sondern ein sehr energischer Kritiker einer schwächlichen Koalitionspolitik und ein früher Warner vor den Auswüchsen und Folgen des Noske-Kurses; nicht zuletzt aufgrund dieser Haltung der Breslauer Mehrheitssozialdemokratie blieb ihr eine starke USPD-Konkurrenz erspart.[157] Marck hingegen trat in den frühen 20er Jahren nicht nur für ein Regierungsbündnis mit dem Zentrum und den Demokraten ein, sondern befürwortete sogar ein Zusammengehen mit der großkapitalistischen DVP[158], eine Bündnisoption, die 1921 in der Mitgliedschaft der Sozialdemokratie noch heftigen Unwillen und Proteststürme hervorrief. Immer wieder sprach Marck von den „Gefahren einer Oppositionsstellung unserer Partei" und machte sich daher für eine Mitarbeit der SPD an den Regierungen der Länder und des Reiches stark, auch wenn das zur Folge hätte, daß damit „der Kampf für den Sozialismus gegenwärtig zurückgestellt werden muß"[159]. Marck selbst bezeichnete sich in diesen Jahren „als Anhänger eines republikanischen Blocks mit den bürgerlichen Parteien"; er fand die strikte Spaltung in Bürgerliche hier, Sozialisten da, zutiefst bedauerlich.[160]

Einen ersten Riß bekam dieses Selbstverständnis durch zwei Stadtverordnetenversammlungen. Unter dem Eindruck des Rathenau-Mordes sollten auf Antrag der sozialdemokratischen Fraktion solche öffentlichen Pätze und Straßen umbenannt und durch republikanische Symbole ersetzt werden, die noch immer Namen in Anlehnung an die Hohenzollernmonarchie trugen. Ein, wie man in der Tat annehmen sollte, unter demokratischen Kräften selbstverständliches Anliegen, das aber – im übrigen nicht nur in Breslau[161] – sowohl, wie kaum anders zu erwarten, von den Deutschnationalen als auch vom Zentrum und der DDP abgelehnt wurde. Die Umbenennung des „Kaiser-Wilhelm-Platzes" in den „Platz der Republik", als Antrag bereits im Juni 1922 ins Breslauer Kommunalparlament eingereicht und zunächst zurückgewiesen, konnte erst im Januar 1923 und allein mit den Stimmen der Sozialdemokratie durchgesetzt werden. Marck, der sich in dieser Sache besonders stark engagiert hatte, urteilte nun voller Verbitterung über die Parteien des Bürgertums; er bezeichnete sie als eine „geschlossene reaktionäre Masse"[162].

Aber auch diese Erfahrungen ließen Marck noch nicht gleich zum radikalen Linkssozialisten werden. Die Position, die er zwischen 1923 und 1925 einnahm, kann man mit der Hermann Hellers und Theodor Haubachs vergleichen. Um einen bereits vorhin gesponnenen Faden wiederaufzunehmen: ein Hannoveraner Jungsozialismus von der Art Siegfried Marcks und ein Hofgeismarer Jungsozialismus der Art Theodor Haubachs hätte keinerlei Verständnis- und Kommunikationsprobleme aufwerfen müssen, eine Spaltung der Bewegung wäre nicht vonnöten gewesen. Allein: das Bild, das die meisten festgelegten Jungsozialisten von sich und ihren jeweiligen Kontrahenten entwarfen, lebte von der Kontrastschärfe und nicht von gemischten Farbtupfern. Und das Schwarz-Rot-Gold Siegfried Marcks stellte in der Tat einen sonderbaren Klecks im kräftigen Rot des Hannoveraner Jungsozialismus dar. „Daß wir unbeschadet unseres Bekenntnisses zur Internationale uns auch zu Deutschland bekennen können, dürfen und müssen, steht mir fest", schrieb Siegfried Marck 1924 an die Adresse der Jungsozialisten. „Vaterland und Proletariat", wie es Jean Jaurès formuliert hat, „kann allein die Losung des Sozialismus und besonders des Jungsozialismus sein"[163]. Tatsächlich stand Jaurès Pate, wenn Marck betonte, daß es auch im Klassenkampf kein Springen über die eigene Nation hinweg geben könne, daß korrelative Beziehungen zwischen Nation und Internationale existieren würden.[164] Auf den ermordeten französischen Sozialistenführer konnte er sich guten Gewissens berufen, wenn er für ein eigenes Volkstum in einer internationalen Konföderation eintrat und ein solches Verständnis vom „hohl-pathetischen" imperialistischen Nationalismus abgrenzte.[165] „Unsere flatternden Farben rot und schwarz-rot-gold", faßte Marck seine Überzeugungen zusammen, „sind uns hierfür Symbol"[166]. Auch dies eine Überzeugung, an der er noch als Linkssozialdemokrat festhielt. In einem im August 1929 geschriebenen Artikel zu den bevorstehenden Verfassungsfeiern, an denen sich die Linkssozialisten wegen der angeblich dabei „propagierten Volksgemeinschaftsideologie"[167] nicht zu beteiligen pflegten, legte er seinen für Breslau etwas ungewöhnlichen Standpunkt dar:

> „Aber in dieser Internationale sind die nationalen Sektionen historische Gegebenheiten, ist die volksmäßige, ja provinzmäßige und lokale Bestimmtheit des Proletariats eine Wirklichkeit. Auch eine klassenlose und internationale sozialistische Gesellschaft wird diese individuelle Färbung aufrecht erhalten, ja pflegen. In dem leuchtenden Rot der Internationale behält die verschieden geartete nationale ‚Gösch' ihr Recht."[168]

Auch in der Staatsfrage war Marck 1923-25 von den Auffassungen Hellers und Haubachs nicht weit entfernt. Ähnlich wie die Hofgeismarer bekannte er sich zur „Staatsidee" und zum „nationalen Kulturstaat"; er bezeichnete dies etwas mißverständlich als „marxistische Staatsbejahung" im „neumarxistischen Sinne"[169]. Mit dieser in Weimarer Jahren von vielen akademischen Marxisten gern gewählten Zuordnung zum „Neumarxismus" sollte bezeichnenderweise der „Überbau" neu interpretiert werden: als Sphäre *autonomer* kultureller Ideen und *spontaner* schöpferischer Kräfte des Geistes, die in einem wirklichen und nicht interdependenten Sinne unabhängig von den materiellen Produktions- und Reproduktionsbedingungen wären. Man mag solches als bildungsbürgerlichen Überschuß an „Idealismus" werten, aber bei Siegfried Marck waren solche Überschüsse stets realpolitisch eingedämmt, und aus seinen konkreten Ausführungen zum republikanischen Staat sprach viel Vernunft. Entschieden wandte er sich dabei gegen die radikalen Marxisten vom Schlage eines Georg Lukács, denen er mit Recht vorhielt, nur Askese gegenüber dem Gegenwartsstaat zu üben.[170] Die radikale Negierung des Weimarer Staates aber bedeutete nach Meinung von Marck, daß man „unerfüllbaren Wünschen und Gefühlen" statt „nüchterner Vernunftpolitik" folgen würde, da die Republik und mithin die Arbeiterklasse der Gefahr weiterer Vorstöße der monarchistischen und faschistischen Reaktion ausgesetzt sei.[171] Eine Warnung vor dem Faschismus, immerhin 1925 auf einer Parteiversammlung geäußert, die zeigt, daß es keineswegs in der Sozialdemokratie nur die häufig unterstellte Blauäugigkeit und Ignoranz in bezug auf die Gefahren des Nationalsozialismus gegeben hat. Marck zog aus seinen Darlegungen die Schlußfolgerung, daß man nicht *gegen* den Staat, sondern *um* den Staat zu kämpfen habe[172], wobei er sich durchaus darüber im klaren war, daß die Arbeiterschaft zur *Gesellschaft* des Staates und demzufolge zu dadurch geprägten *Formen* des Nationalstaates in einem fundamentalen Gegensatz stand. Das Proletariat also mußte den republikanischen Staat erobern, konnte ihn gleichwohl nicht in all seinen – autoritären, vordemokratischen, unsozialen – Strukturen belassen und übernehmen, sondern hatte ihn nach Maßgabe der neuen gesellschaftlichen Beziehungen und Erfordernisse umzugestalten.[173] Nicht anders aber haben auch Hermann Heller und Theodor Haubach die Aufgaben der Arbeiterklasse in der Republik gesehen.

Man kann eigentlich nicht sagen, daß die weitere Linksentwicklung Marcks seit 1926 in allen Dingen erkenntnisfördernd gewesen war; wichtige Einsichten gingen sogar verloren. So schätzte Marck als Festredner auf der Revolutionsfeier der Jungsozialisten 1926 die Republik nur noch deshalb, weil sie „den Klassenkampf unverhüllt auftreten" lasse.[174] Im übrigen redete nun auch er der zuvor beklagten Staatsabstinenz das Wort. Auf der Generalversammlung 1927 erteilte er der Koalitionspolitik eine harsche Abfuhr, weil er die Republik nun für gesichert hielt.[175] Auf dem Höhepunkt emotionaler Radikalität konnte man Marck, der 1918 als Pazifist aus dem Krieg zurückgekehrt war, nach dem Panzerkreuzerdebakel im August 1928 erleben: „Die Parteigeschichte wird später einmal urteilen", schäumte Marck auf einer sozialdemokratischen Mitgliederversammlung vor Wut und vergriff sich in seiner Erregung bei der Wahl der Metapher: „... die Partei hat im Mai 1928 nach Rückschlägen ihren neuen Vormarsch angetreten, da wurde ihr die Front von vier Männern von hinten erdolcht"[176]. Knapp drei Monate später, als Referent für die Funktionärskonferenz der Breslauer SPD bestellt, ließ er an seiner Position, die er nun seit zwei Jahren einnahm, keinen Zweifel aufkommen und forderte eine „Linie verschärften Klassenkampfes" statt des „Hineinwachsens in den Sozialismus"[177].

Die Frage ist nicht ganz leicht und gewiß nicht ohne Spekulationen zu beantworten, wieso es zu diesem „Linksrutsch" von Marck kam. Allerdings finden wir in Schriften, Reden und kurzen Äußerungen von Siegfried Marck doch einige Anhaltspunkte, die plausible Erwägungen ermöglichen. Sicher hat die Radikalisierung der Breslauer Jungsozialisten Marck nicht unberührt gelassen; denn mit ihnen traf er auch privat, in seinem Hause, häufig zusammen, und sie bedeuteten ihm viel, eigentlich das meiste in der Sozialdemokratie. Anzunehmen ist zudem, daß ihn die Diskussionen und vor allem die Vorträge Fritz Sternbergs in der „Marxistischen Arbeitsgemeinschaft" von 1924-1926 verändert haben. Sternbergs Wirkung auf Intellektuelle und Jungsozialisten in jenen Jahren war enorm; Bertolt Brecht und Walter Benjamin beispielsweise fanden durch ihn den Zugang zum Marxismus.[178] Mehr aber noch als die intellektuelle Rezeption linkssozialistischer Schriften dürfte der im Breslauer Gewerkschaftsapparat seit 1926 als Reaktion auf den Vormarsch der Linkssozialisten mobilisierte antisemitische Antiintellektualismus und Antijungsozialismus zum Gesinnungswandel Siegfried Marcks beigetragen haben. Diese Kampagne hat Marck außerordentlich verärgert und empört; seitdem sprach auch er von „Bonzen", „Konservatismus der Organisationsführer", „Opportunismus des Apparats", und er beschwert sich mit Entschiedenheit über die „Stimmungsmache", die von „bestimmter Seite gegen ‚die Intellektuellen' und die Jungsozialisten betrieben wurde"[179]. Als einen Linkssozialisten im engeren Sinne kann man Marck daher nicht bezeichnen, seine zwischenzeitliche linksoppositionelle Haltung rührte aus der Enttäuschung über die selbsternannten, aber offenkundig perspektivlosen und handlungsunfähigen „Real-" und „Vernunftspolitiker", speiste sich aus der Wut über Peinlichkeiten wie dem Panzerkreuzerspektakel, war gewissermaßen auch ein Akt der Solidarität mit seinen besten Freunden, den Jungsozialisten und linken Intellektuellen.

Kurz gesagt: Marck hielt in den Jahren seiner Linksopposition durch die besonderen Erfahrungsumstände die „Gefahr eines opportunistischen Konservatismus" im Funktionärskörper für größer „als die Gefahr der Konservierung doktrinärer Radikalismen"[180]. Aber als eine Gefahr sah er gleichwohl den doktrinären Radikalismus weiterhin an; ebenso hart urteilte er zur gleichen Zeit über die „hysterischen Sektierer", die „an jedem Tag Weltrevolution machen" wollen[181]. Bezeichnend für das komplexe Persönlichkeitsprofil des Politikers und Philosophen Marck war auch das, was er über Georg Lukács und dessen Dialektik dachte. Selbst gebrauchte Marck die dialektische Methode in seinen Aufsätzen und rhetorisch-verbalen Argumentationen seit Mitte des Jahrzehnts ziemlich ausgiebig. Marck würdigte Lukács, der auch in Breslau von den Jungsozialisten viel gelesen wurde, in einem Vortrag in der Berliner „Freien Sozialistischen Hochschule" als denjenigen, der die Marx-Hegelsche-Dialektik weitergeführt und vollendet habe. Herausgekommen sei dabei aber letztlich „eine überidealistische Metaphysik". Eine garantiert richtige Theorie und Praxis, die zur Identität verschmolzene Übereinstimmung beider Ebenen, wie sie eigentlich schon Marx und nun auch Lukács erstrebten, sei nur möglich, spöttelte Marck, „wenn man den allumfassenden, allmächtigen ‚Weltgeist', d. h. im Grunde den lieben Gott, zur Verfügung hat". Das eben war typisch für Marck, er mißtraute in der Tat allen überspekulativen Konstruktionen, den großen und geschlossenen Systemen und radikalen Entwürfen, denen es an Kontrollen der praktischen Vernunft, des Zweifels und vor allem der intellektuellen Herausforderung der Menschen selbst gebrach. Zum marxistischen Hegelianismus müsse, so mahnte er daher zum Schluß seines Vortrages, „eine Ethik des Verantwortungsgefühls" hinzutreten[182]. Marck selbst, moderater Hegelianer, der er in jenen Jahren unzweifelhaft war, verkörperte schon von Amts wegen auch das ergänzende Korrektiv: er saß der Breslauer Kant-Gesellschaft vor.[183]

Marcks Verwendung der dialektischen Methode in diesen Jahren seines Links-Seins war indes, wie man kritisch anmerken muß, keineswegs unproblematisch. Marck versuchte, gegensätzliche Zielvorgaben, Strategien, Mittel und Wertmaßstäbe durch synthetische Konstruktionen miteinander zu harmonisieren, die so einfach nicht zu harmonisieren gingen, wie Demokratie und Diktatur beispielsweise.[184] Er versuchte, die beiden Seelen, die in seiner Brust saßen, gleichsam „dialektisch" zu versöhnen, seinen republikanischen Verantwortungspragmatismus, der zu seinem Leidwesen durch die Praxis der SPD-Minister diskreditiert schien, mit dem links-radikalen Revolutionarismus seiner Lieblingsschüler, den Jungsozialisten, die ihm mitunter übers Ziel hinausschossen, aber es wenigstens ehrlich meinten, auszugleichen. So wählte er dann auf Parteiversammlungen Maximen wie „Radikalisierung der Partei im Geiste eines staatsmännischen Radikalismus"[185], edeldialektisch klingende Formeln, unter denen sich wohl niemand, nicht einmal Marck selbst, etwas Konkretes vorstellen konnte.

Andererseits aber, positiver gefragt, hatte Marck nicht Recht, wenn er in Anlehnung an das austromarxistische „Linzer Programm", das er, wie Theodor Haubach und Otto Jenssen, zu loben nicht müde wurde[186], sein Grundaxiom – „die innere Zusammengehörigkeit von ‚Reformismus' und ‚Radikalismus' in der Sozialdemokratie"[187] – immer und immer wieder herausstellte? Stand nicht die Sozialdemokratie in der Tat in einem fundamentalen Gegensatz zur kapitalistischen Gesellschaft, ihren Klassen- und Machtverhältnissen, war sie aber nicht gleichzeitig Träger der politischen Demokratie, Verfechter der individuellen Freiheitsrechte, zudem Tag für Tag darum bemüht, Stück für Stück kollektive Sozialrechte zu erkämpfen und auszubauen, also radikal und reformistisch in eins zu sein? Marck nannte das „die in der Tradition der Arbeiterbewegung verwurzelte Einheit der demokratischen Republik und des Klassenkampfes"[188].

Am liebsten hätte es Marck gesehen, wenn alle SPD-Flügel diese Zusammengehörigkeit von reformistischer und revolutionärer Haltung akzeptiert und ihre Existenz als innerparteiliche Sonderrichtung aufgegeben hätten. Was allerdings der Intellektuelle qua Einsicht und dialektischer Schulung in synthetische Symbole zusammenfügen kann, sind in der gesellschaftlichen Wirklichkeit eben eigenständige und nicht zufällig gegensätzliche Ausdrucksformen spezifischer sozialer Verhältnisse, ökonomischer Strukturen und durch berufliche Tätigkeiten oder regionale Parteimilieus entstandene und verfestigte Mentalitäten. Der tüchtige Weimarer Arbeiterfunktionär, der nun seit Jahren und Jahrzehnten als Gewerkschaftssekretär, Genossenschafter oder Kommunalpolitiker das Los der Arbeiterschaft durch praktische Maßnahmen und konkretes Sachwissen tagtäglich zu verbessern suchte, dabei auch, blickte er zurück, Erfolge sah, es selbst zu einem mehr oder weniger bescheidenen Auskommen gebracht hatte, verkörperte schließlich einen Sozialcharakter, der durch und durch reformistisch war und für einen revolutionären Aktivismus nicht mehr taugte.[189] Das war die *wirkliche* Dialektik der Sozialreform in der Solidargemeinschaft der Arbeiterbewegung; ganz unrecht hatte Rosa Luxemburg mit ihren diesbezüglichen Prognosen nicht gehabt. Siegfried Marck indes reagierte verstört, sogar beleidigt, wenn sich dieser reformistisch-gewerkschaftliche Flügel auch als solcher verhielt und sich nicht an die *intellektuelle* Dialektik von Sozialreform und Revolution hielt.[190]

In den frühen 30er Jahren hielt sich zum Kummer von Marck dann weder der rechte noch der linke Flügel der SPD an den von ihm so geschätzten „synthetischen Geist"[191]. Marck stand allein und mit entsetzter Bestürzung zwischen den versteinerten Diskussionsfronten der Partei. Die Breslauer Linkssozialisten vermochten Unterschiede zwischen dem „Brüning-Faschismus" und „Hitler-Faschismus" nicht zu sehen und verhöhnten die Tolerierungspolitik der sozialdemokratischen Mehrheit. Marck hingegen, der seinen Sinn für Realpolitik nie verloren hat, erkannte die Motive der Tolerierungspolitik an[192], nahm es wichtig, daß die Nationalsozialisten nicht an der Regierung beteiligt würden, glaubte nicht, daß ein revolutionär-vorstoßendes Proletariat „mit großen Siegesaussichten" in die Schlacht ziehen könne. Gleichzeitig aber warnte er die Parteiführung davor, einseitig in der Defensive zu verharren. Ein offensiv geführter außerparlamentarischer Feldzug müsse hinzutreten, um die „proletarischen Kerntruppen" zu halten und die „gärenden Zwischenschichten" zu gewinnen. Marck überschrieb seine, in der „Breslauer Volkswacht" veröffentlichten Ausführungen mit dem Titel: *Zur innerparteilichen Verständigung*[193]. Allein, seine Bemühungen um Vermittlung und Synthese blieben ohne Erfolg; die einen, seine jungsozialistischen Schüler insbesondere, verließen die Partei, vertrauten mehr auf die Rezepte leninistischer Kaderbildung, die anderen wiederum kamen aus der parlamentarischen Defensive nicht heraus, verloren allmählich, wie Marck es befürchtet hatte, an Rückhalt in der industriellen Arbeiterschaft und standen in ratloser Distanz zu den rebellisch-verzweifelten Mittelschichten.

*Exkurs III: Wider den Absturz in die Barbarei – Fritz Sternberg*

Fritz Sternbergs regelmäßiger Verkehr mit den Breslauer Jungsozialisten beschränkte sich auf den Zeitraum vom Dezember 1924 bis zum März 1926[194]; danach kam er nur noch sporadisch nach Mittelschlesien, um seine Familie zu besuchen und dann auch Referate zu halten oder Kurse zu geben. Aber wenn er dann nach Breslau kam, war es eine Attraktion ersten Ranges. Die Tageszeitung der Breslauer SPD war gefüllt von Anzeigen der verschiedensten Suborganisationen des sozialdemokratischen Vereinswesens, die ihre Mitglieder zur Teilnahme an den Sternberg-Veranstaltungen aufriefen. Quartiere mußten gesucht und beschafft werden, weil aus allen Teilen Mittelschlesiens Zuhörer erwartet wurden.[195] Der Ansturm auf die Säle, wo Sternberg reden sollte, nahm – nicht nur in Breslau, in anderen Großstädten Deutschlands verhielt es sich ähnlich – häufig so beängstigende Ausmaße an, daß die Linkssozialisten sich sogar gezwungen sahen, die sonst so ungeliebte staatliche Zwangsgewalt in Form der Polizei zum Schutze herbeizurufen, um die überfüllten Versammlungen einigermaßen sicher zu Ende zu bringen.[196] Wenn man Max Adler mit allen Einschränkungen als den vielleicht wichtigsten Theoretiker des linken Jungsozialismus zur Mitte der 20er Jahre bezeichnen kann, dann wird man Sternberg als denjenigen ansehen dürfen, der dem Österreicher allmählich, spätestens mit dem Einsetzen der großen Depression, den Rang ablief. Der frömmelnde Zukunftsglaube und Chiliasmus eines Adler oder Fritz Lewy, mit denen sich die postrevolutionäre Stagnationsphase trefflich überdauern ließ, verlor zunehmend an Attraktivität, der linkszentristische demokratische Sozialismus von Otto Bauer fand bei den Jusos in der Krise der politischen Demokratie immer weniger Resonanz, gefragt waren bald dynamisch-appellative Aufrufe zur revolutionären Aktion, wie sie Fritz Sternberg mit einer zündenden und dramatisch gefaßten Rhetorik variationsreich vorzutragen verstand.

In den zahlreichen Gesprächen, die der Verfasser mit Zeitgenossen der jungsozialistischen Bewegung der Weimarer Republik führen konnte[197], löste der Name Sternberg fast immer den gleichen Effekt aus: Begeisterung und sprudelnde Erzählfreude über das ungewöhnliche Auftreten des stets wie ein Enfant terrible wirkenden Linkssozialisten mischten sich mit bis heute anhaltender Hochachtung vor dessen theoretischem und pädagogischem Werk. Schmunzelnd erinnern sich die meisten Zeitzeugen daran, wie geschockt sie waren, als sie in jungen Jahren Fritz Sternberg erstmals als Referenten kennenlernten. Auf das Podium stieg eine ungemein nachlässig gekleidete gedrungene Gestalt mit wild zerzausten „Struwelpeterhaaren", niemals ruhig sitzend oder stehend, sondern immer nervös auf- und abgehend, ständig die chronisch herunterhängende Hose hochziehend, mit der rechten Hand immer die Hosentasche, die sie suchte, verfehlend, um plötzlich mit der agitatorischen Kraft des selten gewordenen Volkstribuns die Zuhörer in den Bann zu schlagen. „Der Volkstribun eines Types", so Hans Mayer in seinen Erinnerungen, „den es in Deutschland kaum je gegeben hat in der wirklichen Arbeiterpolitik. Ein jüdischer Danton gleichsam"[198]. „Ein glänzender Redner", bestätigt auch Mayers damaliger Genosse aus der Sozialistischen Studentengruppe Köln, Josef Prenner, „Sternberg konnte wie ein Volksführer anstacheln". Seine engsten Freunde nannten ihn, berichtet ein früherer Breslauer Kommunist, des stürmischen Temperaments wegen *Dr. Ungewitter*. „Es war schwer, gegen ihn anzukommen", bestätigt auch der ehemalige Schwelmer Jungsozialistenvorsitzende Ernst Rosendahl im Rückblick, „Sternberg hatte eine große Rhetorik". Die bekam besonders sein damaliger theoretischer Kontrahent Alfred Braunthal[199], Leiter der Heimvolkshochschule Tinz, zu spüren. Die SPD im thüringischen Gera hatte an einem Abend zu einem Streitgespräch zwischen Braunthal und Sternberg eingeladen. Etwa 2 000 Leute, darunter auch die Schüler von Tinz, waren erschienen und der Saal hoffnungslos überfüllt. „Ja, mit dem Braunthal", erinnert sich der frühere Dresdener Juso-Vorsitzende Walter Pöppel, der zu der Zeit in Tinz weilte, an die Veranstaltung, „konntest Du nur Mitleid haben, wie der dort abgebürstet wurde".

Vielen Jungsozialisten war dies in der zweiten Hälfte der 20er Jahre eine vertraute Linie schöpferisch-weiterentwickelten Marxismus: Marx–Luxemburg–Sternberg.[200] Zum Entsetzen einiger sozialdemokratischer Pädagogen diskutierten manche großstädtischen Juso-Gruppen „monatelang über Sternberg und Antisternberg"[201]. Sternberg selbst mußte von diesem Interesse der jungen Sozialisten buchstäblich leben und überleben. Ein geringes Eintrittsgeld, das er für seine Veranstaltungen zu nehmen genötigt war, und der Erlös aus seinen Büchern und Broschüren, die er stets am Saaleingang auslegte, ermöglichten dem promovierten Nationalökonomen Sternberg, ein materiell eher armseliges Leben zu fristen. Schon das zeichnete den klassischen Typ des Intellektuellen in der deutschen Arbeiterbewegung aus, wie es ihn heute nicht mehr gibt:[202] Trotz ungewöhnlicher wissenschaftlicher Leistungen bleibt er ohne den Rückhalt einer festen Besoldung an einer Hochschule, in seinem Drang nach theoretischer Klärung globaler Fragen ausschließlich an den Interessen und Bedürfnissen der Arbeiterbewegung orientiert, deren geistig regsamste Kräfte ihn bei seinen rastlosen Vortragsreisen und Schulungswochen durch Aufmerksamkeit, Lernbereitschaft, Widerspruch und durch die geringen Möglichkeiten ihrer materiellen Unterstützung und Solidarität offenbar genügend entlohnen.

Der 1895 in Breslau geborene Sohn eines jüdischen Rechtsanwalts hatte bis 1923 allmählich zur marxistisch-sozialistischen Arbeiterbewegung gefunden und zunächst noch lockere Kontakte zu den Breslauer Jungsozialisten geknüpft.[203] Vorher hatte er, der 1917 über „Die Juden als Träger einer neuen Wirtschaft in Palästina" promovierte, sich stark in Bewegungen mit zionistisch-sozialistischen Zielsetzungen engagiert, um nun, ohne Mitglied der Sozialdemokratie oder gar der Kommunistischen Partei zu werden, an der Sammlung und theoretischen Bildung junger Kader aus – zunächst – beiden Parteien zu arbeiten. Es war natürlich kein Zufall und lag auch nicht an der unkonventionellen Erscheinung oder seiner meisterhaften Rhetorik, daß Sternberg der Lehrer und theoretische Stichwortgeber einer ganzen Generation junger Sozialisten wurde. Vielmehr schnitten sich seine Überlegungen und Deutungsversuche mit den bohrenden Fragen und Zweifeln auch der linken Jungsozialisten, die bei aller Insistenz auf die Erklärungskraft des Marxismus Gespür genug für die tiefe geistige Krise der sozialistischen Orthodoxie besaßen und nach einem „lebendigen Marxismus" verlangten. Das war auch der methodische Ausgangspunkt für Sternbergs theoretisches Verfahren, das auf die Marxschen Kategorien als Mittel zur analytischen Erschließung einer seit den Schriften der Klassiker veränderten Welt zurückgriff. Jede Kanonisierung und scholastische Wortspielerei, alle philologische Rabulistik zur Rettung überholter Lehrsätze des historischen Marx waren ihm fremd; neue Realitäten mußten neu erklärt werden, dabei konnte es, ja mußte es auch, wußte Sternberg, zur Korrektur des klassischen Marxismus kommen. Damit dürfte Sternberg den Impetus und dem Charakter von Marx sehr viel näher gestanden haben als die vielen „Geistsozialisten" und „Hofprediger des Marxismus"[204] seiner Zeit.

Da Sternberg sich ähnlich wie die Breslauer Jungsozialisten Gedanken darüber machte, wie das bisherige Ausbleiben der proletarischen Revolution, die Entschärfung der sozialen und politischen Krisen und die Stabilität des Reformismus in der Arbeiterbewegung zu erklären seien, kamen sie immer mehr ins Gespräch. Ab dem 14. Dezember 1924 erhielt die lose Verbindung ein institutionelles Gefüge und gegründet wurde eine „Marxistische Arbeitsgemeinschaft". Dazu hatten, worauf schon hingewiesen wurde, die Jungsozialisten, die Sozialistische Studentengemeinschaft und der „Bund der Freunde sozialistischer Akademiker" aufgerufen. Im Dezember nun sollte Sternberg – so hieß es im Aufruf der sozialdemokratischen „Breslauer Volkswacht" – zum ersten Male der weiteren Öffentlichkeit seine „Imperialismus-Theorie vorlegen, die in der Analyse der imperialistischen Phase des Kapitalismus den gegenwärtigen Stand und die zukünftige Entwicklung der Arbeiterbewegung begreift".[205] Bis ins Frühjahr 1926 hinein traf sich die „Marxistische Arbeitsgemeinschaft" an einem Abend der Woche, organisatorisch im wesentlichen von den Jungsozialisten Oskar Krummschmidt und Max Rettig vorbereitet, im Gewerkschaftshaus und entwickelte sich in dieser Zeit tatsächlich zum geisten Kristallisationspunkt des aktiven Teils der linkssozialistischen Breslauer Arbeiterbewegung. Es diskutierten neben den Jungsozialisten, sozialistischen Studenten, Akademikern und linken Gewerkschaftern auch die theoretisch selbständigen Köpfe der mittelschlesischen KP – trotz des heftigen Vetos ihrer Parteileitung.[206]

Sternberg faßte die Ergebnisse seiner Forschungen und Diskussionen in der „Marxistischen Arbeitsgemeinschaft" 1926 in seinem heftig umstrittenen Buch *„Der Imperialismus"*[207] zusammen. Anders als die orthodoxen Vertreter eines mechanistisch verstandenen Marxismus begriff er die Krise der sozialistischen Theorie als Ausdruck einer fatalen geistigen Stagnation und gleichzeitigen Aufforderung zur Entfaltung neuer analytischer und strategischer Überlegungen. Denn wie war es zu erklären – so fragte er mit den jungen Sozialisten –, daß in den modernen Ländern des Kapitalismus die ökonomischen Krisen keineswegs katastrophenartige Ausmaße angenommen hatten und auch von einer zunehmenden Verelendung oder ständigen Erhöhung der industriellen Reservearmee in der Zeit von 1870-1914 nicht die Rede sein konnte? Hatte mithin der Revisionsmus mit seinen Erklärungen und seinem vorgeschlagenen reformistisch-evolutionären Weg zum Sozialismus, der, und auch das war erklärungswürdig, von den weitaus meisten Arbeiterparteien beschritten wurde, gegenüber der Orthodoxie doch recht behalten?

Sternberg hielt es für die alles entscheidende Frage, wie der Kapitalismus trotz der dem System immanenten Konsumbeschränkungen zu einer erweiterten Reproduktion fähig war. Im Unterschied zur Sichtweise von Marx, der aus analytischen Gründen von der Existenz nichtkapitalistischer Räume abstrahiert hatte, um den Akkumulationsprozeß in seiner Reinheit gedanklich klarer durchdringen zu können, und so eine außerordentlich wachsende Krisendynamik des als homogen unterstellten kapitalistischen Milieus antizipieren mußte, war für die bisherige historisch-soziale Realität ein Nebeneinander kapitalistischer und vorkapitalistischer Gesellschaften charakteristisch gewesen. Das aber habe – so Sternberg in offenkundiger Anlehnung an John A. Hobson und Rosa Luxemburg – den modernen kapitalistischen Ländern die Gelegenheit geboten, das konstitutive Basisproblem der warenproduzierenden Gesellschaften zu lösen: der Entledigung des im Inneren nicht absetzbaren Konsumtionsrests durch Export in aktiv zu erobernde Kolonien. Der expansive Vorstoß der modernen kapitalistischen Staaten in die Gebiete mit vorkapitalistisch produzierenden Völkern wäre folglich Motor und Zwang für die erweiterte Reproduktion und Garant für den Bestand der bürgerlichen Gesellschaft und hätte zudem erhebliche Folgen für die Positionen der sozialen Klassen in den Musterländern des Imperialismus. Der imperialistische Ausweg nämlich mindere die Krisenanfälligkeit des Systems und schaffe die Bedingung dafür, daß durch das erzielte Surplus eine vorübergehende Überkompensation der industriellen Reservearmee, die Steigerung der Reallöhne und die Einräumung sozialpolitischer Zugeständnisse möglich war. Die Arbeiterklasse erhielt „Schonzeit", wie Sternberg das nannte[208], dies nicht zuletzt deshalb, weil sich die imperialistische Bourgeoisie aufgrund der zunehmend schärfer werdenden und kriegerisch geführten Auseinandersetzungen mit den zur nationalen Identität erwachten Völkern der Kolonien keine explosiven Klassenkämpfe im Inneren leisten konnte. Die „Schonzeit" der industriellen Arbeiterschaft würde, wie Sternberg betonte, mit der Verelendung der Kolonialvölker korrelieren, ihnen gegenüber avancierten die Werktätigen der modernen Industrieländer insgesamt in den Rang einer „Arbeiteraristokratie" und fänden in dieser Phase des steigenden Lebensstandards ihren politischen Ausdruck in der reformistischen Praxis. Hierbei unterscheidet sich Sternbergs Erklärungsversuch deutlich von der leninistischen Formel von der „Arbeiteraristokratie", nach der es sich bekanntlich nur um eine *kleine Schicht* korrumpierter Arbeiterbürokraten handelt, denen es durch besonders raffinierte Täuschungsmanöver immer wieder gelingt, die prinzipiell klassenkämpferisch gesonnenen Arbeitermassen arglistig über den Charakter der opportunistischen Politik des Sozialchauvinismus hinwegzutäuschen.

Die eigentliche Zielrichtung der historisch-materialistischen Kritik Sternbergs aber galt den Revisionisten, die die „Schonzeit" der Arbeiterklasse nicht als *limitierte* Phase und *vorübergehende* Konstellation begriffen, sondern sie absolut gesetzt hatten, um mit dem Argument einer relativ krisenfreien und sukzessive sozialbefriedeten Gesellschaft ihre Strategie des friedlichen Hineinwachsens in den Sozialismus entfalten zu können. Die „Schonzeit" der Arbeiterklasse aber war nach Sternberg an die Möglichkeiten des imperialistischen Vorstoßes gebunden; entfiel dieser, so war es auch mit dem relativen Wohlstand der Arbeiterklasse vorbei: Je stärker die Kolonien durchkapitalisiert waren, um so kampfesfreudiger sich die nationalen Befreiungsbewegungen in den Kolonien emanzipierten, „um so geringer ist die Möglichkeit, den Marxschen Faktor zu überkompensieren, um so mehr tritt die reine Marxsche Gesetzlichkeit wieder in Kraft".[209] Exakt in dieses Stadium wäre der Nachkriegskapitalismus eingetreten, und mit einer tiefen Krise des Kapitalismus war nach Sternbergs Überzeugung, mit der er 1926 zu Zeiten relativer Stabilität und drei Jahre vor der großen Weltwirtschaftskrise unter den sozialistischen Theoretikern eher isoliert dastand, alsbald zu rechnen.

Dennoch gab es für Sternberg nicht den geringsten Anlaß, den traditionellen Zukunftsoptimismus der alten Bebel-Generation in der deutschen Sozialdemokratie wiederzubeleben. Im Gegenteil! Die damals allseits erwartete harmonische Parallelität von kapitalistischer Krise, technischer Sozialisierungsreife der Produktionsmittel und adäquatem Bewußtsein der einheitlich zusammengeballten Arbeiterklasse war ein Mythos und entsprach nicht dem „Teuflischen" der tatsächlich anstehenden historischen Situation. Da war zum einen das Bewußtsein des Proletariats durch die lange „Schonzeit" anhaltend getrübt. Zudem hatte sich die Klassenstruktur, wie Sternberg richtig erkannte, außerordentlich verkompliziert. Die rascher als die traditionelle Industriearbeiterschaft wachsenden „neuen Zwischenschichten" gingen keineswegs automatisch in das Lager des Proletariats über, sondern schlugen sich, wie auch der größte Teil der landwirtschaftlichen Bevölkerung, zu den politischen Kräften der Reaktion und konnten sich in zugespitzt krisenhaften Situationen zu einer gefährlich dynamischen Massenbewegung der Gegenrevolution entwickeln. Nahezu beschwörend und in immer neuen Variationen machte Sternberg seine Leser und Schüler darauf aufmerksam, daß aus dem Konnex ökonomische Krise und ausreichende Sozialisierungsreife der technischen Produktionsbedingungen nicht unbedingt der Sozialismus, sondern, wenn die Arbeiterklasse den entscheidenden historischen Moment verpaßt, schlimmstenfalls die Barbarei resultiert. Die imperialistische Bourgeousie nämlich werde auf dem Höhepunkt der kapitalistischen Krise und nach Durchkapitalisierung der kolonialen Räume aus nacktem Zwang zur Reproduktion und als Abwehr gegen die eigene Arbeiterklasse die Diktatur im Inneren und den Krieg nach außen gegen die imperialistischen Konkurrenten mit dem Ziel ihrer Unterwerfung und Ausbeutung zu entzetteln versuchen. Dann aber drohe den Völkern Euroamerikas nach einem Bündel imperialistischer Kriege der Absturz in die Geschichtslosigkeit mit den Folgen einer jahrhundertelangen Verschüttung menschlicher Kultur und Zivilisation. Um diesen Absturz in die Barbarei zu verhindern, muß sich – so Sternberg – das Proletariat beim Versuch der Machtergreifung selbst mit einem Minimum an Sozialisierungsreife begnügen und statt des mühselig-langwierigen, schlimmstenfalls eben *zu* lange dauernden evolutionären Weges zu den Mitteln der revolutionären Gewalt greifen. Das spannungsreiche Dilemma war dennoch groß genug – und, nüchtern betrachtet, eigentlich auch nicht aufhebbar:

> „Nur die Revolution kann die Geschichtslosigkeit Euroamerikas als Konsequenz der Reihe imperialistischer Kriege verhindern. Nur die Revolution der Arbeiterschaft. Das Schaurige, das Teuflische dieser historischen Situation aber ist, daß die objektiven Bedingungen, die zum Imperialismus, zum Kriege, zum Bündel von Kriegen führen, gleichzeitig das Klassenbewußtsein der Klasse getrübt

haben und noch weiter trüben, die allein imstande ist, die Welt vom Verhängnis zu befreien."[210]

Unerhört schwer mußte der Bewußtseinsprozeß auch deshalb sein, weil keine Klasse, auch nicht die des Proletariats, nach einer gelungenen sozialistischen Revolution schon aufgrund der Sabotageaktionen von Industriellen und „höheren" Angestellten sogleich mit einer Verbesserung der ökonomischen Lage rechnen kann. Das Konstellationsgefüge konnte mithin ungünstiger kaum strukturiert sein: Die konterrevolutionären Kräfte waren stärker und massenhafter verankert denn je erwartet, die Sozialisierungsreife in einigen Ländern eher unausgereift, und das Klassenbewußtsein der Arbeiterklasse blieb in objektiv zwar längst überholten, gleichwohl aber relativ stabilen reformistischen Illusionen verhangen — und das alles vor dem gesellschaftlichen Hintergrund einer tiefen Niedergangskrise des Kapitalismus und der unmittelbaren Gefahr des imperialistischen Krieges!

Sicherlich hatte Sternberg, wie vor ihm schon Rosa Luxemburg und andere linkssozialistische Anhänger des „unterkonsumtionistischen" Ansatzes, die vermeintlich systemimmanente Abhängigkeit des Kapitalismus von der Existenz „freier Räume" bei weitem überschätzt und die Möglichkeiten einer Steigerung der Konsumtionskraft im Inneren auch mit Hilfe unproduktiver Investitionen zu wenig berücksichtigt. Ebenso überschätzt hat Sternberg gewiß auch die Modernisierungs- und Industrialisierungseffekte des Imperialismus. Zudem läßt sich die außergewöhnliche Expansion der deutschen Wirtschaft vor 1914 nur schwerlich in den Zusammenhang mit den kolonialen Besitztümern des wilhelminischen Kaiserreiches setzen. Verglichen dennoch mit dem praktizistischen Bewältigungsoptimismus vieler in der sozialdemokratischen Partei und den reflexionslosen Hau-Ruck-Formeln der KPD hatte Sternberg den Kranz neuer gesellschaftlicher Bedingungen und des ihm innewohnenden Gefahrenpotentials analytisch in mancher Hinsicht früh erkannt. Voluntaristisch aber waren seine strategischen Formulierungen zur Veränderung der politischen Richtung in der Arbeiterbewegung. Dies ist nicht unverständlich; denn um so deutlicher er die Notwendigkeit des proletarischen Vorstoßes zur Verhinderung der diktatorischen Barbarei zu sehen meinte, um so ungeduldiger mußte er versuchen, die Schere zwischen dem „zurückgebliebenen Bewußtsein" des subjektiven Transformationsfaktors und der gesellschaftlichen Zwangssituation eigenhändig, koste es was es wolle, zu schließen. Der in linkssozialistischen Kreisen bald immer häufigere Rekurs auf leninistische Vorhutstrategien mit Orientierung auf die Diktatur des Proletariats hatte damit zu tun. Er entsprang nicht einer tyrannischen Koketterie mit der unkontrollierbaren Gewaltherrschaft, war aber auch nicht das Ergebnis eines rational überlegten Konzepts der Gesellschaftstransformation, sondern wohl eher der Ausdruck einer zwischen verzweifeltem Pessimismus und aktivistischer Hoffnung schwankenden Spannung: dem typischen Ausdrucksgefühl der Generation des Zwischenkriegssozialismus.

Bei Sternberg finden wir dafür bereits 1926 Syptome.[211] Wenn, so kann man seine Gedanken zusammenfassen, von einer immanenten Notwendigkeit des Sozialismus nicht die Rede sein konnte und ein sofortiges Fließen der Quellen freigesetzter Produktivkräfte auch nicht zu erwarten war, dann konnte möglicherweise nur eins die durch „Schonzeit" verwöhnten Arbeiter überzeugen: die Erkenntnis, daß ihre Schonzeit „mit Millionen von Toten erkauft wird".[212] Dieses Denken in die Totalität aller

Erscheinungen – genau genommen war es ein emphatischer Appell an die ethische Einsicht zur Erhaltung der Humanität und menschlichen Zivilisation – aber mußte der Arbeiterklasse erst beigebracht werden, und dafür war eine neue sozialistische Partei vonnöten, in der Intellektuelle mit Erkenntnisvorsprung eine gewichtige Rolle zur Bewußtseinsbildung zu übernehmen hatten. Noch blieb Sternberg bei der Konturisierung der neuen sozialistischen Partei eher unpräzise. Die Losung von der „Diktatur des Proletariats" aber, soviel war gewiß, mußte sie auf ihrem Panier tragen, und die Trennung von allen reformistischen Kräften, den „Phantasten, die einen friedlichen Übergang vom Kapitalismus zum Sozialismus für möglich halten"[213], war oberste Pflicht.

*c) Linkssozialistische Hegemonie in einer sterbenden Stadt*

Die implizite, wenn wahrscheinlich auch eher mittelfristig gemeinte Absage Sternbergs an eine dauerhafte Mitarbeit in der Sozialdemokratischen Partei konnte zunächst nicht das explizite organisationspolitische Credo der Breslauer Jungsozialisten sein. Soviel aber hatten sie bei Fritz Sternberg gelernt: Eine Fortsetzung der introvertierten Zirkeldiskussionen am Rande der Arbeiterbewegung war angesichts der dramatischen, veränderungsheischenden Situation des Nachkriegssozialismus nicht mehr möglich. Seit dem Sommer 1925 aktivierten sich die Breslauer Jungsozialisten in einem ungewöhnlichen Ausmaße, indem sie die Parteidiskussionen zu dominieren versuchten, die Parteischulungsarbeit bestimmten und in den übrigen Kulturorganisationen wie ein Ferment zu wirken begannen. Geradezu überfallartig meldeten sie sich, die bis dahin auf Parteiveranstaltungen niemals größeres Aufsehen erregt hatten, auf einer Mitgliederversammlung der SPD am 23. Juli 1925 zu Worte. Fast alle Debattenredner gehörten den Jungsozialisten an. Sie polemisierten heftig gegen den Entwurf für das neue Parteiprogramm; die Ausarbeitungen der Programmdiskussion unter Rudolf Hilferding waren ihnen nicht klassenkämpferisch genug.[214] Auch sonst attackierten sie die ganze „bisherige Taktik" der Partei, die zu sehr Staats- statt proletarische Klassenpolitik gewesen sei. Mit diesem Tenor und solcher Handlungsorientierung traten die Jungsozialisten in den kommenden sechs Jahren auf allen Mitgliederversammlungen der Breslauer Partei auf. Solange sich die SPD im Reich in der Opposition befand, forderte man die rücksichtslose Bekämpfung der bürgerlichen Regierungsparteien mit allen, besonders aber außerparlamentarischen Mitteln und warnte die Partei unablässig vor Koalitionsgelüsten.[215] Als die Sozialdemokratie diesen Gelüsten 1928 nicht hatte standhalten können, verging in Breslau keine Parteiversammlung, in der nicht Jungsozialisten empört über die Praxis der Regierung lautstark protestierten und – mit großer Zustimmung – Resolutionen einbrachten, die den unverzüglichen Austritt der sozialdemokratischen Minister aus der Regierung verlangten.[216] Die revolutionäre Alternative zum bourgeoisen Staat sahen die Breslauer Jungsozialisten in Sowjetrußland, das, so forderten sie und setzten sich damit auf einer Parteiversammlung trotz der Distanzierung des geladenen Referenten Max Seydewitz nahezu einstimmig durch, das „nachahmenswerte Interesse" des deutschen Proletariats verdiene.[217] Das revolutionäre Instrument zur Zerschlagung des Klassenstaates sollte der „Sozialistische Kampfbund" – kurz: SKB – sein, den die Jungsozialisten mit einigen weltkriegserfahrenen älteren Sozialdemokraten 1926 als paramilitärische Alternative zum als „lahm" und „bürgerlich-demokratisch" verschrieenen Reichsbanner gegründet hatten. Man traf sich wöchentlich zu Wehrsportübungen in Turnhallen, probte Knüppelmusik und trainierte sich im Breslauer Bergkeller im Gebrauch der Schußwaffen. Zwei, drei Jahre später war der SKB nicht mehr nur ein jungsozialistisches Sonderunternehmen, sondern die offiziöse Wehr- und Schutzformation der Breslauer Partei.[218]

Ganz ähnlich verhielt es sich mit anderen jungsozialistischen Initiativen, die zur Mitte des Jahrzehnts noch unbeachtete, minoritäre Randerscheinungen waren – und in sämtlichen anderen Städten Deutschlands auch weiterhin blieben –, in Breslau aber bald schon zu festen Einrichtungen im Mittelpunkt des Parteilebens wurden: etwa die politischen Revuen als Mittel der Wahlkampfagitation[219] oder die – verfassungskritischen – „roten Verfassungsfeiern"[220] als explizite Gegenkundgebungen zu den volksfestähnlichen Großveranstaltungen des Reichsbanners und der freien Gewerkschaften.[221]

Da die Geschichte der Breslauer Sozialdemokratie, die seit Mitte der 20er Jahre auf das engste mit der des Jungsozialismus verschränkt ist, historisch nicht einmal in Ansätzen aufgearbeitet worden ist, sollen hier zumindest die Stationen der linkssozialistischen Hegemoniebildung im Breslauer Ortsverein erwähnt werden. Das Fundament für ihre Machtposition in der Parteiorganisation der mittelschlesischen Metropole legten die Linkssozialisten zweifelsohne in der Generalversammlung am 24. Januar 1927 mit der Wahl Ernst Ecksteins zum Vorsitzenden.[222] Eckstein gehörte zu den Gründern der Jungsozialisten, blieb bis zum Schluß ihr Mentor, Freund und Funktionär zugleich und agierte stets aus ihrer Mitte heraus. Bald nach seiner Wahl begann ein sich über Jahre hinziehender, an Schärfe kaum mehr zu überbietender und zum Frohlocken eines sich köstlich amüsierenden bürgerlichen Lagers öffentlich ausgetragener Konflikt zwischen den beiden Flügeln der Breslauer Partei. Die Ouvertüre mutete eher grotesk an. Es ging um den Vorschlag des Reichsbanners, zu Ehren Friedrich Eberts in Breslau ein Denkmal zu errichten. Der neugewählte Breslauer SPD-Vorstand, der mit dem verstorbenen Reichspräsidenten natürlich nicht viel im Sinne hatte, lehnte das Ansinnen auf finanzielle Unterstützung für solche „überlebten bürgerlichen Sitten" schroff und höhnisch ab.[223] Für die zuwendungsunwillige SPD sprang sofort das Ortskartell des ADGB ein, das zusammen mit dem Reichsbanner das Denkmal finanzierte.[224] Fortan standen die Fronten fest: hier der Zirkel von Intellektuellen, Jungsozialisten und radikal-linken Metallarbeitern, dort die ADGB-Funktionäre und Reichsbannerangehörigen.

Den entscheidenden Sieg allerdings trugen die Linkssozialisten am 5. März 1928 davon, als eine von etwa 2 500 Mitgliedern besuchte und hochpolitisierte Parteiversammlung über die Kandidaturen für die Stadtverordnetenliste zu entscheiden hatte. Zwei Listen standen alternativ zur Wahl: die des Parteivorstandes und eine – am Saaleingang verteilte – der Gewerkschaften. Als sich durch Handzeichen kein klares Meinungsbild herstellen ließ, mußte durch die Abgabe von Stimmzetteln einzeln ausgezählt werden. Tags darauf stand das Ergebnis, das von der ganzen mittelschlesischen politischen Öffentlichkeit mit größter Spannung erwartet wurde, fest: Für den Vorschlag des Parteivorstandes hatten sich 1 216 Mitglieder ausgesprochen, die Gewerkschaften blieben mit 1 207 Stimmen denkbar knapp unterlegen.[225]

Die Auseinandersetzungen eskalierten weiter. Die Jungsozialisten, die als die eigentlichen Unruhestifter im Linkssozialismus galten, erhielten seit Ende 1928 Zimmersperre im Gewerkschaftshaus; der Zutritt zum zentralen Heim der Breslauer Arbeiterbewegung war ihnen mithin künftig verriegelt.[226] Ein Vertrauensmann der Jungsozialisten aus der älteren Generation, der Sekretär des ZdA Alfred Schramm, ein ungemein kantiger Alt-Linker, der im wahrsten Sinne des Wortes keine Parteiveranstaltung ausließ, ohne sich in rüdester Weise mit einem „Parteirechten" anzulegen, wurde von seiner Gewerkschaft des Amtes enthoben und stand auf der Straße. Daraufhin begannen die Jungsozialisten Anfang 1928 eine furiose Kampagne, um ihn als besoldeten Stadtrat durchzusetzen. Sein Gegenkandidat war Max Ruffert, Vorsitzender des ADGB in Breslau. Auf der entscheidenden Parteiversammlung konnte Schramm mit Hilfe der Jungsozialisten dank einer Mehrheit von acht Stimmen reüssieren. Daraufhin legten neun Stadtverordnete unter großem Protest, der genüßlich von der bürgerlichen Presse publiziert wurde, ihr kommunales Mandat nieder.[227] Danach war die Breslauer Parteiorganisation für etwa 1 1/2 Jahre alleiniger Tummelplatz der radikalen Linken, die nach Belieben, jedenfalls ohne ernstzunehmenden Widerstand, ihre eigenwilligen, z.T. zweifelsohne maßlosen Resolutionen und Beschlüsse verabschieden konnten.[228] Erst Anfang 1931 meldet sich die „Parteirechte" – die im Reichsspektrum der Sozialdemokratie im übrigen eher „halblinks" angesiedelt war – wieder zu Worte; unter anderem auch mit anonymen Flugblättern, Handzetteln und Aufrufen zur Abwahl des linksradikalen Vorstandes. Die Linkssozialisten empörten sich über „Zellenbildung", „Wühlereien", „organisierte Opposition" und forderten den Berliner Parteivorstand zu administrativen Maßnahmen auf. Politisch konnten sich die Linkssozialisten abermals auf der überall mit großer Aufmerksamkeit erwarteten Generalversammlung im Januar 1931 durchsetzen, obwohl die „Parteirechte" immerhin den prominenten Breslauer Bürgermeister und vormaligen Reichstagsabgeordneten Karl Mache zum Gegenkandidaten von Eckstein aufgestellt hatte. Eckstein erhielt 447 Stimmen, Mache mußte sich mit 245 Voten begnügen.[229] Im Frühjahr 1931 herrschte zwischen den beiden Flügeln blanker Haß; unkontrollierte Gefühle der Feindschaft und schlimmster Intoleranz prallten aufeinander, politische Zielsetzungen standen sich gegenüber, die in der Tat in *einer* Partei nicht mehr zu integrieren waren. Die Abspaltung der Linkssozialisten und die Gründung der SAP[230] – das von den Linkssozialisten erhoffte revolutionäre Gravitationszentrum der Arbeiterbewegung – setzten die Schlußpunkte einer langjährigen Entwicklung, die mit den sonst üblichen Schemata von der „repressiven Parteirechten" und den linkssozialdemokratischen Ohnmachtsgefühlen nur schwerlich zu erklären ist.[231]

Wie ist der Erfolg des Linkssozialismus in der Breslauer SPD zu verstehen? Ein zweites Beispiel finden wir nicht in der Zeit der Weimarer Republik, wo ein linkssozialistischer Flügel aus der Opposition die Mehrheit in einem großstädtischen Ortsverein erobern konnte. Daß sich der Breslauer Linkssozialismus über drei Jahre fest im Sattel halten konnte und schließlich nach freien Stücken schalten und walten durfte, ist noch vergleichsweise einfach zu erklären. Die Linkssozialisten, die sich sonst über die Beschränkung basisdemokratischer Rechte seitens des „reformistischen Apparates" mächtig aufregen konnten, hatten in Breslau selbst nichts Eiligeres zu tun, als das traditionelle Generalversammlungsprinzip abzuschaffen.[232] Wo früher jedes Parteimitglied, das seine Beiträge ordnungsgemäß bezahlte, zu den Parteiversammlungen kommen und abstimmen durfte, herrschte nun ein sogenanntes Vertretungssystem. Auf je dreißig Mitglieder erhielt ein Distrikt einen Vertreter. Mit Hilfe des

Vertretungssystems setzte sich der aktivistische, entschlossene und zielstrebig agierende Kern des Linkssozialismus rasch durch, festigte seine Macht und brauchte fortan die großen Massenparteiveranstaltungen nicht mehr zu fürchten, wo „bewährte" und bekannte Führungspersönlichkeiten der Breslauer Sozialdemokratie wie Paul Löbe, Karl Mache, Karl Pietsch, Gustav Scholz, Hugo Frey oder Max Ruffert ihre über Jahre und Jahrzehnte gewachsene Autorität in die Waagschale werfen konnten. Auf den Generalversammlungen neuen Typus, die nach dem Vertretungssystem zusammengesetzt waren und in denen die Kader der Jungsozialisten das Feld beherrschten[233], schlug diesen Autoritäten zu guter Letzt nur noch höhnisches Gelächter entgegen, wenn sie nicht gleich niedergeschrieen wurden.[234]

Gleichwohl, die Frage nach den Ursachen für den Erfolg des Linkssozialismus in Breslau ist damit nicht beantwortet. Ihre ursprünglichen Mehrheiten hatten die Linkssozialisten schließlich, wenn auch knapp, in jenen großen Massenversammlungen der Partei gewonnen.[235] Das, was sonst den radikal-linken Akademikern und Jungsozialisten überall verwehrt blieb, nämlich daß der intellektuelle Funken revolutionärer Theorie auf das Proletariat übersprang, schien hier in Mittelschlesien geglückt zu sein. In Köln beispielsweise, wo eine vergleichbare Formation von Jungsozialisten und sozialistischen Studenten mit einer nahezu identischen theoretischen Ausrichtung — man war ebenfalls geschult von Sternberg, der nun häufig in Düsseldorf weilte, und man las Lukács — kurze Zeit später ähnliches versuchte, sah das Ergebnis ganz anders aus. Zwar dominierten auch am Mittelrhein die Jungsozialisten und Studenten die Parteiversammlungsdiskussionen, aber sie vermochten die Vorbehalte der Arbeiter gegen den „akademisch formulierten Intellektualismus"[236] nicht zu zerstreuen, es gelang nicht, das proletarische Mißtrauen gegen die „Studierten" abzubauen; so blieben sie stets mit ihren fleißig geschriebenen Entschließungen in der Minderheit, gleichsam für sich[237]. Was also war anders in Breslau?

Sozialgeschichtlich mag man die Rolle von Persönlichkeiten gering schätzen, in Breslau aber war es zweifelsohne von großer Bedeutung, daß der linkssozialistische Zirkel von Akademikern und Jungsozialisten parteipolitisch durch Ernst Eckstein repräsentiert wurde. Auch Eckstein war von seinem ganzen Habitus her ein Intellektueller, auch er fühlte sich in den Diskussionsrunden mit Sternberg oder Marck am wohlsten, betonte ständig die Notwendigkeit der „Pflege der Theorie".[238] Gleichzeitig verfügte er aber auch über organisatorisches Geschick, verstand es zudem als Debattenredner vor einem Massenpublikum zu glänzen, besaß Charisma, obwohl er von der äußeren Erscheinung dazu nicht prädestiniert schien: Er war klein, blaß und stand stets etwas gekrümmt am Rednerpult. Die sozialdemokratischen Massen jedoch vertrauten ihm; sie wußten, daß Eckstein nicht einfach nur aus Koketterie radikale Worte schwadronierte — und radikal war seine politische Haltung gewiß: militant-antimilitaristisch und schroff staatsfeindlich[239] —, sondern sich auch in seiner praktischen Tätigkeit für sie selbstlos einsetzte. Sein Ruf als „Anwalt der Armen" hatte in Breslau schon zu seinen Lebzeiten legendäre Ausmaße erreicht: Der Rechtsanwalt Eckstein, selber aus ärmlichen Verhältnissen stammend, der den Ärmsten der Armen in Rechtsfragen häufig unentgeltlich half, stand im Renommee personifizierter Lauterkeit. Er war über jeden Vorwurf des Opportunismus erhaben, da er alle angetragenen Kandidaturen für den Reichs- oder Landtag in seiner sozialdemokratischen Zeit prinzipienfest ablehnte.

Sicher profitierte Eckstein — und mit ihm die Jungsozialisten — auch vom Leumund seiner Frau, Clara Zils, die in Mittelschlesien als die gute Samariterin galt. Clara Zils gehörte ebenfalls zu den Gründern der Jungsozialisten. Sie entstammte einer westpreußischen Arbeiterfamilie und hatte sich mit Fleiß und Zähigkeit autodidaktisch weitergebildet. 1921 kam sie nach Breslau, engagierte sich dort in der sozialistischen Jugendbewegung und ganz besonders in der Wohlfahrtsarbeit; sie wurde die „Pionierin der Arbeiterwohlfahrt" in Mittelschlesien. Dank ihres unermüdlichen Einsatzes entstanden bald in zahlreichen Orten Schlesiens Arbeiterwohlfahrtsausschüsse. Wie ihr Mann, so wurde „Clarissa", wie man sie in den Breslauer Unterschichten liebevoll nannte, zum Ansprechpartner der Allerärmsten in der schlesischen Großstadt. Als unbesoldetes Magistratsmitglied sorgte sie für den Ausbau des Obdachlosenheimes und für die Schaffung von Wohnraum für die Minderbemittelsten; sie setzte sich mit Erfolg für den Bau von Land- und Tageserholungsheimen ein. Die Eröffnung eines Montessori-Kindergartens in Breslau war fast allein ihre Schöpfung.[240]

Es war keineswegs immer und überall selbstverständlich, daß das intellektuelle Führungspersonal des Linkssozialismus durch den tatkräftigen Einsatz zur Linderung sozialer Not Glaubwürdigkeit und Vertrauen herstellte. Die Ecksteins hatten eine solche Haltung praktizierender Solidarität in Breslau geradezu vorbildlich gelebt. Und wahrscheinlich war dies in Breslau noch weitaus erforderlicher als in jeder anderen Stadt Deutschlands, womit wir nun beim Versuch einer sozialgeschichtlichen Erklärung für die Gründe des linkssozialistischen Erfolges dort angelangt wären. Das soziale Elend, das im Breslau der 20er Jahre herrschte, war beispiellos; man sprach schon zeitgenössisch von einer sterbenden Stadt. Besuchern aus dem Westen oder Süden des Deutschen Reiches fiel bereits beim Verlassen des Hauptbahnhofes auf, wie außergewöhnlich ärmlich und dürftig ein Großteil der Breslauer Bevölkerung gekleidet war.[241] Selbst in den sogenannten „goldenen Jahren" der Weimarer Zeit waren in Breslau viele Menschen von der typischen Volksseuche, der Tuberkulose, befallen.[242] Die Inanspruchnahme der öffentlichen Wohlfahrtspflege sprengte bereits vor dem Ausbruch der großen Depression alle Grenzen. Ende der 20er Jahre lebte nahezu jeder zweite in dieser Stadt mit 600 000 Einwohnern von der Unterstützung des städtischen Wohlfahrtsamtes bzw. des Arbeitsamtes.[243] Die Stadt Breslau stand daher schon Anfang 1930 vor dem finanziellen Ruin. Ebenso deprimierend sahen die Wohnverhältnisse aus. Was die Qualität der Wohnungen anging, bildete Breslau das Schlußlicht unter den preußischen Großstädten.[244] Die mittelschlesische Stadt hatte die meisten Kleinwohnungen, sogenannte Zwergenwohnungen. Aufgrund einer verzögerten Stadterweiterung war die allgemeine Wohndichte des Breslauer Stadtgebietes dreimal so hoch wie in vergleichbaren deutschen Großstädten, und auch die Bevölkerungsdichte auf der bebauten Fläche lag noch deutlich höher als im für seine Mietskasernen berüchtigten Berlin.[245] Als Schlesien durch die veränderte Grenzziehung in der Folge des Versailler Vertrages ein Zehntel seines Gebietes verlor und zahlreiche Flüchtlinge nach Breslau strömten, setzte eine explosive Nachfrage nach Wohnungen und natürlich nach Arbeit ein.[246] Weder der Wohnungs- noch der Arbeitsmarkt hielten diese Belastung aus. Die Krise verschlimmerte sich seit 1924, dem Beginn des Zollkrieges mit Polen, dessen Kosten die Handelsstadt Breslau in einem hohen Maße stellvertretend für das Reich zu tragen hatte. Breslau sah sich nun von seinen traditionellen östlichen Märkten abgetrennt. Mit dem Niedergang des Handels korrelierte ein rapider Rückgang der industriellen Produktion. Besonders die bis zum Krieg verhältnismäßig gut beschäftigten Großindustrien verzeichneten zahlreiche Betriebseinschränkungen und -stillegungen. Die Erwerbslosigkeit lag in Breslau 1930 um das Doppelte über dem Reichsdurchschnitt, und die Dauer der Arbeitslosigkeit streckte sich ungleich länger hin als sonst üblich. Die Tariflöhne hatten hier neben München und Leipzig den niedrigsten Stand unter den deutschen Großstädten.[247] Vor allem die Breslauer Metallarbeiterschaft war nachhaltig von der Misere betroffen. Diejenigen Metallarbeiter, die in den 20er Jahren überhaupt noch in Arbeit und Brot standen, mußten sich mit Löhnen begnügen, die weit niedriger lagen als jene, die ihre gleichqualifizierten Kollegen der restlichen zwanzig Großstädte für ihre Arbeit erhielten.[248]

Exakt diese Metallarbeiterschaft bildete in Breslau die proletarische Massenbasis für den intellektuellen Linkssozialismus.[249] So mag man den Durchbruch des mittelschlesischen Linkssozialismus begreifen können: Eine kleine, entschlossene Gruppe intellektueller Linkssozialisten trifft mit ihrem Avantgardeanspruch auf eine gut qualifizierte Arbeiterschaft mit jahrzehntelanger stabiler sozialdemokratischer Tradition und Bildung, die aufgrund außergewöhnlicher, ja einmaliger politischer Konstellationen lebensgeschichtlich unvorbereitet in den Strudel sozialer und materieller Verelendung gerät. Der Übergang zum Kommunismus ist für diese Arbeiterschicht trotz aller Verzweiflung kein Ausweg; Herkunft, Ausbildung, Milieubindungen sperren sich dagegen.[250] Die Radikalisierung findet im Milieu der Sozialdemokratie selber statt, und die Artikulationsofferten des Jung- und Linkssozialismus sind unter diesen spezifischen Bedingungen willkommen und werden von einem Teil der Arbeiterschaft, der verbittert über den Staat ist, seit Bestehen der Demokratie nur Verschlechterungen seiner sozialen Lage hat hinnehmen müssen und sich Besserung mithin nur von einer ganz anderen Gesellschaft und Staatsverfassung verspricht, dankbar angenommen. Daß die Jungsozialisten im Kern selber aus jungen Facharbeitern, häufig tüchtigen Betriebsräten bestanden, daß Intellektuelle wie die Ecksteins Glaubwürdigkeit und moralische Integrität durch einen praktizierten Altruismus ausstrahlen konnten, hat die Bereitschaft zur Rezeption und Akzeptanz links-radikaler Erklärungsmuster und Orientierungsangebote fraglos erhöht.

# VI. Zäsur im Jungsozialismus

## 1. Symbol linkssozialistischen Triumphes: Die Jenaer Reichskonferenz Ostern 1925

*a) Vorbereitungen im Vorfeld der Jenaer Reichstagung*

Ostern 1925 fand die dritte Reichskonferenz der Jungsozialisten in Jena statt, ein Markstein in der Geschichte der jungsozialistischen Bewegung. Schon im Vorfeld der Konferenz war den Zeitgenossen klar, daß hier eine Entscheidung im Streit der beiden Kreise fallen würde. *Hofgeismar* oder *Hannover*, so hieß das Thema, über das man Anfang 1925 viel in den Ortsgruppen diskutierte. Man bestellte sich Referenten von der einen und der anderen Seite, um größere Gewißheit darüber zu gewinnen, wohin man denn nun eigentlich selbst tendierte. Schließlich gab es eine ganze Reihe von Gruppen und vor allem Mitglieder, die weder entschiedene Hofgeismarer noch dezidierte Linkssozialisten waren.[1] Franz Osterroth erinnert sich, daß er in den Wochen vor der Reichskonferenz bei solchen „Mitte-Gruppen" mehrere Male zum Disput über das Thema „Sozialismus und Staat" gegen Maria Hodann vom IJB antreten mußte. „Sie war eine intelligente, scharfzüngige Person, aber fair", stellt er im Rückblick anerkennend über seine Kontrahentin von damals fest.[2]

Es fehlte nicht an Versuchen, Gegensätze zu glätten und einiges an Gräben zwischen den Fronten zuzuschütten. Der Reichsausschuß der Jungsozialisten in Berlin, in dem erfahrene Alt-Jungsozialisten wie Max Westphal und Kurt Wegener die Fäden in den Händen hielten, hatte je drei Vertreter der beiden „Fraktionen", Franz Osterroth, Gustav Dahrendorf und Heinrich Deist vom Hofgeismarkreis, Heinz Hornung, August Bolte und Maria Hodann vom Hannoveranerkreis für den 18. Januar 1925 nach Berlin zu einem Treffen eingeladen, um durch institutionelle Vorabklärungen die offenkundig befürchtete harte Konfrontation auf der Reichskonferenz ein wenig abzumildern.[3] Einigkeit ließ sich rasch darüber herstellen, daß die Reichsorganisation der Jungsozialisten eine straffer geführte Leitung und ein klar geordnetes, demokratisches Vertretungssystem zwischen den Reichskonferenzen nötig habe. Statt des bisherigen, eher geschäftsführenden Reichsausschusses wurde eine Reichsleitung mit politischen Führungskompetenzen und integrativer Wirkung vorgesehen. Jede Fraktion sollte deshalb je zwei Repräsentanten aus dem Reich und je einen aus dem Verbandsvorort Berlin in diese Leitung entsenden dürfen. Ein siebenter, bei Abstimmungen somit entscheidender Vertreter sollte ein Kandidat der „Mitte" sein. Als Kontrollorgan der Reichsleitung dachte man an einen neu konzipierten Reichsausschuß, der sich aus je einem gewählten Vertreter der Bezirke zusammensetzen würde. Auf Widerstand und schließlich Ablehnung stieß hingegen der Vorschlag, daß die beiden Fraktionen künftig auf die Herausgabe eigenständiger Publikationen verzichten sollten. Kein Zweifel also: an ihrer Existenz als selbständige politische Gruppierungen mit dem Anspruch einer originären und abgrenzenden Position wollten die beiden Kreise vorerst nicht rütteln lassen.

So gesehen hatte die Initiative des alten Juso-Reichsausschusses nicht viel gefruchtet.

Die Stimmung auf der Konferenz war äußerst gespannt und hektisch; eine offene Diskussion, tolerant und fair geführt, wollte eigentlich zu keinem Zeitpunkt aufkommen. Gehässige Zwischenrufe, Verachtung für den jeweiligen Kontrahenten, Spott, Diffamierung und Gerangel um die Anerkennung von Mandaten beherrschten die Atmosphäre dieser Tagung:[4] Ein unduldsames Diskussionsklima, für das die beiden Flügelgruppierungen gleichermaßen Verantwortung trugen, wenn auch von Beginn an deutlich wurde, daß die Linkssozialisten aus der Offensive, die Hofgeismarer aus einer verunsicherten Abwehrhaltung heraus operierten. Die Stimmung unter den Jungsozialisten hatte sich in der postinflationären Zeit gründlich gewandelt. Besonders die Mitglieder des IJB waren bestens gerüstet. Nelson hatte schon im Januar 1925 damit begonnen, die Delegierten des Jugendbundes für die Jenaer Reichskonferenz zentral zu erfassen.[5] Gezielt berief er dann im Februar einen „Politik"-Kurs für die Woche unmittelbar vor der Reichskonferenz ein.[6] Dort, in der „Walkemühle", hatten die IJB-Delegierten acht Tage lang ausreichend Zeit, das taktische Vorgehen sorgfältig zu planen und präzise miteinander abzustimmen. Dies machte sich bezahlt, denn die Mitglieder des IJB dominierten, wie sich zeigen sollte, die Diskussion, während von den Marxisten, die sich vorher nicht ein einziges Mal getroffen hatten[7] und sich z. T. erst auf der Konferenz persönlich kennenlernten, mit Ausnahme von Ernst Rosendahl nicht viel zu hören war. Die „Marxisten" entpuppten sich in gewisser Weise als gewiefte „Sozialdemokraten", als „organisatorische Manipulatoren", wie Ernst Rosendahl sie im Rückblick nennt[8]; sie spielten auf der Klaviatur von Geschäftsordnungsanträgen, Resolutionen und Kandidaturen – und dies nicht ohne Erfolg. Der IJB hatte keine Skrupel, sich auf der Konferenz mit den restlichen Linkssozialisten zum „Marxistischen Arbeitskreis der Jungsozialisten" zu konstituieren; mehr noch: einer von ihnen, Helmut von Rauschenplat, ein Schüler Oppenheimers, lieferte später die publizistische Begründung dafür nach.[9] Trotz solchen Elans und entschlossener Angriffslust waren sich weder die Mitglieder des IJB noch die Marxisten vorher sicher, wie die Kräfteverhältnisse auf der Konferenz aussehen würden[10]; besonders der IJB wurde – Ironie des Geschehens – vom Ausmaß seiner eigenen Überlegenheit unvorbereitet überrascht.

*b)  Von der nationalen Romantik zum linksradikalen Gesinnungssozialismus:
     die Konferenz*

Schon beim ersten Referat des Haupttagesordnungspunktes „Nation, Staat und Sozialdemokratie" konnte kaum mehr ein Zweifel darüber bestehen, wer den Wind im Rücken hatte und wem er kalt ins Gesicht blies. Das Referat für den Hofgeismarkreis hielt Hermann Heller, und er hatte während seiner ganzen Rede mit Lärm, Zwischenrufen und Gelächter zu kämpfen, eine Situation, mit der er *rhetorisch* regelrecht nicht fertig wurde, in der er *rednerisch* unbeholfen und kraftlos wirkte. Offenen Widerspruch zu ertragen gehörte, erinnern sich Zeitzeugen, sowieso nicht zu Hellers starken Seiten, er reagierte dann stets gereizt und aufbrausend[11], dennoch hat man Heller häufig als packenden Redner voller Temperament und Leidenschaft erleben können. Im Frühjahr 1925 aber befand sich Heller in einer ernsten Lebenskrise, sowohl in beruflicher und politischer als auch in gesundheitlicher Hinsicht.[12] Er hatte gerade nach aufreibenden Auseinandersetzungen mit den Leipziger Parteifunktionären seine Arbeit in den Volkshochschulheimen aufgegeben, ohne zugleich auf eine sichere Perspektive als Universitätsprofessor und Wissenschaftler vertrauen zu dürfen. Aufregung, Überarbeitung und berufliche Unsicherheit griffen sein seit dem Ersten Weltkrieg erkranktes Herz an, eine schwere Kopfgrippe kam belastend hinzu. Heller war mithin zum Zeitpunkt der Jenaer Konferenz in denkbar schlechter Verfassung. Sie blieb nicht verborgen.

Allein, die Entscheidung der Hofgeismarer, Hermann Heller und nicht etwa Ernst Niekisch um das Referat zu bitten, belegt deutlich, daß sich die Mehrheit dieser Jungsozialisten einem demokratisch-sozialistischen Staats- und Strategieverständnis genähert hatte. Allerdings hinterließ dies bei den übrigen Jungsozialisten nicht die geringste Wirkung. Überaus pedantisch versuchte Heller, den Delegierten sein von der Anthropologie Thomas Hobbes' unverkennbar beeinflußtes Verständnis vom Staat als Conditio sine qua non menschlichen Zusammenlebens und als Garanten des geordneten Zusammenwirkens der gesellschaftlichen Handlungen klar zu machen. Gegenüber der marxistischen Auffassung, daß der Staat, nachdem er seine Aufgabe als Unterdrückungsinstrument zur Liquidierung der Klassengegensätze erschöpfend gelöst habe, aus der Gesellschaft verschwinden werde, beharrte Heller darauf, daß jede komplex strukturierte Form der menschlichen Gesellschaftlichkeit auf eine sich potentiell zwangsweise durchsetzende Autorität angewiesen sei, da sonst der Verfall der Kultur und ein „Krieg aller gegen alle"[13] unvermeidlich werde. Heller forderte daher einen Kampf *um,* nicht *gegen* den Staat. Dabei leugnete er keineswegs den „Klassencharakter des heutigen Staates", insistierte aber darauf, daß die Republik „einen sehr bedeutsamen Schritt zur Verwirklichung der sozialistischen Ziele bedeutet"[14]. Da er den ursächlichen Klassencharakter im Bereich der Gesellschaft, nicht in der Sphäre des Staates verortete, empfahl er, um den demokratischen Staatsapparat zu ringen, ihn als Hebel zur gesellschaftlichen Transformation zu nutzen, also mit den staatlichen Instrumentarien die „Geldsack"-Republik in Richtung einer demokratischen Sozialstaatlichkeit zu verändern.

Der Koreferent der Hannoveraner, Max Adler, antwortete auf diese, wie er eigentümlicherweise fand, „quallenartige"[15] Begrifflichkeit seines Vorredners mit bissigem Spott. Das Referat Adlers soll begeisternd gewesen sein und mitgerissen haben; in der Tat: Adler ließ sich durch Zwischenrufe nicht beirren, er fertigte seinen Gegner mit ätzender Schärfe ab und entwickelte zielsicher seine Vision von der solidarischen Gesellschaft. Hellers Beharren auf die Notwendigkeit einer Zwangsordnung für eine geregelte gesellschaftliche Reproduktion erklärte Adler als schlichte Platitüde: „Aber für Marxisten kommt es nicht darauf an, diese Selbstverständlichkeit zu einer Staatstheorie auszuweiten."[16] Für die sozialistische Bewegung hingegen sei es entscheidend, sich mittels der von Marx begründeten soziologischen Methode Klarheit über die materielle Substanz und den Klassencharakter einer Zwangsorganisation zu verschaffen, um Aufschluß darüber zu gewinnen, ob es sich bei dieser Ordnung um eine Herrschaftsordnung handele oder nicht. Denn nur in einer unsolidarischen Gesellschaft in der der eine Teil der Bevölkerung die Herrschaft über den anderen ausübe, habe die Zwangsordnung den Charakter einer Herrschaftsordnung und sei mithin Klassenstaat, während in der von den Sozialisten angestrebten solidarischen Gesellschaft bei Beibehaltung einer, wie Adler optimistisch unterstellte, von allen freiwillig akzeptierten Zwangsordnung die Beseitigung des Klassenstaates als Herrschaftsorganisation vorausgesetzt sei: „Der Marxist gelangt", so faßte Adler seine Gedanken zusammen,

„an Hand seiner historischen Begriffe nicht in eine Anarchie, sondern aus der unsolidarischen in die solidarische Regelung der Gesellschaft"[17].

Während Hellers politische Strategie[18] und sein pädagogisches Programm darauf hinausliefen, die Jungsozialisten zur konkreten Mitarbeit am Weimarer Staat zu ermahnen, um damit einen Beitrag zur schrittweisen Veränderung der kapitalistischen Grundstrukturen der *Gesellschaft* durch eine soziale Gesetzgebung des demokratischen *Staates* zu leisten, war das erzieherisch-politische Programm Adlers für die Jusos von einem solch prosaischen, wenn auch die Autonomie des Staates vielleicht überschätzenden, Reformismus weit entfernt und ganz auf das Jenseits der „solidarischen Gesellschaft" ge- oder besser entrückt.

Unter dem großen und sich immer wiederholenden Beifall der Delegiertenmehrheit verkündete Adler, nicht zum ersten und nicht zum letzten Male, die Aufgabe und Mission der linkssozialistisch geläuterten Jusos: „Neue Menschen" sollten sie werden, die in ihrem ganzen Denken und Empfinden, ausgestattet mit „geradezu religiöser Kraft", den geistigen Bruch mit der herrschenden Gesellschafts- und Staatsform vollziehen müßten. „So wie Christus seinen Anhängern sagte: Mein Reich ist nicht von dieser Welt, so müssen wir Sozialisten dieses innerliche Fremdheitsgefühl gegenüber der bürgerlichen Gesellschaft (...) haben, wonach uns keinen Augenblick das Bewußtsein verläßt: Unser Reich, unsere Heimat in Staat und Volk ist nicht von dieser kapitalistischen Welt, sondern ist erst zu begründen in der sozialistischen Gesellschaft."[19]

Mag eine solche millenarische Perspektive für die Mehrheit der Jungsozialisten schon reizvoller gewesen sein als die weniger erhebende Aussicht auf einen grauen Reformalltag in der ungeliebten Republik, so wurde die Entscheidung dennoch zwischen *Hofgeismar* und *Hannover* mehr auf dem Felde der nationalen Frage entschieden, wenn dieses Problem auch keineswegs den Mittelpunkt der Referate bildete. Heller hatte in expliziter Anknüpfung an Otto Bauer und eher kulturhistorisch argumentierend, mißverständlich von der „Blutsverfestigung" und dem „Boden" als den beiden Naturgrundlagen der Schicksalsgemeinschaft einer Nation gesprochen. „Diese Blutsverfestigung", so führte er aus, „ist die Grundlage einer körperlichen Eigenart, die z. B. sehr deutlich den Engländer vom Franzosen unterscheidet"[20]. Aufgabe der Sozialisten müsse es sein, sich zu der nationalen Schicksalsgemeinschaft zu bekennen und die gerechte Beteiligung aller Schichten an dieser Kulturgemeinschaft der Nation zu fordern.

Solche Sätze provozierten Max Adler zu einer scharfen, teilweise nicht unverständlichen Kritik. Abstrakte Begriffe wie *die* Gesellschaft, *der* Staat oder *die* Nation lehnte er ab. Auch zur Klärung der nationalen Frage sei, so Adler, der Gebrauch exakter Begriffe unverzichtbar, um die Irrtümer Hermann Hellers zu vermeiden, der umstandslos und bar jeder klassenspezifischen Differenzierung von *den* Franzosen und *den* Engländern rede. Eine solche Gesamtheit des „Volkes" existiere nicht, sondern nur eine „Bevölkerung", in der ausschließlich ein Teil, der herrschende, zur Kulturgemeinschaft Zugang habe. Von einer wirklichen Nation könne man erst dann sprechen, wenn alle Mitglieder über dieselben Anteile an den Kulturwerten verfügen würden: Dies aber sei erst in einer solidarischen Gesellschaft möglich. Abermals unter dem großen Beifall der Mehrheit der Konferenz warf Adler denjenigen, die dem Proletariat im bürgerlichen Staat ein nationales Interesse aufreden wollten, mangelnde Treue gegenüber den sozialistischen Zielen vor.

Da war sie wieder, die Problematik des Linkssozialismus: Die Kritik an unsoziologischen Allgemeinbegriffen und Mystizismen erfolgte sicher zu Recht, aber das Diktum vom „bürgerlichen Staat" war nicht weniger abstrakt und undifferenziert. Als hätte nicht die Arbeiterschaft in einem demokratischen Kulturstaat ein wirkliches nationales Interesse am Erhalt seiner Freiheitsrechte, der sozialen Errungenschaften und der tradierten kulturellen Güter, ein Interesse, das sie mit anderen Schichten verbinden kann und im Konfliktfall gegen Staaten nicht-demokratischen Zuschnitts zu verteidigen hat; für Marx und Engels war dies eine Selbstverständlichkeit.

Gleichviel, der Verdacht des „Nationalismus" wog schwer, um so mehr als er gegenüber vielen Hofgeismarern lange Zeit zu Recht bestanden hatte. Auf den Nationalismusvorwurf baute auch die Angriffstrategie der Hannoveraner in der Aussprache auf, während sie mit der demokratisch-sozialistischen Staatstheorie Hellers regelrecht nicht umgehen konnten. Die linkssozialistischen Delegierten, die die jüngsten Entwicklungen und Differenzierungen im Lager ihrer Opponenten ganz offensichtlich ignoriert hatten, kamen nicht damit zurecht, daß der Hofgeismarkreis von 1925 nicht mehr der der Staatsapotheose der Jahre 1923/24 war, wie im übrigen auch die Debattenbeiträge besonders von Theodor Haubach, aber auch Heinrich Deist und selbst Franz Osterroth zeigten, die inhaltlich ganz ähnlich wie Heller, allerdings rhetorisch auch gleichermaßen ungeschickt argumentierten. Trotzdem: Als Rosendahl den Hofgeismarern in seinem Diskussionsbeitrag vorwarf, sie redeten „heute von weit ab liegenden abstrakten Staatsnotwendigkeiten"[21], bewies er damit lediglich, daß er seine Rede bereits vor der Konferenz im heimischen Schwelm gut präpariert hatte, auf wirkliche Äußerungen der Hofgeismarer während der Konferenz konnte er seine Behauptung indes nicht stützen. Fritz Lewy hatte das Unvermögen der Hannoveraner im nachhinein offen zugegeben: „Daß die Jenaer Diskussion leerlief, daß sämtliche Redner, die Referenten eingeschlossen, aneinander vorbeiredeten, dafür waren zwei Ursachen gegeben. Einmal kam den marxistischen Jungsozialisten die Wandlung Hofgeismars von Fichte zu Marx so überraschend, daß sie so rasch nicht eine Umstellung gemäß der neuen Kampffront vornehmen konnten. Sicher ist jedenfalls, daß uns in Jena nicht die „nationale Romantik" der Hofgeismar-Rundbriefe gegenüberstand, sondern ein Reformismus, der nicht ungeschickt mit marxistischen Elementen in revisionistischer Umdeutung verdeckt wurde."[22]

Die Schwächen der Hannoveraner sollten allerdings keine negativen Folgen haben. Die Entscheidung fiel in der nationalen Frage. Den Hofgeismarern hing der Makel nationaler Romantik an; die Idee der Nation aber galt von den wirklichen Verhältnissen der Weimarer Klassengesellschaft nun als hoffnungslos diskreditiert, von „nationaler Romantik" wollte die große Mehrheit der Jungsozialisten, die über den harten Kern der Linkssozialisten hinausging, nichts mehr wissen. Niemand hatte diese weitverbreitete Stimmung klarer erkannt und kühler berechnet als die Mitglieder des IJB, die das geradezu meisterhaft zu einem Mehrheitsvotum gegen den Hofgeismarkreis bündelten. Mit großem Geschick operierte allen voran Maria Hodann, die ganz bewußt, „die vielen unter uns" ansprach, „die noch nicht recht wissen, wohin sie sich zu wenden haben".[23] Um ihnen die Stellungnahme zu erleichtern, wie sie es mit vermeintlicher Bescheidenheit ausdrückte, wollte sie „einige kleine, vielleicht unwesentliche Symptome aufzeigen". Natürlich wußte Maria Hodann genau, daß diese kleinen Symptome, ganz gleich wie typisch sie waren, jedermann erregen und empören mußten. In Berlin beispielsweise, berichtete sie, hätten sich Hofgeismarer geweigert, „unser Lied", die „Internationale" mitzusingen. Wohin das alles führe, spitzte Hodann ihre Vorwürfe zu, könne man an der starken „Abneigung der Hofgeismarleute gegen die Juden" sehen.[24] Den konsequenten Schlußpunkt solcher Anschauungen des Hofgeismarkreises zeigte den Delegierten dann der Braunschweiger Jungbündler Otto Alpers auf: „Nationalismus" und „Verrat an der Arbeiterklasse".[25]

Solch schweres Geschütz verfehlte nicht seine Wirkung. Der Hannoveranerkreis suchte jedenfalls angesichts der ihm günstig erscheinenden Atmosphäre noch am ersten Tag die Entscheidung und brachte zur Empörung der Hofgeismarer eine von Ernst Rosendahl – unter Rückgriff auf seine vorab veröffentlichte Broschüre – geschriebene, von Fritz Lewy begründete Resolution zum Thema „Staat und Nation" ein.[26] Dieser recht frühe Frontalangriff und einige hyperradikale Formulierungen wie die, daß die Sozialdemokratie durch ihre ständigen Konzessionen an das Bürgertum ihren Charakter als selbständige proletarische Kampfpartei aufgegeben habe[27], hatten aber auch einige Jungsozialisten der „Mitte" verunsichert[28], so daß die Antragsteller die Resolution vorerst zurückzogen, eine erweiterte Antragskommission einsetzten, der nun auch die IJBler Maria Hodann und Willi Eichler und ein Jungsozialist der „Mitte", Franz Lepinski, angehörten, um am anderen Tag eine neue, etwas „gemäßigter" formulierte Fassung zu präsentieren:

> „Die Jungsozialisten als politische Jugend lehnen die nationale Romantik in jeder Form entschieden ab. Von der bloßen Betonung der republikanischen Staatsnotwendigkeiten mit den daraus entspringenden Konzessionen an das bürgerliche Denken befürchtet die Reichskonferenz eine Verwässerung des revolutionären proletarischen Klassenkampfes. Die heutige Demokratie stützt sich nur auf die Gleichwertigkeit des Stimmzettels, läßt jedoch die ökonomische Ungleichheit der Menschen bestehen, sie verschleiert also nur die Klassengegensätze. Die Reichskonferenz ist sich daher darüber klar, daß das sozialistische Proletariat dem bürgerlichen Klassenstaate gegenüber keine staatspolitische Verantwortung übernehmen darf, wenn dies dem Interesse des internationalen Klassenkampfes widerspricht."[29]

In dem einen zentralen Punkt drückte die Resolution die neuere Entwicklung der Jungsozialisten prägnant aus: Unter der „nationalen Romantik" der letzten Jahre wollten die Jungsozialisten – nochmals: nicht nur die linkssozialistisch orientierten – einen eindeutigen Schlußstrich ziehen. Insofern handelte es sich keineswegs um eine „durch geopolitische Momente" verursachte „Zufallsmehrheit" – wie Hofgeismarer noch Jahre später kolportierten[30] –, die sich mit 71 gegen 31 Stimmen[31] für die Annahme dieser vielleicht sonst wirklich recht „verworrenen" und „theoretisch dämmerigen Proklamation", als die sie Theodor Haubach in einem wütenden Zeitungsartikel bezeichnete[32], votierten.

Haubach selbst soll im übrigen durch einen unglücklich formulierten Nebensatz das Votum für die Hannoveraner-Entschließung unfreiwillig beschleunigt haben. In einer Replik auf Lewys Resolutionsbegründung höhnte Haubach, der zu diesem Zeitpunkt schon ziemlich entnervt war: „Die Feststellung, daß die heutige Demokratie sich nur auf die Gleichwertigkeit des Stimmzettels erstreckt, ist ebenfalls von jedem unterschrieben und so selbstverständlich, daß es jeder Straßenbahnschaffner auch sagen könnte."[33] Große Empörung herrschte darauf im Saal. Haubach, der Mann mit den Gesichtsnarben, die viele für Studentenschmisse hielten[34], hatte, so tuschelte und zischelte man in den Zuhörerreihen, zweifelsohne das Proletariat herabgesetzt: So waren sie eben, die Hofgeismarer. Drei Zeitzeugen der Jenaer Reichskonferenz, Franz Osterroth vom Hofgeismarkreis, Fritz Lewy von den Hannoveraner, Kurt Brenner von der „Mitte", Jungsozialisten, die nach Jena niemals mehr miteinander zu tun hatten, erinnern sich nach über einem halten Jahrhundert unisono, daß das „den Ausschlag gab".[35] Brenner: „Unmittelbar vor der Abstimmung traten wir, die Angehörigen der Mitte, zusammen und waren uns einig, daß Straßenbahnschaffner eine Beleidigung sei. Wir stimmten mit etwa 22 Delegierten für die Resolution von Hannover".[36]

Aber auch die Wahl des Redakteurs der „Jungsozialistischen Blätter" dokumentierte den Willen der Mehrheit zur innververbandlichen politischen Wende. Für die Hannoveraner Jusos schlug der fränkische Gauvorsitzende Reinhard Eisner, ein Sohn des ermordeten bayerischen Ministerpräsidenten Kurt Eisner, den Parteilinken und Pädagogen Georg Engelbert Graf vor, während sich die Hofgeismarer Jungsozialisten für den Vorsitzenden der SAJ, Max Westphal, der die Redaktion der „Blätter" seit 1924 provisorisch übernommen hatte, aussprachen. Allein die Kandidatur Westphals bewies, daß sich die Hofgeismarer selbst in der Defensive wähnten. Schließlich galt Westphal vielen Hofgeismarern mit jugendbewegter Vergangenheit eher als Typ des schon in jungen Jahren alt gewordenen Bürokraten denn als Vertreter der Jugendbewegung. Doch auch der Vorsitzende der „Arbeiterjugend" konnte die Linksentwicklung der Jungsozialisten nicht mehr aufhalten: Engelbert Graf erhielt 75 Stimmen, während sich Westphal mit 42 Stimmen bescheiden mußte.[37] Außer den Hofgeismarern zeigte sich allerdings noch ein anderer über die Wahl von Graf ausgesprochen mißvergnügt: Leonard Nelson. Nelson äußerte sich in einem Rundschreiben nach der Konferenz recht ungehalten über das Abstimmungsverhalten seiner Schüler, die doch sonst so gute Arbeit geleistet hatten: „Ich halte es für ein schweres Unglück, daß das unerwartet günstige Machtverhältnis nicht dazu benutzt wurde, – oder etwa nicht werden konnte?, – sich der Bindung an Graf als Redakteur der „Jungsozialistischen Blätter" zu entziehen".[38]

Die politischen und strategischen Grenzen des damaligen jungsozialistischen Linkssozialismus wurden indes schon auf der Konferenz drastisch sichtbar. Geradezu hilf- und ratlos reagierten die linken Jungsozialisten auf einen Antrag der Leipziger Jungsozialistengruppe, die zum Hofgeismarkreis gehörte. Gegen Absichten konservativer Teile des Bürgertums, die Wahlfähigkeit auf 25 Jahre hochzuschrauben, hatten sie folgende, durch zwei Zusatzanträge erweiterte Entschließung eingebracht:

„Die Ostern 1925 in Jena tagende Reichskonferenz der Jungsozialisten wendet sich entschieden gegen alle Bestrebungen, das Alter der Wahlfähigkeit von 20 auf 25 Jahre festzulegen. Sie wendet sich weiterhin dagegen, die Mitgliederzahl des Reichstages wesentlich herabzusetzen, weil dadurch die notwendige Verjüngung des Reichstages erschwert wird.

> Nicht durch politische Entrechtung, sondern nur durch politische Verantwortung kann die Jugend zur staatspolitischen Gesinnung erzogen werden.
>
> Die sozialistische Jugend fühlt sich dem deutschen Volke sittlich verpflichtet, am Aufbau und Ausbau der deutschen Republik zu einem sozialistischen Gemeinwesen gestaltend mitzuwirken."[39]

Gegen den Protest im ersten Absatz konnte niemand etwas haben, aber die Begründung, die die Leipziger dafür im zweiten und dritten Absatz ihrer Entschließung entworfen hatten, widersprach eklatant den bisherigen Voten der Reichskonferenz. Es hätte mithin nahegelegen, daß die Hannoveraner eine eigene linkssozialistische Alternativbegründung verfaßt und eingebracht hätte, aber zu einer Konzeptionalisierung einer demokratischen Politik im Diesseits der Republik waren sie schlechterdings nicht fähig. So kam es zu einem Abstimmungsverhalten, das den Spott sozialdemokratischer Tageszeitungskommentatoren hervorrief[40], das den Historiker aber immerhin in die Lage versetzt, den harten Kern des Linkssozialismus einigermaßen quantifizieren zu können. Der erste Absatz passierte einstimmig die Konferenz. Der zweite Absatz wurde knapp mit 47 zu 46 Stimmen abgelehnt, der letzte Absatz mit seiner Festlegung auf die sittliche Verpflichtung dem deutschen Volke gegenüber ging mit 69 zu 30 Stimmen durch.[41] Nur noch 30 Delegierte also fühlten sich, wie Willi Eichler in einer persönlichen Bemerkung zu Protokoll gab, ausschließlich dem internationalen Proletariat verantwortlich. Kurz: Die Zahl entschiedener Linkssozialisten umfaßte nicht mehr als 30 Delegierte, 17 weitere mag man mit Einschränkungen zum engeren Potential des Linkssozialismus zählen, die restlichen 24, die sich für die Annahme der Hannoveraner Resolution „Staat und Nation" ausgesprochen hatten, sind den Jungsozialisten der „Mitte" zuzurechnen. Um die mußte gerungen werden.

Es gibt keinen Grund zur Annahme, daß die Hannoveraner jene Delegierten nicht auch in dieser Frage hätten gewinnen können, wenn sie imstande gewesen wären, einen konkreten Alternativentwurf zum Leipziger Antrag vorzulegen. Aber wo sollten sie die Argumente dafür herholen? Nimmt man das „romantische Chaos voll nachgeredeter marxistischer Wörter"[42] ernst, so *durften* die Hannoveraner gar kein Interesse an Fragen einer demokratischen Reformpolitik oder auch nur an der Abwehr reaktionärer Angriffe auf die spezifischen Errungenschaften der Republik haben. Schließlich handelte es sich bei der Republik nach Auffassung von Rosendahl sowieso nur um die „unverhüllte Diktatur des Kapitalismus".[43] Lewy hatte die von ihm eingereichte Resolution in klassisch linksradikaler Manier damit begründet, daß man in der „heutigen Gesellschaft weder eine Verwirklichung noch einen Ansatz zu unseren Zielen" sehe. Daher lehne man „den gegenwärtigen Staat ab bis ins letzte".[44] So gesehen hätten sich die radikalen Linkssozialisten selbst um die Heraufsetzung des Wahlfähigkeitsalters und die Überalterung des Reichstages nicht zu scheren brauchen und konsequenterweise auch dem ersten Absatz der Leipziger Entschließung ihre Zustimmung verweigern müssen.

Solches Unvermögen zu einer demokratisch-sozialistischen Politik war nicht zuletzt das Resultat der theoretischen Überlegungen Max Adlers, mit dessen abstrakter Einteilung der politischen Systeme in „unsolidarische" und „solidarische" Gesellschaften eine differenzierte republikanische Strategie nicht anzuleiten war. Zum einen gerieten in seinem theoretischen Modell die wesentlichen qualitativen Unterschiede zwischen politischen Systemen „unsolidarischer" Gesellschaften aus dem Blickwinkel und eine politische Strategie, die sich mit der Losung der „Bekämpfung des Klassenstaates" begnügte, mußte steril und gestaltungsunfähig bleiben, so wie zum anderen Adlers chiliastisches Vertrauen auf die problemlose Harmonie solidarischer Gesellschaften mit vermeintlich freiwilliger Akzeptanz herrschaftsfreier Zwangsinstitute einem regelrechten Eskapismus aus der Komplexität bürgerlich-demokratischer Gesellschaften gleichkam.[45]

Gleichwohl: Die Linksentwicklung ging über den harten Kern von Adler-, Lukácz- und Nelson-Schülern hinaus, reichte weiter als der Stamm dreißig dezidierter Linkssozialisten. So gesehen war es noch nicht ausgemacht und keineswegs endgültig entschieden, ob der Jungsozialismus nicht doch einen fruchtbaren linkssozialdemokratischen Republikanismus hervorbringen könnte. Vielleicht von der Art, wie ihn Siegfried Marck als dialektische Zusammengehörigkeit von Reformismus und Radikalismus zu beschreiben versuchte oder nach Maßgabe eines an Otto Bauer orientierten Austromarxismus, wie ihn schließlich Otto Jenssen in seinen Halbjahreskursen auf Schloß Tinz mit nicht geringer Wirkung lehrte.[46] In Jena setzten sich die artikulationsfreudigen radikalen Linkssozialisten durch, sie erfüllten am besten das Bedürfnis nach einer entschiedenen Negierung der nationalistischen Eskapaden früherer Jahre. Als merkwürdige Pointe jungsozialistischer Geschichte mag man es aber doch ansehen, daß in dem Moment, als die Hofgeismarer sich mehrheitlich von der „nationalen Romantik" zu lösen anschickten, auf der anderen Seite ein nicht minder romantischer Linksradikalismus sich auszubreiten begann.

## VII. Lebensweisen im Umbruch

### 1. „Neue Sachlichkeit" in der sozialdemokratischen Jugend

*a) Generationswechsel und Generationskonflikt*

Der politische Wandel im Jungsozialismus war eng mit einem tiefgreifenden Generationswechsel und einem veränderten kulturellen Lebensgefühl in der Republik verknüpft. In den Jahren 1925/26 trat eine schon durch den äußeren Habitus unverkennbar neue Generation der sozialistischen Jugend in Erscheinung, die anders als die Generation, die um die Jahrhundertwende geboren wurde und bis zur Mitte der 20er Jahre den Funktionärskörper der SAJ und der Jungsozialisten dominierte, bestenfalls Kindheitserlebnisse an den Krieg und die unmittelbare Nachkriegszeit besaß. Das Fronterlebnis, die Schrecken des Völkermordes, die Wirren und Nöte der Revolutionszeit, Faktoren, die die politisch-psychischen Dispositionen der frühen Weimarer Jugendbewegung für einen ethisch-moralisch geläuterten Sozialismus als lebensreformerisches Experimentierfeld in Wald und Wiese wesentlich mitverursacht hatten, waren als kollektives Vergewisserungsmoment einer gemeinsamen lebensgeschichtlich prägenden Vergangenheit nur noch bei einer kleinen Schicht der Jugendfunktionäre anzutreffen, die allerdings bei den Jungsozialisten auch weiterhin eine bedeutende Rolle spielte. Die neue Generation der zwischen 1905 und 1912 geborenen Arbeiterjugendlichen, die nun mehr und mehr in die Juso-Gruppen hineindrangen, hatte gänzlich andere Erfahrungen und entsprechend veränderte Vorstellungen über die Formen gemeinschaftlichen Wirkens. Sie waren die Kinder der Republik, denen der von den älteren Sozialdemokraten stets beschworene Vergleich mit den reaktionären Verhältnissen des kaiserlichen Deutschland fehlte. Ihr primärer Bezug für die Zusammensetzung politsicher Deutungsmuster und Orientierungsmaßstäbe war die Gegenwart, wie sie sie erfuhren und täglich wahrnahmen: als schroffe und scheinbar stabilisierte Klassengesellschaft mit einem politisch herrschenden Bürgerblock, einer Justiz, die „im Kriegszustand" (G. Radbruch) mit dem Volk lebte, einem Schul- und Bildungswesen, das Entfaltungsmöglichkeiten und sozialen Aufstieg für Arbeiterkinder kaum bot und einer Sozialdemokratie, die in Opposition zu alledem stand. „Die Republik, das ist nicht viel, Sozialismus heißt das Ziel" — das klang plausibel, und es wurde das Motto dieser Generation. „Klasse" und „Kampf", das entsprach der Wirklichkeit, „Volk" und „Gemeinschaft", das waren Hirngespinste. So etwa dachte diese Jugend der „neuen Sachlichkeit", der im aufnahmefähigen Alter für die interessierte Rezeption politischer Fragen und Probleme der nur schwer durchschaubare Wirbel politischer und gesellschaftlicher Brüche mit der Begleitmusik irrationaler Massenstimmungen erspart geblieben war, so daß bei ihnen ein grübelnder Existentialismus nicht aufkommen wollte. Die „nationale Idee", die die Hofgeismarer Jungsozialisten noch so faszinierte, ließ sie gleichgültig; den antiautoritären Individualismus aus jugendbewegter Zeit lehnten sie ab.

Dies war ein Generationswechsel, wie man ihn in der modernen Geschichte häufig hat erleben können: Ausdrucksformen und Zielsetzungen, die noch Jahre zuvor von einer rebellischen Jugend als Protest gegen verknöcherte Strukturen und erstarrte Gewohnheiten herausgebildet wurden, traten der nachfolgenden Generation nun ihrerseits als eine Konvention entgegen, als eine drückende Tradition, die kontrovers zu den eigenen neuen Lebensgefühlen stand, gleichsam als ein Set konservativ gewordener Verhaltensnormen und Attitüden, die den Widerspruch der Nachwachsenden hervorrufen mußten. Mitte der 20er Jahre ging es nicht so sehr um die vielzitierte Spannung zwischen „Jung" und „Alt", sondern um den lebensweltlichen Gegensatz zwischen den „Front-" und „Nachkriegsjugendlichen" *innerhalb* der jungen Generation.[1] Diejenigen, die zwischen 1905 und 1912 geboren wurden, rieben sich mehr an ihren älteren Geschwistern als an ihren Vätern. Der Spott galt den langmähnigen Naturaposteln in den bunten Kitteln und Sackkleidern, man mokierte sich über die ewig jugendbewegten „Latscher", man verlachte die weltfremden Scholaren des „Weimargeistes", diese „alten verspießerten Leute"[2], die man los werden wollte aus den Jugendorganisationen, um sich und der eigenen Art Platz zu verschaffen. Man war des Problematisierens überdrüssig, fand keinen Geschmack mehr am Sich-und-alles-in-Frage-stellen der Lebensreformer; die neuen Kohorten der Weimarer Jugendbewegung verlangten nach Taten und Leistungen.

Solche Äußerungen und Empfindungen beschränkten sich abermals nicht auf die Jugendbewegung eines spezifischen Milieus einer Klasse, sondern erstreckten sich rasch auf sämtliche sonst konfessionell, politisch und kulturell separate Jugend-*organisationen*. Überall reagierten auch die Träger der abgelaufenen Lebensreformära gleichermaßen irritiert und bestürzt über den neoautoritären Wunsch der Jungen nach mehr Disziplin, Straffheit, Ordnung, Bindung und fester Führung. Verständnislos stand die „Hans-Sachs-Generation" der plötzlichen Begeisterung für sportliche Wettbewerbe, technische Modernität und großstädtische Lebensformen besonders in der *nicht*-weltanschaulich gebundenen und organisierten Jugend gegenüber, die in den entscheidenden Jahren ihrer Sozialisation den Siegeszug des Rundfunks, den Amerikaflug des Zeppelins und den Massenenthusiasmus für die Erfolge sportlicher Champions miterlebt hatte. An Schulen hatte es der jugendbewegte Lehrer, der es doch gut meinte mit den Schülern, nicht leicht mit den meisten seiner Zöglinge, da es ihm schwer fiel, einen Chevrolet von einem Opel schon am Motorengeräusch zu erkennen; das aber war das mindeste, was der durchschnittliche Jugendliche von einem tüchtigen Pädagogen nun erwartete. Diese klagten jammernd über die Anspruchslosigkeit und Primitivität der „unjugendlichen" Jugend.[3]

Nun gehört zwar das Lamentieren älter gewordener Jugendbewegter über mangelnde kulturelle Tiefe und Geistlosigkeiten der nachwachsenden Jugend offenbar zur konstanten Rhythmik solcher Generationsfolgen und ist demzufolge häufig nicht allzu ernst zu nehmen, aber manche Besorgnisse bestanden zweifelsohne zu Recht. Sicher, die neue Jugend sagte sich vom romantischen Naturmythos los und in der Hinwendung und Bejahung der Großstadt mag, für proletarische Jugendliche zumal, ein angemessener Realismus gesteckt haben. Ob man diesen Prozeß aber umstandslos und positiv als „Politisierung" bezeichnen kann, wie es häufig geschieht, muß doch bezweifelt werden. Die in allen Jugendverbänden um sich greifende Neigung, sich in uniformierte Kleidungsstücke, die alle einander irgendwie ähnelten und doch durch unterschiedliche Farben und einem Gehänge von Plaketten Abgrenzung und Feindseligkeit symbolisieren sollten, zu hüllen, legte mehr offen als eine nur förmliche Äußerlichkeit. Früher konnte man einen Quickborner allein von der äußeren Aufmachung nicht von einem Freideutschen, Wehrtempler, Jungsozialisten oder Neuwerkler unterscheiden; auch sonst: Man redete und stritt miteinander und sang das gleiche Lied: „Wann wir schreiten Seit an Seit". Das alles hatte für Arbeiterjugendliche auch negative Folgen, aber nun schuf sich jede politisch-kulturell-religiöse Jugendorganisation eine eigene Truppe, einen eigenen Kampfverband mit besonderen Symbolen, Grußformeln, Schwüren und Zeremoniellen, die alle das eine ausdrücken sollten: Mit den anderen wollte niemand mehr etwas zu tun haben, selbst aber verfügte man über die einzig richtige Weltanschauung. Ein Schwarz-weiß-denken kam auf, das Bedürfnis nach Patentlösungen, der Hang zur greifbaren Formel, an die man sich halten konnte. Überhaupt ersetzte „Haltung" oftmals den komplizierten Diskurs. Rekrutenmentalitäten, Gefolgschaftswillen, Befehlstreue gegenüber den Anordnungen des Gruppenführers traten, besonders dort, wo eine vertiefte ideell-kulturelle Bildung fehlte, an die Stelle tagelang wogender Meinungskämpfe.

Vor allem für die Führung der SAJ bedeuteten solche Mentalitäten eine ernste Herausforderung, und zweifelsohne hat sie besonders autoritäre Auswüchse durch die energische Betonung des erzieherisch-kulturellen Auftrags zu selbstverantwortlichen Praxisformen und eines demokratisch zu gestaltenden Sozialismus zu brechen versucht. Verglichen mit den Binnenstrukturen des kommunistischen Jugendverbandes, Teilen der bündnischen Jugend und der rechtsradikalen Landsknechtsformationen stand die SAJ in der Tat wie eine Oase rational-demokratischer und – ähnlich wie die katholischen Jugendgruppen – kulturell-bildsamer Jugenderziehung dar; ein Verdienst übrigens besonders Erich Ollenhauers, auch wenn dies jüngst durch seine Biographin mit Häme desavouiert wurde.[4]

Für die Jungsozialisten stellte sich das Problem insofern nur in abgeschwächter Form, als zu ihnen, von denen man wußte, daß sie die theoretische Debatte und den literarischen Abend pflegten, sowieso nur diejenigen älteren SAJler kamen, die an intellektueller Fortbildung interessiert waren. Dennoch änderte sich das Gesicht des Jungsozialismus außerordentlich; schon Jena hatte das gezeigt. *Hofgeismar* und *Hannover* waren noch Geschöpfe besonders der ersten Generation im Jungsozialismus; den Erfolg der Hannoveraner aber führten die nachwachsenden Jungsozialisten herbei[5], die, noch unsicher im Auftreten und daher ohne eindrucksvolle Redebeiträge, den Hannoveranern Recht gaben, weil diese gegen „Romantik" polemisierten, mit der bloßen Staatsform nicht viel im Sinn hatten und die Fahne des Klassenkampfs hochhielten. Mit ihnen, den Hannoveranern, kam die neue Generation im Jungsozialismus gut zurecht; man akzeptierte sie als solche, die mit den Werken von Marx, Sternberg, Adler und Lenin vertraut waren und von denen man folglich eine Menge lernen konnte. In Städten wie Hannover und Breslau blieben die Wiecherts, Krummschmidts, Ludwigs und Lewys bis zum Schluß – nun schon über 30 Jahre alt – anerkannte und richtungsweisende Referenten bei den sozialistischen Jugendlichen. In Bochum und Hamburg, den Hochburgen der Hofgeismarer, wollten 1926 die älteren SAJler hingegen von den Jungsozialisten der nationalen Orientierung nichts, aber auch gar nichts wissen[6]: Auch das hat zum Scheitern des Hofgeismarkreises beigetragen – überdies ein Beleg dafür, daß die Dimension des Politischen die Bedeutung des Generationskonflikts begrenzen oder verschärfen kann. Der Jungsozialismus war seit 1926 ein personelles Gemisch von linkssozialistischen Lebensreformern, die bis zur Auflösung der Bewegung die wichtigsten Artikel schrieben, meinungsbildende Begriffe prägten und entscheidende Reden hielten und der nachkommenden Generation der „neuen Sachlichkeit", die statt des Grübelns, Problematisierens und der geistigen Gärung früherer Zeiten der soliden klassenkämpferischen *Schulung* den Vorzug gab, anstelle des vormals verbreiteten Pazifismus für den Gedanken der proletarischen Wehrhaftigkeit focht und die die Kultur von der Waldwiese auf die Bühne der Stadt als ein Medium der Agitation im Dienste der Klasse zu verlegen wünschte.

### b) Zwischen Russenfilmen und roter Revue: Kultur im Wandel

In gewisser Weise war die sozialistische Kultur, die die Jungsozialisten seit 1925/26 zu schaffen beabsichtigten, in Abgrenzung zur frühen Phase ein Stück *urbanisierter Lebensreform im* Milieu der jungen sozialdemokratischen Arbeiterschaft.[7] *Im* Milieu der Sozialdemokratie deshalb, weil man nun das neue kulturelle Werden nicht mehr außerhalb der organisierten Bewegung ansiedelte, sondern darum bemüht war, die Kulturbewegung als eine fest integrierte *dritte Säule* der Arbeiterbewegung zu errichten, um den politischen und gewerkschaftlichen Kampf durch die Dimension der Kultur als zusätzlichen Faktor und eigentliches *Ziel* der proletarischen Emanzipationsbewegung zu ergänzen. Die Betonung auf die *junge* Arbeiterschaft scheint deshalb notwendig, weil es in der Generation der Älteren weiterhin noch Unverständnis, Distanz oder bestenfalls schulterklopfende Gutmütigkeit, aber kaum aktive Teilhabe zumindest an den fortgeschrittensten Versuchen der Jüngeren gegeben hat. Mit der Charakterisierung *„urbane Lebensreform"* soll ausgedrückt werden, daß in der Tat nicht der Auszug aus der Stadt, sondern die Umbildung städtischer Strukturen mit Mitteln der Moderne angestrebt wurde, was natürlich auch hieß, daß sich solche Aktivitäten polemisch zu den herausgebildeten und bestehenden Lebensformen der städtischen Bevölkerung verhielten – polemisch besonders auch und gerade zu den Lebensformen der großen Masse nicht-organisierter Arbeiter.

Von den lebensreformerischen Geboten früherer Jahre blieb weiterhin die Ablehnung von gesundheitsschädlichen Genußmitteln gültig. Jedenfalls galt das für die private Lebensführung der meisten, während einige wenige den Genuß einer Zigarette nun nicht mehr absolut verschmähten. Inzwischen wurde aus auch nicht mehr als schwerwiegendes Delikt wider die ehernen Prinzipien sozialistischer Lebensgestaltung bewertet und mit dem Rausschmiß geahndet; denn die Jungsozialisten, nun gut marxistisch argumentierend, hielten es jetzt für Kleinbürgerei, aus der Frage des Rauchens viel Wesen zu machen. Den Grad der Ablehnung maß man nun mit der Einheit der *„sozialen* Schädlichkeit", und die war unzweifelhaft weniger beim Rauchen als beim Konsum des Alkohols gegeben. Der Kampf gegen den Alkohol mußte mithin aus Gründen des Klassenkampfs in aller Schärfe erfolgen; man hielt sich an das Motto der Wiener Sozialdemokraten: „Der trinkende Arbeiter denkt nicht. Der denkende Arbeiter trinkt nicht."

Des weiteren verbot sich für die Jungsozialisten, die Muße der Freizeit mit der Lektüre von Büchern der seichten Sorte zu füllen. „Schundliteratur", wie die Kriminalromane von Edgar Wallace, die Wildwestschmöker von Karl May, die rührseligen Liebesschnulzen der Hedwig Courths-Mahler, von pornographischen Machwerken und den Nic-Carter-Heften nicht zu reden, hatten im Bücherregal eines Jungsozialisten nichts zu suchen. Dort konnte man neben Sternbergs „Imperialismus", Adlers „Politische oder soziale Demokratie", Lukácz' „Geschichte und Klassenbewußtsein" und Marxens „Kapital" vorwiegend die Romane von Jack London finden. Wer an den Abenden oder Sonntagen die dröge Lektüre über den Fetischcharakter der Ware leid war, der konnte sich mit Jack London für einige Stunden in eine sozial-utopische Welt rauher Kämpfe und Abenteuer in fremden Ländern und Erdteilen begeben: „Der Seewolf", „Die eiserne Ferse", „Martin Eden", „Menschen des Abgrunds", „König Alkohol" waren Romane, die von den Jungsozialisten jener Jahre regelrecht verschlungen wurden. Ähnlicher Beliebtheit erfreuten sich Martin Anderson Nexös „Pelle der Eroberer", Upton Sinclairs „Der Sumpf", „Petroleum", „Boston" und „Jimmy Higgins", Sinclair Lewis „Die Hauptstraße" und „Babbit" sowie John Reeds „10 Tage, die die Welt erschütterten". Hingegen nahmen die Bücher Hermann Löns' und Josephs von Eichendorff, die man in den frühen 20er Jahren mit hinaus in die Natur trug und unter Bäumen in verträumter Stimmung zu lesen pflegte, in den jungsozialistischen Bücherschränken langsam Staub an. Auch auf literarischem Gebiet waren die Romantiker in der neuen Generation der sozialistischen Jugend nicht gefragt.

Ähnliche Gesichtspunkte wie bei der Einstellung zur „Schundliteratur" bestimmten auch die jungsozialistische Haltung zum Film. Man lehnte ihn nicht mehr grundsätzlich ab, klagte aber besonders beim neuen Tonfilm über „einen Überfluß von süßen Mädels und gelernten Liebhabern mit quäkigen Stimmen, die den Kitschfilm noch unerträglicher machen".[8] Den Aufführungen der Lichtspieltheater blieb man folglich in aller Regel fern, und statt dessen startete man eigene Initiativen, um an Sonntagen Matineen mit „guten" Filmen anbieten zu können. Dazu zählten neben Filmen wie „Lichter der Großstadt" und „Goldrausch" mit Charles Chaplin in erster Linie die sogenannten Russenfilme: „Panzerkreuzer Potemkin", „Sturm über Asien", „Die Mutter", „Der Weg ins Leben" und – wie schon bei den Büchern – „Zehn Tage, die die Welt erschütterten".

Sowjet-Rußland war zweifellos für einen großen Teil der Jungsozialisten seit Mitte der 20er Jahre sowohl in politischer als auch kultureller Hinsicht ein wesentlicher Hoffnungsträger für die Zukunft einer neuen Gesellschaft. Das „Wann wir schreiten Seit an Seit", noch 1924 Hymne nahezu aller Organisationen der deutschen Jugendbewegung, war jäh verstummt. Neben den klassischen Liedern der sozialistischen Arbeiterbewegung, der „Internationale" und „Brüder, zur Sonne, zur Freiheit", erklang jetzt bei Veranstaltungen und Demonstrationen der sozialistischen Jugend das Lied der „roten Flieger": „Und höher und höher – wir steigen trotz Haß und Hohn; ein jeder Propeller singt surrend: Wir schützen die Sowjetunion".

Nicht weniger häufig stimmten die jungen Sozialisten ein Antikriegslied an, mit dessen Gesang sie der herrschenden Klasse frühzeitig jede Bereitschaft zum vaterlandsverteidigenden Burgfrieden aufkündigten:

> „Nie, nie wollen wir Waffen tragen,
> nie, nie wollen wir wieder Krieg
> Laßt die großen Herren sich alleine schlagen,
> wir machen einfach nicht mehr mit."

Wie für das Lied „Wann wir schreiten..." war auch für den Volkstanz die große Zeit abgelaufen.[9] Mit mittelalterlichen Reigen mochte sich die Jugend der „neuen Sachlichkeit" nicht anfreunden. Auf der Suche nach Ersatz für das Bedürfnis nach spannungslösender körperlicher Rhythmik kamen die Jungsozialisten in die Bredouille; denn auch sozialistisch orientierte Jugendliche hatten sich von der allgemeinen Begeisterung für den Sport auf der einen und dem Jazz- und Schlagertanz auf der anderen Seite affizieren lassen. Das warf Probleme auf; denn individualistische Rekorde, kollektivschädigende Wettbewerbe und bürgerlicher Starrummel mußten aus Gründen einer sozialistischen Ethik entschieden zurückgewiesen werden.[10] Das „Paartanz-Gehopse" nach dem Refrain von „O Donna Klara" oder „Ich küsse Ihre Hand, Madam" in schummrigen Tanzdielen galt als Anfang vom Ende einer sozialistischen Kultur, als der Beginn einer dann nicht mehr aufzuhaltenden Verbürgerlichung der Bewegung.[11] Die jungsozialistische Alternative zum „Foxtrott" und der „Sportfexerei" lautete rhythmische Gymnastik und Ausdruckstanz. Mary Wigman und Harald Kreutzberg, vielleicht die bedeutendsten Vertreter des Ausdruckstanzes, kamen häufig als Gäste und Lehrer zur sozialistischen Jugend und gaben dort Proben des künstlerischen Tanzes. Aufmerksame Schüler unter den Jungsozialisten fand auch Otto Zimmermann, Leiter der Abteilung für Sprech- und Bewegungschor an der Bundesschule des Arbeiter-Turn- und Sportbundes und ein außerordentlich befähigter Tänzer, Sänger und Rezitator. Es kam dabei zur Reform der Reformkleidung: Statt der bunten Folkloregewänder der Volkstänzära versuchten die Jungsozialisten nun die Ausdruckskraft der gymnastischen Bewegungen durch das Tragen nur von Sporthemd und Sporthose oder, besser noch, allein durch den nackten Menschenleib, der ohne „kapitalistischen Behang" bleiben sollte, noch stärker zur Geltung zu bringen. „Und der tanzende nackte Körper", lehrte Otto Zimmermann, „wird Träger sein einer entfesselten Seele."[12]

Als Forum zur Darstellung der entfesselten Seele dienten die jungproletarischen Feste und Feiern, genauer: der Sprechbewegungschor, der seit Mitte des Jahrzehnts zum entscheidenden Medium „proletarischer Bühnenkunst" wurde. Mit dem Bewegungschor, dem gymnastischen Ausdruckstanz sollte proletarisches Leben in seiner Unruhe, Dynamik und Wechselhaftigkeit symbolisiert werden: als Anspringen, Zurückdrängen, Aufbäumen, Niederducken, Vorstoß, Abwehr, Ausweichen, Angriff und — im erwarteten Finale — als (End-)Kampf und Niederringen, sollte eine Dialektik von individueller und gleichzeitig einheitlicher kämpferischer Bewegtheit, von bacchantischer Freude und gleichzeitig marschmäßiger Diszipliniertheit ausgedrückt werden. Solche Symbolik spiegelte den neuen Charakter jungsozialistischer Fest- und Feiergestaltung wider, die sich von den Hans-Sachs-Stücken und den „Jugendspielen" der früheren Jahre verabschiedet hatte. Das ungestalten Romantische war zurückgetreten; das trotzig klassenkämpferische Kollektiv betrat nun — im wahrsten Sinne des Wortes — die Bühne, erfüllt von einem Ethos wuchtiger Kampfentschlossenheit.

Die Versuche zur Umgestaltung der sozialdemokratischen Fest- und Feierkultur gehörte zu den wichtigsten Anliegen jung-sozialistischen Erneuerungsstrebens. Man knüpfte hier insoweit an die Grundstimmung der frühen Jugendbewegung nach dem Ersten Weltkrieg an, als es seit dieser Zeit zum festen Selbstverständnis des sozialdemokratischen Nachwuchses gehörte, daß neben den Faktoren der „Rationalität" und der „Erkenntnis" auch der Hunger nach „Empfinden", die seelische Harmonie und Befriedigung, das gefühlsmäßige Aufrütteln beträchtlichen Einfluß auf die politische Kampfbereitschaft, die Begeisterungsfähigkeit und die Glaubensstärke der Massen haben und insoweit berücksichtigt werden müßten, als sie, wie Otto Jenssen mahnte, „am Gängelband des Verstandes" bleiben und sich nicht zu unklaren Schwärmereien oder roten Spießermentalitäten verselbständigen würden.[13] Die neue Generation im Jungsozialismus konnte allerdings ihr Lebensgefühl weder in den Stücken aus der Nürnberger Schusterwerkstatt des 16. Jahrhunderts wiederfinden, noch hatte sie Sympathien für das, was sie verächtlich den „Plüschsofasozialismus" der älteren sozialistischen Generation nannte. „Plüschsofasozialismus", das war in den Augen der jungen Sozialisten die routinemäßige Abwicklung der durchschnittlichen Parteifeste: langweilige Festrede, Ehrung, einige Chorlieder, bei „deren Absingen die Regie immer versagte"[14] und anschließend Tanz bis 1 Uhr. Als schlimmer noch empfanden die Jungsozialisten allerdings die seit den 20er Jahren von einigen Ortsvereinen in der Karnevalszeit veranstalteten Kappen- und Kostümfeste und Maskeraden; diesem „bürgerlichen Vergnügungskitsch" und „Klimbim" mußte erst recht der Kampf angesagt werden.[15]

Als schärfste Waffe im Kampf gegen die Verbürgerlichung und als erstmalig authentischer Ausdruck proletarischen Kulturwillens galt der „Sprechchor", der von nun an im Mittelpunkt großer Feste und Feiern der sozialistischen Jugend stand. Mit dem Sprechchor meinten die jungen Sozialisten endlich *die* Kunstform des Proletariats und mithin *die* Alternative auch zum bürgerlichen Theater, das schließlich immer noch prägend für den offiziellen Kulturbetrieb der sozialdemokratischen Volksbühnenbewegung war, gefunden zu haben. Denn selbst in den fortschrittlichen Stücken der bürgerlichen Dramen dienten, so die Argumentation der Jungsozialisten, die Volksmassen nur als Attrappen. Zudem würden die Zuschauer im herkömmlichen Theater in der Rolle passiver Konsumenten verharren. Eine proletarische Kunst aber müsse aktivistische Kunst sein, die die Zuhörer aus der Lethargie reiße und die Arbeiterklasse gemäß ihrer Rolle im sozialen Emanzipationsprozeß zum selbstbewußten Gestalter und Produzenten des eigenständigen künstlerischen Ausdrucks erziehe. An Fragen der Formreinheit waren die jungen Sozialisten zum Entsetzen mancher älterer sozialdemokratischer Kulturfunktionäre nur mäßig interessiert; ihnen ging es um eine aktivistische Gesinnungskunst, die als Instrument der Arbeiterklasse das Streben, die Gefühlsart und den Kampfeswillen der Klasse pathetisch dokumentieren und agitatorisch-propagandistisch zur Wirkung bringen sollte. Die Sprechchoraufführungen wurden bei größeren Fest- und Feieranlässen zumeist auf der Bühne unter nächtlichem Himmel mit der mystischen Ambiente von lodernden Fackeln, Feuer, Trompetenmusik und wehenden Fahnen in Szene gesetzt. In dieser Atmosphäre der kultischen Handlung, die ohne Zweifel für die Beteiligten damals stets ein packendes Erlebnis darstellte, klagte der Chor Hunderter von Arbeiterjugendlichen zumeist die Zustände der kapitalistischen Gesellschaft an, um im Finale der Rezitation die revolutionäre Erhebung der Arbeiterklasse und den Aufbruch in die „neue Zeit" postulativ mit siegesgewisser Hoffnung zu beschwören. Tatsächlich verkörperte der Sprechchor ein wuchtiges Symbol „proletarischen Zusammenlebens", das insofern die soziale Realität adäquat reflektierte, als auch gesellschaftlich die *einzelne* Stimme ungehört bleiben mußte und erst durch die kollektive Zusammenfassung der vormals individualisierten Stimmen die Chance auf Wirksamkeit bestehen konnte.[16]

Charakter und Stellenwert dieser groß angelegten Feste und Feiern für Politik,

Agitation und Ausstrahlungskraft der sozialistischen Bewegung sind zwiespältig zu bewerten. Für viele politisch aktive Funktionäre bedeuteten die transzendentalen Revolutionsverheißungen dieser pathetischen Deklamationen sicher ein Quell der Zuversicht: Sie belebten den Kampfgeist, spornten an und stärkten zweifelsohne das Zusammengehörigkeitsgefühl der aktiv daran Beteiligten, während für die große Zahl der von der Arbeiterbewegung nicht erreichten Arbeiterjugendlichen die monumentale Übersteigerung mystischer Kultformen wohl nur wenig anziehend war. Für einige junge Sozialisten, so hat man zudem den Eindruck, bot die Kultivierung der Feste ein willkommenes Refugium vor der Unbill und Weltlichkeit der politischen Tagesarbeit. Überhaupt: zwischen der Sakralität des Festes und der säkularisierten Alltagspolitik bestand wenig Vermittelndes. Der Sonntag war für das Gefühl, am Montag aber begann wieder das Praktische – so mochten jedenfalls die sozialdemokratischen Funktionäre der älteren Generation gedacht haben, die zwar den jungen Sozialisten gutmütig bescheinigten, sich mit der Festgestaltung viel Mühe gegeben zu haben, selbst jedoch an den Sprechchören nicht mitwirkten, die dadurch, wie häufig geklagt wurde, in ihrer Entwicklungsfähigkeit gehemmt waren, da die Erwachsenenstimmen fehlten.[17] Ein gutes Fest, so hatte Siegfried Marck einmal ausgeführt, „beweist sein Lebensrecht durch seine Verknüpfung mit dem Alltag: also mit dem Vorabende und mit dem nächsten Morgen".[18] Zumindest mit dem Alltag des realen politischen und gewerkschaftlichen Reformismus der sozialistischen Arbeiterbewegung waren die großangelegten Sprechchoraufführungen nicht verknüpft; da, wo der Reformismus im Grunde darum bemüht war, die Dunkelheit des Kapitalismus ein wenig zu erhellen, das Licht des Sozialismus in der schon nicht mehr ganz und gar bürgerlichen Gegenwart ein wenig leuchten zu lassen, projizierte die jungproletarische Bühnenkunst noch das traditionelle Schwarz-weiß: zunächst „dunkle Nacht/dumpfer Fron/müde Qual" und schließlich und zu guter Letzt das erlösende „junger Morgen/ein heller Tag/die neue Zeit". Das war gewissermaßen das proletarische Happy-End, wie ein junger Sozialist selbstkritisch den ritualisierten Schlußakt solcher Feiern kommentierte.[19] Aber wahrscheinlich gilt auch in diesem Zusammenhang das, was bereits für die chiliastischen Elemente in den theoretischen Beiträgen für die politische Strategiebildung ausgeführt worden ist: Selbst eine mehrheitlich reformistische Bewegung braucht – zumal wenn sie Rückschläge hinnehmen muß, nicht so recht vorankommt, weiterhin unter dem Druck gesellschaftlicher Ächtung leidet – den Wärmestrom der Utopie.

Die Jungsozialisten selbst waren schon mangels Masse zu *eigenständigen* Aufführungen solch groß angelegter Feierstunden und Sprechbewegungschöre nicht in der Lage; in der Regel nahmen sie, häufig auch regie- und federführend, an entsprechenden Projekten der SAJ und der jungen Arbeiterturner teil. Solche monumentalen Festveranstaltungen, zumeist am 1. Mai, an Sonnenwendtagen oder aus Anlaß von Jugendweihen aufgeführt, mußten viele Wochen oder gar Monate vorher mit großem Aufwand geübt und vorbereitet werden, wollte man verhindern, daß es zu größeren Pannen und Dissonanzen in der Stimmführung käme.[20] Eine originäre Juso-Feier wirkte dagegen bescheidener, mehr im eigenen Rahmen bleibend, aber auch subtiler als die manchmal etwas ungeschliffene Wucht der Massenchorwerke. Die Jungsozialisten feierten, auf ihre Art, „roten Karneval", begrüßten mit einer Silvesterrevue das neue Jahr, gedachten Sacco und Vancetti, organisierten – sehr zum Unwillen der Partei – eigene „rote Verfassungsfeiern", zelebrierten Rußland- und Revolutionsfeiern und veranstalteten ganz besonders die höchst umstrittenen L/L, später L/L/L-

Feiern (übersetzt: Liebknecht/Luxemburg/Lenin-Feiern). Der frühere Dresdener Jungsozialist Arno Behrisch erinnert sich noch recht gut an die Beweggründe für die festliche Andacht zu Ehren der drei Kommunisten:

> „Grenzenlose Bewunderung für die russische Revolution und auch die deutschen Revolutionäre und bodenlose Verachtung für Ebert-Noske & Co. (...) Für uns waren bei den Analysen des Krieges und der Nachkriegszeit Rosa Luxemburg und Karl Liebknecht zu Säulenheiligen avanciert. Mehr noch als mit dem Verstand hatten wir sie mit dem Herzen umfaßt: sie hatten die Ideale hochgehalten, sie hatten nicht nur geredet, sondern gehandelt, sie ragten aus dem Sumpf des Opportunismus wie Leuchtfeuer hervor, sie hatten das Beispiel gegeben! Und so sangen wir: ‚Dem Karl Liebknecht haben wir's geschworen, der Rosa Luxemburg ihr Blut nach Rache schreit!'"[21]

Eine durchschnittliche L/L-Feier kann man sich etwa so vorstellen: Den Beginn setzte ein kleiner Gesangschor oder die Musik einer Revolutionshymne, auf der Orgel gespielt. Danach rezitierte ein Jungsozialist aus Ernst Tollers Gedicht „Dem Gedächtnis der erschossenen Kameraden". Hatte man gymnastisch begabte Mitglieder, dann versuchten diese vielleicht, das gleiche Motiv als „Totenklage" tänzerisch darzustellen. In aller Regel folgte dann der Vortrag eines Referenten über das revolutionäre Leben und den grausamen Tod von Luxemburg und Liebknecht, über das „Versagen" oder „konterrevolutionäre Treiben" der mehrheitssozialdemokratischen Parteiführung damals. Nach dem Referat sahen sich die jungsozialistischen Festteilnehmer häufig noch Lichtbilder oder, falls vorhanden, einen Film über die Geschehnisse der Jahre 1918/19 an. Zumeist setzte danach erneut ein Rezitator ein, der zum Schluß sein Gedicht mit dem Gesang der „Internationale" ausklingen ließ. Die restlichen Teilnehmer stimmten in die Rezitation und den Gesang ein; so sollte die Schranke zwischen Bühne und Zuhörerschaft, zwischen Darstellern und Publikum aufgelöst werden.

Auch die „roten Silvesterfeiern", die man alljährlich zum Abschluß des Jahres beging, waren ganz typisch für die jungsozialistische Bewegung der Weimarer Republik. Die Jusos weideten sich in einer gewissen Weise daran, daß sie ihr Silvester anders als die „geistig verflachten" Bürger feierten, daß sie im Unterschied zum alkoholisierten „Spießertum" nicht bewußtlos in das neue Jahr „torkelten".[22] Den Abschluß dieser Feiern bildete regelmäßig die Demonstration kurz vor Mitternacht, bei der die Jusos es ziemlich genossen, daß die angetrunkenen Passanten auf der Straße und vor den Lokalen verblüfft auf die kleine Schar fahnenschwingender, klassenkämpferische Losungen deklamierender Sozialisten blickten, die da noch am Silvesterabend von der Politik nicht lassen konnte. Die Feier selbst war mit Liedern, Rezitationen, Balladen und Gedichten gefüllt; ein Referent analysierte und bewertete, häufig mit Hilfe von Lichtbildern, die politischen Ereignisse des abgelaufenen Jahres; auf einer Wandzeitung fertigte man eine Jahresbilanz der Aktivitäten in der lokalen Juso-Gruppe an. Im Zentrum nicht nur dieser Feiern aber stand das „rote Kabarett", das mehr noch als der Sprechchor als die eigentlich *jungsozialistische* Bühnenkunst in der zweiten Hälfte der Republik zu werten ist. Um eine größere Sprechchoraufführung inszenieren zu können, brauchten die Jungsozialisten in jedem Fall die Hilfe der SAJ oder der jungen Arbeiterturner; die politisch-satirische Revue hingegen machten sie alleine, bestenfalls noch mit Unterstützung der sozialistischen Studenten. Schließlich war es gar nicht so leicht, ein Kabarettstück schreiben, kreieren und aufführen zu können; man brauchte dazu ausreichend Kenntnisse der Tagespolitik, mußte über die Hintergründe des aktuellen Geschehens Bescheid wissen, über Sinn für beißende Polemik und feinsinnigen Spott verfügen und zudem Selbstbewußtsein genug haben, um als kabarettistischer Schauspieler auf der Bühne ein gutes Bild abzugeben. Eine Aufgabe mithin, wie geschaffen für die Jungsozialisten.

Ihre Kabaretts verstanden die Jungsozialisten selbst als Gegengewicht zu den vielfältigen Angeboten der Vergnügungsindustrie, vor allem aber als eine Erneuerung überholter Agitationsmethoden. Denn allein mit den Medien früherer Jahre wie Tageszeitung, Flugzettel, Wahlversammlung und öffentliche Rede könne man, so argumentierten die Jusos, in einer Zeit, in der das Kino und die bunt aufgemachten Illustrierten die sinnlichen Wahrnehmungsweisen der Menschen mehr und mehr veränderten, nicht mehr bestehen. Bei Wahlen insbesondere müsse man den Wähler aufklären, packen und belehren, indem man ihn zugleich unterhalte; die politischen Informationen und Instruktionen sollten auf anschauliche und erheiternde Weise gegeben werden: eben mit den auf prägnante und humorvolle Effekte abzielenden Szenenfolgen der politischen Revuen. Den bourgeoisen Gegner galt es mit der Waffe der Ironie und Satire zu schlagen.

Auch dieser kulturelle Ausdruck blieb nicht ohne die zeitübliche, geradezu realitätsentzogene Überhöhung: das politische Kabarett, so proklamierte man stolz, „ist überdies eine spezifische Ausdrucksform des Proletariats, Beginn einer neuartigen politischen Kulturäußerung"[23]. Dabei waren die Formen, in denen auch die Jungsozialisten ihre Stücke aufführten, ganz den Beispielen abgesehen, die von den „bürgerlichen" Operettenbühnen der deutschen Städte seit 1924/25 vorgegeben waren: angefangen von der lockeren Reihung der Szenen und Bilder über Couplets und Sketche bis hin zu den unvermeidlichen Auftritten der „Tiller Girls"[24], wenn auch die Jungsozialisten, wie man anfügen muß, nun ihrerseits die gebräuchlichen Revueschlager und jene „Tiller Girls" zu ironisieren versuchten. Natürlich war das zeitkritische, politische Kabarett bereits vor den Jungsozialisten entdeckt und in Kreisen des linksliberalen großstädtischen Bildungsbürgertums populär geworden – sicher nicht zuletzt durch die Inszenierungen Erwin Piscators, und insoweit mag man, wenn man unbedingt will, von einer „proletarisch-sozialistischen Äußerungsform" sprechen können, aber eben auch von eher radikaldemokratischen Autoren aus dem Umfeld der „Weltbühne", wie beispielsweise Walter Mehring oder Kurt Tucholsky. Sozialdemokratische Funktionäre warnten übrigens vor einer Übernahme von Texten jener Autoren. Diese Asphaltliteraten könnten zwar, so hieß es, die heutigen Zustände geistreich-satirisch geißeln und glossieren, aber sie seien innerlich nicht mit der Arbeiterbewegung verbunden, und es fehle ihnen an Verantwortungsgefühl. Überdies lehne die Arbeiterklasse Zynismus und überspitzte Satire ab; statt zersetzender Kritik komme es darauf an, die positiven Ziele herauszuarbeiten.[25] An derartige Ratschläge älterer Kulturfunktionäre, die das Kabarett nicht zum Tummelplatz „für sonst unbefriedigte Genossen"[26] werden lassen wollten, hielten sich die Jungsozialisten freilich nicht; aus Gedichten von Tucholsky etwa rezitierten sie ausgiebig in ihren Revuen. Solche jungsozialistischen Kabarett-Ensembles gaben sich z. T. feste Namen: „Rote Kommode" nannten sie sich in Kassel, als „Rote Wespen" stachen sie in Breslau zu, und als „Rote Rufer" versuchten sie in Düsseldorf, das Ohr des niederrheinischen Proletariats zu erreichen.[27] Die jungsozialistischen Kabaretts fanden durchaus Anklang bei den sozialdemokratisch orientierten Massen, was man von anderen Juso-Aktivitäten nur schwerlich behaupten kann. Als beispielsweise die Breslauer Jungsozialisten ihre erste Revue, „Hoppla, wir wählen", vor der Reichstagswahl 1928 öffentlich präsentierten, warteten selbst noch bei der dritten Aufführung Hunderte von Interessenten vergebens auf Einlaß in den mit 1 500 Zuschauern vollbesetzten und polizeilich abgesperrten Zentralballsaal der schlesischen Großstadt. Die Revue mußte mithin drei Tage später noch ein viertes Mal und erneut vor vollem Saal gespielt werden.[28]

Ein beliebtes Opfer jungsozialistischen Ulkes war die DVP, die auf der Bühne zumeist als die „schöne Stresefrau" mit einem recht bunten Gewand auftrat; vorn: schwarz-weiß-rot, hinten: schwarz-rot-gold. Auch die Kommunisten blieben vor Spott nicht verschont. Das geschah etwa in der Form eines Rundfunkreports über ein Sechstagerennen. Auf der Bühne sah man dann, wie sich die verschiedenen Führercliquen in der KPD um die Gunst des großen Stalin abstrampelten, um ihm schließlich die Füße küssen zu dürfen.[29] Oder man stellte die Kommunisten, wie es die Leipziger Jungsozialisten taten, auf der Bühne in eine Front mit den bürgerlichen Parteien bis hin zu den Nationalisten, die dann alle einträchtig Arm in Arm sangen:

> „Wir hassen vereint und wir lieben vereint
> Und haben alle bloß einen Feind, –
> die SPD."

Daraufhin wurde dann der ganze Chorus von einem Trupp energischer Jungsozialisten verscheucht, der abschließend in Einzel- und Gruppensprechchören die Ziele des Sozialismus deklamierte.[30]

Die Hauptangriffe jungsozialistischer Satire richteten sich jedoch gegen die deutschnational eingestellte Lehrerschaft und ganz besonders gegen die Justiz. „Im Namen des Volkes" nannten die Breslauer Jungsozialisten etwa eine Revueszene in ihrem Stück „Der Bürgerblock am Hakenkreuz"[31]. Darin thronte über dem Richter die Göttin Justitia, das rechte Auge fest verbunden, während sie mit dem linken ständig unter der Binde hervorschielte. Die Waage, die die Justitia in der Hand hielt, pendelte bei den Urteilssprüchen ziemlich ungleichmäßig aus. Mit schnarrender Stimme verkündete nämlich der Vertreter der Gerechtigkeit drei Urteile: Überaus harte sowohl gegen eine Frau, die den Paragraphen 218 mißachtet hatte, als auch gegen einen Proletarier, der bei einem Arbeitskampf Streikposten gestanden hatte, während ein Landfriedensbrecher in der braunen Uniform der SA hingegen mit einem ausgesprochen milden Richterspruch davonkam. Das jungsozialistische Tribunal sollte mithin deutlich machen, daß die auf dem einen Auge schielende Justiz mit höchst unterschiedlichen Gerechtigkeitsgewichten operierte. Das Tucholsky-Gedicht „Haben Sie schon mal Herr Landgerichtsdirektor" rundete solche Szenen aus der Rechtsprechung der deutschen Justiz ab.

Ebensogut wie eine längere Paraphrase des theoretischen Diskurses spiegelt der folgende Bericht über eine Szene aus dem Stück „Hoppla, wir leben" das politische Selbstverständnis des Jungsozialismus seit Mitte des Jahrzehnts wider:

> „Im Anschluß daran wurden die geheimen Untergründe der Reaktion in Deutschland bloßgelegt. Zuerst erschienen bärbeißig und mit aufgesperrtem Riesenmaul

die Hakenkreuzler auf der Bühne. Nachdem ein Vorhang fortgezogen war, tauchten ihre Drahtzieher auf, die Abgeordneten der Deutschnationalen. Doch auch sie sind nur Kulissen. Ein weiterer Vorhang fiel und hinter ihm tauchte als geheime Triebkraft ihrer Politik die Hugenbergpresse auf, und als deren Triebkraft erschien zuletzt das Bild des Moloch Kapitalismus, der mit seiner Profitsucht das ganze Getriebe der Gesellschaft in Schwung hält."[32]

Die bürgerliche Gesellschaft wurde in jungsozialistischen Revuen häufig als ein Kasperletheater glossiert: die bürgerlichen Parteien, gleichviel wie sie hießen, waren, so erkannte man schnell, einzig Marionetten in der Hand des Kapitals. Und das war keineswegs nur satirisch gemeint.

### c) Träume vom Einküchenhaus und freier Liebe: Veränderungen im Alltag?

Der urbane Akzent der neuen jungsozialistischen Lebensreform und Kultur und ihre Einfügung in den ästhetischen Stil der „neuen Sachlichkeit" wurde besonders in der inzwischen aufgekommenen Begeisterung für städtische Architektur deutlich. Man hatte einsehen müssen, daß von der Nähe einer verwitterten Burgruine zwar Inspiration für die Aufführung eines mittelalterlichen Laienspiels, weniger aber für die Heranbildung „sozialistischer Menschen", die am Tag darauf wieder an der Werkbank oder im Kontor zu stehen hatten, ausgehen konnte. Nun schwärmten die Jungsozialisten, erinnerte sich Dora Lösche, damals Jungsozialistin in Berlin, für „den Bau von modernen Siedlungen und modernen Kindergärten, der sozialistische Mensch sollte dort erzogen werden (wir diskutierten und schwärmten für Maria Montessori). Bei den Jungsozialisten sprachen wir über modernes Bauen; Vortrag z. B. der Berliner Volksbühne über Taut. Danach diskutierten wir in den Cafés rund um den Potsdamer Platz in Berlin, wie nach Vorträgen der Sozialistischen Hochschule. Nur in den modernen Wohnungen konnte ein ‚sozialistischer Mensch' heranwachsen."[33] Solche Wohnungen sollten sich durch Einfachheit und schlichte Linien auszeichnen, sie sollten von Nippes, Photographien, Heiligenbildern und dunklen Vorhängen befreit werden.

Der Nutzen von „lichten und luftigen" Wohnungen wurde aber nicht nur unter dem Aspekt einer individuell-ästhetischen Raumgestaltung, sondern zudem unter der Perspektive einer „Politisierung des Alltags" diskutiert: als eine Möglichkeit zur Aufhebung familiärer Abkapselung und „Verspießerung" nämlich. Dies allerdings setzte voraus, daß proletarische Genossenschaften in größerem Umfang die Bautätigkeit organisierten und die Möbelproduktion in die Hand nehmen würden. Man dachte da besonders an das Vorbild des „Roten Wiens" – dem „Moskau" des linken Jungsozialismus – mit seinen Wohnpalästen, die mit vielen Gemeinschaftseinrichtungen (Küchen-, Waschräumen, Kinderhorten etc.) ausgestattet waren. „Die Lösung des Wohnproblems", schrieb damals Helmut Wagner, nach 1926 der vielleicht brillanteste Theoretiker des radikal-linken Jungsozialismus, „wird in der Richtung des modernen Großbaues liegen, der nicht nur alle technischen und hygienischen Annehmlichkeiten, Großküche, Bad und vieles andere bietet, sondern auch mit Lesesälen, Versammlungsräumen und anderen Einrichtungen den geistigen und geselligen Bedürfnissen seiner

Bewohner entgegenkommt. Der sozialistische Großbau wird in Einrichtung und Architektur dem stolzen Bau der sozialistischen Gesellschaft entsprechen und das Gefäß eines wahren Gemeinschaftslebens abgeben."[34]

Ein derart angestrebtes Gemeinschaftsleben als Teil der „Revolutionierung des Alltags" mußte vor allem im Interesse der (erwerbstätigen) proletarischen Frau liegen, die durch allmähliche Entprivatisierung der Hausarbeit und Kindererziehung entlastet und aus dem „Ehe"- und „Sexualgefängnis" befreit werden sollte. Das Problem Sexualität und Ehe hat die Jungsozialisten damals viel beschäftigt. Es ist schwer, dabei so etwas wie eine jungsozialistische Position herauszufiltern, die Auffassungen über diese Fragen gingen stark auseinander, blieben individualistischer und vor allem vager als in anderen Dingen. Hier war das „Tasten und Suchen", von dem bei den Ausführungen über das neue kulturelle Werden der Arbeiterklasse viel die Rede war, noch stärker ausgeprägt als sonst. Zudem wird man in diesem Zusammenhang wohl noch mehr darauf achtgeben müssen, wie viel von dem, was man theoretisch formulierte, auch im praktischen Tun Bestand hatte. Walter Pöppel, früher Jungsozialistenvorsitzender in Dresden, erinnert sich:

> „Wir waren in sexuellen Fragen theoretisch sehr frei, in der Praxis aber sehr moralisch. Sexualverkehr vor der Ehe (diese wurde sowieso oft kritisch betrachtet) war selbstverständlich, aber nur, wenn dieser gleichzeitig im Zusammenhang mit einem festen Verhältnis ausgeübt wurde."[35]

Zu einer solchen Haltung wurden die jungen Sozialisten bereits in der SAJ erzogen, wo man die Sexualaufklärung außerordentlich ernst nahm. Sozialdemokratisch orientierte Ärzte und Lehrer, auch bekannte Sexualwissenschaftler und -pädagogen, wie Minna Flake, Magnus Hirschfeld und ganz besonders Max Hodann kamen zu Gruppensitzungen, um über Schwangerschaftsverhütung, Sexualmoral und ähnliche Probleme zu referieren. Im Anschluß an solche Vorträge konnten Fragen gestellt werden, sei es, daß man sie mündlich vorbrachte, sei es, daß man sie, hatte man Hemmungen, auf Papier schrieb und den Referenten mitgab, die sie dann schriftlich beantworteten. Darin sind sich in der Tat alle Zeitzeugen einig: in der sozialistischen Arbeiterjugend habe es, so die einhellige Auskunft, ein „offenes und sauberes" Zusammenleben von Mädchen und Jungen gegeben, ohne Unanständigkeiten und Schlüpfrigkeiten, wie sie sonst an den Schulen, in den Büros und Betrieben üblich gewesen seien. Hätte es jemand gewagt, zweideutige Witze zu erzählen, wäre er rausgeflogen. Die Devise, die man von den Sexualpädagogen gelernt habe und an die man sich hielt, lautete, daß der Geschlechtsverkehr nach Vollendung des 16. Lebensjahres zwar unschädlich sei, aber gleichwohl nicht beim ersten Liebesverhältnis erprobt werden sollte, da es im eigenen und Interesse des Partners läge, die Persönlichkeit erst heranreifen zu lassen.

Die Jungsozialisten nun hatten das Alter erreicht, von dem ab man sich für ausgereifte Persönlichkeiten halten durfte, und ihnen ging es auch auf dem Gebiet der Sexualität und Ehe um eine fundamentale Überwindung „bürgerlicher" Gewohnheiten: um eine neue „Kultur der Erotik", um die „Schaffung eines neuen Milieus", in dem sich die Geschlechter freier gegenüberstehen würden, und der Mann von einem „tierhaft-gewalttätigen" zu einem „verstehend-hingebenden" altruistischen Sexualpartner werden sollte.[36] Im übrigen aber blieben die Zielsetzungen verständlicherweise ebenso schillernd wie diffus. Es gab auf der einen Seite Jungsozialisten, die sich gleichsam mit einem Ehe- und Sexualitätsreformismus begnügen wollten und die Gebrechen der bürgerlichen Familie durch eine Demokratisierung der Ehe und die Einrichtung eines Familienrates zu beheben hofften.[37] In eine ähnliche Richtung gingen Appelle an die Geschlechter, miteinander reifer, solidarischer und ehrlicher umzugehen und die Ehe als Gemeinschaftsaufgabe zu begreifen.[38] Von einer Verkürzung der Arbeitszeit erhofften sich diese gemäßigten Ehereformer eine neue Art des Familienlebens: die Rückgabe des Vaters an die Familie, die Erweckung einer neuen Väterlichkeit.[39]

In der theoretischen Diskussion aber überwog doch die andere Seite, die, der politischen Strategiebildung entsprechend, auch die Ehe und Familie als Bollwerke der bürgerlichen Reaktion und Feinde des Sozialismus frontal attackieren und zerbrechen wollte. Daß die Familie emanzipationsfeindlich wirke, wertvolle Kraft absorbiere, die so dem Klassenkampf entzogen werde und überdies dem bourgeoisen Staate brave Untertanen heranziehe, galt als ebenso ausgemacht wie die Feststellung, daß die Erotik und das Gesellschaftsleben in der „monogamen Zwangsehe" unweigerlich verkümmern müßten.[40] Man machte sich im sexuellen Bereich für die „freie Liebe" stark, da die menschliche Sexualität von Natur aus polygam sei und die Dauermonogamie eine Widersinnigkeit, ja eine Vergewaltigung dieser Natur sei, ein zutiefst unsittlicher Zustand alles in allem. „Freie Liebe" übrigens bedeutete aber immer auch Auftrag, Verantwortung und Verpflichtung, sollte nicht wahllos, beliebig und gleichgültig sein: ein sexueller „dritter Weg" gleichsam zwischen nihilistischer Zügellosigkeit und spießiger Prüderie.[41]

Auch dieser „dritte Weg" war steinig gepflastert. Der Vorsitzende der sächsischen Jungsozialisten, der ihn am vehementesten propagierte, die Ehe am schärfsten kritisierte, sah, als seine Freundin ein Kind erwartete, auch keinen anderen Ausweg: er mußte heiraten. So einfach war es nicht in den Weimarer Jahren, ohne behördlichen Trauschein eine der ohnehin recht raren Wohnungen zu bekommen[42], und die sozialistischen Großbauten mit einer radikalen Vergemeinschaftung aller Haushaltsfunktionen waren in Deutschland nicht in Sicht.[43] Die Mehrheit der reformistischen Arbeiterschaft schätzte solche Experimente auch nicht sonderlich, träumte mehr von einer schönen Wohnung in einer genossenschaftlichen Kleinsiedlung beispielsweise.[44] Was blieb auch in diesem Fall für die Jungsozialisten anderes übrig, als die Realisierung der eigenen Zielvorstellungen vollständig jenseits von der bürgerlichen Gesellschaft zu denken, all das, was man sich an Neuem erhoffte, als Resultat der kompromißlosen Zerschlagung bourgeoiser Machtstrukturen und hemmender reformistischer Einstellungen vorzustellen?

## 2. Jungsozialisten und junge Arbeiter: zwei Lebenswelten

*a) Wohnverhältnisse, Familienbindungen und Freizeitverhalten*

Selbst gemäßigte Kräfte wie Max Westphal teilten die im Jungsozialismus verbreitete Auffassung, daß man in der kapitalistischen Gegenwart Zeitzeuge eines fortschreitenden Auflösungsprozesses der Familie sei.[45] Tatsächlich lagen Indikatoren dafür vor, daß die früheren Funktionen der Familie als Lebensgemeinschaft durch die moderne wirtschaftliche und soziale Entwicklung zusammengeschrumpft waren, so daß für große Teile der Jugend das Kino, das Café, die Straße oder der Rummelplatz größere Bedeutung bekamen als die familiäre Wohnung, der man wegen der bedrückend engen Verhältnisse abends zu entkommen versuchte. Eine Untersuchung des Deutschen Archivs für Jugendwohlfahrt konnte diese Beobachtungen, was das Freizeitverhalten der großstädtischen Jugendlichen anging, eindrucksvoll bestätigen.[46] Die gleiche Untersuchung kam aber auch zu einem weiteren, erstaunlichen Ergebnis. In zwei Milieus nämlich, fand der für die Expertise Verantwortliche heraus, existierten noch intakte Familienstrukturen: zum einen im Milieu des praktizierenden Katholizismus und zum anderen − und mehr noch! − im Lager der sozialdemokratisch organisierten Arbeiter, deren Familien- und Kollektivbewußtsein, so der Befund des staatlichen Wohlfahrtamtes, den Bedingungen großstädtischer Menschen am besten entsprach.[47] Die Untersuchung hatte gezeigt, daß jugendliche Bindungen zur Familie dort erhalten blieben, wo eine weltanschauliche Gemeinsamkeit und eine Atmosphäre freiheitlichen, nichtautoritären Umgangs vorhanden waren.[48] Beides traf in nennenswertem Umfang, so das Resümee im Abschlußbericht der Wohlfahrtseinrichtung, nur auf die sozialistische Familie zu:

> „Die sozialistische Familie macht ihren Einfluß auf den Jugendlichen überwiegend in doppelter Richtung geltend: 1. wird grundsätzlich eine Freiheit gewährt, die dem Jugendlichen die selbständige Regelung seiner Angelegenheiten gestattet, 2. versucht man den Jugendlichen im Sinne der Arbeiterbewegung zu bilden und ihn mit dem Organisationsleben vertraut zu machen. Das schließt zugleich ein pädagogisches Bemühen ein, das im wesentlichen aufklärerisch ist. Typisch ist hier die regelmäßige Betonung der Bildungsarbeit. Auch eine gewisse Tradition ist vorhanden: Der Jugendliche wird durch den Einfluß seiner Eltern zum Mitglied der Sozialistischen Arbeiterjugend. Kameradschaftlichkeit und Solidarität bestimmen dort, wo man sich bewußt um die Gestaltung des Familienlebens bemüht, den Geist der Familiengemeinschaft. In dieser Situation bleibt der Jugendliche − ganz ähnlich wie in der katholischen Familie − bei bestehender Freiheit zugleich an die Familie gebunden. (...) Besonders wertvoll ist, daß das Familienbewußtsein dem Kollektivbewußtsein und der konkreten Situation des großstädtischen Menschens voll zu entsprechen versucht. Damit ist die Beschränkung des Jugendlichen auf die innerfamiliäre Sphäre, die auch der katholischen Familie noch anhaftet, überwunden. Er erfährt eine Bildung und Erziehung, die auf das gesellschaftliche Ganze ausgerichtet ist."[49]

In der Tat unterscheiden sich die dokumentierten Auszüge aus den Aufsätzen der organisierten sozialistischen Jugendlichen beträchtlich von denen der großen Mehrheit nicht-organisierter Berufsschüler. Hier, bei diesen, das immer wiederkehrende Bild von den düsteren Hinterhauswohnungen, die als unerträglich beengend geschildert werden, von Eltern, die man als autoritäre und verständnislose Personen ablehnt. Anders bei jener Minorität der sozialistischen Jugend. Die Wohnverhältnisse wirken in den Berichten sehr viel freundlicher, manchmal geradezu behaglich.[50] Das Verhältnis zu den Eltern, besonders zum Vater, scheint vorbildlich; man schätzt ihr politisches Engagement, ist ihnen dafür dankbar, daß man in sexuellen Fragen verständnisvoll aufgeklärt wurde und daß sie einen auf Versuchs- und weltliche Schulen geschickt haben; man lobt die Eltern für ihre Unterstützung bei den Bemühungen um Bildung und Kultur. Man erfreut sich, so scheint es, „größtmöglicher Freiheit"[51].

Andere Untersuchungen bestätigen das Bild, und sie zeigen vor allem immer wieder eins: kulturell-lebensweltlich unterschieden sich die sozialistischen Jugendlichen in den *Formen* ihres *Freizeit*verhaltens von der großen Mehrheit ihrer *nicht*-organisierten Klassengenossen weitaus mehr als von den Mitgliedern einer katholischen Jugendgruppe, eines jüdischen Jugendvereins oder sonst einer ernsthaft-weltanschaulich geprägten Jugendorganisation, mit welchem soziologischen Hintergrund auch immer.[52] Eine großangelegte Erhebung des Deutschen Archivs für Jugendwohlfahrt zum Freizeitleben der Großstadtjugend, die in Berlin an fünf Berufsschulen, je zwei Oberrealschulen und Reformgymnasien und einem Oberlyzeum durchgeführt wurde, machte deutlich, daß der Trennungsstrich in den Ausdrucksformen der Freizeitbetätigung in mehrfacher Hinsicht nicht zwischen den Klassen und Schichten, sondern zwischen organisierten und nicht-organisierten Jugendlichen verlief, ganz besonders zwischen der politisch organisierten und nicht-organisierten Jugend *in* der Arbeiterklasse.

Die in Bünden aktiven Jugendlichen unternahmen auch in der zweiten Hälfte der Republik an den Sonntagen ihre ausgedehnten Ausflüge in einer bestimmten Wanderkluft, pflegten weiterhin einen spezifischen Stil und Ritus des gemeinschaftlichen „Auf-die-Fahrt-gehens"; ohne Überhöhung des Naturgedankens inzwischen, aber eben doch mit Hordentopf, Lagerfeuer, Spielen, Liedern und Scheunenübernachtungen. Die große Mehrheit der städtischen Jugend konnte dem nichts abgewinnen, ihre Wochenendzerstreuung sah ganz anders aus: man warf sich in den Sonntagsstaat, ging zur nächsten Haltestelle, fuhr mit der Bahn zu einem der gerade beliebten Vergnügungslokale, um flirten und tanzen zu können.[53]

Ganz ähnlich verhielt es sich mit anderen Dingen. Die übergroße Mehrheit der Jugend las, wie die Erheber feststellten, „Schundliteratur"; die Jungen: Karl May, Edgar Wallace, Frank Allan und pornographische Hefte wie „Das Tagebuch eines Modells"; die Mädchen: Courths-Maler und Ganghofer.[54] Hingegen waren die Bücher derjenigen, die sich zur „Jugendbewegung" zählten, allen voran übrigens die der sozialistischen Jugend, zu 88% „einwandfreie Literatur" – so jedenfalls das Gutachten der von den Erhebern der Untersuchung um Urteil gebetenen Stadtbücherei.[55] Das gleiche Bild ergab sich bei den Recherchen zum Freizeitvergnügen „Kino". Für das Gros der Jugend, besonders der ungelernten, spielte der Besuch der städtischen Lichtspieltheater eine wesentliche Rolle, um sich die Langeweile zu vertreiben.[56] Die Mädchen schätzten, so zeigte die Umfrage, Liebesfilme; die Jungen begeisterten sich für Kriegs- und Wildwestfilme. Die organisierten Jugendlichen, erneut die sozialistische Jugend allen voran, mieden solche Stätten seichter Unterhaltung entweder ganz oder suchten sie nur dann auf, wenn Anspruchsvolles geboten wurde: Chaplin oder Russenfilme beispielsweise.[57]

Folgt man dem linkssozialistischen Berliner Stadtarzt und Sexualpädagogen Max Hodann, der über große Praxiserfahrungen im Umgang mit Jugendlichen verfügte, so waren vergleichbare Tendenzen auch im Bereich der Sexualität zu konstatieren. In einem Vortrag in Köln mahnte er die sozialistischen Jugendlichen, sich nicht in das erstbeste Liebesabenteuer zu stürzen, sondern im Interesse der Ausreifung der geistigen Persönlichkeit, die durch Bindung an eine Überzeugung veranlaßt werde, mit dem Geschlechtsverkehr zu warten. So viel Einsicht sei aber nur, klagte Hodann, „bei einem relativ kleinen Teil der Jugend, nämlich bei der organisierten und bündischen, der Fall"[58]. Das galt auch für die sogenannten „Schlüpfrigkeiten" und „Unanständigkeiten". Die Erhebung des Archivs für Jugendwohlfahrt hatte ergeben, daß in zahlreichen Berichten der nicht-organisierten Jugendlichen häufig „minderwertige Auffassungen" über das andere Geschlecht vorkamen, während solche abschätzigen Formulierungen in den Niederschriften der Organisierten ganz fehlten.[59] Sprüche wie „scharf auf Weiber" zu sein, die, so der religiös-sozialistische Pfarrer Günter Dehn, einer der besten zeitgenössischen Kenner der Lebensweisen des jungen großstädtischen Proletariats, zu den geläufigen Parolen bei den männlichen Arbeiterjugendlichen gehörten[60], hätte in der Tat ein Jungsozialist nicht in den Mund genommen.

Die Differenzen zwischen den freizeitlichen Lebensformen der jungen Sozialisten auf der einen und der Mehrheit nicht-organisierter Arbeiterjugendlicher auf der anderen Seite waren frappant. Für diese befanden sich die Orte freizeitlicher Identität „eckestehend" auf der Straße, im Park, in der Eiskonditorei, in der Tanzdiele, im Kino, auf dem Rummelplatz und ganz besonders dort, wo man „Knödeln" konnte, auf dem Fußballplatz nämlich: den Sport, verstanden als Wettkampf, Leistung, Meisterschaft – nicht als ästhetisierende Körperpflege und Gymnastik – widmete man sich mit größter Leidenschaft. Für jene jungen Sozialisten waren all diese Vergnügen, wir sahen es, strengstens tabu. Wohl nicht zuletzt deshalb hegten die unorganisierten Arbeiterjugendlichen, besonders die ungelernten, beträchtliche Ressentiments gegen die organisierte sozialistische Jugend. Die SAJ beispielsweise wurde an Berliner Berufsschulen, so die Beobachtung von Günter Dehn, kurz „Sammlung affiger Jöhren" genannt.[61] Von einer Begeisterung für den Sozialismus sei bei der Mehrheit der Arbeiterjugend nichts zu spüren, so Dehn, man sei eher mißtrauisch gegen große Wendungen und Ideologien, verhalte sich konkret-interessenbezogen und individualistisch, in erster Linie „an sich und den eigenen Vorteil" denkend.[62] Immer wieder müsse man feststellen, faßte der Pfarrer seine Erfahrungen zusammen: „Nicht etwa der Sozialismus, sondern der Amerikanismus wird das Ende aller Dinge sein."[63]

### b) Arbeiterjugendbewegungskultur im Zwiespalt

Tatsächlich hatte – um ein abschließendes Urteil zu versuchen – der Siegeszug des Sports, des Films und der Technik die Arbeiter(jugend)bewegungskultur zwar nicht zerstört, wie man häufig lesen kann[64], wohl aber von der „modernen Massenkultur"[65] mehr und mehr abgeschnitten und getrennt. Die Arbeiter(jugend)bewegungskultur war in sich durchaus intakt, entsprach den Bedürfnissen der aktiven jungen Sozialdemokraten, erzeugte sinnerfüllte Stunden, stärkte die Kampfbereitschaft, spendete Kraft, geriet erst durch die *politische* Krise seit 1930, durch die Erfordernisse täglicher Einsatzbereitschaft für die Agitationskämpfe in Schwierigkeiten, begann indes – vielfach übersehen – sich seit dem Herbst 1932 zu erholen und wiederaufzubauen, aber sie war in der Tat in der zweiten Hälfte der Weimarer Republik weniger denn je zu einer *Verallgemeinerung* als Arbeiter- und Massenkultur in der Lage. Es ist oft bemerkt worden: Die Arbeiterbewegungskultur blieb auf ein spezifisches, begrenztes Milieu in der Arbeiterschaft beschränkt. Nur, was waren die Alternativen: Sollte man sich den Massenstimmungen derart anpassen, daß man ins Kulturprogramm ebenfalls Schnulzen oder Kriegsfilme aufnahm, um dafür politisch-theoretische Diskurse und literarische Abende zu streichen? War nicht die Anstrengung, den eigenen Kopf kritisch zu gebrauchen, sich Wissen anzueignen, um die Gesellschaft zu begreifen, verstehen und rational verändern zu können, eines der kostbarsten Traditionsgüter aufklärerischen Gedankengutes, an denen es in Weimarer Zeiten fürwahr ausgesprochen mangelte? Man kann diese kulturellen Versuche auch nicht einfach – in Abstraktion von den vermittelten Inhalten, in Absehung von den Aussagen des Liedgutes, der Filme, der Romane – als Imitation bürgerlichen Bildungsstrebens bespötteln, wie es mitunter geschieht; auch nicht als Adaption bürgerlicher Kultur und Ästhetik. Es mag Anleihen an Vorstellungen des linksliberalen Bürgertums gegeben haben, so bei der Bauhaus-Architektur, aber hat sich das empirische deutsche Bürgertum in seiner Mehrheit mit solchen avantgardistischen Projekten etwa identifiziert? Zudem: vielleicht hätten monumentale Einküchenhäuser mit Gemeinschaftseinrichtungen die bürgerliche Gesellschaft in der Tat gründlicher verändert als manche ökonomischen Eingriffe von oben oder Partizipationen an den Regierungsgeschäften. Die energischen Versuche, Chauvinismus und Brutalitäten in den Beziehungen zwischen den Geschlechtern zu bekämpfen, das Bemühen, das Familienleben offener, freier, diskussionsfreudiger und ernsthaft-ideell zu gestalten, hatte – wie die zitierten Expertisen bewiesen – eindrucksvolle Ergebnisse hervorgebracht, die jede forsche und süffisante Kritik an der angeblich bieder-kleinbürgerlichen Arbeiter(jugend)bewegungskultur zum Schweigen bringen sollte. Wenn man unter „Amerikanisierung" den Zug zur Entsolidarisierung und Individualisierung der Arbeiterschaft, zur Ökonomisierung menschlicher Beziehungen versteht, dann bildete die sozialistische Solidargemeinschaft, bildeten Organisationen wie die Jungsozialisten mit ihrer Insistenz auf gesellschaftliche Verantwortung für die Gefahren, Chancen und Möglichkeiten aller, mit ihrem Beharren auf *bewußte* Erziehung zu einer humanen Moral, ein blockierendes Element in diesem Prozeß, ein Element, das der Organisation, der Programmatik und eben der systematischen Bildung notwendigerweise bedurfte.

Gewiß war der Moralismus der sozialdemokratischen Facharbeiterbewegung gegen die „Indifferenten", „Ungelernten" und „Lumpenproletarier", die sich partout nicht bilden lassen wollten, töricht. Weder Goethe noch Schiller nach Volksbühnenmanier, noch Tucholsky oder Toller auf jungsozialistische Art entsprachen den Bedürfnissen und lebensweltlichen Bedingungen solcher Arbeiterschichten. Das alles rechtfertigt aber nicht den von einer neo-romantischen Alltagsgeschichtsschreibung gezogenen Umkehrschluß, diese Arbeiterschichten und ihre „Straße" zu mythologisieren, von der üppigen Deftigkeit und rohen Körperlichkeit des nicht-organisierten, sich Reglementierungen widersetzenden „Volkes" im „Kiez" geradezu zu schwärmen.[66] Die Berichte von Jugendlichen solcher Wohn- und Lebensquartiere über die Beweggründe für den Gang zum Rummelplatz, das Eckestehen, den Kinobesuch, für das „Chancen bei Weibern" haben, legen ein Ausmaß von selbst empfundener, aber fatalistisch ertragener Langeweile, Öde, Dumpfheit, Ausweglosigkeit und Depressivität offen, das wahrhaft erschütternd ist und einem die Lust nimmt, über den Disziplinierungscharakter der organisierten Arbeiterbewegung zu lamentieren und entzückte Spekulationen über den Eigensinn solch ungebundenen Volkes aufzustellen.

Gewiß, die Arbeiter(jugend)bewegungskultur war nicht autonom oder spezifisch proletarisch-sozialistisch[67], sie war eher Produkt des Zeitgeistes, Teil des generationsspezifischen Lebensgefühls, mehr als sich die Akteure selbst eingestehen wollten. Aber solche generationsspezifischen Lebensgefühle wurden dreifach gebrochen und dadurch in ihrer Artikulation differenziert: erstens durch das Moment weltanschaulicher Organisiertheit, zweitens durch den *Charakter* dieser Weltanschauung und drittens durch das Gewicht der soziologischen Herkunft.[68] In diesem Konstellationsgefüge von generationsspezifischen Erfahrungen, organisatorisch-weltanschaulicher Bindung, politisch-ideeller Zielsetzung und Klassen(milieu)zugehörigkeit muß sich die Analyse von Jugend- und Parteikulturen bewegen.

Die eigentliche Großorganisation der sozialdemokratischen Jugend, die SAJ, hat sich gegen manche im Prinzip für unerwünscht gehaltene Ausdrucksweisen gesellschaftlicher Moden nicht wehren können, sonst hätte sie ihren Anspruch auf Massenbezug vollends verloren. Sie war in den habituellen Formen mehr getriebene als treibendgestaltende Kraft. Seit 1929 begannen die ersten SAJ-Gruppen unter der Parole „Warum denn nicht?", den „Jimmy" und „Charleston" auf ihren Festivitäten zuzulassen[69]; Anfang der 30er Jahre führte man die — lange für unsozialistisch gehaltenen — Wettbewerbe zwischen den Gruppen ein, verteilte Punkte und Prämien für den besten Verkauf von Broschüren und Werbekarten.[70] Die Jungsozialisten hingegen, mit ihren sehr viel rigideren theoretisch-politischen Zielsetzungen, ihrem minoritären introvertierten Charakter, aus dem sich das Selbstbewußtsein speist, Elite und Führer zu sein, sperrten sich viel hartnäckiger gegen solche Massenbedürfnisse. Solches Einigeln geriet dann allerdings häufig ins Sektiererische, zu jener verstiegen-kompromißlosen Ablehnung des Paartanzes beispielsweise. Mit dieser schrillen Prüderie, wie der Verdammung des Jazz-Tanzes oder des Tragens von Seidenstrümpfen, und mit manch anderen Überhöhungen habitueller Äußerlichkeiten schirmte man sich indes selbst noch von den sozialdemokratisch orientierten und organisierten (Jugend-)Massen ab, die darin zu Recht eine eigenartige Askese und Intoleranz erblickten.[71] Solche Absonderungen geschahen bei einigen Jungsozialisten auch mit voller Absicht, in einem selbstgefälligen Wohlgefühl elitärer Erhabenheit. Darin bestand zweifelsohne die negative Kehrseite jungsozialistischer Bildungs- und Literaturabende; man hielt sich für etwas Besseres, glaubte, man sei den Massen um Längen voraus, bereite im kleinen bereits das vor, was nach der Revolution dann zu der Verkehrsform aller werde. Politische Avantgardestrategien entsprangen bei einigen Jungsozialisten häufig nicht *politischen* Analysen, sondern eben *dieser* Lebenssituation: gleichsam als Ausnahmeerscheinung in der Arbeiterschaft, Marx, Sternberg, Lukács und Adler zu studieren, Toller und Sinclair zu lesen, Revuen zu kreieren und aufzuführen, Schnulzen und Nippes zu verachten und mit der spießigen Ehe nichts im Sinn zu haben. Wer anders als die Jungsozialisten war mithin besser berufen, den Massen im Emanzipationskampf voranzuschreiten, ihnen den Weg zur solidarischen Gesellschaft zu weisen? So jedenfalls dachte man dort.

Es war kein Zufall, daß im Sommer 1930, nach Jahren der innerverbandlichen Ruhe, neue Streitigkeiten und Flügelbildungen deshalb ausbrachen, weil auf einer Reichsschulungswoche einige Jungsozialisten die eigentlich sakrosankten Gebote sozialistischer Lebensführung mißachteten, das Tanzbein schwangen, Skat droschen, also „schwooften" und zudem die Umgestaltung der jungsozialistischen Organisation in Richtung einer Massenorganisation gefordert wurde.[72] Als Reaktion auf diesen kulturellen Sündenfall, *nicht* als Antwort auf die politische Krise, *nicht* als Replik auf den viel zitierten Immobilismus der SPD entstand das Konzept der „Auslese von Berufsrevolutionären", das nur scheinbar eine Radikalisierung im Sinne einer Aktivierung der politischen Strategie bedeutete. In Wirklichkeit ging es dieser jungsozialistischen „Laienbrüderschaft der Idee der Revolution", als die sich diese Gruppe selber stolz bezeichnete, zuvörderst um eine Immunisierung gegen jedweden Masseneinfluß, gleichsam um die Zurückweisung seidenbestrumpfter proletarischer Mädchen und fußballbegeisterter Jungen, seien sie noch so sozialdemokratisch orientiert; es ging um die unbeschmutzte Erhaltung und Konservierung jungsozialistischer „Eigenart".[73]

Beim Versuch, der Charybdis einer amerikanischen Massenkultur zu entgehen, strandete der Jungsozialismus an der Szylla einer abgesonderten Bildungselite und geriet ins Kentern: nicht zuletzt diese stolze Herauskehrung jungsozialistischer Eigenart und die intransigente Abwehr des geforderten Massenbezugs hat zum schließlichen Scheitern des Jungsozialismus mit beigetragen.

## VIII. Zusammenfassung, methodologische Schlußfolgerungen und Ausblick

Der Jungsozialismus war von Beginn an – und er blieb es bis zum Ende – ein Ausdruck von Krisenphänomenen, ein Indikator für die Krise der sozialistischen Theorie und für die politischen Irritationen in der Arbeiterbewegung nach dem Ersten Weltkrieg und gewiß auch ein Produkt der Sinnkrise und nervösen Emotionalität der Weimarer Gesellschaft insgesamt. Die Deutungsmuster der Jungsozialisten und ihre Lebensformen sind daher häufig zuallererst als Protestsymbole zu begreifen: Zunächst als Absage an den „Rationalismus" und den „Materialismus", dann, eine Dekade später, als Kampfansage an den „reformistischen Apparat" und den „bourgeoisen Klassenstaat". Und schließlich sollte auch der habituelle Ausdruck – erst: die langen Haare und kurzen Hosen der Jungen, das fehlende Korsett bei den Mädchen; später der kämpferische Gestus uniformierter Jungsozialisten beiderlei Geschlechts – immer auch als eine provozierende Absetzung vom biederen und betulichen Äußeren älterer Sozialdemokraten und spießiger Bürger verstanden werden.

Dreierlei ist damit gesagt: Erstens, die Jungsozialisten einte über all die Jahre und über alle Fraktionsgrenzen hinweg so etwas wie eine gemeinsame Grundmentalität; zweitens, ihre sinnstiftenden Zeichen und Manifestationen spiegelten zuvörderst Problemsensibilität und weniger Problemlösungskompetenz; drittens, die Selbstverständigungsdebatten der Jungsozialisten sind daher nicht nur als ausschließlich immanent nachvollziehbare Theoriedispute zu interpretieren. Es handelte sich bei den jungsozialistischen Kontroversen immer auch um den Schlagabtausch von lebensweltlich geprägten Metaphern und sinnvermittelnden Sentenzen, also die je unterschiedlich gezogenen und in plausibel klingende Deutungen gebündelten Bilanzen aus Lebensgefühl, sozialer Identität, Erfahrungen, milieuspezifischer Sozialisation und normativen Einflüssen des Zeitgeistes.

Die Ursachen für die Gegensätze und Gruppenbildungen im Jungsozialismus sind folglich, außer in den Andersartigkeiten regionaler Milieus, insbesondere in der Differenz generationsspezifischer Erfahrungen zu suchen. Die parteiorientierten Jungsozialisten der frühen 20er Jahre waren überwiegend älter als die Repräsentanten des autonomistisch-freideutschen Flügels und noch durch die unerschütterte Organisationswelt der Arbeiterbewegung vor dem Ersten Weltkrieg sozialisiert, während für ihre jüngeren Kontrahenten primär das Chaos des Ersten Weltkrieges und die durch die Zeitumstände gleichsam erzwungene Autonomie in den führungslosen Restbeständen der Arbeiterjugend prägend wurde. Daher versuchten die einen, den „neuen Menschen" mit der Parteidisziplin zu verbinden, die Kultur des Schillerkragens mit der Nüchternheit reformistischer Organisationspraxis zu vermitteln, während die anderen ganz im lebensreformerischen Impetus aufgingen, jenseits von Kategorien wie „Interesse" und „Organisation" dachten und sich gegen alle Einflußnahmen der Parteiinstanzen und gegen den Oktroi reglementierender Satzungen zur Wehr setzten. *Darin* lagen die Unterschiede, die sich bald durch biographische Reifeprozesse abbauten, gleichwohl als normprägende Erfahrungen noch in späteren politischen Handlungsmustern der

Akteure zu finden waren – mit einem Richtungsstreit nach Maßgabe probater „links-rechts"-Zuordnungen hatten diese Differenzen manchen Vorurteilen in der Literatur zum Trotze jedoch nichts zu tun.

Auch der Verfall der innerverbandlichen Hegemonie des Hofgeismarkreises ist wohl ohne die Beachtung des Generationswechsels in der sozialistischen Jugend zur Mitte der 20er Jahre nicht hinreichend zu erklären. An das Kriegserlebnis und die Wirren der Nachkriegszeit hatte die neue Generation der zwischen 1907 und 1912 geborenen Jungsozialisten allenfalls Kindheitserinnerungen; das meiste aus diesen Zeiten kannten sie nur vom Hörensagen. Das geistige Klima, die Sinnwelten, die Hoffnungen und Ängste, die Symbolik jener Jahre waren der neuen Jugend fremd, sie entsprachen nicht ihren Erfahrungen. Die nachwachsenden Jungsozialisten prägten eigene Bilder, Allegorien und Ausdrucksformen für ihre Perzeption und Verarbeitung einer sich nun anders präsentierenden Wirklichkeit, da sie keinen inneren Bezug mehr zu den Lebensphilosophien der vergangenen Jahre, zu den romantischen Manifestationen und den gemeinschaftsstiftenden Begriffen von „Volk" und „Nation" fanden. Neue Sachlichkeit und revolutionäre Mythen ersetzten die Lebensreform und nationale Romantik, sei es auf der Ebene von Kategorien wie „Klasse", „Kampf" und „Diktatur des Proletariats", sei es in der Sphäre lebensweltlicher Sinnstiftung: an die Stelle verwitterter Burgruinen traten die (erhofften) sozialistischen Großbauten, statt asketischer Kameradschaftsbeziehungen zwischen den Geschlechtern wünschte man sich eine freie Sexualität; wuchtige und massenhafte Sprechchoraufführungen gaben offenbar mehr Sinn als die Singspiele der früheren Jahre, das agitatorische Kabarett verdrängte die Hans-Sachs-Stücke, der Inhalt der Lieder bekam wieder eine kämpferische Note, die Großstadt und die technisch-zivilisatorischen Errungenschaften wurden bejaht. Alles in allem: Politik und Lebensweisen im Jungsozialismus änderten sich mit dem Generationswechsel und dem Wandel von Erfahrungen.

Selbst noch die Krise der Jungsozialisten in den frühen 30er Jahren hatte damit zu tun. Die dritte Generation in der sozialistischen Jugendbewegung der Weimarer Republik war noch stärker als die vorangegangenen kulturell durch den Enthusiasmus für die Massenwettkämpfe sozialisiert, gesellschaftlich durch die Erfahrungen von Massenarbeitslosigkeit und einer politischen Krise, die den täglichen Einsatz in Kampftruppen auf der Straße verlangte. Das jungsozialistische Selbstverständnis, bestehend aus Bildung, Erziehung zu sozialistischen Menschen, der Beschäftigung mit ästhetischer Kultur, der Aufführung von Theaterstücken, der Inszenierung von Literaturabenden, fand nun keinen fruchtbaren Boden mehr. Und konnte wohl auch nicht: in den frühen 30er Jahren mußte es den meisten jungen Sozialisten geradezu widersinnig erscheinen, der Persönlichkeitserziehung und Theoriebildung den Vorzug vor der praktischen Abwehr des Nationalsozialismus geben zu sollen. Zudem zermürbte die frühe und langandauernde Arbeitslosigkeit, sie unterhöhlte das Selbstbewußtsein, zerstörte das seelische Gleichgewicht[1], vernichtete mithin die psycho-sozialen Voraussetzungen des klassisch sozialdemokratischen Facharbeiterdaseins, die wohl nötig sind, um für die kulturelle Veredelung und ambitiösen Theoriediskussionen jungsozialistischer Bildungsabende ansprechbar zu sein. Die Jungsozialisten befanden sich Ende 1930 in einer fundamentalen Identitätskrise, die sich in voluntaristischen Appellen zum revolutionären Vorstoß auf der einen und der Neigung zu einer noch stärker elitären Introvertiertheit auf der anderen Seite niederschlug. Es fehlte den Jusos zudem an Nachwuchs, sie waren überaltert – Faktoren, die für den Niedergang des Jungsozialismus eine ebenso gewichtige Rolle spielten wie die vielzitierten Repressionsakte bürokratischer Parteiinstanzen.

\*\*\*

Für die methodologische Frage nach erkenntnisleitenden Begrifflichkeiten in der Zeitgeschichte mag man daraus vielleicht zwei Schlüsse ziehen.

1) Die Kategorie der „Generation" erweist sich zumindest bei der Untersuchung von Politik und Kulturen in modernen Gesellschaften als fruchtbar. Der Wandel von politischen Einstellungen und kulturellen Ausdrucksformen hängt eng mit dem Wechsel von Generationen zusammen – und umgekehrt. Dabei schlüsseln sich „Generationsprägungen" nicht allein schon durch die hermeneutische Deutung literarischer Produktionen, sinnvermittelnder Symbole oder politischer Handlungen auf; sie *sollten* zudem im Kontext der gesellschaftlichen Strukturen und der sozialen Entwicklung, aber auch der einschneidenden politischen Ereignisse gesehen werden. Eine derart gebrauchte Kategorie der „Generation" kann so gewissermaßen als Scharnier wirken, das die sonst möglicherweise im Forschungs- und Darstellungsprozeß auseinanderfallenden Segmente von subjektiven Wahrnehmungen, Meinungsklimate, normativen Wertvorstellungen, Organisationswirklichkeiten und den sozialen und politischen Konstellationen zusammenhält und miteinander verzahnt. Bei der Untersuchung von Generationsprägungen ist man überdies gezwungen, die Binnenperspektive von einer je besonderen sozialen und politischen Gruppierung (oder Region) zu überwinden und nach Vergleichbarkeiten bzw. Unterschieden zu anderen weltanschaulichen oder sozialen Personengruppen mit gleichwohl identischer Generationsprägung zu fragen. Eine solche Sicht kann sowohl dazu beitragen, allzu starr verwandte Generations-Prägungs-Hypothesen zu relativieren; sie vermag zudem, die Determinationsreichweite bloßer Klassenzugehörigkeit für die Konstitution von Kommunikations- und Sinnbeziehungen vorsichtiger und differenzierter zu bemessen helfen. Der Vergleich der Sozialistischen Proletarierjugend und der Jungsozialisten etwa zeigte, wie stark das in den frühen 20er Jahren offenkundig richtungsübergreifende, generationsspezifische Verlangen nach lebensreformerischen Ausdrucksweisen auch die örtlichen Gruppen der linkssozialistischen Jugend erfaßt hatte – trotz des bewußt dagegen gerichteten klassenkämpferischen Credos und des unromantisch gehaltenen Erziehungsprogramms der führenden SPJ-Funktionäre. Aber gleichzeitig wurde deutlich, daß dieses Erziehungsprogramm auch zu einem anders akzentuierten Selbstverständnis der SPJ-Mitglieder geführt hat; daß zwar ihre Feste und Feiern und ihre Demonstrationen über weite Strecken denen der Jungsozialisten ähnelten, aber auch einen eigenen Bedeutungsgehalt bekamen: Dort nämlich, wo andere Inhalte, Zielsetzungen, die in programmatische Sätze gehüllten Hoffnungen nach Gestaltungsformen verlangten, in denen sich solche Emotionen und Aktivitäten freisetzten, die in den Gemeinschaften der gleichaltrigen Jungsozialisten nicht entstehen konnten.

Generationsspezifische Gemeinsamkeiten können also das Gewicht ideologischer Gegensätze vermindern; sie durchdringen die Lebensweisen von Angehörigen verschiedener sozialer und politischer Gruppen *einer* Alterskohorte mehr, als sich das die Akteure häufig eingestehen wollen. Aber ebenso gewiß wird die Generationsprägung auf der Ebene des Weltanschaulichen, des Ideellen, auf der Ebene sozial-moralischer Milieus gebrochen – und, wie man noch hinzufügen muß, durch das Moment der Organisiertheit. Im freizeitlichen Stil, im Habitus, in den kulturellen Formen glichen die jungen Sozialisten, so stellte sich im Laufe der Untersuchung heraus, ihren weltanschaulich-politisch organisierten Kontrahenten mit Bildungsanspruch in dem Maße, wie sie sich darin vom Alltagsverhalten und den Bedürfnissen der großen Mehrheit nicht-organisierter Arbeiterjugendlicher abhoben. Darin lag eine weitere Ursache für die Dauerkrise des Jungsozialismus: in dem Auseinanderfallen von jungsozialistischer Kultur und den Lebensweisen großer Teile der jungen Arbeiterschaft.

2) In der vorliegenden Arbeit ist in der Hauptsache von generationsspezifischen *Erfahrungen,* weniger von *Mentalitäten* die Rede. Zwar erfreut sich der Mentalitätsbegriff einer wachsenden Beliebtheit in neueren historischen Darstellungen, aber es scheint zweifelhaft, ob er bei der Analyse moderner Gesellschaften weiterhilft. Die Möglichkeiten und Vorzüge der Mentalitätsforschung sind am Beispiel vergleichsweise statischer Gesellschaften hinreichend bewiesen.[2] Hier konnten die unbewußten sozialen Normen, die Klimata und Axiome aufgedeckt und in ihrer lang dauernden Prägekraft für mehrere Generationen von Menschen belegt werden. Aber zumindest bei dem hier gegebenen Gegenstand (in seiner Zeit) stößt ein solcher wissenschaftsmethodologischer Zugriff auf Grenzen: eine Gruppe wie die Jungsozialisten, die sich erklärtermaßen einen *Begriff* von der Gesellschaft machen will, geht nicht in kollektiv *unbewußten* Sinnwelten auf; im übrigen transformieren sich diese Sinnwelten in modernen Gesellschaften außerordentlich rasch, und die Eindrücke politischer Ereignisse, die Einflüsse rapider gesellschaftlicher Wandlungen spielen dabei eine wesentliche Rolle – und sprengen gleichsam die stoische Ruhelage einer „Mentalität". Der Begriff „Erfahrung" hat daher – wenn er nicht in der subjektivistischen Sphäre der „Betroffenheit" verbleibt – Vorrang vor dem der Mentalität: Jener ist offen für Veränderungen in der Gesellschaft und kann anders als dieser die Wirkung von politischen Ereignissen und schnellen sozialen Wandlungen auf das normprägende Bewußtsein der handelnden Menschen mit einbeziehen. Ein solcher Erfahrungsbegriff bietet Raum für die Analyse bewußter Interaktionen der Menschen mit ihrer Umwelt, schließt deterministisch verengte Sozialisationsmodelle aus, begrenzt den „Habitus", die zweite Natur des Menschen, nicht auf einen invariablen Dispositionsfaktor für alle künftigen lebensgeschichtlichen Äußerungen.

Mit der Dynamik der Erfahrungen verändern sich im 20. Jahrhundert auch die bedeutungsvollen und sinngebenden Zeichen, Einstellungen und Konfigurationen von Gruppenkulturen in einer Weise, daß man nur mit Einschränkungen davon sprechen kann, der Begriff „Kultur" lasse notwendig auf Phänomene schließen, die nicht dem schnellen Wandel unterliegen und trotz des Wechsels der jeweiligen Trägergruppe mit sich identisch bleiben.[3] Am Beispiel des Jungsozialismus konnte man zwei Ebenen feststellen und unterscheiden: 1. die *Konstanz* sozialmoralischer Wertvorstellungen, wie den Bildungsoptimismus, die Kollektivität und Solidarität, über mehrere Generationen in der sozialdemokratischen Facharbeiterkultur und 2. die *schnelle Rhythmik* generationstypischer Lebensformen und Ausdruckskulturen. Vermutlich dürften andere Untersuchungen von Gruppenkulturen im 20. Jahrhundert zu ähnlichen Ergebnissen kommen und sollten den bislang gängigen Kulturbegriff in der Sozialgeschichte differenzieren.

\*\*\*

Zum Schluß noch, zusammenfassend, ein Blick auf die politischen und theoretischen Kontroversen im Jungsozialismus. Es war ein Anliegen, mit dieser Arbeit die aus der

Literatur bekannten pauschalen und bipolaren Zu- und Einordnungsmaßstäbe in Frage zu stellen und zu überwinden. Hier: der einheitliche Block linkssozialistischer Hannoveraner, dort: die homogene Fraktion der rechten Hofgeismarer; antagonistisch zerstritten die beiden Gruppierungen – so einfach lagen die Dinge nicht. Da gab es noch die Jungsozialisten der mittleren Gruppe, keineswegs gering an Zahl, aber weniger ehrgeizig, vielleicht auch weniger gewandt in der Entfaltung origineller und emotionalisierender Ideen, eher bereit zu einer unauffälligen Parteiarbeit; für den Historiker daher schwieriger zu fassen, so daß er sie mitunter vergißt oder gar übersieht. Da gab es zudem auch die verblüffenden Über-Kreuz-Zusammenhänge zwischen den beiden Flügelfraktionen. Sowohl bei den Hannoveranern als auch bei den Hofgeismarern findet man „Dialektiker", solche also, die sich von der Hegel-Renaissance in den 20er Jahren mitreißen ließen und besonders Georg Lukács' „Geschichte und Klassenbewußtsein" mit großer Begeisterung lasen. Und nicht nur bei den Hofgeismarern, sondern eben auch (und vielleicht sogar besonders) bei den Hannoveranern standen diesen die Kantianer gegenüber, die den normativen Moralphilosophien mehr vertrauten als den Subjekt-Objekt-Dialektiken eines listigen Weltgeistes. Aber selbst noch hinter diesen Gegensätzen der fraktionsungebundenen Erkenntnistheorien verbarg sich Gemeinsames, denn mit beidem sollte die Krise eines kraftlos-linearen Ökonomismus der vorherrschenden sozialdemokratischen Richtung behoben werden; beides sollte der Kurzatmigkeit einer ständig der Gefahr des Opportunismus und der Perspektivlosigkeit ausgesetzten Realpolitik entgegenwirken.

In beiden Gruppierungen, bei den Hofgeismarern so gut wie bei den Hannoveranern, führte das indessen nicht selten zu einer Stimmung des Alles oder Nichts, zu einem politischen Fundamentalismus. Mit Geist- und Gesinnungssozialismus kann man die politischen Entwürfe einiger Theoretiker beider Fraktionen angemessen übersetzen. Die Reinerhaltung der Gesinnung, die Pflege des Geistes und eine unbeugsame Prinzipienfestigkeit standen bei vielen Jungsozialisten der Flügelgruppierungen zumindest zeitweilig höher im Kurs als die profane Politik der kleinen Schritte auf der Basis von Analysen der gegebenen Verhältnisse. Die Erziehung zu neuen Menschen in kleinen Gemeinschaften hatte für Teile der Hofgeismarer wie der Hannoveraner Vorrang vor einer notwendigerweise mit Kompromissen durchwirkten Arbeit in den Massenorganisationen. Gewiß, die Chiffren des Fundamentalismus standen für gänzlich andere Inhalte und Zielsetzungen: Volksgemeinschaft und nationaler, ja nationalistischer Aufbruch versus Diktatur des Proletariats und Internationalismus beispielsweise – darin spiegelten sich besonders die schroff gegensätzlichen politischen Erfahrungen des Jahres 1923 (z. B. Ruhrbesetzung, Reichswehreinmarsch in Sachsen) wider, und darüber nahm die Bedeutung übergreifender Gemeinsamkeiten im habituellen Ausdruck und im gesinnungsethischen Verständnis von politischer Praxis ab.

Aber in den Flügelgruppierungen gab es nicht nur diesen einen, leicht identifizierbaren Fundamentalismus, die Fraktionen waren in sich sehr viel heterogener und vor allem: sie veränderten sich. Keines der geläufigen Etikette kann so recht überzeugen. Weder war der Hofgeismarkreis, wie manche seiner Zeitzeugen glauben machen wollen, insgesamt und jederzeit demokratisch-sozialistisch, noch vertrat er in toto einen über die ganzen Jahre hinweg gleich gebliebenen völkischen Kurs, wie es in den Werken einiger jüngerer Historiker anklingt. Zu Beginn seiner Existenz dominierte zwar die völkische Einstellung, eine eher noch diffuse Mischung aus nationaler Romantik und jungkonservativen Visionen von Führerschaft und preußischer Staatsgesinnung.

Doch schon damals, auf der Konferenz in Hofgeismar Ostern 1923 selbst, hatten sich auch andere, durchaus gewichtige Stimmen zu Worte gemeldet, die für eine nationale Strategie des Reformsozialismus innerhalb des demokratischen Staatswesens plädierten. Als sich dann der Nebel nationaler Romantik durch die Veränderungen in der Republik immer mehr verflüchtigte, zeichneten sich nunmehr auch die Konturen der Gegensätze innerhalb des Hofgeismarkreises in aller Deutlichkeit ab. In der außenpolitischen Debatte des Kreises schieden sich die Rußlandorientierten von den England- und Frankreichorientierten, und hinter solchen Formeln versteckte sich mehr als eine geostrategische Präferenz, dahinter verbarg sich auch die Gegensätzlichkeit einer innenpolitischen Sichtweise. Aus der Verschwommenheit der nationalen Idee des Jahres 1923 hatte sich Verschiedenartiges entwickelt: auf der einen Seite ein demokratisch-sozialistischer Patriotismus mit Anleihen aus der Nationalitätentheorie Otto Bauers und im versuchten Anschluß an das Vorbild Jean Jaurès', repräsentiert besonders durch Theodor Haubach und Hermann Heller; auf der anderen Seite ein aggressiver, kompromißloser, revolutionär verkleideter Nationalismus, bei dem Ernst Niekisch Pate stand. Beides ließ sich nicht vereinbaren, und dies hat den Auflösungsprozeß des Hofgeismarkreises zumindest beschleunigt.

Verändert hatte sich der Hofgeismarkreis zudem auch durch die Einflüsse der religiösen Sozialisten um Carl Mennicke und vor allem Paul Tillich, die beide, was vielfach übersehen wird, aus der USPD kamen und weder mit dem klassischen Revisionismus noch mit der damaligen Mehrheitsrichtung in der Sozialdemokratie etwas im Sinne hatten. Die lebensphilosophische Identität einiger Hofgeismarer verband sich nun durch die Annäherung an den religiösen Sozialismus der Kairos-Gruppe mit marxistischer Dialektik; der ethische Impuls geriet in eine geschichtsphilosophische Gesamtschau. Aus alledem entstand ein lebensphilosophisch-revolutionäres Selbstverständnis, das den Auftrag zur ständigen Reform und den Imperativ verantwortlicher Selbst-Veränderung mit der Utopie einer neuen, sinnerfüllten Gesellschaft im Zeichen des „Reiches Gottes" verknüpfte. Es ist schwer, eine solche Position angemessen einzuordnen und kurz zu kategorisieren; ob man sie allerdings umstandslos dem rechten Flügel der Sozialdemokratie zuschlagen darf, wie es die Regel ist, scheint doch höchst fraglich zu sein.

Zu den Ironien der Geschichte des Hofgeismarkreises gehört, daß sich eine Mehrheit unter den Jungsozialisten zu einem Zeitpunkt von der „nationalen Romantik" absetzte und das polemisch gegen die Hofgeismarer richtete, als eben diese selbst von jener Romantik Abschied genommen hatten. Drei Strömungen findet man im wesentlichen im Hofgeismarkreis kurz vor dessen Auflösung: 1. die Nationalrevolutionäre um Niekisch, die zumindest in ihren Analysen eher vom Gebot kühl-kalkulierender Machtpolitik als von wolkigen Schwärmereien ausgingen, 2. die mittlere und größte Gruppe, teils ethisch, teils religiös-sozialistisch gesonnener Jusos, die nun für eine reformistisch-republikanische und nationalbewußte Staatsauffassung fochten und schließlich 3. die militante Gruppe patriotischer Radikalsozialisten um Theodor Haubach und Karl Mierendorff.

\*\*\*

Nicht weniger heterogen präsentierte sich der linkssozialistische Flügel. Auch er hatte sich mit den Jahren stark gewandelt. Entstanden war er im Herbst 1923 in Hochburgen der vormaligen Merheitssozialdemokratie, getragen von jungen Arbeitern, die sich in spontaner Empörung über die Krisenauswirkungen der Hyperinflation und über die militärischen Interventionen in Mitteldeutschland nach links radikalisierten und dabei einen recht derben, aber prosaischen Antikapitalismus formulierten. Die früheren Mitglieder der Sozialistischen Proletarierjugend hatten an dieser Linksentwicklung keineswegs den bedeutsamen Anteil, den man ihnen in der Literatur hypothetisch beimißt. Die einstigen SPJler standen zunächst überwiegend außerhalb der jungsozialistischen Bewegung, die sie für eine Vereinigung von Schöngeistern und Phantasten hielten, und die sie deshalb im wesentlichen organisatorisch und administrativ zu bekämpfen, statt im Sinne linkssozialdemokratischer Politik zu verändern suchten. Einflußnahmen aus dem Spektrum der früheren USPD kann man erst *nach* dem Hervortreten einer linksoppositionellen Stimmung im Jungsozialismus erkennen und da in erster Linie von seiten linkssozialdemokratischer Pädagogen und Arbeiterbildner, darunter besonders jener der Heimvolkshochschule Tinz in Thüringen.

Das Interesse von Intellektuellen am Radikalismus jungsozialistischer Arbeiter kann man vielleicht als ein Kennzeichen schlechthin für den Charakter des Pfingsten 1924 gegründeten Hannoveranerkreises bezeichnen. Bildungsbürgerliche Akademiker, häufig jüdischer Herkunft, Lehrer von weltlichen Schulen und auch sozialistische Studenten gaben nun dem linken Jungsozialismus ein neues Gepräge. An die Stelle des spontanen Erfahrungsradikalismus traten jetzt intellektuell anspruchsvoll stilisierte, mitunter eigenwillige und weitreichende Theoriemodelle. Deren Vorzug gegenüber manchen Hofgeismarer Erklärungen lag darin, daß sie die soziologische Struktur der Gesellschaft mit berücksichtigten und dadurch volksgemeinschaftliche Idealismen ausschlossen. Allerdings blieb die soziologische Betrachtungsweise zumeist abstrakt, reduziert auf den Topos „bürgerliche Gesellschaft", und war nur in den seltensten Fällen Impuls für eine Realanalyse der sich wandelnden sozialen und politischen Konstellationen, die in ihren empirischen Gestaltungsformen künftig allzu häufig nur noch als gesetzmäßige Ausdrücke identisch bleibender und universeller Kapitalherrschaft deduziert wurden. Die sozialistische Perspektive löste sich aus dem Diesseits einer republikanischen Gesellschaft und verengte sich auf eine verklärte Zukunft revolutionärer Totalumwälzung; das Handeln im Hier und Jetzt beschränkte sich für viele Jungsozialisten auf die Erzeugung revolutionären Bewußtseins. Ein Bewußtsein indessen, welches vom Denken und den Bedürfnissen der Mehrheit auch sozialdemokratischer Arbeiter so weit entfernt war, daß es geradezu zwangsläufig entweder in eine revolutionäre Vorhut oder in eine introvertierte Gesinnungsgemeinschaft hineinverlegt werden mußte.

Als eine besondere Gesinnungsgemeinschaft mit einer eigenen, nicht-marxistischen weltanschaulichen Begründung agierte der streng führerschaftlich aufgebaute Internationale Jugend-Bund, der durch die systematische Erziehung seiner kadermäßig erfaßten Aktivisten, dank der ungeheuren Disziplin und Einsatzbereitschaft aller Mitglieder und aufgrund der zentralen Koordination sämtlicher Handlungen in der Anfangsphase zum politischen Hirn des Hannoveranerkreises avancierte. Die Jungsozialisten dort hatten sich indessen einem vom Leiter des Bundes, dem Göttinger Philosophen Leonard Nelson, verordneten Verhaltens- und Leistungsreglement zu unterwerfen, das in seiner erbarmungslosen Konsequenz — um einmal auf die Schattenseiten solcher Projekte hinzuweisen — auch zu enormen menschlichen Belastungen geführt haben dürfte.

Aber auch für die „Marxisten" trifft das bisher Gesagte nicht auf alle Positionen im Hannoveranerkreis zu, wohl auf den Kern des linken Jungsozialismus, aber darüber sollen die Differenzierungen nicht verlorengehen. Fritz *Sternberg* beispielsweise, am linken Rand des Hannoveranerkreises stehend, war absolut kein „Ableitungsmarxist". Ihm ging es um eine neue Interpretation einer seit den Klassikern veränderten Wirklichkeit, war es auch auf Kosten liebgewonnener marxistischer Lehrsätze. Auch versprach er sich nichts von einer nach innen gewandten Pflege revolutionären Geistes für eine unbestimmte, bessere Zukunft. Er entwarf statt dessen dringlichkeitsheischende Appelle zum Aufbau einer nicht-reformistischen Partei und zur gewalttätigen revolutionären Aktion. Siegfried *Marck,* von der anderen Seite des Hannoveranerkreises, betrachtete die im Jungsozialismus insgesamt kursierenden Revolutionsmythologien dagegen mit Skepsis, hielt an der Notwendigkeit eines republikanischen Sozialismus fest und unterschied sich zur Mitte der 20er Jahre in den umstrittenen Fragen „Staat" und „Nation" etwa von Hofgeismarern wie Haubach und Heller allenfalls in Nuancen. Auch dem religiösen Sozialismus eines Paul Tillich stand er, zeit seines weiteren Lebens im übrigen, nicht ohne Sympathie gegenüber. Vom Nutzen eines linkssozialdemokratischen Republikanismus versuchte auch Otto *Jenssen* seine jungsozialistischen Schüler in den Halbjahreskursen auf Schloß Tinz zu überzeugen. Die linken Zentristen der Tinzer Schule hielten sich dabei an das Vorbild des von Otto Bauer repräsentierten Austromarxismus.

Zur Mitte des zweiten Jahrzehnts aber war die Zeit eines aktivistischen Vortruppradikalismus, wie ihn Sternberg vertrat, noch nicht angebrochen, und für einen republikanischen Sozialismus wollte sich nie eine Mehrheit unter den linken Jungsozialisten erwärmen. Die meisten hofften gemeinsam mit ihrem Lehrer Max Adler auf die geschichtswendende Kraft der „Diktatur des Proletariats", wofür man sich bewußtseinsmäßig zu trainieren wünschte. Die demokratische Republik galt in dieser Perspektive bestenfalls als günstiger Kampfboden und seit der Jenaer Reichskonferenz nicht einmal mehr als das: dort hatte sie eine Mehrheit der versammelten Delegierten als bourgeoises Instrument zur Verschleierung der Klassengegensätze enttarnt und verworfen.

***

Nach dem Parteiausschluß des Internationalen Jugend-Bundes Anfang November 1925 und nach dem freiwilligen Ausscheiden der Hofgeismarer im Frühjahr 1926 blieb die jungsozialistische Bewegung ein Konglomerat verschiedenartiger linkssozialdemokratischer und linkssozialistischer Positionen; sie ging nicht in einem eindimensionalen orthodoxen Purismus auf. Auch die republikanischen Jungsozialisten des linken Flügels verschwanden nicht von der Bildfläche. Sie zeigten besonders in der sozialdemokratischen Wehrdebatte der späten 20er Jahre Profil, als sie sich gleichsam doppelstrategisch für eine Demokratisierung und gewerkschaftliche Durchdringung der Armee *und* zudem für eine zum Zwecke des Abwehrkampfes gegen konterrevolutionäre Kräfte erforderliche autonome Wehrhaftigkeit stark machten – eine Strategie indessen, die weder bei der Mehrheitsrichtung noch beim linken Flügel der SPD ausreichend Unterstützung fand. Die radikal-linken Jusos setzten in ihrer Majorität dagegen einseitig auf die proletarische Wehrhaftigkeit. Einer ihrer herausragenden Theoretiker, der Landesvorsitzende der sächsischen Jusos, Helmut Wagner, forderte offen entschiedene Maßnahmen für die Wehraktion der Arbeiterklasse: er verlangte die illegale Aufrüstung des Proletariats, um die Zitadelle der Staatsmacht zu erstürmen. Wagner gehörte zu den Köpfen einer sich seit 1926 in der Sozialdemokratie vorsichtig formierenden Gruppe von Linkskommunisten, die ihre Politik in kleinen, von der Parteiöffentlichkeit sorgfältig abgeschirmten konspirativen Zirkeln vorbereitete.

In dem Maße, wie in der politischen und sozialen Krise der Republik die austrozentristische Position im Jungsozialismus endgültig an Boden verlor und wie auch die Zugkraft der chiliastischen Zukunftsvisionen eines Max Adler und Fritz Lewy allmählich dahinschwand, gewannen die dynamisch appellativen Aktionslosungen der Linkskommunisten um Wagner und der radikalen Linkssozialisten um Fritz Sternberg an Resonanz und Zustimmung bei den Jusos. Eine Zeitlang, Ende 1930, Anfang 1931, agierten diese beiden Strömungen vereint, im westlichen Westfalen, am Nieder- und Mittelrhein, in Südwestdeutschland, in Berlin und in Ost- und Westsachsen, unter der Bezeichnung „Rote Kämpfer", deren gleichnamiges Zeitschriftenorgan erst seit dem Spätsommer 1931 ganz in die Hände der ehemaligen KAPD-Theoretiker gelangte. Bei allen ideologischen Unterschieden im einzelnen – die radikalen Linkssozialisten teilten nicht den militanten Antibolschewismus und den überschwenglichen Rätespontaneismus der Linkskommunisten – einte den radikalen Flügel im Jungsozialismus doch das: Man wähnte den Kapitalismus in einer „Niedergangs-" bzw. „Todeskrise" und hielt große Massen der Arbeiterschaft zumindest dann für prinzipiell kampfbereit, wenn die Vorhut sie dem hemmenden Einfluß der reformistischen Arbeiterbürokratie entreißen und durch zielklare Losungen zur selbständigen revolutionären Aktion anstacheln könnte. Beide Strömungen trafen sich also in dieser Bündelung leninistischer Vorhutsprinzipien mit syndikalistischen Hoffnungen auf den problemlösenden Impetus der kristallklar geführten und radikalisierten Massen: Der Organisationstyp einer straff geführten und ideologisch einheitlichen Avantgarde sollte mit dem Imperativ der nicht-sektiererischen Massenverankerung kombiniert werden. Die Elite der geschulten Kader gab jeweils die richtige Maxime im Tageskampf aus, die Masse aber mußte ihn mit ihrer eigenen Dynamik bis hin zur politischen Entscheidung und der Zerschlagung der bourgeoisen Staatsmaschinerie weitertreiben – eine modellhafte Wunschsynthese leninistisch-luxemburgianischen Zuschnitts, die gewiß eine Reaktion auf die Schwerfälligkeiten der großen Organisationsapparate in der Arbeiterbewegung darstellte und in ihrer voluntaristischen Prägung viel mit dem zwischen Pessimismus und bangen Hoffnungen schwankenden Zeitgefühl der kämpfenden jungen Sozialisten in den frühen 30er Jahren zu tun gehabt haben dürfte.

Im übrigen kritisierten die radikalen Linkssozialisten und Linkskommunisten mit ätzender Schärfe die „Halbherzigkeiten" und den „Nur-Parlamentarismus" der offiziösen sozialdemokratischen Parteilinken, gingen auch zur Führung der Jungsozialisten um Franz Lepinski und Georg Engelbert Graf auf schroffe Distanz und setzten rhetorisch den Hebel für die Radikalisierung der Arbeitermassen an der gewerkschaftlichen Basis an: die Linkskommunisten in unionistischer Tradition mit dem strategischen Blick auf autonome, revolutionäre Betriebsorganisationen, die Linkssozialisten mit der Parole vom Aufbau einer eigenständigen Gewerkschaftslinken. Erfolg hatten die radikalen Linkssozialisten – den Linkskommunisten blieb er immer versagt – nur in einer „sterbenden Stadt", in Breslau, wo die soziale und ökonomische Infrastruktur durch die Ergebnisse des Ersten Weltkriegs, die veränderte Grenzziehung in Schlesien und den Zollkrieg mit Polen, auf eine geradezu dramatische und beispiellose Weise erschüttert worden war. Hier nahm eine gut qualifizierte, traditionell sozialdemokratisch sozialisierte, völlig unvorbereitet in materielles Elend abgedrängte Facharbeiterschaft, besonders der Metallindustrie, die ihr von den Linksintellektuellen und Jungsozialisten angetragene Mission des radikalen proletarischen Vortrupps an.

Nirgendwo sonst aber war das noch der Fall. Im Gegenteil: die radikalen Jungsozialisten blieben mit ihrer Politik auf den eigenen kleinen Kreis beschränkt und überwarfen sich durch die Intransigenz ihrer Anschauungen seit dem Herbst 1930 besonders mit den Vorständen linkssozialdemokratischer Bezirke. Die Order für die Auflösung der Jungsozialisten kam keineswegs aus den Büros des Parteivorstandes in der Berliner Lindenstraße, und auch der Leipziger Parteitag 1931 setzte nur den Schlußpunkt einer Entwicklung, die längst in einigen Hochburgen der SPD-Linken vonstatten gegangen war. Der linkssozialdemokratische Berliner Bezirksvorstand hatte die Jusos bereits im Oktober 1930 aufgelöst, die linkssozialdemokratische ostsächsische Partei entzog den Jungsozialisten dann im Januar 1931 das Selbstbestimmungsrecht bei der Auswahl der Referenten und der Art der Zusammenkünfte und provozierte damit die organisatorische Selbstaufhebung der dortigen Bewegung. Die linkssozialdemokratische Leipziger SPD schließlich diktierte den konsternierten Jusos im gleichen Monat noch die Gründung eines „Arbeitskreises junger Sozialdemokraten", ein gleichsam von oben dekretierter Zusammenschluß aus Jungsozialisten, SAJ, sozialistischen Studenten und Arbeitersportlern.

Nach dem Muster der Leipziger verfuhr nun auch der zentrale Parteivorstand der SPD und verlangte von der Reichsleitung der Jungsozialisten die Reorganisation der Bewegung, die im Februar 1931 – nach den Auflösungen von Berlin und Dresden – keine 2000 Mitglieder mehr in ihren Reihen gezählt haben dürfte. Dem Parteivorstand ging es mit seiner Initiative um die Organisierung aller 80000 bislang von den Jusos eben größtenteils nicht erfaßten 18-25jährigen Sozialdemokraten; es ging ihm aber gewiß auch um die Eindämmung jungsozialistischer Radikalität. Der Reichsvorsitzende der Jusos, Franz Lepinski, erkannte gleichwohl in der Aufforderung des Parteivorstands die letzte Chance für die Jungsozialisten, ihre organisatorische Existenz zu retten, und er versuchte diese noch verbliebene Möglichkeit zu nutzen.

Die Mehrheit der Jusos allerdings verweigerte sich. Linkskommunisten und radikale Linkssozialisten auf der einen und die Vertreter eines introvertierten Geist- und Erziehungssozialismus um Fritz Lewy – der sich nun selbst als „Neuromantiker" bekannte – auf der anderen Seite schlossen sich auf der letzten Reichskonferenz der Jusos Anfang 1931 in Leipzig, die der von Jena sechs Jahre zuvor an Turbulenz und gereizter Emotionalität nicht nachstand, zu einer Negativ-Koalition zusammen und blockten den verzweifelten Reorganisationsvorstoß von Lepinski ab. Die einen empfanden die geforderte Öffnung der Organisation geradezu als eine Vergewaltigung jungsozialistischer Eigenart und als Bedrohung ihres exklusiven Elitedaseins, die anderen, ein wenig politischer denkend, witterten in den Reorganisationsmaßnahmen einen repressiven Akt der SPD-Bürokratie zur Erstickung der aufkeimenden revolutionären Energien. Der linkskommunistische Flügel, der die proletarischen Massen in revolutionärer Vorwärtsbewegung wähnte, blies nun seinerseits zum Angriff; ohne Umschweife postulierte er die Zertrümmerung des reformistischen Funktionärsapparats.

Dazu indes kam es nicht mehr: Acht Wochen nach dem Leipziger Juso-Spektakel löste der Parteitag der Sozialdemokratie am gleichen Ort die Organisation der Jungsozialisten auf; von vierhundert Delegierten hatten ihr nur sieben eine weitere Existenzberechtigung zubilligen wollen.

# Anmerkungen

## I. Einführung

1 Vgl. F. Walter: Jungsozialisten in der Weimarer Republik. Zwischen sozialistischer Lebensform und revolutionärer Kaderpolitik. Hg. vom Bundesvorstand der Jungsozialisten. Göttingen 1983.

2 In dem Buch über die Weimarer Jungsozialisten hat der Verfasser seine Skepsis über den Linkssozialismus noch eher vorsichtig-verhalten angedeutet. Konsequent dagegen sind die Schlußfolgerungen in: F. Walter, M. Scholing, G. Storm: Die Bedeutung Otto Bauers für die deutsche Sozialdemokratie. In: D. Albers, H. Heimann, R. Saage (Hg.): Otto Bauer: Theorie und Politik. Berlin 1985; vgl. auch F. Walter, G. Storm: Zwischen Zentrismus und Linkssozialismus. In: NG 1985, H. 8, S. 720ff.

3 In diesem Punkt ist der Verfasser anderer Meinung als Helga Grebing. Grebing hält die beiden Grundhaltungen des historiographischen Handwerks – normative Kritik in Retrospektive einerseits und immanentes Erklären andererseits – für weitgehend unvereinbar (H. Grebing: Der Weg der Nachkriegssozialdemokratie von der Klassenpartei zur Volks-und Staatspartei. Bemerkungen zu dem Werk von Kurt Klotzbach. In: AfS 1983, S. 618ff., hier: S. 619). Der Verfasser glaubt dagegen, daß die sich der Grenzen bewußte Anwendung *beider* Methoden und ein reflektiertes Abwägen ihrer Ergebnisse erkenntnisfördernder ist als die Verabsolutierung eines der beiden Verfahren, die für sich genommen vielleicht wirklich entweder zum Situations-Determinismus oder zu einem den historischen Umständen letztlich fremden und inadäquaten Normativismus führen müssen.

4 Vgl. G. Storm, F. Walter: Weimarer Linkssozialismus und Austromarxismus. Historische Vorbilder für einen „Dritten Weg" zum Sozialismus? Berlin 1984. S. 14f. u. 81ff.

5 Vgl. dazu T. Koebner, R.-P. Janz, F. Trommler (Hg.): „Mit uns zieht die neue Zeit." Der Mythos Jugend. Frankfurt/M. 1985; I. G. v. Olenhusen: Die Krise der jungen Generation und der Aufstieg des Nationalsozialismus. In: Jahrbuch des Archivs der Deutschen Jugendbewegung. Bd. 12, 1980, S. 53ff.; H. Jaeger: Generationen in der Geschichte. Überlegungen zu einer umstrittenen Konzeption. In: GG 1977, S. 429ff.; E. Domansky, U. Heinemann: Jugend als Generationserfahrung: Das Beispiel der Weimarer Republik. In: SOWI 1984, H. 2, S. 14ff.; M. H. Kater: Generationskonflikt als Entwicklungsfaktor in der NS-Bewegung vor 1933. In: GG 1985, S. 217ff.

6 Beispiele für die Möglichkeiten einer solchen Ideengeschichte sind v. a. die Arbeiten von Detlef Lehnert, vgl. etwa D. Lehnert: Reform und Revolution in der Strategiediskussion der klassischen Sozialdemokratie. Bonn – Bad Godesberg 1977; ders.: Sozialdemokratie und November-Revolution. Die Neuordnungsdebatte 1918/19 in der politischen Publizistik von SPD und USPD. Frankfurt/M. – New York 1983; ders.: Sozialdemokratie zwischen Protestbewegung und Regierungspartei 1848-1983. Frankfurt/M. 1983. Vgl. als ein weiteres Beispiel der jüngsten Zeit die über weite Strecken überzeugende ideengeschichtliche Widerlegung der kursierenden Rosa-Luxemburg-Legenden durch M. Scharrer: Die Spaltung der deutschen Arbeiterbewegung. Stuttgart 1983.

7 Zit. nach H. Schwarz: Staatliche und revolutionäre Aufgaben. In: Vorwärts, 22.8.1925.

8 Vgl. hierzu und überhaupt zur Problematik einer angemessenen historischen Darstellungsweise J. Kocka: Zurück zur Erzählung? Plädoyer für historische Argumentation. In: GG 1984, S. 395ff., hier: S. 406.

9 H. Grebing, D. v. d. Brelie-Lewien: Grundprobleme der Geschichte der deutschen Arbeiterbewegung. Bemerkungen zu einigen Gesamtdarstellungen und Spezialstudien. In: AfS 1983, S. 555ff., hier: S. 561.

10 Um hier nicht pharisäerhaft zu argumentieren: Der Verfasser weiß, daß seine erste

Publikation über die Weimarer Jungsozialisten von solchen Tendenzen auch nicht ganz frei ist.

11  M. Martiny: Sozialdemokratie und junge Generation am Ende der Weimarer Republik. In: W. Luthardt (Hg.): Sozialdemokratische Arbeiterbewegung und Weimarer Republik. Materialien zur gesellschaftlichen Entwicklung 1927-1933. Bd. II, Frankfurt/M. 1978, S. 56 ff.; H. Hägel: Die Stellung der sozialdemokratischen Jugendorganisationen zu Staat und Partei in den Anfangsjahren der Weimarer Republik. In: IWK 1976, H. 2, S. 166 ff.

12  W. Uellenberg: Die Auseinandersetzungen sozialdemokratischer Jugendorganisationen mit dem Nationalsozialismus. Bonn 1981.

13  D. Lüders: Gegen Krieg und Faschismus, Jungsozialisten in der Weimarer Republik. Hamburg 1982; R. Lüpke: Zwischen Marx und Wandervogel. Die Jungsozialisten in der Weimarer Republik 1919-1931. Marburg 1984.

14  Von einer ganz anderen Seite her macht ähnliches H. A. Winkler (Der Schein der Normalität. Arbeiter und Arbeiterbewegung in der Weimarer Republik 1924 bis 1930. Berlin – Bonn 1985, S. 375), der auf die Geschichte der jungsozialistischen Bewegung nach Ausscheiden des Hofgeismarkreises nicht mehr weiter eingeht, da, wie Winkler pauschal befindet, die Jungsozialisten danach nur noch einen „formelhaften ideologischen Purismus" vertreten hätten.

15  D. Klenke: Die SPD-Linke in der Weimarer Republik. Eine Untersuchung zu den regionalen organisatorischen Grundlagen und zur politischen Praxis und Theoriebildung des linken Flügels der SPD in den Jahren 1922-1932. 2 Bde., Münster 1983.

16  Noch eins ist an dieser Stelle zur Arbeit von Lüpke anzumerken, die von ihrem Charakter als Dissertation sehr viel strenger als die von Lüders zu bewerten ist. Es beunruhigt der sorglose und unsystematische Umgang mit einer besonderen Quellengattung, der des Interviews mit Zeitzeugen nämlich. Obgleich dieser methodische Zugriff in der Einleitung von Lüpke noch als wichtiges Instrument hervorgehoben wird (S. 10), stellt man im Laufe der Lektüre dieser Arbeit und bei der Kontrolle des Quellen- und Literaturverzeichnisses fest, daß der Autor nur zwei solcher Interviews durchgeführt und mit zwei weiteren Personen je einmal korrespondiert hat. Entweder war das so geschaffene Quellenmaterial wirklich wertvoll, dann allerdings hätte es wesentlich verbreitert werden müssen, oder aber es hat den Autor enttäuscht – was naheliegt, denn es geht in die Darstellung faktisch nicht befruchtend ein –, dann allerdings hätte in der Einleitung das Gegenteil geschrieben und dies auch ein wenig begründet werden müssen.

17  A. Rathmann: Ein Arbeiterleben. Erinnerungen an Weimar und danach. Wuppertal 1983; F. Osterroth: Erinnerungen 1900-1934. Unveröffentlichtes Manuskript, o. O., o. J. In: Archiv der sozialen Demokratie. Bonn; vgl. ferner ders.: Der Hofgeismarkreis der Jungsozialisten. In: AfS 1964, S. 525 ff.; ders.: Die Zeit als Jugendsekretär des Bergarbeiterverbandes in Bochum 1919-1924. Bochum o. J. (1983). Zu den Erinnerungen von Rathmann und Osterroth vgl. auch die Rezension des Verfassers in: IWK 1985, H. 1, S. 90 ff.

18  An dieser gebotenen Zurückhaltung hat es selbst ein so renomierter Historiker wie H. A. Winkler fehlen lassen. Der Abschnitt über die Jungsozialisten im zweiten Band seiner Weimar-Trilogie orientiert sich etwas zu umstandslos an den Erinnerungen von Osterroth und Rathmann. Er übernimmt somit auch deren Fehlinformationen. So schreibt Winkler (Der Schein, S. 375), daß es auf einer Reichsausschußsitzung *Anfang Januar 1926* u. a. deshalb zum Eklat und zur Spaltung des Jungsozialismus gekommen sei, weil die linke Mehrheit dort den Parteiausschluß der Nelsonbündler durch eine Resolution mißbilligt sehen wollte. Über den Nelson-Bund ist allerdings auf der Reichsausschußsitzung – sie fand im übrigen am 31. Januar statt – gar nicht gesprochen, erst recht nicht entschieden worden (vgl. JB 1926, H. 2, S. 59 ff.); die linke Mehrheit hatte sich sogar schon im Dezember 1925 in aller Schärfe von den Nelsonianern distanziert (JB 1925, H. 12, S. 353).

19  Zu solchen Problemen vgl. die Einleitung von Lutz Niethammer. In: ders. (Hg.): „Die

Jahre weiß man nicht, wo man die heute hinsetzen soll." Faschismuserfahrungen im Ruhrgebiet. Lebensgeschichte und Sozialkultur im Ruhrgebiet 1930 bis 1960. Bd. 1, Berlin – Bonn 1983, S. 17 ff.; vgl. auch S. Bajohr: „Oral-History" – Forschungen zum Alltag. In: Das Argument 123, 1980, S. 667 ff.; vgl. auch D. Peukert: Arbeiteralltag – Mode oder Methode? In: H. Haumann: Arbeiteralltag in Stadt und Land. Neue Wege der Geschichtsschreibung. „Argument"-Sonderband 94, Berlin 1982, S. 8 ff., hier: S. 24 ff.

20  Ein gewisses Problem besteht zudem darin, daß manche Zeitzeugen mit ihrer Auskunft auch so etwas wie ein Recht auf die inhaltliche Richtungsangabe der späteren Darstellung beanspruchen und z. T. ausgesprochen ungehalten reagieren, wenn ihnen dann der Tenor der Argumentationsführung mißfällt. Das zumindest war die Erfahrung, die der Verfasser mit seiner ersten Publikation gemacht hat. Ähnliche Probleme hatte offenkundig ein Bremer Oral-History-Projekt, vgl. J. Wollenberg, L. Heer-Kleinert, M. Müser, D. Pfliegensdörfer: Die Bremer Arbeiterbewegung in der Weimarer Republik. Bremen 1982, S. 439 ff.

21  Auf die üblichen, sicher auch für diese Arbeit grundlegenden Materialien – Protokolle, Theoriezeitschriften, Verbandsorgane, Broschüren etc. – soll hier nicht eingegangen werden; vgl. über den Bestand dazu den zuverlässigen Überblick bei Lüpke, S. 7 ff.

22  Vgl. hierzu schon die methodischen Überlegungen von Lehnert: Sozialdemokratie und Novemberrevolution. S. 17 ff. und H. Schulze: Otto Braun oder Preußens demokratische Sendung. Eine Biographie. 2. Aufl., Frankfurt/M. – Berlin – Wien 1981, S. 27.

23  Für die Geschichte der Jungsozialisten muß man allerdings eine Ausnahme erwähnen: den Internationalen Jugend-Bund, der auf demokratische und öffentlich-transparente Strukturen bewußt verzichtete und schon in der Republik ein halbkonspiratives Dasein führte. Hier erwies sich die Durchsicht des seit 1980 im „Archiv der sozialen Demokratie" gelagerten IJB/ISK-Aktenbestandes als recht nützlich. Vgl. dazu auch K.-H. Klär: Zwei Nelson-Bünde: Internationaler Jugend-Bund (IJB) und Internationaler Sozialistischer Kampf-Bund (ISK) im Lichte neuer Quellen. In: IWK 1982, H. 3, S. 310 ff.

24  So Rüdiger Zimmermann auf einer Tagung der Friedrich-Ebert-Stiftung vom 27.-29. März 1985 über „Arbeitersport und Arbeiterkultur", vgl. den Bericht von Michael Scholing: Arbeitersport und Arbeiterkultur. Ein Tagungsbericht. In: IWK 1985, H. 2, S. 208 ff., hier: S. 210.

## II. Kapitel

1  Vgl. E. Eberts: Arbeiterjugend 1904-1945. Sozialistische Erziehungsgemeinschaft – Politische Organisation. Frankfurt 1979, S. 43 f.; H. Meier-Cronemeyer: Leitbild und Lebensformen. Zu Dokumenten und Darstellungen der Deutschen Jugendbewegung. In: IWK 1983, H. 4, S. 570 ff., hier: S. 574.

2  Der damit unzufriedene Kieler Jungsozialist August Rathmann sprach bissig vom „weiblichen Regiment" bei den Jungsozialisten, vgl. Hamburger Echo, 3.1.1921.

3  Geradezu exemplarisch ist hier die Biographie und Karriere von Karl Raloff (geb. 1899) und Gustav Dahrendorf (geb. 1901), die 1917 zum stellvertretenden Vorsitzenden bzw. zweiten Schriftführer der Jugendabteilung in Hamburg gewählt wurden. Beide später auch überregional bekannten Jungsozialisten waren dann 1932 die jüngsten Reichstagsabgeordneten der SPD, vgl. J. Schult: Geschichte der Hamburger Arbeiter 1890-1919. Hannover 1967, S. 319.

4  Hierzu die betrachtenden Bilanzen in der Leipziger Volkszeitung, 20.5.1921, Für die Arbeiter-Jugend (Beilage der Breslauer Volkswacht) Nr. 6, 1926.

5   Vgl. auch M. Musial: Jugendbewegung und Emanzipation der Frau. Essen 1982 (Diss.), S. 74f.
6   Vgl. W. Helf: Die Träume vom besseren Leben – Lebenserinnerungen 1900-1933. Köln 1977, S. 251.
7   AB, März 1921, S. 71.
8   Vgl. U. Linse: Barfüßige Propheten: Erlöser der zwanziger Jahre. Berlin 1983, S. 103 ff.; E. Lucas: Vom Scheitern der deutschen Arbeiterbewegung. Frankfurt/M. 1983, S. 147; W. Laqueur: Weimar. Die Kultur der Republik. Frankfurt/M. – Berlin – Wien 1977, S. 53.
9   Vgl. U. Linse (Hg.): Zurück O Mensch zur Mutter Erde. Landkommunen in Deutschland 1890-1933. München 1983, S. 89 ff.
10  Vgl. W, Laqueur: Die Deutsche Jugendbewegung. Köln 1978, S. 132; U. Linse: Barfüßige Propheten, passim.
11  Eine Bewegung wie die Jungsozialisten, die spontan entstand, über Jahre keine verbindlichen Kassenverhältnisse und Mitgliederstrukturen kannte, sich erst spät eine Satzung und Reichszentrale zulegte, kennt leider keine Statistiken über soziale Zusammensetzung, Geschlechtsanteile etc. Vorsichtige Aussagen darüber sind nur durch vereinzelte Hinweise und mühselige biographische Rekonstruktionen zu treffen.
12  Vgl. zu diesen Zusammenhängen die überzeugenden Überlegungen von P. Lösche: Über den Zusammenhang von reformistischen Sozialismustheorien und sozialdemokratischer Organisationspraxis in der Weimarer Republik. In: H. Heimann, Th. Meyer (Hg.): Reformsozialismus und Sozialdemokratie. Berlin – Bonn 1982, S. 13 ff.; vgl. auch P. Lösche und M. Scholing: Solidargemeinschaft im Widerstand – Eine Fallstudie über „Blick in die Zeit". In: IWK 1983, H. 4, S. 517 ff., hier: S. 517-520.
13  Vgl. zu diesen sozialgeschichtlich immer noch nicht befriedigend erforschten Zusammenhängen die Hinweise bei R. F. Wheeler: USPD und Internationale. Sozialistischer Internationalismus in der Zeit der Revolution. Frankfurt/M. – Berlin – Wien 1975, S. 256; auch K. Tenfelde: Großstadtjugend in Deutschland vor 1914. In: Vierteljahrschrift für Sozial- und Wirtschaftsgeschichte, 69. Band, Heft 2 (1982), S. 182 ff., hier: S. 216 ff.; vgl. auch den Beitrag von G. A. Ritter in: H. O. Vetter (Hg.): Aus der Geschichte lernen – die Zukunft gestalten. Dreißig Jahre DGB. Protokoll der Wissenschaftlichen Konferenz zur Geschichte der Gewerkschaften vom 12. und 13. Oktober 1979 in München. Köln 1980, S. 112 f.
14  Vgl. hierzu AB Okt. 1920, S. 90; F. Lepinski: Die jungsozialistische Bewegung. Ihre Geschichte und ihre Aufgaben. Berlin 1927, S. 41; H. Hägel: Die Stellung der sozialdemokratischen Jugendorganisationen zu Staat und Partei in den Anfangsjahren der Weimarer Republik. In: IWK 1976, H. 2, S. 166 ff., hier: S. 198.
15  Das gilt auch für die MSPD des Görlitzer Programms. Vgl. D. Lehnert: Sozialdemokratie zwischen Protestbewegung und Regierungspartei 1848-1983. Frankfurt/M. 1983, S. 134; vgl. auch S. Miller: Das Verhältnis der Sozialdemokratie zur Theorie des Sozialismus in der Weimarer Republik. In: Heimann/Meyer, S. 395 ff., hier: S. 405.
16  Ein typischer und längerer Artikel über ein solches Jungsozialistentreffen erschien in der Breslauer Volkswacht, 5.8.1923.
17  Vgl. u. a. AB, Sept. 1920, S. 62; AB, Juli 1921, S. 165.
18  JB, 1928, H. 3, S. 69.
19  Helf, S. 311.
20  F. Osterroth: Erinnerungen 1900-1934. Unveröffentlichtes Manuskript, o. O., o. J. In: Archiv der Sozialen Demokratie. Bonn, S. 96.
21  Fred Lynn (d. i. Fritz Lewy) a. d. V.
22  U. Linse: Lebensformen der bürgerlichen und der proletarischen Jugendbewegung. In: Jahrbuch des Archivs der deutschen Jugendbewegung. Bd. 10, 1978, S. 24 ff., hier: S. 28 ff.

23 Vgl. hierzu G. A. Craig: Deutsche Geschichte 1866-1945. Vom Norddeutschen Bund bis zum Ende des Dritten Reiches. München 1980, S. 418; Laqueur, Weimar, S. 52; ders., Die Deutsche Jugendbewegung, S. 75.
24 Zur modischen Entwicklung der Damenkleidung, Musial, S. 142.
25 In Anlehnung an das von Mädchen viel gelesene Buch „Die heilige Insel" von Lily Kempin.
26 Franz Osterroth a. d. V.
27 Zit. nach K. Adamek (Hg.): Lieder der Arbeiterbewegung. Frankfurt 1981, S. 150; zur ursprünglichen Rezeption des Liedes in der Hamburger Arbeiterjugendbewegung vgl. die Schilderung bei W. Victor: Köpfe und Herzen. Weimar 1950, S. 59.
28 Vgl. JB 1923, H. 4, S. 50.
29 Edwin Grützner: Erinnerungen. Unv. Manuskript (i. B. d. V.).
30 So etwa Musial, S. 158.
31 Hierzu E. Kartschoke: Fastnachtspiel. In: Einführung in die deutsche Literatur des 12.-16. Jahrhunderts. Bd. 3. Bürgertum und Fürstenstaat. Opladen 1981, S. 144 ff.; vgl. auch K. Bröger: Hans Sachs und seine Volksspiele. In: Unser Reichsjugendtag in Nürnberg. Berlin 1923, S. 21 ff.; P. Mochmann: Hans Sachs und die Arbeiterjugend. In: ebd., S. 44 ff.
32 Vgl. hierzu die Interpretation von V. Engelhardt in: Der Führer 1926, H. 10, S. 146; vgl. auch: Das Weimar der arbeitenden Jugend. Niederschriften und Bilder vom ersten Reichsjugendtag der Arbeiterjugend vom 28. bis 30. August 1920 in Weimar. Hg. vom Hauptvorstand des Verbandes der Arbeiterjugendvereine Deutschlands, Sitz Berlin. Bearbeitet von E. R. Müller, Magdeburg, Berlin 1920, S. 52. J. Schult: Aufbruch einer Jugend. Der Weg der deutschen Arbeiterjugend. Bonn 1956, S. 180.
33 Das Weimar ..., S. 9. Zum Reichsjugendtag in Weimar vgl. auch die Berichte von Walter Kolb in: RZ, 4.9., 7.9., 8.9.1920.
34 Ebd., S. 49.
35 Vgl. H. Schulze: Weimar. Deutschland 1917-1933. Berlin 1982, S. 125 f.; M. Stürmer: Das ruhelose Reich. Deutschland 1866-1918. Berlin 1983, S. 249 ff.; H. Giesecke: Vom Wandervogel bis zur Hitlerjugend. München 1981, S. 17; Laqueur: Die deutsche Jugendbewegung. S. 14 ff.
36 U. Linse: Die Jugendkulturbewegung. In: K. Vondung (Hg.): Das wilhelminische Bildungsbürgertum. Zur Sozialgeschichte seiner Ideen. Göttingen 1976, S. 119 ff.; vgl. auch J. Frecot in: ebd., S. 138 ff.
37 Zu diesem von der volkskundlichen Forschung als Imitationssystem bezeichneten schichtgestuften Absenkungsprozeß, was immer auch die Auffüllung vorgegebener Formen mit neuer Sinngebung meint, vgl. für die Arbeiterkultur D. Langewiesche: Arbeiterbildung in Deutschland und Österreich. In: W. Conze, U. Engelhardt: Arbeiter im Industrialisierungsprozeß. Herkunft, Lage und Verhalten. Stuttgart 1979, S. 441; vgl. auch K. Tenfelde, Anmerkungen, S. 122.
38 Vgl. hierzu H. de Man: Der Sozialismus als Kulturbewegung. Berlin 1926, S. 35 f.; vgl. auch R. Wagner: Über Kulturschichtung. In: Der Kampf 1926, H. 6, S. 252.
39 Vgl. hierzu kritisch Otto Neurath in: Der Kampf 1928, H. 7, S. 321.
40 Vgl. hierzu die präzisen Informationen bei A. Rathmann: Ein Arbeiterleben. Wuppertal 1983, S. 48 ff.
41 Breslauer Volkswacht 1921 ff. und Auskunft Fritz Lewy.
42 Osterroth, Hofgeismarkreis, S. 534.
43 Vgl. T. Ulrich: Ontologie, Theologie, Gesellschaftliche Praxis. Zürich 1971, S. 213 ff.; Osterroth, Erinnerungen, S. 97; Rathmann, Arbeiterleben, S. 62 f.
44 Vgl. dessen Biographie: vom katholischen Bergmann und Mitglied der Zentrumspartei zum aktiven Sozialdemokraten. N. Osterroth: Vom Beter zum Kämpfer. Berlin – Bonn $^2$1980.

45 Osterroth, Erinnerungen, S. 69.
46 Ebd., S. 70.
47 G. A. Craig: Über die Deutschen. München 1982, S. 217.
48 Vgl. H. Soffner: Die proletarische Jugend. Ihre Stellung in Gesellschaft, Wirtschaft und Politik. Jena 1929, S. 90ff.
49 AB 1921, H. 9, S. 66.
50 JB 1922, H. 2, S. 31.
51 AB 1920, H. 9, S. 66; JB 1923, H. 3, S. 47.
52 JB 1922, H. 3, S. 59; JB 1922, H. 5, S. 85.
53 JB 1925, H. 5, S. 158.
54 So Wilhelm Krüger in: Das freie Wort, 31.5.1931, S. 26. Auch der Geschäftsführer der Jungsozialisten, Alexander Stein, sprach auf der Juso-Reichskonferenz in Leipzig 1931 von 3000 Mitgliedern, vgl. LVZ, 7.4.1931. Hingegen nannte A. Crispien auf einer Versammlung in Leipzig überraschend die Zahl von 4000 Juso-Mitgliedern, vgl. LVZ, 24.1.1931.
55 Vgl. AB 1921, H. 6, S. 140; JB 1925, H. 2, S. 62.
56 JB 1925, H. 2, S. 62.
57 Vgl. JB 1922, H. 6, S. 99.
58 Protokoll über die Verhandlungen des Parteitages der Sozialdemokratischen Partei Deutschlands, Kassel, 10.-16. Okt. 1920, Berlin 1920, S. 318.
59 Vgl. JB 1923, H. 1, S. 15. JB 1923, H. 7, S. 116; JB 1922, H. 11, S. 183.
60 So z. B. Erich Fäse in: Der Firn, 15.7.1921, S. 538.
61 HE, 3.1.1921.
62 Vgl. für Breslau: BVW, 8.3. u. 16.3.1921.
63 Darauf lassen zumindest Bemerkungen des langjährigen Breslauer Juso-Vorsitzenden Walter Ludwig in der Breslauer Volkswacht vom 15.11.1930 schließen.
64 Vgl. BVW, März – Okt. 1921.
65 HE, 3.1.1921; AB 1920, H. 1, S. 16f.
66 AB 1921, H. 6, S. 139; AB 1921, H. 8, S. 178.
67 Vgl. die Gruppenberichte in der „Arbeiter-Bildung" 1920-21 und den „Jungsozialistischen Blättern" 1922-23; ferner BVW 1921-23; RZ 1922/23; HE 1922/23 und Mitteilungen der Zeitzeugen.
68 Vgl. BVW, 22.11.1921.
69 Vgl. hierzu auch D. Langewiesche: Zur Freizeit des Arbeiters. Stuttgart 1980, S. 54ff.
70 Vgl. H. Reichenbach in: Das junge Deutschland 1930, H. 5, S. 225.
71 Vgl. I. Neuner: Der Bund entschiedener Schulreformer 1919-1933. Bad Heilbrunn 1980.
72 Zit. nach W. Böhm: Paul Oesterreich und das Problem der sozialistischen Pädagogik in der Weimarer Republik. In: M. Heinemann (Hg.): Sozialisation und Bildungswesen in der Weimarer Republik. Stuttgart 1976, S. 187ff., hier: S. 198.
73 Vgl. hierzu Neuner, S. 92ff.
74 Vgl. die Zwischenbilanzen zur jungsozialistischen Kinderarbeit in der BVW, 29.12.1923; JB 1924, H. 4, S. 77ff.
75 Vgl. JB 1922, H. 11, S. 184; JB 1922, H. 1, S. 15; JB 1923, H. 12, S. 236; JB 1924, H. 4, S. 77f.; BVW, 29.12.1923.
76 Hierzu K. Löwenstein: Sozialismus und Erziehung. Bonn – Bad Godesberg 1976; R. Wolter-Brandecker: Sie kamen aus einer dumpfen Stadt. Bonn 1982.
77 Vgl. v. a. RZ, 13.11.1918; vgl. zu solchen „Räten" BVW, 2.12.1929; KK 1929, H. 10, S. 306; Laqueur, Weimar, S. 92.

78 Vgl. die Entschließung des Breslauer „Volksbundes für neue Erziehung" vom 12.11. 1921 zur Volkshochschulfrage, BVW, 22.11.1921.
79 Vgl. JB 1923, H. 4, S. 61; JB 1923, H. 8, S. 144; JB 1923, H. 9, S. 176; JB 1923, H. 12, S. 234; JB 1924, H. 4, S. 79.
80 Vgl. F. Borinski: Adolf Reichwein – sein Beitrag zur Arbeiterbildung und Erwachsenenbildung. In: W. Huber, A. Krebs: Adolf Reichwein 1898-1944. Paderborn 1981, S. 63ff., hier: S. 77ff.
81 Zum Leipziger Volkshochschulwesen vgl. K. Meyer: Arbeiterbildung in der Volkshochschule. Die Leipziger Richtung. Stuttgart 1969, passim; ders.: Hermann Heller. Eine biographische Skizze. In: PVS 1967, S. 302ff.
82 Meyer, Heller, S. 305; vgl. auch S. Albrecht: Hermann Hellers Staats- und Demokratieauffassung. Frankfurt/M. – New York 1983, S. 46.
83 Zu den Anfeindungen aus der Leipziger Partei vgl. LVZ, 17.2. u. 2.5.1923 u. 16.2.1924.
84 Eine sicher herausragende Ausnahme stellte der 1895 geborene August Rathmann dar, der, als Kieler Jungsozialist, zunächst vielleicht der schärfste Kritiker der jugendbewegten Jungsozialisten war und dann, nach seinem Umzug ins Ruhrgebiet, zu einem ihrer führenden Köpfe wurde. Bei Rathmann aber war diese Konversion zuallererst ein intellektueller Vorgang; er ließ sich *gedanklich* von den jungen Akademikern der bürgerlichen Jugendbewegung überzeugen. Rathmanns Plädoyer für den Einbau irrationaler Elemente in die sozialistische Theorie blieb stets gleichsam kühlrationalistisch und unterschied sich schon in der Art der Formulierungen außerordentlich vom Stil seines Freundes Franz Osterroth.
85 Sächsische Jungsozialisten jedenfalls spielten in dieser Debatte keine wesentliche Rolle, da die übergroße Mehrheit der sozialdemokratischen Jugend dort zu jener Zeit „unabhängig" orientiert war. Die einzige jungsozialistische Gruppe Sachsens, die damals durch politisches Profil auffiel, war die Leipziger, die aber, wie wir sahen, keineswegs linkssozialdemokratische Tendenzen zeigte.
86 Vgl. AB 1921, H. 8, S. 191ff.; JB 1922, H. 6, S. 94; JB 1923, H. 1, S. 4 u. 9.
87 Das Weimar der arbeitenden Jugend, S. 52.
88 AB 1921, H. 9, S. 218.
89 AB 1921, H. 10, S. 247; JB 1923, H. 4, S. 50.
90 Der Firn, 15.7.1921, S. 537.
91 AB 1921, H. 1, S. 15, JB 1922, H. 10, S. 159; JB 1923, H. 4, S. 60.
92 Vgl. J. Schult: Der Sozialismus als neue Lebensgestaltung. In: Jungsozialismus. Festschrift zur Bielefelder Jungsozialistentagung am 29.7.1921. Hg. vom Zentralbildungsausschuß der SPD, Berlin 1921, S. 11ff., hier: S. 12/13; vgl. auch: Der Firn, 15.7.1921, S. 537 JB 1923, H. 9, S. 160.
93 AB 1921, H. 1, S. 15 JB 1922, H. 8, S. 129.
94 Brief von Heiner Schön an unbekannten Adressaten, im Besitz von Edwin Grützner.
95 HE, 3.1.1921; AB 1921, H. 1, S. 16f.; Vorwärts, 4.1.1921; vgl. besonders JB (Berlin-Schmargendorf) 1921, H. 6, S. 67ff.
96 AB 1921, H. 1, S. 17.
97 Ebd.
98 Vgl. Walter, Jungsozialisten, S. 137f.
99 HE, 3.1.1921; vgl. auch AB 1921, H. 2, S. 44.
100 Mit Ausnahme der Magdeburger Gruppe, die im Juni 1919 entstand, aber sonst auch alle in der Analyse genannten Merkmale aufwies.
101 Ernst Eckstein beispielsweise hatte es 1920 mit 23 Jahren zum Beisitzer im örtlichen Parteivorstand gebracht, der drei Jahre ältere Friedrich Ebert war immerhin schon Redakteur beim „Vorwärts" und Otto Lamm, ein Jahr jünger als der Reichspräsiden-

tensohn, war seit 1921 Jugendsekretär beim Berliner Zentralverband der Angestellten.
102 Vgl. Rathmann, Arbeiterleben, S. 62ff.
103 So bei Hägel, S. 199.
104 Vgl. AB 1921, H. 5, S. 122f.; BVW, 8.8. u. 12.8.1921; Korrespondenzblatt des Allgemeinen Deutschen Gewerkschaftsbundes 1922, H. 3, S. 34 u. H. 7, S. 93.
105 JB 1922, H. 10, S. 154; ähnliche Kritik übte auch Lamm, vgl. AB 1921, H. 10, S. 245f.
106 Korrespondenzblatt des ADGB 1922, H. 3, S. 34; Vorwärts, 8.1.1922.
107 JB 1922, H. 10, S. 153.
108 AB 1921, H. 10, S. 245.
109 AB 1921, H. 8, S. 177; vgl. auch den etwas abweichenden Kongreßbericht in: RZ, 2.8.1921.
110 AB 1921, H. 8, S. 179.
111 AB 1921, H. 9, S. 216; AB 1921, H. 10, S. 247.
112 AB 1921, H. 8, S. 179; RZ, 2.8.1921.
113 AB 1921, H. 8, S. 179. Ein wichtiger Erfolg für die „freideutsch-autonomistischen" Jusos war, daß ihr Vorschlag, den ihnen nahestehenden Karl Bröger mit der Redaktion der neuen „Jungsozialistischen Blätter" zu betrauen, knapp mit 43 zu 39 Stimmen angenommen wurde. Verantwortlich für diesen angesichts der Konferenzstimmung überraschenden Ausgang wird wahrscheinlich das Charisma gewesen sein, das Bröger als Arbeiter*dichter* besaß.
114 AB 1921, H. 9, S. 216.
115 AB 1921, H. 8, S. 190; ähnlich auch der spätere Kommentar in: Die arbeitende Jugend (Beilage der RZ), 22.8.1921.
116 Vgl. hierzu die Willenskundgebungen der Magdeburger Jusos in: AB 1921, H. 5, S. 122 und die grundlegenden Aufsätze von Otto Lamm in: AB 1921, H. 10, S. 247 und JB 1923, H. 7, S. 114.
117 Vgl. JB 1922, H. 7, S. 119.
118 BVW, 28.4.1923.
119 Vgl. J. S. Roberts: Wirtshaus und Politik in der deutschen Arbeiterbewegung. In: G. Huck: Sozialgeschichte der Freizeit. Untersuchungen zum Wandel der Alltagskultur in Deutschland. Wuppertal 1980, S. 123ff.
120 BVW, 17.11.1921.

## III. Kapitel

1 Vgl. E. Kolb: Die Weimarer Republik. München – Wien 1984, S. 49; H. Graml: Europa zwischen den Kriegen. München $^5$1982, S. 158ff. Neuerdings auch K. Schwabe (Hg.): Die Ruhrkrise 1923. Wendepunkt der internationalen Beziehungen nach dem Ersten Weltkrieg. Paderborn 1985.
2 Vgl. S. Wolowicz, S. 108ff.; S. Klenke, S. 130ff.
3 Diese Zuordnung orientiert sich an der Begrifflichkeit von H. Mommsen: Nationalismus in der Weimarer Republik und im Dritten Reich. In: K. Acham (Hg.): Gesellschaftliche Prozesse. Beiträge zur historischen Soziologie und Gesellschaftsanalyse. Graz 1983, S. 208ff., besonders S. 213.
4 Vgl. JB 1923, H. 1, S. 9; JB 1922, H. 10, S. 162f.; JB 1923, H. 2, S. 17ff.

5   JB 1923, H. 2, S. 18.
6   So Osterroth, Erinnerungen, S. 137; vgl. auch: Der Kochel-Brief, Mitteilungsblatt der Georg von Vollmarschule. München 1952, H. 9/10, S. 75.
7   Vgl. Helf, S. 357f.; Osterroth, Erinnerungen, S. 113ff.
8   JB 1923, H. 3, S. 34. Allerdings wurde Obermayr für diesen prinzipiellen Pazifismus in der nächsten Ausgabe des Zeitschriftenorgans von einem Greifswalder Studenten, bislang offensichtlich ein Sympathisant der Jusos, scharf gerügt. Die Verweigerung aktiver Obstruktion war für den angehenden Akademiker gleichbedeutend mit „Verrat am Sozialismus", als Ausdruck der „Schlappheit" entmannter Intellektualisten"; vgl. JB 1923, H. 4, S. 57.
9   Osterroth, Erinnerungen, S. 115.
10  Zit. bei Osterroth, Hofgeismarkreis, S. 536.
11  Zu Hofgeismar vgl. Osterroth, Erinnerungen, S. 119ff.; ders., Hofgeismarkreis, S. 536ff.; Rathmann, Arbeiterleben, S. 66ff.; W. G. Oschilewski: Der Hofgeismarkreis der Jungsozialisten. In: Süddeutsche Monatshefte 1926, H. 6, S. 180ff., hier: S. 182ff.; JB, H. 6, S. 82ff.; Neuwerk 1923, S. 67ff.; SM 1923, H. 9, S. 723; RZ, 30.5.1923.
12  Vgl. etwa Hägel, S. 207f.; R. Tilsner-Gröll: Jugendarbeit in der SPD von den Anfängen bis zum Ende der Weimarer Republik. Münster 1978, S. 51; Lüpke, S. 66ff.
13  JB 1923, H. 6, S. 90.
14  JB 1923, H. 6, S. 84f.
15  JB 1923, H. 6, S. 85.
16  Ebd., S. 92.
17  Ebd., S. 89.
18  Ebd., S. 85.
19  Vgl. JB 1923, H. 6, S. 108. Eine Zusammenfassung der Diskussionen gibt es in den zeitgenössischen Zeitschriften leider nicht; insofern müssen wir uns leider mit solchen etwas unpräzisen Stimmungsbildern begnügen.
20  Vgl. JB 1923, H. 6, S. 109.
21  Vgl. JB 1923, H. 6, S. 94-96.
22  Ebd., S. 94.
23  Ebd., S. 96.
24  Vgl. ebd.
25  Vgl. Osterroth, Hofgeismarkreis, S. 540; Rathmann, Arbeiterleben, S. 66f.
26  Vgl. auch G. Radbruch: Der innere Weg. Aufriß meines Lebens. Stuttgart 1951, S. 162ff.
27  JB 1923, H. 6, S. 109.
28  Vgl. JB 1923, H. 6, S. 98.
29  Ebd., S. 100f.
30  Zum Programm dieser Studentengruppen vgl. BRS 1921, H. 7, S. 28.
31  JB 1923, H. 6, S. 103.
32  JB 1923, H. 6, S. 103.
33  Vgl. ebd., S. 104.
34  Vgl. Rathmann, S. 67; Osterroth, Hofgeismar, S. 544; Dohrendorf in: RZ, 30.5.1923.
35  JB 1923, H. 6, S. 106.
36  Ebd.
37  JB 1923, H. 6, S. 106.
38  H. A. Winkler: Von der Revolution zur Stabilisierung. Arbeiter und Arbeiterbewegung in der Weimarer Republik 1918 bis 1924. Berlin – Bonn 1984, S. 224.

39  Ebd., S. 561.
40  Vgl. Mommsen, Deutscher Nationalismus, S. 211.
41  Vgl. hierzu auch H. A. Winkler: Der Nationalismus und seine Funktion. In: ders. (Hg.): Nationalismus. Königstein/Ts. 1978, S. 5 ff.
42  JB 1924, H. 7, S. 147.
43  JB 1924, H. 2, S. 43.
44  Vgl. JB 1923, H. 12, S. 227; vgl. auch SM 1923, H. 5, S. 272.
45  JB 1923, H. 12, S. 226.
46  Vgl. JB 1923, H. 9, S. 207.
47  JB 1924, H. 5, S. 105.
48  Vgl. JB 1924, H. 2, S. 39. Koch war im übrigen ein besonders rühriger Befürworter der deutsch-französischen Verständigung, vgl. SM 1923, H. 8, S. 533 ff.
49  Vgl. JB 1923, H. 12, S. 226.
50  JB 1924, H. 9, S. 201.
51  JB 1923, H. 12, S. 226.
52  Vgl. Winkler, Von der Revolution ..., S. 568.
53  JB 1923, H. 11, S. 210.
54  JB 1923, H. 12, S. 231 ff.
55  Vgl. zu diesem Aspekt Craig, Deutsche Geschichte, S. 395. Gegen die Verelendungs-Hypothese argumentiert W. Abelshauser: Verelendung der Handarbeiter? In: H. Mommsen, W. Schulze (Hg.): Vom Elend der Handarbeit. Stuttgart 1981, S. 445 ff.; dazu kritisch nun M. Niehuss: Arbeiterschaft in Krieg und Inflation. Berlin – New York, S. 121 ff.
56  Vgl. Winkler, Von der Revolution ..., S. 589 ff.
57  Zum Einfluß der Schwerindustrie auf die deutsche Politik in diesen Jahren vgl. G. D. Feldmann: Iron and Steel in the German Inflation 1916-1923. Princeton N.J. 1977.
58  Vgl. G. D. Feldmann, I. Steinisch: Die Weimarer Republik zwischen Sozial- und Wirtschaftsstaat. Die Entscheidung gegen den Achtstundentag. In: AFS 1978, S. 353 ff.
59  Winkler, Von der Revolution ..., S. 576.
60  Vgl. G. D. Feldmann, I. Steinisch, Die Weimarer Republik ..., S. 388.
61  Vgl. Winkler, Von der Revolution ..., S. 626 ff.
62  H. A. Winkler führt an dieser Stelle seine Generalthese an, daß die SPD „Parteiräson" über die Interessen der Funktionsfähigkeit des parlamentarischen Regierungssystems gestellt habe. Vgl. Winkler, Von der Revolution ..., S. 669. Allerdings ist diese Funktionsfähigkeit des Parlamentarismus eben in einem hohen Maße von der, wie man heute zu sagen pflegt, „Akzeptanz" der Bevölkerung abhängig. Wo diese „Akzeptanz" fehlt, ist die Republik, zumal eine so ungefestigte wie die von Weimar, bereits erheblich gefährdet und gerät bei nächst schlechter Gelegenheit in eine existentielle Krise. Die Weimarer SPD hat eher durch ein zu großes staatspolitisches Verantwortungsgefühl in etliche schlechte Kompromisse eingewilligt, die das Vertrauen ihrer Anhänger in die Staatspolitik zunehmend erschütterten und zu einer distanzierten Haltung gegenüber der Republik führten. Ein bißchen mehr Radikalität und „Parteiräson" der SPD hätte der Republik wahrscheinlich besser getan. Im übrigen gerät Winklers normatives Postulat in Konflikt zu dem reichhaltigen Material, was er eindrucksvoll zu präsentieren versteht. Danach gibt es keinen Zweifel, daß die SPD trotz besten staatspolitischen Willens von der Klassenkampfstrategie des Besitzbürgertums stets überrumpelt wurde.
63  Vgl. die gründliche und geistreiche Arbeit von Klenke, S. 379 ff.; vgl. ferner Winkler, Von der Revolution ..., S. 649 ff.; W. Fabian: Klassenkampf um Sachsen. Ein Stück Geschichte 1918-1930. Löbau 1930, S. 131 ff.
64  Vgl. Winkler, Von der Revolution ..., S. 652 f.

65 Vgl. E. Wolowicz: Linksopposition in der SPD von der Vereinigung mit der USPD 1922 bis zur Abspaltung der SAPD 1931. Bonn 1983, S. 207.
66 Vgl. Klenke, S. 387f. und S. 456f.
67 Vgl. Craig, Deutsche Geschichte ..., S. 370.
68 Vgl. JB 1923, H. 10, S. 207.
69 JB 1923, H. 12, S. 245.
70 Ebd.
71 Otto Lamm war vielleicht nicht der theoretisch glänzendste, aber sicherlich der sachlich überzeugendste Repräsentant des linken Flügels. Es ist typisch, daß Osterroth für die nüchterne Gediegenheit Lamms noch in seinen Memoiren nur naserümpfende Ablehnung übrig hat; er spricht dort in bezug auf Lamm von „einem etwas spießig wirkenden Gewerkschaftstyp". Vgl. Osterroth, Erinnerungen, S. 137.
72 Vgl. JB 1924, H. 3, S. 67.
73 Vgl. JB 1924, H. 7, S. 164.
74 Vgl. Vorwäts, 2.2.1923.
75 JB 1924, H. 3, S. 67.
76 Vgl. dazu Winkler, Von der Revolution ..., S. 206ff.
77 JB 1924, H. 7, S. 164.
78 Vgl. u. a. JB 1924, H. 2, S. 46; JB 1924, H. 3, S. 70.
79 JB 1924, H. 2, S. 47.
80 Ebd.
81 BVW, 30.1.1924. Seine Frau Claire, aktiv in der Internationalen Frauenliga für Frieden und Freiheit, nannte auf einer drei Wochen später mit Erich Ollenhauer einberufenen Sitzung zudem noch die Friedensbewegung als Beispiel einer möglichen Zusammenarbeit mit bürgerlichen Jugendverbänden, vgl. BVW, 5.2.1924.
82 BVW, 30.1.1924.
83 Vgl. JB 1924, H. 1, S. 23; JB 1924, H. 3, S. 70.
84 JB 1924, H. 1, S. 20.
85 JB 1924, H. 1, S. 20.
86 Vgl. zu den Richtlinien einer solchen „Abwehrfront" für Westsachsen: LVZ, 16.10.1923.
87 Vgl. JB 1923, H. 12, S. 241.
88 Vgl. Hägel, S. 209; W. Link: Die Geschichte des Internationalen Jugendbundes (IJB) und des Internationalen Sozialistischen Kampfbundes (ISK). Marburg 1964, S. 80; Lüpke, S. 80.
89 Vgl. Aus Unseren Reihen 1921, H. 6, S. 11; Aus Unseren Reihen 1922, H. 2, S. 21.
90 Vgl. S. Wolowicz, S. 10ff.; Klenke, S. 124ff.
91 Rathmann, S. 109; Osterroth, Der Hofgeismarkreis, S. 548. Noch nach über 60 Jahren reklamiert August Rathmann das Erbe der Jugendbewegung, die „geistige Toleranz und menschliche Nähe", wie er es difiniert, einzig und allein für die Jusos des Hofgeismarkreises. Vgl. seine scharfe Replik auf Scholing/Walter (NG 1984, H. 6, S. 548ff.). In: NG 1984, H. 10, S. 988ff.
92 Um von den „Alten" nicht gegängelt zu werden, verließen die Frankfurter Jusos zwischenzeitlich den sozialdemokratischen Organisationsrahmen und gründeten 1920 den autonomen „Arbeiterjugendbund Groß-Frankfurt", vgl. Die junge Garde, Arbeiterjugendbewegung in Frankfurt/M. 1904-1945. Gießen 1980, S. 109. Insofern ist es nicht verwunderlich, daß sich F. Osterroth, als er von März 1922 bis Februar 1923 die „Akademie der Arbeit" besuchte, bei den Frankfurter Jusos eigentlich recht wohl fühlte. Sie waren zwar politisch radikal, aber Osterroth konnte bei ihnen Gedichte rezitieren und sich an ihren zahlreichen Spielen im Freien mit „urgesunder Ausgelassenheit"

beteiligen. Vgl. Osterroth, Erinnerungen, S. 111f.

93 Vgl. F. Bieligk: Drei Jahre Sozialistische Proletarierjugend. Leipzig 1923, S. 8f. Vgl. auch O. Luban: Die Auswirkungen der Jenaer Jugendkonferenz 1916 und die Beziehungen der Zentrale der revolutionären Arbeiterjugend zur Führung der Spartakusgruppe. In: AfS 1971, S. 185ff.

94 Bieligk, S. 10. Bieligk erwähnt allerdings nicht den nachfolgenden und letzten Satz der Resolution, der in der USP-Presse m. W. auch nur von der „Düsseldorfer Volkszeitung" (31.10.1919) wiedergegeben wurde: „Als zu sich gehörig betrachtet sie alle jugendlichen Revolutionäre, die ihre im Programm niedergelegten Forderungen nicht nur anerkennen, sondern auch immer und überall vertreten, sei es in der KP – sei es durch örtliche Verhältnisse bestimmt – in der USP, z. B. an Orten, wo die KP keine Arbeitsmöglichkeiten hat." Vgl. auch DVZ, 27.10. und 29.10.1919; Freiheit (Berlin), 6.10., 19.10., 26.10., 12.11., 13.11.1919; Freiheit (Königsberg), 29.10.1919.

95 Freiheit (Berlin), 11.12. u. 18.12.1919; Freiheit (Königsberg), 28.11.1919; DVZ, 13.12., 18.12. u. 19.12.1919.

96 Aus unseren Reihen 1921, H. 4, S. 2.

97 Vgl. Der Junge Kämpfer 1921, H. 4, S. 2.

98 Bieligk, S. 14. Im übrigen sprach der Reichsvorsitzende der SPJ, Otto Schröter, in seinem Bericht auf der Leipziger Reichskonferenz davon, daß etwa 2/3 der Delegierten auf der Tagung nicht anwesend sein dürften, wenn die Zentrale auf die Einhaltung der organisatorischen Bestimmungen gepocht hätte.

99 Vgl. Wheeler, S. 260 H. Krause: USPD. Zur Geschichte der Unabhängigen Sozialdemokratischen Partei Deutschlands. Frankfurt/M. – Köln 1975, S. 212.

100 Vgl. Freiheit (Königsberg), 12.11.1919. Das gleiche gilt für einen weiteren Protagonisten des linkssozialistischen Flügels der FSJ, den späteren Vorsitzenden der SPJ-Niederrhein Alfred Dobbert aus Barmen, vgl. HV, 22.8.1919.

101 Für die USP vgl. Wheeler, S. 256; für die SPJ vgl. Aus unseren Reihen 1921, H. 10, S. 60. Von 80 Ortsgruppen, die die SPJ im Bezirk Halle-Merseburg vor der Spaltung hatte, stellten 30 Gruppen ihre Arbeit ganz ein, 47 gingen zur KJ und nur 3 Gruppen blieben der alten Organisation treu.

102 Nicht sehr viel mehr waren zur KJ übergetreten. Der Rest hatte nach den dauernden Streitereien offenbar genug von der Politik und war, wie man das zeitgenössisch nannte, in das Lager der „Indifferenten" abgeglitten, vgl. Bieligk, S. 16.

103 LVZ, 18.5., 20.5.1921. Aus unseren Reihen 1921, H. 4, S. 1/2; Aus unseren Reihen 1921, H. 5, S. 2/3.

104 Vgl. Freiheit (Berlin), 19.5. u. 29.5.1921; Freiheit (Königsberg), 20.5. u. 21.5.1921; DVZ, 8.2. u. 18.5.1921; HV, 20.5. u. 21.5.1921.

105 Vgl. Freiheit (Berlin), 15.4.1922; DVZ, 6.5.1922. Frei erfunden sind die Angaben bei Lüpke, S. 27. Er beziffert dort die Mitgliederzahl der SPJ mit 80000 bis 100000.

106 Bieligk, S. 8f.

107 Vgl. Bieligk, S. 15 u. 31; Junge Kämpfer 1921, H. 5, S. 3; LVZ, 20.5.1921; vgl. auch Freiheit (Berlin), 6.10.1920 u. 9.2.1921.

108 Vgl. Junge Kämpfer 1922, H. 9, S. 101; Bieligk, S. 15 u. 30f.

109 Beispielhaft ein Artikel in: Freiheit (Königsberg), 23.5.1921; vgl. auch DVZ, 5.8.1922.

110 Vgl. LVZ, 9.11. u. 31.12.1921; Bieligk, S. 8, 9, 11, 31.

111 LVZ, 21.10.1921; vgl. einen ähnlichen Bericht in: Die Freiheit (Berlin), 11.3. u. 1.10.1921.

112 Paul Schulz a. d. V.

113 Vgl. LVZ, 28.5.1921.

114 Vgl. ebd.; LVZ, 19.4.1922; Junge Kämpfer 1922, H. 9, S. 108; DVZ, 20.5.1922; HV,

4.3.1920 u. 26.5.1921; Freiheit (Königsberg), 30.6.1921 u. 19.4.1922; Freiheit (Berlin), 24.2.1921.
115 Junge Kämpfer 1921, H. 3, S. 4.
116 Vgl. LVZ, 7.5.1921.
117 Vgl. LVZ, 18.5.1921, vgl. auch Freiheit (Königsberg), 15.6.1922; Freiheit (Berlin), 10.6.1922 u. 15.9.1922, DVZ, 10.6.1922 u. 26.8.1922.
118 Vgl. beispielhaft für diese Stimmung in der SPJ den Bericht über die Berliner Reichskonferenz der SPJ vom 14. bis 17. April 1922 in: LVZ, 19.4.1922; vgl. zudem DVZ, 2.9.1922.
119 Wenn auch nicht überall; so traten in Königsberg eine Reihe SPJler zur kommunistischen Jugend über, vgl. Freiheit (Königsberg), 20.9. u. 30.9.1922. Erbitterten Widerstand gegen die Vereinigung gab es auch in Rheinland-Westfalen, vgl. DVZ, 4.10., 18.10., 21.10., 24.10. u. 27.10.1922.
120 Vgl. Junge Kämpfer 1922, H. 9, S. 101; DVZ, 31.10. u. 4.11.1922; Der Führer 1922, S. 305 ff.; aus jungkommunistischer Sicht: Die Arbeit 1922, Nr. 1/2, S. 7 ff. Bezeichnenderweise fiel die Entscheidung für eine Vereinigung der Jugendbewegungen erst fünf Wochen nach der Gründung der VSPD. Auf der 5. RK der SPJ am 29. Oktober 1922 stimmten im übrigen 92 für und 20 gegen die Einigung, vgl. LVZ, 30.10.1922 u. DVZ, 4.11.1922; vgl. auch: Unsere Arbeit. Die Arbeiterjugendbewegung 1922. Berlin 1923, S. 53 ff.
121 Die SPJ hatte die Aufhebung der Begrenzung auf 18 Jahre gefordert; vgl. Unsere Arbeit, S. 56.
122 Das genaue Stimmenverhältnis war 57 : 55, vgl. Bericht über die Reichskonferenz des Verbandes der Sozialistischen Arbeiterjugend Deutschlands am 17./18. Mai 1924 in Weimar. Arbeiterjugend-Verlag, Berlin 1924, S. 24.
123 Vgl. ebd., S. 19.
124 Vgl. auch Osterroth, Erinnerungen, S. 130.
125 Vgl. LVZ, 28.7.1923; vgl. auch JB 1923, H. 5, S. 79.
126 Bericht über die Reichskonferenz des Verbandes der Sozialistischen Arbeiterjugend Deutschlands am 12. und 13 Mai 1923 in Görlitz. Berlin 1923, S. 43.
127 Für das ostthüringische Gera vgl. JB 1925, H. 2, S. 62.
128 LVZ, 17.2.1923.
129 Vgl. LVZ, 14.1. u. 13.6.1923; 19.6.1924.
130 LVZ, 2.5.1923. Vgl. dazu auch die etwas unbeholfene Replik eines Leipziger Jusos in: LVZ, 12.6.1923.
131 LVZ, 16.2.1924.
132 Vgl. auch F. Walter: Schloß Tinz: eine Schule der Jungsozialisten. In: Zeitschrift für Sozialistische Politik und Wirtschaft 1984, H. 25, S. 430 ff.
133 Vgl. AB 1926, H. 4, S. 53 ff.; DG 1930, Bd. 1, S. 302 ff.; für die Aufbaujahre der Schule vgl. Freiheit (Berlin), 13.2.1920, 26.5.1921, 8.1.1922 u. DVZ, 11.5. u. 5.11.1921.
134 So etwa Fritz Flach, Walter Pöppel, Gustav Schmidt-Küster, Hans Waldmann, Grete Borges, Willi Kappel, Edwin Grützner a. d. V. Eine Ausnahme ist Leo Friedmann, für den Tinz eine „oberflächliche Institution" war. (Mit. a. d. V.; F. war allerdings in theoretischen Dingen sehr viel weiter fortgeschritten als seine Mitschüler und fiel deshalb im Kurs – so auch die Erinnerungen von Flach und Grützner – ziemlich aus dem Rahmen.)
Auf die Aussagen der Zeitzeugen und die o. a. Aufsätze in der „Gesellschaft", der „Sozialistischen Bildung", der „Freiheit" und der „Düsseldorfer Volkszeitung" sowie einen Aufsatz in der LVZ, 27.8.1930, stützen sich die folgenden Darlegungen.

135 Vgl. zum Dissens zwischen der Gruppe Reichwein/Heller und den „Tinzern" Borinski, Adolf Reichwein, S. 77.
136 LVZ, 27.8.1930
137 Vgl. H. Schulze (Hg.): Anpassung oder Widerstand? Aus den Akten des Parteivorstandes der deutschen Sozialdemokratie 1932/33. Bonn – Bad Godesberg 1975, S. 109.
138 Vgl. Das freie Wort, 13.12.1931.
139 Vgl. die Schülerlisten von Tinz (Kopien im Besitz des Verf.).
140 Elke Feigenspan gibt in ihrer unveröffentlichten Diplomarbeit (Die Heimvolkshochschule Tinz als Beispiel sozialistischer Erziehung in der Weimarer Republik. PH-Rheinland 1977) Hennig als Leiter von Tinz an, S. 83. Walter G. Oschilewski nennt dagegen Georg Engelbert Graf. In: Berliner Stimme, 6.12.1952.
141 Vgl. den ungemein aufschlußreichen Roman von Erich Knauf: Ça ira! Berlin 1930. Knauf (1895-1944) war linker Sozialdemokrat, von 1922-1928 Redakteur der „Plauener Volkszeitung" und danach Lektor der Büchergilde Gutenberg. Sein Roman handelt von den Ereignissen des Kapp-Putsches, den Knauf als Schüler auf Tinz erlebte. Sein Lehrer war Engelbert Graf, den er im Roman den Namen Dr. Schilling gibt. Mit einer verblüffenden Schonungslosigkeit und Offenheit beschreibt Knauf in seinem Buch die Eitelkeit, Oberflächlichkeit und Feigheit des Dr. Schilling, alias Engelbert Graf. Vgl. zudem die kritischen Erinnerungen an Graf bei Helf, S. 319 und Seydewitz: Es hat sich gelohnt zu leben. Berlin (Ost) 1976, S. 278ff.
142 Vgl. A. Dobbert: Engelbert Graf der große Anreger. In: Archiv der sozialen Demokratie, Sammlung Personalia: Georg Engelbert Graf.
143 Engelbert Grafs Rolle nach 1933 ist umstritten. Vielen enttäuschten Zeitzeugen der jungsozialistischen Bewegung gilt Graf als Anpasser oder gar als Kollaborateur. Richtig ist, daß Graf in der Zeit des Zweiten Weltkrieges an solchen Broschüren wie „Unser Kampf in Frankreich", „Unser Kampf in Holland, Belgien und Flandern" etc. mitgeschrieben und 1944 bei den Truppen der Wehrmacht in Rußland Vorträge gehalten hat. Im wesentlichen sind die Publikationen Grafs aus dieser Zeit zweifellos von einem „ideologiefreien" Standpunkt des studierten Geologen und Ökonomen geschrieben, die so auch vor 1933 oder nach 1945 in einem durchschnittlichen Fachbuch zur Geschichte der genannten Länder hätten erscheinen können. Nur in „Unser Kampf in Frankreich" (München 1941, S. 39) hat Graf auf einige überschwengliche Lobeshymnen über die „deutsche Führung" nicht verzichten dürfen oder wollen. Ein Werturteil darüber sollte man sich als junger Historiker wohl nicht anmaßen, wenngleich vielleicht bemerkt werden darf, daß Grafs Verhalten nach 1933 – am Maßstab seiner radikalen „internationalistischen" Gesinnung und seiner scharfen Kritik an der „Parteirechten" in den Weimarer Jahren gemessen – wohl weniger konsequent und „vorbildlich" war wie die Praxis eben jener „reformistischen" und „national" orientierten „Hofgeismar-Jusos", die nach 1933 einen mutigen und opferreichen Widerstand nicht gescheut haben.
144 Vgl. zu diesen Differenzen im Lager der sozialdemokratischen Linken G. Storm, F. Walter: Weimarer Linkssozialismus und Austromarxismus. Historische Vorbilder für einen „Dritten Weg" zum Sozialismus? Berlin (West) 1984.
145 Vgl. JB 1923, H. 9, S. 174, wo sonst allerdings kaum Details darüber zu erfahren sind. Vgl. auch den sehr subjektiv gehaltenen Bericht von Werner Goldberg in RZ, 12.9.1923.
146 Vgl. JB 1923, H. 12, S. 241.
147 JB 1923, H. 11, S. 243.
148 JB 1923, H. 12, S. 242.
149 Ebd.
150 Vgl. JB 1924, H. 4, S. 91. Die Hamburger klagten zudem, daß zu wenig Rücksicht auf die jungen Mitglieder genommen werde.

151 Vgl. JB 1924, H. 8, S. 191f.
152 JB 1924, H. 4, S. 92.
153 Vgl. besonders die Arbeit von Lüpke, der sich in seiner Fixierung auf die ideologisch eindeutig festzumachenden Jungsozialisten eines „linken" und „rechten" Flügels nicht durch weitere Differenzierungen unnötig irritieren lassen will.
154 Ein Beispiel dafür, wie diese kritische Tendenz in der Literatur zu einer letztlich unkritischen, gefällig-„progressiven" Attitüde verkommt, ist die gekonnt, aber z. T. unerträglich süffisant geschriebene Arbeit von B. Seebacher-Brandt: Ollenhauer: Biedermann und Patriot. Berlin 1984.

## IV. Kapitel

1 Vgl. Osterroth, Erinnerungen, S. 122.
2 PR 1924, Nr. 2, S. 42; ähnlich auch Karl Naskrensky in: JB 1925, H. 3, S. 90ff.
3 Vgl. SM 1923, S. 274.
4 Jungdeutscher Rundbrief (Jahreswende 1923-1924), S. 15.
5 Vgl. JB 1924, H. 3, S. 71.
6 SM 1923, S. 724.
7 PR 1924, Nr. 1, S. 24.
8 Vgl. Jungdeutscher Rundbrief (Jahreswende 1923-1924), S. 16.
9 Vgl. hierzu im folgenden Osterroth, Erinnerungen, S. 139f.
10 Hier irrt Sebastian Haffner, der in einem Essay über Niekisch schreibt, daß dieser schon 1919 der SPD angeekelt den Rücken gekehrt habe und nach einem kurzen Intermezzo bei der USPD ab 1922 parteipolitisch heimatlos geworden sei. Vgl. S. Haffner, W. Venohr: Preussische Profile. Frankfurt – Berlin – Wien 1982, S. 251.
11 Vgl. hierzu auch die Rückerinnerungen von E. Niekisch: Gewagtes Leben. Begegnungen und Begebnisse. Köln – Berlin 1958, S. 138f.
12 Vgl. dazu auch F.-W. Witt: Die Hamburger Sozialdemokratie in der Weimarer Republik. Hannover 1971, S. 108f.
13 PR 1924, Nr. 1, S. 6.
14 Klassische Zentristen wie Alexander Schifrin, Rudolf Breitscheid und Rudolf Hilferding waren das in der Regel, deren außerordentlichen analytischen Fähigkeiten in der Forschung immer noch zu wenig Beachtung geschenkt wird.
15 Vgl. den Bericht von Heinrich Deist in: JB 1924, H. 8, S. 191; vgl. auch BVW, 22.7. 1924.
16 Vgl. Rathmann, Arbeiterleben, S. 78; Osterroth, Hofgeismarkreis, S. 546.
17 JB 1924, H. 3, S. 71. Über die Gudensberger Tagung gibt es in den Zeitschriften nur ganz knappe Berichte. Insofern können wir mangels Quellen die dort repräsentierten Positionen ebenfalls nur anreißen.
18 Vgl. JB 1924, H. 9, S. 196. Haubachs Position war die: „Klassenkampf bedeutet, das soziologische Gewicht der Klasse zu steigern. Kampfboden, der entscheidend ist, ist die Demokratie mit allen Freiheiten des einzelnen. Die Republik ist Voraussetzung unsres Kampfes, und die Republik ist Ziel unsres Kampfes." Vgl. sein Referat vor den Jungsozialisten Südwestdeutschlands in: RZ, 7.10.1925.
19 Vgl. BVW, 22.7.1924, JB 1924, H. 8, S. 189.
20 PR 1924, Nr. 1, S. 13.
21 Vgl. auch Bauer, Werke, Bd. 1, S. 67f.
22 JB 1924, H. 8, S. 191.

23 JB 1924, H. 8, S. 190. Ob solche Urteile wirklich „streng materialistisch-dialektisch" sind, wie Stephan Albrecht in seiner sonst vergleichsweise angenehm-undogmatisch argumentierenden Arbeit über Heller schreibt, ist doch recht zweifelhaft. Vgl. S. Albrecht: Hermann Hellers Staats- und Demokratieauffassung. Frankfurt/M. – New York 1983, S. 75.

24 Vgl. v. a. Bauer, Werke, Bd. 1, S. 69-221.

25 Noch heutige Bauer-„Wiederentdecker" wollen den Wert dieses Buches nicht anerkennen. Typisch dafür sind die Ausführungen Detlev Albers' in dem von ihm, Josef Hindels und Lucio Lombardo Radice herausgegebenen Band über „Otto Bauer und der dritte Weg" (Frankfurt/M. 1978): „Ein zweiter Bereich historisch überholter Fragestellung dürfte in der Ausarbeitung Bauers zur Nationalitätenfrage (...) liegen." (S. 35). Statt dessen wirbt Albers für das Modell des „integralen Sozialismus", ein theoretisches Konstrukt des in der Emigration verzweifelt nach Auswegen suchenden Bauers, das weder historisch jemals realitätsadäquat war, noch heute und in absehbarer Zukunft an Aktualität gewinnen wird.

26 Vgl. Bauer, Werke, Bd. 1, S. 68.

27 PR 1924, Nr. 1, S. 8.

28 Ebd.

29 Vgl. Craig, Deutsche Geschichte, S. 449.

30 Vgl. zu diesem kulturellen Hintergrund der außenpolitischen Option auch Laqueur, Weimar, S. 135f.; H. Graml: Europa zwischen den Kriegen. München $^5$1982, S. 138; Sontheimer, S. 127ff.

31 PR 1924, Nr. 1, S. 14.

32 Ebd., S. 13.

33 Ebd., S. 16.

34 Vgl. Osterroth, Erinnerungen, S. 131.

35 Über Niekisch vgl. Haffner, S. 245ff.; R. Fischer: Wanderer ins Nichts. Der Nationalbolschewismus am Beispiel Ernst Niekischs. In: Frankfurter Hefte 1959, S. 871ff.; H. Buchheim: Ernst Niekischs Ideologie des Widerstandes. VFZ V, 1957, S. 334ff.; F. Kabermann: Widerstand und Entscheidung eines deutschen Revolutionärs. Leben und Denken Ernst Niekischs. Köln 1973.

36 Vgl. dazu Die Glocke, 5.3.1924, S. 1241.

37 Ebd., S. 1244.

38 Die meisten Hofgeismarer Jungsozialisten wurden aktive Mitglieder im „Reichsbanner".

39 Vgl. E. Niekisch: Der Weg der deutschen Arbeiterschaft zum Staat. Berlin – Hessenwinkel 1925.

40 Die Glocke, 5.3.1924, S. 1241.

41 Ebd.

42 Vgl. Buchheim, Ernst Niekisch, S. 338f.; Kabermann, Widerstand, S. 59.

43 Die Glocke, 5.3.1924, S. 1242.

44 PR 1925, Nr. 3, S. 59-68.

45 Vgl. PR 1925, Nr. 3, S. 62.

46 Ebd., S. 65.

47 Ebd., S. 66.

48 Ebd., S. 67f.

49 Ebd., S. 68.

50 Vgl. dazu Osterroth, Erinnerungen, S. 140.

51 Vgl. auch Buchheim, Ernst Niekisch, S. 340.

52 Vgl. Graml, S. 194ff.

53 Vgl. K. Megerle: Deutsche Außenpolitik 1925. Ansatz zum aktiven Revisionismus. Frankfurt/M. 1974.
54 Vgl. M.-O. Maxelon: Stresemann und Frankreich 1924-1929. Düsseldorf 1972, S. 297.
55 Vorwärts, 25.9.1925. Siegfried Marck übrigens urteilte noch zwei Jahrzehnte später so: „Stresemann übernahm die sozialdemokratische Außenpolitik". Vgl. S. Marck: Ein Jahrhundert Marxismus. München 1948, S. 6.
56 PR 1925, Nr. 3, S. 80.
57 Ebd., S. 77f.
58 PR 1926, Nr. 5, S. 10.
59 Vgl. die allerdings eher skeptische Bilanz der Politik Stresemanns bei M. Walsdorf: Westorientierung und Ostpolitik. Stresemanns Rußlandpolitik in der Locarno-Ära. Bremen 1971.
60 PR 1926, Nr. 5, S. 16.
61 Ebd.
62 Ebd., S. 18.
63 Ebd., S. 17.
64 Vgl. dazu Laqueur, Weimar, S. 132.
65 Vgl. PR 1926, Nr. 5, S. 21 u. 24.
66 Vgl. zu diesem Komplex W. Weidenfeld: Die Englandpolitik Gustav Stresemanns. Mainz 1972.
67 JB 1926, H. 1, S. 29.
68 Vgl. zur weltwirtschaftlichen Dominanzposition der USA die Ausführungen bei G. Ziebura: Weltwirtschaft und Weltpolitik 1922/24-1931. Frankfurt/M. 1984, S. 44ff.; vgl. zur amerikanischen Deutschlandpolitik W. Link: Die amerikanische Stabilisierungspolitik in Deutschland 1921-1932. Düsseldorf 1970. Zentristen wie z. B. Otto Bauer sahen diese Zusammenhänge sehr klar: „Eines der wichtigsten Ereignisse des Weltkrieges ist, daß wichtigste Schwerpunkte der kapitalistischen Weltwirtschaft von West- und Mitteleuropa nach Amerika verlegt worden sind, daß Amerika das führende Land der kapitalistischen Welt geworden ist. Wir haben in den letzten Jahren uns oft entrüstet über die militärische Intervention des amerikanischen Imperialismus bald in Mexiko, bald in den kleinen Republiken Zentralamerikas, aber wir haben dabei vergessen, daß wir alle in Europa eine Intervention Amerikans erlebt haben, die viel größere Bedeutung gehabt hat als etwa die Intervention in Nikaragua. Viel wirksamer als die Intervention der amerikanischen Marinesoldaten in Nikaragua war die Intervention des amerikanischen Dollars in Europa." So Bauer 1928 vor dem Kongreß der Sozialistischen Arbeiter-Internationale in Brüssel, vgl. Protokoll SAI 1928, S. VI-151.
69 So sehr sogar, daß selbst Lüpke, S. 77 behauptet, daß zwischen Niekisch und dem ganzen Hofgeismarkreis ein harmonisches Verhältnis „reibungsloser Zusammenarbeit" gegeben war. Ähnlich unsinnig ist die Behauptung Kabermanns, der in seiner Niekisch-Biographie schreibt, daß der Hofgeismarkreis die Ansichten Niekischs „weitgehend" geteilt habe, vgl. Kabermann, S. 58. Genauso die Arbeit von L. Dupeux: „Nationalbolschewismus" in Deutschland 1919-1933. Kommunistische Strategie und konservative Dynamik. München 1985, S. 239. Der historischen Wahrheit näher kommt dagegen Buchheim, S. 341.
70 Vgl. JB 1924, H. 9, S. 200.
71 Vgl. JB 1924, H. 6, S. 140.
72 Vgl. JB 1925, H. 1, S. 24.
73 Vgl. JB 1924, H. 3, S. 68.
74 Hierzu F.-M. Balzer: Klassengegensätze in der Kirche. Erwin Eckert und der Bund der Religiösen Sozialisten Deutschlands. Köln 1973; J. Kandel: Religiöser Sozialismus. In: Lern- und Arbeitsbuch deutsche Arbeiterbewegung. Hg. unter der Leitung von Th. Meyer, S. Miller und J. Rohlfes, Bonn 1984, Bd. 2, S. 455ff., hier: S. 459.

75 Vgl. J. Kandel: Schwarzes Kreuz auf rotem Grund: Anmerkungen zum Religiösen Sozialismus in der Weimarer Republik. In: Heimann/Meyer, Reformsozialismus, S. 59ff., hier: S. 63; Ulrich, S. 226f.
76 Vgl. M. Düsing: Der „religiöse Sozialismus" in der Weimarer Republik – eine weltanschaulich-ideologische Analyse. Freiburg 1976 (Diss.); Balzer, S. 17f.; Kandel, Religiöser Sozialismus, S. 459.
77 Vgl. L. Ragaz: Mein Weg. Bd. II, Zürich 1952, S. 185.
78 Vgl. Rathmann, S. 250.
79 Als Student stand Heimann, was kaum bekannt ist, eine Zeitlang sehr unter dem Einfluß Leonard Nelsons, mit dem er dann allerdings radikal brach, vgl. IJB/ISK-Bestand, I.2., Box 1. In: Archiv der sozialen Demokratie, Bonn.
80 Vgl. SL 1921, H. 10, S 38f.; SL 1923, H. 1, S. 3f.
81 Vgl. BRS 1921, H. 7, S. 43; BRS 1923, H. 4, S. 13.
82 Vgl. BRS 1921, H. 7, S. 44; BRS 1922, H. 12, S. 45.
83 BRS 1921, H. 7, S. 45.
84 Vgl. ebd., S. 47.
85 E. Heimann: Die sittliche Idee des Klassenkampfes und die Entartung des Kapitalismus. Berlin 1926, S. 94. Vgl. auch die harte Kritik der linken Jungsozialistin Dora Fabian an Heimanns Buch in: JB 1926, H. 11, S. 351f. Heimann habe, so D. Fabian, den Sozialismus und den Klassenkampfgedanken willkürlich verfälscht und beschimpft. Der religiöse Sozialist sei restlos in liberalen Gedankengängen verfangen und leiste daher die ideologische Rechtfertigung des Kapitalismus. Seine politischen Schlußfolgerungen seien überdies in dunkle mystische Worte gekleidet, und man wisse nicht, was er positiv wolle.
86 Vgl. BRS 1923, H. 5, S. 17.
87 Vgl. SL 1921, H. 3, S. 10f.; vgl. zur „Freien Volkshochschule" in Remscheid auch: E. Lucas: Vom Scheitern der deutschen Arbeiterbewegung. Basel – Frankfurt/M. 1983, S 133ff.
88 Diesen Vorbehalt merkte zu Recht schon Theodor Haubach in seiner sonst recht freundlichen Besprechung des in Juso-Kreisen viel gelesenen Mennicke-Buches „Der Sozialismus als Bewegung und Aufgabe" (Berlin 1926) an, vgl. Archiv für Sozialwissenschaft und Sozialpolitik 1926, Bd. 56, S. 829ff.; vgl. auch die Rezension in der RZ, 7.11.1926 und die Kontroverse zwischen Dora Fabian (JB 1926, H. 8, S. 255) und Fritz Solmitz (JB 1926, H. 10, S. 320) über Mennickes Buch. Nach Auffassung von Dora Fabian war das Buch von Mennicke überschwemmt von unklaren und halbwahren Gedankengängen und gekennzeichnet durch eine unzureichende Beherrschung der marxistischen Betrachtungsweise. Im übrigen brauche man den Marxismus nicht, wie dies Mennicke wolle, erweitern und ergänzen, denn der Marxismus sei modern genug. Fritz Solmitz warf ihr daraufhin in seiner Replik Beschränktheit und marxistische Buchstabengläubigkeit vor und plädierte im Sinne von Mennicke dafür, die Probleme des Sozialismus und das „Alltagsleben des heutigen Proletariats" aus der Sicht des Jahres 1926 und nicht aus der Perspektive des Jahres 1850 zu betrachten.
89 Darunter auch Jusos linkssozialistischer Observanz wie Bruno Neumann, mit denen Mennicke nicht weniger gern diskutierte als mit Hofgeismarern. Vgl. BRS 1926, Nov./Dez., S. 121ff.
90 Zur Biographie Mennickes vgl. Ulrich, S. 213ff.
91 Vgl. besonders BRS 1923, H. 5, S. 27; BRS 1927, H. 1, S. 11.
92 Vgl. als Auseinandersetzung mit gängigen Typologien die Problemskizze bei Storm/Walter, S. 81ff.
93 Vgl. SL 1923, Nr. 9/10, S. 37.
94 Vgl. C. Mennicke, Der Sozialismus, S. 23f.
95 Ebd., S. 69.

96 Vgl. C. Mennicke, Der Sozialismus, S. 47ff.
97 Vgl. ebd., S. 59 u. 63.
98 Vgl. ebd., S. 62.
99 Vgl. dazu Tillichs grundsätzliche Darlegungen und Klärungsversuche in: NBfS 1930, S. 1ff.
100 Zu diesen Ansprüchen des protestantischen Bildungsbürgertums und besonders des Pfarrhauses, vgl. R. Vierhaus: Umrisse einer Sozialgeschichte der Gebildeten in Deutschland. In: Quellen und Forschungen aus italienischen Archiven und Bibliotheken 1980, S. 395ff.; K. Vondung: Zur Lage der Gebildeten in der wilhelminischen Zeit. In: Vondung, S. 20ff.
101 Vgl. Kandel, Schwarzes Kreuz, S. 72f.; Rathmann, S. 122ff. u. 250ff.
102 PR 1926, Nr. 5, S. 31.
103 Vgl. Kandel, Religiöser Sozialismus, S. 465; Rathmann, S. 124.
104 BRS 1927, Oktober, S. 25.
105 Vgl. ebd., S. 27.
106 Vgl. PR 1925, Nr. 4, S. 1ff.; zur Kritik schon am Entwurf vgl. den Artikel von Friedrich Stampfer in: RZ, 3.9.1925; vgl. insgesamt Winkler: Klassenbewegung oder Volkspartei? Zur Programmdiskussion in der Sozialdemokratie 1920-1925. In: GG 8, 1982, S. 35ff.; vgl. auch Miller, Das Verhältnis, S. 404ff.; Lehnert, Sozialdemokratie, S. 139f.
107 Vgl. Winkler, Klassenbewegung, S. 45.
108 Vgl. zu den heftigen Angriffen auf Hilferding und Kautsky aus den Reihen der USP: HV, 19.2.1920; DVZ, 21.3., 21.6., 22.6. und 23.6.1922; Freiheit (Königsberg), 29.3., 1.4. u. 18.4.1922; Freiheit (Berlin), 29.3., 1.4., 2.4. u. 16.6.1922. Vgl. auch Der Sozialist 1922, S. 252ff.; 292ff.; 300ff.; 381ff.
109 PR 1925, Nr. 4, S. 5.
110 Ebd.
111 Vgl. Das Heidelberger Programm. Grundsätze und Forderungen der Sozialdemokratie. Berlin 1925, S. 71.
112 PR 1925, Nr. 4, S. 7.
113 HE, 13.11.1926; vgl. auch HE, 17.8. u. 18.8.1926.
114 HE, 13.11.1926.
115 Vgl. Storm/Walter, S. 87ff.

## V. Kapitel

1 Über die Dauer von drei Heften hatten Hannoveraner Jusos versucht, in der von Paul Levi herausgegebenen „SPW" eine Korrespondenz zu unterhalten, deren Beiträge allerdings keineswegs so systematisch und ausführlich waren, wie die im „Politischen Rundbrief".
2 Vgl. u. a. BVW, 13.5.1924; LVZ, 20.5.1924.
3 Vgl. u. a. LVZ, 28.5.1924.
4 Ein zweites Referat über die „Vereinigten Staaten von Europa" hielt Hermann Kranold, keineswegs ein typischer Linkssozialist. Da dieser Vortrag, anders als die Rede Grafs, keine auffällige Resonanz oder Rezeption fand, sei er hier nur erwähnt.
5 JB 1924, H. 8, S. 178.
6 Ebd., S. 176f.
7 Vgl. ebd., S. 177.

8 Vgl. dazu Walter, Jungsozialisten, S. 136 f. u. 148 ff.
9 Vgl. Link, S. 39 ff.; K.-H. Klär: Zwei Nelson-Bünde: Internationaler Jugend-Bund (IJB) und Internationaler Sozialistischer Kampf-Bund (ISK) im Lichte neuer Quellen. In: IWK 1982, H. 3, S. 310 ff.; S. Miller: Leonard Nelson – ein revolutionärer Revisionist. In: NG 1982, H. 6, S. 582 ff.; dies.: Kritische Philosophie als Herausforderung zum Widerstand gegen den Nationalsozialismus. In: Dialektik 7. Antifaschismus oder Niederlagen beweisen nichts, als daß wir wenige sind. Redaktion: W. Abendroth, L. Lambrecht, A. Schildt, Köln 1983, S. 53 ff.
10 Vgl. L. Nelson: Gesammelte Schriften in neun Bänden. Hg. von P. Bernays, W. Eichler, A. Gysin u. a., Bd. 9, Hamburg 1972, S. 347 f.
11 Ebd., S. 347 u. 349.
12 Vgl. ebd., S. 410.
13 Ebd., S. 395.
14 Sehr anschaulich über diese Sitzungen berichtet M. Saran: Gib niemals auf. Bonn 1979 (Deutsche Übersetzung von Susanne Miller), S. 63 f.
15 Vgl. Nelsons Monatsantwort (MA) J/3/23 vom 14.3.1923. In: AsD (IJB/ISK-Bestand, I. 2., Box 1).
16 Zu dieser Zahl kommt Klär, S. 316, aufgrund neuer Archivbestände.
17 Vgl. MA, J/7/25. In: AsD (IJB/ISK-Bestand, I. 2., Box 1).
18 Vgl. MA, J/2/25. In: ebd.
19 MA, J/7/25. In: AsD (IJB/ISK-Bestand, I. 2., Box 1).
20 MA, J/1/24. In: ebd.
21 Vgl. MA, J/3/23. In: ebd.
22 Vgl. MA, J/1/24. In: ebd.
23 Vgl. MA, J/7/25. In: ebd.
24 Vgl. MA, J/1/24. In: ebd.
25 MA, J/1/25. In: ebd.
26 MA, J/7/25. In: ebd.
27 Vgl. v. a. MA, J/7/25. In: ebd.
28 Erna Blencke a. d. V.
29 Wie das Lüpke versucht, vgl. Lüpke, S. 114.
30 Hedwig Schwarz-Rowe in: RZ, 3.4.1926.
31 Vgl. JB 1924, H. 8, S. 187 f.
32 Walter Fließ a. d. V.
33 Ernst Rosendahl a. d. V.
34 Vgl. hierzu Kapitel VII, 1. a), S. 178.
35 Ernst Rosendahl a. d. V.; HV, 13.4.1926.
36 Vgl. JB 1924, H. 8, S. 189.
37 E. Rosendahl: Verbürgerlichung oder Revolution? Ein Beitrag zum Problem der sozialistischen Jugendbewegung. Hagen i. W. 1925.
38 Vgl. dazu Walter, Jungsozialisten, S. 157 f.
39 Willi Kappel a. d. V.
40 Über diesen Vorgang berichten übereinstimmend die Zeitzeugen Willi Kappel, Olga Frenzel und eben Ernst Rosendahl, die nach 1933 keinen Kontakt mehr untereinander hatten. Die Auskünfte der drei Zeitgenossen decken sich im übrigen auch sonst sehr weitgehend, so daß hier die Ergebnisse der Befragung ausgiebig benutzt werden konnten.
41 HV, 28.4.1927.

42  Ernst Rosendahl a. d. V.
43  Leo Friedmann schildert (a. d. V.) ähnliches auch aus dem Zirkel, den er mit Arkadij Gurland, Kurt Laumann u. a. gebildet hatte; für die Kölner und Breslauer Jungsozialisten und sozialistischen Studenten gibt es Hinweise auch in dem Brief von Lis Brendgens an Bernd Hoffmann vom 8.4.1930 (Kopie i. B. d. V.); vgl. zudem H. Mayer: Ein Deutscher auf Widerruf. Frankfurt/M. 1982, S. 119; auch Theodor Haubach äußerte seine Wertschätzung für Lukács. In: Archiv für Sozialwissenschaften und Sozialpolitik, Bd. 56 (1926), S. 254 ff.
44  Mayer, Ein Deutscher, S. 105.
45  Vgl. G. Lukács: Geschichte und Klassenbewußtsein. Studien über marxistische Dialektik. Neuwied – Berlin ²1971, S. 119 ff.; vgl. auch Grebing, Der Revisionismus, S. 70 ff.; J. Kammler: Politische Theorien von Georg Lukacs. Struktur und historischer Praxisbezug. Neuwied 1974, S. 171 ff.; A. Grunenberg: Bürger und Revolutionär. Georg Lukács 1918-1928. Köln – Frankfurt/M. 1976, S. 191 ff.
46  Vgl. Rosendahl, S. 4 ff.
47  Ebd., S. 5.
48  Rosendahl, S. 8. Besonders beispielhaft hat diese Haltung einmal der Vorsitzende des sozialdemokratischen Intellektuellenbundes, Hugo Marx, ausgedrückt: „Diese dauernde kritische Auseinandersetzung (mit der Ideologie des Bürgertums; d. V.) kann nicht Sache der breiten Masse der Arbeiterschaft sein. Denn gerade sie ist es, die mit der durch die neuen politischen Verhältnisse angebahnten Hebung des Lebensniveaus die Kulturideale des Bürgertums unkritisch übernimmt. Die Intellektuellen dagegen, die sich zum Sozialismus deshalb bekennen, weil der bestehende Kulturstand sie nicht befriedigt, sind die geborenen geistigen Sturmtruppen der sozialistischen Arbeiterpartei." In: Das freie Wort, 17.11.1929.
49  Vgl. zur Charakterisierung dieses Typs Mayer, Ein Deutscher, S. 99.
50  Rosendahl, S. 9.
51  Vgl. ebd., S. 10.
52  Etwa H. Mommsen: Die Sozialdemokratie in der Defensive: Der Immobilismus der SPD und der Aufstieg des Nationalsozialismus. In: ders.: Sozialdemokratie. S. 106 ff., hier: S. 126 f.; ders.: Die Rolle der „Jungen Generation" in der deutschen Arbeiterbewegung nach 1914. In: L. Niethammer, B. Hombach, T. Fichter, U. Borsdorf (Hg.): „Die Menschen machen ihre Geschichte nicht aus freien Stücken, aber sie machen sie selbst." Einladung zur Geschichte des Volkes in NRW. Berlin – Bonn 1984, S. 123 ff., hier: S. 125; M. Martiny: Sozialdemokratie und junge Generation am Ende der Weimarer Republik. In: W. Luthardt (Hg.): Sozialdemokratische Arbeiterbewegung und Weimarer Republik. Materialien zur gesellschaftlichen Entwicklung 1927-1933. Bd. II, Frankfurt/M. 1978, S. 56 ff., hier: S. 62; Lüders, S. 55; Lüpke, S. 259. Es ist erstaunlich, wie sehr sich sämtliche Autoren um den Tatbestand herumdrücken, daß die Initiativen zur Ausschaltung der jungsozialistischen Bewegung bereits vor dem Leipziger Parteitag 1931 von den linken Parteiorganisationen in Dresden, Berlin und Leipzig ausgingen (vgl. Walter, Jungsozialisten, S. 146 ff.). Offenkundig will niemand das eingängige Interpretationsschema vom „repressiven reformistischen Parteiapparat" und der „aktivistisch-dynamischen Parteiopposition" aufgeben.
53  Vgl. Führer 1926, H. 11, S. 173 ff.; Führer 1927, H. 3, S. 38 ff., H. 4, S. 53 f., H. 6, S. 94 f.; AJ 1926, H. 11, S. 325; LVZ, 1.2., 7.3. u. 25.4.1927.
54  Für den Nelson-Bund vgl. MA, J/3/25. In: AsD (IJB/ISK-Bestand, I. 2., Box 1); für die schlesischen Jungsozialisten vgl. BVW, 6.5.1925 und R. Seydewitz, S. 69. Der innerparteiliche Druck auf die Reichsleitung der Jungsozialisten wurde allerdings so stark, daß sie noch am Tage der Wahl genötigt war, im „Vorwärts" einen Aufruf mit dem Titel „Alle Jungsozialisten wählen Marx" zu verbreiten. Vgl. Vorwärts, 26.4.1925.
55  Vgl. AJ 1927, H. 10, S. 217 f.
56  So H. Weber: Kommunismus in Deutschland 1918-1945. Darmstadt 1983, S. 108.

57 Vgl. hierzu eindrucksvoll: Die Spitzelzentrale, Kommunistische Kampfmethoden. Eine kleine Materialsammlung aus der kommunistischen Jugendzentrale. Hg. vom Hauptvorstand des Verbandes der Sozialistischen Arbeiterjugend Deutschlands. Berlin 1928. Aufzeichnungen aus dem Nachlaß von Boris Goldenberg (die der Verf. Dr.Trude Goldberg zu verdanken hat) und ein detaillierter Bericht von Richard Burkhardt – neben Walter Otto führender Kopf der westsächsischen SAJO – a. d. V. bestätigen und vertiefen die Angaben aus der Broschüre. Der Bericht von Burkhardt besticht durch präzise Erinnerungen, die durch die zusätzlich herangezogenen schriftlichen Quellen fast vollständig verifiziert werden konnten. Daher sind nach Aussagen von Burkhardt über konspirative Treffen, von denen in der Presse natürlich nichts zu lesen ist, in die folgende Darstellung eingegangen.

58 Mitteilung von Olga Frenzel a. d. V.; vgl. auch JB 1927, H. 8, S. 225.
59 Bericht von Richard Burkhardt a. d.V.
60 Bericht von Richard Burkhardt a. d. V.; LVZ, 25.4.1927; Führer 1927, H. 6, S. 94. Zu einer Verschärfung der Spannungen im Bezirk Leipzig-Westsachsen war es gekommen, weil der 2. Vorsitzende der SAJ-Leipzig, Richard Buckhardt, auf Anregung von Walter Otto mit der kommunistisch organisierten 2. Deutschen Arbeiterdelegation für sieben Wochen nach Rußland gereist war. Damit hatte sich Burkhardt selbst, wie es offiziell hieß, „außerhalb des Verbandes der SAJ gestellt" (AJ 1926, H. 11, S. 325). Die Sozialistische Jugend-Internationale lehnte eine ihr angetragene Teilnahme an den Rußland-Delegationen deshalb ab, weil die Bedingungen, die sie daran gestellt hatte – 1) eigene Auswahl der Reiseteilnehmern, 2) Mitnahme eines eigenen Dolmetschers, 3) freie Reiseroute und das Recht, mit gefangenen Menschewiki sprechen zu dürfen, 4) eigenständige Berichterstattung über die Erfahrungen des Aufenthaltes in Sowjetrußland – von den Kommunisten nicht akzeptiert wurden (AJ 1926, H. 2, S. 56f.). Die linkssozialdemokratische SAJ-Leitung der *Stadt* Leipzig, die nicht zur SAJO zählte, lehnte zwar administrative Maßnahmen gegen Rußland-Fahrer ab (LVZ, 1.2.1927), war gleichwohl erbost darüber, daß Burkhardt und Otto niemanden von der Reise informiert hatten (Führer 1926, H. 11, S. 174).
61 Bericht von Richard Burkhardt a. d. V.
62 Vgl. LVZ, 19.3.1927.
63 Vgl. HV, 1.8.1927.
64 Vgl. Für die Arbeiter-Jugend (Breslau) 1927, Nr. 5.
65 Vgl. JB 1927, H. 7, S. 197; Führer 1927, H. 6, S. 93.
66 Vgl. HV, 12.9.1927.
67 Mitteilungen von Ernst Rosendahl, Willi Kappel u. Olga Frenzel a. d. V.; vgl. auch HV, 20.9.1927.
68 Vgl. dazu besonders Frankfurter Volksstimme, 1.4., 30.5., 9.6., 16.6., 3.7. u. 1.10.1931.
69 Vgl. exemplarisch die Beiträge im Diskussionsorgan „Das freie Wort": 1929, H. 9, S. 11 u. H. 11, S. 28ff.; 1930, H. 44, S. 7, H. 47, S. 14, H. 52, S. 30; 1931, H. 12, S. 31f., H. 22, 23, S. 57, H. 30, S. 32, H. 32, S. 32 u. H. 34, S. 32.
70 Vgl. KK 1931, H. 4, S. 125; BVW, 15.11.1930.
71 Vgl. BVW, 25.1.1927.
72 Vgl. ebd., 15.11.1930.
73 Vgl. ebd., 28.9.1925.
74 Das gab auch Maria Hodann implizit in einem Bericht über eine Reichsschulungswoche der Jungsozialisten im September 1925 zum Thema „Imperialismus" zu, da die Breslauer Jungsozialisten in dieser Woche alle anderen an Kenntnissen überragt haben sollen, vgl. JB 1925, H. 11, S. 348.
75 Gerhard Kaulich a. d. V.
76 Vgl. die Veranstaltungskalender in der „Breslauer Volkswacht" des Jahres 1924.
77 BVW, 23.1.1926.

78 Zur freigeistigen Bewegung in Breslau vgl. BVW, 31.8.1925.
79 Günter Spruch und Gerhard Kaulich a. d. V.
80 Vgl. BVW, 15.1.1930.
81 Zu den Auseinandersetzungen um die weltliche Schule vgl. BVW, 31.1., 21.3., 5.4., 18.8., 23.8., 26.8., 11.9., 19.9. u. 6.12.1922; 21.3., 28.3., 12.9. u. 26.9.1923; weitere Informationen über die weltlichen Schulen BVW, 9.10.1926; 6.5.1927 u. 23.2.1929. In manchen Städten ging es noch härter zu. In Köln beispielsweise konnte der Widerstand der Behörden erst nach einem wochenlangen, erbittert geführten Schulstreik gebrochen werden, vgl. RZ, 2.4.-8.6.1921. Der Erzbischof drohte dann allen katholischen Eltern, die ihre Kinder trotz alledem an weltlichen Schulen anmeldeten, die Exkommunikation an; vgl. RZ, 14.4.1921 u. 11.3.1922. Um die Schulhöfe der weltlichen Schulen wurden dann hohe Mauern und Zäune errichtet, um christlichen Schülern den sündhaften Anblick zu ersparen, vgl. RZ, 18.7.1921 u. 18.2.1922.
82 Vgl. Klenke, S. 411 ff. u. 756 ff.
83 Vgl. BVW, 17.10.1928.
84 Vgl. ebd., 12.9. u. 23.9.1923.
85 Vgl. ebd., 23.3. u. 24.3.1932.
86 Vgl. M. Richarz (Hg.): Jüdisches Leben in Deutschland. Selbstzeugnisse zur Sozialgeschichte 1918-1945. Stuttgart 1982, S. 17. Etwas andere Zahlen, aber die gleichen Relationen bei A. Silbermann: Was ist jüdischer Geist? Zur Identität der Juden. Osnabrück 1984, S. 20f. Da die Frankfurter SPD einen ähnlich radikalen Linkssozialismus vertrat wie die Breslauer Partei, wäre es interessant zu untersuchen, ob es auch hier Zusammenhänge zwischen jüdischen Linksintellektuellen und sozialdemokratischer Radikalisierung gab.
87 Zur Geschichte der Breslauer Volkshochschule vgl. BVW, 2.12.1929.
88 Vgl. u. a. ebd., 8.1.1927; 5.1.1928 u. 8.10.1928.
89 Eine wissenschaftliche Untersuchung zur Geschichte der „Sozialistischen Studentenschaft Deutschlands" steht noch aus; allerdings lädt die schlechte Quellenlage zu einer solchen Arbeit auch nicht gerade ein. Soviel an Grunddaten: 1926-1928 gehörten dem Studentenverband etwa 3 000 Mitglieder in 20 Ortsgruppen an. 1930 war die Zahl der Ortsgruppen auf 30, die der Mitglieder auf 5 000 gestiegen. Von 1924 bis 1929 führte Otto Friedländer den Verband. Sein Nachfolger im Vorsitz wurde der Berliner Kurt Berlowitz (seit 1932 gemeinsam mit Bruno Gleitzke). Linksoppositionelle Tendenzen gegen die Politik der Verbandsspitze beschränkten sich in den späten 20er Jahren bis zur Gründung des „Sozialistischen Studentenverbandes" der SAP im Oktober 1931 auf die Gruppen Breslau, Köln sowie Frankfurt und später auch Bonn und Heidelberg, vgl. AsD, Bestand Sozialistische Jugendinternationale, Mappe 41 u. 42; BVW, 16.1.1930, 28.10.1931; Funktionärsblatt der Sozialistischen Studenten 1931, H. 5, S. 1, H. 7, S. 1; Aufbau, 1.12.1929; Sozialistischer Wille in Politik, Wissenschaft und Hochschule 1931, Nr. 2, S. 30 ff.
90 BVW, 2.12.1929.
91 Vgl. ebd., 24.1.1924.
92 B. Hoffmann an L. Brendgens, 28.10.1927 (Kopie des Briefes i. B. d. V.).
93 B. Hoffmann an L. Brendgens, 9.5.1928 (Kopie des Briefes i. B. d. V.).
94 Günter Spruch a. d. V.
95 Vgl. H. Mayer: Außenseiter. Frankfurt/M. 1975, S. 380.
96 Vgl. BVW, 9.12.1924. Der schlesische „Bund der Freunde sozialistischer Akademiker" war erst einen Monat vorher gegründet worden; die Schriftführung oblag zunächst dem Studenten Bernd Hoffmann, die geistige Führung ging von Siegfried Marck aus. In Österreich, in Sachsen und Thüringen hatte man bereits 1923 einen solchen „Akademiker-Bund" geschaffen, dessen Ziel es sein sollte, auch Arbeiterkindern den Weg zur Universität zu eröffnen und die sozialistischen Studenten in ihren Bildungs- und Agita-

tionsbemühungen zu unterstützen, vgl. BVW, 27.10.1924.
97 BVW, 6.12.1928.
98 B. Hoffmann an L. Brendgens, 23.8.1928 (Kopie des Briefes i. B. d. V.).
99 H. P. a. d. V.
100 Den Begriff „Arbeiter-Intellektuelle" prägte Siegfried Marck in bezug auf die Jungsozialisten. Er wollte damit einen Menschentypus charakterisieren, der im Wirtschaftsprozeß Handarbeiter ist, „seine Freizeit aber den Ideen für die Befreiung der Arbeiterklasse widmet". In: Junge Kämpfer. Breslau 1929, Nr. 7.
101 Hans Stephan a. d. V.
102 Fred Lynn (d. i. Fritz Lewy) a. d. V.
103 Günter Spruch a. d. V.
104 Fred Lynn a. d. V.
105 F. Lewy: Das Programm des Jungsozialismus. In: Für die Arbeiterjugend 1925, Nr. 10.
106 Vgl. BVW, 22.5.1926.
107 F. Lewy: Stellungskrieg im Klassenkampf. In: Für die Arbeiterjugend 1926, Nr. 7.
108 M. Adler: Neue Menschen. Gedanken über sozialistische Erziehung. Berlin $^2$1926, S. 48.
109 Diese Bezeichnung prägte Friedrich Adler auf dem Parteitag der österreichischen Sozialdemokratie 1927. Vgl. Parteitag 1927, Protokoll des sozialdemokratischen Parteitages, abgehalten vom 29. Oktober bis 1. November im Ottakringer Arbeiterheim in Wien, Wien 1927, S. 178.
110 Vgl. Mayer: Ein Deutscher, S. 147.
111 Vgl. u. a. BVW, 17.12.1925; 8.10., 12.10. u. 11.11.1926; 10. u. 11.11.1927; 23.4. u. 15.5.1929.
112 Vgl. BVW, 8.1.1927; vgl. auch BVW, 16.4.1927.
113 Aus dem Aufruf der Gauleitung der Jungsozialisten Schlesiens „Werdet neue Menschen". In: BVW, 22.5.1926; vgl. auch den Vortrag von Anna Siemsen. In: BVW, 25.5.1926.
114 Vgl. Adler, Neue Menschen, S. 83.
115 BVW, 11.10.1926.
116 Vgl. M. Adler: Über psychologische und „ethische" Läuterungen des Marxismus. Berlin 1928, S. 43f.
117 BVW, 23.4.1929.
118 Vgl. dazu ausführlicher Storm/Walter: Weimarer Linkssozialismus, S. 28ff.
119 Adler, Neue Menschen, S. 59 u. 106.
120 Ebd., S. 60.
121 Zu dieser Begrifflichkeit vgl. A. Siemsen: Selbsterziehung der Jugend. Berlin 1929, S. 15.
122 Adler, Neue Menschen, S. 81.
123 Ebd., S. 105.
124 Vgl. in diesem Zusammenhang auch H. Kotlan-Werner: Otto Felix Kanitz und der Schönburger Kreis. Die Arbeitsgemeinschaft sozialistischer Erzieher 1923-1934. Wien 1982. Die von O.F. Kanitz geleitete Schule basierte auf dem Konzept Adlers. Schon die Zeitgenossen der Arbeiterbewegung empfanden die Schüler als „weltfremd und unduldsam gegen jede andere Meinung", als „sozialistische Mönche und Nonnen" gleichsam (S. 144).
125 Dies das Urteil von Joseph Lang in einem Brief an Fritz Nagel vom 21.4.1947. Den Auszug verdanke ich einer Mitteilung von Prof. Dr. Helga Grebing. Vgl. auch H. Grebing (Hg.): Lehrstücke in Solidarität. Briefe und Biographien deutscher Sozialisten 1945-1949. Stuttgart 1983, S. 223 u. 285.

| 126 | Erschütternde Beispiele für die Perversion des ethischen Motivs sind Adlers Schriften über Sowjetrußland Anfang der 30er Jahre, in denen er den stalinistischen Terror geradezu schwärmerisch guthieß, da er in Rußland einen „neuen Geist" und „neue Menschen" entstehen sah, so daß ihm die Opfer der Repression einen „Sinn" ergaben, vgl. u. a. M. Adler: Unsere Stellung zu Sowjetrußland. Die hauptsächlichen Fehlerquellen für die Beurteilung der russischen Revolution. In: Unsere Stellung zu Sowjetrußland. Lehren und Perspektiven der russischen Revolution. Berlin-Tempelhof 1931, S. 157ff.; vgl. auch: Der Kampf 1932, S. 215ff. u. 301ff. Andere Sozialisten wie O. Jenssen, K. Kautsky, Th. Dan hatten zu diesem Zeitpunkt schon illusionslose Analysen des Charakters der bolschewistischen Despotie geliefert, so daß diese Kritik an Adler keine Kritik post festum ist, vgl. auch Storm/Walter, Weimarer Linkssozialismus, S. 99ff. |
|---|---|
| 127 | Zum Einfluß von Hendrik de Man vgl. ausführlich Walter, Jungsozialisten, S. 53ff. |
| 128 | Vgl. genauer ebd., S. 80f.; Storm/Walter, S. 22; zu Adlers Erkenntnistheorie vgl. besonders H. Grebing: Der Revisionismus. Von Bernstein bis zum „Prager Frühling". München 1977, S. 48ff.; A. Pfabigan: Max Adler. Eine politische Biographie. Frankfurt – New York 1982, S. 273ff. |
| 129 | Vgl. zu diesem Abschnitt ausführlicher Walter, Jungsozialisten, S. 82ff. |
| 130 | M. Adler: Politische oder soziale Demokratie. Ein Beitrag zur sozialistischen Erziehung. Berlin 1926, S. 92. |
| 131 | Vgl. Parteitag 1926. Protokoll des sozialdemokratischen Parteitages. Abgehalten vom 30. Oktober bis 3. November 1926 in Linz. Wien 1926; vgl. auch: Der Kampf 1927, S. 155f. |
| 132 | Adler, Politische, S. 57; vgl. ders.: Die Staatsauffassung des Marxismus. Ein Beitrag zur Unterscheidung von soziologischer und juristischer Methode. Wien 1922, Wiederauflage Darmstadt 1964, S. 280ff. |
| 133 | Adler, Politische, S. 85. |
| 134 | Vgl. dazu Walter, Jungsozialisten, S. 84ff. |
| 135 | A. Gurland: Marxismus und Diktatur (hg. v. D. Emig). Frankfurt/Main 1981, S. 110. |
| 136 | Vgl. S. Marck: Reformismus und Radikalismus in der deutschen Sozialdemokratie. Geschichtliches und Grundsätzliches. Berlin 1927, S. 45f. |
| 137 | Vgl. Biographisches Handbuch der deutschsprachigen Emigration nach 1933, Bd. 1, München 1980, S. 473. |
| 138 | Auf den Philosophen Marck wird allerdings hier nicht eingegangen. Der Verfasser wird dies in einer anderen Schrift, die sich auch mit den Emigrationsjahren Marcks beschäftigen soll, nachzuholen versuchen. Über Marck erscheint zudem bald ein informationsreicher Aufsatz von Helmut Hirsch in einem von Sven Papcke herausgegebenen Sammelband. |
| 138a | BVW, 6.5.1925. |
| 139 | BVW, 12.2.1927. |
| 140 | Vgl. BVW, 31.3.1930. |
| 141 | Vgl. dazu auch die autobiographischen Anmerkungen von Siegfried Marck in: E.J. Gumbel (Hg.): Freie Wissenschaft. Ein Sammelband aus der deutschen Emigration. Strasbourg 1938, S. 273. |
| 142 | Gerhard Kaulich und Günter Spruch a. d. V. |
| 143 | Vgl. F. Osterroth: Biographisches Lexikon des Sozialismus. Bd. 1, Verstorbene Persönlichkeiten. Hannover 1960, S. 211. |
| 144 | Vgl. BVW, 10.11.1926. |
| 145 | Vgl. u. a. BVW, 10.10.1922; 8.1.1927; 5.1. u. 8.10.1928. |
| 146 | Gerhard Kaulich a. d. V. |
| 147 | BVW, 29.4.1924. |

148 Vgl. BVW, 14.11.1922.
149 Ebd., 29.4.1924.
150 Vgl. u. a. BVW, 14.11.1922; 16.8.1923; 20.3.1924; 15.6. u. 10.11.1926; 11.1. u. 19.11.1927; 20.7. u. 14.12.1928; 2.1. u. 23.9.1929.
151 Vgl. BVW, 3.5. u. 14.5.1928 (Titel der Revue: „Hoppla, wir wählen"); 30.10. u. 16.11.1929 („In Stadt und Land ihr Arbeitsleute"); 2.9.1930 („Der Bürgerblock am Hakenkreuz").
152 Vgl. BVW, 14.11.1922.
153 Vgl. S. Marck: Marxistische Staatsbejahung, Breslau 1924, S. 33.
154 S. Marck, Reformismus, S. 42.
155 Ebd., S. 35.
156 Vgl. BVW, 12.2.1927.
157 Vgl. dazu ebd., 9.6., 15.6. u. 19.6.1920; 15.11.1930 u. 30.9.1931.
158 Vgl. ebd., 30.9.1921.
159 Ebd., 3.6.1922; ähnlich ebd., 16.10.1923.
160 Vgl. ebd., 12.7.1922.
161 Das gleiche geschah u. a. auch in Düsseldorf und Köln, vgl. RZ, 7.7.1922.
162 Vgl. BVW, 12.7.1922 u. 26.1.1923. Auf solche Erfahrungen im kommunalen Umgang mit dem Bürgertum sollten Historiker vielleicht überhaupt mehr achtgeben, wenn sie sich über einen „orthodoxen Dogmatismus" der Weimarer Sozialdemokraten auslassen.
163 BVW, 10.4.1924.
164 Vgl. Marck, Marxistische Staatsbejahung, S. 34.
165 Vgl. BVW, 29.4.1924.
166 Ebd.
167 So der Beschluß der Funktionärskonferenz der Breslauer SPD vom 12.6.1929, vgl. BVW, 9.8.1929.
168 Ebd.
169 Marck, Marxistische Staatsbejahung, S. 29.
170 Vgl. ebd., S. 33.
171 Vgl. BVW, 6.5.1925.
172 Vgl. Für die Arbeiterjugend 1925, Nr. 4.
173 Vgl. Marck, Marxistische Staatsbejahung, S. 36.
174 Vgl. BVW, 10.11.1926.
175 Vgl. ebd., 12.2.1927.
176 Ebd., 21.8.1928.
177 Ebd., 6.12.1928.
178 Vgl. M. Sperber: Die vergebliche Warnung, Wien 1975, S. 215; H.-C. Schröder: Fritz Sternbergs Imperialismustheorie. In: H. Grebing (Hg.): Fritz Sternberg – für die Zukunft des Sozialismus. Köln 1981, S. 38 ff., hier: S. 65.
179 Das freie Wort, 15.12.1929; vgl. auch BVW, 6.12.1928.
180 Vgl. Mitteilungsblatt des Sozialdemokratischen Intellektuellenbundes 1930, Nr. 5, S. 14.
181 Vgl. ebd.
182 Zu diesem Vortrag vgl. Vorwärts, 15.11.1931.
183 Vgl. BVW, 23.11.1926.
184 Marck lobte das „Linzer Programm" der SDAP, weil es angeblich die Spannung von Demokratie und Diktatur gelöst habe. BVW, 17.10.1927.

185 BVW, 12.2.1927.
186 Vgl. Marck, Reformismus, S. 7, 38 u. 42; ders.: Sozialdemokratie, S. 45; KK 1927, H. 5, S. 144 ff.; BVW, 17.10.1927.
187 Marck, Sozialdemokratie (aus dem Vorwort, ohne Seitenangabe).
188 BVW, 9.8.1929.
189 Ein Karriereablauf und Sozialcharakter, der natürlich bereits vor dem Ersten Weltkrieg entwickelt war, vgl. dazu H. Grebing: Sozialer Protest und kollektive Interessenvertretung. München 1985, S. 127 f.
190 Bezeichnend dafür ist ein Artikel von Marck im „Klassenkampf", in dem er sich über Karl Renners Auftritt auf dem letzten Parteitag der SDAP empört, vgl. KK 1927, H. 5, S. 146.
191 Ebd., S. 145.
192 Vgl. BVW, 9.11.1930.
193 Ebd., 17.4.1931.
194 Vgl. ebd., 19.12.1924 u. 11.3.1926.
195 Vgl. ebd., 20.2. u. 3.3.1930.
196 Vgl. ebd., 3.3.1930.
197 Die Angaben zur Persönlichkeit Sternbergs fußen auf Auskünften von Gerhard Kaulich, Richard Monden, Walter Pöppel, Heinz Hoose, Hans Stephan, Hans Mayer, Josef Prenner, H. P., Hermann Neumann, Ernst Rosendahl, Günter Nelke und Personen aus der DDR, die mit Namen nicht genannt werden wollen.
198 Mayer, Ein Deutscher, S. 136.
199 Zur Kontroverse Braunthal – Sternberg vgl. JB 1927, H. 2, S. 52 ff. u. JB 1928, H. 7, S. 213 ff.
200 Vgl. Mayer, Ein Deutscher, S. 137; vgl. auch LVZ, 8.7.1931.
201 O. Jenssen: Erziehung zum politischen Denken. Berlin 1931, S. 33.
202 Vgl. dazu auch H. Grebing: Gefahren und Chancen für den demokratischen Sozialismus nach 1945 in der Deutung von Fritz Sternberg. In: Grebing, Fritz Sternberg, S. 143 ff., hier: S. 180 f.
203 Biographische Daten bei Grebing, Der Revisionismus, S. 121.
204 Dies ein bewußt verächtlich gemeinter Kommentar von Victor Adler über Max Adler, vgl. Pfabigan, S. 88.
205 BVW, 13.12.1924.
206 Mitteilung des ehemaligen schlesischen Bezirkssekretärs Richard Monden, der nach eigenen Angaben zusammen mit den kommunistischen Studenten Kurt Nixdorf, Hans Metze u. a. an den Kursen der „Marxistischen Arbeitsgemeinschaft" teilgenommen hatte; einen ähnlichen Hinweis enthält auch der Brief von Bernd Hoffmann an Lis Brendgens vom 1.12.1931 (Kopie i. B. d. V.).
207 F. Sternberg: Der Imperialismus. Berlin 1926. Zur Interpretation des Werkes vgl. auch Grebing, Revisionismus, S. 121 ff. und Schröder, S. 38 ff.
208 Daß sich die Kategorie der „Schonzeit" auch in der Geschichtswissenschaft fruchtbar machen läßt, hat jüngst Grebing, Arbeiterbewegung, S. 112 gezeigt.
209 Sternberg, Imperialismus, S. 76.
210 Ebd., S. 350 f.
211 Für die Jahre 1930-1933 vgl. Walter, Sozialismus oder Absturz, S. 24 ff.
212 Sternberg, Imperialismus, S. 350.
213 Ebd., S. 358.
214 Vgl. BVW, 24.7.1925. Die Ablehnung des Heidelberger Programms war bei den Jungsozialisten allgemein. Neben den Hofgeismarern und den „Marxisten" wandten sich

auch die IJBler – die ebenfalls über den Mangel an klassenkämpferischer Verve klagten – gegen das Programm. Überdies bemängelten die Nelsonianer das Fehlen eines konstruktiven Agrarprogramms. Vgl. dazu Casseler Volksblatt, 5.10.1925. Lobende Worte hatten sie dagegen für das Görlitzer Programm gefunden, vgl. Hellmut Rauschenplat: Der Klassenkampf – eine sittliche Forderung? In: RZ, 8.8.1925.

215   Vgl. u. a. BVW, 8.12.1925; 11.2., 16.3., 22.3. u. 18.10.1927.
216   Vgl. u. a. BVW, 20.8. u. 5.12.1928; 16.2.1929. Anfang 1930 begründete man dies gar damit, daß die Koalitionspolitik „faschistische Tendenzen" stärke, vgl. BVW, 8.1.1930. Das rote Zentrum der Breslauer SPD, die Abteilung Nikolaitor, wollte die Breslauer Reichstagsabgeordneten sogar darauf *verpflichten,* in *jedem* Falle gegen die Regierung Hermann Müller zu stimmen, vgl. BVW, 17.3.1930.
217   Vgl. BVW, 15.5.1930; Das freie Wort, 1.6.1930, S. 31f.
218   Zum SKB und den Auseinandersetzungen mit dem Reichsbanner vgl. Storm/Walter, S. 52ff.
219   Vgl. besonders die Revue „In Stadt und Land ihr Arbeitsleute", die insgesamt 15 Mal vor der Wahl für die Stadtverordneten und den Provinziallandtag am 17.11.1929 aufgeführt wurde. Vgl. BVW, 30.10.-16.11.1929.
220   Vgl. BVW, 12.8. u. 13.8.1928; 2.8.1929; 12.8.1930; 12.8.1931.
221   Dazu besonders exemplarisch BVW, 5.8., 9.8. u. 12.8.1929.
222   Vgl. ebd., 25.1.1927.
223   Vgl. ebd., 9.2.1928.
224   Vgl. ebd., 21.2.1928.
225   Vgl. ebd., 6.3., 7.3. u. 10.3.1928.
226   Vgl. ebd., 9.2.1929; 1.2.1930.
227   Vgl. dazu ebd., 7.3., 11.3. u. 23.3.1929; vgl. auch KK 1929, Nr. 8, S. 256. Fünf dieser neun Stadtverordneten waren übrigens Gewerkschaftssekretäre (Voigt, Ruffert, Klar, Meise und Kreuser).
228   Das wirkte im übrigen recht anziehend auf eine Splittergruppe wie die Rest-USPD der Richtung Theodor Liebknechts, die sich in Breslau im Juli 1929 der SPD anschloß, vgl. BVW, 16.1.1929.
229   Vgl. dazu BVW, 29.1.1931; vgl. auch KK 1931, Nr. 4, S. 125.
230   Wenn Helga Grebing (Lehrstücke, S. 14) schreibt, daß 1931 fast der gesamte aktive Teil des SPD-Ortsvereins zur SAP übergetreten ist, dann ist das insoweit zu differenzieren, als es sich um den aktiven Teil seit Mitte 1929 handelte. Der „rechte" Flügel war in Breslau auch nach 1927 quantitativ kaum schwächer als der linkssozialistische. 1929 zogen sich seine Repräsentanten vorübergehend aus der Ortsvereinsarbeit zurück und konzentrierten sich v. a. auf die kommunale, genossenschaftliche und gewerkschaftliche Tätigkeit sowie auf die Reichsbanneraktivitäten. Diese Sozialdemokraten sind natürlich nicht zur SAP übergetreten. Im übrigen: von den 34 Stadtverordneten verließen 15 die SPD, von 12 Stadträten gingen nur zwei zur SAP.
231   1933 haben die Nazis dann die verfeindeten Breslauer Sozialdemokraten von früher mit der gleichen Erbarmungslosigkeit gejagt und gehenkt. Ernst Eckstein wurde furchtbar mißhandelt und starb bereits im Mai 1933 im KZ Dürrgoy. Sein einstiger Kontrahent Karl Mache wurde im Herbst 1944 im gleichen KZ ermordet. Der Gewerkschaftssekretär Fritz Voigt, einer der führenden „Parteirechten" in Breslau, starb durch den Strang 1945 in Berlin-Plötzensee. Martin Kaliski, einer der Köpfe der Linkssozialisten, kam im KZ Mauthausen oder in Auschwitz ums Leben. Man könnte noch eine Reihe weiterer Personen nennen. Vgl. Grebing Lehrstücke, S. 225.
232   Vgl. BVW, 24.5. u. 1.6.1928.
233   Über die langjährige Rolle der Jungsozialisten im Funktionärskörper der Breslauer SPD vgl. den ungemein aufschlußreichen Artikel des mittelschlesischen Bezirkssekretärs H. Bretthorst: Die Ausrede der Ertappten. In: BVW, 3.10.1931.

234 Nach der SAP-Abspaltung wurde das Vertretungssystem im übrigen wieder abgeschafft, vgl. BVW, 26.1.1932.
235 Das muß gewiß gegen zeitgenössische Fehldarstellungen (vgl. etwa RZ, 3./4.10.1931 und Bochumer Volksblatt, 5.10.1931) festgehalten werden.
236 So ein Vorwurf der RZ, 9.2.1931.
237 Vgl. u. a. RZ, 21.8.1928; 18. u. 28.1.1929; 13. u. 14.10.1930; 9.2. u. 28.4.1931.
238 So auf einer Parteiversammlung im März 1927, als er die JS gegen Vorwürfe in Schutz nahm, vgl. BVW, 22.3.1927.
239 Ecksteins politische Haltung nach 1925 ist leicht zu umreißen: Der Weimarer Staat war für ihn nicht weniger Klassenstaat als der des Wilhelminischen Deutschlands und mußte daher ebenso energisch bekämpft werden. Er plädierte für eine scharfe und prinzipielle Oppositionsstellung der Sozialdemokratie, da das der Arbeiterschaft größere Vorteile für die Agitation und Überzeugung der „Indifferenten" bringen würde. Zumindest dieser hegenominale Aspekt in Ecksteins Argumentation schien plausibel. Während die SPD im Kaiserreich aus der – aufgezwungenen – Opposition heraus in Breslau bereits 1909 51,3% und 1912 53% der Stimmen erzielt hatte, fiel sie in der Weimarer Zeit in der Folge einer enttäuschenden Koalitionspolitik zumeist auf weit unter 40% zurück. Dies war in anderen Hochburgen der sozialdemokratischen Linken nicht anders und ist zu berücksichtigen, wenn man über die Resonanz linkssozialdemokratischer Topoi räsoniert.
240 Vgl. dazu K. Mache: Clara Zils-Eckstein. In: Arbeiterwohlfahrt, 1.5.1931, S. 274ff.; Clara Zils-Eckstein war im Februar 1931 verstorben, vgl. auch: Das freie Wort, 1.3.1931; BVW, 24.2.1931.
241 Vgl. dazu einen aufschlußreichen Vortrag von Prof. Dr. von Auer vor den Beamten und Angestellten der Breslauer Fürsorgeämter, BVW, 26.1.1927.
242 Vgl. RZ, 8.6.1928.
243 Vgl. ebd., 12.1.1930.
244 Vgl. BVW, 26.1.1927.
245 Vgl. P. Driske: Der Wirtschaftsorganismus Groß-Breslau. Ein Beitrag zur Wirtschaftsgeographie einer Großstadt. Berlin 1936, S. 67.
246 Vgl. BVW, 18.1.1930; RZ, 12.1.1930.
247 VGl. BVW, 23.12.1925; 2.7.1926; 21.6.1929; KK 1930, Nr. 23, W. 720a; Das freie Wort, 15.12.1929.
248 Vgl. BVW, 23.12.1925; 26.1.1927.
249 Der Metallarbeiterverband scherte politisch auch aus dem Breslauer ADGB-Kartell aus und verhielt sich konsequent linkssozialistisch. Der Bevollmächtigte des Metallarbeiterverbands war Hans Ziegler, seit 1927 gemeinsam mit Eckstein Vorsitzender der Breslauer SPD – wenn auch längst nicht so populär wie der Anwalt – und war bis 1931 der vielleicht radikalste sozialdemokratische Abgeordnete im Reichstag.
250 Die KPD war in Breslau ohne größere Bedeutung. Bei den Reichstagswahlen 1928 etwa kam die SPD auf 41,5%, die KPD auf 6,2% der abgegebenen Stimmen. Bei den Wahlen für die Stadtverordneten im November 1929 erhielt die SPD 35,8%, die KPD 5,1% der Stimmen; vgl. die absoluten Zahlen in: BVW, 21.5.1928 u. 18.11.1929. Die Breslauer SPD-Führung unter Eckstein erklärte diese geringe Resonanz der KPD trotz des ungeheuren proletarischen Elends in der Stadt mit eben dem drastisch linkssozialistischen Kurs der SPD.

## VI. Kapitel

1. Gewiß in der Folgerung etwas überspitzt, aber auch nicht singulär ist die Selbstdarstellung der Kasseler Jungsozialisten zu diesem Zeitpunkt: „Wir Casseler Jungsozialisten schlossen uns bis jetzt, wie die meisten anderen Gruppen Deutschlands, keiner der beiden Richtungen an. Wir erkannten unsere Hauptaufgabe darin, Bildungsarbeit zu betreiben und uns das notwendige Wissen anzueignen, um den Kampforganisationen der Arbeiterschaft frische und tüchtige Kräfte zuzuführen." Vgl. Casseler Volksblatt, 2.5.1925.
2. Franz Osterroth a. d. V.
3. JB 1925, H. 2, S. 62 u. H. 3, S. 94 f.
4. Vgl. dazu Dritte Reichskonferenz der Jungsozialisten in Jena (Protokoll), Berlin 1925 und die Berichte in folgenden Tageszeitungen: Casseler Volksblatt, 14.4. u. 2.5.1925; Vorwärts, 17.4.1925; LVZ, 16.4.1925 u. HE, 17.4.1925.
5. MA, J/1/25, in: AsD (IJB/ISK-Bestand, I. 2., Box 1).
6. MA, J/2/25, in: ebd.
7. Ernst Rosendahl a. d. V.
8. Ernst Rosendahl a. d. V.
9. Vgl. JB 1925, H. 6, S. 187.
10. Ernst Rosendahl a. d. V.; vgl. auch Nelson in: MA, J/4/25, in: AsD (IJB/ISK-Bestand, I. 2. Box 1).
11. Vgl. Osterroth, Erinnerungen, S. 131; Rathmann, S. 163 ff.
12. Vgl. hierzu F. Borinski: Lehrer der Jugend. In: C. Müller; I. Staff (Hg.): Der soziale Rechtsstaat. Gedächtnisschrift für Hermann Heller 1891-1933. Baden-Baden 1984, S. 89 ff., hier: S. 100.
13. Dritte Reichskonferenz, S. 6.
14. Ebd., S. 7.
15. Ebd., S. 17.
16. Ebd.
17. Ebd., S. 18.
18. Zu Hellers politisch-strategischem Denken vgl. auch den überzeugenden Aufsatz von W. Luthardt: Staat, Demokratie, Arbeiterbewegung. In: Müller/Staff, S. 259 ff.; vgl. auch Albrecht, S. 59 ff.
19. Dritte Reichskonferenz, S. 22.
20. Ebd., S. 8.
21. Ebd., S. 23.
22. JB 1925, H. 8, S. 249.
23. Dritte Reichskonferenz, S. 25. Um diese Jungsozialisten, die weder „Hofgeismar" noch „Hannover" waren, wurde auf der Konferenz hart gerungen. Nur Lüpke will von ihrer Existenz nichts wissen, weil diese Jungsozialisten keine „politische und organisatorische Führung" gehabt hätten, vgl. Lüpke, S. 132.
24. Dritte Reichskonferenz, S. 25. So schlimm kann es mit der Abneigung nicht gewesen sein, denn auch Hermann Heller, der Referent der Hofgeismarer, war Jude.
25. Ebd., S. 23.
26. Vgl. ebd., S. 26. Die Hofgeismarer protestierten, weil sie überhaupt gegen eine Entscheidung waren, da Jungsozialisten – so Haubach – kein Kampfbund, sondern eine Gemeinschaft diskutierender junger Menschen wären (vgl. ebd., S. 27). Darauf antwortete Eichler, daß in einer solchen Frage politischer Taktik Verbindlichkeit absolut nötig sei. In der Konsequenz mußte das bedeuten, daß „Hofgeismarer", die „Hofgeismarer" bleiben wollten, in der Organisation nichts mehr zu suchen hatten.

27 Daß dieser Satz in der zweiten Resolution fehlt, ist nicht nur eine *redaktionelle* Änderung, wie Lüpke schreibt (S. 130), sondern eine politische Korrektur, denn diesen Satz hätten weder die „mittleren" Jusos noch die Instanzen der Partei hingenommen.
28 Nach Mitteilung des damaligen Delegierten des Juso-Bezirks Oberrhein, Kurt Brenner, a. d. V. nahmen an einem erst- und letztmalig in Jena stattfindenden Treffen der „Mitte" etwa 22 Delegierte teil; vgl. auch den Antrag zur Geschäftsordnung von Lepinski: Dritte Reichskonferenz, S. 30.
29 Dritte Reichskonferenz, S. 31.
30 Vgl. Haubach, in: HE, 18.4.1925; Schwarz-Rowe, in: RZ, 3.4.1926; Kern, in: DVZ, 27.6.1930; Rathmann, in: NG 1984, H. 10, S. 989f.; Osterroth, Erinnerungen, S. 143. Die Hofgeismarer argumentierten, daß Jena für die vielen Hannoveraner Gruppen aus deren Stammregion Sachsen und Thüringen einfacher zu erreichen war als für die Gruppen des Hofgeismarkreises besonders aus dem Ruhrgebiet, von denen viele aus finanziellen Gründen keine Delegierten entsenden konnten. Wäre dies der entscheidende Grund für die Unterlegenheit bei der Abstimmung gewesen, dann hätten die Hofgeismarer in den Monaten danach die „Zufallsniederlage" rasch korrigieren können. Das allerdings gelang nicht; im Gegenteil: Der Kurs nach links ging in den Bezirken forciert weiter.
31 Vgl. Dritte Reichskonferenz, S. 32.
32 Vgl. HE, 18.4.1925.
33 Dritte Reichskonferenz, S. 31.
34 Franz Osterroth a. d. V. Es handelte sich um die Folgen von Kriegsverletzungen.
35 Fred Lynn (d. i. Fritz Lewy) a. d. V.
36 Kurt Brenner a. d. V.
37 Vgl. Dritte Reichskonferenz, S. 43. Bei der Wahl der Reichsleitung hielten sich die Delegierten an den im Vorfeld der Konferenz ausgehandelten Kompromiß. Vertreter des Hannoveranerkreises in der zentralen Leitung waren: Scholz (Mittelschlesien), Lamm und Maria Hodann (beide Berlin). Der Hofgeismarkreis wurde vertreten durch Dahrendorf (Hamburg), Osterroth (Bochum), Keller (Berlin); Lepinski repräsentierte die „Mitte".
38 MA/J/4/25, in: AsD (IJB/ISK-Bestand, I. 2., Box 1). Nelson zog sogleich die Konsequenz für die Zukunft: „Es bleibt nur übrig, ihm von Anfang an Respekt einzuflössen. Wir müssen ihm sofort zeigen, daß wir innerhalb der Hannoveraner Richtung eine Rolle spielen und mit der Einsendung von Artikeln nicht säumen. Wenn wir mit der Einsendung warten, bis er fest im Sattel sitzt, machen wir ihm die Abweisung leichter. In jeder OG sollte gerade für die ersten Monate für jedes Heft wenigstens ein Aufsatz hergestellt werden. Ich bitte um Rückmeldung."
39 Dritte Reichskonferenz, S. 37f.
40 Vgl. Vorwärts, 17.4.1925; Casseler Volksblatt, 14.4.1925; HE, 18.4.1925.
41 Vgl. Dritte Reichskonferenz, S. 38. Es ist bezeichnend für die Arbeit von Lüpke, daß er diesen Vorfall überhaupt nicht erwähnt. Dieser wäre auch nicht in sein bipolares Weltbild zu integrieren, das von der alleinigen Existenz von bürgerlich-idealistischen Jusos auf der einen und konsequent marxistischen Kräften auf der anderen Seite ausgeht.
42 So Haubachs Bewertung in HE, 18.4.1925.
43 Dritte Reichskonferenz, S. 23.
44 Ebd., S. 27.
45 Hier hatte Heller in einer Polemik gegen Adler recht, vgl. H. Heller: Sozialismus und Nation. Berlin 1925, S. 63; vgl. auch F. Ritter: Theorie und Praxis des demokratischen Sozialismus. Frankfurt – New York 1981, S. 60ff.
46 Zu dieser Wirkung v. a. in der Wehrdebatte bei den Jungsozialisten und in der SPD vgl. Walter, Jungsozialisten, S. 114ff.; Storm/Walter, S. 51ff.

## VII. Kapitel

1   Die „Wandervogel-Kohorte" und die Generation der Kriegskinder sind eben nicht zu einer „großen Generationseinheit" verschmolzen, wie Michael H. Kater jüngst in einem Aufsatz geschrieben hat. Mit einem so weit gesteckten Kohorten-Begriff wie den von Kater wird man die Generationskonflikte in der Weimarer Zeit nicht in den Griff bekommen, vgl. M.H. Kater: Generationskonflikt als Entwicklungsfaktor in der NS-Bewegung vor 1933. In: GG (11) 1985, S. 217ff.

2   So der 1926 zum Vorsitzenden der Bremer SAJ gewählte Karl Grobe in einer Mitteilung a. d. V. über die Generation des „Weimargeistes".

3   Vgl. hierzu die verschiedenen Beiträge in: Die Lebenswelt der Jugend in der Gegenwart, hg. im Auftrage des Reichsausschusses der Deutschen Jugendverbände von Hermann Maaß, Berlin 1928, S. 7ff. u. 105ff.; vgl. auch G. Ehrenthal: Die deutschen Jugendbünde. Ein Handbuch ihrer Organisationen und ihrer Bestrebungen, Berlin 1929, S. 26ff.; Veröffentlichungen des Preußischen Ministeriums für Volkswohlfahrt aus den Gebieten der Jugendpflege, der Jugendbewegung und der Leibesübungen. Beiträge zur Lebenskunde der Jugend. Jugend und Beruf, Berlin 1928, S. 13; H. Hartmann: Die junge Generation in Europa. Berlin 1930, S. 11; Laqueur, Jugendbewegung, S. 146ff.; Linse, Lebensformen, S. 40ff.

4   Vgl. Seebacher-Brandt, S. 48f. Sie wirft Ollenhauer vor, kein Verständnis für die militanten Organisations- und Erscheinungsformen gehabt zu haben. Selbst problematisiert sie nicht einmal ansatzweise die Gefahren solcher Formen. Nur wenige Seiten zuvor war ihr Ollenhauer im übrigen zu wenig jugendbewegt gewesen (S. 25f.).

5   Diese Jungsozialisten, die 1925 weder „Hofgeismar" noch „Hannover" waren, sind nicht mit der „parteiorientierten" Mitte früherer Jahre zu verwechseln; ein Jungsozialist wie Bruno Lösche wirkte auf der Konferenz wie ein Außenseiter.

6   Noch aus den Mitteilungen der linken SAJ-Führer aus Hamburg-Nordwest, Ludolf Mevius und Karl Grobe, und aus Bochum Hans Hoose a. d. V. spricht eine uneingeschränkte Abneigung gegen die „Latscher" und „Romantiker" aus dem Hofgeismarkreis.

7   Wo im folgenden keine weiteren Quellenangaben angeführt sind, stützt sich die Darstellung auf die Informationen immer wiederkehrender Zeitzeugenaussagen. Folgende Zeitzeugen haben sich zu Fragen der Kultur und Lebensformen explizit geäußert: Arno Behrisch, Margarete Bittner, Grete und Fritz Borges, Kurt Brenner, Karl Grobe, Edwin Grützner, Heinz Hoose, Gerhard Kaulich, Otto Kettig, Otto Metz, Ludolf Mevius, Robert Mayer, Franz Osterroth, Jenny und Walter Pöppel, Arthur Riess, Fritz Romann, Martel und Alfred Rudolph, Karl Schroth und Ilse Severing.

8   So die Hannoveraner Jungsozialistin Trude Wiechert, in: JB 1930, H. 8, S. 227.

9   Vgl. hierzu auch das Lamento von August Albrecht, in: Führer 1928, H. 3, S. 40; vgl. zudem Führer 1927, H. 7, S. 101f.

10  Vgl. H. Wagner: Sport und Erziehung. In: Urania 1928/29, S. 61ff.; vgl. auch H. Hoffmann: Proletariat und Arbeitersport. In: Urania 1927/28, S. 316ff.

11  Vgl. besonders exemplarisch den Aufsatz des Leipziger Jungsozialisten Rudolf Wenzel in: Sozialistische Jugend (Leipzig) 1930, Nr. 9, S. 134ff. Vgl. auch die Lebenserinnerungen von Ruth Seydewitz, der Schwester von Fritz Lewy: „Beispielsweise, wie wir Jungsozialisten demonstrativ den Saal verließen, wenn nach der Parteiversammlung ein kleiner Schwoof gemacht wurde. Tanzen, das war – so meinten wir Dogmatiker – nur etwas für die bürgerliche Gesellschaft." R. Seydewitz: Alle Menschen haben Träume. Meine Zeit, mein Leben. Berlin (Ost), o. J., S. 66.

12  O. Zimmermann: Der neue Tanz. In: Führer 1928, H. 12, S. 197; Vgl. auch M. Gleisner: Gymnastik und Bewegungschor. In: Urania 1926/27, S. 27ff.

13  Vgl. Urania 1931/32, S. 202.

14  JB 1930, H. 8, S. 236.

15 Vgl. den Aufsatz von Trude Wiechert in: Das freie Wort, 16.2.1930.
16 Zur Sprechchorbewegung vgl. A. Johannesson: Leitfaden für Sprechchöre. Berlin 1929, passim; W. Eschbach: Unsere Feier. Handbuch zur Gestaltung sozialistischer Jugendfeste und Jugendfeiern. Berlin 1929, S. 17f.; Der Kampf, H. 2, S. 85ff.; JB 1930, H. 8, S. 233ff.; SB 1931, S. 243. Vgl. auch W. van der Will; R. Burns: Arbeiterkulturbewegung in der Weimarer Republik. Eine historisch-theoretische Analyse der kulturellen Bestrebungen der sozialdemokratisch organisierten Arbeiterschaft. Frankfurt/M. – Berlin – Wien 1982, S. 167ff.
17 Vgl. etwa BVW, 19.1.1928.
18 Ebd., 9.8.1929.
19 Vgl. Der Führer 1928, H. 5, S. 86; vgl. auch: Der Führer 1928, H. 3, S. 35f.
20 Vgl. dazu die Vorbereitung und Durchführung des Massenchorwerkes „Kreuzzug der Maschine" von Lobo Frank in der Breslauer Jahrhunderthalle vor über 10 000 Menschen am 1. Mai 1931, einem Höhepunkt des sozialdemokratischen Sprechbewegungschores; dazu sehr ausführlich BVW, 4.4., 11.4. und 2.5.1931.
21 Arno Behrisch a. d. V. Zu solchen Feiern vgl. etwa LVZ, 17.1.1930 u. 20.1.1931; BVW, 16.1.1928 u. 18.5.1929. Die Breslauer Jungsozialisten feierten Luxemburg und Liebknecht ebenfalls als die zwei „besten und revolutionärsten Kämpfer für die klassenlose Gesellschaft", die das internationale Proletariat hervorgebracht habe (BVW, 18.5.1929). Zu der parteiinternen Auseinandersetzung um solche jungsozialistischen L/L-Feiern vergl. Das freie Wort, 1.6., 15.6., 6.7., 20.7.1930. Auch der noch sehr junge Herbert Frahm aus Lübeck hatte sich im übrigen in dieser Debatte zu Wort gemeldet: „..., daß für uns Karl Liebknecht und Rosa Luxemburg als wahre Klassenkämpfer gefallen sind. Sie sind unser Vorbild, und wir halten ihnen die Treue, die sie dem Sozialismus stets gehalten haben." (Das freie Wort, 20.7.1930).
22 Vgl. BVW, 3.1.1927, 2.1.1929 u. 3.1.1930.
23 BVW, 2.5.1928.
24 Vgl. dazu auch J. Hermann; F. Trommler: Die Kultur der Weimarer Republik. München 1978, S. 224ff.
25 Vgl. SB 1931, S. 209f. „Die mehrheits-sozialdemokratische Haltung zur ‚Weltbühne' drückte wahrscheinlich die Kölner ‚Rheinische Zeitung' aus: Die nihilistische ‚Weltbühne' in Berlin, deren politische Auslassungen am treffendsten durch das Wort Geseires bezeichnet werden können..." (RZ, 25.11.1930). Gerechterweise muß man hinzufügen, daß die „Weltbühne" der Sozialdemokratie gegenüber häufig ein Ausmaß an Süffisance und Arroganz zeigte, was in der Tat unangenehm elitär und politisch ausgesprochen ignorant wirkte.
26 SB 1931, S. 209.
27 Vgl. Casseler Volksblatt, 18.4.1931; BVW, 12.8.1931; DVZ, 18.8.1930.
28 Vgl. BVW, 15. u. 16.5.1928. Dagegen sollte sich die Hoffnung des langjährigen Breslauer Juso-Vorsitzenden Walter Ludwig, daß künftig auch jungsozialistische „Arbeitsgemeinschaften nur noch in Sälen abgehalten werden können" (BVW, 22.5.1926), indes niemals erfüllen.
29 Vgl. BVW, 31.10.1929.
30 Vgl. LVZ, 1.9.1930.
31 Vgl. BVW, 2.9.1930.
32 BVW, 3.5.1928.
33 Dora Lösche a. d. V.
34 H. Wagner: Geschlecht und Gesellschaft. Jena 1928, S. 76.
35 Walter Pöppel a. d. V.
36 Vgl. JB 1926, H. 12, S. 354 u. 360.
37 Vgl. JB 1928, H. 2, S. 50f.

38 Vgl. ebd., S. 48.
39 Vgl. JB 1926, H. 12, S. 368.
40 Vgl. hierzu JB 1928, H. 2, S. 34f, 40f.u. 54; H. 12, S. 372f.
41 Edwin Grützner, früher Juso-Vorsitzender in Heidenau und Schüler in Tinz erinnert sich: „Felix Kanitz, der auch bei uns in Tinz referierte, äußerte zum Thema den mir im Gedächtnis gebliebenen Satz: ‚Alles ist erlaubt, was dem Partner und der Klasse nicht schadet!' In solcher Freiheit war zugleich die Pflicht eingebunden." (Mitteilung a. d. V.).
42 Von den befragten Jungsozialisten haben nur Martel und Alfred Rudolph berichtet, daß sie wegen ihrer ablehnenden Einstellung zur Ehe 1931 bis 1933 mit anderen Jusos in einer Karlsruher Wohngemeinschaft unverheiratet zusammengelebt haben.
43 Vgl. hierzu auch G. Uhlig: Kollektivmodell „Einküchenhaus". In: Arch+ (1979), H. 45, S. 26ff.
44 Sehr zum Ärger von Wagner übrigens, vgl. Wagner, S. 76.
45 Vgl. das Referat von M. Westphal: Die sozialen und sittlichen Lebensverhältnisse der Großstadtjugend. (gehalten im Ostprignitzer Jugendhof am 23. Mai 1927), veröffentlicht im Anhang von: Veröffentlichungen des Preußischen Ministeriums, S. 47f.
46 Der Jugendliche in der Großstadtfamilie. Auf Grund von Niederschriften Berliner Berufsschüler und -schülerinnen. Im Auftrag des Deutschen Archivs für Jugendwohlfahrt, Berlin, bearbeitet von Günter Krolzig, Berlin 1930, S. 50ff. Die Untersuchung basierte auf 1 700 Aufsätzen, die von Berufsschülern geschrieben wurden. Die Auswertung erfolgte nicht nach statistischen Kriterien, sondern blieb eher impressionistisch. Der Herausgeber unterteilte die Angaben und Ausführungen in den Aufsätzen nach der Intensität der *Bindungen* zur Familie und dokumentierte dann jeweils zahlreiche Textstellen. Zwischendurch streute er immer wieder eigene Interpretationen und verallgemeinernde Zusammenfassungen ein.
47 Ebd., S. 122.
48 Vgl. ebd., S. 130.
49 Ebd., S. 122.
50 Um einen Auszug zu bringen: „Schriftsetzer (4. Semester): ‚Ich wohne in einer ruhigen Gegend, an der Peripherie der Stadt. Wir wohnen in einem Genossenschaftshaus, das ein sehr ruhiges und freies Leben voraussagen läßt. Meine Wohnung liegt im Hinterhaus in der ersten Etage. Es ist eine sehr schöne, große und sonnige Einzimmerwohnung. Viel Nebenraum habe ich, erstens einen großen, mindestens 12 m langen Korridor, eine Badstube mit Bad, die wir nicht im geringsten vermissen könnten. Ich habe hier bei meinen Eltern ein schönes Leben.'" Vgl. der Jugendliche in der Großstadtfamilie, S. 17. Dies war keine Ausnahme. Vgl. dazu ferner auch einen Bericht von Max Westphal (AJ 1926, H. 2, S. 33): „Wo wohnen unsere Mitglieder? Wie wohnen sie? Wie sieht es im Elternhaus aus? Dann werden wir in den meisten Fällen zu dem Ergebnis kommen, daß unsere Mitglieder nicht aus den größten Elendsquartieren des Proletariats kommen, und daß sie zumeist die Kinder jener Proletarierschichten sind, die als organisierte Kämpfertruppe sich bereits eine wenigstens etwas gebesserte Lebensführung ermöglicht hat."
51 Ebd., S. 123.
52 Vgl. G. Dehn: Proletarische Jugend. Lebensgestaltung und Gedankenwelt der großstädtischen Proletarierjugend. Berlin 1930, S. 51; M. Radda: Das reifende Proletariermädchen. (Wiener Arbeiten zur pädagogischen Psychologie. Hg. von Charlotte Bühler und Victor Fadrus, H. 8), Wien – Leipzig 1931, S. 54ff.; Das Freizeitleben der Großstadtjugend. 5 000 Jungen und Mädel berichten. Zusammengestellt und bearbeitet in Verbindung mit dem Deutschen Archiv für Jugendwohlfahrt von Robert Dinse, Stadtjugendpfleger, Berlin 1932, S. 58f.
53 Vgl. Das Freizeitleben, S. 100.
54 Vgl. ebd., S. 48ff.

55 Vgl. ebd., S. 59.
56 Vgl. dazu auch die Zahlen in: AJ 1930, H. 1, S. 6.
57 Vgl. Das Freizeitleben, S. 71 ff.
58 RZ, 23.2.1929.
59 Vgl. Das Freizeitleben, S. 110.
60 Vgl. Dehn, S. 48. Zu einer früheren Untersuchung der „Gedankenwelt der großstädtischen Arbeiterjugend nach Erhebungen in Berliner Fortbildungsschulen" von G. Dehn u. E. Lau, vgl. Ratgeber für Jugendvereinigungen 1920, Heft 7/8, S. 82 ff. u. H. 9/10, S. 125 ff.
61 Vgl. Dehn, S. 51.
62 Vgl. ebd., S. 36.
63 Ebd., S. 39.
64 Etwa bei Langewiesche in einem sonst klugen, aber doch sozialgeschichtlich überspitzten Aufsatz, der zu sehr die *politische* Dimension des Problems außer acht läßt. D. Langewiesche: Politik – Gesellschaft – Kultur. Zur Problematik von Arbeiterkultur und kulturellen Arbeiterorganisationen in Deutschland nach dem 1. Weltkrieg. In: AfS (XXII) 1982, S. 359 ff.; vgl. auch F. Heidenreich: Arbeiterbildung und Kulturpolitik, Berlin 1983, S. 124 ff.
65 Vgl. dazu Kolb, Weimarer Republik, S. 101 f.
66 Als besonders unangenehmes Beispiel vgl. M. Gailus (Hg.): Pöbelexzesse und Volkstumulte in Berlin. Zur Sozialgeschichte der Straße (1930-1980). Berlin 1984, und da v. a. den Aufsatz des Herausgebers selbst, vgl. S. 1 ff.
67 Auch die Massensprechchöre wurden schließlich von nationalistischen Jugendlichen und dem katholischen Jungmännerverband agitatorisch verwandt; vgl. dazu I.G. v. Olenhusen: Die Krise der jungen Generation und der Aufstieg des Nationalsozialismus. In: Jahrbuch des Archivs der Deutschen Jugendbewegung. Bd. 12/1980, S. 53 ff., hier: S. 72. Hendrik de Man übrigens, der auch lange Zeit geglaubt hatte, daß mit den Sprechchören ausnahmsweise eine autonom-proletarische Schöpfung vorläge, fand bei Recherchen heraus, daß der erste proletarische Sprechchor – in München beim Begräbnis von Kurt Eisner – aus der Initiative „bürgerlicher" Künstler hervorgegangen war, denen dabei gleichsam eine Renaissance des antiken Theaters vorschwebte, vgl. H. de Man: Die sozialistische Idee. Jena 1933, S. 180.
68 Wobei bei der Bestimmung der soziologischen Herkunft die Präzisierung des Klassen*milieus* außerordentlich wichtig ist. Ein „zweiachsiges Koordinatensystem", wie das von Jaeger, der „den sozialhistorischen Ort eines jeden Individuums" allein durch die Angabe von Lebensalter und Klassenzugehörigkeit festlegen möchte, greift aus der Sicht des Verfassers auf jeden Fall zu kurz, vgl. H. Jaeger: Generationen in der Geschichte. Überlegungen zu einer umstrittenen Konzeption. In: GG 1977, S 429 ff., hier: S. 443; ähnlich verkürzt auch der Interpretationsansatz von E. Domansky; U. Heinemann: Jugend als Generationserfahrung: Das Beispiel der Weimarer Republik. In: SOWI 1984, H. 2, S. 14 ff.
69 Vgl. Junge Kämpfer (Breslau) 1930, Nr. 3; zu den Auseinandersetzungen um Tanz oder nicht, vgl. Führer 1930, H. 3, S. 38; H. 5, S. 68 u. H. 6, S. 87 f.
70 Vgl. Führer 1932, H. 12, S. 188; BVW, 10.10. u. 14.10.1932; Vorwärts, 9.9. u. 16.9.1932.
71 Die kluge, in lebensreformerischen Fragen allerdings sehr dogmatische Hannoveraner Jungsozialistin Trude Wiechert gestand dies indirekt ein: „... und dann die Gewinnung der Jugend, die zu unserer Klasse gehört, aber so vom bourgeoisen Geiste verseucht ist, daß sie uns als Feind gegenübersteht und glaubt, sie müsse Opfer bringen, wenn sie zu uns kommt und auch noch auf die wenigen „Genüsse" verzichten, die ihr ihre wirtschaftliche Lage neben der nackten Existenz läßt." (JB 1930, H. 8, S. 229). Eine berechtigte Kritik an sektiererischen Askesen im Kultursozialismus übte Otto Neurath, in: Aufbau, 1.1.1929, S. 1 ff.

72  Zu diesen Vorfällen und nachfolgenden Diskussionen vgl. ausführlicher Walter, Jungsozialisten, S. 136 ff.
73  Zu unterscheiden von dieser Gruppe der introvertierten Binnenradikalität sind allerdings die verschiedenen „Rote-Kämpfer-Gruppen" (deren Bandbreite von Linkssozialisten wie Sternberg bis zu Linkskommunisten wie Wagner reichte), die in der Tat einen aktiv-intervenierenden Vortruppradikalismus verfochten.

## VIII. Kapitel

1  Vgl. hierzu auch D. J. K. Peukert: Die Erwerbslosigkeit junger Arbeiter in der Weltwirtschaftskrise in Deutschland 1929-1933. In: Vierteljahresschrift für Sozial- und Wirtschaftsgeschichte, 72. Band, H. 3 (1985), S. 305 ff., hier: S. 318 ff.
2  Vgl. als Überblick C. Honegger, M. Bloch, F. Braudel, L. Febvre u. a.: Schrift und Materie der Geschichte. Vorschläge zur systematischen Aneignung historischer Prozesse. Frankfurt/M. 1977; M. Erbe: Zur neueren französischen Sozialgeschichtsschreibung. Darmstadt 1979.
3  Eine solche Definition etwa bei Kocka, Arbeiterkultur, S. 8 und K. Tenfelde: Anmerkungen zur Arbeiterkultur. In: W. Ruppert (Hg.): Erinnerungsarbeit. Geschichte und demokratische Identität in Deutschland. Opladen 1982, S. 107-134, hier: S. 124.

Peter Lösche

**Noch ein Buch zur Geschichte der Arbeiterbewegung?**

**Ein nachdenkliches Nachwort**

„Bücher haben ihr Schicksal." — Dieser Satz trifft nicht nur auf einzelne Bücher zu, sondern auch auf die verschiedenen Gattungsarten wissenschaftlicher Publikationen, insbesondere in den Sozial- und Geisteswissenschaften. In ihren Methoden und Gegenständen reagieren Historiographie und Politikwissenschaft auf wirtschaftliche und gesellschaftliche Veränderungen und auf das Umschlagen politischer Großwetterlagen, ja sie unterliegen auch Modeströmungen. Während vor fünfzehn Jahren unter dem Eindruck der Studentenbewegung und in der euphorischen sozial-liberalen Aufbruchstimmung, mehr Demokratie zu wagen, die Signalworte „Kritik" am „Kapitalismus" zum guten Ton einschlägiger Buchtitel gehörten, wird der Büchermarkt heute von „Einführungen", „Gesamtdarstellungen", „Überblick" und biographischen Lebensbildern sowie von historischen Miniaturen beherrscht.[1] Geschichte und selbst Zeitgeschichte tragen heute museale, ja nostalgische Züge, und sie weisen nicht mehr aufklärerisch in unsere Gegenwart, um gesellschaftspolitische Spielräume in der Zukunft ausloten zu können. Aus einer Politikwissenschaft, die sich einst u.a. als Demokratie- und reformistische Emanzipationswissenschaft begriff, ist zuweilen platte Politikberatung geworden. Im Vordergrund stehen daten- und faktenreiche „policy studies", denen Kategorien wie Macht und Herrschaft fast unbekannt sind. Wie immer das gerade angedeutete Phänomen begrifflich und analytisch gefaßt wird: Die „neokonservative Wende", ein weltweites Phänomen, geht tiefer als es publizistische Folklore und oberflächliche Wahlberichterstattung suggerieren. Sie schlägt sich nicht zuletzt im Paradigmenwechsel der Sozial- und Geisteswissenschaften nieder und läßt sich an den einzelnen Wissenschaften und ihren Teildisziplinen ausführen.

Nehmen wir das Beispiel „Geschichte der Arbeiterbewegung", bis vor kurzem ein blühender Zweig der Historiographie, der zwar immer noch kräftige Triebe hervorbringt, mit dem „man" sich aber nicht mehr schmückt. „Arbeiterbewegung" ist nicht mehr „in", anderes ist „modern", so die Geschichte des Bürgertums, des Konservatismus und Neokonservatismus, Technik-, Technologie- und Technokratiegeschichte, Kulturgeschichte und Geschichte politischer Kultur — möglichst appetitlich biographisch aufbereitet. Das große Interesse an der Geschichte der Arbeiterbewegung wurde aus dem gesellschaftskritischen und reformerischen Impetus seit Mitte der 60er Jahre gespeist: Es ging nicht nur um Kapitalismuskritik, sondern auch um gesellschaftspolitische Phantasie und Alternativen. Der Gefahr, Geschichte instrumentell als Steinbruch zu benutzen, aus dem Theorien und Vorbilder für die Gegenwart zu brechen waren, erlagen einige Autoren — und sie trugen so dazu bei, daß Geschichtsschreibung der Arbeiterbewegung scheinbar obsolet wurde. Viel wichtiger ist in diesem Zusammenhang aber die Tatsache, daß Reformhoffnungen sich nicht erfüllten und häufig der lange Atem, die Kraft und der Wille fehlten, die berühmten dicken Bretter so lange und trotz widriger Umstände zu bohren, bis gesellschaftspolitische

Erfolge sich einstellten. Die Wende gegen reformistische Strategien – und damit verbunden auch eine Abkehr von der Geschichte der Arbeiterbewegung – zeigt sich besonders deutlich in der sozialwissenschaftlichen und aktuellen politischen Kontroverse, die in der These gipfelt, der Sozial- und Steuerstaat sei überlastet. In diesem Punkt treffen sich scheinbar gegensätzliche politische Richtungen wie Konservative und Alternative. Beiden gemeinsam ist auch, daß sie die Bedeutung von Selbsthilfegruppen – die Familie, die Wohngemeinschaft und Land- oder Handwerkerkommunen gleichsam als Surrogat des Wohlfahrtstaates – wiederentdeckt haben, wenn auch je unterschiedlich begründet mit der katholischen Soziallehre oder mit Konzepten anarchistischer Selbstorganisation. Übersehen wird dabei, daß reformistische Konzepte, wie sie aus der Geschichte der deutschen Arbeiterbewegung hervorgegangen sind, nicht vom Staatsfetischismus, sondern gerade von der Dialektik politisch-staatlicher Reformen und genossenschaftlich-solidarischer Selbsttätigkeit geprägt waren.

Ist nach der konservativen Wende die Geschichtsschreibung zur Arbeiterbewegung an ihr Ende gekommen, ist sie heute historisch überholt? Bleibt dem Historiker nur noch die Aufgabe, die zahlreichen, kontrovers interpretierenden Monographien zur Geschichte der Arbeiter und ihrer Bewegungen, Organisationen, Theorien und Ideologien zu vereinheitlichen und zusammenzufassen, mithin die große Synthese niederzuschreiben, wie Winkler dies beispielgebend getan hat?[2]

Natürlich ist die Frage rhetorisch gestellt, denn

1) trotz vieler Veröffentlichungen zur Geschichte der deutschen Arbeiterbewegung und der anderer Nationen, die in den letzten 20 Jahren erschienen sind, klaffen nach wie vor große Forschungslücken. Was wissen wir von den vielen kulturellen, gewerkschaftlichen, genossenschaftlichen und politischen Organisationen der Arbeiterbewegung eigentlich im einzelnen, die wir pauschalisierend als Sub- oder Gegenkultur auf ihren abstrakten Begriff bringen? Sind die Thesen von Robert Michels über Oligarchisierung, Bürokratisierung, Professionalisierung und das Entstehen des Reformismus, die seit 75 Jahren durch die Literatur geistern, empirisch überprüft worden? Wo ist die alte Forderung, auch die Geschichte der Arbeiter und Arbeiterbewegung komparatistisch zu erforschen, um Allgemeines von Besonderem und Struktur von historischem Zufall trennen zu können, systematisch eingelöst worden?

2) methodologisch ist der Boden gerade jetzt besonders fruchtbar, um neue Erkenntnisse und Einsichten in die Geschichte der Arbeiterbewegung zu gewinnen. Zwei methodische Zugänge, die Geschichte der Arbeiterbewegung zu interpretieren, haben in chronologischer Abfolge die Geschichtsschreibung der letzten beiden Jahrzehnte bestimmt: Nämlich „von oben herab" Ideologie-, Programm-, Organisations- und politische Geschichte der Arbeiterbewegung zu schreiben und (in der kritischen Wendung gegen dieses Vorgehen) „von unten her" neohistoristisch die Geschichte der Arbeiter zu rekonstruieren. Während die eine Schule, geprägt von den Brauseköpfen der Studentenbewegung, die ganze kapitalistische Welt in einem großen Wurf zu erklären und zugleich sozialistisch zu verändern gedachte, gleichsam an ihrer Theorielastigkeit erstickte, blieb die andere Schule bei den betulich nostalgischen Erzählungen des „roten Großvaters" stumm. Dem zeitgenössischen Historiker der Arbeiterbewegung bietet

sich die Chance, nicht nur beide Ansätze (und die vielen vorliegenden Monographien) auf einer mittleren Ebene fruchtbar miteinander zu verbinden, sondern mit Hilfe von Kategorien mittlerer Reichweite – wie der der sozialdemokatischen Solidargemeinschaft – empirisch gesättigt und begrifflich präzis zu interpretieren.

3) Untersuchungen zur Geschichte der Arbeiterbewegung sind deswegen aktuell und können in die Zukunft weisen, weil sie sowohl beizutragen vermögen, die eigene Gegenwart zu erklären, als auch (in einem nicht-instrumentellen Verständnis von Geschichte) Restriktionsanalysen darstellen, aus denen hervorgeht, warum bestimmte gesellschaftspolitische Alternativen in der Vergangenheit gescheitert sind, andere sich aber durchgesetzt haben. Damit aber wird Geschichte zur Zukunft hin geöffnet.

Die Untersuchung von Franz Walter über die Jungsozialisten der frühen Weimarer Republik ist ein Beispiel dafür, wie mit methodologisch sicherem Zugriff und großem Arbeitsschwung neue Informationen und Einsichten in die Geschichte der Arbeiterbewegung gewonnen werden können. Den Laien mag es überraschen, für den Spezialisten ist es banal: Eine umfassende Geschichte der Jungsozialisten – der jungsozialistischen Bewegung, wie es in zeitgenössischen Quellen heißt – hat bisher gefehlt. Sie liegt jetzt vor. Wir haben es mit einem erfolgreichen Versuch integraler Geschichtsschreibung zu tun, bei dem die Geschichte einer Organisation mit Milieu- und Lebenslagenhistorie ihrer Mitglieder sowie Theoriegeschichte mit Hilfe bestimmter analytischer Kategorien systematisch (und eben nicht additiv-eklektisch) verbunden worden ist. Der Verfasser der vorliegenden Studie ist mit gängigen, oft schablonenhaften Interpretationen jungsozialistischer Geschichte unzufrieden gewesen, die in den 70er Jahren von jungsozialistischen Theoretikern formuliert wurden[3], als sie sich den theoretischen Kontroversen ihrer Vorgänger zuwandten, deren Staatstheorie immer wieder rekonstruierten und nach aktualisierbaren Vorbildern sowie Interpretations- und Handlungsanleitungen (fast ist man versucht zu sagen: Rezepten) suchten, ohne doch zu fragen, warum welche Theoreme in welchem Kontext konzipiert und von wem diese dann rezipiert worden sind. Genau an dieser Stelle beginnt aber erst die eigentlich sozialwissenschaftliche Analyse. Und hier setzt Franz Walter in der vorliegenden Monographie ein. Zwar werden jungsozialistische Positionen der Weimarer Republik – quellennah – rekonstruiert, doch wird zugleich systematisch-sozialwissenschaftlich und an die Wurzeln gehend gefragt: In welchen gesellschaftlichen Zusammenhängen und wie gearteten politischen Bedingungen und Ereignissen sind jungsozialistische Positionen formuliert worden? Wer waren ihre Träger, wer – und aus welchem Grund – ihre Rezipienten? Warum wurden bestimmte – etwa linkssozialistische – Deutungen in einer konkreten historischen Situation und an bestimmten Orten von einer Schicht sozialistisch engagierter Jugendlicher goutiert? Warum konnte man sich mit diesen Deutungen identifizieren und sah in ihnen die eigene Lebenssituation erklärt?

Mit Hilfe von drei analytischen Kategorien, die nicht neu sind und häufig genug als Forschungsprogramm deklariert wurden, macht der Autor ernst: Generation – Erfahrung – regionales Milieu. Theoriedebatten der Jungsozialisten werden aus der je spezifischen Generationserfahrung, zu der nicht nur Vorkriegs- und Kriegszeit gehören, sondern z.B. auch wirtschaftliche Ereignisse wie die Hyperinflation und politische Vorgänge wie die Reichsexekution gegen Sachsen und Thüringen, sowie aus dem regionsspezifischen Milieu, dem die Jungendlichen entstammten, analysiert. Als Forschungsergebnis entfaltet sich vor uns ein bisher unbekanntes Bild der Weimarer Jungsozialisten, äußerst vielfarbig, mit vielen Schattierungen und Abstufungen, in seinen Konturen nuanciert und differenziert, sich dabei ständig verändernd und gleichwohl eine Einheit ausmachend. Manche Vorstellungen und Stereotype, die sich in unseren Köpfen verfestigt haben, treffen die Wirklichkeit des Weimarer Jungsozialismus nicht. So gab es keine klar umrissenen und theoretisch in sich konsistenten Flügel, die – Hannoveraner hier, Hofgeismarer dort – in das einfache und deswegen so eingängig Links-Rechts-Schema hineingepaßt hätten. Auch war der typische Jungsozialist (falls es den überhaupt gab) eben weder der mit offenem Schillerkragen und mit Mandoline gewappnete Wandervogel auf der Suche nach der blauen Blume der Romantik, noch der klassenkämpferisch uniformierte Demonstrant, dem die Republik nicht viel galt und der das Ziel „Sozialismus" hoch hielt. Nein, in den Medien von Geschichte, Gesellschaft und Raum ist jeweils zu differenzieren: Die Breslauer Jungsozialisten, deren Milieu und politische Welt wir genau kennenlernen, waren eben anders als die Hamburger oder die Hagener oder die Berliner.

Die Ergebnisse der Jungsozialisten-Studie Franz Walters werden hier nicht wiederholt, der Leser möge sie sich tunlichst selbsttätig und tatkräftig aneignen. Nur eine Überlegung soll noch herausgearbeitet werden, die uns der Frage, worin denn die Aktualität dieser Untersuchung liegt, näherbringt. Die Jungsozialisten stehen nämlich paradigmatisch für jene Dialektik von vielfältiger Differenzierung und solidarischer Gemeinsamkeit, die die Geschichte der Weimarer (und auch der Wilhelminischen) Sozialdemokratie geprägt hat. Was ist gemeint? Die Geschichte der Arbeiterbewegung, auch die Geschichte des Weimarer Jungsozialismus, könnte als eine stete Abfolge von theoretischen Kontroversen, Gruppen-, Fraktions- und Flügelbildungen, von ideologischen Kämpfen, Ausdifferenzierungen, persönlichen Konflikten, Abspaltungen und Ausschlüssen sowie großen Schismen[4] geschrieben werden, wie das in der Sekundärliteratur auch geschehen ist. Gleichwohl ist ein derartiges Bild verzerrt und unvollständig und vermag die historische Realität nicht zu reflektieren. Unerklärt bleibt nämlich, was die Arbeiterbewegung konkret – und nicht abstrakt als „Organisationen der Arbeit", die sich gegenüber „dem Kapital" konstituierten – zusammenhielt. Die historische Wirklichkeit der Arbeiterbewegung wird analytisch erst dann begriffen, wenn sie auch in ihren vereinheitlichenden Momenten erfaßt wird. Auf den Weimarer Jungsozialismus gewendet: Er war Teil der sozialdemokratischen Solidargemeinschaft und ist in diesem Kontext zu interpretieren, wie es Franz Walter vorbildlich getan hat.

Mit dem Begriff „sozialdemokratische Solidargemeinschaft" ist ein bestimmter Typus von Arbeiterbewegung gemeint, also eine Abstraktion von der Vielfalt historischer Erscheinungen. Dieser Typus hat gleichwohl den Vorzug, anhand von Kriterien formuliert zu sein, die empirisch aussagekräftig dicht an der historischen Konkretion bleiben und so der Beliebigkeit etwa des Lagerbegriffs überlegen ist.[5]

Die sozialdemokratische Solidargemeinschaft hat sich am Arbeitsplatz, konkret: dem des Facharbeiters, gebildet, sie umfaßte aber alle Lebensbereiche, das Wohnen ebenso wie die Freizeit und die Bildung. Um nicht mißverstanden zu werden: Der Hinweis auf die hegemoniale Stellung der Facharbeiter läuft nicht darauf hinaus, daraus bestimmte Formen reformistischer Praxis deterministisch abzuleiten. Im Gegenteil: Die Breslauer Metallarbeiter waren, wie Franz Walter gezeigt hat, gerade auch offen für den Radikalismus der Lehrer, der jüdischen Intellektuellen und der Jungsozialisten. Allgemeiner formuliert: In der Facharbeiterschaft war ein breites Spektrum höchst divergenter programmatischer Positionen zu finden. Radikalismus blieb keineswegs auf den ominösen Massenarbeiter beschränkt.[6] Nur hat die Erfahrung am Facharbeitsplatz die Organisationspraxis der Sozialdemokratie nachhaltig geprägt. Zu Recht ist von der Sozialdemokratie als der Partei eines spezifischen Klassenmilieus *in* der Arbeiterschaft gesprochen worden – im Unterschied zu der Partei *der* Arbeiterschaft.[7]

Die verschiedenen Lebensbereiche waren in der sozialdemokratischen Solidargemeinschaft durch ein vielfältiges und umfassendes Organisationsnetzwerk miteinander verbunden. Die Organisationsstruktur gab den Rahmen für jene Solidarität ab, die im politischen und sozialen Kampf, am Arbeitsplatz und in der Freizeit erlebt und praktiziert wurde. Es ist eben kein Zufall gewesen, daß nach dem Ersten Weltkrieg sich Söhne und Töchter aus sozialdemokratischen Elternhäusern spontan in sozialdemokratischen Organisationen, in der Jungsozialistenbewegung, zusammenschlossen – im Protest gegen ihre Väter und durch das Weltkriegserlebnis von einem ganz anderen Lebensgefühl bestimmt als ihre Eltern. In der sozialdemokratischen Organisationsstruktur hatten die Gruppenabende und die Wanderfahrten der Jungsozialisten ebenso ihren Ort wie die proletarischen Feiern, die Bewegungschöre, das sozialistische Liedgut, die Volkstänze, das ganze Weimar der arbeitenden Jugend. Dazu gehörte auch die Routine der Parteiarbeit im Wahlkreis, etwa der Zahlabend, aber auch die Reichsausschußsitzung der Jungsozialisten. Organisation hatte im sozialdemokratischen (und damit auch im jungsozialistischen) Selbstverständnis natürlich auch eine Schutz- und Trutzfunktion in der als bedrohlich empfundenen und von Klassenkämpfen bestimmten Umwelt. Aber sie war mehr, nämlich Sozialismus im Kleinen und im Vorgriff auf die Zukunft, sie war Lebens- und Arbeitsgemeinschaft.

Die praktizierte, organisatorisch gesicherte Solidarität ist in die sozialismustheoretischen Vorstellungen der Partei- und Jungsozialistentheoretiker – in die Reden und Schriften von Fritz Sternberg, Engelbert Graf, Otto Jenssen, Hermann Heller, Max Adler, Siegfried Marck – eingegangen. Sie gab diesen einen Realitätsbezug.[8] Solidargemeinschaft als Antizipation sozialistischer Zukunft in der Gegenwart hieß dann aber auch, daß innerhalb der sozialdemokratischen und jungsozialistischen Organisationen ein „neuer Mensch" (Max Adler) geschaffen werden sollte.[9] Für die in ihrer Grundstimmung geschichtsoptimistischen Jungsozialisten bedeutete das, daß sie in ihren Gruppen den Sozialismus bereits zu leben versuchten. Sozialismus als Kulturidee bekam so einen konkreten Inhalt, drückte sich in Ritualen und Symbolen aus. Schillerkragen, Reformkleidung, rote Fahne und selbst der Zupfgeigenhansel erhielten auf diese Weise eine praktische und theoretische, immer aber sozialistische Bedeutung.[10]

Die Jungsozialistenbewegung im Kontext und als Teil sowie als Ausdruck sozialdemokratischer Solidargemeinschaft zu analysieren, hat nicht nur den Vorzug, differenziert zu interpretieren und Verengungen des Blickfeldes zu vermeiden, die sich notwendig einstellen, wenn z.B. nur Ideologie- oder Theoriegeschichte rekonstruiert wird. Sondern durch diesen methodologisch umfassenden Zugriff gerät überhaupt erst einiges in den Fokus, was ansonsten der Vergessenheit anheim fiele, gleichwohl aber zum Verständnis der Weimarer Jungsozialisten wesentlich ist. Beispielhaft hierfür ist die Entdeckung bzw. Wiederentdeckung der jungsozialistischen „Mitte" durch Franz Walter. Dies war eine Gruppe sozialdemokratischer Pragmatiker, durchaus auch jugendbewegt, die das Rückgrat jungsozialistischer Organisationspraxis darstellte und die sich nicht durch theoretische Dispute, Fraktions- und Gruppenbildung oder überschäumende Romantik oder Revolutionssehnsucht profilierte. Sie werden in der Sekundärliteratur oft übersehen oder zuweilen als spießigkleinbürgerliche „Biedermänner"als diejenigen verkannt, die in Wirklichkeit das Fundament sozialdemokratischer Solidargemeinschaft ausmachten, auf dem überhaupt erst jene politisch marginalen, in ihrer Lebensweise und in ihren schriftlichen Artikulationen aber exotisch-unkonventionell wirkenden Gruppen (wie der Internationale Jugend-Bund) existieren konnten.[11]

Erst dadurch, daß die Jungsozialisten in ihrer ganzen Komplexität und Differenziertheit, in ihrer Vielschichtigkeit und solidarischen Gemeinsamkeit begriffen werden, wird auch verständlich, warum eine — im Vergleich etwa zur Sozialistischen Arbeiterjugend oder zu den Arbeitersportverbänden — zahlenmäßig so unbedeutende Organisation (der auf dem Höhepunkt ihrer Entwicklung nicht mehr als 4 000 Mitglieder und 179 Gruppen angehörten) eine so große Wirkung in der Weimarer Republik und bis in unsere Gegenwart hinein haben konnte. Natürlich war die Jungsozialistenbewegung eine Bildungs-, Erziehungs- und Diskussionsgemeinschaft, aber sie war doch auch mehr, nämlich eine Lebens- und Erfahrungsgemeinschaft, die im Vorgriff auf das angestrebte sozialistische Ziel in der eigenen Gegenwart und Gruppe die künftige Gesellschaft zu praktizieren versuchte. Nicht zufällig stellt sich in diesem Zusammenhang die Analogie zu christlichen Orden ein, etwa dem der Jesuiten.

Die Weimarer Jungsozialisten waren eine verschworene Gemeinschaft, in der die Mitglieder für ihr Leben geprägt wurden und sie so tief „Atem holen" und auftanken" konnten, daß sie in Politik und Gesellschaft des Nachkriegs-Deutschland und der Bundesrepublik führende Positionen übernahmen — man untersuche daraufhin nur einmal die Zusammensetzung sozialdemokratischer Landtagsfraktionen und die der Bundestagsfraktion.[12] Trotz des Hineinragens des Weimarer Jungsozialismus in unsere Gegenwart sind gleichwohl dessen Lebensform und Gemeinschaftsleben, seine Theorie und Praxis nicht übertragbar in unsere Tage. Und gerade hier liegt — so paradox dies zunächst klingt — seine Aktualität. Die Reflexion nämlich jener Gründe und Restriktionen, warum jungsozialistische Geschichte nicht rezepturgleich als Handlungsanleitung „benutzt" werden kann (unter dem Motto: „Welchen Theoretiker nehmen wir denn?"), erklärt zugleich einiges über den Charakter der heutigen Arbeiterbewegung und Sozialdemokratie und den sozialen und politischen Kontext, in dem sie sich befindet und den sie wiederum in ihrer Praxis ausdrückt.

Im Vergleich von Weimar und heutigem Bonn heißt das konkret:

— Das integrale facharbeiterliche Sozialmilieu hat sich unwiderruflich aufgelöst. Die strukturellen Veränderungen zwischen sekundärem und tertiärem Bereich, zwischen Produktions- und Dienstleistungsbereich, schlagen voll durch. Unter den Bedingungen der Weltwirtschaftskrise seit 1972/73 werden in der Bundesrepublik die Konturen einer entsolidarisierten Zwei-Klassen-Gesellschaft immer deutlicher. Diese sozialstrukturellen Veränderungen treten uns in der großstädtischen Nachbarschaften plastisch vor Augen. In dem einst roten Neukölln, in Weimar Hochburg der Facharbeiter und sozialdemokratischer Reformpolitik, dominiert heute eine konservative Wählerkoalition, zu der junge Angestellte und ungelernte Arbeiter zählen. Aus dem Arbeiterbezirk Kreuzberg ragen ethnische Nachbarschaften und alternative Quartiere („die Szene") heraus — SPD, CDU und grüne Alternative Liste sind bei Wahlen fast gleich stark.

— Die sozialdemokratische Solidargemeinschaft mit ihren Organisations- und Kommunikationszusammenhängen, in denen die Weimarer Jungsozialisten fest verortet waren, existiert heute nicht mehr. An die Stelle des Zahlabends und Hauskassierers traten Einzugsverfahren und „Genossen"-Betreuer, an die Stelle jungsozialistischer Wanderung die durch den Bundesjugendplan geförderte Auslandsreise und an die Stelle des Gruppenabends mit seinen solidarischen Diskussionen das Mitglieder-Info. Die akademisch gebildeten Angestellten und Lehrer, Ende der 60er Jahre zum Marsch durch die Institutionen in die SPD eingetreten, sind in die Jahre gekommen, sie beherrschen aber noch immer die Parteiversammlungen, und der Facharbeiterkollege wird fast wie ein Denkmal aus längst vergangenen Zeiten verehrt. Die „neue" SPD ist die der neuen Mittelschichten, sie lief und läuft mancherorts Gefahr, zur Gewinn- und Erwerbsgemeinschaft des öffentlichen Dienstes zu werden.

— Die Solidargemeinschaft war eine der Grundlagen reformistischer Sozialismusstrategien: Allein aus Gründen ihres Zerfalls ist eine — schematische — Übertragung jungsozialistischer und sozialistischer Theorien aus Weimar nach Bonn nicht möglich. Wird dieser Zusammenhang nicht erkannt, dann kann Beschäftigung mit den Theorien von einst leicht in akademische Glasperlenspiele ausarten. Im übrigen werden Wahlplattformen abgefaßt und thront über der Partei die Grundwerte- bzw. Programmkommission — einem Kardinalskollegium gleich — auf der rosa Wolke ihres hochgestochenen Theorieanspruchs.[13]

Wenn klar ist, daß wir nicht in die Geschichte hinein langen und wie aus einem Steinbruch Theorieversatzstücke oder Vorbilder herausbrechen können, bleibt zu fragen, wo denn das Konstruktive sei, sich mit der Vergangenheit der Arbeiterbewegung und der Jungsozialisten zu beschäftigen.[14] Natürlich: Wir können versuchen, uns sozialistische Theorien und Geschichte der Arbeiterbewegung schöpferisch und souverän und ohne dogmatisch-scholastische Silbenstecherei anzueignen.[15] Dies kann ja wohl nur heißen: Die Analyse unserer zeitgenössischen Gesellschaft auf ihren Begriff zu bringen, nach in Geschichte und Gesellschaft angelegten Spielräumen und damit möglichen Alternativen zu fragen und zu erkunden, welche Schichten und Gruppen und welche politischen und sozialen Organisationen Träger reformistischer Veränderungen sein könnten — die SPD, die Gewerkschaften, die neuen sozialen Bewegungen? Indem wir uns die Geschichte der Arbeiterbewegung auf diese Weise kritisch aneignen, bleibt unser Blick für gesellschaftspolitische Alternativen offen, soziale Phantasie wird befördert und vielleicht die Kapitulation vor der normativen Kraft jenes status quo verhindert, der sich nach der konservativen Wende, mal neo-biedermeierlich drapiert, dann wieder wilhelminisch-bombastisch inszeniert, einzustellen droht.

# Anmerkungen zum Nachwort

1 Beispielhaft hierfür ist der Erfolg des Buches von Thomas Nipperdey: Deutsche Geschichte 1800-1866. Bürgerwelt und starker Staat. München 1983. Weiter sind u. a. zu nennen die im Verlag Severin und Siedler erscheinende Publikation Die Deutschen und ihre Nation. Neuere Deutsche Geschichte in sechs Bänden sowie Geschichte der Bundesrepublik Deutschland in fünf Bänden. Hg. von Karl-Dietrich Bracher, Theodor Eschenburg u. a. Wiesbaden 1981 ff.; Manfred Overesch: Chronik deutscher Zeitgeschichte. Bd. 1 ff., Düsseldorf 1982 ff. (= Droste Geschichts-Kalendarium). In diesem Zusammenhang kann auch hingewiesen werden auf Lothar Gall: Bismark. Der weiße Revolutionär. Frankfurt – Berlin – Wien 1980 oder Christian Graf von Krockow: Die Reise nach Pommern. Stuttgart 1985.

2 Heinrich August Winkler: Von der Revolution zur Stabilisierung. Arbeiter und Arbeiterbewegung in der Weimarer Republik 1918-1924. Berlin und Bonn 1984 und ders.: Der Schein der Normalität. Arbeiter und Arbeiterbewegung in der Weimarer Republik 1924-1930. Berlin – Bonn 1985.

3 Zu denen auch der Autor der vorliegenden Untersuchung zu zählen ist.

4 So der Untertitel des (in seinen Interpretationen längst überholten) Buches von Carl E. Schorske: German Social Democracy 1905-1917. The Development of the Great Schism. Cambridge, Mass. 1955.

5 Zum Lagerbegriff Oskar Negt und Alexander Kluge: Öffentlichkeit und Erfahrung. Zur Organisationsanalyse von bürgerlicher und proletarischer Öffentlichkeit. Frankfurt 1972.

6 Die schematische Gleichsetzung von Facharbeiter = Reformismus und Massenarbeiter = Radikalismus geschieht bei Karl Heinz Roth: Die „andere" Arbeiterbewegung und die Entwicklung der kapitalistischen Repression von 1880 bis zur Gegenwart. München 1977.

7 Vgl. Detlef Lehnert: Sozialcharakter, politisches Selbstverständnis und Klassenstrategien der Weimarer Sozialdemokratie. In: Horst Heimann und Thomas Meyer (Hg.): Reformsozialismus und Sozialdemokratie. Berlin – Bonn 1982, S. 248.

8 Hierzu Peter Lösche: Über den Zusammenhang von reformistischen Sozialismustheorien und sozialdemokratischer Organisationspraxis. In: Heimann und Meyer, a.a.O., S. 13 ff.

9 Vgl. hierzu Michael Scholing und Franz Walter: Der Neue Mensch. Lebensreform und Erziehung in der sozialdemokratischen Arbeiterbewegung Deutschlands und Österreichs. In: Richard Saage (Hg.): Solidargemeinschaft und Klassenkampf. Politische Konzeptionen der Sozialdemokratie zwischen den Weltkriegen. Frankfurt 1986.

10 Zu Begriff und Inhalt sozialdemokratischer Solidargemeinschaft vgl. detaillierter Peter Lösche und Michael Scholing: Solidargemeinschaft im Widerstand: Eine Fallstudie über „Blick in die Zeit". In: IWK 19. Jg. (1983), S. 517 ff.

11 Die Bedeutung dieser Gruppen überschätzt maßlos Brigitte Seebacher-Brandt: Ollenhauer. Biedermann und Patriot. Berlin 1984.

12 Auch über mehrere Generationen hinweg sind Familien durch den „jungsozialistischen" Charakter geprägt worden: Beispielhaft hierfür Max Westphal und sein Sohn Heinz, heute Vizepräsident des Bundestages, nach dem Zweiten Weltkrieg Berliner Landesvorsitzender und dann Bundesvorsitzender der sozialistischen Jugendorganisation „Die Falken".

13 Zur „neuen" SPD vgl. auch Lösche in Heimann und Meyer, a.a.O., S. 30 ff.

14 Der gelegentlich angestellte Vergleich zwischen sozialdemokratischer Solidargemeinschaft bzw. Jungsozialisten und Sozialistischer Arbeiterjugend und einigen Gruppen, die heute den neuen sozialen Bewegungen (was immer unter diesem schwammigen

Begriff subsumiert werden mag) zugerechnet werden, greift nicht: Zwar sind diese wie die Weimarer sozialistische Jugend gelegentlich von überschäumender Romantik und alternativen Lebensformen geprägt, doch haben sich nicht nur die sozialen und politischen Verhältnisse grundlegend geändert, es fehlt auch die soziale Homogenität, auf deren Basis solidarisches Gemeinschaftsleben erst entstehen kann.

15  So Detlef Lehnert: Austromarxismus und Weimarer Linkssozialismus in historischer und aktueller Perspektive. In: Gerd Storm und Franz Walter: Weimarer Linkssozialismus und Austromarxismus. Historische Vorbilder für einen „Dritten Weg" zum Sozialismus? Berlin 1984, S. 129.

# Abkürzungsverzeichnis

| | |
|---|---|
| AB | Arbeiter-Bildung |
| ADGB | Allgemeiner Deutscher Gewerkschaftsbund |
| a. d. V. | an den Verfasser |
| AfA-Bund | Allgemeiner freier Angestelltenbund |
| AfS | Archiv für Sozialgeschichte |
| AJ | Arbeiter Jugend |
| AsD | Archiv der sozialen Demokratie |
| BRS | Blätter für religiösen Sozialismus |
| BVW | Breslauer Vokswacht |
| DDP | Deutsche Demokratische Partei |
| DG | Die Gesellschaft |
| DNVP | Deutschnationale Volkspartei |
| DVP | Deutsche Volkspartei |
| DVZ | Düsseldorfer Volkszeitung |
| Fs | Festschrift |
| FSJ | Freie Sozialistische Jugend |
| GG | Geschichte und Gesellschaft |
| HE | Hamburger Echo |
| HV | Hagener Volksstimme |
| i. B. d. V. | im Besitz des Verfassers |
| IJB | Internationaler Jugend-Bund |
| ISK | Internationaler Sozialistischer Kampf-Bund |
| IWK | Internationale wissenschaftliche Korrespondenz zur Geschichte der deutschen Arbeiterbewegung |
| JB | Jungsozialistische Blätter |
| JS | Jungsozialisten |
| KJ | Kommunistische Jugend |
| KJV | Kommunistischer Jugend-Verband |
| KK | Klassenkampf |
| Kofra | Kommunistische Fraktion |
| KPD | Kommunistische Partei Deutschlands |
| KZ | Konzentrationslager |
| L/L/L-Feiern | Luxemburg/Liebknecht/Lenin-Feiern |
| LVZ | Leipziger Volkszeitung |
| MAK | Marxistischer Arbeitskreis |
| MEW | Marx-Engels-Werke |
| MSPD | Mehrheitssozialdemokratische Partei Deutschlands |
| NBfS | Neue Blätter für den Sozialismus |
| NG | Neue Gesellschaft |
| NS | Nationalsozialismus |
| OG | Ortsgruppe |
| PR | Politischer Rundbrief |
| PV | Parteivorstand |
| PVS | Politische Vierteljahresschrift |
| RK | Reichskonferenz |

| | |
|---|---|
| RZ | Rheinische Zeitung |
| SAJ | Sozialistische Arbeiterjugend |
| SAJO | SAJ-Opposition |
| SAP (D) | Sozialistische Arbeiterpartei (Deutschlands) |
| SDAP | Sozialdemokratische Arbeiterpartei Deutschösterreichs |
| SKB | Sozialistischer Kampfbund |
| SL | Sozialistische Lebensgestaltung |
| SM | Sozialistische Monatshefte |
| SPD | Sozialdemokratische Partei Deutschlands |
| SPW | Sozialistische Politik und Wirtschaft |
| SSG | Sozialistische Studentengruppe |
| SWZ | Sozialistische Wochenzeitung |
| USP(D) | Unabhängige Sozialdemokratische Partei Deutschlands |
| VSPD | Vereinigte Sozialdemokratische Partei Deutschlands |
| v. a. | vor allem |
| Verf. | Verfasser |
| ZdA | Zentralverband der Angestellten |

# Quellenverzeichnis

## I. Archivalien

ARCHIV der sozialen Demokratie, Bonn
Bestand sozialistische Jugendinternationale
IJB/ISK-Bestand
Sammlung Personalia: Georg Engelbert Graf
NL. Paul Levi
NL. Kurt Löwenstein
NL. Hermann Müller
NL. Karl Raloff
NL. Wilhelm Sander
NL. Carl Severing

Privatarchiv Hansheinz BAUER
Hansheins BAUER: Erinnerungen (unveröffentlichtes Manuskript). o. O., o. J.

Privatarchiv Edwin GRÜTZNER
Brief von Heiner SCHÖN an unbekannten Adressaten (1.1.1922).
Edwin GRÜTZNER: Erinnerungen (unveröffentlichtes Manuskript). o. O., o. J.

Privatarchiv Rita SCHMIDT
Briefwechsel Bernd HOFFMANN – Lis BRENDGENS (1926-1932). (Kopien im Besitz von Gerd Storm).

Privatarchiv Hans WALDMANN
Hans WALDMANN: Handlungen – Wandlungen (Lebenserinnerungen; unveröffentlichtes Manuskript). o. O., o. J.

## II. Protokolle

BERICHT von der Reichskonferenz in Weimar im August 1920 (hg. vom Hauptvorstand des Verbandes der Arbeiterjugendvereine Deutschlands). Berlin 1920.
BERICHT über die 2. Reichskonferenz des Verbandes der Arbeiterjugendvereine Deutschlands vom 1. August 1921 in Bielefeld. Berlin 1921.
BERICHT über die 3. Reichskonferenz des Verbandes der Arbeiterjugendvereine Deutschlands am 1. und 2. Juli 1922 in Wernigerode im Harz. Berlin 1922.
BERICHT über die 4. Reichskonferenz des Verbandes der Sozialistischen Arbeiterjugend Deutschlands am 12. und 13. Mai 1923 in Görlitz. Berlin 1923.
BERICHT über die 5. Reichskonferenz des Verbandes der Sozialistischen Arbeiterjugend Deutschlands am 17./18. Mai 1924 in Weimar. Berlin 1924.
BERICHT über die 6. Reichskonferenz des Verbandes der Sozialistischen Arbeiterjugend Deutschlands am 17. und 18. April 1926 in der Stadthalle zu Hildesheim. Berlin 1926.

BERICHT über die 7. Reichskonferenz des Verbandes der Sozialistischen Arbeiterjugend Deutschlands vom 21. und 22. April 1928 im Volkshaus zu Leipzig. Berlin 1928.
BERICHT über die 8. Reichskonferenz des Verbandes der Sozialistischen Arbeiterjugend Deutschlands vom 18. und 19. April 1930 im Volkshaus zu Lüneburg. Berlin 1930.
DRITTER KONGRESS der Sozialistischen Arbeiter-Internationale. Brüssel, 5. bis 11. August 1928. Berichte und Verhandlungen. 2 Bde., Zürich 1928.
JAHRBUCH der deutschen Sozialdemokratie 1924-1931. Hg. vom Vorstand der Sozialdemokratischen Partei Deutschlands. Berlin o. J. (ND: Berlin 1976).
PARTEITAG 1926, Protokoll des sozialdemokratischen Parteitages, abgehalten vom 30. Oktober bis 3. November 1926 in Linz. Wien 1926.
PARTEITAG 1927, Protokoll des sozialdemokratischen Parteitages, abgehalten vom 29. Oktober bis 1. November 1927 im Ottakringer Arbeiterheim in Wien. Wien 1927.
PROTOKOLL über die Verhandlungen des Parteitages der Sozialdemokratischen Partei Deutschlands, Kassel, 10.-16. Oktober 1920. Berlin 1920.
PROTOKOLL über die Verhandlungen des Parteitages der Sozialdemokratischen Partei Deutschlands, Görlitz, 18.-24. September 1921. Berlin 1921.
PROTOKOLL der Sozialdemokratischen Parteitage in Augsburg, Gera und Nürnberg 1922 (darin: Protokolle über die Verhandlungen des Parteitages der SPD, Augsburg, 17.-23. September 1922; des Parteitages der USPD, Gera, 20.-23. September 1922; des Einigungsparteitages, Nürnberg, 24. September 1922). Berlin 1923.
PROTOKOLL über die Verhandlungen des Parteitages der Sozialdemokratischen Partei Deutschlands, Berlin, 11.-14. Juni 1924. Berlin 1924.
PROTOKOLL über die Verhandlungen des Parteitages der Sozialdemokratischen Partei Deutschlands, Heidelberg, 13.-18. September 1925. Berlin 1925.
PROTOKOLL über die Verhandlungen des Parteitages der Sozialdemokratischen Partei Deutschlands, Kiel, 22.-27. Mai 1927. Berlin 1927.
PROTOKOLL über die Verhandlungen des Parteitages der Sozialdemokratischen Partei Deutschlands, Magdeburg, 29.-31. März 1929. Berlin 1929.
PROTOKOLL über die Verhandlungen des Parteitages der Sozialdemokratischen Partei Deutschlands, Leipzig, 31. Mai – 5. Juni 1931. Berlin 1931.
REICHSKONFERENZ: Die Dritte ... der Jungsozialisten, April 1925 in Jena. Berlin 1925.

## III. Zeitungen und Zeitschriften

Arbeiter-Bildung (AB) 1920/21; 1926-1928
Arbeiter-Jugend 1919-1931
Archiv für Sozialwissenschaft und Sozialpolitik 1918-1931
Aufbau 1929
Aus Unseren Reihen 1920-1922
Blätter für religiösen Sozialismus (BRS) 1921-1927
Breslauer Volkswacht (BVW) 1918-1933
Casseler Volksblatt 1925; 1930/31

Das freie Wort 1929-1933
Das junge Deutschland 1918-1933
Der Firn 1923/24
Der freie Student 1924
Der Führer 1918-1933
Der Junge Kämpfer (Leipzig) 1920-1922
Der Kampf 1918-1933
Der Kulturwille 1924-1931
Der rote Kämpfer 1930/31
Der Rote Student 1931
Der Sozialist (Berlin) 1918-1922
Deutsche Republik 1930-1933
Die Arbeit 1921/22
Die Gesellschaft (DG) 1924-1933
Die Glocke 1920-1925
Die Weltbühne 1919-1933
Düsseldorfer Volkszeitung (DVZ) 1918-1922; 1930/31
Frankfurter Volksstimme 1930/31
Freie Jugend 1919
Freie Sozialistische Jugend 1925-1929
Freiheit (Berlin) 1918-1922
Freiheit (Königsberg) 1918-1922
Funktionärsblatt der Sozialistischen Studentenschaft 1931-1933
Für die Arbeiter-Jugend (Beilage zur Breslauer Vokswacht) 1925-1927
Hagener Volksstimme (HV) 1918-1922; 1925-1927
Hamburger Echo (HE) 1918-1933
Jungdeutscher Rundbrief 1923/24
Junge Kämpfer (Breslau) 1928-1931
Jungprolet 1931/32
Jungsozialistische Blätter (JB) 1922-1931
Jungsozialistische Blätter (Berlin-Schmargendorf) 1920/21
Kampfsignal 1932/33
Klassenkampf (KK) 1927-1932
Korrespondenzblatt des Allgemeinen Deutschen Gewerkschaftsbundes 1919-1922
Leipziger Volkszeitung (LVZ) 1918-1933
Marxistische Tribüne für Politik und Wirtschaft 1931/32
Mitteilungsblatt der Sozialdemokratischen Partei des Bezirks Breslau 1925-1928
Mitteilungsblatt des Sozialdemokratischen Intellektuellenbundes 1926-1930
Neuwerk 1923
Politischer Rundbrief des Hofgeismarkreises 1924-1926
Proletarier-Jugend 1920
Ratgeber für Jugendvereinigungen 1920-1924
Rheinische Zeitung (RZ) 1918-1933
Roter Pionier 1932
Sozialistische Bildung (SB) 1929-1933
Sozialistische Jugend (Berlin) 1931
Sozialistische Jugend (Leipzig) 1930/31
Sozialistische Lebensgestaltung (SL) 1921-1923
Sozialistische Monatshefte (SM) 1918-1933

Sozialistischer Wille in Politik, Wissenschaft und Hochschule 1930-1933
SWZ — Die Fackel 1931
Unser Weg 1927-1931
Urania 1924-1933
Vorwärts 1918-1933


IV. **Mündlich und schriftlich befragte Zeitgenossen**

(m) = *mündliche Befragung*
(s) = *schriftliche Befragung*

Hansheinz BAUER (s)   8.10.83; 4.1. u. 10.1.84
Arno BEHRISCH (s)   1.5. u. 31.5.83
Anna BEYER (m)   15.10.82
Margarete BITTNER (s)   6.5. u. 18.5.83
Erna BLENCKE (m + s)   9.6. u. 3.11.82
Fritz und Grete BORGES (s)   11.11.83
Hilde BRAUNTHAL (s)   12.2.82
Kurt BRENNER (s)   26.11.81; 12.5.83
Richard BURKHARDT (s)   7.12. u. 31.12.81; 17.2.82

Fritz EBERHARD (s)   4.12.81

Walter FABIAN (m + s)   19.12.81; 17.1.84
Fritz FLACH (s)   22.4.83
Albert FLACHMANN (s)   22.2., 8.3., 13.4., 9.5. u. 18.11.83; 11.1. u. 20.1.84
Walter FLIESS (s)   25.3.82
Olga FRENZEL (s)   1.11.82
Leo FRIEDMANN (s)   17.4., 16.5. u. 5.9.84
Ernst FRÖBEL (s)   16.12.81
Karl FÜSS (s)   17.6. u. 2.7.82

Karl GROBE (s)   9.11.81; 14.1. u. 12.2.82
Konrad GRÜNBAUM (s)   1.6.83
Edwin GRÜTZNER (s)   12.9., 1.11. u. 14.11.83; 17.4.84

Ilse HACKS (s)   3.7. u. 12.7., 5.8.83
Heinz Hoose (m + s)   30.10. u. 30.11.81; 15.4. u. 25.4.83

Heinz ISAAK (s)   25.2. u. 24.10.82

Willi KAPPEL (m)   30.6.83
Gerhard KAULICH (m + s)   29.11.81; 9.6.82; 28.3., 26.4., 3.5., 7.6., 29.6.
   u. 30.7.83
Alma KETTIG (m + s)   2.11. u. 10.12.83
Otto KETTIG (m + s)   10.12.83; 5.1.84
Kurt KOBILKE (s)   16.5. u. 3.6.83

Karl KUNZE (s) 21.1.82

Helene LÖFFLER (s) 12.1.82
Dora LÖSCHE (s) 19.6.82; 6.4.83
Fred LYNN (d. i. Fritz LEWY) (m) 5.4.82

Wilhelm MATULL (s) 6.11. u. 17.11.81; 15.2.82; 20.3.83
Otto METZ (s) 3.2.82; 1.4.83
Rudolf MEVIUS (s) 7.11.81; 20.2.82; 6.4.83
Robert MEYER (m + s) 30.12.81; 16.1., 27.1., 3.2. u. 9.12.82; 8.4., 22.4. u. 13.12.83
Richard MONDEN (s) 9.12.81; 31.1., 1.3., 28.4., 19.6. u. 14.7.83
Mathilde MÜLLER (s) 12.10.82
Walter MÜLLER (s) 25.11.81

Günther NELKE (s) 7.10.83; 23.1.84
Hermann NEUMANN (m + s) 15.9., 11.10. u. 4.12.83

Franz OSTERROTH (s) 21.11.81; 2.1., 4.2. u. 17.5.82; 1.4.83

Walter und Jenny PÖPPEL (m + s) 23.11. u. 20.12.81; 8.1., 12.2., 28.3., 21.4. u. 15.10.82; 1.4., 20.4., 28.6., 12.8. u. 9.12.83; 8.2. u.28.12.84; 16.2. u. 21.5.85
J. P. (m + s) 1.7. u. 9.12.83; 13.1., 17.1., 17.5. u. 21.7.84
Josef PRENNER (s) 2.2., 4.3. u. 6.7.83

August RATHMANN (s) 9.8., 2.10. u. 11.12.84; 1.2.85
Werner REINHEIM (s) 20.9. u. 31.10.83
Kurt RIEDEL (s) 20.10., 1.11. u. 12.11.83
Arthur RIESS (s) 16.5. u. 26.5.82; 8.4. u. 30.5.83
Fritz ROMANN (s) 4.12.81; 3.2.82; 22.4. u. 26.6.83; 20.7.84
Ernst ROSENDAHL (m + s) 3.8. u. 13.10.83
Alfred und Martel RUDOLPH (s) 30.11. u. 29.12.81; 28.8.83

Erich SCHMIDT (s) 10.11.81; 25.2.82
Gustav SCHMIDT-KÜSTER (s) 1.12. u. 22.12.81; 5.1.82
Karl SCHROTH (s) 11.5.82; 1.4. u. 28.4.83
Walter SCHÜTZE (s) 25.11.81; 15.4.83
Paul SCHULZ (s) 17.7., 11.8. u. 8.9.83
Ilse SEVERING-KETTIG (m + s) 14.11. u. 10.12.83
Ruth SEYDEWITZ (s) 15.2., 3.3. u. 5.4.82
Günter SPRUCH (m + s) 14.6. u. 30.7.83
Ursel STECHMESSER (s) 24.3.82
Hans STEINITZ (s) 22.5. u. 5.6.83
Hans STEPHAN (m) 14.5.82
Artur STICHT (s) 15.3.82

Gerda TITTEL (s) 31.1.82
Fritz TREU (s) 4.5.83

Walter UHLMANN (m + s) 27.11.81; 15.10.82
Walter ULBRICH (s) 10.1.82

Hans WALDMANN (s) 3.7. u. 15.8.83; 15.12.84
Reinhold WALZ (s) 7.1.82

## V. Ausgewählte zeitgenössische Darstellungen und Erinnerungen

ADLER, M.: Der Arbeiter und sein Vaterland. Marxistische Bemerkungen über bürgerliches und proletarisches Wehrsystem. Berlin 1929.
ders.: Die Aufgaben der Jugend in unserer Zeit (Jungsozialistische Schriftenreihe). Berlin 1927.
ders.: Die Staatsauffassung des Marxismus. Ein Beitrag zur Unterscheidung von soziologischer und juristischer Methode. Wien 1922, Wiederauflage Darmstadt 1964.
ders.: Marxistische Probleme. Beiträge zur materialistischen Geschichtsauffassung und Dialektik. Stuttgart – Berlin $^5$1922, Wiederauflage Bonn – Bad Godesberg 1974.
ders.: Neue Menschen. Gedanken über sozialistische Erziehung. Berlin $^2$1926.
ders.: Politische und soziale Demokratie. Ein Beitrag zur sozialistischen Erziehung. Berlin 1926.
ders.: Über psychologische und „ethische" Läuterungen des Marxismus. Berlin 1928.
ders: Unsere Stellung zu Sowjetrußland. Die hauptsächlichen Fehlerquellen für die Beurteilung der russischen Revolution. In: Unsere Stellung zu Sowjetrußland. Lehren und Perspektiven der russischen Revolution. Berlin-Tempelhof 1931, S. 157ff.
BAUER, O.: Werkausgabe. Hg. von der Arbeitsgemeinschaft für die Geschichte der österreichischen Arbeiterbewegung. Wien 1975.
BEYER, G.: Katholizismus und Sozialismus. Berlin 1927.
BIELIGK, F.: Drei Jahre Sozialistische Proletarierjugend. Leipzig 1923.
BORINSKI F.: Die „Neuen Blätter für den Sozialismus". In: Jahrbuch des Archivs der deutschen Jugendbewegung. 13/1981, S. 65ff.
BRANDT, W.: Links und frei. Mein Weg 1930-1950. Hamburg 1982.
BRAUNTHAL, A.: Die Entwicklungstendenzen der kapitalistischen Wirtschaft (Jungsozialistische Schriftenreihe). Berlin 1927.
BRÖGER, K.: Deutsche Republik – Betrachtungen und Bekenntnis zum Werke von Weimar. Berlin 1926.
ders.: Hans Sachs und seine Volksspiele. In: Unser Reichsjugendtag in Nürnberg. Berlin 1923, S. 21ff.
CALHOUN, A.; BERENZ, H.: Die amerikanische Arbeiterbewegung im Lichte amerikanischer Politik (Jungsozialistische Schriftenreihe). Berlin 1927.
DAS ERGEBNIS DES LEIPZIGER PARTEITAGES. Der Standpunkt der Opposition (Sonderheft des „Klassenkampfes"). Berlin o. J. (1931).
Das Freizeitleben der Großstadtjugend. 5 000 Jungen und Mädel berichten. Zusammengestellt und bearbeitet in Verbindung mit dem Deutschen Archiv für Jugendwohlfahrt von Robert DINSE, Stadtjugendpfleger, Berlin 1932.
Das Weimar der arbeitenden Jugend. Niederschriften und Bilder vom ersten Reichsjugendtag der Arbeiterjugend vom 28. bis 30. August 1920 in Weimar. Hg. vom

Hauptvorstand des Verbandes der Arbeiterjugendvereine Deutschlands, Sitz Berlin. Bearbeitet von E. R. MÜLLER, Magdeburg. Berlin 1920.
DEHN, G.: Proletarische Jugend. Lebensgestaltung und Gedankenwelt der großstädtischen Proletarierjugend. Berlin 1930.
Der Jugendliche in der Großstadtfamilie. Auf Grund von Niederschriften Berliner Berufsschüler und -schülerinnen. Im Auftrage des Deutschen Archivs für Jugendwohlfahrt, Berlin. Bearbeitet von Günter KROLZIG. Berlin 1930.
DEUTSCH, J.: Wehrmacht und Sozialdemokratie. Berlin 1927.
DIE KRISE DES KAPITALISMUS und die Aufgabe der Arbeiterklasse. Von Max Seydewitz, G. Engelbert Graf, Eduard Weckerle, Max Adler, Franz Petrich (Nr. 1 der Roten Bücher der Marxistischen Büchergemeinde). Berlin-Britz o. J. (1931).
Die Lebenswelt der Jugend in der Gegenwart. Hg. im Auftrage des Reichsausschusses der Deutschen Jugendverbände von Hermann MAASS. Berlin 1928.
DIE ORGANISATION IM KLASSENKAMPF, die Probleme der politischen Organisation der Arbeiterklasse. Verfasser: Fritz Bieligk, Ernst Eckstein, Otto Jenssen, Kurt Laumann, Helmut Wagner (Nr. 2 der Roten Bücher der Marxistischen Büchergemeinde). Berlin-Britz o. J. (1931).
DIE SPITZELZENTRALE, Kommunistische Kampfmethoden. Eine kleine Materialsammlung aus der Kommunistischen Jugendzentrale. Hg. vom Hauptvorstand des Verbandes der Sozialistischen Arbeiterjugend Deutschlands. Berlin 1928.
DRISKE, P.: Der Wirtschaftsorganismus Groß-Breslau. Ein Beitrag zur Wirtschaftsgeographie einer Großstadt. Berlin 1936.
DÜWELL, B.: Einheit der Aktion und Parteidisziplin (Schriftenreihe Sozialistische Zeitfragen). Berlin 1931.
ders.: Rund um den Young-Plan (Jungsozialistische Schriftenreihe). Berlin 1930.
EHRENTHAL, G.: Die deutschen Jugendbünde. Ein Handbuch ihrer Organisationen und ihrer Bestrebungen. Berlin 1929.
ESCHBACH, W.: Unsere Feier. Handbuch zur Gestaltung sozialistischer Jugendfeste und Jugendfeiern. Berlin 1929.
FABIAN, D.: Arbeiterschaft und Kolonialpolitik (Jungsozialistische Schriftenreihe). Berlin 1928.
FABIAN, W.: Klassenkampf um Sachsen. Löbau 1930.
GEGEN DIE PARTEISPALTUNG. Hg. vom Vorstand der Sozialdemokratischen Partei Deutschlands. o. O., Anfang Oktober 1931.
GEYER, C.: Die revolutionäre Illusion. Zur Geschichte des linken Flügels der USPD. Stuttgart 1976.
GRAF, G. E.: England am Scheidewege (Jungsozialistische Schriftenreihe). Berlin 1927.
ders.: Belgien und Holland als Kriegsschauplatz. In: Unser Kampf in Holland, Belgien und Flandern, vom 10. Mai bis 4. Juni 1940. München 1941.
ders.: Britische Erdölpolitik. Berlin 1940.
ders.: Der Gross-Ostasiatische Raum. Amsterdam 1944 (Feldpostausgabe).
ders.: Kriegsschauplatz Frankreich. In: Unser Kampf in Frankreich, vom 5. Juni bis 25. Juni 1940. München 1941.
ders.: Land, Produktion und Volk. In: USA von heute. Seine Weltpolitik, Weltfinanz, Wehrpolitik. München 1940.
GRÜNDEL, E. G.: Die Sendung der Jungen Generation. Versuch einer umfassenden revolutionären Sinndeutung der Krise. München 1932.

GURLAND, A.: Das Heute der proletarischen Aktion. Hemmnisse und Wandlungen im Klassenkampf. Berlin 1931.
ders.: Der proletarische Klassenkampf der Gegenwart. Leipzig 1925.
ders.: Marxismus und Diktatur (hg. von D. EMIG). Frankfurt/M. 1981.
ders.; LAUMANN, K.: Spaltung oder Aktivität? (Schriftenreihe Sozialistische Zeitfragen). Berlin 1931.
ders.; WECKERLE, E.: Aus der Geschichte der Wehrdebatten. In: Sozialdemokratie und Wehrproblem (Nr. 304).
HARTMANN, G.; BRENNEKE, G.; LIENKER, H.: Autobiographische Studien zur Sozialgeschichte der Arbeiterjugendbewegung der Weimarer Republik. Universität Bielefeld 1980.
HARTMANN, H.: Die junge Generation in Europa. Berlin 1930.
HAUBACH, T.: Die Generationenfrage und der Sozialismus. In: Soziologische Studien. Zur Politik, Wirtschaft und Kultur der Gegenwart (Fs. Alfred Weber). Potsdam 1930, S. 106 ff.
HEIMANN, E.: Die sittliche Idee des Klassenkampfes und die Entartung des Kapitalismus. Berlin 1926.
HELF, W.: Die Träume vom besseren Leben – Lebenserinnerungen 1900-1933. Köln 1977.
HELLER, H.: Sozialismus und Nation. Berlin 1925.
HORNUNG, H.: Zur Soziologie der Bürgerfunktionäre (Jungsozialistische Schriftenreihe). Berlin 1928.
JENSSEN, O.: Der Kampf um die Staatsmacht – Was lehrt uns Linz? (Jungsozialistische Schriftenreihe). Berlin 1927.
ders.: Erziehung zum politischen Denken. Berlin 1931.
JOHANNESSON, A.: Leitfaden für Sprechchöre. Berlin 1929.
KIRCHHEIMER, O.: Weimar und was dann? Entstehung und Gegenwart der Weimarer Verfassung (Jungsozialistische Schriftenreihe). Berlin 1930.
KNAUF, E.: Ça ira! Berlin 1930.
KÜSTERMEIER, R.: Die Mittelschichten und ihr politischer Weg. Potsdam 1933.
LEPINSKI, F.: Die jungsozialistische Bewegung. Ihre Geschichte und ihre Aufgaben. Berlin 1927.
LÖWENSTEIN, K.: Sozialismus und Erziehung. Bonn – Bad Godesberg 1976.
LUKÁCS, G.: Geschichte und Klassenbewußtsein. Studien über marxistische Dialektik. Neuwied – Berlin $^2$1971.
MACHE, K.: Clara Zils-Eckstein. In: Arbeiterwohlfahrt, 1.5.1931, S. 274 ff.
MAN, H. de: Der Sozialismus als Kulturbewegung. Berlin 1926.
ders.: Die sozialistische Idee. Jena 1933.
ders.: Gegen den Strom. Memoiren eines europäischen Sozialisten. Stuttgart 1953.
ders.: Sozialismus und Nationalfaschismus. Potsdam 1931.
ders.: Wende des Sozialismus (Ende des Reformismus). Zürich 1934.
ders.: Zur Psychologie des Sozialismus. Jena 1926.
MANNHEIM, K.: Das Problem der Generationen. In: WOLF, K. H. (Hg.): Wissenssoziologie. Auswahl aus dem Werk. Neuwied – Berlin $^2$1970, S. 509 ff.
MARCK, S.: Ein Jahrhundert Marxismus. München 1948.
ders.: Marxistische Staatsbejahung. Breslau 1924.
ders.: Reformismus und Radikalismus in der deutschen Sozialdemokratie. Geschichtliches und Grundsätzliches. Berlin 1927.
ders.: Sozialdemokratie. Berlin 1931.

MARX, H.: Werdegang eines jüdischen Staatsanwalts und Richters in Baden (1892-1933). Ein soziologisch-politisches Zeitbild. Villingen 1965.
MAYER, H.: Ein Deutscher auf Widerruf. Frankfurt/M. 1982.
MENNICKE, C.: Der Sozialismus als Bewegung und Aufgabe. Berlin 1926.
MOCHMANN, P.: Hans Sachs und die Arbeiterjugend. In: Unser Reichsjugendtag in Nürnberg. Berlin 1923, S. 44 ff.
NELSON, L.: Gesammelte Schriften in neun Bänden. Hg. von P. BERNAYS, W. EICHLER, A. GYSIN u. a. Hamburg 1972.
NIEKISCH, E.: Der Weg der deutschen Arbeiterschaft zum Staat. Berlin-Hessenwinkel 1925.
ders.: Gewagtes Leben. Begegnungen und Begebnisse. Köln – Breslau 1958.
OSTERROTH, F.: Der Hofgeismarkreis der Jungsozialisten. In: AfS (IV) 1964, S. 525 ff.
ders.: Die Zeit als Jugendsekretär des Bergarbeiterverbandes in Bochum 1919-1924. Bochum o. J. (1983).
ders.: Erinnerungen 1900-1934. Unveröffentlichtes Manuskript, o. O., o. J. In: Archiv der sozialen Demokratie, Bonn.
OSCHILEWSKI, W. G.: Der Hofgeismarkreis der Jungsozialisten. In: Süddeutsche Monatshefte 1926, H. 6, S. 180 ff.
ders.: Lebensspuren. Begegnungen, Freundschaften, Erinnerungen. Berlin 1964.
PÖPPEL, W.: Es war einmal. Eine Jugend in Deutschland. Stockholm 1984.
RADBRUCH, G.: Der innere Weg. Aufriß meines Lebens. Stuttgart 1951.
ders.: Kulturlehre des Sozialismus. Berlin ²1927.
RADDA, M.: Das reifende Proletariermädchen (Wiener Arbeiten zur pädagogischen Psychologie. Hg. von Charlotte Bühler und Victor Fadrus, H. 8). Wien – Leipzig 1931.
RAGAZ, L.: Mein Weg. Bd. II., Zürich 1952.
RATHMANN, A.: Ein Arbeiterleben. Wuppertal 1983.
ROMANN, F.: Geschichte der sozialistischen Arbeiterjugendbewegung und der sozialistischen Arbeiterbewegung im Nordwesten von Dortmund. Dortmund-Mengede 1983.
ROSENDAHL, E.: Verbürgerlichung oder Revolution? Ein Beitrag zum Problem der sozialistischen Jugendbewegung. Hagen i. W. 1925.
SARAN, M.: Gib niemals auf. Bonn 1979 (Deutsche Übersetzung von Susanne Miller).
SCHULT, J.: Aufbruch einer Jugend. Der Weg der deutschen Arbeiterjugend. Bonn 1956.
ders.: Der Sozialismus als neue Lebensgestaltung. In: Jungsozialismus. Festschrift zur Bielefelder Jungsozialistentagung am 29.7.1921. Hg. vom Zentralbildungsausschuß der SPD. Berlin 1921, S. 11 ff.
SCHULZ, F. O. H.: Der Weg unserer Jugend. Düsseldorf 1932.
SENDER, T.: Autobiographie einer deutschen Rebellin. Frankfurt 1981.
SEYDEWITZ, M.: Es hat sich gelohnt zu leben. Berlin (Ost) 1976.
SEYDEWITZ, R.: Alle Menschen haben Träume. Meine Zeit, mein Leben. Berlin (Ost) o. J.
SIEMSEN, A.: Auf dem Wege zum Sozialismus. Kritik der sozialdemokratischen Programme von Heidelberg bis Erfurt (Nr. 4 der Roten Büchergilde). Berlin-Tempelhof o. J.
dies.: Parteidisziplin und sozialistische Überzeugung (Schriftenreihe Sozialistische

Zeitfragen). Berlin 1931.
dies.: Politische Kunst und Kunstpolitik (Jungsozialistische Schriftenreihe). Berlin 1927.
dies.: Religion, Kirche und Sozialismus (Jungsozialistische Schriftenreihe). Berlin 1930.
dies.: Selbsterziehung der Jugend. Berlin 1929.
SOFFNER, H.: Die proletarische Jugend. Ihre Stellung in Gesellschaft, Wirtschaft und Politik. Jena 1929.
SPERBER, M.: Die vergebliche Warnung. Wien 1975.
STERNBERG, F.: Der Imperialismus. Berlin 1926.
ders.: „Der Imperialismus" und seine Kritiker. Berlin 1929.
TILLICH, P.: Die sozialistische Entscheidung. Potsdam 1933.
UNSERE STELLUNG ZU SOWJETRUSSLAND, Lehren und Perspektiven der Russischen Revolution. Verfasser: Theodor Hartwig, Fritz Lewy, Alexander Gerschenkron, Eduard Wolf, Max Adler. Mit einem Vorwort von Max Seydewitz (Nr. 3 der Roten Bücher der Marxistischen Büchergemeinde). Berlin-Tempelhof o. J. (1931).
Veröffentlichungen des Preußischen Ministeriums für Volkswohlfahrt aus den Gebieten der Jugendpflege, der Jugendbewegung und der Leibesübungen. Beiträge zur Lebenskunde der Jugend. Jugend und Beruf. Berlin 1928.
VICTOR, W.: Köpfe und Herzen. Weimar 1950.
ders.: Kehre wieder über die Berge. Eine Autobiographie. New York 1945.
WAGNER, H.: Geschlecht und Gesellschaft. Jena 1928.
WINKLER, E.: Die Politik und ihre Gesetze. Jena 1930.
ZWEILING, K.: Aufstieg und Niedergang der kapitalistischen Gesellschaft (Jungsozialistische Schriftenreihe). Berlin 1927.


**VI. Biographische und bibliographische Hilfsmittel**

Biographisches Handbuch der deutschsprachigen Emigration nach 1933. Bd. 1, München 1980.
EBERLEIN, A.: Die Presse der Arbeiterklasse und der sozialen Bewegung. 5 Bde., Frankfurt/M. 1968.
Geschichte der deutschen Arbeiterbewegung. Biographisches Lexikon. Berlin-Ost 1970.
KLOTZBACH, K.: Bibliographie zur Geschichte der deutschen Arbeiterbewegung 1914-1945. Sozialdemokratie, Freie Gewerkschaften, Christlich-soziale Bewegungen, kommunistische Bewegung und linke Splittergruppen. Mit einer forschungsgeschichtlichen Einleitung. 3. erweiterte Aufl., Bonn 1981.
KOSZYK, K.; EISFELD, G.: Die Presse der deutschen Sozialdemokratie. Bonn [2]1980.
OSTERROTH, F.: Biographisches Lexikon des Sozialismus. Bd. 1, Verstorbene Persönlichkeiten. Hannover 1960.

## VII. Ausgewählte Literatur

ABENDROTH, W.: Aufstieg und Krise der deutschen Sozialdemokratie. Köln ⁴1978.
ABRAHAM, D.: The Collapse of the Weimar Republic. Political Economy and Crisis. Princeton 1981.
ADAMEK, K. (Hg.): Lieder der Arbeiterbewegung. Frankfurt 1981.
ADOLPH, H. J.: Otto Wels und die Politik der deutschen Sozialdemokratie 1884- 1939. Berlin 1971.
ALBERS, D.; HINDELS, J.; LOMBARDO RADICE, L.: Otto Bauer und der „dritte" Weg. Die Wiederentdeckung des Austromarxismus durch Linkssozialisten und Eurokommunisten. Frankfurt/M. 1978.
ALBRECHT, S.: Hermann Hellers Staats- und Demokratieauffassung. Frankfurt/M.— New York 1983.
ALBRECHT, W.: Kurt Schumacher. Ein Leben für den demokratischen Sozialismus. Bonn 1985.
ANGRESS, W. T.: Die Kampfzeit der KPD 1921-1923. Düsseldorf 1973.
Arbeiterjugendbewegung in Frankfurt 1904-1945. Material zu einer verschütteten Kulturgeschichte. Gießen 1978.
ARNS, G.: Die Linke in der SPD-Reichstagsfraktion im Herbst 1923. In: VfZ 1974, S. 191 ff.
BAJOHR, S.: „Oral History" — Forschungen zum Alltag. In: Das Argument 123/ 1980, S. 667 ff.
BALZER, F.-M.: Klassengegensätze in der Kirche. Erwin Rickert und der Bund der Religiösen Sozialisten Deutschlands. Köln 1973.
BECK, D.: Julius Leber. Sozialdemokrat zwischen Reform und Widerstand. Berlin 1983.
BERADT, C.: Paul Levi. Ein demokratischer Sozialist in der Weimarer Republik. Frankfurt 1969.
BLAU, J.: Sozialdemokratische Staatslehre in der Weimarer Republik. Darstellung und Untersuchung der staatsrechtlichen Konzeptionen von Hermann Heller, Ernst Fraenkel und Otto Kirchheimer. Marburg 1980.
BOCK, J. M.: Syndikalismus und Linkskommunismus von 1918-1923. Zur Geschichte und Soziologie der Freien Arbeiter-Union Deutschlands (Syndikalisten), der Allgemeinen Arbeiter-Union Deutschlands und der Kommunistischen Arbeiter-Partei Deutschlands. Meisenheim 1969.
BÖHM, W.: Paul Oesterreich und das Problem der sozialistischen Pädagogik in der Weimarer Republik. In: HEINEMANN, M. (Hg.): Sozialisation und Bildungswesen in der Weimarer Republik. Stuttgart 1976, S. 187 ff.
BORINSKI, F.: Adolf Reichwein — sein Beitrag zur Arbeiterbildung und Erwachsenenbildung. In: HUBER, W.; KREBS, A.: Adolf Reichwein 1898-1944. Paderborn 1981, S. 63 ff.
ders.; GRIMM, H.; WINKLER, E.; WOLF, E. (Hg.): Jugend im politischen Protest. Der Leuchtenburg-Kreis 1923-1933. Frankfurt/M. 1977.
BRACHER, K. D.: Die Auflösung der Weimarer Republik. Eine Studie zum Problem des Machtverfalls in der Demokratie. Villingen ⁴1964.
BREMER, J.: Die Sozialistische Arbeiterpartei Deutschlands (SAP). Untergrund und Exil. Frankfurt/M. 1978.
BRENNEKE, G.: Geschichte der sozialistischen Arbeiterjugendbewegung in Lippe 1918-1933. Bielefeld 1983.

BRÜCHER, B.; HARTMANN, G.: Hebt unsere Fahnen in den Wind. Bilder aus der Geschichte der Sozialistischen Arbeiterjugendbewegung in Ostwestfalen und Lippe. Bonn 1983.
BUCHHEIM, H.: Ernst Niekischs Ideologie des Widerstands. VFZ V, 1957, S. 334ff.
CARDORFF, P.: Studien über Irrationalismus und Rationalismus in der sozialistischen Bewegung. Hamburg 1980.
CASPAR, G. A.: Die sozialistische Partei und das deutsche Wehrproblem in den Jahren der Weimarer Republik. Frankfurt 1959.
GRAIG, G. A.: Deutsche Geschichte 1866-1945. Vom Norddeutschen Bund bis zum Ende des Dritten Reiches. München 1980.
ders.: Über die Deutschen. München 1982.
CRISLER, R. C.: Intraparty Politics in an Ideologically Oriented Party. The Left Opposition in the Weimar SPD. PH. D. Diss., Washingtion D.C. 1973.
Die junge Garde. Arbeiterjugend in Frankfurt/M. 1904-1945. Gießen 1980.
DOMANSKY, E.; HEINEMANN, U.: Jugend als Generationserfahrung: Das Beispiel der Weimarer Republik. In: SOWI 1984, H. 2, S. 14ff.
DRECHSLER, H.: Die Sozialistische Arbeiterpartei Deutschlands (SAPD). Ein Beitrag zur Geschichte der deutschen Arbeiterbewegung am Ende der Weimarer Republik. Meisenheim 1965.
DÜSING, M.: Der „religiöse Sozialismus" in der Weimarer Republik – eine weltanschaulich-ideologische Analyse. Diss., Freiburg 1976.
EBERTS, E.: Arbeiterjugend 1904-1945. Sozialistische Erziehungsgemeinschaft – Politische Organisation. Frankfurt 1979.
EDINGER, L. J.: Kurt Schumacher. Persönlichkeit und politisches Verhalten. Köln – Opladen 1967.
EMIG, B.: Die Veredelung des Arbeiters. Sozialdemokratie als Kulturbewegung. Frankfurt/M. 1980.
FABIAN, A.-M. (Hg.): Arbeiterbewegung, Erwachsenenbildung, Presse. Festschrift für Walter Fabian zum 75. Geburtstag. Köln 1977.
FEIGENSPAN, E.: Die Heimvolkshochschule Tinz als Beispiel sozialistischer Erziehung in der Weimarer Republik. Unveröff. Diplomarbeit, PH-Rheinland 1977.
FELDMANN, G. D.: Iron and Steel in the German Inflation 1916-1923. Princeton N.J. 1977.
ders.; STEINISCH, I.: Die Weimarer Republik zwischen Sozial- und Wirtschaftsstaat. Die Entscheidung gegen den Achtstundentag. In: AfS 1978, S. 353ff.
FISCHER, R.: Wanderer ins Nichts. Der Nationalbolschewismus am Beispiel Ernst Niekischs. In: Frankfurter Hefte 1959, S. 871ff.
FRAENKEL, E.: Reformismus und Pluralismus. Hamburg 1973.
GAILUS, M. (Hg.): Pöbelexzesse und Volkstumulte in Berlin. Zur Sozialgeschichte der Straße (1830-1980). Berlin 1984.
GAY, P.: Die Republik der Außenseiter. Geist und Kultur in der Weimarer Zeit 1918-1933. Frankfurt 1970.
GIESECKE, H.: Vom Wandervogel bis zur Hitlerjugend. München 1981.
GILLIS, J. R.: Geschichte der Jugend. Tradition und Wandel im Verhältnis der Altersgruppen und Generationen. Weinheim – Basel 1980.
GRAML, H.: Europa zwischen den Kriegen. München $^5$1982.
GREBING, H.: Der Revisionismus. Von Bernstein bis zum „Prager Frühling". München 1977.
dies.: Der Weg der Nachkriegssozialdemokratie von der Klassenpartei zur Volks- und

Staatspartei: Bemerkungen zu dem Werk von Kurt Klotzbach. In: AfS 1983, S. 618ff.
dies. (Hg.): Entscheidung für die SPD. Briefe und Aufzeichnungen linker Sozialisten 1944-1948. München 1984.
dies. (Hg.): Fritz Sternberg – für die Zukunft des Sozialismus. Köln 1981.
dies. (Hg.): Lehrstücke in Solidarität. Briefe und Biographien deutscher Sozialisten 1945-1949. Stuttgart 1983.
dies.: Ökonomische Krise und politische Moral. In: REBE, B.; LOMPE, K.; THADDEN, R. v. (Hg.): Idee und Pragmatik in der politischen Entscheidung. Alfred Kubel zum 75. Geburtstag. Bonn-Bad Godesberg 1984.
dies.: Sozialer Protest und kollektive Interessenvertretung. München 1985.
dies.; BRELIE-LEWIEN, D. v. d.: Grundprobleme der deutschen Arbeiterbewegung. Bemerkungen zu einigen Gesamtdarstellungen und Spezialstudien. In: AfS 1983, S. 555ff.
GROH, D.: Negative Integration und revolutionärer Attentismus. Die deutsche Sozialdemokratie am Vorabend des Ersten Weltkrieges. Frankfurt 1974.
GRUNENBERG, A.: Bürger und Revolutionär. Georg Lukács 1918-1928. Köln – Frankfurt/M. 1976.
HÄGEL, H.: Die Stellung der sozialdemokratischen Jugendorganisationen zu Staat und Partei in den Anfangsjahren der Weimarer Republik. In: IWK 1976, H. 2, S. 166ff.
HAFFNER, S.; VENOHR, W.: Preussische Profile. Frankfurt – Berlin – Wien 1982.
HEIDENREICH, F.: Arbeiterbildung und Kulturpolitik. Berlin 1983.
HEIMANN, H.; MEYER, T. (Hg.): Reformsozialismus und Sozialdemokratie. Berlin – Bonn 1982.
HERMANN, J.; TROMMLER, F.: Die Kultur der Weimarer Republik. München 1978.
HEUPEL, E.: Reformismus und Krise. Zur Theorie und Praxis von SPD, ADGB und AfA-Bund in der Weltwirtschaftskrise 1929-1932/33. Frankfurt 1981.
JAEGER, H.: Generationen in der Geschichte. Überlegungen zu einer umstrittenen Konzeption. In: GG 1977, S. 429ff.
JONES, A. A.: The Left Opposition in the German Social Democratic Party 1922-33. Ph. D. Diss., Ann Arbor 1969.
KABERMANN, F.: Widerstand und Entscheidung eines deutschen Revolutionärs. Leben und Denken Ernst Niekischs. Köln 1973.
KAISER, J.-C.: Arbeiterbewegung und organisierte Religionskritik. Proletarische Freidenkerverbände in Kaiserreich und Weimarer Republik. Stuttgart 1981.
KAMMLER, J.: Politische Theorien von Georg Lukács. Struktur und historischer Praxisbezug. Neuwied 1974.
KANDEL, J.: Religiöser Sozialismus. In: Lern- und Arbeitsbuch deutsche Arbeiterbewegung. Hg. unter der Leitung von Th. MEYER, S. MILLER und J. ROHLFES. Bonn 1984, Bd. 2, S. 455ff.
KARTSCHOKE, E.: Fastnachtspiel. In: Einführung in die deutsche Literatur des 12.-16. Jahrhunderts. Bd. 3., Bürgertum und Fürstenstaat. Opladen 1981, S. 114ff.
KATER, M. H.: Bürgerliche Jugendbewegung und Hitlerjugend in Deutschland von 1926 bis 1939. In: AfS 1977, S. 127ff.
ders.: Generationskonflikt als Entwicklungsfaktor in der NS-Bewegung vor 1933. In: GG 1985, S. 217ff.

ders.: Studentenschaft und Rechtsradikalismus in Deutschland 1918-1933. Hamburg 1975.
KINDT, W. (Hg.): Dokumentation der Jugendbewegung. Bd. 3: Die deutsche Jugendbewegung 1920 bis 1933. Die bündische Zeit. Köln 1974.
KLÄR, K.-H.: Zwei Nelson-Bünde: Internationaler Jugend-Bund (IJB) und Internationaler Sozialistischer Kampf-Bund (ISK) im Lichte neuer Quellen. In: IWK 1982, H. 3, S. 310ff.
KLENKE, D.: Die SPD-Linke in der Weimarer Republik. Eine Untersuchung zu den regionalen organisatorischen Grundlagen und zur politischen Praxis und Theoriebildung des linken Flügels der SPD in den Jahren 1922-1932. 2 Bde., Münster 1983.
KLESSMANN, C.: Theorie des historischen Materialismus und revolutionäre Praxis bei Georg Lukács im Jahre 1919. In: Archiv für Kulturgeschichte 1973, S. 190ff.
KLÖNNE, A.: Aufbrüche. Zu den Jugendbewegungen in der europäischen Geschichte. In: Jahrbuch des Archivs der deutschen Jugendbewegung. Bd. 11, 1979, S. 7ff.
KNÜTTER, H.-H.: Die Juden und die deutsche Linke in der Weimarer Republik 1918-1933. Düsseldorf 1971.
KOCKA, J. (Hg.): Arbeiterkultur im 19. Jahrhundert. Als H. 1 von GG 1979.
ders.: Klassen oder Kultur? Durchbrüche und Sackgassen in der Arbeitergeschichte. In: Merkur 1982, S. 955ff.
ders.: Zurück zur Erzählung? Plädoyer für historische Argumentation. In: GG 1984, S. 395ff.
KOEBNER, T.; JANZ, R.-P.; TROMMLER, F. (Hg.): „Mit uns zieht die neue Zeit." Der Mythos Jugend. Frankfurt/M. 1985.
KOLB, E.: Die Weimarer Republik. München – Wien 1984.
KOTLAN-WERNER, H.: Otto Felix Kanitz und der Schönburger Kreis. Die Arbeitsgemeinschaft sozialistischer Erzieher 1923-1934. Wien 1982.
KRAUSE, H.: USPD. Zur Geschichte der Unabhängigen Sozialdemokratischen Partei Deutschlands. Frankfurt/M. – Köln 1975.
Kultur und Massen. Das Kulturkartell der modernen Arbeiterbewegung in Frankfurt am Main. Offenbach 1983.
LANGEWIESCHE, D.: Freizeit und „Massenbildung". Zur Ideologie und Praxis in der Weimarer Republik. In: HUCK, G. (Hg.): Sozialgeschichte der Freizeit. Untersuchungen zum Wandel der Alltagskultur in Deutschland. Wuppertal 1980, S. 223ff.
ders.: Politik – Gesellschaft – Kultur. Zur Problematik von Arbeiterkultur und kulturellen Arbeiterorganisationen in Deutschland nach dem Ersten Weltkrieg. In: AfS (XXII) 1982, S. 359ff.
ders.: Zur Freizeit des Arbeiters. Stuttgart 1980.
LAQUEUR, W.: Die Deutsche Jugendbewegung. Köln 1978.
ders.: Weimar. Die Kultur der Republik. Frankfurt/M. – Berlin – Wien 1977.
LEHNERT, D.: Otto Bauer und die reichsdeutsche Arbeiterbewegung. In: Zeitgeschichte 8 (1980), S. 1ff.
ders.: Reform und Revolution in der Strategiediskussion der klassischen Sozialdemokratie. Bonn-Bad Godesberg 1977.
ders.: Sozialdemokratie und Novemberrevolution. Die Neuordnungsdebatte 1918/19 in der politischen Publizistik von SPD und USPD. Frankfurt/M. – New York 1983.

ders.: Sozialdemokratie zwischen Protestbewegung und Regierungspartei 1848-1983. Frankfurt/M. 1983.
LESSING, H.; LIEBEL, M.: Wilde Cliquen. Szenen einer anderen Jugendbewegung. Bensheim 1981.
LIENKER, H.: Geist von Weimar: Partizipationsbestrebungen, kulturelle Orientierungen und politisch-pädagogische Handlungsfäden der mehrheitssozialdemokratischen Jugend in der Frühphase der Weimarer Republik. Bielefeld 1985.
LINK, W.: Die amerikanische Stabilisierungspolitik in Deutschland 1921-1932. Düsseldorf 1970.
ders.: Die Geschichte des Internationalen Jugendbundes (IJB) und des Internationalen Sozialistischen Kampfbundes (ISK). Marburg 1964.
LINSE, U.: Barfüßige Propheten: Erlöser der zwanziger Jahre. Berlin 1983.
ders.: Lebensformen der bürgerlichen und der proletarischen Jugendbewegung. In: Jahrbuch des Archivs der deutschen Jugendbewegung. Bd. 10, 1978, S. 24ff.
ders. (Hg.): Zurück O Mensch zur Mutter Erde. Landkommunen in Deutschland 1890-1933. München 1983.
LÖSCHE, P.: Der Bolschewismus im Urteil der deutschen Sozialdemokratie 1903-1920. Berlin 1967.
ders.; SCHOLING, M.: Solidargemeinschaft im Widerstand – Eine Fallstudie über „Blick in die Zeit". In: IWK 1983, H. 4, S. 517ff.
LUBAN, O.: Die Auswirkungen der Jenaer Jugendkonferenz 1916 und die Beziehungen der Zentrale der revolutionären Arbeiterjugend zur Führung der Spartakusgruppe. In: AfS 1971, S. 185ff.
LUCAS, E.: Vom Scheitern der deutschen Arbeiterbewegung. Frankfurt/M. 1983.
LUDEWIG, H.-U.: Die „Sozialistische Politik und Wirtschaft". Ein Beitrag zur Linksopposition in der SPD 1923 bis 1928. In: IWK 1981, H. 1, S. 14ff.
LÜDERS, D.: Gegen Krieg und Faschismus. Jungsozialisten in der Weimarer Republik. Hamburg 1982.
LÜPKE, R.: Zwischen Marx und Wandervogel. Die Jungsozialisten in der Weimarer Republik 1919-1931. Marburg 1984.
LUTHARDT, W. (Hg.): Sozialdemokratische Arbeiterbewegung und Weimarer Republik. Materialien zur gesellschaftlichen Entwicklung 1927-1933. Bd. II, Frankfurt/M. 1978.
MARTINY, M.: Die Entstehung und politische Bedeutung der „Neuen Blätter für den Sozialismus" und ihres Freundeskreises. In: VfZ 1977, S. 373ff.
MATTHIAS, E.: Die Sozialdemokratische Partei Deutschlands. In: ders.; MORSEY, R. (Hg.): Das Ende der Parteien. Düsseldorf 1979, S. 101ff.
MAXELON, M.-O.: Stresemann und Frankreich 1924-1929. Düsseldorf 1972.
MAYER, H.: Außenseiter. Frankfurt/M. 1975.
MEGERLE, K.: Deutsche Außenpolitik 1925. Ansatz zum aktiven Revisionismus. Frankfurt/M. 1974.
MEIER-CRONEMEYER, H.: Leitbild und Lebensformen. Zu Dokumenten und Darstellungen der Deutschen Jugendbewegung. In: IWK 1983, H. 4, S. 520ff.
MEYER, K.: Arbeiterbildung in der Volkshochschule. Die Leipziger Richtung. Ein Beitrag zur Geschichte der deutschen Volksbildung in den Jahren 1922-1933. Stuttgart 1969.
ders.: Hermann Heller. Eine biographische Skizze. In: PVS 1967, S. 302ff.
MEYER, T.: Die Aktualität Leonard Nelsons. In: NG 1982, H. 6, S. 585ff.

MILLER, S.: Burgfrieden und Klassenkampf. Die deutsche Sozialdemokratie im Ersten Weltkrieg. Düsseldorf 1974.
dies.: Die Bürde der Macht. Die deutsche Sozialdemokratie 1918-1920. Düsseldorf 1978.
dies.: Kritische Philosophie als Herausforderung zum Widerstand gegen den Nationalsozialismus. In: Dialektik 7. Antifaschismus oder Niederlagen beweisen nichts, als daß wir wenige sind. Redaktion: W. ABENDROTH, L. LAMBRECHT, A. SCHILDT. Köln 1983, S. 53 ff.
dies.: Leonard Nelson – ein revolutionärer Revisionist. In: NG 1982, H. 6, S. 582 ff.
MOGGE, W.: Bilder aus dem Wandervogel-Leben. Die bürgerliche Jugendbewegung in Fotos von Julius Groß. Wuppertal 1985.
MÖLLER, H.: Weimar. Die unvollendete Demokratie. München 1985.
MOMMSEN, H.: Die Rolle der „Jungen Generation" in der deutschen Arbeiterbewegung nach 1914. In: NIETHAMMER, L.; HOMBACH, B.; FICHTER, T.; BORSDORF, U. (Hg.): „Die Menschen machen ihre Geschichte nicht aus freien Stücken, aber sie machen sie selbst." Einladung zur Geschichte des Volkes in NRW. Berlin – Bonn 1984, S. 123 ff.
ders.: Nationalismus in der Weimarer Republik und im Dritten Reich. In: ACHAM, K. (Hg.): Gesellschaftliche Prozesse. Beiträge zur historischen Soziologie und Gesellschaftsanalyse. Graz 1983, S. 208 ff.
ders. (Hg.): Sozialdemokratie zwischen Klassenbewegung und Volkspartei. Frankfurt 1974.
MOOSER, J.: Arbeiterleben in Deutschland 1900-1970. Klassenlagen, Kultur und Politik. Frankfurt 1984.
MÜLLER, C.; STAFF, I. (Hg.): Der soziale Rechtsstaat. Gedächtnisschrift für Hermann Heller 1891-1933. Baden-Baden 1984.
MÜLLER, D. H.: Idealismus und Revolution. Zur Opposition der Jungen gegen den Sozialdemokratischen Parteivorstand 1890 bis 1894. Berlin 1975.
MÜLLER, H.-H.: Intellektueller Linksradikalismus in der Weimarer Republik. Kronberg/Ts. 1977.
MUSIAL, M.: Jugendbewegung und Emanzipation der Frau. Diss., Essen 1982.
NEULOH, O.; ZILIUS, W.: Die Wandervögel. Eine empirisch-soziologische Untersuchung der frühen deutschen Jugendbewegung. Göttingen 1982.
NEUNER, I.: Der Bund entschiedener Schulreformer 1919-1933. Bad Heilbrunn 1980.
NIETHAMMER, L. (Hg.): „Die Jahre weiß man nicht, wo man die heute hinsetzen soll." Faschismuserfahrungen im Ruhrgebiet; Lebensgeschichte und Sozialkultur im Ruhrgebiet 1930 bis 1960. Bd. 1, Berlin – Bonn 1983.
OLENHUSEN, I. G. v.: Die Krise der jungen Generation und der Aufstieg des Nationalsozialismus. In: Jahrbuch des Archivs der Deutschen Jugendbewegung. Bd. 12, 1980, S. 53 ff.
PEUKERT, D.: Arbeiteralltag – Mode oder Methode? In: HAUMANN, H.: Arbeiteralltag in Stadt und Land. Neue Wege der Geschichtsschreibung. „Argument"-Sonderband 94, Berlin 1982, S. 8 ff.
PFABIGAN, A.: Max Adler. Eine politische Biographie. Frankfurt – New York 1982.
PISTORIUS, P.: Rudolf Breitscheid 1874-1944. Ein biographischer Beitrag zur deutschen Parteiengeschichte. Phil. Diss., Köln 1970.
PRINZ, D.; REXIN, M. (Hg.): Gewerkschaftsjugend im Weimarer Staat. Köln 1983.

QUACK, S.: Geistig frei und niemals Knecht. Paul Levi – Rosa Luxemburg. Politische Arbeit und persönliche Beziehung. Köln 1983.
RABE, B.: Der sozialdemokratische Charakter. Drei Generationen aktiver Parteimitglieder in einem Arbeiterviertel. Frankfurt/M. 1978.
ders.: Die „sozialistische Front". Sozialdemokraten gegen den Faschismus 1933-1936. Hannover 1984.
RATHMANN, A.: Hofgeismarer und Hannoveraner Jungsozialisten. In: NG 1984, H. 10, S. 988 ff.
RECK, S.: Arbeiter nach der Arbeit. Sozialhistorische Studien zu den Wandlungen des Arbeiteralltags. Lahn-Gießen 1977.
REITZ, J.: Carlo Mierendorff 1897-1943. Stationen seines Lebens. Darmstadt 1983.
REULECKE, J. (Hg.): Arbeiterbewegung an Rhein und Ruhr. Beiträge zur Geschichte der Arbeiterbewegung in Rheinland-Westfalen. Wuppertal 1974.
RICHARZ, M. (Hg.): Jüdisches Leben in Deutschland. Selbstzeugnisse zur Sozialgeschichte 1918-1945. Stuttgart 1982.
RITTER, F.: Theorie und Praxis des demokratischen Sozialismus. Frankfurt – New York 1981.
RITTER, G. A. (Hg.): Arbeiterkultur. Königstein 1979.
ROBERTS, J. S.: Wirtshaus und Politik in der deutschen Arbeiterbewegung. In: HUCK, G.: Sozialgeschichte der Freizeit. Untersuchungen zum Wandel der Alltagskultur in Deutschland. Wuppertal 1980, S. 123 ff.
ROHE, K.: Das Reichsbanner Schwarz-Rot-Gold. Ein Beitrag zur Geschichte und Struktur der politischen Kampfverbände zur Zeit der Weimarer Republik. Düsseldorf 1966.
ROSENBERG, A.: Geschichte der Weimarer Republik. Neuausgabe, Frankfurt 1961.
RÜEGG, W. (Hg.): Kulturkritik und Jugendkult. Frankfurt/M. 1974.
SALVADORI, M. L.: Sozialismus und Demokratie. Karl Kautsky 1880-1938. Stuttgart 1982.
SCHARRER, M.: Die Spaltung der deutschen Arbeiterbewegung. Stuttgart 1983.
SCHEER, F.-K.: Die Deutsche Friedensgesellschaft (1892-1933). Organisation, Ideologie, politische Ziele. Ein Beitrag zur Geschichte des Pazifismus in Deutschland. Frankfurt/M. 1981.
SCHOLING, M.: Arbeitersport und Arbeiterkultur. Ein Tagungsbericht. In: IWK 1985, H. 2, S. 208 ff.
ders.; WALTER, F.: Klassenkampf und Lebensreform. In: NG 1984, H. 6, S. 548 ff.
SCHUELER, H.: Auf der Flucht erschossen. Felix Fechenbach 1894-1933. Eine Biographie. Köln 1981.
SCHULT, J.: Geschichte der Hamburger Arbeiter 1890-1919. Hannover 1967.
SCHULZE, H. (Hg.): Anpassung oder Widerstand? Aus den Akten des Parteivorstandes der deutschen Sozialdemokratie 1932/33. Bonn-Bad Godesberg 1975.
ders.: Otto Braun oder Preußens demokratische Sendung. Eine Biographie. Frankfurt/M. – Berlin – Wien $^2$1981.
ders.: Weimar. Deutschland 1917-1933. Berlin 1982.
SEEBACHER-BRANDT, B.: Ollenhauer: Biedermann und Patriot. Berlin 1984.
SILBERMANN, A.: Was ist jüdischer Geist? Zur Identität der Juden. Osnabrück 1984.
SONTHEIMER, K.: Antidemokratisches Denken in der Weimarer Republik. München $^2$1983.

STAMBOLIS, B.: Der Mythos der jungen Generation. Ein Beitrag zur politischen Kultur der Weimarer Republik. Phil. Diss., Bochum 1982.
STEPHAN, C. (Hg.): Zwischen den Stühlen oder über die Vereinbarkeit von Theorie und Praxis. Schriften Rudolf Hilferdings 1904-1940. Berlin 1982.
STORM, G.; WALTER, F.: Weimarer Linkssozialismus und Austromarxismus. Historische Vorbilder für einen „Dritten Weg" zum Sozialismus? Berlin 1984.
STÜRMER, M.: Das ruhelose Reich. Deutschland 1866-1918. Berlin 1983.
ders. (Hg.): Die Weimarer Republik. Belagerte Civitas. Königstein 1980.
ders.: Koalition und Opposition in der Weimarer Republik 1924-1928. Düsseldorf 1967.
STURM, R.: Julius Braunthal und die Anfänge sozialdemokratischer Faschismusinterpretation. In: IWK 1981, H. 1, S. 1ff.
TENFELDE, K.: Großstadtjugend in Deutschland vor 1914. In: Vierteljahrschrift für Sozial- und Wirtschaftsgeschichte, 69. Band, Heft 2 (1982), S. 182ff.
TILSNER-GRÖLL, R.: Die Jugendbildungsarbeit in den freien Gewerkschaften von 1919-1933. Frankfurt/M. 1981.
dies.: Jugendarbeit in der SPD von den Anfängen bis zum Ende der Weimarer Republik. Münster 1978.
TROTNOW, H.: Karl Liebknecht. Eine politische Biographie. Köln 1978.
UELLENBERG, W.: Die Auseinandersetzungen sozialdemokratischer Jugendorganisationen mit dem Nationalsozialismus. Bonn 1981.
UHLIG, G.: Kollektivmodell „Einküchenhaus". In: Arch+ 1979, H. 45, S. 26ff.
ULLRICH, V.: Die Hamburger Arbeiterbewegung vom Vorabend des Ersten Weltkriegs bis zur Revolution 1918/19. 2 Bde., Hamburg 1976.
ULRICH, T.: Ontologie, Theologie, Gesellschaftliche Praxis. Zürich 1971.
VETTER, H. O. (Hg.): Aus der Geschichte lernen — die Zukunft gestalten. Dreißig Jahre DGB. Protokoll der Wissenschaftlichen Konferenz zur Geschichte der Gewerkschaften vom 12. und 13. Oktober 1979 in München. Köln 1980.
VIERHAUS, R.: Umrisse einer Sozialgeschichte der Gebildeten in Deuschland. In: Quellen und Forschungen aus italienischen Archiven und Bibliotheken (1980). S. 395ff.
VONDUNG K. (Hg.): Das wilhelminische Bildungsbürgertum. Zur Sozialgeschichte seiner Ideen. Göttingen 1976.
WALSDORF, M.: Westorientierung und Ostpolitik. Stresemanns Rußlandpolitik in der Locarno-Ära. Bremen 1971.
WALTER, F.: Das Wirken von Walter Fabian in der jungsozialistischen Bewegung der Weimarer Republik. In: Zeitschrift für Sozialistische Politik und Wirtschaft 1982, H. 16, S. 246ff.
ders.: Jungsozialisten in der Weimarer Republik. Zwischen sozialistischer Lebensform und revolutionärer Kaderpolitik. Göttingen 1983.
ders.: Schloß Tinz: eine Schule der Jungsozialisten. In: Zeitschrift für Sozialistische Politik und Wirtschaft 1984, H. 25, S. 430ff.
ders.: Sozialismus oder Absturz in die Geschichtslosigkeit. Fritz Sternberg und die sozialdemokratische Linke in der Weimarer Republik. In: Zeitschrift für Sozialistische Politik und Wirtschaft 1984, H. 22, S. 19ff.
ders.; STORM, G.: Zwischen Zentrismus und Linkssozialismus. In: NG 1985, H. 8, S. 720ff.
ders.; SCHOLING, M.; STORM, G.: Die Bedeutung Otto Bauers für die deutsche Sozialdemokratie. In: ALBERS, D.; HEIMANN, H.; SAAGE, R. (Hg.): Otto

Bauer: Theorie und Politik. Berlin 1985.
WEBER, H.: Die Wandlung des deutschen Kommunismus. Die Stalinisierung der KPD in der Weimarer Republik. Bd. 2, Frankfurt/M. 1969.
ders.: Kommunismus in Deutschland 1918-1945. Darmstadt 1983.
WEIDENFELD, W.: Die Englandpolitik Gustav Stresemanns. Mainz 1972.
WHEELER, R. F.: Organisierter Sport und organisierte Arbeit. Die Arbeitersportbewegung. In: AfS 1982, S. 58 ff.
ders.: USPD und Internationale. Sozialistischer Internationalismus in der Zeit der Revolution. Frankfurt/M. – Berlin – Wien 1975.
WILL, W. van der; BURNS, R.: Arbeiterkulturbewegung in der Weimarer Republik. Eine historisch-theoretische Analyse der kulturellen Bestrebungen der sozialdemokratisch organisierten Arbeiterschaft. Frankfurt/M. – Berlin – Wien 1982.
WINKLER, H. A.: Der Nationalismus und seine Funktion. In: ders. (Hg.): Nationalismus. Königstein/Ts. 1978, S. 5 ff.
ders.: Der Schein der Normalität. Arbeiter und Arbeiterbewegung in der Weimarer Republik 1924 bis 1930. Berlin – Bonn 1985.
ders.: Klassenbewegung oder Volkspartei? Zur Programmdiskussion in der Sozialdemokratie 1920-1925. In: GG 8, 1982, S. 35 ff.
ders.: Von der Revolution zur Stabilisierung. Arbeiter und Arbeiterbewegung in der Weimarer Republik 1918 bis 1924. Berlin – Bonn 1984.
WITT, F.-W.: Die Hamburger Sozialdemokratie in der Weimarer Republik. Hannover 1971.
WOLLENBERG, J.; HEER-KLEINERT, L.; MÜSER, M.; PFLIEGENSDÖRFER, D.: Die Bremer Arbeiterbewegung in der Endphase der Weimarer Republik. Bremen 1982.
WOLOWICZ, E.: Linksopposition in der SPD von der Vereinigung mit der USPD 1922 bis zur Abspaltung der SAPD 1931. Bonn 1983.
WOLTER-BRANDECKER, R.: Sie kamen aus einer dumpfen Stadt. Bonn 1982.
WUNDERER, H.: Arbeitervereine und Arbeiterparteien. Kultur und Massenorganisationen in der Arbeiterbewegung (1890-1933). Frankfurt/M. 1980.
ZIEBURA, G.: Weltwirtschaft und Weltpolitik 1922/24-1931. Frankfurt/M. 1984.
ZIMMER, J. (Hg.): „Mit uns zieht die neue Zeit." Die Naturfreunde. Zur Geschichte eines alternativen Verbandes in der Arbeiterkulturbewegung. Köln 1984.

# Personenregister

Adler, Friedrich 151
Adler, Max 90, 116, 138, 141, 142, 143, 144, 145, 146, 147, 148, 149, 150, 157, 171, 172, 176, 177, 180, 182, 196, 205, 206
l'Aigle, Alma de 44, 45, 47
Allan, Frank 193
Anderson Nexö, Martin 182

Bach, Otto 34
Baldwin, Stanley 87
Bauer, Otto 76, 87, 88, 113, 129, 142, 146, 147, 157, 172, 177, 203, 205
Baumeister, Heinz 91
Bebel, August 151, 161
Behrisch, Arno 186
Benjamin, Walter 155
Bernstein, Eduard 7
Beyer, Anna 122
Bieligk, Fritz 63
Birnbaum, Immanuel 10, 27
Blencke, Erna 122, 123
Blum, Emil 102
Bolte, August 56, 116, 118, 169
Braun, Otto 53
Braunthal, Alfred 74, 158
Brecht, Bertolt 155
Brelie-Lewien, Doris von der 5
Brendgens, Lis 137, 138
Brenner, Kurt 175
Bröger, Karl 20, 42, 43, 58, 74, 76, 79, 80, 91, 141
Brüning, Heinrich 74, 158

Chaplin, Charles 182, 193
Claudius, Hermann 18
Courths-Maler, Hedwig 181, 193
Crummenerl, Siegmund 32
Cuno, Wilhelm 40, 52, 54

Dahrendorf, Gustav 32, 34, 82, 141, 169
Dehn, Günter 194
Deist, Heinrich 32, 34, 82, 83, 87, 99, 101, 169, 173
Dostojewski, Fjodor Michajlowitsch 16
Dürer, Albrecht 41

Eberhard, Fritz 122
Ebert, Friedrich jr. 32, 35, 61
Ebert, Friedrich sen. 52, 81, 164, 186

Eckert, Ernst  101
Eckhardt, Hans von  89
Eckstein, Ernst  27, 32, 37, 138, 164, 165, 166, 167
Eichendorff, Joseph von  19, 182
Eichler, Willi  122, 123, 174, 176
Eisner, Kurt  175
Eisner, Reinhard  175
Engels, Friedrich  129, 173
Erzberger, Matthias  50

Fäse, Erich  39, 40, 57
Felsen, Max  135
Fichte, Johann Gottlieb  173
Flake, Minna  190
Fließ, Walter  123, 124
Fraenkel, Ernst  74
Frey, Hugo  166
Frick, Hermann  71
Fries, Jacob Friedrich  118

Gandhi, Mahatma  49
Ganghofer, Ludwig Albert  193
Goethe, Johann Wolfgang von  66, 195
Goldberg, Werner  48, 78
Goldenberg, Boris  130
Graf, Georg Engelbert  74, 75, 79, 116, 117, 121, 175, 206
Gramsci, Antonio  79
Grebing, Helga  5
Greiner, Oskar  74
Grützner, Edwin  19
Gurland, Arkadij  141, 149

Hägel, Helmuth  6
Haubach, Theodor  2, 74, 82, 86, 87, 88, 91, 93, 96, 98, 101, 113, 141, 146, 153, 154, 156, 173, 174, 175, 203, 205
Heilmann, Ernst  132
Heimann, Eduard  8, 45, 46, 102, 103, 104, 105, 106, 107, 108, 109, 112, 143, 144
Hegel, Georg Wilhelm Friedrich  202
Helf, Wilhelm  13
Heller, Hermann  8, 23, 30, 31, 47, 69, 70, 73, 85, 87, 88, 90, 91, 93, 97, 98, 146, 153, 154, 170, 173, 203, 205
Helling, Fritz  125
Hennig, Gustav  74
Henry, Grete  122
Hermberg, Paul  23
Hermes, Gertrude  30
Herriot, Edouard  87
Hilferding, Rudolf  5, 45, 52, 74, 111, 126, 129, 163
Hirschfeld, Magnus  190

Hitler, Adolf 130, 156
Hobbes, Thomas 171
Hobson, John A. 160
Hodann, Maria 123, 124, 169, 173, 174, 190
Hodann, Max 74, 194
Hölderlin, Friedrich 19
Höltermann, Karl 32
Hoffmann, Bernd 137, 138, 139
Hornung, Heinz 116, 124, 169

Jacobsen, Otto 91
Jaurès, Jean 82, 86, 153, 203
Jenssen, Otto 74, 75, 76, 156, 177, 184, 205
Jünger, Ernst 39
Jutzler, Jakob 120

Kalbitzer, Emmi 122
Kalbitzer, Hellmut 122
Kaliski, Martin 137
Kanitz, Otto Felix 74
Kant, Immanuel 118, 146, 155
Kapp, Wolfgang 50, 125
Kappel, Willi 125
Kaulich, Gerhard 133, 142
Kautsky, Karl 111
Keller, Robert 32, 33, 34, 78, 80, 82
Klenke, Dietmar 7, 135
Koch, Walter 41, 42, 43, 49
Korsch, Karl 74
Kranold, Albert 10
Kreutzberger, Harald 183
Krummschmidt, Oskar 56, 139, 140, 159, 180

Lamm, Otto 32, 35, 36, 56, 57, 59, 76, 79, 80
Lenin, Wladimir Iljitsch 142, 180, 186
Lepinski, Franz 139, 174, 206, 207
Levi, Paul 38
Lewis, Sinclair 182
Lewy, Fritz 131, 133, 134, 138, 139, 140, 141, 145, 157, 173, 174, 175, 176, 180, 206, 207
Liebknecht, Karl 151, 186
Liebmann, Hermann 54
Löbe, Paul 152, 166
Löns, Hermann 19, 182
Lösche, Bruno 32, 35, 50, 61, 79, 80, 81
Lösche, Dora 189
Löwe, Adolf 102
London, Jack 182
Ludwig, Walter 28, 56, 180

Lüders, Dietrich 6
Lüpke, Reinhard 6, 7
Lüttwitz, Walter Frh. von 50, 125
Lukács, Georg 124, 126, 127, 128, 129, 142, 144, 154, 155, 166, 177, 182, 196, 202
Luthardt, Wolfgang 6
Luxemburg, Rosa 38, 142, 151, 156, 160, 162, 186

Mac Donald, Ramsey 87
Mache, Karl 133, 165, 166
Man, Hendrik de 8, 143
Marck, Claire 151
Marck, Siegfried 23, 58, 90, 134, 136, 138, 149, 150, 151, 152, 153, 154, 155, 156, 157, 166, 177, 185, 205
Martiny, Martin 6
Marx, Franz 122
Marx, Karl 56, 79, 101, 106, 108, 110, 129, 130, 133, 146, 155, 158, 159, 160, 171, 173, 180, 182, 196
Marx, Wilhelm 130
May, Karl 181, 193
Mayer, Hans 127, 138, 158
Mehring, Walter 187
Meitmann, Karl 33
Mennicke, Karl 23, 102, 103, 106, 107, 108, 127, 143, 203
Meusel, Alfred 8, 23, 146
Mierendorff, Karl 2, 74, 86, 96, 203
Moeller van den Bruck, Arthur 39, 44
Montessori, Maria 189
Müller, Alfred 54
Müller, Emil Reinhard 20, 36
Müller, Paul 132

Naskrensky, Karl 97, 98
Natorp, Paul 42, 43
Nelson, Leonard 90, 118, 119, 120, 121, 122, 123, 124, 130, 143, 170, 175, 177, 204
Niekisch, Ernst 84, 85, 89, 90, 91, 92, 93, 94, 95, 96, 97, 98, 150, 171, 203
Nietzsche, Friedrich 101, 103, 106, 109
Noske, Gustav 61, 152, 186

Obermayr, Benedikt 40, 49, 78, 79, 91
Österreich, Paul 29
Ollenhauer, Erich 50, 58, 69, 180
Oppenheimer, Franz 46, 170
Oppler, Kurt 137
Osterroth, Franz 7, 8, 16, 23, 32, 34, 36, 40, 41, 42, 43, 48, 50, 56, 57, 61, 69, 82, 84, 85, 91, 92, 95, 96, 98, 101, 169, 173, 175
Otto, Walter 70, 130

Pietsch, Fritz 135
Pietsch, Karl 166
Pöppel, Walter 158, 190
Poincaré, Raimond 38, 87
Polenz, Fritz 64, 69

Radbruch, Gustav 3, 8, 23, 45, 47, 178
Ragaz, Leonard 103
Raloff, Karl 36, 50, 61, 80
Rathenau, Walter 50, 152
Rathmann, August 7, 8, 34, 41, 50, 57, 61, 74, 82, 101, 106, 110, 111, 112, 113, 141
Rauschenplat, Helmut von 170
Reed, John 182
Reichwein, Adolf 73
Rettig, Max 159
Rosendahl, Ernst 116, 124, 125, 126, 127, 128, 129, 130, 131, 143, 144, 158, 170, 173, 174, 176
Rowe, Hedwig 19
Rüstow, Alexander 102
Ruffert, Max 165, 166

Sacco, Nikola 151, 185
Sachs, Hans 19, 20, 179, 183
Schifrin, Alexander 129, 141
Schiller, Friedrich von 195
Schmitz, Hermann 83
Schön, Heiner 33
Scholz, Gustav 166
Scholz, Max 79
Schramm, Alfred 165
Schröder, Karl 142
Schröter, Otto 131
Schult, Johannes 33
Schulz, Heinrich 26, 36
Schulz, Paul 66
Seydewitz, Max 163
Siemsen, Anna 74
Simons, Hans 102
Sinclair, Upton 183, 196
Sinzheimer, Hugo 23, 45, 46, 47
Sollmann, Wilhelm 137
Spann, Othmar 39
Spengler, Oswald 39, 44
Springer, Hermann 70
Spruch, Günter 137, 139
Stalin, Josef 130, 188
Stapel, Wilhelm 39
Stein, Philipp 85

Stephan, Hans  139
Sternberg, Fritz  90, 134, 138, 141, 142, 150, 155, 157, 158, 159, 160, 161, 162, 163, 166, 180, 196, 205, 206
Stierle, Georg  56, 123, 132
Stinnes, Hugo  52
Stresemann, Gustav  49, 53, 94, 95
Stürgkh, Karl Graf von  151
Sturmfels, Wilhelm  23

Tillich, Paul  8, 46, 90, 102, 103, 105, 106, 107, 108, 109, 110, 111, 113, 143, 150, 203, 205
Toller, Ernst  134, 186, 195, 196
Trotzki, Leo  142
Tucholsky, Kurt  187, 188, 195
Turß, Hans  13

Uellenberg, Wolfgang  6
Utermann, Julius  125, 130, 131

Vanzetti, Bartolomeo  151, 185

Wagner, Helmut  139, 141, 189, 205, 206
Wallace, Edgar  181, 193
Warburg, Gustav  96, 97
Wegener, Kurt  61, 76, 77, 78, 80, 81, 169
Weichhold, Arthur  59, 78, 79, 80
Weisser, Gerhard  122
Wels, Otto  5, 81
Westphal, Max  50, 69, 77, 78, 79, 80, 81, 169, 175, 192
Wiechert, Karl  16, 123, 131, 180
Wigmann, Mary  183
Winkler, Erich  74
Winkler, Heinrich August  47, 52, 111
Wittfogel, Karl August  74
Witthöft, Paul  56, 57, 116
Wolf, Eduard  138
Wolfers, Arnold  102

Zeigner, Erich  54
Zickler, Arthur  39, 40, 57
Zils-Eckstein, Clara  32, 167
Zimmermann, Otto  183

## VERLAG EUROPÄISCHE PERSPEKTIVEN

# NEUERSCHEINUNGEN 1985/86

**Zusammenbruch oder Befreiung?**

Zur Aktualität des 8. Mai 1945

Eine Berliner Universitätsvorlesung

Herausgeber:
Ulrich Albrecht
Elmar Altvater
Ekkehart Krippendorff

Auf die noch immer offene Frage — Zusammenbruch oder Befreiung — versuchen Wissenschaftler verschiedener Gebiete — Geschichte, Jura, Ökonomie, Germanistik und Schriftsteller — in dieser interdisziplinären Vorlesung an der Freien Universität Berlin eine Antwort zu geben.
War z. B. die Gründung zweier deutscher Staaten, die Wiederbewaffnung und die gegensätzliche Blockintegration eine alternativlose Notwendigkeit? Oder wurden Handlungsspielräume nicht genutzt?

Mit Beiträgen von:
**Werner Abelshauser
Ulrich Albrecht
Elmar Altvater
Dieter Blumenwitz
Wolfgang Eichwede
Theodor Eschenburg
Ossip K. Flechtheim
Hans-Hermann Hartwich
Ekkehart Krippendorff
Dieter Lattmann
Wilfried Loth
Klaus R. Scherpe
Gerhard Schoenberner
Wolfram Wette**

256 S. 29,80 DM

# VERLAG EUROPÄISCHE PERSPEKTIVEN

Franz Walter
**Nationale Romantik und revolutionärer Mythos**
Politik und Lebensweisen im frühen Weimarer Jungsozialismus

Verlag Europäische Perspektiven

**Weimarer Linkssozialismus und Austromarxismus**
Historische Vorbilder für einen „Dritten Weg" zum Sozialismus?

Gerd Storm
Franz Walter

Die Jungsozialisten verstanden sich vor allem auch als eine Kulturbewegung zur Veränderung des Alltags, als ein Zusammenschluß zur Schaffung neuer, sozialistischer Menschen. Wie dieser Alltag, wie dieses Bemühen um eine neue Kultur aussah, darüber informiert dieses Buch:
etwa über jungsozialistische Silvesterfeiern und rote Kabaretts und Tanzabende, über Kleiderreform und Geschlechterbeziehungen.

Der Autor versucht diese Gruppenkultur mit ihren generationsspezifischen Erfahrungen im Zusammenhang der gesellschaftlichen Gesamtkonstellation zu sehen, indem sie mit den politisch-ideellen Entwürfen der Jusos in ein Beziehungsgeflecht gebracht werden.
Von besonderem Reiz dürfte dabei eine ausführliche Studie des bisher unerforschten Breslauer Intellektuellen- und Juso-Milieus sein. Hier wie an anderen Stellen geht der Autor – u. a. mit Hilfe biographischer Proträts – auf das komplexe Verhältnis von Intellektuellen und Arbeiterbewegung ein.

256 Seiten, 34,– DM

„Das lesenswerte, sorgfältig gearbeitete Buch von Storm/Walter zeichnet die Beziehungen zwischen dem Austromarxismus und der deutschen Linken detailliert nach – dabei findet sich vieles in der bisherigen Literatur Ausgespartes." (A. Pfabigan im Wiener Tagebuch)

„Storm/Walter halten es für unzulässig, Theorieversatzstücke aus dem linkssozialistischen ... Erbe der Zwischenkriegszeit herauszubrechen und für gegenwärtige Richtungskämpfe zu mißbrauchen." (J. Tornow im Vorwärts)

„Im Unterschied zu den prätentiösen Aburteilungen, die die Austromarxisten und Sozialisten jener mittleren Richtung (...) in der einschlägigen Diskussion gewöhnlich erfahren (...), bemühen sich Storm und Walter um eine sachlich-subtile Interpretation des austromarxistischen Sozialismusverständnisses und um eine ausgewogene Würdigung (...) Otto Bauers." (Freya Eisner in der Süddeutschen Zeitung)

134 Seiten, 12,80 DM

# VERLAG
## EUROPÄISCHE PERSPEKTIVEN

Nur wenige Begriffe haben in den letzten Jahren eine solche Bedeutung erlangt wie „Gemeinschaft". Das Leiden an der modernen Gesellschaft, die als immer technisierter, seelenloser, verplanter und bürokratischer empfunden wird, und die Krise des Wohlfahrtsstaates führen wieder zur Suche nach kleinen sozialen Einheiten, in denen enges und echtes menschliches Zusammenleben und -arbeiten möglich sein sollen.

Dieses Buch fragt nach den geistes- und sozialgeschichtlichen Ursachen dieser Gemeinschaftssehnsucht, beschreibt deren unterschiedliche politische Instrumentalisierbarkeit und setzt sich mit aktuellen Bemühungen auseinander, neue soziale Probleme gemeinschaftlich zu lösen.

Die „technologische Formation" ist nicht allein der Versuch, das, was gesellschaftlich der Fall ist, zu beschreiben, vielmehr zielt die Arbeit darauf ab, die lebendigen gesellschaftlichen Kräfte, als da z. B. sind die Friedensbewegung, die Öko-Bewegung und die Frauenbewegung, von deren Rahmenbedingungen zu orientieren. Dabei scheint es wichtig, jene Faktoren wie Macht, Geld und Wissen als ein integrierendes Energiefeld zu betrachten, dessen Bewegung, dessen verändernde Kraft einer einheitlichen Struktur folgt. Die Erzeugung des Menschen aus den produktiven und reproduktiven Prozessen geschieht über Intensitäten, die naturwissenschaftlich und daher technologisch sind.

Man spürt, hier wird der Diskurs von Bateson und Prigogine bis hin zu Lyotard und Baudrillard gespannt, von Weizsäcker zu Luhmann und Habermas.

256 Seiten, 24,80 DM      176 Seiten, 19,80 DM

# VERLAG
## EUROPÄISCHE PERSPEKTIVEN

Waldsterben, Luft- und Bodenverpestung — die konservative Koalition ist zur Lösung dieser katastrophalen Bedrohungen unserer Gesellschaft offensichtlich unfähig. Es gilt, ein rot-grünes Bündnis zustande zu bringen, schon wegen der notwendigen Reform-Mehrheiten. Dazu sind Lernprozesse bei beiden nötig, sowohl bei dem schwerfälligen „Tanker" SPD als auch bei dem „Lotsenboot" der Grünen. Sofern bei den Grünen nicht die bloße Verweigerungs- und Aussteigerhaltung wieder überhandnimmt und die Sozialdemokratie die neuen Impulse der Ökologie-, Frauen- und Friedensbewegung wirklich aufgreift, zeichnen sich Chancen für ein dauerhaftes rot-grünes Reformbündnis ab.

Mit Beiträgen von: Ossip K. Flechtheim, Hilde Fauland, Joschka Fischer, Wilfried Höhnen u. a.

Für die aktuelle Debatte über eine Fortschreibung des Godesberger Programms liefern die Beiträge dieses Bandes wichtige Anstöße. Dabei wird ein weites Spektrum aufgezeigt: vom Plädoyer für eine behutsame Weiterentwicklung des SPD-Grundsatzprogramms bis hin zur Begründung grundsätzlicher Programmalternativen. Bei allen Kontroversen sind sich die Beiträge in einem jedoch einig: Neue wirtschaftliche, soziale, ökologische und friedenspolitische Herausforderungen bedürfen neuer Antworten.

Mit Beiträgen von: **Richard Löwenthal, Thomas Meyer, Helga Grebing, Detlef Lehnert, Sven Papcke, Hans-Hermann Hartwich, Horst Heimann, Detlev Albers u. a.**

208 Seiten, 19,80 DM

212 Seiten, 19,80 DM

# VERLAG
## EUROPÄISCHE PERSPEKTIVEN

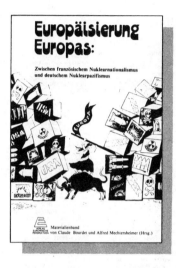

Seit der Auseinandersetzung um die Stationierung der Pershing II und Marschflugkörper in der BRD gibt es zwischen der französischen Linken und der deutschen Friedensbewegung starke Differenzen über die europäische Sicherheitspolitik: Ausbau der atomaren Abschreckung oder atomwaffenfreies Europa? Letzteres läuft in den Augen der französischen Kritiker nur wieder auf einen „deutschen Sonderweg" hinaus. Die französische Politik akzentuiert dagegen die Bedeutung militärischer Stärke, die für sie der einzige Garant für das Überleben Europas im Ost-West-Konflikt darstellt.

Der Band enthält wichtige Beiträge zu dieser Debatte von: **Egon Bahr, Freimut Duve, Andre Gorz, Michel Tatu, Jean Chesneaux, Claus Leggewie, Hans Christoph Buch, Joseph Rovan** u. a.

Can innovations succeed in reducing fiscal strain and fostering structural change in our cities? Government all over the world experienced in the beginning of the eighties impacts of fiscal strain, signalling the advent of the structural and technological change in the modern industrial welfare state. This publication marks the beginning of the so far most extense comparative international study on the patterns of urban fiscal innovation, analyzing basic trends and strategies for decentralization, degovernmentalization on public-private coproduction and skillful usage of new technologies.

With contributions of: **Terry Clark** (USA); **Gerd-Michael Hellstern** (Berlin-West, FRG), **Guido Martinotti** (Italy), **Grzegorz Gorzelak** (Poland), **Vincent Hoffmann-Martinot** (France) et. al.

200 Seiten, 16,90 DM

236 pages, 39,– DM

# VERLAG
# EUROPÄISCHE PERSPEKTIVEN

## Gesamtverzeichnis der lieferbaren Titel

**Schriftenreihe des Arbeitskreis atomwaffenfreies Europa e.V.**

**Bd. 1**
Ekkehart Krippendorff, Reimar Stuckenbrock (Hg.)
Zur Kritik des Palme Berichts
Atomwaffenfreie Zonen in Europa
224 Seiten, 15,– DM
ISBN 3-89025-000-9

**Bd. 2**
Ulrich Albrecht, Jürgen Graalfs, Detlef Lehnert, Rudolf Steinke (Hg.)
Deutsche Fragen – Europäische Antworten
224 Seiten, 15,– DM
ISBN 3-89025-002-5

**Bd. 3**
Rudolf Steinke (Hg.)
Exterminismus:
Das Ende der Zivilisation?
240 Seiten, 15,– DM
ISBN 3-89025-001-7

**Bd. 4**
Georg Breuer (Hg.)
Friedensbewegung und Menschenrechtsbewegung – zwei Seiten einer Medaille?
96 Seiten, 9,– DM
ISBN 3-89025-006-8

**Bd. 5**
Alva Myrdal
Atomare Abrüstung in Europa
44 Seiten, 3,60 DM
ISBN 3-89025-004-1

**Bd. 6**
European Nuclear Disarmament (Hg.)
Neue Wege für Europa.
Die Friedensbewegung und die Zukunft Europas
58 Seiten, 6,80 DM
ISBN 3-89025-026-2

**Bd. 7**
Ernst Tugendhat
Rationalität und Irrationalität der Friedensbewegung und ihrer Gegner.
Versuch eines Dialogs.
38 Seiten, 3,60 DM
ISBN 3-89025-007-6

**Bd. 8**
Ulrich Albrecht, Johan Galtung, Michael Gumbert, Reimar Stuckenbrock (Hg.)
Stationierung – und was dann?
Friedensbewegung gegen Apokalypse
176 Seiten, 12,80 DM
ISBN 3-89025-008-4

**Bd. 9**
Jo Leinen (Hg.)
Volksbefragung
Keine Raketen – mehr Demokratie
112 Seiten, 8,80 DM
ISBN 3-89025-015-7

**Bd. 10**
Ulrich Albrecht
Neutralismus und Disengagement:
Ist Blockfreiheit eine Alternative für die Bundesrepublik?
72 Seiten, 5,60 DM
ISBN 3-89025-017-3

**Bd. 11**
Claude Bourdet, Alfred Mechtersheimer (Hg.)
Europäisierung Europas:
Zwischen französischem Nuklear-Nationalismus und deutschem Nuklear-Pazifismus
200 Seiten, 16,80 DM
ISBN 3-89025-016-5

**Bd. 12**
Uwe Preil
Ziviler Ungehorsam
Satyagraha –
Macht der Wahrheit
Annäherung an Mahatma Gandhi
42 Seiten, 3,60 DM
ISBN 3-89025-016-5

**Geschichte/Theorie**

Manfred Gailus (Hg.)
Pöbelexzesse und Volkstumulte in Berlin.
Zur Sozialgeschichte der Straße (1830–1980)
224 Seiten, 19,80 DM
ISBN 3-89025-021-1

Heinz Hülsmann
Die technologische Formation oder lasset uns Menschen machen
170 Seiten, 19,80 DM
ISBN 3-89025-024-6

Franz Walter
Nationale Romantik und revolutionärer Mythos.
Politik und Lebensweisen im frühen Weimarer Jungsozialismus
256 Seiten, 34,– DM
ISBN 3-89025-092-0

Gerd Storm, Franz Walter
Weimarer Linkssozialismus und Austromarxismus.
Historische Vorbilder für einen „Dritten Weg" zum Sozialismus?
134 Seiten, 12,80 DM
ISBN 3-89025-022-X

Ulrich Albrecht, Elmar Altvater, Ekkehart Krippendorff (Hg.)
Zusammenbruch oder Befreiung?
Zur Aktualität des 8. Mai 1945.
Eine Berliner Universitätsvorlesung
256 Seiten, 29,80 DM
ISBN 3-89025-090-4

**Schriftenreihe der Hochschulinitiative Demokratischer Sozialismus**

**Bd. 15**
Irmtraut Leirer, Reimund Seidelmann, Heidemarie Wieczorek-Zeul (Hg.)
Sozialistische Fraueninternationale und Feminismus
176 Seiten, 16,80 DM
ISBN 3-89025-009-2

**Bd. 16**
Sven Papcke, Karl Theodor Schuon (Hg.)
25 Jahre nach Godesberg.
Braucht die SPD ein neues Grundsatzprogramm?
212 Seiten, 19,80 DM
ISBN 3-89025-010-6

**Bd. 17**
Vera Konieczka, Norbert Kunz, Klaus-Jürgen Scherer (Hg.)
Sozialismus zwischen Ökonomie und Ökologie
212 Seiten, 19,80 DM
ISBN 3-89025-011-4

**Bd. 18**
Gerhard Himmelmann, Achim von Loesch (Hg.)
Sozialdemokratische Wirtschaftspolitik im Umbruch.
Beiträge zur Programmdiskussion der SPD.
224 Seiten, 19,80 DM
ISBN 3-89025-023-8

**Aktuelle Politik**

Rudolf Bahro
Pfeiler am anderen Ufer.
Beiträge zur Politik der Grünen von Hagen bis Karlsruhe.
240 Seiten, 19,80 DM
ISSN 0343-2327

Klaus-Jürgen Scherer, Fritz Vilmar (Hg.)
Ökosozialismus?
Rot-grüne Bündnispolitik
212 Seiten, 19,80 DM
ISBN 3-89025-025-4

Gert-Joachim Glaeßner, Klaus-Jürgen Scherer
Auszug aus der Gesellschaft?
Gemeinschaften zwischen Utopie, Reform und Reaktion
256 Seiten, 24,80 DM
ISBN 3-89025-091-2

Terry Clark, Gerd-Michael Hellstern, Guido Martinotti (Ed.)
Urban Innovation as Response to Urban Fiscal Strain
256 Seiten, 39,– DM
ISBN 3-89025-061-0

**Lyrik**

Elisabeth Hartmann (Hg.)
Frauen für den Frieden
Gedichte, Schilderungen, Reflexionen
112 Seiten, 8,– DM
ISBN 3-925236-00-7

Elisabeth Hartmann
Wir sind die Kinder einer Welt.
Ein Kinder- und Jugendbuch mit sechzehn farbigen Illustrationen
360 Seiten, 26,– DM
ISBN 3-925236-01-5

Hildegard Kayser
Streiflichter aus dem Leben einer ungebundenen Frau
88 Seiten, 14,– DM
ISBN 3-89025-018-1

**VERLAG EUROPÄISCHE PERSPEKTIVEN**
Goltzstraße 13 b · 1000 Berlin 30